JN277612

これさえあれば通じる
フランス語

Dictionnaire Thématique
du Français Parlé

ボダン・エマニュエル

三修社

まえがき

　教科書のフランス語ではなく、ネイティブが日常話している言葉や表現を日本の学習者に知ってもらい、活用してもらいたい。その思いから、『携帯版フランス語会話とっさのひとこと辞典』(2001年、DHC 社刊) を執筆しましたが、まさに言葉は生き物。出版から10数年が経ち、社会の変化に伴い、語彙や表現を一部見直す必要性が出てきました。

　時代に合った新版をつくりたい……。筆者の願いは聞き届けられ、このたび三修社から、装いも新たに再出版されることになりました。

　本書の狙いは、ずばり自然なフランス語会話表現を身につけること。学校、仕事、家庭、友達づきあい、ビジネス、旅行、レジャーなど、日常の様々なシーンを想定し、TPO に応じた正しい言葉、表現を紹介しています。フランス語は何より繰り返しを嫌う言語。そのため言い換えを多く用意し、通り一辺の表現ではなく、バラエティに富んだ表現ができるようにしています。必要に応じてニュアンスの違い (皮肉、ユーモア等) も説明しています。

　日本語の敬語と同じように、フランス語も相手に合わせて言葉や表現を使い分ける必要があります。ところが、それについて詳しく記した語学書は少ないように思えます。本書では、丁寧な表現、くだけた表現、ときには下品な表現も紹介しています。ネイティブ同士なら許される下品な表現も、外国人が実際に使うのは難しいものですが、映画や TV ドラマ、POP ミュージックなどではよく耳にします。多少でも知っていると、観る／聴く楽しさが倍増するでしょう。

　会話のスパイスである相づちやつなぎ言葉も満載。使いこなせれば、フランス語がぐっと身近なものになります。特殊な言い回しについては、元の意味や裏の意味、文化的背景等を説明しています。短い会話例も多数添えていますので、どのような状況で用い、どう答えるか、おわかりいただけるでしょう。フランス流の当意即妙なやりとりをぜひマスターしてください。

　フランス語の発音 (綴りの読み方) は非常に規則的で、ルールを覚えてしまえばじつに簡単ですが、ローマ字読みではなく、日本人にとってより

親しみのある英語とも違うため、初心者には苦手意識が働くようです。リエゾン（単独では発音されない語末の子音字が、直後に母音が続く場合に発音される）も初心者には悩みの種でしょう。そのため、本書では全文にカナを振ってあります。会話においてはよく縮約が起こりますので、より自然に、ネイティブのように発音したいと願う中〜上級者にとっても、多いに役立つことでしょう。別売の音声データをダウンロードしていただければ、アクセントの置き方やイントネーションの付け方がわかり、フランス語独特の美しい、流れるようなリズムをつかむことができます。聴きとりの練習にもなり、会話力がより増します。併せてご活用ください。

　本書は、初心者から中〜上級者まで、あらゆるレベルの学習者／読者を対象としています。近々フランス語圏に行く、フランス人の友達がいる、仕事でフランス語を使う、フランス人の物の考え方について知りたい、フランスとその文化に興味がある、単にフランス語が好き……、そうしたすべてのニーズに応えられる1冊となっています。

　本書がきっかけで、フランスとその言語が（もっと）好きになっていただけることを、そして（もっと）知りたい、勉強したいと思っていただけることを願っています。

Bon courage（頑張って）!
ボン　クラージュ

　最後に、本書の出版に際しては多くの方々のお力をお借りしました。旧版に引き続き、知識と技能と根気のいる細かい仕事を意欲的に引き受けてくれた執筆協力者の佐久間啓子氏。作業を補佐してくれた阪田由美子氏。三修社編集部、とくにこのプロジェクトの責任者である斎藤俊樹氏。そして、フランス語の新しい表現や日仏両言語のニュアンスの違いについて、たびたび助言してくれた2人の娘、クララとアレキサンドラ。彼らがいなければ、本書は日の目を見なかったでしょう。この場を借りて、心から感謝の意を述べたいと思います。

2013年6月
エマニュエル・ボダン

本書の構成

> ⑪
> 肯定する　　　　　　　　　　　2_011.mp3
>
> ① ▶うん、まちがいないよ！
> ② **Oui, j'en suis sûr [sûre]!**
> 　　ウイ　ジャン　スュイ　スュール
> ③ *être sûr de ... 「～を確信している」。de ... の部分が en になっている。
>
> ④ C'est lui qui l'a répété, tu_ne crois pas?（しゃべったのは彼だと思わない？）
> 　　セ　リュイ　キ　ラ　レペテ　テュン　クルワ　パ
> 　　Oui, j'en suis sûr!（うん、まちがいないよ！）
>
> ⑤ Oui, j'en mettrais ma main au feu!
> 　　ウイ　ジャン　メトゥレ　マ　マン　オ　フ
> 　　（はい、断言します！）
> 　　*直訳は「手を火の中に入れる」。

①**見出し文**：日本語の会話による見出しです。この見出しに対応するフランス語会話や類似表現・解説などが展開します。

②**フランス語見出し文**：①に対応するフランス語会話文です。

③**文・語彙の説明**：②のニュアンス・用法・発音・単語や熟語の意味を解説しています。

④**会話例**：②を用いた会話例です。対話・問答になっているので、見出し文がどのような場面で使われるか、より具体的にわかります。

⑤**類似表現**：①②とほぼ同じ意味を持つ言い換え表現です。見出し文とニュアンスの異なるときは*による説明や（　）の日本語訳を加えています。①②とまったく同じ意味とは限りませんので注意してください。

⑥[　] 内は女性形であることを示し、直前の男性形と置き換えて使います。

⑦ ‿ はこの記号でつながれた複数の単語をつなげて読むことを示しています。

⑧ルビは実際の会話にできるだけ近い形で表しました。

⑨くだけた会話では、次の例のように単語の一部を省略・短縮、あるいはまとめて発音することが多くなります。

ne ... pas や ne ... plus の ne を省略

il‿y‿a イリャ	→ y‿a ヤ	tu es テュ エ	→ t'es テ
tu as テュ ア	→ t'as タ	Je suis ジュ スュイ	→ Je‿suis シュイ
Je sais ジュ セ	→ Je‿sais シェ	tu ne テュ ヌ	→ tu‿ne テュン
pas de パ ドゥ	→ pas‿de パッ	il faut イル フォ	→ il faut イ フォ

⑩ 一般に親しい人には tu、そうでないひと人および目上の人には vous を使うと言われますが、tu で話せるのは次の場合です。

家族（年齢に関わらない）、

恋人同士、

若い人同士（親しさに関わらない）、

子ども（10代前半までの子どもに対して）

仕事の同僚や同じ団体に所属する仲間で十分親しい関係の人

どちらを使ったらよいか迷う時には、「相手に文句が言えるかどうか」がひとつの目安になります。つまり何でも言えて距離がない人には tu を、反対に遠慮を感じて距離がある人には vous を使うのが原則です。ただしハッキリしない時は vous を使うのが無難でしょう。

また、いきなり tu を使うのではなく、まず

On peut se tutoyer?（tu で話してもいい？）
オン プ ス テュトゥワイエ

と相手の許可を得るのがマナーです。

⑪〈2_011.mp3〉というマークは別売の音声のトラック番号です。購入についてはカバーに記載されています。

Table des matières

もくじ

序　章
1 単語集
2 理解し合えるフレーズ

01 話し合う·······················052
理解できる？ 知っている？·······052
理解できる、知っている·············054
理解できない、知らない·············058
聞き取れないとき·······················063
あいづちを打つ··························066
話を促す·····································072
話題を変える······························074
順を追って話す··························078

02 返　事·····························083
賛成する·····································083
反対する·····································086
肯定する·····································090
否定する·····································093
あいまいな返事··························097
答えを保留する··························105
納得できないとき······················106
ことばにつまったとき···············108

03 質問と答え·······················110
感想を求める······························110
感想を言う·································112
状況を聞く·································116
状況を話す·································119

	意見を求める	127
	意見を言う	131
	わけをたずねる	141
	説明する	144
	いろいろな質問	146
04	**要求する**	**159**
	お願いする	159
	提案する	166
	提案・依頼を受ける	171
	提案・依頼を断る	178
	許可を求める	184
	許可する	188
	許可しない	190
05	**助言と注意**	**196**
	助言	196
	注意	200
	警告	204
06	**自分の考えを言う**	**208**
	まちがい	208
	秘密	211
	約束	213
	決心・決断	216

3　毎日の生活で使うフレーズ

07	**家のなかで**	**220**
	起きてから出かけるまで	220
	帰宅してから寝るまで	230
	休みの日	241
	プレゼント	248

08 余暇を楽しむ ... 250
- 知り合いを誘う ... 250
- 予定をたてる ... 253
- 外出する ... 258
- 映画を見る ... 260
- コンサートに行く ... 265
- テニスをする ... 267
- 飲みに行く ... 269
- カラオケを楽しむ ... 274

09 会ったとき・別れるとき ... 277
- 知人と出会う ... 277
- 久しぶりに会う ... 282
- 別れる ... 286
- しばらく会えないとき ... 291
- 訪問 ... 292
- 人を紹介する ... 299
- 初めて会った人と話す ... 304
- 職業について話す ... 310
- 学校について話す ... 314
- 家族について話す ... 317
- 趣味について話す ... 321
- 好みについて話す ... 326
- 生活習慣について話す ... 329
- 年齢・身長・体重について話す ... 332

10 病気・けがのとき ... 335
- 病状について話す ... 335
- 診察を受ける ... 338
- 薬局で ... 348

11 恋愛と結婚 350
- 好きになる 350
- デート 355
- 告白する 358
- ほめる 360
- 結婚 362
- 離婚 366

12 仕事と人間関係 370
- オフィスで 370
- 給料と待遇 383
- お金の管理 385
- 職場の人間関係 388
- 人をほめる 393
- 人をけなす 399
- 人について話す 409
- 自分について話す 412

13 電話 415
- 電話をかける 415
- 電話を受ける 417
- 電話に出られないとき 421
- 伝言 425
- 電話を切る 428
- まちがい電話 429
- 留守番電話 430
- 電話で困ったとき 430

14 日時と天気 433
- 日時をたずねる 433
- 時間について 435
- 天気 437

4 感情を表すフレーズ

15 心をこめて述べる ... 446
　礼を言う ... 446
　礼に応える ... 450
　謝る ... 452
　謝罪に応じる ... 457
　ほめる ... 458

16 うれしいとき ... 467
　喜ぶ ... 467
　ほっとする ... 473

17 腹が立ったとき ... 477
　うんざりする ... 477
　いらいらする ... 481
　とがめる ... 487
　おどす ... 498
　怒る ... 500
　ののしる ... 505
　責められたとき ... 507
　抗議する ... 513
　しりぞける ... 515
　落ち着かせる ... 519
　仲直りする ... 523

18 うまくいかないとき ... 526
　不平を言う ... 526
　がっかりしたとき ... 528
　ゆううつなとき ... 532
　さびしいとき・悲しいとき ... 534
　興味・関心がないとき ... 536
　退屈なとき ... 540

恥ずかしいとき	541
困ったとき	544
あきらめる	549
後悔・反省	554

19 人を気づかうとき　558
　相手を気づかう　558
　心配する　563
　同情する　567
　なぐさめる　570
　安心させる　575
　励ます　578

20 いろいろな感情　584
　希望・意志　584
　不安なとき　589
　疑わしいとき　591
　確信しているとき　595
　予想どおりだったとき　597
　驚いたとき　600
　ばかにするとき　604

21 冠婚葬祭と行事　607
　祝う　607
　お悔やみを言う　610
　祝祭日　611
　誕生日　613

5 学生生活で使うフレーズ

22 専攻と学年　616
　専攻と学年　616

23 手続き　619
　登録　619

	学生証	620
	単位	620
	論文	622
	先生	622
	講義の選択	626
24	**施設とサービス**	**628**
	教室と校舎	628
	図書館	628
	学生食堂・カフェテリア・生協	629
	いろいろなサービス	631
25	**講義**	**632**
	講義	632
	時間割	634
	試験・成績	637
	勉強	641
	休講	643
26	**遅刻と欠席**	**645**
	遅刻	645
	遅刻の理由	645
	欠席の届け出	646
	欠席の理由	647
	伝言	648
27	**面談**	**649**
	面談	649
28	**教室で**	**651**
	自己紹介	651
	先生から学生へ	651
	学生から先生へ	654
	学生どうしで	657

29	**放課後**	661
	クラブ活動	661
	放課後	661
30	**友達づきあい**	664
	個人的な質問	664
	恋人	666
	けんか	670
	友達を評価する	674
	感想・意見	686
31	**余暇**	689
	友達と出かける	689
	日々のできごと	696
32	**アルバイト**	702
	アルバイト	702
33	**バカンス**	705
	バカンスの計画	705
	バカンスのあとで	706
	新学期	709
34	**健康**	710
	健康	710

6 旅行で使うフレーズ

35	**飛行機で**	714
	出発まで	714
	機内で	719
	到着してから	725
36	**ホテルで**	731
	フロントで	731
	ルームサービス	738
	困ったとき	740

37 街で ··743
- 道をたずねる··743
- 乗り物に乗る··749
- レンタカーを借りる··758
- 交通標識···760

38 ショッピング ········763
- ショッピング··763

39 食事 ····················781
- レストランを予約する······································781
- 注文する···785
- テーブルで··794
- 支払い···802
- ファストフード店で··804

40 観光 ····················806
- 観光する···806

41 困ったとき ············812
- ことばが通じないとき······································812
- 盗難にあったとき··814
- 助けを呼ぶとき··816

7 ビジネス・レター に役立つフレーズ

42 頭辞 ····················820

43 導入部 ················821
- 受信を知らせる··821
- 返事を催促する··822
- 返事の遅れをわびる··822

44 展開部 ················823
- 目的を述べる··823
- 注文する···823
- 要望を伝える··824

	お礼を述べる	826
	喜びを述べる	827
	同意する	827
	見解を述べる	828
	反論する	828
	説明する	829
	肯定的な回答	829
	回答の保留	830
	否定的な回答	830
	遺憾の意を伝える	831
	詫びる	832
	注意を促す	833
	苦情を述べる	833
	催促する	834
	支払い期日の延期	834
	処分を通告する	834
	誠意を表明する	835
	同封する	836
45	**結部**	**838**
46	**結辞**	**840**
47	**慶弔と新年のあいさつ**	**841**
	祝辞	841
	お悔やみ	841
	新年のあいさつ	841

8 ことわざ・格言・故事成語 ……………………………………… 843

動詞活用表 ……………………………………………………………………… 852

序章

基本のフランス語

自己紹介　　0_001.mp3

Je me présente.　自己紹介します。
ジュ ム プレザントゥ

Je m'appelle Shota Tanaka.　タナカショウタと申します。
ジュ マペール ショータ タナカ

Je suis japonais [japonaise].　日本人です。
ジュ スュイ ジャポネ ［ジャポネーズ］

Je suis architecte.　建築家です。
ジュ スュイ アルシテクトゥ

J'habite à Yokohama.　横浜に住んでいます。
ジャビタ ヨコハマ

J'ai trente ans.　30歳です。
ジェ トゥランタン

初対面のとき　　0_002.mp3

Enchanté [Enchantée].　はじめまして。
アンシャンテ

Vous êtes Monsieur [Madame]...?　どちらさまでしょう…？
ヴゼトゥ ムスュー ［マダーム］

Moi, c'est Marine.　私は、マリンです。
ムワ セ マリン

Je vous présente ma femme [mon mari].　こちらが妻［夫］です。
ジュ ヴ プレザントゥ マ ファンム ［モン マリ］

Voici Nathan.　ナタンです。
ヴワスィ ナタン

Alex, un copain [une copine].　友達のアレックスです。
アレックス アン コパン ［ユン コピン］

会ったとき　　0_003.mp3

Bonjour, Monsieur [Madame] [Mademoiselle].　こんにちは。
ボンジュール ムスュ ［マダム］ ［マドゥムワゼル］

Bonsoir, Monsieur [Madame] [Mademoiselle].　こんばんは。
ボンスワール ムスュ ［マダム］ ［マドゥムワゼル］

Salut!　やあ！
サリュ

Comment allez-vous?　お元気ですか？
コマンタレヴ

Ça va?　元気？
サ ヴァ

Très bien, merci. Et vous?　とても元気です。あなたは？
トゥレ ビアン メルスィ エ ヴ

Ça va, merci. Et toi?　元気だよ。君は？
サ ヴァ メルスィ エ トゥワ

別れるとき　　　　　　　　　　　　　　　0_004.mp3

Au revoir.　さようなら。
オ　ルヴワール
Salut.　じゃあね。
サリュ
A tout à l'heure.　ではまたあとで。
ア　トゥタ　ルール
A bientôt.　じゃ、近いうちに。
ア　ビアント
A demain.　また明日。
ア　ドゥマン

お礼　　　　　　　　　　　　　　　　　0_005.mp3

Merci.　ありがとう。
メルスィ
Merci beaucoup.　どうもありがとう。
メルスィ　ボク
Merci, c'est gentil.　ありがとう、うれしいです。
メルスィ　セ　ジャンティ
Je vous en prie.　どういたしまして。
ジュ　ヴザン　プリ

おわび　　　　　　　　　　　　　　　　0_006.mp3

Excusez-moi.　ごめんなさい。
エクスキュゼモワ
Oh, pardon!　あっ、失礼！
オッ　パルドン
Je suis désolé [désolée].　すみません。
ジュ　スュイ　デゾレ
Ce n'est pas grave.　いえ、大丈夫です。
ス　ネ　パ　グラーヴ

返事　　　　　　　　　　　　　　　　　0_007.mp3

Oui.　はい。
ウイ
Non.　いいえ。
ノン
Oui, c'est ça.　はい、そうです。
ウイ　セ　サ
Oui, je veux bien.　はい、お願いします。
ウイ　ジュ　ヴ　ビアン
Non, merci.　いいえ、けっこうです。
ノン　メルスィ

D'accord. わかりました。／いいよ。
ダコール

Je_ne comprends pas. わかりません。
ジュン　　コンプラン　　パ

Je_ne sais pas. 知りません。
ジュン　セ　パ

Pardon? 何ですか？
パルドン

あいづち　　　　　　　　　　　　　　　　0_008.mp3

Ah bon. ああそう。
ア　ボン

Ah bon? へえ、そうなの？
ア　ボン

Oui, c'est vrai. はい、そうですね。
ウイ　セ　ヴレ

C'est bien. いいですね。／よかったね。
セ　ビアーン

間をおく　　　　　　　　　　　　　　　　0_009.mp3

Euh... えーっと…。
ウー

Comment dire... 何て言ったらいいか…。
コマン　ディール

Comment dit-on, déjà? 何て言うんだったかな…？
コマン　ディトン　デジャ

訪問　　　　　　　　　　　　　　　　　　0_010.mp3

Je vous_en prie, entrez. どうぞ、お入りください。
ジュ　ヴザン　プリー　アントゥレ

Tenez, c'est pour vous. はい、どうぞ。
トゥネ　セ　プル　ヴ

Je vous_en prie, asseyez-vous. どうぞ、おかけください。
ジュ　ヴザン　プリ　アセイエヴ

Nous_avons passé une_excellente soirée. Merci.
ヌザヴォン　パセ　ユネクセラントゥ　スワレ　メルスィ
ありがとう、とても楽しい夜でした。

電話　　　　　　　　　　　　　　　　　　0_011.mp3

Allô, bonjour. もしもし、こんにちは。
アロ　ボンジュール

C'est Yui. ユイですが。
セ　ユイ

Est-ce que Sarah est là, s'il vous plaît? サラさんはいらっしゃいますか？
エス　ク　サラ　エ ラ スィル　ヴ　プレ

C'est de la part de qui? どちらさまですか？
セ　ドゥ ラ　パール ドゥ キ

Ne quittez pas. Je vous le [la] passe. お待ちください。かわります。
ヌ　キテ　パ　ジュ ヴ ル [ラ] パッス

買い物　　　　　　　　　　　　　　　　　　0_012.mp3

S'il vous plaît! お願いします！
スィル ヴ プレ

Je voudrais une baguette, s'il vous plaît. バゲットを1本ください。
ジュ ヴドゥレ ユン バゲットゥ スィル ヴ プレ

Je cherche un manteau. コートをさがしているんですが。
ジュ シェルシャン　マント

Je regarde seulement. 見ているだけです。
ジュ ルガールドゥ　スルマン

Je fais du 40. サイズは40です。
ジュ フェ デュ カラントゥ

C'est combien? おいくらですか？
セ　コンビアン

Huit euros vingt. 8ユーロ20です。
ユイトゥロ　ヴァン

Ça me fait un peu cher... ちょっと高いな…。
サ ム フェ アン プ シェール

Je n'aime pas beaucoup. あまり好きじゃありません。
ジュ ネム パ ボク

Ça ne me va pas. サイズが合いません。
サ ヌ ム ヴァ パ

Vous avez d'autres modèles? ほかのタイプはありますか？
ヴザヴェ ドトゥル モデール

Bon, je le [la] prends. じゃ、これにします。
ボン ジュ ル [ラ] プラン

Je prends ça et ça. これとこれにします。
ジュ プラン サ エ サ

Vous acceptez les cartes de crédit? カードが使えますか？
ヴザクセプテ　レ カルトゥ ドゥ クレディ

意見・感想　　　　　　　　　　　　　　　　　0_013.mp3

C'est bien. いいですね。／面白いですね。
セ ビアン

Ce n'est pas très bien. あまりよくないですね。
ス ネ パ トゥレ ビアン

C'est joli. きれいですね。
セ ジョリ

Ce n'est pas très joli. あまりきれいじゃありません。
ス ネ パ トゥレ ジョリ

C'est bon. おいしいです。
セ ボン

Ce n'est pas bon. おいしくありません。
ス ネ パ ボン

C'est un peu cher. ちょっと高いですね。
セタン プ シェール

Ce n'est pas cher. 安いですね。
ス ネ パ シェール

身体　　　　　　　　　　　　　　　　0_014.mp3

J'ai faim. お腹がすいています。
ジェ ファン

J'ai soif. のどが渇きました。
ジェ スワッフ

J'ai froid. 寒いです。
ジェ フルワ

J'ai chaud. 暑いです。
ジェ ショ

J'ai mal. 痛いんですが。
ジェ マッル

Je suis malade. 病気なんです。
ジュ スュイ マラードゥ

好み　　　　　　　　　　　　　　　　0_015.mp3

J'adore le chocolat. チョコレートが大好きです。
ジャドール ル ショコラ

J'aime bien le poisson. 魚が好きです。
ジェム ビアン ル プワソン

Je n'aime pas beaucoup le vin. ワインはあまり好きじゃありません。
ジュ ネム パ ボク ル ヴァン

Je n'aime pas les poireaux. ポロネギは好きじゃありません。
ジュ ネム パ レ プワロ

Je déteste les carottes. ニンジンが大嫌いです。
ジュ デテストゥ レ カロトゥ

Je préfère la bière. ビールのほうが好きです。
ジュ プレフェル ラ ビエール

場所をたずねる　　　　　　　　　　　　0_016.mp3

Pardon, Monsieur[Madame]! すみません！
パルドン ムスュ [マダム]

序章　基本のフランス語

Le Louvre, s'il vous plaît? ルーブル美術館はどこですか？
ル ルーヴル スィル ヴ プレ

C'est loin, la gare? 駅は遠いですか？
セ ルワン ラ ガール

C'est_à droite. 右です。
セタ ドゥルワトゥ

C'est_à gauche. 左です。
セタ ゴーシュ

C'est tout droit. まっすぐです。
セ トゥ ドゥルワ

Où sont les toilettes? トイレはどこですか？
ウ ソン レ トゥワレトゥ

困ったとき　　　0_017.mp3

Je_ne parle pas français. フランス語を話せないんですが。
ジュン パルル パ フランセ

J'ai perdu mon passeport. パスポートをなくしました。
ジェ ペルデュ モン パスポール

On m'a volé mon sac. バッグを盗まれました。
オン マ ヴォレ モン サック

Quel_est le numéro de l'ambassade_du Japon?
ケレ ル ニュメロ ドゥ ランバサッデュ ジャポン

日本大使館の電話は何番ですか？

Vite, un médecin! すぐに医者を呼んで！
ヴィトゥ アン メツァン

Au secours! 助けて！
オ スクール

質問　　　0_018.mp3

Qu'est-ce que c'est? これは何ですか？
ケス ク セ

Qui est-ce? だれですか？
キ エース

Quel_est votre nom? あなたのお名前は？
ケレ ヴォトゥル ノン

Où habitez-vous? どこにお住まいですか？
ウ アビテヴ

Vous_êtes_de Paris? パリのご出身ですか？
ヴゼットゥ ドゥ パリ

Tu es étudiant [étudiante]? 学生なの？
テュ エ エテュディアン [エテュディアントゥ]

Quel_âge_as-tu? いくつなの？
ケラジャテュ

023

Vous_aimez le saké? お酒は好きですか？
ヴゼメ　　　ル　サケ

日時　　　　　　　　　　　　　　　　　　　　0_019.mp3

Quelle_heure_est-il, s'il vous plaît? 何時ですか？
ケルレティール　　　スィル　ヴ　プレ

Il_est cinq_heures_et demie. 5時半です。
イレ　　サンクレ　　　ドゥミ

On_est quel jour, aujourd'hui? 今日は何日〔何曜日〕ですか？
オネ　　ケル　ジュール　オジュルデュイ

On_est le vingt-trois septembre. 9月23日です。
オネ　ル　ヴァントゥルワ　セプタンブル

On_est jeudi. 木曜日です。
オネ　ジュディ

Bon を使った表現　　　　　　　　　　　　　　0_020.mp3

Bonne journée! よい1日を！
ボンヌ　ジュルネ

Bonne soirée! 楽しい夜を！
ボンヌ　スワレ

Bonne_nuit. おやすみなさい。
ボンニュイー

Bon week-end! よい週末を！
ボン　ウィケンドゥ

Bonnes vacances! 楽しいバカンスを！
ボンヌ　ヴァカンス

Bon voyage! 楽しいご旅行を！
ボン　ヴワヤージュ

Bonne_année! よいお年を！／あけましておめでとうございます！
ボナネ

Bonnes fêtes! 楽しい年末を！
ボンヌ　フェトゥ

Bon_anniversaire! お誕生日おめでとう！
ボナニヴェルセール

Bon_appétit! いただきます！／召し上がれ！
ボナペティ

Bon courage! がんばって！
ボン　クラージュ

Bonne chance! 幸運を！／うまくいくようにね！
ボンヌ　シャンス

序章　基本のフランス語

1

単語集

数

0	**zéro**	ゼロ
1	**un [une]**	アン [ユヌ]
2	**deux**	ドゥ
3	**trois**	トゥルワ
4	**quatre**	カトゥル
5	**cinq**	サンク
6	**six**	スィス
7	**sept**	セットゥ
8	**huit**	ユイットゥ
9	**neuf**	ヌッフ
10	**dix**	ディス
11	**onze**	オンズ
12	**douze**	ドゥーズ
13	**treize**	トゥレーズ
14	**quatorze**	カトールズ
15	**quinze**	カンズ
16	**seize**	セーズ
17	**dix-sept**	ディッセットゥ
18	**dix-huit**	ディズユイットゥ
19	**dix-neuf**	ディズヌッフ

20	**vingt** ヴァン	
21	**vingt‿et un [une]** ヴァンテ　アン　ユン	
22	**vingt-deux** ヴァンドゥ	
23	**vingt-trois** ヴァントゥルワ	
24	**vingt-quatre** ヴァントゥカトゥル	
25	**vingt-cinq** ヴァンツァンク	
26	**vingt-six** ヴァンツィス	
27	**vingt-sept** ヴァンツェットゥ	
28	**vingt-huit** ヴァンデュイットゥ	
29	**vingt-neuf** ヴァントゥヌッフ	
30	**trente** トゥラントゥ	
31	**trente‿et un [une]** トゥランテ　アン　ユン	
32	**trente-deux** トゥランッドゥ	
33	**trente-trois** トゥランットゥルワ	
34	**trente-quatre** トゥラントゥカトゥル	
35	**trente-cinq** トゥランツァンク	
36	**trente-six** トゥランツィス	
37	**trente-sept** トゥランツェットゥ	
38	**trente-huit** トゥランデュイットゥ	
39	**trente-neuf** トゥラントゥヌッフ	
40	**quarante** カラントゥ	

41	**quarante et un [une]** カランテ　　アン　　ユン
42	**quarante-deux** カランッドゥ
43	**quarante-trois** カランットゥルワ
44	**quarante-quatre** カラントゥカトゥル
45	**quarante-cinq** カランツァンク
46	**quarante-six** カランツィス
47	**quarante-sept** カランツェットゥ
48	**quarante-huit** カランテュイットゥ
49	**quarante-neuf** カラントゥヌッフ
50	**cinquante** サンカントゥ
51	**cinquante et un [une]** サンカンテ　　アン　　ユン
52	**cinquante-deux** サンカンッドゥ
53	**cinquante-trois** サンカンットゥルワ
54	**cinquante-quatre** サンカントゥカトゥル
55	**cinquante-cinq** サンカンツァンク
56	**cinquante-six** サンカンツィス
57	**cinquante-sept** サンカンツェットゥ
58	**cinquante-huit** サンカンテュイットゥ
59	**cinquante-neuf** サンカントゥヌッフ
60	**soixante** スワサントゥ
61	**soixante et un [une]** スワサンテ　　アン　　ユン

62	**soixante-deux** スワサンッドゥ	
63	**soixante-trois** スワサントゥトゥルワ	
64	**soixante-quatre** スワサントゥカトゥル	
65	**soixante-cinq** スワサンッァンク	
66	**soixante-six** スワサンツィス	
67	**soixante-sept** スワサンツェットゥ	
68	**soixante-huit** スワサンテュイットゥ	
69	**soixante-neuf** スワサントゥヌッフ	
70	**soixante-dix** スワサンティス	
71	**soixante_et onze** スワサンテ　オンズ	
72	**soixante-douze** スワサンドゥーズ	
73	**soixante-treize** スワサントゥレーズ	
74	**soixante-quatorze** スワサントゥカトールズ	
75	**soixante-quinze** スワサントゥカンズ	
76	**soixante-seize** スワサンツェーズ	
77	**soixante-dix-sept** スワサンディセットゥ	
78	**soixante-dix-huit** スワサンディズュイットゥ	
79	**soixante-dix-neuf** スワサンディズヌッフ	
80	**quatre-vingts** カトゥルヴァン	
81	**quatre-vingt un [une]** カトゥルヴァン　アン　ユン	
82	**quatre-vingt-deux** カトゥルヴァンドゥ	

83	**quatre-vingt-trois** カトゥルヴァントゥルワ	
84	**quatre-vingt-quatre** カトゥルヴァンカトゥル	
85	**quatre-vingt-cinq** カトゥルヴァンサンク	
86	**quatre-vingt-six** カトゥルヴァンスィス	
87	**quatre-vingt-sept** カトゥルヴァンセットゥ	
88	**quatre-vingt-huit** カトゥルヴァンユイットゥ	
89	**quatre-vingt-neuf** カトゥルヴァンヌッフ	
90	**quatre-vingt-dix** カトゥルヴァンディス	
91	**quatre-vingt-onze** カトゥルヴァンオンズ	
92	**quatre-vingt-douze** カトゥルヴァンドゥーズ	
93	**quatre-vingt-treize** カトゥルヴァントゥレーズ	
94	**quatre-vingt-quatorze** カトゥルヴァンカトールズ	
95	**quatre-vingt-quinze** カトゥルヴァンカンズ	
96	**quatre-vingt-seize** カトゥルヴァンセーズ	
97	**quatre-vingt-dix-sept** カトゥルヴァンディセットゥ	
98	**quatre-vingt-dix-huit** カトゥルヴァンディスユイットゥ	
99	**quatre-vingt-dix-neuf** カトゥルヴァンディズヌッフ	
100	**cent** サン	
200	**deux cents** ドゥ　サン	
千	**mille** ミル	
1万	**dix mille** ディ　ミル	

10万	**cent mille** サン ミル
100万	**un million** アン ミリョン
1000万	**dix millions** ディ ミリョン
1億	**cent millions** サン ミリョン
10億	**un milliard** アン ミリャル
100億	**dix milliards** ディ ミリャル
1000億	**cent milliards** サン ミリャル
1兆	**un billion** アン ビリョン
1番めの/最初の	**premier [première] / numéro 1** プルミエ プルミエール ニュメロ アン
2番めの	**deuxième / second [seconde] / numéro 2** ドゥズィエーム スゴン スゴンドゥ ニュメロ ドゥー
10番めの	**dixième / numéro 10** ディズィエーム ニュメロ ディス
だいたい	**à peu près / environ / en gros** ア プ プレ アンヴィロン アン グロ
〜余り	**(un peu) plus de ...** アン プ プリュ(ス) ドゥ
〜足らず	**(un peu) moins de ...** アン プ ムワン ドゥ
せいぜい	**à peine** ア ペン
〜以上	**plus de ...** プリュス ドゥ
〜以下	**moins de ...** ムワン ドゥ
〜から	**à partir de ...** ア パルティル ドゥ
〜まで	**jusqu'à ...** ジュスカ

曜　日

1_002.mp3

月曜日	**lundi** ランディ
火曜日	**mardi** マルディ
水曜日	**mercredi** メルクルディ
木曜日	**jeudi** ジュディ
金曜日	**vendredi** ヴァンドゥルディ
土曜日	**samedi** サムディ
日曜日	**dimanche** ディマンシュ

日　時

1_003.mp3

去年	**l'année dernière / l'an dernier** ラネ　デルニエール　ラン　デルニエ
今年	**cette année** セタネ
来年	**l'année prochaine / l'an prochain** ラネ　プロシェン　ラン　プロシャン
先月	**le mois dernier** ル　ムワ　デルニエ
今月	**ce mois-ci** ス　ムワスィ
来月	**le mois prochain** ル　ムワ　プロシャン
上旬	**au début du mois** オ　デビュ　デュ　ムワ
中旬	**vers le milieu du mois** ヴェル　ル　ミリュ　デュ　ムワ
下旬	**vers la fin du mois** ヴェル　ラ　ファン　デュ　ムワ
先週	**la semaine dernière** ラ　スメン　デルニエール
今週	**cette semaine** セトゥ　スメン
来週	**la semaine prochaine** ラ　スメン　プロシェン

一昨日	**avant-hier**	アヴァンティエール
昨日	**hier**	イエール
今日	**aujourd'hui**	オジュルデュイ
明日	**demain**	ドゥマン
明後日	**après-demain**	アプレドゥマン
初め	**au début**	オ デビュ
半ば	**au milieu**	オ ミリュ
終わり	**à la fin**	ア ラ ファン
朝	**matin**	マタン
午前中	**matinée**	マティネ
午(ひる)	**midi**	ミディ
午後	**après-midi**	アプレミディ
昼間／日中	**jour / journée**	ジュール　ジュルネ
夕方／晩／夜	**soir / soirée**	スワール　スワレ
夜／夜中	**nuit**	ニュイ

位置

1_004.mp3

〜の左	**à gauche de ...**	ア ゴーシュ ドゥ
〜の右	**à droite‿de ...**	ア ドゥルワッドゥ
上	**sur / dessus**	スュール　ドゥスュ
下	**sous / dessous**	ス　ドゥス

〜の真ん中	**au milieu de ...** オ ミリュ ドゥ	
前	**devant** ドゥヴァン	
うしろ	**derrière** デリエール	
斜め	**en biais** アン ビエ	
向かい	**en face** アン ファス	
内	**dans / à l'intérieur (de) / dedans** ダン ア ランテリュール ドゥ ドゥダン	
外	**hors (de) / à l'extérieur (de) / dehors** オル ドゥ ア レクステリュール ドゥ ドゥオール	
〜のそば	**à côté de ...** ア コテ ドゥ	
〜の近く	**près de** プレ ドゥ	
〜の遠く	**loin de ...** ルワン ドゥ	

方 角

1_005.mp3

東	**est** エストゥ	
西	**ouest** ウエストゥ	
南	**sud** スュッドゥ	
北	**nord** ノール	
南東	**sud-est** スュデストゥ	
北東	**nord-est** ノレストゥ	
南西	**sud-ouest** スュドゥエストゥ	
北西	**nord-ouest** ノルエストゥ	
北北西	**nord-nord-ouest** ノルノルエストゥ	

方　向

1_006.mp3

ここ	**ici** イスィ	
そこ	**là** ラ	
あそこ	**là-bas** ラバ	
こちら	**par⌣ici** パリスィ	
そちら	**par là** パル　ラ	
あちら	**par là-bas** パル　ラバ	
こちら側	**de ce côté-ci** ドゥ　ス　コテスィ	
そちら側/あちら側	**de ce côté-là** ドゥ　ス　コテラ	

時　刻

1_007.mp3

午前	**... du matin** デュ　マタン
午後	**... de l'après-midi** ドゥ　ラプレミディ
夜の	**... du soir** デュ　スワール

*午後6時以降は du soir を使う。たとえば午後10時は dix heures du soir と言う。

1時	**une⌣heure** ユヌール
2時	**deux⌣heures** ドゥズール
3時	**trois⌣heures** トゥルワズール
4時	**quatre⌣heures** カトゥルール
5時	**cinq⌣heures** サンクール
6時	**six⌣heures** スィズール
7時	**sept⌣heures** セトゥール

8時	**huit heures** ユイトゥール
9時	**neuf heures** ヌヴール
10時	**dix heures** ディズール
11時	**onze heures** オンズール
12時/正午	**douze heures / midi** ドゥズール　ミディ
13時/午後1時	**treize heures / une heure** トレズール　ユヌール
14時/午後2時	**quatorze heures / deux heures** カトルズール　ドゥズール
15時/午後3時	**quinze heures / trois heures** カンズール　トゥルワズール
16時/午後4時	**seize heures / quatre heures** セズール　カトゥルール
17時/午後5時	**dix-sept heures / cinq heures** ディセトゥール　サンクール
18時/午後6時	**dix-huit heures / six heures** ディズュイトゥール　スィズール
19時/午後7時	**dix-neuf heures / sept heures** ディズヌヴール　セトゥール
20時/午後8時	**vingt heures / huit heures** ヴァントゥール　ユイトゥール
21時/午後9時	**vingt et une heures / neuf heures** ヴァンテ　ユヌール　ヌヴール
22時/午後10時	**vingt-deux heures / dix heures** ヴァンッドゥズール　ディズール
23時/午後11時	**vingt-trois heures / onze heures** ヴァンットゥルワズール　オンズール
0時/午後12時	**zéro heure / minuit** ゼロ　ウール　ミニュイ
4時5分	**quatre heures cinq** カトゥルール　サンク
4時10分	**quatre heures dix** カトゥルール　ディス
4時15分	**quatre heures et quart** カトゥルレ　カール **quatre heures quinze** カトゥルール　カンズ

4時20分	**quatre‿heures vingt** カトゥルール　ヴァン
4時25分	**quatre‿heures vingt-cinq** カトゥルール　ヴァンツァンク
4時30分	**quatre‿heures‿et demie** カトゥルール　ドゥミ **quatre‿heures trente** カトゥルール　トゥラントゥ
4時35分	**cinq‿heures moins vingt-cinq** サンクール　ムワン　ヴァンツァンク **quatre‿heures trente-cinq** カトゥルール　トゥランツァンク
4時40分	**cinq‿heures moins vingt** サンクール　ムワン　ヴァン **quatre‿heures quarante** カトゥルール　カラントゥ
4時45分	**cinq‿heures moins le quart** サンクール　ムワン　ル　カール **quatre‿heures quarante-cinq** カトゥルール　カランツァンク
4時50分	**cinq‿heures moins dix** サンクール　ムワン　ディス **quatre‿heures cinquante** カトゥルール　サンカントゥ
4時55分	**cinq‿heures moins cinq** サンクール　ムワン　サンク **quatre‿heures cinquante-cinq** カトゥルール　サンカンツァンク
5時	**cinq‿heures** サンクール

* 日常生活では et quart（1/4）、et demie（1/2）、moins le quart（－1/4）を使った言い方をする。ただしこの表現は1時から11時までと正午、午前0時のときだけに使うので、16時15分のときに seize heures et quart とは言わない。

身体

1_008.mp3

身体	**le corps** ル　コール
頭	**la tête** ラ　テトゥ
顔	**le visage / la figure** ル　ヴィザージュ　ラ　フィギュール
目	**les‿yeux（un‿œil）** レズュ　（アヌユ）
耳	**les‿oreilles（une‿oreille）** レゾレイ　（ユノレイ）

鼻	**le nez**	ル ネ
口	**la bouche**	ラ ブッシュ
唇	**les lèvres**	レ レヴル
歯	**les dents**	レ ダン
額	**le front**	ル フロン
ほお	**les joues**	レ ジュ
あご	**le menton**	ル マントン
のど	**la gorge**	ラ ゴルジュ
首	**le cou**	ル ク
肩	**les‿épaules**	レゼポール
腕	**les bras**	レ ブラ
ひじ	**les coudes**	レ クドゥ
手首	**les poignets**	レ プワニェ
手	**les mains**	レ マン
指	**les doigts**	レ ドゥワ
爪	**les‿ongles**	レゾングル
胸	**la poitrine**	ラ プワトゥリン
心臓	**le cœur**	ル クール
肺	**les poumons**	レ プモン
肝臓	**le foie**	ル フワ
腹	**le ventre**	ル ヴァントゥル

胃	l'estomac	レストマ
腸	les intestins	レザンテスタン
背	le dos	ル ド
腰（背中側）、腎臓	les reins	レ ラン
腰（左右側面）	les hanches	レ アンシュ
尻	les fesses	レ フェッス
脚	les jambes	レ ジャンブ
ひざ	les genoux	レ ジュヌ
ふくらはぎ	les mollets	レ モレ
くるぶし	les chevilles	レ シュヴィーユ
足（くるぶしより下）	les pieds	レ ピエ
つまさき	les orteils	レゾルテイ

季節

1_009.mp3

春に	au printemps	オ プランタン
夏に	en été	アネテ
秋に	en automne / à l'automne	アノトンヌ／ア ロトンヌ
冬に	en hiver	アニヴェール
早春に	au début du printemps	オ デビュ デュ プランタン
真夏に	vers le milieu de l'été	ヴェル ル ミリュ ドゥ レテ
晩秋に	à la fin de l'automne	ア ラ ファン ドゥ ロトンヌ
梅雨に	à la saison des pluies	ア ラ セゾン デ プリュイ

天気

晴れている。	Il fait beau.
青空だ。	Le ciel est bleu.
快晴だ。	Le ciel est dégagé.
日が射している。	Il y a du soleil.
曇っている。	Le temps est couvert. / Le ciel est nuageux.
雲が出ている。	Il y a des nuages.
風が吹いている。	Il y a du vent.
青空がのぞいている。	Il y a une éclaircie.
天気がよくなってきた。	Le temps se lève.
雨が降っている。	Il pleut.
小雨が降っている。	Il bruine.
にわか雨だ。	Il y a une averse.
どしゃ降りだ。	Il pleut à verse. / Il pleut des cordes.
豪雨だ！	C'est un vrai déluge!
霧がかかっている。	Il y a du brouillard.
あられだ。	Il grêle.
雪が降っている。	Il neige.
大雪だ。	Il neige beaucoup.
凍てついている。	C'est gelé.

あらしだ。	Il y a un orage. イリャ アノラージュ
雷が鳴っている。	C'est le tonnerre. セ ル トネール
台風だ。	Il y a un typhon. イリャ アン ティフォン

色

1_011.mp3

黒	noir [noire] ヌワル
グレー	gris [grise] グリ [グリーズ]
白	blanc [blanche] ブラン [ブランシュ]
ベージュ	beige ベージュ
茶	marron マロン
こげ茶	brun [brune] ブラン [ブリュン]
緑	vert [verte] ヴェール [ヴェルトゥ]
青	bleu [bleue] ブルー
紺	bleu marine ブル マリン
紫	violet [violette] ヴィオレ [ヴィオレットゥ]
ピンク	rose ローズ
赤	rouge ルージュ
オレンジ	orange / orangé [orangée] オランジュ オランジェ
黄	jaune ジョン
金	doré [dorée] ドレ
銀	argenté [argentée] アルジャンテ
薄い、明るい	clair [claire] クレール

濃い、暗い	**foncé [foncée]** フォンセ

*髪の毛の色を言うには次のふたとおりの表現がある。
① avoir les cheveux blonds（金髪）/ roux（赤毛）/ châtains（うす茶）/ bruns（褐色）/ noirs（黒）/ poivre et sel（ごま塩）
② être blond [blonde] / roux [rousse] / châtain / brun [brune]

単位

1_012.mp3

メートル	**mètre** メトゥル
センチメートル	**centimètre** サンティメトゥル
ミリメートル	**millimètre** ミリメトゥル
キロメートル	**kilomètre** キロメトゥル
グラム	**gramme** グラーム
キロ	**kilo** キロ
カラット	**carat** カラ
リットル	**litre** リートゥル
ミリリットル	**millilitre** ミリリトゥル
立方センチメートル	**centimètre cube** サンティメトゥル キューブ
平方メートル	**mètre carré** メトゥル カレ
平方キロメートル	**kilomètre carré** キロメトゥル カレ
ヘクタール	**hectare** エクタール
秒速（メートル）	**(mètre) par seconde** メトゥル パル スゴンドゥ
時速（キロメートル）	**(kilomètre) _heure** キロメトゥルール
バイト	**octet** オクテ
メガバイト	**mégaoctet** メガオクテ

ギガバイト	**gigaoctet** ジガオクテ	
テラバイト	**teraoctet** テラオクテ	
ヘルツ	**hertz** エルツ	
メガヘルツ	**mégahertz** メガエルツ	
光年	**années-lumière** アネリュミエール	
マグニチュード	**magnitude** マニテュードゥ	

親族の呼び方

1_013.mp3

父	**mon père / "papa"** モン ペール パパ
母	**ma mère / "maman"** マ メール ママン
両親	**mes parents / "papa et maman"** メ パラン パパ エ ママン
兄	**mon frère / mon frère aîné / mon grand frère** モン フレール モン フレレネ モン グラン フレール

* フランスでは aîné「年上」cadet「年下」はあまり問題にしないので使わない。mon grand frère は子供だけが使う言い方で「お兄ちゃん」。

弟	**mon frère cadet / mon jeune frère / mon petit frère** モン フレル カデ モン ジュン フレール モン プティ フレール

* mon petit frère は子供だけが使う。

姉	**ma sœur / ma sœur aînée / ma grande sœur** マ スール マ スレネ マ グランツール

*ma grande sœur は子供だけが使う言い方で「お姉ちゃん」。

妹	**ma sœur cadette / ma jeune sœur / ma petite sœur** マ スール カデットゥ マ ジュン スール マ プティツール

* ma petite sœur は子供だけが使う。

夫	**mon mari / mon‿époux** モン マリ　モンネプ
妻	**ma femme / mon‿épouse** マ ファンム　モンネプーズ
息子	**mon fils / mon garçon** モン フィス　モン ガルソン
娘	**ma fille** マ フィーユ
子供	**mes‿enfants** メザンファン
義理の父 (しゅうと)	**mon beau-père / "Monsieur"** モン ボペール　ムスュ
義理の母 (しゅうとめ)	**ma belle-mère / "Madame"** マ ベルメール　マダーム
義理の兄弟	**mon beau-frère** モン ボフレール
義理の姉妹	**ma belle-sœur** マ ベルスール
婿	**mon gendre** モン ジャンドゥル
嫁	**ma belle-fille / ma bru** マ ベルフィーユ　マ ブリュー
親族	**des parents / de la famille** デ パラン　ドゥ ラ ファミーユ
祖父	**mon grand-père / "papy" / "pépé" / "bon-papa"** モン グランペール　パピ　ペペ　ボン パパ
祖母	**ma grand-mère / "mamie" / "mamy" / "mémé" / "bonne-maman"** マ グランメール　マミ　マミ　メメ　ボンヌ ママン
祖父母	**mes grands-parents** メ グランパラン
孫（男）	**mon petit-fils** モン プティフィス
孫（女）	**ma petite-fille** マ プティットゥフィーユ
孫	**mes petits-enfants** メ プティザンファン
おじ	**mon‿oncle / "oncle <prénom>" / "tonton"** モノンクル　オンクル　トントン

おば	**ma tante** / "**tante \<prénom\>**" / "**tatie**" / "**tata**" マ タントゥ　　タントゥ　　　　　　　　　タティ　　　タタ
いとこ（従兄弟）	**mon cousin** モン　　クザン
いとこ（従姉妹）	**ma cousine** マ　　クズィン
いとこ	**mes cousins** メ　　クザン
おい	**mon neveu** モン　　ヌヴー
めい	**ma nièce** マ　ニエース

*" "は呼びかけに使う語で、〈prénom〉は名前（ファーストネーム）を表す。また、自分の両親と祖父母以外の親族への呼びかけには、名前（ファーストネーム）も使う。

動物の鳴き声　　1_014.mp3

犬	**ouah ouah!** ウア　ウア	
猫 (のどを鳴らす音)	**miaou!** ミャーウ **ronron!** ロンロン	
小鳥	**cui cui!** キュイ　キュイ	
ヒヨコ	**piou piou!** ピュ　ピュ	
メンドリ	**cot cot cot codet!** コットゥ コットゥ コットゥ コデットゥ	
オンドリ	**cocorico!** ココリコー	
カエル	**coâ coâ!** コワ　コワ	
カラス	**croa croa!** クロワ　クロワ	
牛	**meuh!** ムー	
ロバ	**hi-han!** イッアン	
馬	**hi hi hi!** ヒ　ヒ　ヒ	
ヤギ	**mêêê! / bêêê!** メー　　ベー	

音　　1_015.mp3

パーン！ [お尻を打つ音、銃声]	**pan!** パン
ピシャッ！ [平手打ちの音]	**paf!** パッフ
バタン！ [ドアが勢いよく閉まる音]/ バシッ！ [人をなぐったときの音]	**vlan!** ヴラン

クンクン！ [においをかぐときの音]/ グスングスン！ [泣くときの音]	**snif!** スニッフ
ポキッ！ [木が折れる音]	**crac!** クラック
ギュッ！ [のどを絞める音]	**couic!** クイック
ポチャン！/ドボン！ [水に落ちる音]	**plouf!** プルッフ
トントン！ [ドアをノックする音]	**toc toc!** トック トック
チクタク！ [時計の針の音]	**tic tac!** ティック タック
プワーン！ [調子はずれの音]	**couac!** クアック
ドスン！ [重いものが落ちる音]	**badaboum! / patatras!** バダブンム　　　パタトゥラ
カチャカチャ！ [鍵が閉まる音]	**clic clac!** クリック クラック
ピーポー！ [消防車・救急車・ パトカーの音]	**pin pon!** パン　ポン

会話をつなぐフランス語

ところで	au fait / à propos
考え直してみると	à y repenser / tout bien réfléchi
よく考えてみると	quand on réfléchit bien / à bien y réfléchir
いま考えてみると	maintenant que j'y pense
けっきょく	finalement / après tout / en somme / en définitive / en fin de compte / tout compte fait / au bout du compte
つまり/要するに	c'est-à-dire / en somme / après tout / en un mot / bref
もし	si
それとも	ou / ou bien / ou alors / ou encore
それなのに	pourtant / cependant / malgré tout / toutefois / néanmoins
それなら	alors / dans ce cas-là / si c'est ça / si c'est comme ça / puisque c'est comme ça / s'il en est ainsi
そのうえ	en plus / en outre / de plus / par-dessus le marché
それでも/やはり それにしても	quand même / tout de même / malgré tout
それどころか	loin de là / bien au contraire

思ったとおり	**comme prévu / je m'en doutais / je m'y attendais**
〜について	**à propos de ... / au sujet de ...**
すこしずつ/しだいに	**petit à petit / peu à peu**
まず	**d'abord / tout d'abord / premièrement / avant tout / pour commencer**
やっと	**enfin / finalement**
とにかく	**de toute façon / en tout cas / après tout**
たとえば	**par exemple / un exemple**
せいぜい	**au maximum / au plus / à peine**
それで/そして	**alors / et puis / et / ensuite / après / et alors**
だから	**donc / par conséquent / c'est pourquoi / voilà pourquoi**
それでは	**alors / dans ce cas-là**
さっそく/すぐ	**tout de suite / immédiatement**
また	**encore / de nouveau / et puis**
さらに	**de plus / en plus**

疑問詞	1_017.mp3
いつ	quand
どこ	où
だれ	qui/qui est-ce qui/qui est-ce que
なに	qu'est-ce que / qu'est-ce qui / que/ quoi
なぜ	pourquoi
どれ	lequel [laquelle / lesquels / lesquelles]
どっち	lequel [laquelle] des deux
どの	quel [quelle / quels / quelles]
どう	comment / de quelle façon / de quelle manière
どんな	quel genre de
どのように	comment
いくら	combien
いくつ (数)	combien de
いくつ (年齢)	quel‿âge
何時	quelle‿heure
何階	quel‿étage

2

理解し合えるフレーズ

- 01 話し合う
- 02 返事
- 03 質問と答え
- 04 要求する
- 05 助言と注意
- 06 自分の考えを言う

01 話し合う

理解できる？ 知っている？
2_001.mp3

▶わかる？

Tu comprends?
テュ　コンプラン

> Tu comprends?（わかる？）
> Oui, très bien.（うん、よくわかるよ）
> ウイ　トゥレ　ビアン

Tu saisis?
テュ　セズィ
*saisir「つかむ、把握する」。くだけた表現。

Tu piges?
テュ　ピージュ
*piger「わかる」。くだけた表現。

▶わかった？

Tu as compris?
テュ　ア　コンプリ

> Tu as compris?（わかった？）
> Oui, c'est facile.（うん、簡単だよ）
> ウイ　セ　ファスィール

D'accord?
ダコール
T'as pigé?
タ　ピジェ
* くだけた表現。

▶わかってるの？

C'est compris?
セ　コンプリ
* 相手にきつく問いただすニュアンスなので、目下の人にだけ使う。次の2つの表現も同じ。

Compris?
コンプリ
C'est clair?（よくわかった？）
セ　クレール
*clair「明るい、はっきりした」。

▶言ってることがわかる？

Tu vois ce que je veux dire?
テュ　ヴワ　ス　ク　ジュ　ヴ　ディール

> Tu vois ce que je veux dire?
> （言ってることがわかる？）

052　　　　2 理解し合えるフレーズ

Oui, à peu près. (うん、だいたいは)
ウイ ア プ プレ

*à peu près「ほとんど、およそ」。

Tu comprends ce que je veux dire?
テュ コンプラン ス ク ジュ ヴ ディール
Tu me suis?
テュ ム スュイ
*suivre「あとについて行く(来る)」。話の途中で相手に確認するときに使う。

▶だいたいはわかる？
Tu vois à peu près?
テュ ヴォワ ア プ プレ

▶わからなかった？
Tu n'as pas compris?
テュ ナ パ コンプリ

Tu n'as pas compris? (わからなかった？)
Pas vraiment. (あんまりね)
パ ヴレマン

*pas vraiment「それほど〜ではない」。vraiment pas になると「ぜんぜん〜でない」。

Tu ne comprends pas? (わからない？)
テュン コンプラン パ

▶君は知ってる？
Tu le sais, toi?
テュ ル セー トゥワ

Il est spécialiste de quoi, au juste? Tu le sais, toi?
イレ スペスィアリストゥ ドゥ クワ オ ジュストゥ テュ ル セー トゥワ
(彼は何を専門にしてるのかな？ 君は知ってる？)

Non, je ne sais pas. (いや、知らないな)
ノン ジュン セ パ

*spécialiste「専門家」。au juste「正確には」。

▶知らない？
Tu ne sais pas?
テュン セ パ

Il a quel âge? Tu ne sais pas?
イラ ケラージュ テュン セ パ
(彼、いくつかしら？知らない？)

Aucune idée. (ぜんぜんわからないわ)
オキュニデ

▶知ってた？
Tu le savais?
テュ ル サヴェ

話し合う 053

Tu le savais? (知ってた？)

Oui, depuis longtemps. (うん、ずっと前から)
ウイ　ドゥピュイ　ロンタン

Tu aurais pu me le dire...
テュ　オレ　ピュ　ム　ル　ディール
(教えてくれればよかったのに…)

▶知らなかったの？

Tu‿ne savais pas?
テュ　ヌ　サヴェ　パ

*savais の前に le を入れてもよいが、le がないときのほうが多少くだけた表現になる。

Tu‿ne savais pas? (知らなかったの？)

Non, tu me l'apprends.
ノン　テュ　ム　ラプラン
(うん、いま初めて聞いたよ)

理解できる、知っている　　　2_002.mp3

▶わかった。

D'accord.
ダコール

Pour mettre la machine‿en marche, tu appuies ici. OK?
プル　メトゥル　ラ　マシンナン　マルシュ　テュ　アピュイ　イスィ　オケ
(洗濯機をオンにするなら、ここを押すんだよ。いい？)

D'accord. (わかった)

* 家庭では machine à laver「洗濯機」を machine と略して言うことが多い。

OK.
オケ

▶はい、わかりました。

Oui, j'ai compris.
ウイ　ジェ　コンプリ

Il faut cliquer sur l'icône. D'accord?
イル　フォ　クリケ　スュル　リコン　ダコール
(このアイコンをクリックするんです。いいですか？)

Oui, j'ai compris. (はい、わかりました)

▶わかったと思う。

Je crois que j'ai compris.
ジュ　クルワ　ク　ジェ　コンプリ

▶ああ、わかった！

Ça y est, j'ai compris!
_{サ イ エ ジェ コンプリ}

*Ça y est は「うまくいった、これでよし、ほら、やっぱり、もうすんだ」など、色々な表現に用いられる。

> ... et puis il suffit de multiplier par trois.
> _{エ ピュイ イル スュフィ ドゥ ミュルティプリエ パル トゥルワ}
> (…それから、3を掛ければいいでしょ)
>
> Ça y est, j'ai compris! (ああ、わかった！)

*suffire「十分である」。

▶ああ、そうだったんだ！

Ah, je comprends, maintenant!
_{ア ジュ コンプラン マントゥナン}

*maintenant「いま」。

> Ça ne marche pas. (動かないんだけど)
> _{サ ン マルシュ パ}
>
> Evidemment, ce n'est pas branché!
> _{エヴィダマン ス ネ パ ブランシェ}
> (そりゃそうだよ、コンセントにつながってないもの！)
>
> Ah, je comprends, maintenant!
> (ああ、そうだったんだ！)

Ah, je comprends!
_{ア ジュ コンプラン}
Ah, voilà!
_{ア ヴワラー}
Ah, c'était ça!
_{ア セテ サー}
Ah, j'y suis!
_{ア ジ スュイー}

*この suis は être の活用形。y être「理解する」。

Ah, ça s'explique! (ああ、だからなんだ！)
_{ア サ セクスプリーク}

*s'expliquer「説明される、理解される」。

▶うん、わかってるよ。

Oui, je comprends.
_{ウイ ジュ コンプラン}

> Alors, je ne pourrai pas venir. Je suis désolée.
> _{アロール ジュン プレ パ ヴニール ジュ スュイ デゾレ}
> (行けないの。ごめんなさいね)
>
> Oui, je comprends. (うん、わかってるよ)

話し合う

055

▶ああ、そうなんですか？
Ah bon?
ア　ボン
*相手の話の内容の良し悪しにかかわらず bon を使う。

> Elle ne pourra pas venir: sa fille‿est malade.
> エル　ヌ　プラ　パ　ヴニール　サ　フィエ　マラードゥ
> （彼女は来られないでしょう。娘さんが病気だから）
> Ah bon?（ああ、そうなんですか？）

▶ああ、なるほど。
Ah oui, je vois.
ア　ウィ　ジュ　ヴワ

> C'est pour ça qu'il‿a quitté son‿entreprise.
> セ　プル　サ　キラ　キテ　ソナントゥルプリーズ
> （だから彼は会社を辞めたんだよ）
> Ah oui, je vois.（ああ、なるほどね）

▶言いたいことはわかるよ。
Je vois ce que tu veux dire.
ジュ　ヴワ　ス　ク　テュ　ヴ　ディール

▶考え方はわかるよ。
Je comprends ton point de vue.
ジュ　コンプラン　トン　プワン　ドゥ　ヴュ
*point de vue「観点、見解」。

> A mon‿avis, c'est risqué.
> ア　モナヴィ　セ　リスケ
> （それは危ないと思うんだ）
> Je comprends ton point de vue.
> （考え方はわかるよ）

Je comprends ta position.
ジュ　コンプラン　タ　ポズィスィオン
*position「立場、見解」。

▶十分理解できます。
Je suis bien placé [placée] pour comprendre.
ジュ　スュイ　ビアン　プラセ　プル　コンプランドゥル
*être bien placé pour ...「〜するのに好都合の立場にある」は「自分にはその経験があるのでよくわかる」の意味になる。

Et comment, je comprends!
エ　コマン　ジュ　コンプラン
*et comment「まったく、それはもう」。

▶よく知ってるよ！
A qui le dis-tu!
ア キ ル ディテュ
＊直訳は「君はそれをだれに言ってるんだ！」。

> Tu sais, le Japon est‿un pays très cher.
> テュ セ ル ジャポン エタン ペイ トゥレ シェール
> (あのね、日本はすごく物価が高い国なんだよ)
> A qui le dis-tu! (よく知ってるよ！)

Je sais bien!
ジュ セ ビアン

▶うん、知ってるよ。
Oui, je sais.
ウイ ジュ セ

> Il‿a des difficultés …
> イラ デ ディフィキュルテ
> (彼、生活が苦しいみたい…)
> Oui, je sais. (うん、知ってるよ)

▶それくらい知ってるよ！
Ça, je sais!
サ ジュ セ
Ça, évidemment! (そんなの当たり前だ！)
サ エヴィダマン
Tout le monde‿sait ça!
トゥル モンツェ サ
(だれでも知ってるよ！)

▶そのことは知ってたよ。
Je le savais.
ジュ ル サヴェ

> Je le savais. (そのことは知ってたよ)
> Pourquoi est-ce que tu‿ne me l'as pas dit?
> プルクワ エス ク テュン ム ラ パ ディ
> (どうして黙ってたの？)

▶うん、聞いたよ。
Oui, j'ai appris ça.
ウイ ジェ アプリ サ

> Laura s'est mariée. (ロラが結婚したよ)
> ロラ セ マリエ
> Oui, j'ai appris ça. (うん、聞いたよ)

Oui, on me l'a dit.
ウイ オン ム ラ ディ

話し合う

Oui, je l'ai entendu dire.
ウイ ジュ レ アンタンデュ ディール
*entendre dire ...「〜と聞いた」。le は聞いた内容を指す。

Oui, j'en‿ai entendu parler.
ウイ ジャンネ アンタンデュ パルレ
*entendre parler de ...「〜のことを聞いた」。en は de 以下の話の内容を指す。ふつう、世の中の話題やニュースなどで、個人的なことには使わない。

理解できない、知らない　　　　　　　　　　　　2_003.mp3

▶わからない。

Je‿ne comprends pas.
ジュン　　コンプラン　　パ

> Je‿ne comprends pas.（わからないな）
> Bon, je te réexplique.
> ボン ジュ トゥ レエクスプリーク
> （いいよ、もう一度説明してあげる）

Je‿ne suis pas.
ジュン スュイ パ
*suis は suivre「ついていく」の活用形。相手の話が複雑なときや長く続くときに使う。

▶よくわかりません。

Je‿ne comprends pas très bien.
ジュン　　コンプラン　　パ　トレ　ビアン

▶わからなかった。

Je n'ai pas compris.
ジュ ネ　パ　コンプリ

> Je n'ai pas compris.（わからなかったわ）
> Ça‿ne m'étonne pas. C'est compliqué.
> サン　メトンヌ　パ　セ　コンプリケ
> （そりゃそうだよ。ややこしいんだもの）

*étonner「驚かせる」。

▶すみません、よくわからなかったんですが。

Excusez-moi, je n'ai pas très bien compris.
エクスキュゼモワ ジュ ネ パ トレ ビアン コンプリ

▶彼女の言ったことがわからなかったんですが。

Je n'ai pas compris ce qu'elle‿a dit.
ジュ ネ パ コンプリ ス ケラ ディ

▶つまり、何が言いたいの？

Qu'est-ce que tu veux dire, finalement?
ケス　ク テュ ヴ ディール フィナルマン

2　理解し合えるフレーズ

Qu'est-ce que tu veux dire par là?
ケス　ク　テュ　ヴ　ディール　パル　ラ
*par là「それによって」。

▶何を言いたいのかわからないけど。

Je ne comprends pas ce que tu veux dire.
ジュン　コンプラン　パ　ス　ク　テュ　ヴ　ディール

> Il est bizarre, tu ne trouves pas?
> イレ　ビザール　テュン　トゥルヴ　パ
> (彼っておかしいと思わない？)
>
> Je ne comprends pas ce que tu veux dire.
> (何を言いたいのかわからないけど)

▶結局、何を言おうとしてるのかわからないよ。

Je ne vois pas où tu veux en venir, en fin de compte.
ジュン　ヴォワ　パ　ウ　テュ　ヴ　アン　ヴニール　アン　ファン　ドゥ　コントゥ
*en venir à …「結局～に至る」。直訳は「君がどこに行きつこうとしているのかわからない」。

▶ぜんぜんわからないんだけど。

Je n'y comprends rien.
ジュ　ニ　コンプラン　リアン

> Je n'y comprends rien.
> (ぜんぜんわからないんだけど)
>
> Pourtant, ce n'est pas difficile …
> プルタン　ス　ネ　パ　ディフィスィール
> (でも、難しくはないはずだけど…)

Je ne comprends vraiment pas.
ジュン　コンプラン　ヴレマン　パ
Je ne comprends pas du tout.
ジュン　コンプラン　パ　デュ　トゥ
Je ne comprends pas un traître mot.
ジュン　コンプラン　パ　アン　トゥレトゥル　モ
(ひとこともわからない)

▶難しくてさっぱりわからない。

Ça me dépasse complètement.
サ　ム　デパス　コンプレトゥマン
*直訳は「完全に理解を超えている」。

C'est trop difficile pour moi. (私には難しすぎる)
セ　トゥロ　ディフィスィル　プル　モワ

▶ちんぷんかんぷんだ。

C'est vraiment du chinois pour moi.
セ　ヴレマン　デュ　シヌワ　プル　モワ
*chinois「中国語」。直訳は「それは私にはまったく中国語のようなものだ」。

話し合う　　059

C'est de l'hébreu.
セ ドゥ レブルー
*直訳は「それはヘブライ語だ」。

▶考えれば考えるほど、わからなくなる。

Plus j'y réfléchis, moins je comprends.
プリュ ジ レフレシ ムワン ジュ コンプラン

*moins は peu の比較級で「よりすくなく」の意味。

plus .... moins ～「…すればするほど～でない」。

▶知りません。

Je ne sais pas.
ジュ ヌ セ パ

> Qui a écrit ce roman?
> キ ア エクリ ス ロマン
> (この小説、だれが書いたんですか？)
>
> Je ne sais pas.
> (知りません)

Je l'ignore.
ジュ リニョール

▶そのことは知らないよ。

Je n'en sais rien.
ジュ ナン セ リアン

*en「それについて」。

▶私も知りません。

Je n'en sais rien moi non plus.
ジュ ナン セ リアン ムワ ノン プリュ

*moi aussi「私も～だ」を否定形にすると、moi non plus「私も～でない」となる。

▶ぜんぜん知らないよ。

Aucune idée.
オキュニデ

*軽い調子で使う言いまわし。

> Tu sais où sont les clés?
> テュ セ ウ ソン レ クレ
> (カギ、どこにあるか知ってる？)
>
> Aucune idée.
> (ぜんぜん知らないよ)

Je n'en ai aucune idée.
ジュ ナンネ オキュニデ
Je ne sais pas du tout.
ジュ ヌ セ パ デュ トゥ

2 理解し合えるフレーズ

2

▶さあ…。

Alors là ...
アロル ラー

> Quel‿est le nom du Premier Ministre canadien?
> ケル ル ノン デュ プルミエ ミニストゥル カナディアン
> (カナダの首相の名前を知ってる?)
>
> Alors là... (さあ…)

Ça...
サー
*ça「それは」。

Alors là, mystère!
アロル ラー ミステール
*mystère「謎」。

▶降参!

Je donne ma langue‿au chat!
ジュ ドンヌ マ ラングシャ
*donner sa langue au chat「猫に舌を与える」は「あきらめる」の意味で使う。

▶知らなかった。

Je‿ne savais pas.
ジュンヌ サヴェ パ

> Il‿est libanais. (彼はレバノン人だよ)
> イレ リバネ
>
> Ah bon, je‿ne savais pas. Je le croyais français.
> ア ボン ジュン サヴェ パ ジュル クルワイエ フランセ
> (あっそう、知らなかった。フランス人だと思ってた)

▶いいえ、あまりよく知りません。

Non, je‿ne sais pas très bien.
ノン ジュン セ パ トゥレ ビアン

> Tu sais comment venir chez moi?
> テュ セ コマン ヴニル シェ ムワ
> (うちへ来る道、知ってる?)
>
> Non, je‿ne sais pas très bien.
> (いいえ、あまりよく知らないの)
>
> Je vais te faire‿un plan. (地図を書くよ)
> ジュ ヴェ トゥ フェラン プラン

▶これ以上は知りません。

Je n'en sais pas plus.
ジュ ナン セ パ プリュス

> Et ensuite? (それで?)
> エ アンスュイトゥ

話し合う

061

Je n'en sais pas plus.
(これ以上は知りません)

Je n'en sais pas plus que toi.
ジュ ナン セ パ プリュス ク トゥワ
*直訳は「私は君が知っている以上には知らない」。

▶何とも言えないな。

Je ne peux pas dire.
ジュ ヌ プ パ ディール

Tu préfères la mer ou la montagne?
テュ プレフェル ラ メル ウ ラ モンターニュ
(海と山、どっちがいい？)

Je ne peux pas dire. C'est différent.
ジュ ヌ プ パ ディール セ ディフェラン
(何とも言えないな。違うんだもん)

▶そんなこと、わからないよ。

Ça, on ne sait pas.
サ オン ヌ セ パ

Tu crois que ça va s'arranger?
テュ クルワ ク サ ヴァ サランジェ
(何とかなると思う？)

Ça, on ne sait pas.
(そんなこと、わからないよ)

*on「だれも」。

Ça, personne ne le sait.
サ ペルソンヌ ル セ
(そんなこと、だれも知らないよ)

▶だれもはっきり知らないんだ。

On ne sait pas vraiment.
オン ヌ セ パ ヴレマン

Alors, c'était lui?
アロール セテ リュイ
(それじゃ、彼だったの？)

On ne sait pas vraiment.
(だれもはっきり知らないんだ)

Personne n'en est vraiment sûr.
ペルソンナンネ ヴレマン スュール
*être sûr de ...「～を確かだと思う」。en は de 以下の内容を指す。

▶知るわけないよ！

Comment veux-tu que je le sache!
コマン ヴテュ ク ジュル サシュ
*直訳は「君はどうして私がそれを知っていると思いたがるのか」。

> Il est marié? (彼って結婚してるの？)
> イレ マリエ
> Comment veux-tu que je le sache!
> (知るわけないでしょ！)

Mais... je n'en sais rien, moi!
メ ジュ ナン セ リアン ムワ

▶知りようがないね。

Il n'y a pas moyen de savoir.
イル ニャ パ ムワヤン ドゥ サヴワール
*moyen「方法」。il n'y a の部分は省略してもよい。

On ne peut pas savoir.
オン ヌ プ パ サヴワール

聞き取れないとき　　　　　　　　　　　2_004.mp3

▶何ですか？

Pardon?
パルドン

> Est-ce qu'il y a une poste près d'ici?
> エス キリャ ユン ポストゥ プレ ディスィ
> (この近くに郵便局がありますか？)
> Pardon? (何ですか？)

Comment?
コマン
Je vous demande pardon? (何でしょうか？)
ジュ ヴ ドゥマンドゥ パルドン

▶何とおっしゃったのですか？

Qu'est-ce que vous dites?
ケス ク ヴ ディトゥ
Qu'est-ce que vous avez dit?
ケス ク ヴザヴェ ディ
Vous dites?
ヴ ディトゥ

▶何？

Quoi?
クワ
*くだけた表現。
Hein?
アン
*quoi よりさらにくだけた表現。

話し合う

▶何か言った？

Tu as dit quelque chose?
テュ ア ディ ケルク ショズ

▶だれ？

Qui ça?
キ サ

*quiだけでも使えるが、çaを加えて強調するとくだけた表現になる。où「どこ」、quand「いつ」、comment「どうやって」、pourquoi「なぜ」も同じように使う。

> C'est M. Salabert.
> セ ムシュ サラベール
> （あの人、サラベールさんだよ）
> Qui ça?（だれ？）
> M. Salabert.（サラベールさん）
> ムシュ サラベール
> Ah bon.（ああそう）
> ア ボン

▶何を？

Un quoi?
アン クワ

*女性形のときはUne quoi?、複数形の時はDes quoi?となる。

> J'ai acheté un caméscope.
> ジェ アシュテ アン カメスコップ
> （カメスコープを買ったんだ）
> Un quoi?（何を？）
> Une caméra vidéo.（ビデオカメラだよ）
> ユン カメラ ヴィデオ

▶何日？

Le combien?
ル コンビアン

> Il arrivera le huit.
> イラリヴラ ル ユイトゥ
> （彼は8日に着くよ）
> Le combien?（何日？）
> Le huit.（8日だよ）
> ル ユイトゥ

*日付の前にはleをつける。

Quel jour?
ケル ジュール

▶20ユーロですよね？

Vingt euros, c'est bien ça?
ヴァン ウロ セ ビアン サ

*相手が言ったことを繰り返して確認する表現。Vingt eurosはつなげて発音することも、つなげずに発音することもある。

2　理解し合えるフレーズ

> Vingt euros, c'est bien ça?
> ヴァンツロ　セ　ビアン　サ
> (20ユーロですよね？)
> Oui, c'est ça.
> ウイ　セ　サ
> (ええ、そうです)

▶何をお話しですか？

De quoi parlez-vous?
ドゥ　クワ　パルレヴ
*parler de … 「〜について話す」。
De quoi s'agit-il?
ドゥ　クワ　サジティール

▶すみません、聞き取れなかったんですが。

Excusez-moi, je n'ai pas compris.
エクスキュゼムワ　ジュ　ネ　パ　コンプリ
Excusez-moi, je n'ai pas entendu.
エクスキュゼムワ　ジュ　ネ　パ　アンタンデュ

▶話についていけません。

Je n'arrive pas à suivre.
ジュ　ナリヴ　パ　ア　スュイヴル
*arriver à … 「〜できるようになる」の否定形で、「なかなか〜できない」。

> Je n'arrive pas à suivre.
> (話についていけないよ)
> Ça ne m'étonne pas. Il parle très vite.
> サ　ヌ　メトンヌ　パ　イル　パルル　トゥレ　ヴィトゥ
> (そうね。すごく早口だもの)

▶すみません、ちょっと話すのが速いんですが。

Excusez-moi, vous parlez un peu vite.
エクスキュゼムワ　ヴ　パルレ　アン　プ　ヴィトゥ
* 直訳は「少し話すのが速すぎます」。un peu vite の代わりに trop vite を使うのは、相手の話し方を批判することになるので避けたほうがよい。

▶もう一度言っていただけますか？

Vous pourriez répéter, s'il vous plaît?
ヴ　プリエ　レペテ　スィル　ヴ　プレ
Encore une fois, s'il vous plaît.
アンコリュヌ　フワ　スィル　ヴ　プレ
(もう一回お願いします)
Répète, s'il te plaît.
レペットゥ　スィル　トゥ　プレ
(繰り返して)
*répéter を使った表現は相手に不愉快な感じを与えることが多いので、聞き返すときには Comment? や Pardon? を用いたほうがよい。

▶もっとゆっくり話していただけますか?

Vous pourriez parler plus lentement, s'il vous plaît?
ヴ　プリエ　パルレ　プリュ　ラントゥマン　スィル　ヴ　プレ

Moins vite, s'il vous plaît.
ムワン ヴィートゥ スィル ヴ　プレ
(もっとゆっくりお願いします)

▶もっと大きな声でお願いします。

Un peu plus fort, s'il vous plaît.
アン　プ　プリュ　フォール　スィル　ヴ　プレ

Vous pourriez parler un peu plus fort, s'il vous plaît?
ヴ　プリエ　パルレ　アン　プ　プリュ　フォール スィル　ヴ　プレ
(もうすこし大きな声で話していただけますか?)

▶そんなに大きな声で話さないで。

Ne parle pas si fort, s'il te plaît.
ヌ　パルル　パ　スィ　フォール スィル トゥ　プレ

▶何にも聞こえないよ!

Je n'entends rien!
ジュ　ナンタン　リアン
*電話の声が大きすぎるときにも使える。

▶もうすこし静かにしてください!

Un peu de silence, s'il vous plaît!
アン　プ　ドゥ　スィランス スィル　ヴ　プレ

Silence!(静かに!)
スィラーンス

Chut!(しーっ!)
シュットゥ

▶ちょっと黙ってて、まったくもう!

Taisez-vous un peu, à la fin!
テゼヴ　アン　プー　ア　ラ　ファン
*à la fin は「いいかげんにしてくれよ」のニュアンス。

Tais-toi, bon sang!(黙れ、まったく!)
テトゥワ　ボン　サン
*bon sang「よい血液」は「ちくしょう、いまいましい」の意味。

あいづちを打つ

2_005.mp3

▶へえ、そうなの?

Ah bon?
ア　ボン

Il est revenu des États-Unis.
イレ　ルヴニュ　デゼタズュニ
(彼がアメリカから戻ってきたよ)
Ah bon?(へえ、そうなの?)

Ah oui?
ア ウイ

▶あ、そう。
Ah bon.
ア ボン

> Elle a téléphoné. Elle sera là dans quelques minutes.
> エラ テレフォネ エル スラ ラ ダン ケルク ミニュトゥ
> (彼女から電話があったよ。2、3分で着くって)
> Ah bon. (あ、そう)

▶本当？
C'est vrai?
セ ヴレ

> Il paraît qu'ils vont s'installer à la campagne.
> イル パレ キル ヴォン サンスタレ ア ラ カンパーニュ
> (彼らは田舎に落ち着くそうだよ)
> C'est vrai? (ほんと？)

Vraiment?
ヴレマン

▶たしかに。
C'est sûr.
セ スュール

> Remarque, ce n'est pas très important.
> ルマルク ス ネ パ トゥレザンポルタン
> (でもね、そんなに大事なことじゃないよ)
> C'est sûr. (たしかに)

*remarquer「気づく」。

C'est vrai.
セ ヴレ

▶そう？
Tu crois?
テュ クルワ
* 直訳は「そう思う？」。会話の下の類似表現も同じ。

> A mon avis, il va rappeler …
> ア モナヴィ イル ヴァ ラプレ
> (彼はまた電話をかけてくると思うけど…)
> Tu crois? (そう？)

Tu penses?
テュ パンス

話し合う 067

▶うん、そうだね。

Oui, c'est ça.
ウイ　セ　サ

> Tu comprends, elle_est trop gentille. Elle se fait avoir ...
> テュ　コンプラン　エレ　トゥロ　ジャンティユ　エル　ス　フェ　アヴワール
> （ねえ、彼女人がよすぎるよ。だまされるんじゃないかな…）
> Oui, c'est ça.（うん、そうだね）

Hu-hum!
ウフン

▶いいね！

Tu as raison!
テュ　ア　　レゾン
＊直訳は「君は正しい」。

> Je vais lui faire la même chose, il va comprendre!
> ジュ　ヴェ　リュイ　フェル　ラ　メム　　ショーズ　イル　ヴァ　　コンプランドゥル
> （彼を同じ目にあわせてやる、きっと思い知るさ！）
> Tu as raison!（いいね！）

▶まったくだね！

Absolument!
アブソリュマン

> Ils_auraient dû m'inviter, tu_ne trouves pas?
> イルゾレ　　　デュ　マンヴィテ　テュン　トゥルヴ　パ
> （私を誘ってくれるべきだったのに、そう思わない？）
> Absolument!（まったくだね！）

Tout_à fait!
トゥタ　　フェ

▶うん、わかるよ。

Oui, je comprends.
ウイ　ジュ　　コンプラン

> C'est pour ça que je_ne veux plus y_aller.（だからもう行きたくないの）
> セ　プル　サ　ク　ジュン　ヴ　プリュ　ヤレ
> Oui, je comprends.（うん、わかるよ）

Oui, je vois.
ウイ　ジュ　ヴワ
Oui, bien sûr.（うん、もちろん）
ウイ　ビアン　スュール

▶あ、そう、よかったね…。

Ah bon, c'est bien...
ア　ボン　セ　ビアーン
＊軽い意味で使う。

2　理解し合えるフレーズ

> Mon fils a commencé à parler.
> モン　フィサ　　コマンセ　ア　パルレ
> (うちの息子がしゃべり始めたんだ)
>
> Ah bon, c'est bien... (あ、そう、よかったね…)

▶そうだったの。

Je ne savais pas.
ジュン　　サヴェ　パ
＊直訳は「知らなかった」。

> Son père est libanais.
> ソン　ペレ　　リバネ
> (彼女のお父さん、レバノン人だよ)
>
> Je ne savais pas. (そうだったの)

▶それで？

Et alors?
エ　アロール
＊Et alors? は、イントネーションによっていらだち、憤りを表したり、相手に話を促す表現になる。

> Ils ne sont pas mariés. (あのふたり結婚してないのよ)
> イル　ヌ　ソン　パ　　マリエ
> Et alors? (それで？)

Qu'est-ce que ça peut faire!
ケス　　ク　サ　プ　フェール
＊faire「もたらす、影響を及ぼす」。直訳は「それが何に影響するのか！」。

On s'en fiche! (どうでもいいよ！)
オン　サン　フィシュ
＊se fiche de ...「～を問題にしない」。

▶聞いてるよ。

Je t'écoute.
ジュ　テクトゥ

▶私も。

Moi aussi.
ムワ　オスィ

> A sa place, j'aurais téléphoné ...
> ア　サ　プラス　ジョレ　　テレフォネ
> (私なら電話してたけど…)
>
> Moi aussi. (私も)

Moi non plus. (私もそうしない)
ムワ　ノン　プリュ

▶私もそう。

C'est comme_moi.
セ　　　コンムワ

> Ça fait longtemps que je n'ai pas joué aux_échecs. J'ai oublié ...
> サ　フェ　ロンタン　ク　ジュネ　パ　ジュエ　オゼシェク　　ジェ　ウブリエ
> (長いことチェスをしてないから、忘れてしまったな…)
> C'est comme_moi. (ぼくもそう)

▶そんな…。

C'est bête...
セ　　　ベートゥ

*bête は「ばかな、愚かな」だが、この表現は「残念だ、気の毒だ」の意味で、相手を非難するニュアンスはない。

> Alors, je n'ai pas pu le voir ...
> アロール　ジュ　ネ　　パ　ピュ　ル　ヴワル
> (彼に会えなかったの…)
> C'est bête... (そんな…)

C'est moche!
セ　　　モーシュ

*moche「ひどい、下劣な」。くだけた表現。

▶残念だね！

Dommage!
　ドマージュ

*軽い表現なので深刻な状況では使えない。

> J'ai perdu. (負けたよ)
> ジェ　ペルデュ
> Dommage! (残念だったね！)

Quel dommage!
ケル　　ドマージュ
C'est dommage!
セ　　　ドマージュ
Tant pis!
タン　ピ

▶へえーっ！

Ça, alors!
サ　アロール

*「いやまったく、何てこった、こりゃ驚いた、まさか」などの意味をもつ。

> Il_a cinquante-cinq_ans. (彼は55歳だよ)
> イラ　　　サンカンツァンカン
> Ça alors, je lui en donnais à peine quarante-cinq!
> サ　アロール　ジュ　リュイ　アン　　ドネ　　ア　ペン　　カランツァンク
> (へえーっ、せいぜい 45 だと思ってた！)

2　理解し合えるフレーズ

*donner ... ans「〜歳だと推測する」。「40代」の場合は une quarantaine d'années.
Je n'en reviens pas.
ジュ ナン ルヴィアン パ
*「そこから立ち戻れない、驚きが去らない」という意味から、非常に驚いたときに使う。
Non!
ノン

▶うっそー！

C'est pas vrai!
セ パ ヴレ

> Le président est mort dans un accident.
> ル プレズィダン エ モル ダンザナクスィダン
> (大統領が事故で死んだよ)
> **C'est pas vrai!**（うっそー！）

C'est pas possible!
セ パ ポスィーブル
Non!
ノン

▶冗談でしょ！

Sans blague!
サン ブラーグ
*sans ...「〜なしに」。blague「でたらめ、冗談」。くだけた表現。

> Tout est inondé! (すっかり水浸しだ！)
> トゥテティノンデ
> **Sans blague!**（えーっ！）

Tu plaisantes!
テュ プレザントゥ
Tu n'es pas sérieux [sérieuse]?
テュ ネ パ セリュ [セリューズ]
*sérieux「まじめな」。

Tu rigoles!
テュ リゴール
*rigoler「ふざける、冗談を言う」。

▶もちろん！

Bien sûr!
ビアン スュール

> J'estime que c'est trop cher.
> ジェスティム ク セ トゥロ シェール
> (高すぎると思うな)
> **Bien sûr!**（もちろん！）

Evidemment!
エヴィダマン

話し合う

071

Je comprends!
ジュ　コンプラン
(そのとおり！)

Et comment!
エ　コマン

Ah oui!
ア　ウイ

Certainement!
セルテンマン

▶そりゃそうだよ。

C'est normal.
セ　ノルマル
*normal「当然の、妥当な」。

> Je_ne suis pas content!
> ジュン　スュイ　パ　コンタントゥ
> (怒ってるんだ！)
> C'est normal. (そりゃそうだよ)

話を促す　　　　　　　　　　　　　　　　　　　　2_006.mp3

▶それで？

Et alors?
エ　アロール
*「それからどうしたの？」と相手に話を促す表現。

> Il_est_allé la voir ...
> イレタレ　ラ　ヴワル
> (彼、彼女に会いに行ったんだ…)
> Et alors? (それで？)

Et ensuite?
エ　アンスュイトゥ

Et après?
エ　アプレ

▶続けて！

Continue!
コンティニュー

J'attends la suite!
ジャタン　ラ　スュイトゥ
*直訳は「話の続きを待っている」。

▶じゃあ、話して！

Alors, raconte!
アロール　ラコントゥ
*あなたの話を聞きたいな、という気持ちで言う。旅行やデートなど楽しい話を期待するときに使う。

2　理解し合えるフレーズ

Je suis allé en Italie.
ジュ スュイザレ アンニタリ
(イタリアへ行ったんだ)

Alors, raconte! (じゃあ、話して！)

▶何か言って！
Dis quelque chose!
ディ ケルク ショーズ

Dis quelque chose! (何か言って！)
Je n'ai rien à dire.
ジュ ネ リアナ ディール
(何も言うことなんかないよ)

Réponds! (答えて！)
レポン
Parlez! (話して！)
パルレ
Tu parles, oui ou non? (何とか言って)
テュ パルル ウイ ウ ノン

▶さあ、言ってよ！
Allez, vas-y!
アレー ヴァズィー

J'ai … enfin … j'ai quelque chose à te dire.
ジェ アンファン ジェ ケルク ショザ トゥ ディール
(ぼく…つまり…君に言いたいことがあるんだけど)

Allez, vas-y! (さあ、言ってよ！)

Alors, vas-y!
アロール ヴァズィー
Vas-y, dis-le!
ヴァズィー ディルー

▶知りたいんだ。
Je voudrais savoir.
ジュ ヴドゥレ サヴワール

Ce n'est pas intéressant…
ス ネ パ アンテレサン
(面白くはないけど…)

Si, je voudrais savoir.
スィ ジュ ヴドゥレ サヴワール
(そんなことない、知りたいんだ)

J'aimerais bien savoir.
ジェムレ ビアン サヴワール
Ça m'intéresse.
サ マンテレス

話し合う 073

▶お話しください。

Je vous écoute.
ジュ　ヴゼクトゥ
*直訳は「お聞きします」。

Je suis tout ouïe.
ジュ スュイ　トゥトゥイ
*ouïe「聴覚」。「私は全身これ耳だ」という意味からユーモアを含んで「傾聴しています」という表現になる。

▶話してくれない？

Tu ne veux pas me le dire?
テュン　ヴ　パ　ム　ル　ディール

> Arrête de pleurer ... Qu'est-ce qui ne va pas? Tu ne veux pas
> アレッドゥ　プルレ　　ケス　　キン　ヴァ パ　テュン　ヴ　パ
> me le dire?
> ム　ル ディール
> （泣くのはやめて…どうしたの？話してくれない？）
>
> C'est pas la peine, ça sert à rien.
> セ　パ　ラ　ペンヌ　サ　セラ　リアン
> （いいの、何にもならないから）

Tu ne veux pas m'expliquer?
テュン　ヴ　パ　メクスプリケ
*expliquer「説明する」。

▶ほかに何か？

Autre chose?
オトゥル　ショーズ

> Bon, l'affaire est entendue. Autre chose?
> ボン　ラフェレタンタンデュ　　オトゥル　ショーズ
> （はい、そのことはわかりました。ほかに何か？）
>
> Oui, il y a le problème des heures supplémentaires ...
> ウイ　イリャ　ル　プロブレム　デズール　　スュプレマンテール
> （はい、残業の問題がありますが…）

Quoi d'autre?
クワ　ドトゥル

話題を変える　　　　　　　　　　　2_007.mp3

▶ところで、〜。

Au fait, ...
オ　フェット
*fait「本題、主題」。

> C'était très sympathique.
> セテ　トゥレ　サンパティック
> （とっても楽しかったね）

2　理解し合えるフレーズ

Au fait, comment va Yves?(ところで、イヴは元気?)
オ フェットゥ コマン ヴァ イーヴ

A propos, ...
ア プロポ

Dis donc, ...
ディ ドン

* 「ねえ、ちょっと、まさか」など、驚きや不満を表す表現にも使う。

▶そういえば、~。

En parlant de_ça, ...
アン パルラン ツァ

* 直訳は「それについて話すと、~」。

> On_est_allés dans_un restaurant indien.
> オネタレ ダンザン レストラン アンディアン
> (インド料理の店へ行ったんだよ)
>
> Ah oui, en parlant de_ça, tu lui as demandé pour jeudi?
> ア ウイ アン パルラン ツァ テュ リュイ ア ドゥマンデ プル ジュディ
> (ああ、そういえば、彼に木曜日のこと聞いた?)

Ah oui, au fait, ...
ア ウイ オ フェットゥ

▶別の話なんだけど、~。

Pour changer de_sujet, ...
プル シャンジェ ツュジェ

> Pour changer de_sujet, j'ai deux nouvelles_à vous_annoncer:
> プル シャンジェ ツュジェ ジェ ドゥ ヌヴェラ ヴザノンセ
> une bonne_et une mauvaise. Je commence par laquelle?
> ユン ボネ ユン モヴェーズ ジュ コマンス パル ラケール
> (別の話なんだけど、話したいことが2つあるの。いいのと悪いのだけど、どっちからがいい?)
>
> La bonne. (いいほうから)
> ラ ボンヌ

▶はい、次にいきましょう。

Bon, passons à autre chose.
ボン パソン ア オトゥル ショーズ

▶話は変わるけど、~。

Je passe du coq_à l'âne, mais ...
ジュ パス デュ コカ ラーン メー

* 直訳は「おんどりから雄ロバまで話は飛ぶが、~」。

> Je passe du coq_à l'âne, mais tu connais la nouvelle?
> ジュ パス デュ コカ ラーン メー テュ コネ ラ ヌヴェール
> (話は変わるけど、ニュース聞いた?)
>
> Oui, on va changer de patron.
> ウイ オン ヴァ シャンジェ ドゥ パトゥロン
> (うん、社長がかわるんだって)

Je change de sujet, mais ...
ジュ シャンジュ ドゥ スュジェ メ

▶ああそうだ、〜。

Ça me rappelle que ...
サ ム ラペール ク

*rappeler「思い出させる、連想させる」。

Ça me rappelle qu'il faut téléphoner à Michel.
サ ム ラペール キル フォ テレフォネ ア ミシェル
(ああそうだ、ミシェルに電話しなくては)

Oui, c'est vrai. On allait oublier.
ウィ セ ヴレ オナレ ウブリエ
(ああ、ほんとだ。忘れるところだった)

Ça me fait penser que...
サ ム フェ パンセ ク

▶やっと思い出した！

Ça y est, je me souviens!
サ イエ ジュ ム スヴィアン

*Ça y est は「これでよし、そのとおり、ほら、やっぱり、もうすんだ」など様々な表現に使うが、この場合は「やった！」といったニュアンス。

Ça y est, je me souviens!
(やっと思い出した！)

Tu parles de quoi? (何のこと？)
テュ パルル ドゥ クワ

Le nom que je cherchais tout à l'heure!
ル ノン ク ジュ シェルシェ トゥタ ルール
(さっき思い出そうとしてた人の名前だよ！)

▶さて、冗談はおいて、〜。

Bon, plaisanterie mise à part, ...
ボン プレザントゥリ ミザ パール

*mise à part「わきに置いて」。

Ah, elle est bien bonne!
ア エル ビアン ボンヌ
(ああ、それは面白い！)

Bon, plaisanterie mise à part, où en es-tu?
ボン プレザントゥリ ミザ パール ウ アン エテュ
(さて、冗談はおいて、どこまで進んだんだった？)

*Elle est bien bonne! は、だれかが冗談を言ったとき、笑いながら返す決まり文句。「それは気のきいた冗談だ、それは愉快だ」のニュアンス。

Blague à part, ...
ブラガ パール

* くだけた表現。blague は plaisanterie のくだけた言い方。

Bon, soyons sérieux [sérieuses]!
ボン　スワヨン　セリュ　[セリューズ]
(さあ、まじめにやろう！)

▶本題に戻りましょう！

Revenons à notre sujet!
ルヴノン　ア　ノトゥル　スュジェ

Revenons à nos moutons.
ルヴノン　ア　ノ　ムトン
*moutons「羊」。15世紀の喜劇のせりふから生まれた言いまわし。

Revenons à ce qui nous occupe.
ルヴノン　ア　ス　キ　ヌゾキュプ
*occuper「占める」。

▶さあ、その話はもうやめよう。

Bon allez, on arrête de parler de ça.
ボン　アレ　オナレッドゥ　ドゥ　パルレ　ドゥ　サ

> **Tu te rends compte? Si tu te retrouves au chômage!**
> テュ トゥ　ラン　コントゥ　スィ テュ トゥ　ルトゥルヴォ　ショマージュ
> (ねえ、考えてみて。もしまたあなたが失業したとしたら！)
>
> **Bon allez, on arrête de parler de ça.**
> (さあ、その話はもうやめようよ)

J'en ai assez, je ne veux plus en parler!
ジャンネ　アセ　ジュ ヌ　ヴ　プリュ アン　パルレ
(十分だよ、これ以上話したくないよ！)

Y en a marre de ce sujet!
ヤンナ　マール　ドゥ　ス　スュジェ
(その話はもうたくさん！)

* (Il) y en a marre de ...「～はうんざりだ、～はもうたくさん」。くだけた表現。

▶ほかの話をしない？

Si on parlait d'autre chose?
スィ　オン　パルレ　ドートゥル　ショーズ

> **Ça va, le travail?** (仕事、順調？)
> サ　ヴァ　ル　トゥラヴァイ
> **Si on parlait d'autre chose?**
> (ほかの話をしない？)

Si on changeait de sujet?
スィ　オン　シャンジェ　ドゥ　スュジェ
Parlons d'autre chose! (ほかのことを話そうよ！)
パルロン　ドトゥル　ショーズ

▶いまは話すときじゃない。

Ce n'est pas le moment d'en parler.
ス　ネ　パ　ル　モマン　ダン　パルレ

▶その話はあとにしよう。

On en parlera plus tard.
オナン パルルラ プリュ タール

Je ne veux pas parler de ça maintenant.
ジュ ヌ ヴ パ パルレ ツァ マントゥナン
（いまはその話はしたくない）

▶またにしよう。

On en reparlera.
オナン ルパルルラ

On verra.
オン ヴェラ
＊「なりゆきを見よう、あとで検討しよう」といった意味。

順を追って話す　　　　　　　　　　　2_008.mp3

▶えーっと、こういうことなんだよ。

Eh bien voilà.
エ ビアン ヴワラ

Eh bien voilà. Ce jour-là, j'avais enfin réussi à inviter Claire.
エ ビアン ヴワラ ス ジュルラ ジャヴェ アンファン レユスィ ア アンヴィテ クレール
（えーっと、こういうことなんだよ。その日、ぼくはとうとうクレールを誘うことに成功したんだ）

＊Eh bien voilà. の代わりに Bon alors, ...「じゃあ、〜」、Ça a commencé comme ça.「始まりはこうだったんだ」、Ça s'est passé de la façon suivante.「こういうふうだったんです」も使える。

▶最初は、

Au début,
オ デビュ

Au début, ça s'est bien passé.
オ デビュ サ セ ビアン パセ
（最初は、うまくいってた）

▶まず、

D'abord,
ダボール

D'abord, nous sommes allés au cinéma.
ダボール ヌ ソムザレ オ スィネマ
（まず、ぼくたちは映画を見に行ったんだ）

▶それから、

Ensuite,
アンスュイートゥ

078　　　　　　　　　　　2　理解し合えるフレーズ

Ensuite, nous avons déjeuné. (それから、お昼を食べた)
アンスュイートゥ　ヌザヴォン　　デジュネ

▶そうして、

Et puis,
エ　ピュイ

Et puis, nous nous sommes promenés aux Champs-Elysées.
エ　ピュイ　ヌ　ヌ　ソム　プロムネ　オ　シャンゼリゼ
Claire a fait quelques achats.
クレラ　フェ　ケルクザシャ
(そうして、シャンゼリゼを散歩した。クレールはいくつか買い物をした)

*Champs-Elysées の前には aux のかわりに sur les を使うこともある。

▶その次に、

Et puis ensuite,
エ　ピュイ　アンスュイートゥ

Et puis ensuite, nous avons décidé d'aller à pied au Quartier
エ　ピュイ　アンスュイートゥ　ヌザヴォン　デスィデ　ダレ　ア　ピエ　オ　カルティエ
Latin.
ラタン
(その次に、歩いてカルチェラタンへ行くことにしたんだ)

▶〜のとき、

Quand ....
カン

Quand nous sommes arrivés, nous avions soif.
カン　ヌ　ソムザリヴェ　ヌザヴィオン　スワッフ
(着いたとき、ぼくらはのどが渇いてた)

▶それで、

Alors,
アロール

Alors, nous sommes entrés dans un café.
アロール　ヌ　ソムザントゥレ　ダンザン　カフェ
(それで、カフェに入ったんだ)

▶その間に、

Entre-temps,
アントゥルタン

Entre-temps, il a commencé à pleuvoir. Heureusement, ça n'a
アントゥルタン　イラ　コマンセ　ア　プルヴワール　ウルズマン　サ　ナ
pas duré longtemps.
パ　デュレ　ロンタン
(その間に、雨が降り始めたんだけど、幸い、長くは続かなかった)

▶そのあと、

Après,
アプレ

Après, nous nous sommes promenés sur les quais de la Seine.
アプレ ヌ ヌ ソム プロムネ スュル レ ケ ドゥラ セン
(そのあと、ぼくたちはセーヌ川の岸を散歩した)

▶しばらくすると、

Au bout d'un moment,
オ ブ ダン モマン

Au bout d'un moment, Claire s'est rendu compte qu'elle‿avait
オ ブ ダン モマン クレール セ ランデュ コント ケラヴェ
oublié un paquet au café. Nous sommes retournés.
ウブリエ アン パケ オ カフェ ヌ ソム ルトゥルネ
Heureusement, elle l'a retrouvé.
ウルズマン エル ラ ルトゥルヴェ
(しばらくすると、クレールがカフェに袋を忘れてきたことに気がついた。戻ってみると、運のいいことにあったんだ)

▶突然、

Tout‿à coup,
トゥタ ク

Tout‿à coup, quelqu'un m'a tapé sur l'épaule. C'était Luigi,
トゥタ ク ケルカン マ タペ スュル レポール セテ リュイジ
un‿ancien copain italien. Nous‿avons bavardé
アナンスィアン コパン イタリアン ヌザヴォン バヴァルデ
quelques‿instants et je lui ai présenté Claire. Et puis, il nous‿a
ケルクザンスタン エ ジュ リュイ エ プレザンテ クレール エ ピュイ イル ヌザ
invités dans‿un club. Il‿a tellement insisté que je n'ai pas pu
アンヴィテ ダンザン クルブ イラ テルマン アンスィステ ク ジュ ネ パ ピュ
refuser.
ルフュゼ
(突然、だれかがぼくの肩をたたいた。それはイタリア人の昔の友達、リュイジだったんだ。ちょっとの間ぼくらはおしゃべりをして、それからぼくは彼にクレールを紹介した。すると彼はぼくらをクラブに誘ったんだ。とても熱心で断れなかった)

▶そういうわけで、

Donc,
ドンク

Donc, nous sommes‿allés dans‿un club‿italien. Il‿y‿avait un
ドンク ヌ ソムザレ ダンザン クルビタリアン イリャヴェ アン
groupe vénitien.
グルプ ヴェニスィアン
(そういうわけで、ぼくたちはイタリアン・クラブへ行った。ヴェネチアのバンドがやってたよ)

▶2、3分すると、

Quelques minutes‿après,
ケルク　　　ミニュタプレ

> Quelques minutes‿après, le garçon est venu prendre la
> ケルク　　　ミニュタプレ　　ル　ガルソン　エ　ヴニュ　プランドゥル　ラ
> commande.
> コマンドゥ
> (2、3分すると、ウエイターが注文を取りに来た)

▶もうちょっとして、

Un peu plus tard,
アン　ブ　プリュ　タール

> Un peu plus tard, Claire m'a proposé de danser. Impossible, je
> アン　プ　プリュ　タール　クレール　マ　プロポゼ　ドゥ　ダンセ　アンポスィーブル　ジュ
> suis nul! Alors Luigi l'a invitée. Claire lui plaisait, ça se voyait.
> スュイ ニュル アロール リュイジ ラ アンヴィテ クレール リュイ　プレゼ　サ　ス　ヴワイエ
> Elle‿a accepté.
> エラ　　アクセプテ
> (もうちょっとして、クレールはぼくに踊ろうと言った。だめなんだよ、ぼくはまるきり踊れないんだ！そこでリュイジが彼女を誘った。彼がクレールを気に入っているのは、見え見えだったよ。彼女も承知した)

▶そのとき、

A ce moment-là,
ア　ス　　モマンラ

> A ce moment-là, je me suis souvenu qu'elle‿avait vécu en‿Italie.
> ア　ス　モマンラ　ジュ ム スュイ スヴニュ　ケラヴェ　ヴェキュ アンニタリ
> Je me suis retrouvé tout seul. Pour passer le temps, j'ai
> ジュ ム スュイ ルトゥルヴェ トゥ スール プル パセ ル タン ジェ
> commandé un deuxième whisky. J'écoutais la musique.
> コマンデ　アン ドゥズィエム　ウイスキ　ジェクテ　ラ ミュズィーク
> (そのとき、彼女がイタリアで暮らしたことがあるのを思い出してね。ひとりぼっちになってしまったぼくは、時間をやり過ごすために2杯めのウイスキーを注文して、音楽を聞いてたんだ)

▶そうしながら、

En même temps,
アン　メム　　タン

*en même temps「同時に」。

> En même temps, je les‿observais. Il‿est beau, Luigi, je le déteste!
> アン メム　タン ジュ レゾプセルヴェ　イレ　ボー リュイジ ジュ ル デテストゥ
> Ils parlaient en‿italien. Ils‿avaient l'air de bien s'amuser.
> イル パルレ　アンニタリアン　イルザヴェ　レール ドゥ ビアン　サミュゼ
> (そうしながら、ふたりを眺めてたんだ。かっこいいよ、リュイジは。でもぼくは嫌いだな！彼らはイタリア語で話していて、とても楽しそうな雰囲気だった)

話し合う

▶とうとう、

Enfin,
アンファン

Enfin, la soirée s'est terminée. Ils_étaient très gais... pas moi.
アンファン ラ スワレ セ テルミネ イルゼテ トゥレ ゲ パ ムワ
(とうとう、その夜は終わった。彼らはとても陽気だった…ぼくはそうじゃなかったけど)

▶最後に、

Finalement,
フィナルマン

Finalement, Luigi a proposé de raccompagner Claire. Le pire,
フィナルマン リュイジ ア プロポゼ ドゥ ラコンパニェ クレール ル ピール
c'est qu'ils_habitent_dans le même quartier!
セ キルサビッダン ル メム カルティエ
(最後に、リュイジがクレールを送って行こうかと言った。最悪なことに、ふたりは同じ地区に住んでたんだ!)

*finalement には「結局」の意味もある。

▶要するに、

En fin de compte,
アン ファン ドゥ コントゥ

En fin de compte, je n'aurais jamais dû les présenter... et dès
アン ファン ドゥ コントゥ ジュ ノレ ジャメ デュ レ プレザンテ エ デ
demain, je m'inscris à un cours de danse!
ドゥマン ジュ マンスクリ ア アン クール ドゥ ダンス
(要するに、ふたりを紹介するんじゃなかったんだ…よーし、明日こそはダンスの教室に申し込むぞ!)

*En fin de compteの代わりにBref,...、En somme, ...、En résumé, ...を使ってもよい。

02 返事

賛成する

▶そうだね。

Je suis d'accord avec toi.
ジュ スュイ ダコラヴェク トゥワ

> Il vaut mieux ne pas lui dire. (彼に言わないほうがいいよ)
> イル ヴォ ミュ ヌ パ リュイ ディール
> Je suis d'accord avec toi. (そうだね)

▶まったく同感です。

Je suis tout à fait d'accord.
ジュ スュイ トゥタ フェ ダコール

> Il faut faire davantage de publicité.
> イル フォ フェール ダヴァンタージュ ドゥ ピュブリスィテ
> (もっと宣伝をすべきです)
> Je suis tout à fait d'accord.
> (まったく同感です)

Je suis complètement d'accord.
ジュ スュイ コンプレトゥマン ダコール
Je suis entièrement de votre avis.
ジュ スュイ アンティエルマン ドゥ ヴォトゥラヴィ

▶賛成だよ。

Je suis de ton avis.
ジュ スュイ ドゥ トナヴィ
Je pense la même chose.
ジュ パンス ラ メム ショーズ
＊直訳は「同じことを考えている」。
Je partage votre opinion. (ご意見に賛成です)
ジュ パルタージュ ヴォトゥロピニオン
＊partager「分け合う、共有する」。

▶そのとおりです。

Vous avez raison.
ヴザヴェ レゾン

> Il faut se mettre au syndicat. (組合に入らなくては)
> イル フォ ス メトゥロ サンディカ
> Vous avez raison. (そのとおりですね)

Vous avez parfaitement raison.
ヴザヴェ パルフェトゥマン レゾン
(ごもっともです)

＊avoir raison「正しい、もっともである」。

▶ある意味では、正しいですね。

Dans un sens, vous avez raison.
ダンザン　サンス　ヴザヴェ　レゾン

▶まったくだ。

Tout à fait.
トゥタ　フェ

> C'est elle la plus compétente.
> セテール　ラ プリュ　コンペタントゥ
> （彼女がいちばんふさわしいよ）
> **Tout à fait.**（まったくだね）

Absolument.
アプソリュマン
Exactement.
エグザクトゥマン
C'est exact.
セテグザクトゥ
C'est tout à fait ça.
セ　トゥタ　フェ　サ
Effectivement.
エフェクティヴマン
C'est bien vu.
セ　ビアン　ヴュ
＊直訳は「それはよく理解された」で、ほめるニュアンスを含む。

▶本当にそうだ！

Ça, c'est bien vrai!
サ　セ　ビアン　ヴレ
＊「まったくそのとおりだ」と、強い同意を表す表現。

> Il est sympathique ...
> イレ　　サンパティーク
> （彼って感じがいいよね…）
> **Ça, c'est bien vrai!**
> （ほんとにそうだね！）

C'est vrai, ça!
セ　ヴレー　サ
Ah, ça oui!
ア　サ ウイ

▶確かに！

C'est sûr!
セ　スュール

> Il va réussir son bac.（彼ならバカロレアに受かるよ）
> イル ヴァ レユスィル ソン バック
> **C'est sûr!**（確かに！）

2　理解し合えるフレーズ

C'est certain.
セ セルタン
Sans aucun doute.
サンゾカン ドゥトゥ
*直訳は「何の疑いもなく」

▶いい考えだね。

Excellente idée.
エクセランティデ

> Si on invitait les Marceau dimanche?
> スィ オナンヴィテ レ マルソ ディマンシュ
> （日曜日にマルソー家の人たちを招こうか？）
> Excellente idée. (いい考えだね)

Bonne idée. (いいね)
ボニデ

▶うん、それでいいよ。

Oui, c'est bien.
ウイ セ ビアン

> Je vais prendre trois bouteilles de Bordeaux pour ce soir.
> ジュ ヴェ プランドゥル トゥルワ ブテイ ドゥ ボルド プル ス スワール
> （今夜のためにボルドーワインを3本買ってこよう）
> Oui, c'est bien.
> （ええ、それでいいわ）

Oui, ça va.
ウイ サ ヴァ
Oui, c'est bon.
ウイ セ ボン
*くだけた表現。

▶ちょうどいい。

C'est parfait.
セ パルフェ

> Alors demain, trois heures, à votre hôtel. Ça vous convient?
> アロール ドゥマン トゥルワズール ア ヴォトゥロテール サ ヴ コンヴィアン
> （では明日午後3時に、あなたのホテルで。いかがですか？）
> C'est parfait.
> （ちょうどいいです）

Ça me convient très bien.
サ ム コンヴィアン トゥレ ビアン
*convenir「適している」。
Très bien.
トゥレ ビアン

返事

▶じゃあ、了解。

Alors, c'est d'accord.
アロール セ ダコール

> Rendez-vous demain à trois‿heures devant la gare.
> ランデヴ ドゥマン ア トゥルワズール ドゥヴァン ラ ガール
> (明日の午後 3 時に駅前でね)
>
> Alors, c'est d'accord. Ne sois pas en retard.
> アロール セ ダコール ヌ スワ パ アン ルタール
> (じゃあ、了解。遅れないで)

Alors, on fait comme ça.
アロール オン フェ コム サ
(じゃあ、そうしよう)

▶いいと思うよ。

Je‿ne suis pas contre.
ジュン スュイ パ コントゥル
＊「あなたの意見や考えに反対ではない」の意味。

> Qu'est‿ce que tu en penses?(どう思う？)
> ケス ク テュ アン パンス
> Je‿ne suis pas contre. (いいと思うよ)

Je n'y suis pas opposé.
ジュ ニ スュイ パ オポゼ
＊opposé à ... 「〜に反対の」。ここでは à... の部分が y になっている。

Je n'ai pas d'objection. (異議はありません)
ジュ ネ パ ドブジェクスィオン
Je n'ai rien contre. (何の反対もない)
ジュ ネ リアン コントゥル

反対する　　　　　　　　　　　　　2_010.mp3

▶そうは思いません。

Je‿ne suis pas d'accord.
ジュン スュイ パ ダコール

> Ce n'est pas‿un bon‿acteur.
> ス ネ パザン ボナクトゥール
> (うまい役者じゃないな)
>
> Je‿ne suis pas d'accord. Moi, je le trouve bien.
> ジュン スュイ パ ダコール　ムワ ジュ ル トゥルヴ ビアン
> (そうは思いませんね。うまいと思いますよ、私は)

Je‿ne pense pas.
ジュン パンス パ

▶意見が違うな。

Je‿ne suis pas‿de ton‿avis.
ジュン スュイ パッ トナヴィ

L'homme est mauvais de nature.
ロメ　　　モヴェ　　ドゥ　ナテュール
（人間は生まれつき悪いものだよ）

Je ne suis pas de ton avis. C'est la société qui le rend mauvais.
ジュン　スュイ　パッ　トナヴィ　セ ラ ソスィエテ　キ ル ラン　　モヴェ
（意見が違うな。社会が人を悪くするんだよ）

Je ne suis absolument pas d'accord avec vous.
ジュン　スュイ　アプソリュマン　パ　ダコラヴェク　ヴ
（あなたの意見にはぜんぜん賛成できません）

▶違うよ！

C'est pas vrai!
セ　　パ　　ヴレ

*ne ... pas の ne が省略された形で、「けっしてそうではない」という強い否定。ce n'est pas vrai の場合は「正しくない」の意味になる。

Tu dis ça par jalousie. （うらやましいんでしょ）
テュ ディ サ パル　ジャルズィ
C'est pas vrai! （違うよ！）

C'est pas ça du tout!
セ　パ　サ デュ トゥ
（ぜんぜんそうじゃない！）

▶まさか！

Tu plaisantes!
テュ　プレザントゥ

C'est la plus jolie fille de la classe.
セ　ラ プリュ ジョリ フィーユ ドゥ ラ　クラス
（クラスでいちばんかわいい女の子だね）

Tu plaisantes! （まさか！）

Tu rigoles!
テュ　リゴール
*くだけた表現。

Tu veux rire!
テュ　ヴ　リール
*rire「笑う」。

▶そんなことはありません。

Détrompez-vous.
デトゥロンペヴ
*se détromper「誤りに気づく」。

Il n'aura pas de mal à trouver du travail.
イル ノラ　　パ ドゥ　マラ　トゥルヴェ デュ トゥラヴァイ
（彼なら楽に仕事を見つけるでしょう）

返事

Détrompez-vous. (そんなことはありません)

Vous vous trompez.
ヴ ヴ トゥロンペ
*se tromper「まちがえる」。

▶ありえない。

C'est impossible.
セタンポスィーブル

C'est lui, le coupable. (犯人は彼だよ)
セ リュイル クパーブル
C'est impossible. (ありえないよ)

Ce n'est pas possible.
ス ネ パ ポスィーブル

▶それはいい考えじゃない。

Ce n'est pas une bonne idée.
ス ネ パ ユン ボニデ

A mon avis, ce n'est pas une bonne idée.
ア モナヴィ ス ネ パ ユン ボニデ
(それはいい考えじゃないと思うよ)

Tu en as une meilleure?
テュ アンナ ユン メユール
(もっといい考えがある？)

C'est une mauvaise idée.
セテュン モヴェズィデ
(その考えはよくない)

▶いや、それはよくないよ。

Non, ce n'est pas bien.
ノン ス ネ パ ビアン

C'est une bonne solution, non?
セテュン ボンヌ ソリュスィオン ノン
(いい方法でしょ？)
Non, ce n'est pas bien.
(いや、それはよくないよ)

Non, ça ne va pas.
ノン サン ヴァ パ

▶そんなばかな！

C'est ridicule!
セ リディキュール

Et si on vendait l'appartement?
エ スィ オン ヴァンデ ラパルトゥマン
(アパートを売ろうか？)

2 理解し合えるフレーズ

C'est ridicule! C'est pas le moment.
セ リディキュール セ パ ル モマン
(そんなばかな！ いまはそのときじゃないよ)

C'est‿absurde.
セタブスュールドゥ
C'est‿idiot.
セティディオ
Ça n'a pas de‿sens! (意味がない！)
サ ナ パ ツァンス

▶反対です。
Je suis contre.
ジュ スュイ コントゥル

Il m'a demandé la permission de sortir ce soir.
イル マ ドゥマンデ ラ ペルミスィオン ドゥ ソルティール ス スワール
(今晩外出したいって、あの子が言ってるんだけど)

Je suis contre. On‿avait dit pas en semaine.
ジュ スュイ コントゥル オナヴェ ディ パ アン スメン
(反対だよ。ウィークデーはだめだって言っておいたじゃないか)

*permission「許可」。en semaine「ウィークデー」、「週末」は le week-end,
Je‿ne suis pas d'accord. (賛成できません)
ジュン スュイ パ ダコール

▶とんでもない！
Pas question!
パ ケスティオン
*Il n'est pas question de ...「～することは論外だ」の略。

On va y‿aller en voiture. (車で行くんだ)
オン ヴァ ヤレ アン ヴワテュール
Pas question! On mettrait des‿heures...
パ ケスティオン オン メトゥレ デズール
(とんでもない！ 何時間もかかるのに…)

Hors de question!
オル ドゥ ケスティオン
*hors de ...「～の外に」。「絶対にだめだ、お断りだ」といった意味のとても強い表現。
Jamais de la vie!
ジャメ ドゥ ラ ヴィ
*jamais「けっして」。de la vie は否定を強調する。

▶異議あり！
Objection!
オブジェクスィオン
*おもに裁判所や議会など公的な場で用いられる。

Je propose de nommer M. Mercier.
ジュ プロポーズ ドゥ ノメ ムスュ メルスィエ
(メルスィエさんの任命を提案します)

返事

Objection!
（異議あり！）

肯定する　　　　　　　　　　　　　　　　　　　　2_011.mp3

▶はい。

Oui.
ウイ

Est-ce que j'ai reçu des appels?
エス ク ジェ ルシュ デザペール
（電話がありましたか？）

Oui, Monsieur. (はい、ございました)
ウイ　ムシュ

*Oui, Monsieur. は男性に対して広く使われる返事。ホテルの従業員などが客に答えるときに使えば「はい、そうでございます」ととても丁寧な返事になる。女性にはMadame または Mademoiselle をつける。

Oui, oui.
ウイ　ウイ
*Oui を重ねて言うと、一度だけより軽い表現になる。

Ouais. (うん！)
ウェ
* とてもくだけた返事のしかたなので、耳にすることはあっても使わないほうがよい。

▶はい、そうです。

Oui, c'est ça.
ウイ　セ　サ

Vous venez du Canada, c'est bien ça?
ヴ　ヴネ　デュ　カナダ　セ　ビアン　サ
（確か、カナダの方でしたね？）

Oui, c'est ça. (はい、そうです)

Effectivement.
エフェクティヴマン

Tout à fait.
トゥタ　フェ

▶ええ、幸いに！

Oui, heureusement!
ウイ　ウルズマン

On t'a enlevé ton plâtre?
オン　タ　アンレヴェ　トン　プラトゥル
（ギプス、はずせたの？）

Oui, heureusement! (うん、幸いにね！)

▶ええ、残念ながら！

Oui, malheureusement!
ウイ　　　　　マルルズマン

> Tu dois repasser ton permis?
> テュ ドゥワ　ルパセ　トン　ペルミ
> （免許、もう一回受けなきゃいけないの？）
>
> Oui, malheureusement!
> （うん、残念ながら！）

Malheureusement oui!
マルルズマン　　　ウイ
Hélas oui!
エラス　ウイ
＊おおげさに強調した文学的な表現。

▶わかった、わかった！

Mais oui!
メ　ウイー

＊この mais には「でも」の意味はまったくなく、oui を強調しているにすぎない。

> Tu fais attention, tu me promets!
> テュ フェ アタンスィオン テュ ム　　プロメ
> （気をつけなさい、約束ね！）
>
> Mais oui! Ne t'inquiète pas!
> メ　ウイー ヌ　タンキエトゥ　パ
> （わかった、わかった！心配しないで！）

▶ええ、よく。

Oui, souvent.
ウイ　スヴァン

> Tu le vois de temps‿en temps?
> テュ ル ヴワ ドゥ　タンザン　　タン
> （あの人にときどき会うの？）
>
> Oui, souvent. On‿habite pas loin.
> ウイ　スヴァン　オナビトゥ　パ　ルワン
> （ええ、よく。近くに住んでるから）

Oui, tout le temps. （はい、しょっちゅう）
ウイ　トゥ　ル　　タン

▶もちろん！

Bien sûr!
ビアン スュール
Bien‿entendu!
ビアナンタンデュ
Bien sûr que oui!
ビアン スュール ク　ウイ

返事

▶当たり前だよ！

Evidemment!
エヴィダマン

*強い肯定で「もちろんだ、言うまでもなくあきらかだ」の意味。

> Tu as révisé pour demain? （復習した？）
> テュ ア レヴィゼ プル ドゥマン
> Evidemment! （当たり前だよ！）

C'est évident!
セ エヴィダン
Tu penses!
テュ パンス
Tu parles!
テュ パールル
Et comment!
エ コマン
Ça va de soi! （自明のことだ！）
サ ヴァ ドゥ スワ
Ça va sans dire. （言うまでもない）
サ ヴァ サン ディール

▶絶対に！

Absolument!
アブソリュマン

> Il est vraiment acteur?
> イレ ヴレマン アクトゥール
> （彼、ほんとに俳優？）
> Absolument! （絶対に！）

Tout à fait!
トゥタ フェ
Exactement!
エグザクトゥマン
Oui, je te le dis! （言ってるじゃないか！）
ウイ ジュ トゥ ル ディ

▶うん、まちがいないよ！

Oui, j'en suis sûr [sûre]!
ウイ ジャン スュイ スュール

*être sûr de ... 「〜を確信している」。de ... の部分が en になっている。

> C'est lui qui l'a répété, tu ne crois pas? （しゃべったのは彼だと思わない？）
> セ リュイ キ ラ レペテ テュン クルワ パ
> Oui, j'en suis sûr! （うん、まちがいないよ！）

Oui, j'en mettrais ma main au feu!
ウイ ジャン メトゥレ マ マン オ フ
（はい、断言します！）

*直訳は「手を火の中に入れる」。

2 理解し合えるフレーズ

▶本当だよ！

Je vous assure!
ジュ ヴザスュール
*assurer「保証する」。

> C'est vrai?（本当なの？）
> セ ヴレ
> Je vous assure!（本当だよ！）

Je vous le garantis!
ジュ ヴ ル ガランティ
*garantir「保証する」。

Je te jure!
ジュ テュ ジュール
*jurer「誓う」。

▶あたり！

Gagné!
ガニェ
*gagner「勝つ」。

> Je parie que tu es française.
> ジュ パリ ク テュ エ フランセーズ
> （あなたフランス人でしょ）
>
> Gagné!（あたりよ！）

Dans le mille!
ダン ル ミール
*le mille は cible「的」の中心。

否定する　　　　　　　　　　　　2_012.mp3

▶いいえ。

Non.
ノン

> Il y avait du courrier, ce matin?
> イリャヴェ デュ クリエ ス マタン
> （今日、郵便がきた？）
>
> Non, rien que des publicités.
> ノン リアン ク デ ピュブリスィテ
> （ううん、広告ばっかり）

*rien que ...「〜しかない」。くだけた表現。フランスではふつう郵便物は午前中に配達される。

Non, non.
ノン ノン
*non を繰り返すことで、軽い表現になる。

返事

▶いいえ。

Si.
スィ

*否定の問いに対して肯定の返事をするときに使う。

> Tu n'as pas faim?
> テュ ナ パ ファン
> (お腹はすいてないでしょ？)
>
> Si, je meurs de faim.
> スィ ジュ ムール ドゥ ファン
> (ううん、ペコペコだよ)

*mourir de faim「餓死する」。

▶いいえ、違います。

Non, c'est pas ça.
ノン セ パ サ

> C'est ce sac que tu cherches?
> セ ス サック テュ シェルシュ
> (あなたがさがしてるのはこのバッグ？)
>
> Non, c'est pas ça. (ううん、違うよ)

▶いやだ！

Ah, non!
ア ノン

> Tu ne viens pas avec moi?
> テュ ン ヴィアン パ アヴェク ムワ
> (一緒に行かない？)
>
> Ah, non! J'ai horreur de faire les magasins! (いやだ！買い物が大嫌いなんだ！)
> ア ノン ジェ オルール ドゥ フェル レ マガザン

*avoir horreur de ...「〜が大嫌いだ」。

Ah ça, jamais! (それは絶対にいやだ！)
ア サ ジャメ

▶もちろんそうじゃないよ！

Bien sûr que non!
ビアン スュル ク ノン

> Tu la laisses sortir le soir?
> テュ ラ レッソルティ ル スワール
> (彼女を夜遊びに行かせたの？)
>
> Bien sûr que non! Elle est trop jeune...
> ビアン スュル ク ノン エレ トゥロ ジューン
> (もちろんそうじゃないよ！ 若すぎるんですもの…)

Mais non!
メ ノン

Non, évidemment!
ノン　エヴィダマン
Non, bien sûr!
ノン　ビアン　スュール

▶いや、無理だよ。

Non, ce n'est pas possible.
ノン　ス　ネ　パ　ポスィーブル

> Tu viens me chercher, ce soir?
> テュ ヴィアン ム シェルシェ ス スワール
> （今夜、迎えに来てくれる？）
> Non, ce n'est pas possible. J'ai rendez-vous à l'autre bout de Paris.
> ノン ス ネ パ ポスィーブル ジェ ランデヴ ア ロトゥル ブ ドゥ パリ
> （いや、無理だよ。パリの反対側で約束があるから）

Non, c'est impossible.
ノン　セタンポスィーブル

▶いいえ、運よく。

Non, heureusement.
ノン　ウルズマン

> Il est blessé?（彼、けがしてる？）
> イレ　ブレセ
> Non, heureusement.（いいえ、運よく）

▶いいえ、残念ながら。

Non, malheureusement.
ノン　マルルズマン

> Vous l'avez acheté?（買ったんですか？）
> ヴ　ラヴェ　アシュテ
> Non, malheureusement. C'était trop cher...
> ノン　マルルズマン　セテ　トゥロ　シェール
> （いいえ、残念ながら。高すぎて…）

Malheureusement non.
マルルズマン　ノン
Hélas non!（ああ、残念なことよ！）
エラース　ノン

▶いいえ、ぜんぜん。

Non, pas du tout.
ノン　パ　デュ　トゥ

> Tu es fatiguée?（疲れた？）
> テュ エ　ファティゲ
> Non, pas du tout.（いいえ、ぜんぜん）

Non, absolument pas.
ノン　アプソリュマン　パ

返事

Non, pas le moins du monde.
ノン パ ル ムワン デュ モンドゥ
*pas le moins du monde「すこしも〜でない」。

▶一度も。
Non, jamais.
ノン ジャメ

> Tu es déjà allé en Thaïlande?
> テュ エ デジャ アレ アン タイランドゥ
> （タイへ行ったことある？）
> Non, jamais.（一度も）

Non, pas une seule fois.
ノン パ ズュン スル フワ

▶おことばですが、それは違います。
Je regrette, mais c'est faux.
ジュ ルグレットゥ メ セ フォ
*Je regrette は反対の意見を述べるときに添えることば。

> Je vous ai entendu le dire!
> ジュ ヴゼ アンタンデュ ル ディール
> （あなたがそう言うのを聞きました！）
> Je regrette, mais c'est faux. Je ne l'ai pas dit.
> ジュ ルグレットゥ メ セ フォ ジュ ヌ レ パ ディ
> （おことばですが、それは違います。そんなことは言っていません）

▶いいえ、絶対に。
Non, je te jure.
ノン ジュ トゥ ジュール
*jurer「誓う」。

> Je suis sûr que tu vas le répéter.
> ジュ スュイ スュール ク テュ ヴァ ル レペテ
> （君はきっとしゃべるだろうな）
> Non, je te jure.（いや、絶対に）

Non, je t'assure.
ノン ジュ タスュール
Non, je te jure sur la tête de mon fils.
ノン ジュ トゥ ジュール スュル ラ テッドゥ モン フィス
（息子の首にかけて誓うよ）
*mon fils の代わりに mon père「父親」や ma mère「母親」などの大切な人にも置き換えられる。

▶はずれ！
Perdu!
ペルデュ
*perdre「負ける」。

Devine qui c'est. (だれだかあててごらん)
ドゥヴィン キ セ

C'est ... un‿acteur‿américain?
セ アナクトゥラメリカン
(うーん、アメリカの俳優かな？)

Perdu! (はずれ！)

Raté!
ラテ

あいまいな返事　　　2_013.mp3

▶たぶん。

Peut-être.
プテートゥル

Tu crois qu'il‿est‿amoureux d'elle?
テュ クルワ キレタムル デール
(彼、彼女のこと好きだと思う？)

Peut-être. (たぶんね)

▶どうしようかな…。

Peut-être que oui, peut-être que non.
プテトゥル ク ウイ プテトゥル ク ノン
＊直訳は「そうかもしれないし、そうでないかもしれない」。

Tu y vas, samedi, chez Ethan?
テュ イ ヴァ サムディ シェ エタン
(土曜日、エタンの家へ行く？)

Peut-être que oui, peut-être que non.
(どうしようかな…)

Je‿ne sais pas‿encore. (まだわからない)
ジュン セ パザンコール
Je n'ai pas‿encore décidé. (まだ決めてない)
ジュ ネ パザンコル デスィデ

▶知ってる限りでは。

Autant que je sache.
オタン ク ジュ サーシュ
＊autant que ... 「～の限りでは」。

Il‿est célibataire? (彼、独身なの？)
イレ セリバテール
Oui, autant que je sache.
(ええ、私の知ってる限りでは)

返事

▶見たところでは。

Apparemment.
アパラマン

> Il est marié? (彼、結婚してるの？)
> イレ　マリエ
> Apparemment. Il porte une alliance.
> アパラマン　イル　ポルテュナリャンス
> (見たところではね。結婚指輪をしてるから)

▶はい、そうみたいです。

Oui, on dirait.
ウイ　オン　ディレ

> Il était content? (彼、満足してた？)
> イレテ　コンタン
> Oui, on dirait. Il m'a remercié plusieurs fois.
> ウイ　オン　ディレ　イル　マ　ルメルスィエ　プリュズュル　フワ
> (ええ、そうみたい。何度もお礼を言ってたから)

Oui, j'ai l'impression.
ウイ　ジェ　ランプレスィオン
*impression「印象」。
Oui, il me semble.
ウイ　イル　ム　サンブル

▶そう思いますが。

Je pense.
ジュ　パンス

> Il est arrivé? (彼は着きましたか？)
> イレタリヴェ
> Je pense. (ええ、そう思いますが)

Je crois.
ジュ　クルワ
Je suppose.
ジュ　スュポーズ
* そう考える具体的な根拠があるときに使う。

▶そうは思わないけど。

Je ne crois pas.
ジュ　ヌ　クルワ　パ

> Ils sont bouddhistes?
> イル　ソン　ブディストゥ
> (あの人たち仏教徒かな？)
> Je ne crois pas.
> (そうは思わないけど)

Je ne pense pas.
ジュ　ヌ　パンス　パ

2　理解し合えるフレーズ

▶だといいけど。

J'espère.
ジェスペール

> Tu vas aux Etats-Unis, cette année?
> テュ ヴァ オゼタズュニ セタネ
> (今年、アメリカへ行くの?)
> **J'espère.**
> (だといいけど)

J'aimerais bien.
ジェムレ ビアン

▶きっと。

Probablement.
プロバブルマン

> Il va réussir son permis du premier coup?
> イル ヴァ レユスィル ソン ペルミ デュ プルミエ ク
> (彼、一発で免許に受かるかな?)
> **Probablement.** (きっとね)

Sans doute.
サン ドゥトゥ
Certainement.
セルテンマン
Vraisemblablement.
ヴレサンブラブルマン

▶そうかもしれない。

C'est possible.
セ ポスィーブル

> Je suis sûr qu'il est japonais.
> ジュ スュイ スュール キレ ジャポネ
> (彼はきっと日本人だよ)
> **Oui, c'est possible.**
> (うん、そうかもしれないね)

C'est bien possible.
セ ビアン ポスィーブル
(確かにそうかもしれない)
Oui, ça se peut.
(ありうるね)
*se pouvoir「ありうる」。
Oui, ça se pourrait bien.
ウイ サ ス プレ ビアン
(十分ありうるね)
Oui, peut-être bien.
ウイ プテトゥル ビアン
(そうかもね)

返事

099

▶ありえないことじゃない。

Ce n'est pas impossible.
ス ネ パ アンポスィーブル

> Ils vont s'installer au Canada?
> イル ヴォン サンスタレ オ カナダ
> (あの人たち、カナダに住むつもりですって？)
>
> Ce n'est pas impossible.
> (ありえないことじゃないよ)

Ce n'est pas exclu.
ス ネ パ エクスクリュ
*exclu「問題外の、認められない」。

▶うん、そうらしいよ。

Oui, il paraît.
ウィ イル パレ
*il paraît ...「～といううわさだ、～らしい」。

> Il travaille à l'étranger, maintenant?
> イル トゥラヴァイ ア レトゥランジェ マントゥナン
> (彼はいま、外国で働いてるの？)
>
> Oui, il paraît. (うん、そうらしいよ)

Oui, je l'ai entendu dire.
ウィ ジュ レ アンタンデュ ディール
Oui, c'est ce qu'on dit.
ウィ セ ス コン ディ
* 直訳は「それはうわさされていることです」。

▶まあね。

Si on veut.
スィ オン ヴ

> Il est sympathique? (彼って感じいい？)
> イレ サンパティーク
>
> Si on veut. (まあね)

Si on peut dire.
スィ オン プ ディール
Bof! (ふん！)
ボッフ
*「どうってことない、たいして違わない」といった無関心や軽蔑のニュアンスを含んだ表現。

Mouais!
ムエ

▶どちらとも言えない。

Oui et non.
ウィ エ ノン

> Tu es occupé? (いま、忙しい？)
> テュ エ　オキュペ
> Oui et non. (どちらとも言えないな)

Plus ou moins.
プリュズ　　ムワン
* 直訳は「多くだったりすくなくだったり」。「多かれすくなかれ」の意味もある。

▶まあまあだな。

Il y a mieux.
イリャ　　ミュ

*mieux「よりよいもの」。直訳は「もっとよいものがある」となるが、これは相手への配慮から遠まわしに言ったもので、本意は「あまりよくない」。

> C'est bien, ce livre? (その本、面白い？)
> セ　ビアン　ス リーヴル
> Il y a mieux. (まあまあだな)

▶そうだと思うけど。

Je n'en suis pas sûr [sûre].
ジュ ナン スュイ パ　スュール
* 直訳は「確信はない」。

> Il habite toujours dans le huitième?
> イラビットゥジュル　　ダン ル ユイティエーム
> (彼はいまも8区に住んでるの？)
> Je n'en suis pas sûr. (そうだと思うけど)

▶何とも言えない。

Je ne peux pas dire.
ジュ ヌ　プ　パ ディール

> Vous croyez qu'ils vont porter plainte? (彼らは告訴すると思いますか？)
> ヴ　クルワイエ キル ヴォン ポルテ　プラントゥ
> Je ne peux pas dire.
> (何とも言えませんね)

Je ne sais pas.
ジュ セ　パ

▶答えにくいな。

C'est difficile à dire.
セ　ディフィスィラ ディール
* 返事につまったときの表現。「何て言ったらいいのかな」のニュアンス。

> Tu préfères vivre en France ou au Japon?
> テュ プレフェル　ヴィヴラン　　フランス　オ ジャポン
> (フランスと日本、どっちで暮らすのがいい？)
> C'est difficile à dire. J'aime bien les deux.
> セ　ディフィスィラ ディール ジェム ビアン レ　ドゥ
> (答えにくいな。両方とも好きだから)

▶約束はできないけど。

Je ne peux pas vous le promettre.
ジュ ヌ プ パ ヴ ル プロメトゥル

> Ce sera prêt demain?
> ス スラ プレドゥマン
> (明日までに大丈夫?)
>
> Je ne peux pas vous le promettre.
> (約束はできないけど)

Je ne peux pas te le garantir.
ジュ ヌ プ パ トゥ ル ガランティール

▶部分的には賛成です。

Je suis partiellement d'accord avec vous.
ジュ スュイ パルスィエルマン ダコラヴェク ヴ

> Les fonctionnaires ne devraient pas faire grève.
> レ フォンクスィオネール ヌ ドゥヴレ パ フェル グレーヴ
> (公務員はストをやるべきではないよ)
>
> Je suis partiellement d'accord avec vous. (部分的には賛成だね)

▶全面的には賛成できません。

Je ne suis pas tout à fait d'accord.
ジュ ヌ スュイ パ トゥタ フェ ダコール

> Quatre jours d'école par semaine, ce n'est pas suffisant.
> カトゥル ジュル デコール パル スメン ス ネ パ スュフィザン
> (学校の週4日制だけど、これでは不十分だよ)
>
> Je ne suis pas tout à fait d'accord.
> (全面的には賛成できないね)

* フランスの一部の地方では公立学校の週4日制が実施されている。

Je ne suis pas complètement d'accord.
ジュ ヌ スュイ パ コンプレトゥマン ダコール

▶あんまり。

Pas vraiment.
パ ヴレマン

> Tu es d'accord? (賛成?)
> テュ エ ダコール
> Pas vraiment. (あんまり)

▶そうとも限らない。

Pas forcément.
パ フォルセマン

> Je suis certain qu'il va être engagé. (きっと彼は雇われるよ)
> ジュ スュイ セルタン キル ヴァ エトゥランガジェ

Pas forcément. (そうとも限らないよ)

Pas nécessairement.
パ ネセセルマン
Ce n'est pas sûr.
ス ネ パ スュール

▶それほどではない。

Pas tellement.
パ テルマン

C'est cher? (高いの？)
セ シェール
Pas tellement. (それほどじゃないよ)

Pas tant que ça.
パ タン ク サ
*tant「それほど多くの」。
Pas vraiment.
パ ヴレマン

▶そうかもしれないな…。

C'est peut-être vrai...
セ プテトゥル ヴレ

Il dit que ce n'est pas lui...
イル ディ ク ス ネ パ リュイ
(彼は自分じゃないと言うんだ…)
C'est peut-être vrai...
(そうかもしれないな…)

▶何でもいいよ。

Ça m'est égal.
サ メテガール
*égal「同等の」。

Lequel veux-tu?
ルケル ヴテュ
(どれがいい？)
Ça m'est égal. J'aime tout.
サ メテガール ジェム トゥ
(何でもいいよ。全部好きだから)

▶どこでもいいよ。

N'importe où.
ナンポルトゥー
*importer「重要である」。n'importe のあとに様々な疑問詞をつけて、n'importe qui「だれでも」、n'importe quoi「何でも」、n'importe quand「いつでも」などの表現ができる。ただし、軽蔑のニュアンスを含むこともあるので使い方に気をつける。

返事

On commence par où? (どこから始める？)
オン　コマンス　パル

N'importe où. De toute façon, c'est pareil.
ナンポルトゥー　ドゥ　トゥトゥ　ファソン　セ　パレイ

(どこでもいいよ。どっちにしても、同じだから)

▶場合によるよ。

Ça dépend.
サ　デパン

Tu aimes la cuisine japonaise?
テュ　エーム　ラ　キュイズィン　ジャポネーズ

(日本料理は好き？)

Ça dépend. (ものによるよ)

Ça dépend du prix. (値段による)
サ　デパン　デュ　プリ
Ça dépend des fois. (その時による)
サ　デパン　デ　フワ
Ça dépend de l'heure. (時間による)
サ　デパン　ドゥ　ルール
Ça dépend des jours. (日による)
サ　デパン　デ　ジュール
Ça dépend des gens. (人による)
サ　デパン　デ　ジャン

▶五分五分だ。

C'est du cinquante-cinquante.
セ　デュ　サンカントゥサンカントゥ

Il a ses chances? (彼は見込みがあるかな？)
イラ　セ　シャンス

C'est du cinquante-cinquante.

(五分五分だね)

▶やってはみるけど…。

Je vais essayer.
ジュ　ヴェ　エセイエ

Tu peux me trouver son adresse?
テュ　プ　ム　トゥルヴェ　ソナドゥレス

(彼の住所をさがしてくれる？)

Je vais essayer. (やってはみるけど…)

* 「さがしてほしい」と言うときに chercher は使わない。最終的に「見つけてほしい」の意味なので trouver を用いる。

▶最善は尽くすよ。

Je ferai de mon mieux.
ジュ　フレ　ドゥ　モン　ミュ

2　理解し合えるフレーズ

Tu auras terminé, lundi? (月曜日までに終わる？)
テュ オラ テルミネ ランディ
Je ferai de mon mieux. (最善は尽くすよ)

▶まあまあってところです。

Ça pourrait aller mieux.
サ プレ アレ ミュ

* 「いかが？」とたずねられたときによく使う表現。直訳は「もっとよくも暮らせるだろう」。健康状態についてもこの表現を使う。

Ça va? (どう？)
サ ヴァ
Ça pourrait aller mieux.
(まあまあってとこだね)

答えを保留する　　　　　　　　　　　　2_014.mp3

▶ちょっと考えさせてください。

Laissez-moi réfléchir un instant.
レセムワ　　　レフレシラナンスタン

C'était l'année dernière ou l'année d'avant?
セテ　ラネ　デルニエール　ウ　ラネ　ダヴァン
(去年でしたか、それともおととしでしたか？)
Laissez-moi réfléchir un instant.
(ちょっと考えさせてください)

Laissez-moi quelques jours pour réfléchir.
レセムワ　　ケルク　ジュール　プル　レフレシール
(2、3日考えさせてください)

▶考えなくては。

Je dois réfléchir.
ジュ ドゥワ レフレシール

Vous allez le louer? (お借りになりますか？)
ヴザレ　　ル　ルエ
Je dois réfléchir. C'est un peu cher.
ジュ ドゥワ レフレシール　セタン　プ シェール
(考えなくてはね。ちょっと高いですから)

▶検討してみるよ。

Je vais réfléchir.
ジュ ヴェ レフレシール

Comment lui dire? C'est difficile ...
コマン　リュイ ディル　セ ディフィスィル
(どうやって彼に言う？ 難しいけど…)

Je vais réfléchir.（検討してみるよ）

Je vais_étudier la question.
ジュ ヴェゼテュディエ ラ ケスティオン
（その問題を検討します）

▶考えておくよ。
Je vais voir.
ジュ ヴェ ヴワール

Tu_ne pourrais pas me prêter de l'argent?
テュン プレ パ ム プレテ ドゥ ラルジャン
（お金を貸してもらえない？）
Je vais voir.（考えておくよ）

Je vais voir ce que je peux faire.
ジュ ヴェ ヴワル ス ク ジュ プ フェール
（できることを考えておきます）

納得できないとき 2_015.mp3

▶どうかな…。
Ça m'étonnerait...
サ メトヌレ

*étonner「驚かせる、意外な感じを与える」。相手の言うことに同意しかねるというニュアンスを伝える。

Vous croyez que c'est vrai?
ヴ クルワイエ ク セ ヴレ
（本当だと思いますか？）
Ça m'étonnerait... C'est_un peu gros...
サ メトヌレ セタン プ グロ
（どうかな…それはちょっと…）

*gros「太った」。c'est un peu gros「それは大げさだ」。

▶疑わしいな。
J'en doute.
ジャン ドゥトゥ

Il paraît qu'elle va acheter un_appartement.
イル パレ ケル ヴァ アシュテ アナパルトゥマン
（彼女がマンションを買うそうよ）
J'en doute. Elle_est_incapable de mettre de l'argent de côté!
ジャン ドゥトゥ エレタンカパブル ドゥ メトゥル ドゥ ラルジャン ドゥ コテ
（疑わしいな。彼女はお金をためることができないのに！）

*mettre de l'argent de côté は épargner、économiser「貯金する、金をためる」のくだけた表現。

▶それはどうかな…。
Je n'en suis pas sûr [sûre]...
ジュ ナン スュイ パ スュール

> Il va faire beau, demain.
> イル ヴァ フェル ボ ドゥマン
> (明日は晴れるよ)
> Je n'en suis pas sûr... (それはどうかな…)

Je n'en suis pas très convaincu [convaincue].
ジュ ナン スュイ パ トゥレ コンヴァンキュ
*convaincu de ...「～に確信をもった」。de ... の部分が en になっている。

J'ai des doutes.
ジェ デ ドゥトゥ

C'est à voir!
セタ ヴワール
* 直訳は「それはよく考えてみなければならない」。

▶そうですかねえ…。
Si vous le dites...
スィ ヴ ル ディトゥ
*「あなたはそう言うが、自分はそうは考えない」のニュアンス。

> Je vous jure que c'est lui. Je le reconnais.
> ジュ ヴ ジュール ク セ リュイ ジュ ル ルコネ
> (絶対に彼です。見覚えがありますから)
> Si vous le dites... (そうですかねえ…)

Moi, je veux bien...
ムワ ジュ ヴ ビアン
* 本心は保留して一応の同意を示す表現で「まあ、そうかもしれないが…（私はそうは思わない）」。

▶あなたはそう言うけど！
C'est vous qui le dites!
セ ヴ キ ル ディトゥ
* 直訳は「そう言っているのはあなただ」で、自分がほかの考え方をしていることを言う表現。

> Je n'y suis pour rien!
> ジュ ニ スュイ プル リアン
> (私は何も関係ありません！)
> C'est vous qui le dites!
> (あなたはそう言うけど！)

返事

ことばにつまったとき　　　2_016.mp3

▶えーっと…。

Euh ...
ウー

> **Euh ... Ça s'appelle comment, déjà?**
> ウー　サ　サペル　コマン　デジャ
> (えーっと…何て言うんだっけ？)
>
> **Moi aussi, j'ai oublié.** (私も忘れたわ)
> ムワ　オスィ　ジェ　ウブリエ

*déjà は「もう、すでに」だが、忘れたことを思い出そうとする表現につけ加えるときには「えーと」の意味になる。

Ben ...
バーン
*くだけた表現。

▶そうだな…。

Voyons...
ヴワヨン

▶…つまり…言いたいのは…。

... enfin ... je veux dire...
アンファーン　ジュ　ヴ　ディール

*はっきりとは言いにくいときの表現。「何と言ったらいいのか…」といったニュアンス。

> **Il est un peu... enfin ... je veux dire...**
> イレタン　プー　アンファーン　ジュ　ヴ　ディール
> (彼ってちょっと…つまり…言いたいのは…)
>
> **Immature?**
> インマテュル
> (幼稚っぽいってこと？)
>
> **Oui, c'est ça.**
> ウィ　セ　サ
> (うん、そうなんだ)

... euh, enfin...
ウー　アンファーン

... c'est-à-dire...
セタディール

▶のどまで出かかってるんだけど。

Je l'ai sur le bout de la langue.
ジュ　レ　スュル　ル　ブ　ドゥ　ラ　ラング

*le bout de la langue「舌の先」。

▶ね、あれだよあれ、そこにある…。

Tu sais, le truc, là ...
テュ　セー　ル　トリュク　ラー

Va me chercher le... le ...
ヴァ ム シェルシェ ル ル
(あれ、とってきて、あれ…)
Le quoi? (あれって何のこと?)
ル クワ
Tu sais, le truc, là...
(ね、あれだよあれ、そこにある…)

*le truc と le machin、le chose は会話の中でことばが思い出せないときに「あれ、それ」の意味でつかわれる。

▶えーと、何て言うんだったかなー?
Comment dit-on, déjà?
コマン ディトン デジャ
C'est quoi, déjà?
セ クワ デジャ
Quel est le terme, déjà?
ケル ル テルム デジャ
*terme「ことば、用語」。

▶どう言ったらいいか…。
Comment dire...
コマン ディール

▶どう説明したらいいのか…。
Comment expliquer...
コマン エクスプリケー

Qu'est-ce que tu ressens? (どう感じる?)
ケス ク テュ ルサン
Comment expliquer ... une certaine déception...
コマン エクスプリケー ユン セルテン デセプスィオン
(どう説明したらいいのか…ある種の失望というか…)

▶どこから始めたらいいのか…。
Je ne sais pas par où commencer ...
ジュ ヌ セ パ パル ウ コマンセ
*commencer par ...「~から始める」。

Alors, raconte-moi. (じゃあ、話してよ)
アロール ラコントゥモワ
C'est un peu compliqué. Je ne sais pas par où commencer ...
セタン プ コンプリケ ジュ ヌ セ パ パル ウ コマンセ
(ちょっと複雑なんだ。どこから始めたらいいのか…)

Je ne sais pas par quel bout commencer.
ジュ ヌ セ パ パル ケル ブ コマンセ
*bout「先端」。

返事

03 質問と答え

感想を求める　　　　　　　　　　　　　　　　　2_017.mp3

▶どうだった？

Alors, c'était comment?
アロール　セテ　コマン

> Alors, la pièce, c'était comment?
> アロール　ラ　ピエース　セテ　コマン
> (で、芝居はどうだった？)
>
> J'ai bien aimé. (よかったよ)
> ジェ　ビアネメ

▶楽しかった？

C'était bien?
セテ　ビアン

> Nous sommes allés assister aux courses aujourd'hui.
> ヌ　ソムザレ　アスィステ　オ　クルス　オジュルデュイ
> (今日、競馬を見に行ったんだ)
> C'était bien? (楽しかった？)

*assister「出席する、見物する」。

Vous vous êtes bien amusés [amusées]?
ヴ　ヴゼトゥ　　　　ビアナミュゼ

▶おいしかった？

C'était bon?
セテ　ボン

> Aujourd'hui, à midi, on a eu du hachis Parmentier.
> オジュルデュイ　ア　ミディ　オナ　ユ　デュ　アシ　パルマンティエ
> (今日のお昼はアシ・パルマンティエだったよ)
> C'était bon? (おいしかった？)
> Oui, j'en ai repris deux fois.
> ウイ　ジャンネ　ルプリ　ドゥ　フワ
> (うん、2回もおかわりしたよ)

*hachis「ひき肉」。hachis Parmentierは牛ひき肉にマッシュ・ポテトをのせてオーブンで焼いた料理。

▶面白かった？

C'était intéressant?
セテ　アンテレサン

* 日本語では「面白い」を幅広く使うが、フランス語では対象によって intéressant「興味深い」と amusant「面白おかしい」を使い分ける。

2　理解し合えるフレーズ

Ça y est! J'ai fini mon livre!
サ イエ ジェ フィニ モン リヴル
(やった！ 読み終わった！)

C'était intéressant?（面白かった？）

Oui, pas mal.（うん、けっこうね）
ウイ パ マール

C'était bien?
セテ ビアン

▶映画はどうだった？

Comment as-tu trouvé le film?
コマン アテュ トゥルヴェ ル フィルム

Comment as-tu trouvé le film?
(映画はどうだった？)

Magnifique. Sans parler de la musique!
マニフィック サン パルレ ドゥ ラ ミュズィーク
(すばらしかったよ。もちろん音楽もね！)

*sans parler de...「～は言うまでもなく」。

▶それで、講演は？

Alors, la conférence?
アロール ラ コンフェランス

Alors, la conférence?（それで、講演は？）
C'était très intéressant. Et j'ai fait des connaissances.
セテ トゥレザンテレサン エ ジェ フェ デ コネサンス
(とても面白かったよ。それに知り合いもできたし)

▶よかった？

Tu as aimé?
テュ ア エメ

Alors, tu as aimé le concert?（コンサート、よかった？）
アロール テュ ア エメ ル コンセール

Non, ils n'ont pas très bien joué.
ノン イル ノン パ トゥレ ビアン ジュエ
(いいえ、あまりいい演奏じゃなかったの)

▶気に入った？

Alors, ça t'a plu?
アロール サ タ プリュ
*plaire à...「～に気に入る」。

Alors, ça t'a plu?（気に入った？）
アロール サ タ プリュ

質問と答え 111

Ce n'était pas extraordinaire.
ス ネテ パ エクストゥラオルディネール
(それほどでも)

▶どう思った？

Qu'est-ce que tu en‿as pensé?
ケス ク テュ アンナ パンセ

*penser de... 「〜について思う」。de... の部分が en になっている。

Son‿interprétation, qu'est-ce que tu en‿as pensé?
ソナンテルプレタスィオン ケス ク テュ アンナ パンセ
(彼の演奏、どう思った？)

C'était très‿émouvant.
セテ トゥレゼムヴァン
(すごく感動的だったよ)

感想を言う　　　　　　　　　　　　2_018.mp3

▶最高だった。

J'ai adoré.
ジェ アドレ

▶すごくよかった。

J'ai beaucoup aimé.
ジェ ボク エメ

▶とても気に入った。

Ça m'a beaucoup plu.
サ マ ボク プリュ

▶すばらしかった。

C'était magnifique.
セテ マニフィック

J'ai trouvé ça formidable.
ジェ トゥルヴェ サ フォルミダーブル
*formidable 「(程度、規模などが) 並はずれた、ものすごい」。くだけた表現。

J'ai trouvé ça fantastique.
ジェ トゥルヴェ サ ファンタスティク
*fantastique 「途方もない」。くだけた表現。

C'était exceptionnel.
セテ エクセプスィオネル
*exceptionnel 「例外的な、卓越した」。

C'était extraordinaire.
セテ エクストゥラオルディネール
*extraordinaire 「並はずれた、抜群の」。

J'ai trouvé ça merveilleux.
ジェ トゥルヴェ サ メルヴェユ
*merveilleux 「信じられないほどの」。

C'était sensationnel.
セテ　サンサスィオネル
*sensationnel「センセーショナルな」、話しことばでは sensass と略すこともある。くだけた表現。

J'ai trouvé ça passionnant.
ジェ トゥルヴェ　サ　パスィオナン
*passionnant「非常に面白い、熱中させる」。

C'était super.
セテ　スュペール
*super は supérieur の略で「すごくいい、最高」。とてもくだけた表現。

▶とてもきれいだった。
C'était très beau.
セテ　トゥレ　ボ

▶とても独創的だった。
C'était très original.
セテ　トゥレゾリジナール

▶よかった。
J'ai aimé.
ジェ　エメ

▶気に入った。
Ça m'a plu.
サ　マ　プリュ

▶面白いと思った。
J'ai trouvé ça intéressant.
ジェ トゥルヴェ　サ　アンテレサン
J'ai trouvé ça amusant.
ジェ トゥルヴェ　サ　アミュザン
*intéressant と amusant の使い分けは、前者は知的好奇心をそそられたときに、後者は単に愉快で楽しかったときに用いる。

▶きれいだった。
C'était joli.
セテ　ジョリ

▶いいと思った。
C'était bien.
セテ　ビアン

▶感動的だった。
C'était émouvant.
セテ　エムヴァン

▶けっこうよかった。
C'était pas mal.
セテ　パ　マール

質問と答え

C'était assez bien.
セテ　アセ　ビアン

▶わりにうまい芝居だった。
C'était relativement bien joué.
セテ　ルラティヴマン　ビアン　ジュエ

▶成功しているほうだった。
C'était plutôt réussi.
セテ　プリュト　レユスィ
*plutôt「むしろ、どちらかといえば」。

▶原作に忠実だった。
C'était assez fidèle.
セテ　アセ　フィデール

▶ふつうだった。
C'était quelconque.
セテ　ケルコンク
*quelconque「平凡な、取るにたらない」。

J'ai trouvé ça ordinaire.
ジェ　トゥルヴェ　サ　オルディネール
J'ai trouvé ça moyen.（まあまあだった）
ジェ　トゥルヴェ　サ　ムワヤン
*moyen「凡庸な、平均の」。

Ça m'a plu moyennement.
サ　マ　プリュ　ムワイエンマン
（まあまあ気に入った）

*moyennement「中ぐらいに、ほどほどに」。

▶たいしたことはなかった。
Ce n'était pas extraordinaire.
ス　ネテ　パ　エクストゥラオルディネール
Ce n'était pas formidable.
ス　ネテ　パ　フォルミダーブル
Je n'ai pas trouvé ça très intéressant.
ジュ　ネ　パ　トゥルヴェ　サ　トレザンテレサン
Je n'ai pas trouvé ça passionnant.
ジュ　ネ　パ　トゥルヴェ　サ　パスィオナン
Je n'ai pas trouvé ça fantastique.
ジュ　ネ　パ　トゥルヴェ　サ　ファンタスティク
C'était pas terrible.
セテ　パ　テリーブル
*terrible「すごい、並はずれた」。「恐ろしい、不愉快な」という悪い意味にも用いる。

▶それほどいいとは思わなかった。
Je n'ai pas tellement aimé.
ジュ　ネ　パ　テルマン　エメ

▶あまり気に入らなかった。

Ça ne m'a pas tellement plu.
サン マ パ テルマン プリュ

▶あまりよくなかった。

Ce n'était pas très bien.
ス ネテ パ トゥレ ビアン

Je n'ai pas trouvé ça très bien.
ジュ ネ パ トゥルヴェ サ トゥレ ビアン

▶つまらなかった。

C'était ennuyeux.
セテ アンニュイユ

C'était sans intérêt.
セテ サンザンテレ
*intérêt「面白み、興味」。

C'était rasoir.
セテ ラズワール
*rasoir「うんざりさせる、退屈な」。「(長話で) うんざりさせる人間」という意味もある。

C'était barbant.
セテ バルバン

C'était inintéressant. (すごくつまらなかった)
セテ イナンテレサン

▶ぜんぜん気に入らなかった。

Ça ne m'a pas plu du tout.
サン マ パ プリュ デュ トゥ

Je n'ai pas du tout aimé.
ジュ ネ パ デュ トゥ エメ

▶くだらなかった。

J'ai trouvé ça minable.
ジェ トゥルヴェ サ ミナーブル

C'était moche.
セテ モッシュ
*moche「(品質が) 悪い、下劣な」。くだけた表現。

▶死ぬほど退屈だった。

C'était mortel.
セテ モルテッル

C'était chiant.
セテ シアン
*chiant は chier「大便する」からできた語。下品な表現。

▶最低だった。

C'était nul.
セテ ニュール
*nul「無価値の、ゼロの」。

J'ai trouvé ça affreux. (ひどかった)
ジェ トゥルヴェ サ アフルー

質問と答え

▶最悪だった。

J'ai détesté.
ジェ デテステ

*détester「ひどく嫌う、〜に耐えられない」。

状況を聞く　　　　　　　　　　　　　　　　2_019.mp3

▶どうだった？

Ça s'est bien passé?
サ セ ビアン パセ

*se passer「起こる、行われる」。直訳は「うまくいったか」。

> Ça s'est bien passé, à l'école?
> サ セ ビアン パセー ア レコール
> (学校、どうだった？)
>
> Oui, j'ai été élu délégué.
> ウイ ジェ エテ エリュ デレゲ
> (うん、代表に選ばれたよ)
>
> Félicitations! (おめでとう！)
> フェリシタスィオン

*délégué「代表」、女性形は déléguée。

Ça s'est passé comment?
サ セ パセ コマン

▶どう？

Alors?
アロール

> Alors? (どう？)
>
> Ce n'était pas facile, mais je crois que ça s'est bien passé.
> ス ネテ パ ファスィール メ ジュ クルワ ク サ セ ビアン パセ
> (やさしくはなかったけど、うまくいったと思うよ)
>
> C'est quand, les résultats?
> セ カン レ レズュルタ
> (合格発表はいつなの？)

▶さあ、話してよ。

Alors, raconte-moi.
アロール ラコントゥムワ

> Nous sommes sortis ensemble, hier soir. (ゆうべデートしたの)
> ヌ ソム ソルティ アンサンブル イエル スワール
>
> Alors, raconte-moi... (さあ、話してよ…)
>
> Il n'y a pas grand-chose à raconter... (話すほどのことはないけど…)
> イル ニャ パ グランショザ ラコンテ

2

▶結局、どうなったの？
Ça s'est terminé comment, finalement?
サ セ テルミネ コマン フィナルマン

*se terminer「終わる」。

> Ça s'est terminé comment, finalement?（結局、どうなったの？）
>
> On n'a rien décidé.
> オン ナ リアン デスィデ
> （何も決まらなかったよ）

Qu'est-ce que c'est devenu, finalement?
ケス ク セ ドゥヴニュ フィナルマン

▶彼はどうなった？
Qu'est-ce qu'il est devenu?
ケス キレ ドゥヴニュ

> Qu'est-ce qu'il est devenu?
> （彼はどうなった？）
>
> Je ne sais pas. On s'est perdus de vue.（知らないよ。疎遠になってるから）
> ジュ ヌ セ パ オン セ ペルデュ ドゥ ヴュ

*se perdre de vue「互いに会わなくなる」。

▶ねえ、何があったの？
Dis, qu'est-ce qui s'est passé?
ディ ケス キ セ パセ

> Dis, qu'est-ce qui s'est passé, hier, entre Dubost et Morin?
> ディ ケス キ セ パセ イエール アントゥル デュボステ モラン
> （ねえ、昨日デュボストゥさんとモランさんの間に何があったの？）
>
> Ils se sont accrochés pour une histoire de dossier…
> イル ス ソン アクロシェ プリュヌストゥワル ドゥ ドスィエ
> （書類の件について口論したんだよ…）

*s'accrocher「つかまる」、くだけた会話で s'accrocher avec... は「～と口論する」。

Qu'est-ce qu'il y a eu?（何があったのですか？）
ケス キリャ ユ

▶要点を話してください。
Racontez-moi l'essentiel.
ラコンテムワ レサンスィエール

> C'est trop long à raconter…
> セ トゥロ ロン ア ラコンテ
> （話すと長くなるんですが…）
>
> Racontez-moi l'essentiel.
> （要点を話してください）

質問と答え

Dis-moi en gros.
ディムワ アン グロ
*gros「主要部分」。en gros「おおまかに、ほぼ、ざっと」。

Dites-moi seulement le principal.
ディトゥムワ スルマン ル プランスィパール

▶いったいどうしたの？

Comment c'est‿arrivé?
コマン セタリヴェ

> Je me suis fait emboutir. (追突されたよ)
> ジュ ム スュイ フェ アンブティール
>
> C'est pas vrai! Comment c'est‿arrivé? (うそー！いったいどうしたの？)
> セ パ ヴレ コマン セタリヴェ

▶で、仕事はどう？

Alors, le boulot?
アロール ル ブロ

> Alors, le boulot? (で、仕事はどう？)
>
> Ça va mal. Je crois que la boîte va fermer.
> サ ヴァ マール ジュ クルワ ク ラ ブワトゥ ヴァ フェルメ
> (だめなんだよ。会社がつぶれると思うんだ)

*boulot「仕事」は travail のくだけた言い方。boîte「箱」は société、entreprise「会社」のくだけた言い方。

▶うまくいってる？

Alors, ça se passe bien?
アロール サ ス パス ビアン

> Alors, ça se passe bien, avec ton nouveau patron?
> アロール サ ス パス ビアン アヴェック トン ヌヴォ パトゥロン
> (新しい部長とうまくいってる？)
>
> Oui, c'est‿un type‿bien.
> ウイ セタン ティップビアン
> (うん、しっかりした男だから)

*type は男性を指すくだけた言い方で「やつ」。

Alors, ça marche bien?
アロール サ マルシュ ビアン
*marcher「（ことがらが）うまく運ぶ、（機械などが）動く」。

▶勉強は順調？

Alors, ça marche, les‿études?
アロール サ マールシュ レゼテュードゥ

> Alors, ça marche, les‿études?
> (勉強は順調？)

Oui, mais je suis débordé de travail.
ウイ メ シュイ デボルデ ドゥ トゥラヴァイ
(ええ、でもすごい量なんです)

Alors, ça va, les études?
アロール サ ヴァ レゼテュードゥ

▶新しいパソコンはどう？

Alors, il marche bien, ton nouvel ordinateur?
アロール イル マルシュ ビアン トヌヴェロルディナトゥール

> Alors, il marche bien, ton nouvel ordinateur?
> (新しいパソコンはどう？)
> Impeccable! (完璧！)
> アンペカブル

状況を話す
2_020.mp3

▶とてもうまくいってる。

Ça marche très bien.
サ マルシュ トゥレ ビアン

> Ça marche, le français?
> サ マルシュ ル フランセ
> (フランス語、調子いい？)
> Oui, ça marche très bien.
> (うん、とてもうまくいってるよ)

Ça marche comme sur des roulettes.
サ マルシュ コム スュル デ ルレットゥ
*直訳は「ローラーがついているようにすごく順調だ」で、くだけた表現。人間関係について言うときには使わない。

Ça marche du tonnerre.
サ マルシュ デュ トネール
*tonnerre「雷」、du tonnerre「すごくよく」。くだけた表現。

▶前よりよくなってる。

C'est mieux qu'avant.
セ ミュ カヴァン
*mieux que...「～よりよく、～よりうまく」。mieux は bien の比較級。

> Ça s'arrange, pour ton fils?
> サ サランジュ プル トン フィス
> (息子さん、よくなった？)
> C'est mieux qu'avant, mais c'est pas encore ça.
> セ ミュ カヴァン メ セ パ アンコル サ
> (前よりよくなってるんだけど、まだまだなんだ)

質問と答え

Ça va de mieux en mieux.
サ ヴァ ドゥ ミュザン ミュ
（ますますよくなっている）

Ça s'améliore. （よくなりました）
サ サメリョール

▶うまくいってる。

Ça va.
サ ヴァ

> Alors, le magasin? （お店のほうは？）
> アロール ル マガザン
> **Ça va.** （うまくいってるよ）

Ça marche bien.
サ マルシュ ビアン
Ça se passe bien.
サ ス パス ビアン

▶悪くはないよ。

Ça marche pas mal.
サ マルシュ パ マル
＊控えめな表現で、実際には「けっこううまくいっている」のニュアンス。

Ça marche assez bien. （かなりうまくいってる）
サ マルシャセ ビアン

▶いまのところは大丈夫です。

Pour l'instant, ça va.
プル ランスタン サ ヴァ

> Ça avance, ta traduction?
> サ アヴァンス タ トゥラデュクスィオン
> （翻訳、進んでる？）
> **Pour l'instant, ça va.**
> （いまのところは大丈夫よ）

Pour le moment, tout va bien.
プル ル モマン トゥ ヴァ ビアン
Jusqu'à présent, tout se passe bien.
ジュスカ プレザン トゥ ス パス ビアン

▶まあまあです。

Ça peut aller.
サ プ アレ
On fait aller.
オン フェ アレ

▶何とかなってます。

On se débrouille.
オン ス デブルユ
＊se débrouiller「（困難などを）切り抜ける、何とかやりこなす」。

Ce n'est pas trop dur, avec le bébé?
ス ネ パ トゥロ デューラヴェク ル ベベ
(赤ちゃん、たいへんじゃない？)

On se débrouille. On le garde à tour de rôle.
オン ス デブルユ オン ル ガルダ トゥル ドゥ ロール
(何とかなってるよ。交代で世話してるから)

▶できることはやってます。
On fait ce qu'on peut.
オン フェ ス コン プ

Vous allez y arriver?
ヴザレ ヤリヴェ
(何とかなりますか？)

On fait ce qu'on peut. On verra bien.
オン フェ ス コン プ オン ヴェラ ビアン
(できることはやってます。待つしかありません)

On ne peut pas faire plus.
オン ヌ プ パ フェル プリュス
(これ以上はできません)

▶まだまだなんだ。
C'est pas encore ça.
セ パ アンコル サ
＊くだけた表現。

Vous vous en sortez, financièrement?
ヴ ヴザン ソルテ フィナンスィエルマン
(経済的には何とかなってる？)

C'est pas encore ça. (まだまだなんだ)

▶もっとうまくいけばいいんですが。
Ça pourrait aller mieux.
サ プレ アレ ミュ

▶まだこれからだ。
On n'est pas au bout de nos peines.
オン ネ パ オ ブ ドゥ ノ ペン
＊au bout de…「〜の先端に、〜の限界に」。直訳は「われわれは苦労の限界にきているわけではない」。

Il y a encore beaucoup à faire?
イリャ アンコル ボクパ フェール
(まだやることがたくさんあるんですか？)

Oui, on n'est pas au bout de nos peines. (はい、まだこれからです)

Il reste‿encore beaucoup‿à faire.
イル　レスタンコル　ボクパ　フェール
*直訳は「まだやるべきことがたくさん残っている」。

▶あまりうまくいってない。

Ça‿ne se passe pas très bien.
サン　ス　パス　パ　トゥレ　ビアン

> Et son traitement?（治療のほうは？）
> エ　ソン　トゥレトゥマン
> Ça‿ne se passe pas très bien. Il le supporte mal.
> サン　ス　パス　パ　トゥレ　ビアン　イル　ル　スュポルトゥ　マール
> （あまりうまくいってないんだ。彼はつらがってるよ）

Ça‿ne va pas très bien.
サン　ヴァ　パ　トゥレ　ビアン
Ce n'est pas idéal.（理想的ではない）
ス　ネ　パ　イデアール

▶楽じゃない。

Ce n'est pas facile.
ス　ネ　パ　ファスィール

> Ça va, avec ta belle-mère?
> サ　ヴァ　アヴェクタ　ベルメール
> （お姑さんとうまくいってる？）
> Ce n'est pas facile.（楽じゃないわ）

Ce n'est pas évident.（けっこう難しい）
ス　ネ　パ　エヴィダン
*くだけた表現。évident「明白な」。

▶進んでない。

Ça n'avance pas.
サ　ナヴァンス　パ

> Alors, vous‿êtes toujours dans les cartons?（まだ段ボールのままなの？）
> アロール　ヴゼットゥジュル　ダン　レ　カルトン
> Oui, ça n'avance pas. Il‿y‿en‿a tellement!
> ウィ　サ　ナヴァンス　パ　イリャンナ　テルマン
> （そう、進んでないんだ。いっぱいあるんだもの！）

▶うまくいってません。

Ça‿ne va pas.
サ　ヴァ　パ

> Ça va, les‿affaires?（事業は順調？）
> サ　ヴァ　レザフェール
> Non, ça‿ne va pas. On va être‿obligés de licencier.
> ノン　サン　ヴァ　パ　オン ヴァ エトゥルオブリジェ　ドゥ　リサンスィエ
> （いや、うまくいってないんだ。リストラするしかないな）

Ça va mal. (だめです)
サ ヴァ マール

Ça ne marche pas du tout.
サン マルシュ パ デュ トゥ
(ぜんぜんうまくいってない)

▶ますます悪くなってる。

C'est de pire en pire.
セ ドゥ ピラン ピール

*pire は mauvais「悪い」の比較級。

> Ça va mieux, politiquement?
> サ ヴァ ミュ ポリティクマン
> (政治面では、よくなった？)
>
> Non, c'est de pire en pire.
> (いいえ、ますます悪くなっています)

Ça empire de jour en jour.
サ アンピール ドゥ ジュラン ジュール
(日に日に悪くなる)

C'est pire qu'avant. (前よりひどい)
セ ピール カヴァン

▶手遅れなんだ。

Il n'y a plus rien à faire.
イル ニャ プリュ リアナ フェール

*ne... plus「もう〜ない」。rien à...「〜すべきことは何も」。

> Qu'est-ce que disent les médecins?
> ケス ク ディズ レ メツァン
> (医者はどう言ってる？)
>
> Il n'y a plus rien à faire. (手遅れなんだ)

C'est trop tard.
セ トゥロ タール

C'est désespéré. (見込みがない)
セ デゼスペレ

C'est fichu!
セ フィシュ

*次の言いまわしとともにくだけた表現。

C'est foutu!
セ フテュ

▶よくなりそうです。

Ça va s'arranger.
サ ヴァ サランジェ

> Ils sont fâchés, mais ça va s'arranger.
> イル ソン ファシェ メ サ ヴァ サランジェ
> (あのふたり仲たがいしてるけど、よくなりそうだね)

質問と答え

Oui, certainement. (うん、きっと)
ウイ　セルテンマン

Ça finira par s'arranger.
サ　フィニラ　パル　サランジェ
(いつかはよくなるでしょう)

*finir par... 「最後には〜する、ついに〜する」。

▶その問題は解決しました。

Le problème＿est réglé.
ル　プロブレメ　　レグレ

Et tes＿ennuis avec tes voisins?
エ　テザンニュイ　アヴェック　テ　ヴワザン
(となりの人とのいざこざは？)

Le problème＿est réglé.
(その問題は解決したよ)

C'est arrangé.
セ　アランジェ
C'est fini.
セ　フィニ

▶和解しました。

Ça s'est arrangé à l'amiable.
サ　セ　アランジェ　ア　ラミアーブル
*à l'amiable 「示談で」。

Ça s'est arrangé à l'amiable.
(和解しました)

Tant mieux. C'est toujours＿ennuyeux, les procès.
タン　ミュ　セ　トゥジュランニュイユ　レ　プロセ
Et ça coûte＿cher...
エ　サ　クチェール
(ああよかった。裁判っていうのは面倒だから。費用もかかるし…)

On s'est arrangés. (私たちは和解しました)
オン　セ　アランジェ

▶万事順調です。

Tout s'est très bien passé.
トゥ　セ　トゥレ　ビアン　パセ

Ça y＿est? Il＿est né? (もう、産まれた？)
サ　イエ　イレ　ネ
Oui, tout s'est très bien passé.
(うん、万事順調だよ)

2　理解し合えるフレーズ

▶うまくいった。

Ça a été.
サ ア エテ

Ça a bien marché.
サ ア ビアン マルシェ

▶あんまりうまくいかなかった。

Ça ne s'est pas très bien passé.
サン セ パ トゥレ ビアン パセ

Ça n'a pas très bien marché.
サ ナ パ トゥレ ビアン マルシェ

▶うまくいかなかった。

Ça n'a pas marché.
サ ナ パ マルシェ

> Alors, ça y est, tu l'as ton permis?
> アロール サ イエ テュ ラ トン ペルミ
> （免許、取れた？）
>
> Non, ça n'a pas marché. J'avais le trac.
> ノン サ ナ パ マルシェ ジャヴェル トゥラック
> （ううん、うまくいかなかったよ。緊張してたんだ）

▶相変わらずだよ。

C'était comme d'habitude.
セテ コム ダビテュードゥ

> Alors, la réunion?（それで、会議は？）
> アロール ラ レユニョン
>
> C'était comme d'habitude.
> （相変わらずだよ）

Rien de spécial.（特に何も）
リアン ドゥ スペシアル

▶何でもない。

C'est rien.
セ リアン

> Tu t'es fait mal?（大丈夫？）
> テュ テ フェ マール
> Non, c'est rien.（いや、何でもない）

Ce n'est pas grand-chose.
ス ネ パ グランショーズ

▶たいしたことじゃなかった。

C'était rien.
セテ リアン

> C'était grave?（ひどかったの？）
> セテ グラーヴ

Non, c'était rien. Juste un petit accrochage.
ノン　セテ　リアン　ジュスタン　プティタクロシャージュ
(ううん、たいしたことじゃなかったよ。ちょっとぶつかっただけ)

Ce n'était pas grand-chose.
ス　ネテ　パ　グランショーズ

▶〜しそうだった。

On a failli...
オナ　ファイー

Vous avez raté l'avion?
ヴザヴェ　ラテ　ラヴィオン
(飛行機に乗り遅れたの？)

Non, mais on a failli le rater.
ノン　メ　オナ　ファイ　ル　ラテ
(ううん、でも乗り遅れそうだったの)

Evidemment, vous partez toujours au dernier moment.
エヴィダマン　ヴ　パルテ　トゥジュロ　デルニエ　モマン
(そうでしょう、いつもぎりぎりに出るんだから)

On a bien failli.
オナ　ビアン　ファイー

▶もうすこしだったのに…。

Ça y était presque...
サ　イ　エテ　プレスク
*Ça y est「これでよし、できた」。

Ça y était presque...
(もうすこしだったのに…)

C'est dommage! (惜しかったね！)
セ　ドマージュ

▶彼は成功しました。

Il a bien réussi.
イラ　ビアン　レユスィ

Qu'est-ce qu'il est devenu, son fils?
ケス　キレ　ドゥヴニュ　ソン　フィス
(彼の息子さん、どうしましたか？)

Il est aux Etats-Unis. Il a bien réussi.
イレトゼタズュニ　イラ　ビアン　レユスィ
(アメリカにいます。彼は成功しましたよ)

▶彼女は失敗しました。

Elle a échoué.
エラ　エシュエ

Elle a eu son examen?
エラ ユ ソネグザマン
(彼女、試験受かったの？)

Non, elle a échoué. (ううん、失敗したよ)

Elle l'a raté.
エッラ ラテ
Elle l'a loupé.
エッラ ルペ

*'l' は「失敗した内容」を指す。rater と louper はともに échouer のくだけた言い方。

Elle n'a pas réussi. (彼女は成功していません)
エル ナ パ レユスィ

意見を求める　　　　　　　　　　　2_021.mp3

▶ どう思いますか？

Qu'en pensez-vous?
カン パンセヴ

Qu'en pensez-vous? (どう思いますか？)
C'est une idée comme une autre.
セテュニデ コミュノートゥル
(いいんじゃないですか)

*une idée comme une autre「ほかと同じ考え」。

Qu'en dites-vous?
カン ディトゥヴ
A votre avis?
ア ヴォトゥラヴィ

▶ 新しいスーツ、どう思う？

Qu'est-ce que tu penses de mon nouveau complet?
ケス ク テュ パンス ドゥ モン ヌヴォ コンプレ

Qu'est-ce que tu penses de mon nouveau complet?
(新しいスーツ、どう思う？)
Il est très chic. (とてもおしゃれね)
イレ トゥレ シック

▶ 彼女をどう思う？

Alors, qu'est-ce que tu penses d'elle?
アロール ケス ク テュ パンス デール

Alors, qu'est-ce que tu penses d'elle?
(彼女をどう思う？)
Je la trouve sympathique.
ジュ ラ トゥルヴ サンパティク
(感じがいいと思うよ)

▶ 思っていることを正直に言ってください。

Dites-moi sincèrement ce que vous en pensez.
ディトゥモワ　サンセルマン　ス　ク　ヴザン　パンセ

*ce que vous en pensez「あなたがそれについて思っていること」。

Dites-moi sincèrement ce que vous en pensez.
(思っていることを正直に言ってください)

Je vais être franc avec vous. Je pense que votre projet est voué à l'échec.
ジュ ヴェ エトゥル フラン アヴェク ヴ ジュ パンス ク ヴォトゥル プロジェ エ ヴエ ア レシェック

(率直に言わせてもらうなら、あなたの計画はきっと失敗すると思います)

*être voué à...「～に運命づけられている」。

▶ 新しい先生、どう思う？

Tu le trouves comment, ton nouveau prof?
テュ ル トゥルヴ コマン トン ヌヴォ プロフ

*prof は professeur「先生」の略。女性の先生なら、Tu la ～, ta nouvelle prof? となる。

Tu le trouves comment, ton nouveau prof? (新しい先生、どう思う？)
Il a l'air sympa. (感じよさそうだね)
イラ レル サンパ

▶ いいと思う？

Tu trouves ça bien?
テュ トゥルヴ サ ビアン

Tu trouves ça bien? (いいと思う？)
Non, pas vraiment. (いいえ、そんなに)
ノン パ ヴレマン

▶ あなたは？

Et vous?
エ ヴ

J'aime bien pêcher. Et vous?
ジェム ビアン ペシェ エ ヴ
(私は釣りが好きなんですが、あなたは？)
Moi aussi, mais je ne suis pas très doué.
ムワ オスィ メ ジュン スュイ パ トレ ドゥエ
(私もですが、あんまりうまくないんです)

Et toi?
エ トゥワ

▶ どう？

Alors?
アロール

Alors? (どう？)
Oui, c'est bien. (うん、いいね)
ウイ セ ビアン

2 理解し合えるフレーズ

▶それだけ？
C'est tout?
セ トゥ

> C'est tout?（それだけ？）
>
> Oui. Qu'est-ce que tu veux que je te dise d'autre?
> ウイ ケス ク テュ ヴ ク ジュトゥ ディズ ドートゥル
> （そうだよ、何を期待してたの？）

＊直訳は「ほかに何を言ってほしいの？」。

▶それでいい？
Tu es d'accord?
テュ エ ダコール
Tu es pour?
テュ エ プール
＊être pour...「～に賛成である、～の味方である」。反対は être contre ...「～に反対である」。

▶ご了解いただけませんか？
Vous n'êtes pas d'accord?
ヴ ネトゥ パ ダコール

> Vous n'êtes pas d'accord?
> （ご了解いただけませんか？）
>
> **Non, absolument pas.**
> ノン アプソリュマン パ
> （いいえ、絶対に承知できません）

Vous_êtes contre?（反対ですか？）
ヴゼトゥ コントゥル

▶何が不満なんですか？
Qu'est-ce qui_ne vous plaît pas?
ケス キン ヴ プレ パ
＊不満げな、あるいは不きげんな人への質問。

> Qu'est-ce qui_ne vous plaît pas?
> （何が不満なんですか？）
>
> **Je n'apprécie pas l'attitude_de la direction.**
> ジュ ナプレスィ パ ラティテュッドゥ ラ ディレクスィオン
> （経営陣の姿勢が気に入らないのです）

De quoi êtes-vous mécontent [mécontente]？
ドゥ クワ エトゥヴ メコンタン ［メコンタントゥ］
＊être mécontent de...「～が不満である」。
De quoi vous plaignez-vous?
ドゥ クワ ヴ プレニェヴ
（何に文句があるんですか？）
＊se plaindre de...「～について不平を言う」。

質問と答え

▶何が悪いの？
Qu'est-ce qui ne va pas?
ケス　キン　ヴァ　パ

▶もっといい考えがある？
Tu as une meilleure idée?
テュ ア ユン　メユリデ
*meilleur は bon の比較級で「もっとよい」。

Vous avez une meilleure solution?
ヴザヴェ　ユン　メユル　ソリュスィオン
（もっといい解決策がありますか？）

▶何か提案がありますか？
Vous avez une proposition à faire?
ヴザヴェ　ユン　プロポズィスィオン　ア　フェール

Tu as une suggestion?
テュ ア ユン　スュグジェスティオン

▶何か提案は？
Que suggérez-vous?
ク　スュグジェレヴ

> Que suggérez-vous?（何か提案は？）
> Je propose de consulter le syndicat.
> ジュ プロポーズ ドゥ コンスュルテ ル サンディカ
> （労働組合に相談してはどうでしょう）

Qu'est-ce que tu proposes?
ケス　ク テュ　プロポーズ

▶ほかに意見のある人は？
Quelqu'un d'autre?
ケルカン　ドトゥル

> Quelqu'un d'autre?
> （ほかに意見のある人は？）
> Oui, moi. J'ai quelque chose à ajouter. (はい。言いたいことがあります)
> ウイ ムワ ジェ　ケルク　ショザ　アジュテ

D'autres avis?
ドトゥルザヴィ

▶反対の方は？
Quelqu'un est contre?
ケルカン　エ　コントゥル

Quelqu'un n'est pas d'accord?
ケルカン　ネ　パ　ダコール

▶異議のある方は？
Quelqu'un a une objection à formuler?
ケルカン　ア　ユノブジェクスィオン　ア　フォルミュレ

▶はっきりした返事をください。

Donnez-moi une réponse claire.
ドネモワ ユン レポンス クレール

Je voudrais une réponse précise.
ジュ ヴドゥレ ユン レポンス プレスィーズ
(はっきりした返事をいただきたいのですが)

意見を言う　　　　　　　　　　　　2_022.mp3

▶〜と思います。

Je trouve que...
ジュ トゥルーヴ ク

*Je trouve que... は以下の Je pense que...、Je crois que... とともに「〜と思う」の意味で用いられるが、trouver には直感、penser には判断、croire には確信のニュアンスがある。

Je trouve qu'elle est plus jolie qu'avant.
ジュ トゥルーヴ ケレ プリュ ジョリ カヴァン
(彼女、前よりきれいになったと思うけど)

C'est parce qu'elle n'a plus de lunettes. (眼鏡をやめたからだよ)
セ パルス ケル ナ プリュ ドゥ リュネットゥ

Ah, c'est ça! (ああ、それでなんだ!)
ア セ サ

* 「彼女は前よりもきれいになったと思う」と言うのに Je la trouve plus jolie qu'avant. もよく使う。

..., je trouve.
ジュ トゥルヴ

Je trouve ça...
ジュ トゥルヴ サ

* この表現は人間については使わない。

Je trouve ça joli, comme couleur.
ジュ トゥルヴ サ ジョリ コム クルール
(この色きれいだと思うけど)

Oui. Et en plus, ça te va bien.
ウイ エ アン プリュス サ トゥ ヴァ ビアン
(うん。それに、君に似合うよ)

Je pense que...
ジュ パンス ク

Il n'est pas encore là...
イル ネ パ アンコル ラ
(彼がまだ来ていませんが…)

Je pense qu'il va arriver d'une minute à l'autre.
ジュ パンス キル ヴァ アリヴェ デュン ミニュタ ロトゥル
(もうすぐ来ると思います)

..., je pense.
ジュ パンス

Je crois que...
ジュ クルワ ク

> Je crois que c'est_intéressant, comme_exposition.
> ジュ クルワ ク セタンテレサン コメクスポズィスィオン
> (面白い展覧会だと思います)
>
> Alors, je vais essayer d'y_aller.
> アロール ジュ ヴェ エセイエ ディヤレ
> (じゃあ、行ってみましょう)

..., je crois.
ジュ クルワ

▶～とは思いません。

Je_ne pense pas que...
ジュン パンス パ ク

> Je_ne pense pas que ce soit lui.
> ジュン パンス パ ク ス スワ リュイ
> (彼だとは思わないけど)
>
> Pourtant, il lui ressemble.
> プルタン イル リュイ ルサンブル
> (でも、似てるよ)

Je_ne crois pas que...
ジュン クルワ パ ク

> Il vit seul? (彼はひとり暮らし？)
> イル ヴィ スール
> Je_ne sais pas. En tous cas, je_ne crois pas qu'il soit marié.
> ジュン セ パ アン トゥ カ ジュン クルワ パ キル スワ マリエ
> (知らないよ。どっちにしても、結婚してるとは思わないけど)

Je_ne trouve pas que...
ジュン トゥルヴ パ ク

> Je_ne trouve pas que ce soit une bonne_idée.
> ジュン トゥルヴ パ ク ス スワ ユン ボニデ
> (いい考えだとは思わないけど)
>
> Alors, qu'est-ce que tu proposes_à la place?
> アロール ケス ク テュ プロポザ ラ プラス
> (じゃあ、代わりに何がいいの？)

▶私の考えでは、～。

A mon_avis,...
ア モナヴィ

> Ils_ont renoncé à acheter.
> イルゾン ルノンセ ア アシュテ
> (あの人たち買うのをあきらめたのよ)
>
> A mon_avis, c'est dommage. C'était le bon moment.
> ア モナヴィ セ ドマージュ セテ ル ボン モマン
> (ぼくの考えじゃ、それは惜しいな。買いどきだったのに)

2 理解し合えるフレーズ

▶私が思うには、〜。

D'après moi,...
ダプレ　ムワ

*d'après...「〜によれば、〜に基づいて」。

> A ton avis, elle va avoir une fille ou un garçon?
> ア　トナヴィ　エル　ヴァ　アヴワリュン　フィユ　ウ　アン　ガルソン
> (彼女の赤ちゃん、女の子か男の子かどっちだと思う？)
>
> D'après moi, ce sera un garçon.
> ダプレ　ムワ　ス　スラ　アン　ガルソン
> (私が思うには、男の子ね)

▶私としては、〜。

Personnellement,...
ペルソネルマン

*personnellement「個人的には」。

> Il n'est pas très aimé.
> イル　ネ　パ　トゥレゼメ
> (彼はあまりよく思われていません)
>
> Personnellement, je le trouve sympathique.
> ペルソネルマン　ジュ　ル　トゥルヴ　サンパティック
> (私としては、感じのいい人だと思いますが)

▶私から見ると、〜。

Pour moi,...
プル　ムワ

> Tu crois qu'on peut lui confier ce travail?
> テュ　クルワ　コン　プ　リュイ　コンフィエ　ス　トゥラヴァイ
> (この仕事を彼にまかせられると思う？)
>
> Je ne pense pas. Pour moi, ce n'est pas quelqu'un de fiable.
> ジュン　パンス　パ　プル　ムワ　ス　ネ　パ　ケルカン　ドゥ　フィアブル
> (思わない。私から見ると、信頼できる人間じゃないから)

▶〜のような感じがする。

J'ai l'impression que...
ジェ　ランプレスィオン　ク

*impression「印象」。

> Il a du mal à s'exprimer en public...
> イラ　デュ　マラ　セクスプリメ　アン　ピュブリック
> (彼は人前で話すのが苦手だね…)
>
> Oui, j'ai l'impression qu'il n'est pas sûr de lui.
> ウイ　ジェ　ランプレスィオン　キル　ネ　パ　スュル　ドゥ　リュイ
> (うん、彼は自分に自信をもってない感じがするね)

▶きっと〜だと思うよ。

Ça ne m'étonnerait pas que...
サン　メトヌレ　パ　ク
*直訳は「〜は驚くことではないだろう」。

> Elle a mauvaise mine...
> エラ　モヴェズ　ミン
> (彼女、疲れた顔してるけど…)
>
> Oui, ça ne m'étonnerait pas qu'elle couve une grippe.
> ウイ　サン　メトヌレ　パ　ケル　クヴュン　グリップ
> (そうね、きっと風邪をひいてるんだと思うよ)

▶〜じゃないかな。

Je me demande si...
ジュ　ム　ドゥマンドゥ　スィ
*直訳は「〜かどうか自問する」。

> Je me demande si elle n'en rajoute pas un peu...
> ジュ　ム　ドゥマンドゥ　スィ　エル　ナン　ラジュトゥ　パ　アン　プ
> (彼女はちょっとおおげさなんじゃないかな…)
>
> C'est bien possible. (そうだなあ)
> セ　ビアン　ポスィーブル

*rajouter「追加する」、en rajouter「誇張する」。

▶〜のような気がする。

Il me semble que...
イル　ム　サンブル　ク

> Tu le connais, ce film?
> テュ　ル　コネ　ス　フィルム
> (この映画、知ってる？)
>
> Oui, il me semble que je l'ai déjà vu. Ça parle de quoi?
> ウイ　イル　ム　サンブル　ク　ジュ　レ　デジャ　ヴュ　サ　パルル　ドゥ　クワ
> (見たような気がするけど。何の映画？)

*Ça parle de quoi? の直訳は「何について話しているのか？」。

▶でも、〜。

Vous savez, ...
ヴ　サヴェー
*直訳は「ご存知のように、〜」。主張を強めたり念を押す「〜でしょう、ねえ、ほら」という表現にもなる。

> On y va en voiture. (車で行くんだ)
> オニ　ヴァ　アン　ヴワテュール
>
> Vous savez, vous feriez mieux de prendre le métro.
> ヴ　サヴェー　ヴ　フリエ　ミュ　ドゥ　プランドゥル　ル　メトロ
> (でも、地下鉄のほうがいいんでは)

▶私が言いたいのは、〜。

Ce que je veux dire, c'est que...
ス ク ジュ ヴ ディール セ ク

> **Ce que je veux dire, c'est qu'il faut licencier.**
> ス ク ジュ ヴ ディール セ キル フォ リサンスィエ
> (私が言いたいのは、解雇する必要があるということです)
>
> **Ça va être difficile. On va avoir les syndicats sur le dos.**
> サ ヴァ エトゥル ディフィスィール オン ヴァ アヴワール レ サンディカ スュル ル ド
> (それは難しいでしょう。組合がうるさいだろうから)

*dos「背後」、avoir... sur le dos「〜にたえず監視されている」。くだけた表現。

▶それは考え方の問題です。

C'est⌒une question d'opinion.
セテュン ケスティオン ドピニオン

▶考え方は人それぞれだ。

Chacun son⌒opinion.
シャカン ソノピニオン

*chacun「それぞれ、めいめい」。

> **Moi, je⌒ne suis pas pour.**
> ムワ ジュン スュイ パ プール
> (賛成ではないな、僕は)
>
> **Chacun son⌒opinion.**
> (考え方は人それぞれだよ)

*être pour「賛成である」。

▶いいですね。

C'est bien.
セ ビアン

> **Qu'en penses-tu?** (どう思う？)
> カン パンステュ
> **C'est bien.** (いいね)

Ça va.
サ ヴァ
C'est⌒une bonne⌒idée. (いい考えだ)
セテュン ボニデ
C'est pas mal. (なかなかいい)
セ パ マール

▶それはいいことだ。

C'est⌒une bonne chose.
セテュン ボヌ ショーズ

Il⌒est devenu ponctuel. (彼、時間を守るようになったよ)
イレ ドゥヴニュ ポンクテュエル

質問と答え　135

C'est une bonne chose.
(それはいいことだね)

▶そのほうがいい。

C'est mieux.
セ　ミュ

▶それがいちばんいい。

C'est le mieux.
セ　ル　ミュ
*le mieux は bien の最上級。

> **Je vais lui demander directement.** (直接彼に聞くよ)
> ジュ ヴェ リュイ ドゥマンデ　ディレクトゥマン
> **C'est le mieux.** (それがいちばんいいね)

C'est la meilleure solution.
セ ラ　メユル　ソリュスィオン
(いちばんいい方法です)
*la meilleure は bonne の最上級。

C'est la meilleure chose à faire.
セ ラ　メユル　ショザ　フェール
(いちばんいいことです)

C'est l'idéal. (理想的だ)
セ　リデアール

▶いい考えではないね。

Ce n'est pas une bonne idée.
ス　ネ　パ　ユン　ボニデ
Ce n'est pas une bonne solution.
ス　ネ　パ　ユン　ボヌ　ソリュスィオン
(いい方法ではない)

▶よくないよ。

Ce n'est pas bien.
ス　ネ　パ　ビアン
Ça ne va pas.
サン　ヴァ　パ

▶あっちのほうがいい。

C'est moins bien.
セ　ムワン　ビアン
*moins「よりすくなく」。直訳は「こっちのほうがよくない」。

▶もっと悪い！

C'est pire!
セ　ピール
*pire「より悪い」。plus mal は使わない。

▶すごく面白い。

C'est très intéressant.
セ トゥレザンテレサン

> ... Voilà, c'est là-dessus que je travaille depuis deux ans.
> ヴワラ セ ラツュ ク ジュ トラヴァイ ドゥピュイ ドゥザン
> (…はい、これがぼくが2年間研究してることなんだ)
>
> C'est très intéressant.
> (すごく面白いね)

*là-dessus「この点について」。travailler「勉強する、研究する、仕事する」。

▶すこしも面白くない。

C'est vraiment inintéressant.
セ ヴレマン イナンテレサン

*inintéressant は pas intéressant よりも強い。

> C'est vraiment inintéressant...
> (すこしも面白くないけど…)
>
> Forcément, tu ne connais pas le sujet.
> フォルセマン テュン コネ パ ル スュジェ
> (当然だよ、テーマを知らないんだもの)

▶簡単だ。

C'est facile.
セ ファスィール

C'est simple.
セ サンプル

▶たいしたことない。

Ce n'est rien du tout.
ス ネ リアン デュ トゥ

*du tout は否定を強める「まったく」の意味。

Ce n'est pas grand-chose.
ス ネ パ グランショーズ

C'est simple comme bonjour. (朝飯前だ)
セ サンプル コン ボンジュール

*直訳は「こんにちはを言うみたいに簡単だ」。

C'est vraiment facile. (すごく簡単だ)
セ ヴレマン ファスィール

▶ちょっとややこしい。

C'est un peu compliqué.
セタン プ コンプリケ

*compliqué「複雑な、やっかいな」。

> Tu as compris? (わかった？)
> テュ ア コンプリ
>
> C'est un peu compliqué...
> (ちょっとややこしいな…)

▶難しい。

C'est difficile.
セ　ディフィスィール
C'est dur.
セ　デュール
Ce n'est pas facile. (簡単ではない)
ス　ネ　パ　ファスィール

▶できるわけない。

C'est_infaisable.
セタンフザーブル

> Terminer avant demain, c'est_infaisable!
> テルミネ　アヴァン　ドゥマン　セタンフザーブル
> (明日までに終わらせるなんて、できるわけないよ！)
>
> Demande_à quelqu'un de t'aider!
> ドゥマンダ　ケルカン　ドゥ　テデ
> (だれかに手伝ってもらいなさいよ！)

Ce n'est pas faisable.
ス　ネ　パ　フザーブル
C'est trop difficile. (難しすぎる)
セ　トゥロ　ディフィスィール
C'est_impossible. (無理です)
セタンポスィーブル

▶可能です。

C'est possible.
セ　ポスィーブル
C'est faisable. (できます)
セ　フザーブル

▶もっともだね。

C'est logique.
セ　ロジック
*logique「論理的な、筋の通った」。

> On_ne peut pas lui en parler. On n'est pas censés le savoir.
> オン　ヌ　プ　パ　リュイ アン　パルレ　オン　ネ　パ　サンセ　ル　サヴワール
> (彼にそのことは話せないよ。私たちは知らないことになっているんだもの)
>
> C'est logique... (もっともだね…)

*être censé...「〜と見なされている」。

▶妥当だね。

C'est raisonnable.
セ　レゾナーブル

▶それは現実的ではありません。

Ce n'est pas réaliste.
ス　ネ　パ　レアリストゥ

Il faudrait doubler notre chiffre d'affaires.
イル フォドゥレ ドゥブレ ノトゥル シフル ダフェール
(売り上げを倍にしなければなりません)

Ce n'est pas réaliste.
(それは現実的ではありませんね)

C'est irréaliste.
セティレアリストゥ
*irréaliste「非現実的な」は pas réaliste より強い。

▶現実的にならなければ。

Il faut être réaliste.
イル フォ エトゥル レアリストゥ

▶正しくありません。

Ce n'est pas correct.
ス ネ パ コレクトゥ
*「まちがっている」とはっきり言うのを避けて、「正しくない」と遠まわしに言う表現。

C'est incorrect.
セタンコレクトゥ
*incorrect は pas correct より強い。

C'est faux. (まちがっている)
セ フォ

▶重要です。

C'est important.
セタンポルタン

C'est le principal. (いちばん大切です)
セ ル プランスィパール

C'est vital. (すごく重要です)
セ ヴィタル

▶それほど重要ではありません。

C'est secondaire.
セ スゴンデール
*secondaire「副次的な、2番めの」。

C'est accessoire.
セ アクセスワール
*accessoire「付随的な、二次的な」。

Ce n'est pas important. (大切ではない)
ス ネ パ アンポルタン

▶優先事項です。

C'est le plus urgent.
セ ル プリュズュルジャン

C'est la première chose à faire.
セ ラ プルミエル ショザ フェール
*直訳は「それはやるべき第一のことです」。

▶ それはたいへんだ！

C'est grave!
セ グラーヴ

> Les billets ne sont pas arrivés. (切符が届いてないよ)
> レ ビエ ヌ ソン パ アリヴェ
>
> C'est grave! On part_après-demain.
> セ グラーヴ オン パラプレドゥマン
> (それはたいへんだ！ 出発はあさってなんだよ)

▶ 大丈夫です。

Ce n'est pas grave.
ス ネ パ グラーヴ

> Je n'ai pas terminé... (終わらなかった…)
> ジュ ネ パ テルミネ
>
> Ce n'est pas grave, tu le feras demain matin...
> ス ネ パ グラーヴ テュ ル フラ ドゥマン マタン
> (大丈夫だよ、明日の朝やれば…)

Ce n'est rien! (たいしたことじゃないよ！)
ス ネ リアン

▶ とても役に立つ。

C'est très_utile.
セ トゥレズュティール

▶ 何にもならない。

C'est_inutile.
セティニュティール
*inutile「無益な、役に立たない」。

> Je vais essayer de lui parler. (彼に話してみるよ)
> ジュ ヴェ エセイエ ドゥ リュイ パルレ
>
> C'est_inutile. Il ne changera pas d'avis.
> セティニュティール イル ヌ シャンジュラ パ ダヴィ
> (何にもならないよ。彼は考えを変えないさ)

Ça_ne donnera rien.
サン ドンラ リアン
*直訳は「それは何ももたらさない」。

Ce n'est pas la peine. (無理です)
ス ネ パ ラ ペン

Ça_ne sert pas à grand-chose. (あまり役に立たない)
サン セル パ ア グランショーズ

▶ しかたがないよ。

C'est_inévitable.
セティネヴィターブル
*inévitable「避けられない、必然的な」。

Nous‿allons perdre des clients...
ヌザロン　ペルドゥル　デ　クリアン
(お客をなくしそうだ…)

C'est‿inévitable.
(しかたがないよ)

On n'y peut rien.
オン　ニ　プ　リアン
*n'y pouvoir rien「どうにもできない、お手上げだ」。

▶ばかげてる！

C'est ridicule!
セ　リディキュール

Ils sont‿allés à la plage.
イル　ソンタレ　ア ラ プラージュ
(あの人たち、海へ行ったよ)

Par ce temps? C'est ridicule!
パル ス タン　セ　リディキュール
(こんな天気に？ ばかげてるよ！)

C'est stupide!
セ　ステュピードゥ

▶うまくいかないよ。

Ça‿ne marchera pas.
サン　マルシュラ　パ
*未来のことについて否定的な見解を表す表現。

Ça‿ne marchera pas!
(うまくいかないよ！)

Il faut essayer quand même!
イル　フォ　エセイエ　カン　メム
(それでもやってみなきゃ！)

わけをたずねる　　　　　　　　　　　　2_023.mp3

▶いったいどうして？

Et pourquoi donc?
エ　プルクワ　ドンク

Je n'irai pas, c'est décidé.
ジュ ニレ　パ　セ　デスィデ
(行かないよ、決めたんだ)

Et pourquoi donc? Tu es invité...
エ　プルクワ　ドンク　テュ エ アンヴィテ
(いったいどうして？ 招待されてるのに…)

▶なぜなのか話して。

Dis-moi pourquoi.
ディムワ　プルクワ

Expliquez-moi ça.（説明してください）
エクスプリケムワ　サ

Si tu m'expliquais...
スィ テュ　メクスプリケ

▶なぜそんなことをしたの？

Pourquoi as-tu fait ça?
プルクワ　アテュ　フェ　サ

> Pourquoi as-tu fait ça?
> （なぜそんなことをしたの？）
>
> Je ne savais pas que c'était interdit.
> ジュ ヌ　サヴェ　パ　ク　セテ　アンテルディ
> （禁止されてることを知らなかったんだ）

▶なぜだめなの？

Pourquoi pas?
プルクワ　パ

> On ne peut pas faire ça.
> オン ヌ　プ　パ　フェル　サ
> （そんなことしちゃいけないんだよ）
>
> Pourquoi pas?（なぜだめなの？）

Pourquoi ça ne va pas?
プルクワ　サ ヌ　ヴァ　パ

▶なぜ〜なの？

Pourquoi est-ce que...?
プルクワ　エス　ク

> Pourquoi est-ce qu'il y a la queue?（なぜ並んでるの？）
> プルクワ　エス　キリ ヤ　ラ　クー
>
> Parce que le lundi, c'est moins cher.（月曜日は特売だからよ）
> パルス　ク　ル ランディ　セ　ムワン　シェール

*queue「しっぽ、行列」。ふだんは人がいない店先に行列ができているのを見たときの会話。

▶どうしてかな？

Comment ça se fait?
コマン　サ ス　フェ

*「おかしいな、へんだな」といった感じのくだけた表現。

> La porte est ouverte. Pourtant, je l'avais fermée en partant.
> ラ　ポルトゥ テトゥヴェールトゥ　プルタン　ジュ　ラヴェ　フェルメ　アン　パルタン
> （ドアが開いてるよ。出かけるときに閉めていったのに）

2 理解し合えるフレーズ

Comment ça se fait?
（どうしてかな？）

Je me demande bien pourquoi.
ジュ ム ドゥマンドゥ ビアン プルクワ

▶いったいどうして〜なんだろう？
Comment se fait-il que...?
コマン ス フェティール ク
*Il se fait que... 「〜ということになる」。

Comment se fait-il qu'il ne soit pas encore là?
コマン ス フェティール キル ヌ スワ パ アンコル ラ
（いったいどうして彼はまだ来ていないんだろう？）

Il a dû être retardé. Ne t'inquiète pas.
イラ デュ エトゥル ルタルデ ヌ タンキエトゥ パ
（遅れるわけがあったんだよ。心配しないで）

C'est bizarre, quand même...
セ ビザール カン メーム
（それにしても、おかしいな…）

▶どういう理由で？
Pour quelle raison?
プル ケル レゾン

La rivière est de plus en plus polluée.
ラ リヴィエレ ドゥ プリュザン プリュ ポリュエ
（川はますます汚染されてきています）

Pour quelle raison?
（どういう理由で？）

Pour quel motif?
プル ケル モティッフ
Quelle en est la cause?（原因は何ですか？）
ケランネ ラ コーズ
*en は la cause de... の de... を指している。
C'est à cause de quoi?（何のせいですか？）
セタ コズ ドゥ クワ

▶どうしてそんなことに？
C'est arrivé comment?
セタリヴェ コマン
＊理由だけでなく、その経緯や状況についての質問。

Il y a eu un incendie.（火事が起きたんだ）
イリャ ユ アナンサンディ

C'est pas vrai! C'est arrivé comment?
セ パ ヴレ セタリヴェ コマン
（うそー！どうしてそんなことに？）

Ça s'est produit comment?
サ セ プロデュイ コマン
*se produire「起こる」。

▶だれのせいなの？

C'est la faute‿de qui?
セ ラ フォッドゥ キ

C'est la faute‿à qui?
セ ラ フォタ キ

*文法的には正しくないが、くだけた会話ではつかわれている。

Qui est responsable?
キ エ レスポンサブル
（責任はだれにあるの？）

▶どうしたの？

Qu'est-ce qu'il‿y‿a?
ケス キリャ

> Tu pleures? Qu'est-ce qu'il‿y‿a?
> テュ プルール ケス キリャ
> （泣いてるの？ どうしたの？）
>
> Rien. Laisse-moi.
> リアン レスムワ
> （何でもない。いいの）

Qu'est-ce que tu as?
ケス ク テュ ア

説明する　　2_024.mp3

▶〜だからです。

Parce que...
パルス ク

> Pourquoi est-ce que tu as quitté le Japon?
> プルクワ エス ク テュ ア キテ ル ジャポン
> （どうして日本を離れたの？）
>
> Parce que mon visa se terminait. Je n'avais pas le choix.
> パルス ク モン ヴィサ ス テルミネ ジュ ナヴェ パ ル シュワ
> （ビザが切れてたから。どうしようもなかったんだ）

*Parce que を省いて Mon visa se terminait. と言うだけでも意味は通じる。

C'est parce que...
セ パルス ク
（というのは〜）

▶それは〜。

C'est que...
セ ク-

お詫びと訂正

『これさえあれば通じるフランス語』(ISBN978-4-384-04445-4 第1刷)に誤りがございました。深くお詫び申し上げますとともに、下記のとおりに訂正させていただきます。

P.21　4行目
(誤) Ne quittez pas. Je vous **le [la]** passe.
(正) Ne quittez pas. Je vous **la [le]** passe.

P.36　「午後5時」
(誤) cing　　(正) cinq

P.168　▶もっと早く来ようか?の囲み内の1行目
(誤) ie　(正) je

P.243　▶猫にえさをやってくれる?の例文
(誤) Tu peux donner à **manger** au chat?
(正) Tu peux donner à **manger** au chat?

P.297　▶申し訳ありません。ちょっと電話をかけていいですか?の例文
(誤) **Excuse**-moi, vous permettez?
(正) **Excusez**-moi, vous permettez?

P.300　▶クララ、こちらがアントゥワンだよ。の囲み内の2行目
(誤) Boniour　(正) Bonjour

P.362　▶まだ結婚したくないんだ。の囲み内の2行目
(誤) je suis prêt à attendre.(ジュスイプレ **タ**)
(正) je suis prêt à attendre.(ジュスイプレ **ア**)

P.387　▶いま、ぎりぎりなんだ。の例文
(誤) Je‿suis **à** un peu juste, en ce moment.
(正) Je‿suis un peu juste, en ce moment.

P.472　▶今日はついている気がするんだ！の囲み内の1行目
(誤)Tu joues dix numéros.
(正)Tu joue dix numéros?

P.598　▶予想してたんだ。の囲み内1行目
(誤)Vingt kilomètres de **bouchon**!
(正)Vingt kilomètres de **bouchons**!

P.599　▶ほらね、私が正しかったでしょ。の囲み内2行目
(誤)On n'aurait pas dû dépenser **tant**.
(正)On n'aurait pas dû dépenser **autant**.

P.649　▶あの先生、今日も来てる?の囲み内1行目
(誤)**Elle-est** là, la prof, aujourd'hui?
(正)**Elle est** là, la prof, aujourd'hui?

P.661　▶3対1で勝ったよ。の例文
(誤)ビュタ アン　　(正)ビュザ アン

P.792　▶どうぞ、ごゆっくりお召し上がりください。の例文
(誤)Messieurs dames.　　(正)messieurs-dames.

P.852
(誤)ÉTRE　(正)ÊTRE

株式会社 三修社

Pourquoi est-ce que vous arrivez en retard?
プルクワ エス ク ヴザリヴェ アン ルタール
(なぜ遅刻したのですか?)

C'est que ... mon réveil n'a pas sonné. Je suis désolé.
セ クー モン レヴェイ ナ パ ソネ ジュ スュイ デゾレ
(それは…目覚ましが鳴らなかったものですから。すみません)

▶理由は〜です。

La raison, c'est que...
ラ レゾン セ ク

Il y a beaucoup moins de touristes cette année au Japon.
イリャ ボク ムワン ドゥ トゥリストゥ セタネ オ ジャポン
(日本では、今年は観光客がかなり減ってます)

Oui. La raison, c'est que le yen a monté.
ウイ ラ レゾン セ ク リエナ モンテ
(そうです。理由は円高です)

▶だから〜なんです。

C'est pour ça que...
セ プル サ ク

Tu travailles à mi temps en plus de tes études?
テュ トゥラヴァヤ ミ タン アン プリュス ドゥ テゼテュードゥ
(勉強のほかにパートで働いてるの?)

Oui, c'est pour ça que je suis fatigué.
ウイ セ プル サ ク ジュ スュイ ファティゲ
(うん、だから疲れてるんだ)

C'est pour cette raison que...
セ プル セトゥ レゾン ク
(こういう理由で〜なんです)

▶それはね、〜。

Voyez-vous,...
ヴワイエヴー
* 「それはね、こういうことなんだよ」といったニュアンス。

Mais pourquoi est-ce que vous l'aidez?
メ プルクワ エス ク ヴ レデ
(どうして彼を助けてあげるのですか?)

Voyez-vous, j'ai pitié de lui.
ヴワイエヴー ジェ ピティエ ドゥ リュイ
(それはね、かわいそうだからですよ)

*avoir pitié de...「〜に同情する」。

Eh bien...
エ ビアン

質問と答え

▶だからもう、〜なんだよ。

Figurez-vous que...
フィギュレヴ　ク
*se figurer「想像する」。

Mais pourquoi est-ce que vous n'achetez pas, au lieu de louer?
メ　プルクワ　エス　ク　ヴ　ナシュテ　パ　オ　リュ　ドゥ　ルエ
(どうして借りる代わりに買わないのですか？)

Figurez-vous que je n'ai pas les moyens.
フィギュレヴ　ク　ジュ　ネ　パ　レ　ムワヤン
(だからもう、余裕がないんだよ)

▶わけを話すと、〜。

Je vais vous dire pourquoi...
ジュ　ヴェ　ヴ　ディール　プルクワ
Je vais vous dire la raison.
ジュ　ヴェ　ヴ　ディール　ラ　レゾン

いろいろな質問　　　　　　　　　　　　2_025.mp3

▶おたずねしたいことがあるんですが。

J'ai quelque chose à vous demander.
ジェ　ケルク　ショズ　ア　ヴ　ドゥマンデ

J'ai quelque chose à vous demander.
(おたずねしたいことがあるんですが)

Oui, allez-y. (ええ、どうぞ)
ウイ　アレズィ

▶質問があるんだけど。

J'ai une question à te poser.
ジェ　ユン　ケスティオン　ア　トゥ　ポゼ
J'ai une question.
ジェ　ユン　ケスティオン
Je peux vous poser une question?
ジュ　プ　ヴ　ポゼ　ユン　ケスティオン
(質問してもいいですか？)

▶〜していただけませんか？

Pourriez-vous...?
プリエヴ

Pourriez-vous me donner son numéro de téléphone?
プリエヴ　ム　ドネ　ソン　ニュメロ　ドゥ　テレフォンヌ
(彼の電話番号を教えていただけませんか？)

Oui, vous avez de quoi noter? (はい、いいですか？)
ウイ　ヴザヴェ　ドゥ　クワ　ノテ

*vous avez de quoi noter? の直訳は「書き留めるものを持っているか？」。

▶〜かどうか教えていただけますか？

Pourriez-vous me dire si…?
プリエヴ　　　ム　ディール スィ

> Pourriez-vous me dire si les magasins sont ouverts le dimanche matin?
> プリエヴ　　　ム　ディール スィ レ　マガザン　　ソントゥヴェール　ル　ディマンシュ　マタン
> （日曜日の朝もお店が開いているかどうか教えていただけますか？）
>
> Tout est fermé, sauf les boulangeries.
> トゥテ　　フェルメ ソフ　レ　ブランジュリ
> （パン屋のほかは全部閉まっています）

▶ねえ、〜を教えてくれる？

Dis donc, tu peux me dire…?
ディ　ドン　テュ　プ　ム　ディール

> Dis donc, tu peux me dire combien tu l'as payé?
> ディ　ドン　テュ　プ　ム　ディール コンビアン テュ　ラ　ペイエ
> （ねえ、いくらだったのか教えてくれる？）
>
> Oui, vingt euros.
> ウイ　ヴァントゥロ
> （うん、20ユーロだよ）

▶〜を教えてもらえますか？

Est-ce que vous pourriez m'indiquer…?
エス　ク　ヴ　プリエ　　マンディケ

> Est-ce que vous pourriez m'indiquer une pharmacie, s'il vous plaît?
> エス　ク　ヴ　プリエ　　マンディケ　ユン　ファルマスィ スィル　ヴ　プレ
> （薬局を教えてもらえますか？）
>
> Oui, il y en a une un peu plus loin sur la gauche.
> ウイ　イリヤンナ　ユン　アン　プ　プリュ ルワン スュル　ラ　ゴーシュ
> （はい、ちょっと先の左手に1軒あります）

▶〜をさがしているのですが…。

Je cherche…
ジュ　シェルシュ

> Je cherche l'Hôtel Prince.
> ジュ シェルシュ ロテル　プランス
> （ホテル・プリンスをさがしているのですが…）
>
> Il est derrière vous.
> イレ　デリエル　ヴ
> （後ろですよ）

▶～をご存知ですか？

Savez-vous...?
サヴェヴ

Savez-vous où se trouve l'Hôtel de Ville, s'il vous plaît?
サヴェヴ ウ ス トゥルヴ ロテル ドゥ ヴィール スィル ヴ プレ
(市役所はどこにあるかご存じですか？)

Oui, c'est facile. Vous continuez tout droit. C'est sur votre gauche.
ウイ セ ファスィール ヴ コンティニュエ トゥ ドゥロワ セ スュル ヴォトゥル ゴーシュ
(はい、すぐ見つかりますよ。このまままっすぐ行けば、左手にあります)

*l'Hôtel de Ville「町のホテル」は「市役所」のこと。mairie とも言う。

Tu ne sais pas...? (～を知らない？)
テュン セ パ

▶～を知りたいのですが。

Je voudrais savoir...
ジュ ヴドゥレ サヴォワール

Je voudrais savoir si cet appareil est bi-voltage.
ジュ ヴドゥレ サヴォワール スィ セタパレイ エ ビヴォルタージュ
(この器具が両方の電圧で使えるかどうかを知りたいのですが)

Oui, il est en 110 et 220.
ウイ イレタン サンディセ ドゥサンヴァン
(はい、110ボルトと220ボルトで使えます)

▶～をご存知ないでしょうか？

Vous ne connaîtriez pas...?
ヴン コネトゥリエ パ

Vous ne connaîtriez pas le nom du propriétaire de cette maison?
ヴン コネトゥリエ パ ル ノン デュ プロプリエテール ドゥ セトゥ メゾン
(この家の持ち主の名前をご存じないでしょうか？)

Non, désolée. Je viens d'emménager.
ノン デゾレ ジュ ヴィアン ダンメナジェ
(ええ、すみません。引っ越してきたばかりで)

▶もしかして、～？

Est-ce que par hasard, ...?
エス ク パラザール

Est-ce que par hasard, tu n'aurais pas l'adresse de Marie?
エス ク パラザール テュ ノレ パ ラドゥレス ドゥ マリ
(もしかして、マリの住所を知らない？)

Si, attends ... voilà, elle habite 24, boulevard Raspail.
スィ アタン ヴワラ エラビトゥ ヴァントゥカトゥル ブルヴァール ラスパイ
(うん、待って…はい、彼女が住んでるのはラスパイ大通りの 24 番地だよ)

▶これ、何なの？
Qu'est-ce que c'est, ça?
ケス ク セー サ

Qu'est-ce que c'est, ça?
(これ、何なの？)

C'est un autocuiseur à riz.
セタンノトキュイズラ リ
(電気炊飯器だよ)

C'est quoi?
セ クワ
Qu'est-ce que c'est que ça?
ケス ク セ ク サ
*くだけた表現。

▶何て言うんですか？
Ça s'appelle comment?
サ サペール コマン

Ça s'appelle comment?
(何て言うんですか？)

Ça s'appelle de la tempura.
サ サペール ドゥ ラ テンプラ
(天ぷらと言います)

▶何に使うの？
Ça sert à quoi?
サ セラ クワ

Ça sert à quoi, cette manette?
サ セラ クワ セトゥ マネットゥ
(このレバー、何に使うの？)

Ça sert à arrêter le train, en cas d'urgence.
サ セラ アレテ ル トゥラン アン カ デュルジャンス
(緊急のとき、電車を止めるためだよ)

▶このにおい、何？
Qu'est-ce que c'est, cette odeur?
ケス ク セ セトドゥール

Qu'est-ce que c'est, cette odeur?
(このにおい、何？)

Oh, non! C'est le poulet!
オ ノーン セ ル プレー
(あっ、しまった！チキンだ！)

Qu'est-ce que c'est que cette‿odeur?
ケス ク セ ク セトドゥール

▶お土産は何？

Qu'est-ce que tu m'as rapporté?
ケス ク テュ マ ラポルテ

Qu'est-ce que tu m'as rapporté?
(お土産は何？)

Une poupée russe.
ユン プペ リュッス
(ロシア人形だよ)

▶だれですか？

Qui est-ce?
キ エース

C'est qui?
セ キ

Il [Elle] s'appelle comment?
イル [エル] ザペール コマン

▶だれの考え？

Qui a eu l'idée?
キ ア ユ リデ

＊直訳は「だれが考えついたのか」。

▶だれのですか？

C'est‿à qui?
セタ キ

C'est‿à qui?
(だれのですか？)

Ce n'est pas à moi, en tout cas.
ス ネ パ ア ムワ アン トゥ カ
(とにかく、私のものじゃありません)

▶君のもの？

C'est‿à toi?
セタ トゥワ

C'est‿à toi, ce livre?
セタ トゥワ ス リヴル
(この本、君の？)

Oui, c'est le mien. (うん、ぼくのだよ)
ウイ セ ル ミアン

▶だれと？

Avec qui?
アヴェッキ

Demain, je pars en vacances.
ドゥマン ジュ パラン ヴァカンス
(明日、バカンスに出発するの)

Avec qui?
(だれと？)

Avec ma sœur.
アヴェック マ スール
(姉／妹と)

▶どこへ行くの？

Où est-ce que tu vas?
ウ エス ク テュ ヴァ

Où est-ce que tu vas?
(どこへ行くの？)

A la boulangerie. Je reviens tout de suite.
ア ラ ブランジュリ ジュ ルヴィアン トゥ ドゥ スィトゥ
(パン屋へ。すぐ戻るよ)

▶出かけるの？

Tu sors?
テュ ソール

Tu sors?
(出かけるの？)

Oui, je vais faire des courses. Je n'en ai pas pour longtemps.
ウィ ジュ ヴェ フェル デ クルス ジュ ナンネ パ プル ロンタン
(ええ、買い物に。そんなに時間はかからないわ)

* フランス語会話のマナーのひとつはプライバシーに立ち入らないように心がけることで、上手な質問は答えが短くてすむものと言える。たとえば外出する人を見かけたときOù...?と行き先をたずねるよりも、OuiかNonで答えられるTu sors?と聞くほうがよい。

▶いつですか？

C'est quand?
セ カン

C'est quand?
(いつですか？)

Vers la mi-février.
ヴェル ラ ミフェヴリエ
(2月の半ばです)

*la mi-「中旬」、le début-「上旬」、la fin-「下旬」。

質問と答え

▶いつからですか？

Ça commence quand?
サ　　コマンス　　　カン

> Ça commence quand, les vacances d'été?
> サ　コマンス　　カン　レ　ヴァカンス　デテ
> (夏休みはいつからですか？)
>
> Le trente juin au soir.
> ル　トゥラントゥ　ジュアン　オ　スワール
> (7月1日からです)

*直訳は「6月30日の夜」。

C'est_à partir de quand?
セタ　　パルティル　ドゥ　　カン
*à partir de...「～から」。時間にも空間にも用いられる。

▶いつ終わるの？

Ça finit quand?
サ　フィニ　　カン

> Ça finit quand?
> サ　フィニ　　カン
> (いつ終わるの？)
>
> Dans trois jours.
> ダン　トゥルワ　ジュール
> (3日後に)

▶何日だったの？

C'était le combien?
セテ　　ル　　コンビアン

> C'était le combien, le mariage?
> セテ　ル　コンビアン　ル　マリアージュ
> (結婚式は何日だったの？)
>
> Le dix_ou le onze, j'ai oublié.
> ル　ディス　ル　オンズ　ジェ　ウブリエ
> (10日か11日か…忘れてしまったよ)

▶何時にですか？

A quelle_heure?
ア　　ケルール

> A quelle_heure_as-tu rendez-vous?
> ア　　ケルーラテュ　　　ランデヴ
> (何時に約束してるの？)
>
> A dix_heures_et demie.
> ア　ディズレ　　　　ドゥミ
> (10時半だよ)

2　理解し合えるフレーズ

▶すみません、今何時ですか？

Vous‿avez l'heure, s'il vous plaît?
ヴザヴェ　ルール　スィル　ヴ　プレ

Quelle‿heure‿est-il, s'il vous plaît?
ケルレティール　　　　スィル　ヴ　プレ

▶何時に始まりますか？

Ça commence‿à quelle‿heure?
サ　コマンサ　　　　ケルール

Ça commence‿à quelle‿heure?
（何時に始まりますか？）

A six‿heures, tout de‿suite‿après la cérémonie.
ア　スィズール　トゥ　ツィタプレ　ラ　セレモニ
（6時です。式のすぐあとです）

▶何をしに？

Pour quoi faire?
プル　クワ　フェール

Tu vas en‿Angleterre? Pour quoi faire?
テュ　ヴァ　アナングルテール　プル　クワ　フェール
（イギリスへ行くの？ 何をしに？）

Pour‿apprendre l'anglais, bien sûr!
プラプランドゥル　ラングレ　ビアン　スュール
（英語の勉強に決まってるよ！）

▶どうやって行くのですか？

On‿y va comment?
オニ　ヴァ　コマン

On‿y va comment?
（どうやって行くんですか？）

Il faut prendre le train et après, le bus.
イル　フォ　プランドゥル　ル　トゥラン　エ　アプレー　ル　ビュス
（電車に乗って、それからバスです）

▶どういうふうにやればいいのですか？

Comment est-ce qu'on fait?
コマン　　エス　　コン　フェ

Comment est-ce qu'on fait?
（どういうふうにやればいいんですか？）

Il faut acheter l'application.
イル　フォ　アシュテ　ラプリカスィオン
（ソフトを買うんですよ）

▶どこのブランドですか？
C'est quelle marque?
セ　　ケル　　　マールク

C'est quelle marque?
（どこのブランド？）

Chanel.
シャネール
（シャネールだよ）

Quelle est la marque?
ケレ　　ラ　マルク

▶お値段は？
Quel est le prix?
ケレ　　ル　プリ

Quel est le prix de ce manteau, s'il vous plaît?
ケレ　ル　プリ　ドゥス　　マント　　シル　ヴ　プレ
（このコートのお値段は？）

Il fait deux cents euros.
イル　フェ　ドゥ　　　サンズロ
（200ユーロです）

Il fait quel prix?
イル フェ ケル　プリ

▶いくらですか？
C'est combien?
セ　　　コンビアン

Ça coûte combien?
サ　クトゥ　　コンビアン
＊coûter「費用がかかる」。

▶いくらになりますか？
Ça fait combien?
サ　フェ　　コンビアン

▶どのくらい前に出なければいけないの？
Il faut partir combien de temps à l'avance?
イル フォ パルティール　コンビアン　ドゥ　タン　ア　ラヴァンス

Il faut partir combien de temps à l'avance?
（どのくらい前に出なければいけないの？）

Une demi-heure, ça suffit.
ユン　　ドゥミュール　　サ スュフィ
（30分で十分だよ）

▶1日に何回？

Combien de fois par jour?
コンビアン　ドゥ　フワ　パル　ジュール
*par... 「〜につき」。par semaine「週に」、par mois「月に」。

> Ces cachets, je dois les prendre combien de fois par jour?
> セ　カシェ　ジュ ドゥワ　レ プランドゥル　コンビアン　ドゥ　フワ　パル ジュール
> (この錠剤、1日に何回飲まなければいけないのですか？)
>
> Quatre fois par jour, toutes les six heures.
> カトゥル　フワ　パル　ジュール　トゥトゥ　レ　スィズール
> (1日4回、6時間ごとです)

*tous [toutes] les+ 時間・距離「〜ごとに」。

▶何のことで？

C'est à quel sujet?
セタ　ケル　スュジェ
*sujet「話題、主旨」。

> Je peux vous parler?
> ジュ プ　ヴ　パルレ
> (話があるんですが)
>
> Oui, c'est à quel sujet?
> (何のことですか？)

C'est à quel propos?
セタ　ケル　プロポ
De quoi s'agit-il?
ドゥ　クワ　サジティール
*il s'agit de...「〜が問題である」。

C'est pour quoi?
セ　プル　クワ

▶どれ？

Lequel [Laquelle/Lesquels/Lesquelles]
ルケール　[ラケール]　　レケール　　　レケール

> Je prefère celui-là.
> ジュ プレフェル スリュイラ
> (そっちのほうがいいな)
>
> Lequel? (どれ？)

▶こうやって？

Comme ça?
コム　サ

> Maintenant, tu plies le papier en quatre.
> マントゥナン　テュ プリ ル　パピエ　アン カトゥル
> (次に、4つに折るんだよ)

質問と答え　　155

Comme ça?
(こうやって？)

*plier「折る」。

▶どれぐらい？

Grand comment?
グラン　コマン

* 直訳は「どんなふうに広いの？」。具体的な答えを問う表現。

> Il est vraiment grand, son appartement.
> イレ　ヴレマン　グラン　ソナパルトゥマン
> (彼女のマンション、本当に広いよ)
>
> Grand comment?
> (どれぐらい？)
>
> Il fait plus de cent mètres carrés.
> イル フェ プリュ ドゥ サン メトル カレ
> (100㎡はあるよ)

*carré「平方メートル」。「立方メートル」は cube.

▶つまり？

C'est-à-dire?
セタ　ディール

* くわしく知りたいときの質問。例えば次の会話では「何才ぐらいか」という意味で使っている。

> Elle n'est plus toute jeune.
> エル　ネ　プリュ トゥトゥ ジューン
> (彼女はもう若くないね)
>
> C'est-à-dire? (つまり？)

▶たとえば？

Par exemple?
パレグザンプル

▶だれかを待ってるの？

Tu attends quelqu'un?
テュ　アタン　ケルカン

> Tu attends quelqu'un?
> (だれかを待ってるの？)
>
> Oui, un couple d'amis. Ils viennent dîner.
> ウイ　アン　クプル　ダミ　イル　ヴィエン　ディネ
> (うん、友達の夫婦をね。食事に来るんだ)

▶ずっと前から?

Depuis longtemps?
ドゥピュイ ロンタン

> On sort ensemble.
> オン ソランサンブル
> (つきあってるんだ)
>
> Depuis longtemps?
> (ずっと前から?)
>
> Quelques mois.
> ケルク モワ
> (2、3か月さ)

▶どういう意味ですか?

Qu'est-ce que ça veut dire?
ケス ク サ ヴ ディール
*vouloir dire...「(物が) 〜を意味する」。

> Qu'est-ce que ça veut dire, "appréhender"?
> ケス ク サ ヴ ディール アプレアンデ
> (「appréhender」はどういう意味ですか?)
>
> Ça veut dire "avoir peur à l'avance". (「懸念する」という意味です)
> サ ヴ ディール アヴワル プラ ラヴァンス

Qu'est-ce que ça signifie?
ケス ク サ スィニフィ
Ça veut dire quoi?
サ ヴ ディル クワ
Tu connais ce mot?
テュ コネー ス モ
Quel est le sens de ce mot?
ケレ ル サンス ドゥ ス モ

▶どう発音するのですか?

Ça se prononce comment?
サ ス プロノンス コマン

▶「bonjour」を日本語ではどう言いますか?

Ça se dit comment, "bonjour", en japonais?
サ ス ディ コマン ボンジュール アン ジャポネ
C'est comment, "bonjour", en japonais?
セ コマン ボンジュール アン ジャポネ

▶この2つの違いは何ですか?

Quelle est la différence entre les deux?
ケレ ラ ディフェランス アントゥル レ ドゥ

> Quelle est la différence entre les deux?
> (この2つの違いは何ですか?)

質問と答え

C'est‿à peu près la même chose. Ce sont des synonymes.
セタ　ブ　プレ ラ　メム　　ショーズ　ス ソン　デ　スィノニーム
(ほとんど同じです。同義語です)

▶ 何の略ですか？

C'est l'abréviation de quoi?
セ　ラブレヴィアスィオン　ドゥ　クワ

RER, c'est l'abréviation de quoi?
エルエール　セ　ラブレヴィアスィオン ドゥ　クワ
(RER は何の略ですか？)

Réseau Express Régional.
レゾ　　エクスプレス　レジオナール
(「首都圏高速鉄道網」です)

04 要求する

お願いする　　2_026.mp3

▶すみません、〜。
Excusez-moi,...

> **Excusez-moi, pourriez-vous m'expliquer comment retirer de l'argent?**
> （すみません、どうやってお金をおろせばいいのか教えていただけますか？）
> **C'est simple. Vous mettez votre carte, vous composez votre code et le montant désiré, vous validez. C'est tout.**
> （簡単ですよ。カードを入れて、暗証番号と金額を押して、確認するんです。それだけです）

▶お願いがあるんですが。
J'ai un service à vous demander.
*service「手助け、助力」。

> **J'ai un service à vous demander.** （お願いがあるんですが）
> **Je vous écoute.** （何ですか？）

J'ai un petit service à te demander.
（ちょっと頼みがあるんだけど）

▶お願いしてもいいですか？
Pourriez-vous me rendre un service?
*rendre un service「役立つ、手助けする」。

> **Pourriez-vous me rendre un service?**
> （お願いしてもいいですか？）
> **Mais bien sûr. Que puis-je faire pour vous?** （もちろん。何でしょうか？）

Est-ce que tu pourrais me rendre un petit service?
（ちょっと頼んでもいい？）

▶たばこを消していただけますか？
Vous pourriez éteindre votre cigarette?

要求する　　159

Vous pourriez éteindre votre cigarette, s'il vous plaît? C'est
non-fumeur, ici.
(すみませんが、たばこを消していただけますか？ここは禁煙です)

Excusez-moi. Je ne savais pas…
(すみません。知らなかったもんで…)

▶やめてもらえませんか？
Vous ne pourriez pas arrêter?

Vous ne pourriez pas arrêter le piano? Il est dix heures!
(ピアノをやめてもらえませんか？ 夜の10時ですよ！)

Je suis désolée. Je ne me suis pas rendu compte de l'heure…
(すみません。時間のことを忘れてて…)

▶ボリュームをあげてくれる？
Tu pourrais monter le son?
*monter le son の反対は baisser le son。

Tu pourrais monter le son, s'il te plaît? Je n'entends rien.
(ボリュームをあげてくれる？ ぜんぜん聞こえないんだけど)

Mais c'est déjà au maximum!
(これでめいっぱいなんだよ！)

Tu pourrais augmenter le son?
*augmenter le son の反対は diminuer le son。

▶100ユーロ貸してもらえない？
Tu ne pourrais pas me prêter cent euros?

Tu ne pourrais pas me prêter cent euros?
(100ユーロ貸してもらえない？)

Désolé, je ne les ai pas sur moi.
(悪いけど、いま持ってないんだ)

▶入れてくれる？

Tu peux m'abriter?
テュ ブ マブリテ
*abriter「防ぐ、保護する」。

> Tu peux m'abriter? J'ai oublié mon parapluie...
> テュ ブ マブリテ ジェ ウブリエ モン パラブリュイ
> (入れてくれる？ 傘を忘れたんだ…)
>
> Bien sûr. Quel temps, aujourd'hui!
> ビアン スュール ケル ターン オジュルデュイ
> (もちろん。ひどい天気だね、今日は！)

▶パンをもらえる？

Je peux avoir du pain?
ジュ ブ アヴワール デュ パン
*Je peux...? はふつう許可を求めるときに使うが、ここでは「〜してください」の意味で、家の中での表現。du pain は切ってあるパンのことを指し、自分で切り分けるパンのときには le pain と言う。

> Je peux avoir du pain, s'il te plaît?
> ジュ ブ アヴワール デュ パン スィル トゥ プレ
> (パンをもらえる？)
>
> Bien sûr. Tiens. (もちろん。はい)
> ビアン スュール ティアン

Pourrais-je avoir du pain, s'il vous plaît? (パンをいただけますか？)
プレジャヴワル デュ パン スィル ヴ プレ
*Pourrais-je...? はとても丁寧な依頼表現。

▶塩をとって。

Le sel, s'il te plaît.
ル セール スィル トゥ プレ
*場面を選ばずに使える表現。ただし、丁寧に言うときは ..., s'il vous plaît にすること。

> Le sel, s'il te plaît. (塩をとって)
> Tiens. (どうぞ)
> ティアン

Pourriez-vous me passer le sel, s'il vous plaît? (塩をとっていただけますか？)
プリエヴ ム パセ ル セールスィル ヴ プレ
*となりの席の人に頼むときには passer を使う。

▶ドアを閉めていただけますか？

Vous voulez bien fermer la porte, s'il vous plaît?
ヴ ヴレ ビアン フェルメ ラ ポルトゥ スィル ヴ プレ
Voudriez-vous fermer la porte, s'il vous plaît?
ヴドゥリエヴ フェルメ ラ ポルトゥ スィル ヴ プレ

要求する

161

▶教えてもらえない？

Tu ne voudrais pas m'apprendre?
テュン　　ヴドゥレ　　パ　　マプランドゥル

> Tu ne voudrais pas m'apprendre à jouer au go?
> テュン　ヴドゥレ　パ　マプランドゥラ　ジュエ　オ　ゴ
> （碁の打ち方を教えてもらえない？）
>
> Si tu y tiens...
> スィ テュ イ ティアン
> （どうしてもやりたいんだったら…）

▶手伝っていただけますでしょうか？

Puis-je vous demander de m'aider?
ピュイジュ　ヴ　　ドゥマンデ　ドゥ　メデ
＊目上の人に用いるとても丁寧な依頼表現。

> Puis-je vous demander de m'aider à porter ma valise?
> ピュイジュ　ヴ　ドゥマンデ　ドゥ　メデ　ア　ポルテ　マ　ヴァリーズ
> （スーツケースを運ぶのを手伝っていただけますでしょうか？）
>
> Mais bien sûr. C'est celle-ci?
> メ　ビアン スュール　セ　セルスィ
> （ええもちろん。これですか？）

Je peux te demander de m'aider?
ジュ ブ トゥ ドゥマンデ ドゥ メデ
（手伝ってもらえる？）

▶泊めてもらえない？

Ça ne t'ennuierait pas de m'héberger?
サン　　　タンニュイレ　　パ ドゥ　　メベルジェ
＊直訳は「私を泊めることはあなたを困らせないか」。

> Ça ne t'ennuierait pas de m'héberger quelques jours?
> サン　　タンニュイレ　パ ドゥ　メベルジェ　ケルク　ジュール
> （何日か泊めてもらえない？）
>
> Non, pas du tout. Avec plaisir. （ええ、どうぞどうぞ。喜んで）
> ノン　パ　デュ トゥ　アヴェク プレズィール

▶ここをとっておいてもらえる？

Tu serais gentil [gentille] de me garder la place?
テュ　スレ　ジャンティ［ジャンティーユ］ドゥ　ム　ガルデ　ラ　プラス
＊la place「この場所、この席」。Tu serais gentil（Vous seriez gentil）de...? は「すまないけど～してくれる（すみませんが～してくれますか）？」。目上の人には使わない。

> Tu serais gentille de me garder la place? Je reviens tout de suite.
> テュ　スレ　ジャンティーユ ドゥ ム　ガルデ　ラ　プラス　ジュ ルヴィアン トゥ　ツィトゥ
> （ここをとっておいてもらえる？すぐ戻ってくるから）

D'accord, mais dépêche-toi.
ダコール　メ　デペシュトゥワ
(いいよ、でも急いでね)

Est-ce que vous‿auriez la gentillesse de me garder la place?
エス　ク　ヴゾリエ　ラ　ジャンティエス　ドゥ　ム　ガルデ　ラ　プラス
(ここをとっておいていただけますか?)

Auriez-vous l'obligeance de me garder la place?
オリエヴ　ロブリジャンス　ドゥ　ム　ガルデ　ラ　プラス
(ここをとっておいていただけませんでしょうか?)

*obligeance「親切、好意」。目上の人に用いるとても丁寧な表現。

▶資料が必要なんですが。

J'aurais besoin d'un document.
ジョレ　ブズワン　ダン　ドキュマン

*avoir besoin de...「〜を必要とする」。

Je suis désolée de vous déranger, mais j'aurais besoin d'un document.
ジュ　スュイ　デゾレ　ドゥ　ヴ　デランジェ　メ　ジョレ　ブズワン　ダン　ドキュマン
(おじゃまして申し訳ありません、資料が必要なんですが)

Pas de problème. (どうぞ)
パ　ドゥ　プロブレム

▶はさみを貸してもらえる?

Tu aurais une paire de ciseaux, s'il te plaît?
テュ　オレ　ユン　ペール　ドゥ　スィゾ　スィル　トゥ　プレ

*Tu aurais...? は「持っているか?」ではなく「貸してもらえるか?」の意味になる。

Tu aurais une paire de ciseaux, s'il te plaît? (はさみを貸してもらえる?)
Oui. Tiens, voilà! (はい、どうぞ!)
ウィ　ティアン　ヴワラ

T'as pas des ciseaux? (はさみ持ってない?)
タ　パ　デ　スィゾ

▶ティッシュペーパーを持ってませんか?

Vous n'auriez pas des mouchoirs‿en papier, par‿hasard?
ヴ　ノリエ　パ　デ　ムシュワラン　パピエ　パラザール

*par hasard「もしかして」。

Vous n'auriez pas des mouchoirs‿en papier, par‿hasard?
(ティッシュペーパーを持ってませんか?)

Si, vous-avez de la chance.
スィ　ヴザヴェ　ドゥ　ラ　シャンス
(ええ、ちょうどありますよ)

*mouchoirs en papier「紙のハンカチ」は「ティッシュペーパー」のこと。kleenex「クリネックス」とも言う。

要求する

▶ケータイ、貸してくれる？

Tu me prêtes ton portable, s'il te plaît?
テュ ム プレットン ポルターブル スィル トゥ プレ

Je peux t'emprunter ton portable, s'il te plaît?
ジュ プ タンプランテ トン ポルターブル スィル トゥ プレ
（ケータイを貸してもらえる？）

Tu pourrais me prêter ton portable, s'il te plaît?
テュ プレ ム プレテ トン ポルターブル スィル トゥ プレ

▶リモコンを取ってくれる？

Passe-moi la télécommande, s'il te plaît.
パスムワ ラ テレコマンドゥ スィル トゥ プレ
*passer「手渡す」。

> Passe-moi la télécommande, s'il te plaît.（リモコン、取ってくれる？）
> Je ne la trouve plus.（見つからないよ）
> ジュン ラ トゥルヴ プリュ
> Elle était sur la table, tout à l'heure.（さっき、テーブルの上にあったけど）
> エレテ スュル ラ ターブル トゥタ ルール

▶駅の前で降ろしてください。

Laissez-moi devant la gare.
レセムワ ドゥヴァン ラ ガール

Déposez-moi là.（そこで降ろしてください）
デポゼムワ ラ
Je vais descendre ici.（ここで降ります）
ジュ ヴェ デサンドゥリスィ

▶ここで待ってて。

Attends-moi ici.
アタンムワ イスィ

> Attends-moi ici.（ここで待っててね）
> Ne sois pas trop longue.
> ヌ スワ パ トゥロ ロング
> （長くかからないようにね）

▶電話番号を知らないのですが…。

Je n'ai pas votre numéro de téléphone...
ジュ ネ パ ヴォトゥル ニュメロ テレフォンヌ

Pourriez-vous me donner votre numéro de téléphone?
プリエヴ ム ドンネ ヴォトゥル ニュメロ テレフォンヌ
（電話番号を教えていただけますか？）

▶踊ってくれる？

Tu danses?
テュ ダンス

> Tu danses?（踊ってくれる？）

2 理解し合えるフレーズ

Oui, volontiers. (ええ、喜んで)

Vous dansez? (踊っていただけますか？)

▶ちょっといいですか？

Vous avez une minute?

Je peux vous voir un instant?
Puis-je vous parler un instant?
(ちょっとお話しさせていただけますか？)

Vous êtes occupé [occupée]?
(お忙しいですか？)

▶この書類の書き方がわからないのですが…。

Je ne sais pas comment remplir ce papier...

*remplir「(書類の空欄に)書き込む」。

Je ne sais pas comment remplir ce papier...
(この書類の書き方がわからないのですが…)

Attendez, je vais vous aider.
(待ってください、手伝います)

▶時間を教えていただけますか？

Vous pourriez me dire l'heure?

Vous pourriez me dire l'heure, s'il vous plaît?
(時間を教えていただけますか？)

Il est huit heures vingt. (8時20分です)

Vous auriez l'heure, s'il vous plaît?
Quelle heure est-il, s'il te plaît?
(いま何時？)

▶携帯電話の電源を切っていただきたいのですが。

Je vous prie d'éteindre votre portable.

*Je vous prie de...「どうか〜してください」。いんぎん無礼な表現なので、目上の人には使わない。

要求する

Je vous prie d'éteindre votre portable.
(携帯電話の電源を切っていただきたいのですが)

Ah, excusez-moi.
ア　エクスキュゼムワ
(あっ、すみません)

提案する　　　　　　　　　　　　　　　　2_027.mp3

▶お手伝いしましょうか？

Je peux vous‿aider?
ジュ　プ　　ヴゼデ

> Je peux vous‿aider?
> (お手伝いしましょうか？)
>
> Oui, merci. C'est gentil.
> ウイ　メルスィ　セ　ジャンティ
> (はい、ありがとう。助かります)

Puis-je vous‿aider?
ピュイジュ　　ヴゼデ

Tu as besoin d'aide?（手伝おうか？）
テュ ア　ブズワン　デードゥ

▶手を貸しましょうか？

Vous voulez un coup de main?
ヴ　ヴレ　アン　ク　ドゥ　マン
＊coup de main「手助け」。親しい人との会話で使う。

> Vous voulez un coup de main?
> (手を貸しましょうか？)
>
> Avec plaisir. C'est gentil.
> アヴェック プレズィール　セ　ジャンティ
> (うれしいわ。ありがとう)

Je peux te donner un coup de main?
ジュ プ　トゥ　ドネ　アン　ク　ドゥ　マン
(手を貸そうか？)

▶ご案内しましょうか？

Je peux vous renseigner?
ジュ　プ　ヴ　ランセニェ

> Je peux vous renseigner?
> (ご案内しましょうか？)
>
> Oui. Où se trouve le rayon maroquinerie?
> ウイ　ウ ス トゥルーヴ ル　レヨン　　マロキンリ
> (ええ、革製品の売り場はどこですか？)

2　理解し合えるフレーズ

2

▶考えがあります。

J'ai une idée.
ジェ　ユニデ

J'ai une idée. (考えがあるんだ)

Laquelle? (どんな？)
ラケール

▶提案があります。

J'ai une proposition à faire.
ジェ　ユン　プロポズィスィオン　ア　フェール

J'ai une proposition à faire.
(提案があります)

Vous avez la parole. (どうぞ)
ヴザヴェ　ラ　パロール

*avoir la parole「発言権をもつ」。
J'ai une suggestion.
ジェ　ユン　スュグジェスティオン

▶飲みに行こうか？

Si on allait prendre un pot?
スィ　オナレ　プランドゥラン　ポ

*Si on allait...?「〜しに行かない？」。prendre un pot「1杯やる」。

Qu'est-ce qu'on fait? On rentre?
ケス　コン　フェ　オン　ラントゥル
(何する？家へ帰る？)

Si on allait prendre un pot?
(飲みに行こうか？)

▶ピザを食べに行くのはどう？

On pourrait aller manger une pizza?
オン　プレ　アレ　マンジェ　ユン　ピッザ

▶私とテニスをするのはどう？

Ça te dirait, de jouer au tennis avec moi?
サッ　ティレ　ドゥ　ジュエ　オ　テニサヴェク　ムワ

*dire は物が主語で「気に入る、気をひく」。Ça te dirait, de...?「〜するのはどう？」。

Ça te dirait, de jouer au tennis avec moi?
(ぼくとテニスをするのはどう？)

Mais tu es beaucoup plus fort que moi. Ce n'est pas amusant!
メ　テュ　エ　ボク　プリュ　フォル　ク　ムワ　ス　ネ　パ　アミュザン
(だって君はぼくよりすごくうまいんだもの。面白くないよ！)

要求する

▶私がちょっと話しておきましょうか？

Vous voulez que je lui en touche un mot?
ヴ　ヴレ　ク　ジュ リュイ アン　トゥシャン　モ

*toucher un mot de... 「〜についてひとこと言っておく」。de... の部分が en になっている。

> Vous voulez que je lui en touche un mot?
> （私がちょっと話しておきましょうか？）
>
> Ça me rendrait service. Je vous remercie d'avance.
> サ　ム　ランドゥレ　セルヴィス　ジュ　ヴ　ルメルスィ　ダヴァンス
> （助かります。ありがとう）

*d'avance 「前もって」。

Vous voulez que je lui en parle?
ヴ　ヴレ　ク　ジュ リュイ アン　パールル

▶もっと早く来ようか？

Tu veux que je vienne plus tôt?
テュ　ヴ　ク　ジュ　ヴィエン　プリュ　ト

> Tu veux que je vienne plus tôt pour t'aider à préparer?
> テュ　ヴ　ク　ジュ ヴィエン プリュ ト プル テデ ア プレパレ
> （準備を手伝いに、もっと早く来ようか？）
>
> Oui, je veux bien. Ça m'arrangerait.
> ウイ　ジュ　ヴ　ビアン　サ　マランジュレ
> （うん、いいね。助かるよ）

▶お昼を一緒に食べない？

Tu ne veux pas qu'on déjeune ensemble?
テュン　ヴ　パ　コン　デジュナンサンブル

> Tu ne veux pas qu'on déjeune ensemble?
> （お昼を一緒に食べない？）
>
> Tu as le temps? （時間はあるの？）
> テュ ア ル タン

▶よかったら、ドライブしようか…。

Si tu veux, on peut faire une balade en voiture...
スィ テュ ヴー オン プ フェリュン バラダン ヴワテュール

> Si tu veux, on peut faire une balade en voiture...
> （よかったら、ドライブしようか…）
>
> Oui, on pourrait aller du côté de Versailles...
> ウイ オン プレ アレ デュ コテ ドゥ ヴェルサイ
> （ええ、ヴェルサイユのあたりへ行くのはどうかしら…）

*Versailles はパリの近郊、ルイ14世の時代につくられた豪華なヴェルサイユ宮殿がある。

On pourrait faire une promenade, si vous voulez...
オン プレ フェリュン プロムナードゥ スィ ヴ ヴレ
(よろしければ、散歩しましょうか…)

▶もしよければ、車で送るけど…。
Si ça peut te rendre service, je peux t'accompagner en
スィ サ プ トゥ ランドゥル セルヴィース ジュ プ タコンパニェ アン
voiture...
ヴワテュール
*Si ça peut te rendre service の直訳は「それがあなたの役に立つなら」。

▶彼に直接頼んだら？
Pourquoi ne pas lui demander directement?
プルクワ ヌ パ リュイ ドゥマンデ ディレクトゥマン
*直訳は「なぜ彼に直接頼まないの？」。

Pourquoi ne pas lui demander directement? (彼に直接頼んだら？)
Je n'oserai jamais... (とても言えないよ…)
ジュ ノズレ ジャメ

Pourquoi est-ce que tu ne lui demandes pas directement?
プルクワ エス ク テュン リュイ ドゥマンドゥ パ ディレクトゥマン

▶引っ越ししたら？
Tu as pensé à déménager?
テュ ア パンセ ア デメナジェ
*直訳は「引っ越しすることを考えてみた？」。

Tu as pensé à déménager?
(引っ越ししたら？)

Oui, mais ça coûte cher!
ウィ メ サ クッチェール
(うん、でもお金がかかるんだよ！)

▶土曜日、ケーキを持って行きましょうか？
Je vous apporte un gâteau, samedi?
ジュ ヴザポルトゥン ガト サムディ

Je vous apporte un gâteau, samedi?
(土曜日、ケーキを持って行きましょうか？)

Non, merci, ce n'est pas la peine. Mais c'est gentil de le proposer.
ノン メルスィ ス ネ パ ラ ペン メ セ ジャンティ ドゥ ル プロポゼ
(いいえ、結構よ、おかまいなく。でも、お気持ちはありがとう)

▶トランプする？
On joue aux cartes?
オン ジュ オ カルトゥ
*jouer aux cartes「カード遊びをする」。

要求する

169

▶一緒に来ない？

Tu ne viens pas avec nous?
テュン ヴィアン パ アヴェク ヌ

> Tu ne viens pas avec nous?
> （一緒に来ない？）
>
> Impossible! J'ai un travail fou!
> アンポスィーブル ジェ アン トゥラヴァイ フ
> （無理だよ！めちゃくちゃに仕事があるんだから！）

Vous ne voulez pas vous joindre à nous?
ヴン ヴレ パ ヴ ジュワンドゥラ ヌ
（ご一緒にいかがでしょう？）

*se joindre à…「〜に加わる」。

▶フランス語で話しましょう。

Parlons français.
パルロン フランセ

> Parlons français. C'est plus facile.
> パルロン フランセ セ プリュ ファスィル
> （フランス語で話そうよ。そのほうがやさしいから）
>
> Ça dépend pour qui...
> サ デパン プル キ
> （それは人によるよ…）

▶ちょっとぐらい話す時間はあるでしょ…。

Tu as bien le temps de bavarder un peu...
テュ ア ビアン ル タン ドゥ バヴァルデ アン プ

> Tu as bien le temps de bavarder un peu...
> （ちょっとぐらい話す時間はあるでしょ…）
>
> Je suis désolé, mais vraiment, aujourd'hui, je suis très pressé.
> ジュ スュイ デゾレ メ ヴレマン オジュルデュイ ジュ スュイ トゥレ プレセ
> （ごめん、本当に今日はすごく急いでるんだ）

▶賭けようか？

On parie?
オン パリ

> On parie?（賭けようか？）
> Tope là!（よしきた！）
> トプ ラ

*toper は「相手の挑戦に応じる、交渉などで手を打つ」の意味で、命令形で使うことが多い。toper là で相手の手のひらをたたいて了解の意思表示をする表現になる。

Tu paries?（賭ける？）
テュ パリ

▶これはどう？

Et ça?
エ サ

> Je ne trouve rien qui me plaise...
> ジュン トゥルヴ リアン キ ム プレーズ
> (気に入るのが見つからないな…)
>
> Et ça? (これはどう？)
>
> C'est pas mal, mais...
> セ パ マール メ
> (悪くはないけど、でも…)

Et celui-ci [celle-là]?
エ スリュイスィ [セラ]

提案・依頼を受ける　　　　　　　　　2_028.mp3

▶はい、ありがとう。

Oui, merci.
ウイ メルスィ

> Tu veux goûter? (食べてみる？)
> テュ ヴ グテ
>
> Oui, merci. Ça a l'air délicieux...
> ウイ メルスィ サ ア レール デリスュ
> (うん、ありがとう。とってもおいしいそうね…)

▶はい、いただきます。

Oui, je veux bien. C'est gentil.
ウイ ジュ ヴ ビアン セ ジャンティ

> Tu veux boire quelque chose?
> テュ ヴ ブワル ケルク ショーズ
> (何か飲む？)
>
> Oui, je veux bien. C'est gentil.
> (ええ、いただきます)

▶ありがとう、うれしいな。

Merci. C'est gentil.
メルスィ セ ジャンティ

*C'est gentil. は「ご親切に」の意味。merci に添えて、相手の行為への感謝の気持ちを軽く伝える。Tu es gentil. や Vous êtes gentil. ではない点に注意。Tu や Vous を主語とする表現は、相手を評価することになるのでふさわしくない。こういう場合は相手についてではなく、相手の行為についての表現 C'est... を使う。

> Tu veux que je t'accompagne?
> テュ ヴ ク ジュ タコンパーニュ
> (送っていこうか？)

要求する

Merci. C'est gentil.
(ありがとう。うれしいわ)

Merci. C'est sympa.
メルスィ セ サンパ
*sympa は gentil よりくだけた表現になる。

Je vous remercie. C'est gentil à vous.
ジュ ヴ ルメルスィ セ ジャンティ ア ヴ

▶ご親切にありがとう。

Merci. Vous_êtes_très_aimable.
メルスィ ヴゼットゥレゼマーブル
Merci. C'est très_aimable_à vous.
メルスィ セ トゥレゼマブラ ヴ

▶ええ、お願いします。

Oui, s'il vous plaît.
ウイ スィル ヴ プレ

Encore_un peu de pain?
アンコラン プ ドゥ パン
(パンをもうすこしいかがですか？)

Oui, s'il vous plaît. (ええ、お願いします)

▶よし、やろう！

D'accord. Allons-y!
ダコール アロンズィ

On fait une partie de belote?
オン フェ ユン パルティ ドゥ ブロトゥ
(ブロット・ゲームをしようか？)

D'accord. Allons-y! (よし、やろう！)

OK. On_y va!
オケ オニ ヴァ
OK. C'est parti!
オケ セ パルティ
*partir の「開始する」という意味から「さあ、始まったぞ」というニュアンス。

▶わかりました。

Entendu.
アンタンデュ

Alors, rendez-vous devant la gare à sept_heures?
アロール ランデヴ ドゥヴァン ラ ガール ア セトゥール
(じゃ、7時に駅の前で会いましょうか？)

Entendu. (わかりました)

D'accord.
ダコール

▶喜んで。
Avec plaisir.
アヴェク プレズィール

> Vous venez dîner à la maison, samedi soir?
> ヴ ヴネ ディネ ア ラ メゾン サムディ スワール
> (土曜日の夜、うちへ食事にいらっしゃいませんか?)
>
> Avec plaisir. (喜んで)

* 人を食事に招待するとき、à ma maison「私の家で」とは言わないで、だれの家かわからない à la maison を用いる。「自分の家」を強調するなら chez moi だが、やわらかく言うときは à la maison を使う。

Volontiers.
ヴォロンティエ

▶いいね。
Bonne idée.
ボニデ

> On pourrait mettre un peu de musique?
> オン プレ メトゥラン プ ドゥ ミュズィク
> (ちょっと音楽をかけようか?)
>
> Bonne idée. (いいね)

Tiens, c'est une bonne idée.
ティアン セテュン ボニデ
(ああ、いい考えだね)

Ça, c'est une bonne idée. (それはいい考えだね)
サ セテュン ボニデ

Excellente idée. (とてもいいね)
エクセランティデ

Ce n'est pas une mauvaise idée.
ス ネ パ ユン モヴェズィデ
(悪い考えじゃない)

▶いいかもしれない。
Pourquoi pas?
プルクワ パ

*「悪くはないね」といった表現で、冷淡な印象を与えるので使うときには注意が必要。ほかに「どうしてだめなわけがあろうか」など、場面に応じて様々なニュアンスをもつ。

> Si on partait en croisière, cet été?
> スィ オン パルテ アン クルワズィエール セテテ
> (この夏、船旅に出るのはどう?)
>
> Pourquoi pas? (いいかもしれない)

▶お好きなように。
Comme vous voulez.
コム ヴ ヴレ

要求する

> Et si on lui proposait de venir?
> エ スィ オン リュイ プロポゼ ドゥ ヴニール
> (彼女を誘おうか？)
>
> **Comme vous voulez.** (お好きなように)

C'est comme tu veux.
セ コム テュ ヴ
Comme tu voudras.
コム テュ ヴドゥラ

▶君が決めて。

C'est à toi de voir.
セ タ トゥワ ドゥ ヴワール

*C'est à… de 〜「…が〜する番だ、…が〜すべきだ」。直訳は「判断するのは君だ」

> Je pourrais faire intervenir Serval...
> ジュ プレ フェランテルヴニル セルヴァール
> (よければ、セルヴァールさんに頼めるけど…)
>
> **C'est à toi de voir.** (君が決めて)

*intervenir「口をきく」、faire intervenir「コネを使う」。

C'est toi qui décides. (決めるのは君だ)
セ トゥワ キ デスィードゥ
C'est à vous de décider. (お決めください)
セ タ ヴ ドゥ デスィデ
La décision vous appartient.
ラ デスィズィオン ヴザパルティアン
(お決めください)

*appartenir à…「〜のものである」。直訳は「決定権はあなたのものである」。丁寧な表現。

▶ご迷惑でなければ。

Si ça ne vous ennuie pas.
スィ サ ヌ ヴザンニュイ パ

> Vous préférez que je vous accompagne?
> ヴ プレフェレ ク ジュ ヴザコンパーニュ
> (一緒に行ったほうがいいですか？)
>
> **Si ça ne vous ennuie pas.** (ご迷惑でなければ)

Si ça ne vous dérange pas.
スィ サ ヌ ヴ デランジュ パ
Si ce n'est pas trop vous demander.
スィ ス ネ パ トゥロ ヴ ドゥマンデ

* 直訳は「それがあなたに対して過大な要求にならなければ」。

▶お先にどうぞ。

Après vous.
アプレ ヴ

Après vous.（お先にどうぞ）

Non, je vous_en prie, allez-y.
ノン ジュ ヴザン プリ アレズィ
（いいえ、どうぞお先に）

Je vous_en prie, allez-y.
ジュ ヴザン プリ アレズィ

▶どうぞ。

Si tu veux.
スィ テュ ヴ

Je peux t'emprunter ta robe_beige?
ジュ プ タンプランテ タ ロッベージュ
（ベージュのドレスを貸してくれる？）

Si tu veux. Mais ne la tache pas.
スィ テュ ヴ メ ヌ ラ タシュ パ
（どうぞ。でも、しみをつけないでね）

Si vous voulez.
スィ ヴ ヴレ

▶はい、すぐに。

Oui, tout de_suite.
ウィ トゥ ドゥ スュイトゥ

Tu peux m'apporter une serviette_de bains?
テュ プ マポルテ ユヌ セルヴィエッドゥ バン
（バスタオルを持ってきてくれる？）

Oui, tout de_suite.（うん、すぐに）

▶かまわないよ。

Pas de problème.
パ ドゥ プロブレーム
＊くだけた表現。

Tu pourrais faire les comptes? Moi, ça me stresse...
テュ プレ フェル レ コントゥ ムワ サ ム ストレス
（月末の計算してくれる？私にはストレスになるのよ…）

Pas de problème.（かまわないよ）

Sans problème.
サン プロブレーム
Aucun problème.（ちっともかまわない）
オカン プロブレーム

▶もちろん。

Bien sûr.
ビアン スュール

要求する 175

> **Vous pourriez m'expliquer plus en détail?**
> ヴ　プリエ　メクスプリケ　プリュザン　デタイ
> (もうすこし詳しく説明していただけますか？)
> **Bien sûr.** (もちろん)

Bien entendu!
ビアナンタンデュ
Evidemment!
エヴィダマン
Certainement!
セルテンマン

▶ かしこまりました。

Entendu, Madame.
アンタンデュ　マダーム

> **Pourriez-vous m'envoyer un porteur?**
> プリエヴ　マンヴワイエ　アン　ポルトゥール
> (ポーターを呼んでいただけますか？)
> **Entendu, Madame.** (かしこまりました)

Bien, Madame.
ビアン　マダーム
Mais certainement, Madame.
メ　セルテンマン　マダーム

▶ そう伝えます。

Je n'y manquerai pas.
ジュ ニ　マンクレ　パ
* 「〜さんによろしくお伝えください」と言われたときに返す決まり文句。

> **Transmettez mon bon souvenir à vos parents.**
> トゥランスメテ　モン　ボン　スヴニラ　ヴォ　パラン
> (ご両親によろしくお伝えください)
> **Je n'y manquerai pas.** (そう伝えます)

▶ わけないよ。

Rien de plus facile.
リアン　ドゥ　プリュ　ファスィール
* 直訳は「これ以上簡単なことはない」。

> **Tu peux avoir le renseignement?**
> テュ　プ　アヴワール　ル　ランセニュマン
> (それを手に入れてくれる？)
> **Rien de plus facile.** (わけないよ)

*renseignement「情報」。

▶いつでもどうぞ。

Je suis à votre disposition.
ジュ スュイ ア ヴォトゥル ディスポズィスィオン
*disposition「配置、意向」。

> Si j'ai un problème, je peux vous appeler?
> スィ ジェ アン プロブレーム ジュ プ ヴザプレ
> (もし困ったら、電話していいですか?)
>
> Je vous en prie. Je suis à votre disposition.
> ジュ ヴザン プリ ジュ スュイ ア ヴォトゥル ディスポズィスィオン
> (もちろん、いつでもどうぞ)

▶何でもどうぞ。

Tout ce que tu veux.
トゥ ス ク テュ ヴ

> Je peux te demander quelque chose?
> ジュ プ トゥ ドゥマンデ ケルク ショーズ
> (ちょっと頼んでいい?)
>
> Oui, tout ce que tu veux.
> (うん、何でもどうぞ)

▶まかせて。

Je m'en occupe.
ジュ マンノキュップ
*s'occuper de...「~を引き受ける」。de... の部分が en になっている。

> Tu peux m'arranger ça?
> テュ プ マランジェ サ
> (力になってくれる?)
>
> Je m'en occupe. (まかせて)

Compte sur moi.
コントゥ スュル ムワ
*compter sur...「~を当てにする」。

Laisse-moi faire.
レスムワ フェール

Fais-moi confiance.
フェムワ コンフィアンス

要求する

提案・依頼を断る　　　　　　　　　　　　　　　　　　2_029.mp3

▶いいえ、結構です。

Non, merci.
ノン　メルスィ

> Tu veux que je te prête vingt euros?
> テュ ヴ ク ジュ トゥ プレトゥ ヴァン ウロ
> （20ユーロ貸そうか？）
>
> Non, merci. J'ai ce qu'il faut.
> ノン メルスィ ジェ ス キル フォ
> （ううん、結構。必要なだけは持ってるから）

⇔ Oui, je veux bien. （はい、お願いします）
　ウイ　ジュ　ヴ　ビアン
⇔ Oui, s'il te [vous] plaît.
　ウイ　スィル トゥ ［ヴ］　プレ
（はい、お願いします）

▶いいえ、大丈夫です、ありがとう。

Non, ça va, merci.
ノン　サ ヴァ　メルスィ

> Tu veux que je prenne ton sac?
> テュ ヴ ク ジュ プレン トン サック
> （かばんを持とうか？）
>
> Non, ça va, merci.
> （ううん、大丈夫、ありがとう）

Non, ça ira, merci.
ノン　サ イラ　メルスィ

▶いいえ、いりません。

Non, merci. Je n'en veux pas.
ノン　メルスィ　ジュ ナン ヴ パ

> Tu ne veux pas goûter? C'est dommage. C'est bon...
> テュ ヴ パ グテ セ ドマージュ セ ボン
> （食べてみない？もったいないよ。おいしいのに…）
>
> Non, merci. Je n'en veux pas.
> （ううん、いらない）

▶もう十分。

Non, merci, c'est suffisant.
ノン　メルスィ　セ　スュフィザン

> Tu finis? （食べる？）
> テュ フィニ
> Non, merci, c'est suffisant. （もう十分）

2　理解し合えるフレーズ

*Tu finis? は、皿に残った料理を「残すのはもったいないからたいらげてくれる？」のニュアンスで使う表現。

Non, merci, j'ai bien mangé.
ノン　メルスィ　ジェ　ビアン　マンジェ

*J'ai beaucoup mangé. は「食べすぎた」の意味になるので使わないこと。日本語の「お腹がいっぱいだ」をそのままフランス語にして J'ai le ventre plein. と言うのも汚いイメージになるので禁物。「たくさんいただきました。ごちそうさま」と言いたいときは量と質の両方の意味をもつ bien を使って J'ai bien mangé. と言うほうがよい。

Non, merci. Je n'en veux plus.
ノン　メルスィ　ジュ　ナン　ヴ　プリュ
(いいえ、もういいです)

*ne... plus「もう〜ない」。

▶本当に、もう結構ですから。

Non, merci. Vraiment.
ノン　メルスィ　　ヴレマン

* しつこく勧められたときに使う表現。

> Mais si, prends-en un autre...
> メ　スィ　プランザン　アノートゥル
> (でも、もうひとつどうぞ…)
>
> Non, merci. Vraiment.
> (本当に、もう結構ですから)

▶いいえ、その気になれません。

Non, ça ne me dit rien.
ノン　サン　ム　ディ　リアン

*「興味がない、気が進まない」という表現。dire「言う」には事物が主語のとき「気をひく」の意味がある。

> Tu viens? On va faire un tour.
> テュ ヴィアン　オン ヴァ　フェラン　トゥール
> (来る？ ちょっと散歩するけど)
>
> Non, ça ne me dit rien. Il fait froid...
> ノン　サン　ム　ディ リアン　イル フェ　フルワ
> (ううん、その気になれないわ。寒いから…)

Non, je n'ai pas envie.
ノン　ジュ ネ　パ　アンヴィ

▶いや、いいよ。

Non, ce n'est pas la peine.
ノン　ス　ネ　パ　ラ　ペン

*peine「苦労、骨折り」。「それには及ばない、その必要はない」という意味。

> Tu veux que je te présente? (紹介しようか？)
> テュ ヴ　ク ジュトゥ　プレザントゥ

要求する

Non, ce n'est pas la peine. On se connaît déjà.
ノン ス ネ パ ラ ペン オン ス コネ デジャ
(いや、いいよ。もう知り合いなんだ)

Non, ce n'est pas nécessaire.
ノン ス ネ パ ネセール
(いや、必要ないよ)

▶残念ながら、無理です。

Malheureusement, ce n'est pas possible.
マルルズマン ス ネ パ ポスィーブル

On pourrait dîner ensemble?
オン プレ ディネ アンサンブル
(一緒に夕食をどうでしょう?)

Malheureusement, ce n'est pas possible‿aujourd'hui.
マルルズマン ス ネ パ ポスィブロジュルデュイ
(残念ながら、今日は無理です)

▶うれしいけど、ほとんど終わったから。

C'est gentil, mais j'ai presque fini.
セ ジャンティ メ ジェ プレスク フィニ

Tu veux un coup de main?
テュ ヴ アン ク ドゥ マン
(手を貸そうか?)

C'est gentil, mais j'ai presque fini.
(うれしいけど、ほとんど終わったから)

▶ありがたいけど、自分でできるから。

Merci, mais je peux le faire moi-même.
メルスィ メ ジュ プ ル フェル ムワメーム

Tu veux que je te répare ta moto?
テュ ヴ ク ジュトゥ レパル タ モト
(バイク、直してあげようか?)

Merci, mais je peux le faire moi-même.
(ありがたいけど、自分でできるから)

▶せっかくだけど、時間がなくて。

C'est très gentil à vous, mais je‿ne suis pas libre.
セ トゥレ ジャンティア ヴ メ ジュン スュイ パ リーブル

Vous‿ne voulez pas m'accompagner? Je vous présenterais au préfet...
ヴン ヴレ パ マコンパニェ ジュ ヴ プレザントゥレ オ プレフェ
(一緒にいかがですか? 知事に紹介しますが…)

C'est très gentil à vous, mais je‿ne suis pas libre.
(せっかくだけど、時間がなくて)

* 誘いを断るときには Je n'ai pas le temps. 「時間がない」と言うより Je ne suis pas libre. 「ひまがない」と言うほうが丁寧なニュアンスになる。

▶いいえ、だめです。

Non, je‿ne suis pas d'accord.
ノン　ジュン　スュイ　パ　ダコール

Maman, tu peux téléphoner pour m'excuser?
ママン　テュ　プ　テレフォネ　プル　メクスキュゼ
(お母さん、欠席の電話かけてくれる?)

Non, je‿ne suis pas d'accord. C'est‿à toi de le faire.
ノン　ジュン　スュイ　パ　ダコール　セタ　トゥワ ドゥ ル フェール
(いいえ、だめよ。自分でしなさい)

*m'excuser「わびる」。

▶お断りだ!

C'est hors de question!
セ　オル　ドゥ　ケスティオン

Tu‿ne pourrais pas m'aider à faire ma dissertation? C'est pour demain.
テュン　プレ　パ　メデ　ア フェール マ　ディセルタスィオン　セ　プル　ドゥマン
(ぼくの小論文手伝ってもらえない? 明日までなんだよ)

C'est hors de question! Débrouille-toi. Il fallait me le demander avant!
セ　オル　ドゥ　ケスティオン　デブルイトゥワ　イル ファレ　ム ル　ドゥマンデ　アヴァン
(お断りだよ! 自分でやれよ。もっと早く頼むんだね!)

Pas question.
パ　ケスティオン
*Il n'est pas question de... 「〜することは問題外だ」の略。
Quelle question! (何てことを!)
ケル　ケスティオン
Tu rêves! (夢でも見てるのか!)
テュ　レーヴ
Tu rigoles! (冗談でしょ!)
テュ　リゴール
* くだけた表現。

▶いまはだめ。

Pas maintenant.
パ　マントゥナン

要求する

Tu viens jouer avec moi?
テュ ヴィアン ジュエ アヴェク ムワ
(私と遊びに行く?)

Pas maintenant. Tu vois bien que je suis occupé.
パ　マントゥナン．テュ ヴワ ビアン ク ジュ スュイ オキュペ
(いまはだめだよ。忙しいのわかるだろ)

Pas tout de_suite. (すぐはだめ)
パ　トゥ　ツイトゥ

▶すみません、すごく急いでいるので…。

Excusez-moi, mais je suis très pressé [pressée]…
エクスキュゼムワ　メ ジュ スュイ トゥレ プレセ

Je peux vous voir_un_instant?
ジュ プ ヴ ヴヮラナンスタン
(ちょっといいですか?)

Excusez-moi, mais je suis très pressé…
(すみません、すごく急いでいるので…)

Je suis désolé [désolée], mais je n'ai pas le temps…
ジュ スュイ　　デゾレ　　　　　メ ジュ ネ パル タン
(すみません、時間がないので…)

▶それは難しいですね。

C'est difficile.
セ ディフィスィール

* フランス語ではこの表現に可能性がないというニュアンスは含まれないので、聞いた者は「難しいが可能性がある」と受け取る。

Tu peux lui demander?
テュ プ リュイ ドゥマンデ
(彼に聞いてくれる?)

C'est difficile. Je_ne le connais pas bien.
セ ディフィスィール ジュン ル コネ パ ビアン
(それは難しいな。彼をよく知らないから)

▶残念ですが…。

Je regrette…
ジュ ルグレトゥ

Alors, c'est non? (じゃあ、だめですか?)
アロール セ ノン
Je regrette… Je suis désolé. (残念ですが…申し訳ありません)
ジュ ルグレトゥ ジュ スュイ デゾレ

▶残念ながら無理です。とても申し訳ないのですが。

C'est malheureusement impossible. Je regrette beaucoup.
セ　　　マルルズマン　　　アンポスィーブル ジュ ルグレトゥ ボク

2　理解し合えるフレーズ

Alors, vous ne pouvez rien faire pour moi.
アロール ヴン プヴェ リアン フェール プル ムワ
(じゃあ、私のために何もしてもらえないのですね)

C'est malheureusement impossible. Je regrette beaucoup.
(残念ながら無理です。とても申し訳ないのですが)

▶そうしたいけど、残念ながら…。
J'aurais bien aimé, mais malheureusement ...
ジョレ　ビアネメ　メ　　マルルズマン

Tu seras là dimanche soir, j'espère?
テュ スラ ラ ディマンシュ スワール ジェスペール
(日曜日の夜、来るんでしょ？)

J'aurais bien aimé, mais malheureusement ...
(そうしたいけど、残念ながら…)

J'aurais bien voulu, c'est dommage, mais ...
ジョレ　ビアン　ヴリュ　セ　ドマージュ　メ
Je regrette, mais malheureusement ...
ジュ　ルグレトゥ　メ　　マルルズマン
(申し訳ないけど、残念ながら…)

▶お役に立てるといいのですが、～。
J'aurais bien voulu vous aider, mais malheureusement,...
ジョレ　ビアン　ヴリュ　ヴゼデ　メ　　　マルルズマン

Je cherche un emploi de traducteur...
ジュ　シェルシャンナンプルワ　ドゥ トゥラデュクトゥール
(翻訳の仕事をさがしているんですが…)

J'aurais bien voulu vous aider, mais malheureusement, je ne
ジョレ　ビアン　ヴリュ　ヴゼデ　メ　　マルルズマン　ジュン
connais personne dans ce milieu.
コネ　　ペルソンヌ　ダン　ス ミリュ
(お役に立てるといいのですが、そちらのほうには知り合いがいないんです)

*milieu「～界」。

▶本当に申し訳ないのですが、できません。
Je suis vraiment désolé [désolée], mais je ne peux pas.
ジュ スュイ ヴレマン　デゾレ　メ　ジュン プ パ

On a un travail fou. Tu peux rester, ce soir?
オナ　アン トゥラヴァイ フ テュ プ レステ ス スワール
(仕事がすごくたくさんあるんだけど、今夜残業できる？)

Je suis vraiment désolé, mais je ne peux pas. Je dois
ジュ スュイ ヴレマン デゾレ メ ジュン プ パ ジュ ドゥワ
absolument partir...
アプソリュマン パルティール
(本当に申し訳ないけど、できないんです。どうしても行かなくてはならないもので…)

要求する

▶悪いのですが、〜。

Je suis désolé [désolée], mais malheureusement,...
ジュ スュイ　デゾレ　　　　　メ　　　マルルズマン

> Je suis en panne, je ne sais pas quoi faire...
> ジュ スュイ アン パンヌ ジュン セ パ クワ フェール
> (車が故障して、どうしたらいいのか…)
>
> Je suis désolée, mais malheureusement, je n'y connais rien en mécanique.
> ジュ スュイ デゾレ　　メ　　マルルズマン　　ジュ ニ　コネ　リアン アン メカニック
> (悪いのですが、メカのことは何もわからないんで)

許可を求める　　　　　　　　　　　　　2_030.mp3

▶入っていいですか？

Est-ce que je peux entrer?
エス　ク　ジュ　プ　アントゥレー

> Est-ce que je peux entrer?
> (入っていいですか？)
>
> Je vous en prie.
> ジュ ヴザン プリ
> (どうぞ)

▶すみません、出てもいいですか？

S'il vous plaît, je peux sortir?
スィル ヴ プレ ジュ プ ソルティール

> S'il vous plaît, je peux sortir?
> (すみません、出てもいいですか？)
>
> Oui, allez-y.
> ウイ　アレズィ
> (はい、どうぞ)

*暗に「トイレに行ってもいいですか？」とたずねる表現。

▶ごちそうさましていい？

Je peux sortir de table?
ジュ　プ　ソルティル ドゥ ターブル

*食事を終えた子どもが「席を立ってもいい？」とたずねるとてもていねいな表現。大人は使わない。

▶見てもいい？

Je peux regarder?
ジュ　プ　　ルガルデ

Je peux voir?
ジュ ブ ヴワール
Je peux jeter un coup d'œil?
ジュ ブ ジュテ アン ク ドゥイ
(ちょっと見ていい？)

*jeter「投じる」。un coup d'œil「いちべつ」。

▶ペンを貸してもらえる？

Je peux t'emprunter un stylo?
ジュ ブ タンプランテ アン スティロ

Je peux t'emprunter un stylo?
(ペンを貸してもらえる？)

Oui, je t'en prie. (はい、どうぞ)
ウイ ジュ タン プリ

Puis-je me permettre de vous emprunter un stylo?
ピュイジュ ム ペルメトゥル ドゥ ヴザンプランテ アン スティロ
(ペンを貸していただけませんでしょうか？)

*se permettre de...「～させてもらう」。

▶いい？

Tu veux bien?
テュ ヴ ビアン

Je voudrais inviter des copains. Tu veux bien?
ジュ ヴドゥレ アンヴィテ デ コパン テュ ヴ ビアン
(友達を呼びたいんだけど。いい？)

Ça dépend. Quand?
サ デパン カン
(場合によるけど。いつ？)

*copain [copine] は ami [amie] のくだけた表現。

▶よろしいですか？

Vous permettez?
ヴ ペルメテ

Vous permettez? (よろしいですか？)
Je vous en prie. (どうぞ)
ジュ ヴザン プリ

▶窓を開けてもいいですか？

Vous permettez que j'ouvre la fenêtre?
ヴ ペルメテ ク ジュヴル ラ フネトゥル

▶写真を撮ってもいいですか？

C'est permis de prendre des photos?
セ ペルミ ドゥ プランドゥル デ フォト

*C'est permis de...?「～することは許可されていますか？」。人の撮影について言うこ

とばではなく、その場所での写真撮影が許可されているかどうかを問う表現。

> C'est permis de prendre des photos?
> (写真を撮ってもいいですか?)
>
> Non, c'est interdit. Ça abîme les peintures.
> ノン　セタンテルディ　サ　アビーム　レ　パンテュール
> (いいえ、禁止されています。絵を傷めますから)

On peut prendre des photos?
オン　プ　プランドゥル　デ　フォト

▶ここに駐車していいですか?

C'est permis de se garer ici?
セ　ペルミ　ドゥ　ス　ガレ　イスィ

Je peux me garer ici?
ジュ　プ　ム　ガレ　イスィ

▶写真を撮らせていただけますか?

Vous m'autorisez à vous prendre en photo?
ヴ　モトリゼ　ア　ヴ　プランドゥラン　フォト

*autoriser「許可する」。

> Vous m'autorisez à vous prendre en photo?
> (写真を撮らせていただけますか?)
>
> Si ça peut vous faire plaisir...
> スィ　サ　プ　ヴ　フェル　プレズィール
> (もしお望みなら…)

Vous me permettez de vous prendre en photo?
ヴ　ム　ペルメテ　ドゥ　ヴ　プランドゥラン　フォト
(写真を撮らせてもらえますか?)

▶お酒を飲んでいいですか?

J'ai le droit de boire de l'alcool?
ジェ　ル　ドゥルワ　ドゥ　ブワール　ドゥ　ラルコール

> J'ai le droit de boire de l'alcool?
> (お酒を飲んでいいですか?)
>
> Oui, mais raisonnablement. Pas plus d'un verre par jour.
> ウイ　メ　レゾナブルマン　パ　プリュ　ダン　ヴェル　パル　ジュール
> (はい、ただしほどほどに。1日にグラス1杯までですよ)

* 医者と患者の会話。

▶たばこ、ご迷惑ですか?

Ça vous dérange, si je fume?
サ　ヴ　デランジュ　スィ　ジュ　フューム

> Ça vous dérange, si je fume? (たばこ、ご迷惑ですか?)

Un peu. (ちょっと…)
アン プ

Ça vous gêne, la fumée?
サ ヴ ジェン ラ フュメ
*gêner「じゃまをする、迷惑をかける」。la fumée「たばこの煙」。

Je peux fumer? (たばこを吸ってもいいですか？)
ジュ プ フュメ

▶ もう1週間、本を借りていてもいいですか？

Ça vous_ennuie, si je garde votre livre_une semaine de plus?
サ ヴザンニュイ スィ ジュ ガルドゥ ヴォトゥル リーヴリュン スメン ドゥ プリュス

Ça vous_ennuie, si je garde votre livre_une semaine de plus?
(もう1週間、本を借りていてもいいですか？)

Non, pas du tout. Prenez votre temps.
ノン パ デュ トゥ プルネ ヴォトゥル タン
(ええ、もちろん。お好きなだけどうぞ)

▶ 友達を連れてきてかまわない？

Ça_ne t'ennuie pas, si je viens avec_un_ami?
サン タンニュイ パ スィ ジュ ヴィアン アヴェカナミ

Ça_ne t'ennuie pas, si je viens avec_un_ami?
(友達を連れてきてかまわない？)

Absolument pas. Au contraire.
アプソリュマン パ オ コントゥレール
(もちろんよ。ぜひ)

*au contraire「反対に、それどころか」。

Ça_ne t'embête pas, si je viens avec_un_ami?
サン タンベトゥ パ スィ ジュ ヴィアン アヴェカナミ

▶ すみません、電話を借りてもよろしいですか？

Excusez-moi, ça vous_ennuierait que je passe_un coup de fil?
エクスキュゼムワ サ ヴザンニュイエ ク ジュ パサン ク ドゥ フィル
*passer [donner] un coup de fil「電話をかける」。

Excusez-moi, ça vous_ennuierait que je passe_un coup de fil?
(すみません、電話を借りてもよろしいですか？)

Mais pas du tout. Je vous_en prie.
メ パ デュ トゥ ジュ ヴザン プリ
(もちろん。どうぞ)

▶ すみません、ちょっと電話をかけたいのですが…。

Excusez-moi, j'ai un petit coup de fil_à donner...
エクスキュゼムワ ジェ アン プティ ク ドゥ フィラ ドネ

要求する

▶早退したいんですが。

J'aimerais partir un peu plus tôt.
ジェムレ　パルティラン　プ　プリュ　ト

J'aimerais partir un peu plus tôt.
（早退したいんですが）

D'accord, mais venez plus tôt demain matin.
ダコール　メ　ヴネ　プリュ　ト　ドゥマン　マタン
（わかりました、でも明日の朝早めに来てくださいね）

Est-ce que je pourrais partir un peu plus tôt?
エス　ク　ジュ　プレ　パルティラン　プ　プリュ　ト
（早退してもいいでしょうか？）

▶ここはあいていますか？

Il y a quelqu'un ici?
イリャ　ケルカン　イスィ
＊直訳は「ここに誰かいるか」。「座っていいですか？」の意味で使う。

La place est libre?
ラ　プラセ　リーブル
C'est libre?
セ　リーブル
Je peux m'asseoir ici?
ジュ　プ　マスワーリスィ
（ここに座っていいですか？）

C'est pris? （ふさがっていますか？）
セ　プリ

許可する　　　2_031.mp3

▶どうぞ。

Je vous en prie.
ジュ　ヴザン　プリ

Je peux poser une question?
ジュ　プ　ポゼ　ユン　ケスティオン
（質問してもいいですか？）
Je vous en prie. （どうぞ）

Je t'en prie.
ジュ　タン　プリ

▶いいよ！

Allez-y!
アレズィ

Je peux? （いい？）
ジュ　プ
Allez-y! （いいよ！）

Vas-y.
ヴァズィ

▶うん、いいよ。
Oui, d'accord.
ウイ　ダコール

> Tu me prêtes ta voiture, s'il te plaît?
> テュ ム　プレッタ　ヴワテュール スィル トゥ　プレ
> (車を貸してくれる？)
>
> Oui, d'accord. Mais fais-y attention, elle est toute neuve.
> ウイ　ダコール　メ　フェズィ アタンスィオン　エレ　トゥトゥ ヌーヴ
> (うん、いいよ。でも気をつけてよ、買ったばかりの新車だから)

Oui, tu peux.
ウイ テュ プ
OK.
オケ

▶結構ですよ。
Si vous voulez.
スィ ヴ　ヴレ

> Je peux vous accompagner?
> ジュ プ　ヴザコンパニェ
> (一緒に行ってもかまいませんか？)
>
> Si vous voulez.（結構ですよ）

▶もちろんいいよ。
Bien sûr que oui.
ビアン スュル ク　ウイ

> Je peux te l'emprunter?（借りていい？）
> ジュ プ トゥ　ランプランテ
>
> Bien sûr que oui.（もちろんいいよ）

Oui, bien sûr.
ウイ ビアン スュール
Evidemment.
エヴィダマン

▶問題ありません。
Pas de problème.
パッ　　プロブレーム
Aucun problème.
オカン　プロブレーム

▶そうしたいなら。
Si ça te fait plaisir.
スィ サ トゥ フェ プレズィール
*faire plaisir à...「〜を喜ばせる」。直訳は「それがあなたを喜ばせるなら」。

要求する

> **Je peux monter devant?**
> ジュ プ モンテ ドゥヴァン
> (前に乗っていい？)
>
> **Si ça te fait plaisir.** (そうしたいなら)

Si ça vous fait plaisir. (お望みなら)
スィ サ ヴ フェ プレズィール

▶好きなようにして。

Fais comme tu veux.
フェ コム テュ ヴ

> **Je peux partir?** (帰っていい？)
> ジュ プ パルティール
> **Fais comme tu veux.** (好きなようにして)

Fais ce que tu veux.
フェ ス ク テュ ヴ

▶はい、できます。

Oui, c'est permis.
ウイ セ ペルミ
*permis「許可された」。

> **On peut prendre des photos?**
> オン プ プランドゥル デ フォト
> (写真撮影はできますか？)
> **Oui, c'est permis.** (はい、できます)

Oui, c'est autorisé.
ウイ セ トトリゼ
*autorisé「許可された」。

Oui, c'est possible. (可能です)
ウイ セ ポスィブル

許可しない

2_032.mp3

▶だめだめ。

Non, non.
ノン ノン

> **Non, non, laisse ce gâteau.**
> ノン ノン レッス ガト
> (だめだめ。そのお菓子に手を出さないで)
> **Mais j'en veux, moi!**
> メ ジャン ヴー ムワー
> (だって、ほしいんだもん、私！)

▶ いいえ、いけません。

Non, je ne suis pas d'accord.
ノン　ジュ ン スュイ パ　ダコール

> Tu veux bien?
> テュ ヴ ビアン
> (いい？)
>
> Non, je ne suis pas d'accord. C'est dangereux.
> ノン　ジュ ン スュイ パ　ダコール　セ　ダンジュル
> (いいえ、いけません。危ないから)

Non, je ne veux pas.
ノン　ジュ ン ヴ パ

▶ だめ。

Non.
ノン

> Tu me prêtes ta caméra?
> テュ ム　プレッタ カメラ
> (カメラを貸してくれる？)
>
> Non, tu vas me l'abîmer.
> ノン テュ ヴァ ム　ラビメ
> (だめ、こわすから)

Non, je ne veux pas.
ノン　ジュ ン ヴ パ

▶ だめに決まってるよ！

Bien sûr que non!
ビアン スュル ク　ノン

> Je peux boire du champagne?
> ジュ プ ブワル デュ シャンパーニュ
> (シャンペン飲んでもいい？)
>
> Bien sûr que non! Tu plaisantes, ou quoi?
> ビアン スュル ク ノン テュ プレザントゥ クワ
> (だめに決まってるでしょ！　冗談言ってるの？)

▶ 絶対にだめ！

Certainement pas!
セルテンマン　パ

> Tu me fais un mot pour la gym?
> テュ ム　フェ アン モ プル ラ ジーム
> (体育を見学したいから、連絡帳に書いてくれる？)
>
> Certainement pas! Je t'en ai déjà fait deux.
> セルテンマン　パ ジュ タンネ デジャ フェ ドゥ
> (絶対にだめ！　もう２回書いたでしょ)

要求する

191

Pas question.
パ ケスティオン
Il n'en est pas question.
イル ナンネ パ ケスティオン
Jamais de la vie!
ジャメ ドゥ ラ ヴィ
*de la vie は否定文で「絶対に、一度も」の意味。

N'y compte pas!
ニ コントゥ パ
*compter「あてにする」。

Tu plaisantes! (冗談でしょ！)
テュ プレザントゥ

▶そんなことできるわけないよ！

Il ne manquerait plus que ça!
イル マンクレ プリュ ク サ

> Je peux prendre du vin?
> ジュ プ プランドゥル デュ ヴァン
> （ワイン飲んでもいい？）
>
> Il ne manquerait plus que ça! A ton âge!
> イル マンクレ プリュ ク サ ア トナージュ
> （そんなことできるわけないでしょ！ あなたの歳で！）

Et puis quoi, encore! (これ以上とんでもない！)
エ ピュイー クワー アンコール
* 次の2つとともにくだけた表現。
Ça va pas, non! (頭がおかしいんじゃないの！)
サ ヴァ パ ノン
T'es fou [folle], ou quoi?
テ フ [フォル] ウ クワ
（頭がおかしいんじゃない？）
*... ou quoi「〜なのか、それともどうなんだ」。

▶いいえ、それは無理です。

Non, ce n'est pas possible.
ノン ス ネ パ ポスィーブル

> Je voudrais l'inviter...
> ジュ ヴドゥレ ランヴィテ
> （彼を招待したいんだけど…）
>
> Non, ce n'est pas possible. Il n'est pas présentable.
> ノン ス ネ パ ポスィーブル イル ネ パ プレザンターブル
> （いや、それは無理だよ。あの人は人前には出られないから）

▶気の毒だけど、無理だね。

Je regrette, mais ce n'est pas possible.
ジュ ルグレトゥ メ ス ネ パ ポスィーブル

J'aimerais prendre quelques jours de congé...
ジェムレ　プランドゥル　ケルク　ジュル ドゥ コンジェ
(2、3日休みたいのですが…)

Je regrette, mais ce n'est pas possible. Il_y_a trop_de travail_en
ジュ ルグレトゥ　メ　ス ネ　パ ポスィーブル イリャ　トゥロッ トゥラヴァヤン
ce moment.
ス モマン
(気の毒だけど、無理だね。いまは仕事がつまってるから)

▶いいえ、禁止されています。

Non, c'est_interdit.
ノン　　セタンテルディ

On peut pique-niquer ici?
オン プ　ピクニケ　イスィ
(ここで食べられますか？)

Non, c'est_interdit.
(いいえ、禁止されています)

*pique-niquer「野外で食事する」。pique-nique は「野外での食事」で、日本語の「ピクニック」の意味とは異なる。

▶いいえ、できません。

Non, vous_ne pouvez pas.
ノン　ヴン　プヴェ　パ

Je peux stationner ici?
ジュ プ　スタスィオネ イスィ
(ここに駐車できますか？)

Non, vous_ne pouvez pas. Vous_êtes_devant un garage.
ノン　ヴン　プヴェ　パ　ヴゼッドゥヴァン　アン ガラージュ
(いいえ、できません。車庫の前ですから)

▶ええ、困ります！

Oui, ça m'ennuie!
ウイ　サ　マンニュイ

Ça t'ennuie, si je fume?
サ タンニュイ スィ ジュ フューム
(たばこを吸ったら、だめ？)

Oui, ça m'ennuie! Je_ne supporte pas la fumée.
ウイ　サ　マンニュイ　ジュン　スュポルトゥ　パ ラ フュメ
(うん、困るよ！煙ががまんできないから)

Oui, ça me dérange.
ウイ　サ ム　デランジュ

▶だめって言ったでしょ！
Je t'ai déjà dit non!
ジュ テ デジャ ディ ノン

> **Je peux aller dormir chez Philippe?**
> ジュ プ アレ ドルミル シェ フィリップ
> （フィリップの家に泊まってもいい？）
>
> **Non, je ne suis pas d'accord.**
> ノン ジュン スュイ パ ダコール
> （いいえ、いけません）
>
> **S'il te plaît...** （お願いだから…）
> スィル トゥ プレー
> **Je t'ai déjà dit non!**
> （だめって言ったでしょ！）

Inutile d'insister!
イニュティル ダンスィステ
*inutile de...「〜してもむだだ」。insister「執拗に言い張る、しつこく懇願する」。

Quand je dis non, c'est non!
カン ジュ ディ ノン セ ノン
（だめと言ったらだめ！）

J'ai dit non!
ジェ ディ ノン

Tu es sourd ou [sourde ou] quoi!
テュ エ スール スールドゥ クワ
（聞こえないの！）
*... ou quoi「〜なのか、それともどうなんだ」。

▶まだだめ。
Pas encore.
パザンコール

> **On peut commencer?**
> オン プ コマンセ
> （食べてもいい？）
>
> **Pas encore! Il faut attendre Maman.**
> パザンコール イル フォ アタンドゥル ママン
> （まだだめ！ お母さんを待たなくちゃ）

▶ここはだめ。
Pas ici.
パ イスィ

> **Je peux tourner?** （曲がっていい？）
> ジュ プ トゥルネ
> **Pas ici. C'est sens interdit.**
> パ イスィ セ サンサンテルディ
> （ここはだめ。進入禁止だから）

▶ 今日はだめ。
Pas aujourd'hui.
バ　　　オジュルデュイ

> Je peux sortir?（出かけていい？）
> ジュ　プ　ソルティル
> Pas aujourd'hui. Tu sais bien que tu dois réviser pour demain!
> バ　　オジュルデュイ　テュ　セ　ビアン　ク　テュ ドゥワ レヴィゼ　プル　　ドゥマン
> （今日はだめ。復習しなきゃいけないのわかってるでしょ！）

05 助言と注意

助言 2_033.mp3

▶出版したらどう？

Tu devrais le faire_éditer.
テュ ドゥヴレ ル フェレディテ

J'ai lu ton manuscrit. C'est vraiment bien.
ジェ リュ トン マニュスクリ セ ヴレマン ビアン
(原稿読んだよ。本当に面白いね)

Merci. (ありがとう)
メルスィ

Tu devrais le faire_éditer. (出版したらどう？)

▶美容院へ行ったほうがいいんじゃない？

Tu pourrais aller chez le coiffeur.
テュ プレ アレ シェ ル クワフール

▶医者へ行ったほうがいいよ。

Tu ferais bien d'aller voir le médecin.
テュ フレ ビアン ダレ ヴワール ル メツァン

*faire bien de... (faire は条件法で)「〜したほうがいい」。

Tu ferais bien d'aller voir le médecin. (医者へ行ったほうがいいよ)

Mais non, ce n'est rien. Un simple rhume.
メ ノン ス ネ リアン アン サンプル リューム
(いや、たいしたことないから。ただの風邪なんだ)

▶あきらめたほうがいいですね。

Vous feriez mieux de renoncer.
ヴ フリエ ミュ ドゥ ルノンセ

*faire mieux de... (faire は多くは条件法で)「〜したほうがいい」。

▶むしろ彼女に直接話したほうがいいでしょう。

Vous devriez plutôt lui en parler directement.
ヴ ドゥヴリエ プリュト リュイ アン パルレ ディレクトゥマン

Vous_auriez plutôt intérêt à lui en parler directement.
ヴゾリエ プリュト アンテレ ア リュイ アン パルレ ディレクトゥマン

*avoir intérêt à...「〜するほうがよい」。

▶お菓子を買ったほうがいいよ。

Il vaudrait mieux acheter un gâteau.
イル ヴォドゥレ ミュ アシュテ アン ガト

Il vaudrait mieux acheter un gâteau.
(お菓子を買ったほうがいいよ)

Tu crois? (そう思う？)
テュ クルワ

2 理解し合えるフレーズ

Il vaut mieux acheter un gâteau.
イル ヴォ ミュ アシュテ アン ガト

*Il vaut mieux... 「〜するほうがよい」。il vaudrait に比べて il vaut のほうが強くなる。

▶〜しないほうがいい。

Il vaut mieux pas...
イ ヴォ ミュ パ

*ne... pas の ne を省略した形。くだけた会話では il を「イ」と発音する。

Il vaut mieux pas y‿aller ce soir.
イ ヴォ ミュ パ ヤレ ス スワール
（今夜は行かないほうがいいよ）

Tu as sans doute raison.（きっとね）
テュ ア サン ドゥトゥ レゾン

▶彼を許してやったら…。

Il faut lui pardonner...
イル フォ リュイ パルドネ

▶タクシーを拾ったほうがいいよ。

Je te conseille de prendre‿un taxi.
ジュ トゥ コンセイ ドゥ プランドゥラン タクスィ

*conseiller de... 「〜するように勧める」。

Je te suggère d'y aller en taxi.
ジュ トゥ スュジェール ディ アレ アン タクスィ
（タクシーで行ったほうがいいよ）

*suggérer「提示する」。

▶言ってもいいなら、〜。

Si tu veux un conseil, ...
スィ テュ ヴ アン コンセーユ

*conseil「忠告、助言」。

Si tu veux un conseil, refuse!
スィ テュ ヴ アン コンセーユ ルフューズ
（言ってもいいなら、断ったほうがいいよ！）

Mais, tu te rends pas compte! C'est inespéré!
メ テュトゥ ラン パ コーントゥ セ イネスペレー
（でも、想像してみてよ！すごいことなんだよ！）

*se rendre compte de... 「〜に気づく」。inespéré「望外の」。

Si je peux me permettre de vous donner un conseil,...
スィ ジュ プ ム ペルメトゥル ドゥ ヴ ドネ アン コンセーユ

*se permettre de...「あえて（遠慮なく）〜させてもらう」。

▶私ならそうはしないけど。

A ta place, je‿ne ferais pas ça.
ア タ プラス ジュン フレ パ サ

*à ta (votre) place「もし君（あなた）の立場にあったら」。

助言と注意

Je vais lui dire ses quatre vérités!
ジュ ヴェ リュイ ディール セ カトゥル ヴェリテ
（彼女に本当のことを言うつもりなんだ！）

A ta place, je ne ferais pas ça.
（ぼくならそうはしないけど）

*dire ses quatres vérités「4つの真実を言う」とは「言いにくいことを隠さずにはっきり言う」の意味。

Moi, à votre place, je ne ferais pas ça.
ムワ ア ヴォトゥル プラス ジュン フレ パ サ
Si j'étais à votre place, je ne ferais pas ça.
スィ ジェテ ア ヴォトゥル プラス ジュン フレ パ サ
（もし私なら、そうはしません）

▶私だったら、ほかの仕事をさがしますね。
Si j'étais vous, je chercherais un autre emploi.
スィ ジェテ ヴ ジュ シェルシュレ アノトゥランプルワ

Si j'étais vous, je chercherais un autre emploi.
（私だったら、ほかの仕事をさがしますね）

A mon âge, ce n'est pas évident...
ア モナージュ ス ネ パ エヴィダン
（私の歳では、なかなか難しくて…）

*évident「明らかな」。

Si j'étais toi, je chercherais un autre boulot!
スィ ジェテ トゥワ ジュ シェルシュレ アノトゥル ブロ
*boulot は travail のくだけた言い方。

▶彼に聞けばいいじゃないの。
Tu n'as qu'à lui demander.
テュ ナ カ リュイ ドゥマンデ
*n'avoir qu'à…「～しさえすればよい」。

Tu n'as qu'à lui demander.
（彼に聞けばいいじゃないの）

C'est délicat...（それはちょっと…）
セ デリカ

*délicat「微妙な」。

Vous n'avez qu'à lui poser la question.
ヴ ナヴェ カ リュイ ポゼ ラ ケスティオン

▶彼に貸すのは危ないよ。
Tu aurais tort de lui prêter.
テュ オレ トール ドゥ リュイ プレテ
*avoir tort de…「～するのはまちがっている」。

Tu n'as pas intérêt à lui prêter.
テュ ナ バ アンテレ アリュイ プレテ
(彼には貸さないほうがいい)

▶買わなくてもいいよ。
Ce n'est pas la peine d'en‿acheter.
ス ネ パ ラ ペン ダンナシュテ

> Ce n'est pas la peine d'en‿acheter.
> (買わなくてもいいよ)
>
> Tu as raison. C'est trop cher.
> テュ ア レゾン セ トゥロ シェール
> (そうだね、高すぎるもの)

Ça‿ne vaut pas le coup d'en‿acheter.
サン ヴォ パ ル ク ダンナシュテ
*ça ne vaut pas le coup de... は ce n'est pas la peine de...「〜しなくてよい」のくだけた表現。

▶いまは彼に話すときじゃない。
Ce n'est pas le moment de lui parler.
ス ネ パ ル モマン ドゥ リュイ パルレ

▶明日行ったら？
Allez-y demain.
アレズィ ドゥマン

> Allez-y demain. (明日行ったら？)
> Mais non, ce sera trop tard!
> メ ノン ス スラ トゥロ タール
> (だめ、それじゃ遅すぎるんだよ！)

Vas-y tout de‿suite. (すぐに行ったら？)
ヴァズィ トゥ ツィトゥ

▶買わないで、〜。
N'en prends pas, ...
ナン プラン パ
*prendre には「買う」の意味もある。

> N'en prends pas, ça n'a pas l'air frais.
> ナン プラン パ サ ナ パ レル フレ
> (買わないで、古くなってるみたいだから)
>
> Tu as raison. Ça‿ne sent pas bon.
> テュ ア レゾン サン サン パ ボン
> (ほんとだ。いいにおいじゃないね)

N'en mange pas. (食べないで)
ナン マンジュ パ

助言と注意

▶ よく考えてから返事したら？

Réfléchis bien avant de répondre.
レフレシ　ビアン　アヴァン　ドゥ　レポンドゥル

▶ ほどほどにしたら？

Sois raisonnable.
スワ　レゾナーブル

*raisonnable「分別のある、妥当な」。

> Je veux les deux.（両方ほしいな）
> ジュ ヴ レ ドゥ
>
> Sois raisonnable. Un seul, ça suffit!
> スワ　レゾナーブル　アン スール サ スュフィ
> （ほどほどにしたら？ ひとつで十分よ！）

注意　　　　　　　　　　　　　　2_034.mp3

▶ 言っておくけど、〜。

Je te préviens, ...
ジュ トゥ プレヴィアン

> Je te préviens, c'est dangereux.
> ジュ トゥ プレヴィアン　セ　ダンジュル
> （言っておくけど、危険だよ）
>
> Je sais, je fais attention.
> ジュ セ　ジュ フェ　アタンスィオン
> （わかってる、気をつけるよ）

Je t'avertis,...
ジュ タヴェルティ
Je te signale.
ジュ トゥ スィニャール

▶ 口答えしないほうがいいよ。

Je ne te conseille pas de lui répondre.
ジュン　トゥ　コンセイ　パ ドゥ リュイ　レポンドゥル

> Je ne te conseille pas de lui répondre. Il est de mauvais poil.
> ジュン トゥ コンセイ パ ドゥ リュイ レポンドゥル イレ ドゥ モヴェ プワル
> （口答えしないほうがいいよ。彼、きげん悪いから）
>
> Comme d'habitude...
> コム　　ダビテュードゥ
> （いつものことだよ…）

*poil「体の毛」はくだけた会話では humeur「きげん」の意味で使われる。「きげんがよい」は de bon poil。

Tu n'as pas intérêt à lui répondre.
テュ ナ　パ　アンテレ ア リュイ レポンドゥル

2　理解し合えるフレーズ

▶忘れないで！

N'oublie pas!
ヌブリ　パ

N'oublie pas de sortir les poubelles!
ヌブリ　パ　ドゥ ソルティル　レ　プベール
(ごみを出すの、忘れないで！)

Qu'est-ce que c'est aujourd'hui? Les plastiques? (今日は何だった？
ケス　ク　セ　オジュルデュイ　レ　プラスティーク
プラスチックごみ？)

* 「不燃ごみ」は ordures non-combustibles。

▶もう一度言うけど、明日は私の誕生日だよ。

Je te rappelle que demain, c'est mon‿anniversaire.
ジュ トゥ　ラペール　ク　ドゥマン　セ　モナニヴェルセール
*rappeler「思い出させる」。

Je te rappelle que demain, c'est mon‿anniversaire.
(もう一度言うけど、明日は私の誕生日よ)

Comme si j'allais oublier!
コム　シィ ジャレ　ウブリエ
(僕が忘れるわけないよ！)

On‿ne sait jamais... (どうかしらね…)
オン　セ　ジャメ

*Comme si…!「～であるはずがない！」。

▶気をつけなさい！

Fais attention!
フェ　アタンスィオン

Fais attention en traversant!
フェ　アタンスィオン　アン トゥラヴェルサン
(気をつけて渡りなさい！)

Je sais! (わかってるよ！)
ジュ セー

Fais gaffe!
フェ　ガッフ
*gaffe は attention のくだけた言い方。

Faites bien‿attention! (よく気をつけて！)
フェットゥ　ビアナタンスィオン
Faites bien‿attention aux voitures!
フェットゥ　ビアナタンスィオン　オ　ヴォテュール
(車に十分気をつけて！)

▶慎重に！

Sois prudent!
スワ　プリュダン

助言と注意

▶ さわらないで、汚いよ！
Ne touche pas, c'est dégoûtant!
ヌ　トゥシュ　パ　セ　デグタン

> Regarde, Maman!（見て、ママ！）
> ルガールドゥ　ママン
> Ne touche pas, c'est dégoûtant!
> （さわらないで、汚い！）

▶ よく見ててよ！
Surveille-le bien!
スュルヴェイル　ビアン

*surveiller「見守る、見張る」。幼児の世話を頼むときなどに「危ないことをしないように注意していてね」と求める表現。

Ne le quitte pas des_yeux!（目を離さないで！）
ヌ　ル　キトゥ　パ　デズュ
Ne le lâche pas d'une semelle!
ヌ　ル　ラシュ　パ　デュン　スメール
（絶対に離れないで！）

*lâcher「放す、離れる」。semelle「靴底」。「一歩も離れないでついていなさい」の意味で、駅のホームや車の多い道など危険な場所で使う。くだけた表現。

▶ やられそうだね…。
Tu vas te faire_avoir...
テュ　ヴァ　トゥ　フェラヴワール

*se faire「〜される」。avoir...「〜をだます」。

> Je vais lui acheter sa voiture.
> ジュ　ヴェ　リュイ　アシュテ　サ　ヴワテュール
> （彼の車を買うつもりなんだ）
>
> Tu vas te faire_avoir... Elle_est_en mauvais_état...
> テュ　ヴァ　トゥ　フェラヴワール　エレタン　モヴェゼタ
> （やられそうだね…あの車は調子がよくないんだよ…）

▶ 何かあると思うな。
A mon_avis, il_y_a un truc.
ア　モナヴィ　イリャ　アン　トゥリュク

*à mon avis「私の考えでは」。truc「トリック、仕掛け」のほか、会話では物を指して「あれ、それ」の意味になる。

> A mon_avis, il_y_a un truc.
> （何かあると思うな）
>
> Tu crois?（そう思う？）
> テュ　クルワ

A mon_avis, il_y_a quelque chose.
ア　モナヴィ　イリャ　ケルク　ショーズ

▶喜ぶにはまだ早いよ！

Ne crie pas victoire trop tôt!
ヌ クリ パ ヴィクトゥワール トゥロ ト
*crier「叫ぶ」。victoire「勝利」。直訳は「早すぎる勝利を叫ぶな！」。

> Je crois que j'ai trouvé un boulot! J'aurai la réponse demain. On
> ジュ クルワ ク ジェトゥルヴェ アン ブロ ジョレ ラ レポンス ドゥマン オン
> va fêter ça!
> ヴァ フェテ サ
> (仕事が見つかったと思うよ！明日返事がくるんだ。お祝いしようよ！)
>
> Ne crie pas victoire trop tôt. Attends demain!
> ヌ クリ パ ヴィクトゥワール トゥロ ト アタン ドゥマン
> (喜ぶにはまだ早いよ。明日まで待って！)

Ne te réjouis pas trop vite!
ヌ トゥ レジュイ パ トゥロ ヴィトゥ
*se réjouir「楽しみにする」。

Ne vends pas la peau de l'ours avant de l'avoir tué!
ヌ ヴァン パ ラ ポ ドゥ ルルサヴァン ドゥ ラヴワル テュエ
* 直訳は「殺す前にクマの皮を売るな」となり、日本のことわざ「とらぬタヌキの皮算用」と同様に「喜ぶにはまだ早い」と警告している。

▶気をつけてよ！

Vas-y doucement!
ヴァズィ ドゥスマン
*y aller「ふるまう」。傷ついたりこわれやすい物を扱っている人に「丁寧に取り扱って」と注意する表現。

> Je le pose là? (ここに置くの？)
> ジュ ル ポズ ラ
> Oui, mais vas-y doucement, c'est fragile!
> ウイ メ ヴァズィ ドゥスマン セ フラジール
> (ええ、でも気をつけてよ、こわれやすいから！)

Vas-y mollo!
ヴァズィ モロ
*mollo「そっと、気をつけて」。くだけた表現。

▶ちょっと待って！

Attends!
アタン

> Attends! Ton parapluie!
> アタン トン パラプリュイ
> (ちょっと待って！ 傘が！)
>
> Ah oui, merci. (あっそうだ、ありがとう)
> ア ウイ メルスィ

▶何か落としたよ！

Tu as laissé tomber quelque chose!
テュ ア レセ トンベ ケルク ショーズ

> Tu as laissé tomber quelque chose!
> （何か落としたよ！）
>
> Ah oui, merci. C'est_à moi.
> ア ウイ メルスィ セタ ムワ
> （ああ、ありがとう。ぼくのだ）

警告　　　　　　　　　　　　　　　　　2_035.mp3

▶気をつけて！

Attention!
アタンスィオン

▶危ない！

C'est dangereux!
セ ダンジュルー

▶だめだ！

C'est_interdit!
セタンテルディ
*interdit「禁じられた」。

▶進んで！

Avancez!
アヴァンセ

▶止まって！

Arrêtez-vous!
アレテヴ
Stop!
ストップ
Halte-là!
アルトゥラ
*halte「停止」。この表現は軍隊で号令に使われる。

▶動くな！

Restez où vous_êtes!
レステ ウ ヴゼトゥ
*「そこにじっとして！」の意味。

Ne bougez plus!
ヌ ブジェ プリュ
N'avancez plus!（進むな！）
ナヴァンセ プリュ
N'approchez pas!（近づかないで！）
ナプロシェ パ

▶さがって！

Reculez!
ルキュレ

En arrière! (さがれ！)
アナリエール
*en arrière「後ろへ」。

▶伏せろ！

Couchez-vous!
クシェヴ

▶逃げて！

Sauvez-vous!
ソヴェヴ

Sortons de là! (ここから逃げよう！)
ソルトン ドゥ ラ

▶その男をつかまえて！

Arrêtez-le!
アレテル
*「その女」のときは la。

▶よして！

Laissez-moi!
レセムワ

Laissez-moi tranquille ou j'appelle la police!
レセムワ トゥランキール ジャペラ ポリス
(よさないと警察を呼びます！)

*laisser... tranquille「〜をそっとしておく」。

Fichez-moi la paix!
フィシェムワ ラ ペ
*ficher「与える」。paix「平和」。くだけた表現。

Foutez-moi la paix!
フテムワ ラ ペ
*foutre「やる、する」を使うと無礼な表現になる。

▶さわるな！

Ne me touchez pas!
ヌ ム トゥシェ パ

▶やめて！

Arrête!
アレートゥ

▶手を放して！

Laisse ça!
レッサ
*「持っている物から手を放せ」または「それにさわるな」の意味。

助言と注意

Pas touche! (さわるな!)
パ トゥシュ
Bas les pattes!
バ レ パット
*bas「下に」。pattes は動物の脚だが、会話では人間の手足にも用いる。直訳は「手をおろせ」でくだけた表現。

▶黙れ!

Tais-toi!
テトゥワ
Ferme-la!
フェルムラ
*fermer「閉じる」。次の3つの表現とともに無礼な表現。

Boucle-la!
ブクルラ
La ferme!
ラ フェールム
Ta gueule!
タ グール
*gueule は本来は「獣の口」を指す。この文は Ferme ta gueule! の Ferme が省略されたもので非常に乱暴な表現。映画などで耳にすることはあっても、自分で使ってはいけない。

▶あっちへ行け!

Va-t'en!
ヴァタン
*s'en aller「立ち去る、姿を消す」。

Sors de là! (出ていけ!)
ソル ドゥ ラ
Dehors! (外へ出ろ!)
ドゥオール
Fiche le camp! (消えろ!)
フィッシュ ル カン
*ficher le camp はくだけた表現で「逃げ出す」。下の foutre を使った表現は、よりくだけた言い回し。

Dégage!
デガージュ
*dégager「(場所を) あける」。

Tire-toi!
ティルトゥワ
*se tirer「立ち去る、逃げる」。

Casse-toi!
カッストゥワ

Fous le camp! (うせろ!)
フ ル カン

2 理解し合えるフレーズ

▶逮捕する！
Vous êtes en état d'arrestation!
ヴゼタンネタ　　　ダレスタスィオン
＊警察関係者が用いる表現。直訳は「あなたは逮捕される状態にある」。

▶手をあげろ！
Les mains en l'air!
レ　　マン　アン　レール
*en l'air「宙に、上に」。

06 自分の考えを言う

まちがい

▶そうではありません。

Non.
ノン

Non, ce n'est pas ça.
ノン ス ネ パ サ

▶ぜんぜん違うよ。

Pas du tout.
パ デュ トゥ

> On met d'abord l'eau chaude et ensuite le thé.
> オン メ ダボル ロー ショードゥ エ アンスュイトゥ ル テ
> (最初にお湯を入れて、それからお茶を入れるよ)
>
> Pas du tout. C'est le contraire.
> パ デュ トゥ セ ル コントゥレール
> (ぜんぜん違う。逆だよ)

*d'abord「まず」。

▶違うと思うよ。

A mon avis, tu te trompes.
ア モナヴィ テュ トゥロンプ

*se tromper「まちがえる」。直訳は「私の考えでは、君はまちがえている」。

> C'est M. Pellerin. (ペルランさんだ)
> セ ムシュ ペルラン
>
> A mon avis, tu te trompes. C'est M. Massenet.
> ア モナヴィ テュ トゥロンプ セ ムシュ マスネ
> (違うと思うよ。マスネさんだよ)

▶まちがってるよ。

Tu te trompes.
テュ トゥロンプ

*この表現は相手にはっきりと「あなたはまちがっている」と指摘するもの。失礼にあたることが多いので、代わりに non と言うだけにしておくほうがよい。

> Tu te trompes. C'est lui qui a raison.
> テュ トゥロンプ セ リュイ キ ア レゾン
> (まちがってるよ。正しいのは彼のほうだよ)
>
> Tu es sûr? (本当に?)
> テュ エ スュール

Vous avez tort.
ヴザヴェ トール

*avoir tort は se tromper より強い。

2 理解し合えるフレーズ

Vous vous‿êtes‿trompé. (まちがってましたよ)
ヴ　　　　ヴゼットゥロンペ

▶違います。
Vous faites‿erreur.
ヴ　　　フェゼェルール

Je suis bien chez M. Muller?
ジュ スュイ ビアン シェ ムスュ ミュレール
(ミュレルさんのお宅ですか？)

Non, vous faites‿erreur.
(いいえ、違います)

*電話で使う表現。

▶すみません、まちがいではないでしょうか。
Excusez-moi, mais je crois qu'il‿y‿a une‿erreur.
エクスキュゼムワ　　メ　ジュ クルワ　キリヤ　　　ユネルール

Excusez-moi, mais je crois qu'il‿y‿a une‿erreur.
(すみません、まちがいではないでしょうか)

Un‿instant, Madame, je vérifie.
アナンスタン　　　マダム　　ジュ ヴェリフィ
(お待ちください、確認します)

▶人違いだよ。
Tu confonds.
テュ コンフォン
*confondre「混同する、取り違える」。

C'est ton‿ami Marc, non?
セ　　　トナミ　　マルク　ノン
(君の友達のマルクじゃない？)

Non, tu confonds. C'est Louis.
ノン　テュ コンフォン　　セ　　ルイ
(いや、人違いだよ。ルイだよ)

▶すみません、それは私のですが。
Excusez-moi, mais c'est‿à moi.
エクスキュゼムワ　　　メー　　セタ　　ムワ

Excusez-moi, mais je crois que c'est le mien [la mienne].
エクスキュゼムワ　　　メー　ジュ クルワ　ク　　セル　ミアン [ラ　ミエンヌ]

▶それはあなたのものではありません。
Ce n'est pas‿à vous.
ス　ネ　　パザ　　ヴ

Ce n'est pas le [la] vôtre.
ス　ネ　　パ　ル [ラ] ヴォトゥル

自分の考えを言う

209

▶それじゃない。

Ce n'est pas le bon.
スネ パ ル ボン
* 「正しくない」という意味。

> Tiens, voilà le journal que tu m'as demandé. (はいどうぞ、頼まれた
> ティアン ヴワラ ル ジュルナル ク テュ マ ドゥマンデ
> 新聞だよ)
> Mais, ce n'est pas le bon! Je t'avais demandé "Le Monde"!
> メ ス ネ パ ル ボン ジュ タヴェ ドゥマンデ ル モンドゥ
> (ええっ、それじゃないよ!「ルモンド」を頼んでおいたのに!)

▶話が違うよ！

Ce n'est pas ce que vous‿avez dit!
スネ パ ス ク ヴザヴェ ディ
* 直訳は「それはあなたが言ったことではない」。

▶その話ではありません。

On‿ne parle pas de‿ça.
オン ヌ パルル パ ツァ
Ce n'est pas de‿ça qu'on parle.
ス ネ パ ツァ コン パルル
* 直訳は「私たちが話しているのはそのことではない」。

▶関係ありません。

Ça n'a rien‿à voir.
サ ナ リアンナ ヴワール

> C'est certainement à cause de la pluie. (きっと雨のせいです)
> セ セルテンマン ア コズ ドゥラ プリュイ
> Ça n'a rien‿à voir. (関係ないよ)

▶言いまちがえた。

C'est‿un lapsus.
セタン ラプスュス
*lapsus「言いまちがい」。ラテン語に由来する。

> Je lui ai offert‿un gâteau...
> ジュ リュイ エ オフェラン ガト
> (彼女にお菓子をあげたんだ…)
> Un gâteau? (お菓子？)
> アン ガトー
> Euh, un cadeau. Excusez-moi, c'est‿un lapsus.
> ウー アン カド エクスキュゼムワ セタン ラプスュス
> (えーっと、プレゼントだ。ごめん、言いまちがえた)

Ma langue a fourché.
マ ラング ア フルシェ
*langue「舌、ことば」。fourcher は古語で「いくつかに分かれる」。

2 理解し合えるフレーズ

秘密

▶ だれにも言わないで。

N'en parle à personne.
ナン パルラ ペルソンヌ
*en は「それについて」。

> N'en parle à personne.
> (だれにも言わないで)
>
> Entendu. (わかった)
> アンタンデュ

Garde ça pour toi.
ガルドゥ サ プル トゥワ
*garder「(秘密などを) 守る、漏らさない」。「あなただけの胸におさめておいて」という意味。

Tu le gardes pour toi.
テュ ル ガルドゥ プル トゥワ

Ne le répète pas.
ヌ ル レペトゥ パ
*répéter「(他人のことばを) 繰り返す」の意味から「伝える、口外する」。

Ne le dis à personne.
ヌ ル ディア ペルソンヌ

Motus et bouche cousue.
モテュゼ ブシュ クズュ
*motus「しーっ」、bouche cousue「縫われた口」。「他言無用」の意味の決まり文句。

▶ ここだけの話だけど…。

Entre toi et moi,...
アントゥル トゥワ エ ムワー
*entre... et ~ 「…と~の間で」。

Que ça reste entre nous.
ク サ レスタントゥル ヌ
*Que で始まる文は命令、願望を表す。直訳は「そのことは私たちの間だけの話にしておくように」。

C'est entre nous.
セタントゥル ヌ

▶ これはないしょだよ。

C'est un secret.
セタン スクレ

▶ 秘密を打ちあけるよ。

Je vais vous confier un secret.
ジュ ヴェ ヴ コンフィエ アン スクレ
Je vais te dire un secret.
ジュ ヴェ トゥ ディラン スクレ

自分の考えを言う

▶白状することがあるんだ。

J'ai un aveu à te faire.
ジェ アナヴ ア トゥ フェール
*aveu「告白」。

▶君を信用するよ。

Je te fais confiance.
ジュ トゥ フェ コンフィアンス
*faire confiance à...「～を信用する」。

> Tu ne le répéteras pas?
> テュン ル レペトゥラ パ
> (しゃべらないね？)
>
> Promis!（約束するよ！）
> プロミ
>
> Je te fais confiance.（君を信用するよ）

▶何もかも話すよ。

Je vais tout te raconter.
ジュ ヴェ トゥ トゥ ラコンテ

> Qu'est-ce qui s'est passé, en réalité?
> ケス キ セ パセ アン レアリテ
> (実際のところ、何があったの？)
>
> Je vais tout te raconter.（何もかも話すよ）

Je vais tout te dire.
ジュ ヴェ トゥ トゥ ディール
Je vais t'expliquer.（説明するよ）
ジュ ヴェ テクスプリケ

▶真実を話すよ。

Je vais te dire la vérité.
ジュ ヴェ トゥ ディール ラ ヴェリテ

▶実を言うと…。

En fait...
アン フェットゥ

> Qui a fait ça?（だれがやったの？）
> キ ア フェ サ
>
> En fait ... C'est moi.（実を言うと…私なの）
> アン フェットゥ セ ムワ

En réalité...
アン レアリテ
A vrai dire...
ア ヴレ ディール

▶ひとことも漏らさないよ。

Je ne dirai pas un mot.
ジュ ヌ ディレ パ アン モ

Je serai une tombe.
ジュ スレ ユン トンブ

*tombe「墓」。「墓石のように沈黙している」という意味。

Je serai muet comme une carpe.
ジュ スレ ミュエ コミュン カルプ

*muet「口のきけない、黙った」。carpe「鯉」。

▶何も言ってない。

Je n'ai rien dit.
ジュ ネ リアン ディ

Je n'ai pas parlé.
ジュ ネ パ パルレ

J'ai gardé le secret. (秘密は守りました)
ジェ ガルデ ル スクレ

▶しゃべったのは私ではありません。

Ce n'est pas moi qui ai parlé.
ス ネ パ ムワ キ エ パルレ

▶口がすべった。

Ça m'a échappé.
サ マ エシャペ

*échapper à...「〜の口から漏れる、〜から逃れる」。

> Pourquoi est-ce que tu l'as dit?
> プルクワ エス ク テュラ ディ
> (なぜしゃべったの？)
>
> Je ne l'ai pas fait exprès. Ça m'a échappé.
> ジュ ヌ レ パ フェ エクスプレ サ マ エシャペ
> (わざとじゃないよ。口がすべったんだ)

▶どうして知ってるの？

Mais comment le sais-tu?
メ コマン ル セテュ

Mais comment l'as-tu appris?
メ コマン ラテュ アプリ

Mais qui te l'a dit? (だれから聞いたの？)
メ キ トゥ ラ ディ

*直訳は「誰があなたに話したの？」

約束　　　　　　　　　　　　　　2_038.mp3

▶約束するよ。

Je te le promets.
ジュ トゥ ル プロメ

自分の考えを言う

Tu me l'achèteras? (買ってくれる？)
テュ ム　ラシェトゥラ
Je te le promets. (約束するよ)

C'est promis.
セ　　プロミ

▶できるだけのことはするよ。

Je te promets de faire le maximum.
ジュ トゥ　プロメ　　ドゥ フェール ル　マクスィモーム
*le maximum「最大限、最高」。

Tu m'aideras? (手伝ってくれる？)
テュ　メドゥラ
Je te promets de faire le maximum.
(できるだけのことはするよ)

▶〜を約束ね。

..., tu me promets?
　　　テュム　　プロメ

Tu viens, dimanche, tu me promets?
テュ ヴィアン　ディマンシュ　テュ ム　プロメ
(日曜日に来るって、約束ね)
..., Je vais voir... (考えとくよ…)
　　　ジュ ヴェ ヴワール

..., c'est promis?
　　　セ　　プロミ
..., tu me le jures?
　　　テュ ム ル ジュール

▶何も話さないって約束する？

Tu me promets de ne rien dire?
テュ ム　　プロメ　　ドゥ ヌ リアン ディール
Tu‿ne diras rien? Tu me donnes ta parole?
テュン　ディラ リアン　テュ ム　ドンヌ　タ パロール
*donner sa parole「約束する」。

Tu me jures que tu‿ne le répéteras pas?
テュ ム　ジュール ク　テュン ル　レペトゥラ　パ
Tu me promets de garder ta langue?
テュ ム　プロメ　ドゥ ガルデ　タ　ラング
*langue「舌、ことば」。

▶約束は約束だ！

Chose promise, chose due!
ショズ　プロミーズ　ショズ　デュ
* 直訳は「約束されたことは果たされるべきことだ」。ふつう物についての約束に使う。

Promis c'est promis!
プロミ　セ　プロミ

▶必ず！

Sans faute!
サン　フォトゥ
＊直訳は「まちがいなく」。

> Tu m'appelles, ce soir?
> テュ　マペール　ス スワール
> （今夜、電話をくれる？）
>
> Sans faute!（必ず！）

Compte sur moi!（まかせて！）
コントゥ　スュル　ムワ
＊compter sur...「〜を当てにする」。
Tu peux compter sur moi!
テュ　プ　コンテ　スュル　ムワ
Promis juré!
プロミ　ジュレ
＊jurer「誓う」。

▶信用して！

Fais-moi confiance!
フェムワ　コンフィアンス
Crois-moi!
クルワムワ

▶〜を誓うよ！

..., je te jure!
ジュ トゥ ジュール

> C'est vrai?（本当？）
> セ　ヴレ
> C'est vrai, je te jure!
> セ　ヴレ　ジュトゥ ジュール
> （本当だよ、誓うよ！）

Je vous le jure sur la tête de ma mère!
ジュ ヴ ル ジュール スュル ラ テットゥ マ メール
（固く誓います）

＊直訳は「母親の首にかけて誓う」。

▶〜と断言します。

..., je vous assure!
ジュ　ヴザスュール

> Je n'ai rien dit, je vous assure!
> ジュ ネ リアン ディ ジュ ヴザスュール
> （何も話していないと断言します！）
>
> Je vous crois.（信じますよ）
> ジュ　ヴ　クルワ

自分の考えを言う　　215

▶何も約束はできないよ。

Je ne peux rien te promettre.
ジュン ブ リアン トゥ プロメートゥル

> Tu lui demanderas? (彼に頼んでくれる？)
> テュ リュイ ドゥマンドゥラ
>
> Je ne peux rien te promettre, mais je vais essayer.
> ジュン ブ リアン トゥ プロメートゥル メ ジュ ヴェ エセイエ
> (何も約束はできないよ、やってはみるけど)

決心・決断　　　　　　　　　　　　　2_039.mp3

▶決めた。

C'est décidé.
セ デスィデ
*直訳は「それは確定したことだ」。

> C'est décidé: je déménage.
> セ デスィデ ジュ デメナージュ
> (決めたんだ。引っ越すよ)
>
> Depuis le temps que tu dis ça...
> ドゥピュイ ル タン ク テュ ディ サ
> (そのことならずっと前から言ってるじゃないの…)

Ma décision est prise. (決心しました)
マ デスィズィオン エ プリーズ

▶これで決まりだ！

Marché conclu!
マルシェ コンクリュ
*conclure un marché で「契約を結ぶ」なので、「取引成立！」のような意味になる。

> Je te fais tes maths si tu me fais mon anglais.
> ジュ トゥ フェ テ マットゥ スィ テュ ム フェ モナングレ
> (もし僕の英語をやってくれるなら、君の数学をやってあげるよ)
>
> Marché conclu! (これで決まりだ！)

Entendu! (賛成！)
アンタンデュ
Tope là!
トプ ラ
*相手の手のひらをたたき「了解！」の意味で使う。

Adjugé, vendu! (落札、決定！)
アジュジェ ヴァンデュ

▶よし、やるぞ！

Bon, j'y vais!
ボン ジ ヴェ
*y aller「(仕事などに)とりかかる」。

2　理解し合えるフレーズ

> **Bon, j'y vais! Ne me dérangez plus.**
> ボン ジ ヴェ ヌ ム デランジェ プリュ
> (よし、やるぞ! もうじゃましないで)
>
> **Tu n'as qu'à fermer la porte de ta chambre.**
> テュ ナ カ フェルメ ラ ポルトゥ ドゥ タ シャンブル
> (自分の部屋のドアを閉めたら?)

*n'avoir qu'à…「〜しさえすればいい」。

Bon, allez, on‿y va!
ボン アレ オニ ヴァ
(さあ、やろう!)

Bon, allez, faut y‿aller!
ボン アレ フォ ヤレ
(さあ、行かなければ!)
*il faut の il が省略されている。

Allez, c'est parti!
アレ セ パルティ
(さあ、やろう!)
*くだけた表現

▶いましかない。

C'est le moment ou jamais.
セ ル モマン ウ ジャメ
*… ou jamais「〜か、さもなくばけっしてない」。

C'est maintenant ou jamais.
セ マントゥナン ウ ジャメ

▶決めなければいけないんだ。

Il faut se décider.
イル フォ ス デスィデ

> **Il faut se décider.**
> (決めなければいけないんだ)
>
> **Facile‿à dire!**
> ファスィラ ディール
> (言うのは簡単だよ!)

Il faut prendre‿une décision.
イル フォ プランドゥリュヌ デスィズィオン

▶決めて!

Décide-toi!
デスィットゥワ
*迷っている相手に決断を迫るときの表現。

自分の考えを言う 217

▶なかなか決められないんだ。

Je n'arrive pas à me décider.
ジュ ナリヴ パ ア ム デスィデ

> Je n'arrive pas à me décider.
> (なかなか決められないんだ)
>
> Décide à pile ou face.
> デスィダ ピル ファース
> (コインで決めたら？)

*à pile ou face「コインの裏か表で」。

Je ne sais pas quoi faire.
ジュン セ パ クワ フェール
(どうすればいいのかわからない)

J'hésite. (迷っています)
ジェズィトゥ

3

毎日の生活で使うフレーズ

- 07 家のなかで
- 08 余暇を楽しむ
- 09 会ったとき・別れるとき
- 10 病気・けがのとき
- 11 恋愛と結婚
- 12 仕事と人間関係
- 13 電話
- 14 日時と天気

07 家のなかで

起きてから出かけるまで

3_001.mp3

▶おはよう。

Bonjour.
ボンジュール

> **Bonjour, Maman.**
> ボンジュール　ママン
> (おはよう、お母さん)
>
> **Bonjour, Nicolas.**
> ボンジュール　ニコラ
> (おはよう、ニコラ)

▶いい天気だね！

Il fait beau, aujourd'hui!
イル　フェ　ボー　オジュルデュイ
*aujourd'hui「今日」。

Quel beau temps, aujourd'hui!
ケル　ボー　タン　オジュルデュイ

▶目覚まし時計は鳴った？

Le réveil a sonné?
ル　レヴェイヤ　ソネ
*sonner「鳴る」は電話や呼び鈴にも用いられる。

> **Le réveil a sonné?**
> (目覚まし時計は鳴った？)
>
> **Non. Zut! On a oublié de le mettre hier soir!**
> ノン　ズュット　オナ　ウブリエ　ドゥル　メトゥリエル　スワール
> (あっ、しまった！　ゆうべオンにしておくのを忘れてた！)

▶目覚まし時計を止めてくれる？

Tu pourrais éteindre le réveil, s'il te plaît?
テュ　プレ　エタンドゥル　ル　レヴェイ　スィル　トゥ　プレ
*éteindre「消す」。

Arrête le réveil, s'il te plaît!
アレットゥ　ル　レヴェイ　スィル　トゥ　プレ
(目覚まし時計を止めてちょうだい！)

*arrêter「止める」。

▶起きて！　7時だよ！

Debout! Il est sept heures!
ドゥブー　イレ　セトゥール
*Debout! 1語で「起きなさい、立ちなさい」の命令表現。

Lève-toi! Il est sept heures!
レヴトゥワ　イレ　セトゥール
*se lever「起きる」。

Réveille-toi! Il est sept heures!
レヴェイトゥワ　イレ　セトゥール
*se réveiller「目を覚ます」。

▶早く起きなさい！　ベッドでぐずぐずしてちゃだめ！

Allez! Debout! Ça ne sert à rien de traîner au lit!
アレー　ドゥブー　サン　セラ　リアン　ドゥ　トゥレネ　オ　リ
*traîner「ひきずる」。Ça ne sert à rien de…「～してもむだだ」。

Allez! Debout! Ça ne sert à rien de traîner au lit!
（早く起きなさい！ ベッドでぐずぐずしてちゃだめ！）

Encore cinq minutes et je me lève! (あと5分で起きるよ！)
アンコル　サン　ミニュトゥ　エ　ジュ　ム　レーヴ

▶起きてるの？

Tu es réveillé [réveillée]?
テュ エ　　レヴェイエ

Tu es réveillé? (起きてるの？)

Oui, oui, je me lève. (わかった、わかった、もう起きるよ)
ウイ　ウイ　ジュ　ム　レーヴ

Tu es debout?
テュ エ　ドゥブ
*部屋の外からたずねるときに使う。

▶具合が悪いの？

Ça ne va pas?
サン　ヴァ　パ

Ça ne va pas? (具合が悪いの？)

Si, si. Je suis fatigué, c'est tout.
スィ スィ ジュ スュイ ファティゲ　セ　トゥ
（ううん、疲れてるだけ）

* 否定疑問文に肯定形で「いいえ、～です」と答えるときは Si, …、否定形で「はい、～ではありません」と答えるときは Non, … となる。

Tu ne te sens pas bien?
テュン　トゥ サン　パ　ビアン
Tu es malade?
テュ エ　マラードゥ
*malade「病気の」。

▶よく眠れた？

Tu as bien dormi?
テュ ア ビアン　ドルミ

> Tu as bien dormi?（よく眠れた？）
>
> Oui, très bien. Et toi?
> ウイ トレ ビアン エ トゥワ
> (うん、とても。君は？)

> Tu as bien dormi?（よく眠れた？）
>
> Non, je n'ai pas fermé l'œil de la nuit.（いいえ、ぜんぜん眠れなかったの）
> ノン ジュ ネ パ フェルメ ルイ ドゥ ラ ニュイ

*ne pas fermer l'œil de la nuit の直訳は「夜の（片）目を閉じない」。œil の複数形は yeux。

▶早起きだね！
Tu es bien matinal [matinale]!
テュ エ ビアン マティナール

▶まだ眠いよ。
J'ai encore sommeil.
ジェ アンコル ソメーユ
*sommeil「睡眠、眠け」。

▶ゆうべは寝るのが遅かったの？
Tu t'es couché [couchée] tard, hier soir?
テュ テ クシェ ターリエル スワール
*se coucher「寝る」。

▶ゆうべ、いびきをかいてたよ！
Tu as ronflé, cette nuit!
テュ ア ロンフレ セトゥ ニュイ

> Tu as ronflé, cette nuit!
> (ゆうべ、いびきをかいてたよ！)
>
> Je t'ai empêché de dormir?
> ジュ テ アンペシェ ドゥ ドルミール
> (眠れなかった？)

*empêcher「妨げる」。

▶こわい夢を見たんだ…。
J'ai fait un cauchemar...
ジェ フェ アン コシュマール
*cauchemar「悪夢」。

> J'ai fait un cauchemar...（こわい夢を見たの…）
> C'est fini. Maman est là.（もう大丈夫。ママがいるから）
> セ フィニ ママン エ ラ

3　毎日の生活で使うフレーズ

3

▶ ゆうべ、あなたの夢を見たよ！
J'ai rêvé_de toi, cette nuit!
ジェ　レヴェッ　トゥワ　セトゥ　ニュイ

> J'ai rêvé_de toi, cette nuit!（ゆうべ、あなたの夢を見たの！）
> En bien, j'espère!（いい夢だったでしょうねえ！）
> アン ビアン ジェスペール

▶ ベッドをきちんとしなさい！
N'oublie pas de faire ton lit!
ヌブリ　パ　ドゥ フェル　トン　リ
*oublier「忘れる」。直訳は「ベッドを整えるのを忘れないで」。

▶ ベッドを整えるのを手伝ってくれない？
Tu m'aides_à faire le lit, s'il te plaît?
テュ　メダ　フェル ル リ スィル トゥ プレ

▶ 電気がつけっぱなしだったよ！
Tu as laissé la lumière_allumée!
テュ ア　レセ　ラ　リュミエラリュメ
*laisser「〜のままにしておく」。allumée「あかりのついた、スイッチの入った」。

Tu as oublié d'éteindre la lumière!
テュ ア　ウブリエ　デタンドゥル　ラ　リュミエール
（あかりを消し忘れていたね！）

▶ シャワーを浴びてくるよ！
Je vais prendre_une douche!
ジュ ヴェ　プランドゥリュン　ドゥシュ
*フランスではお風呂に入るよりも、手軽なシャワーが好まれる。また、日本では夜入浴するのに対して、フランスでは朝シャワーを浴びることが多い。

▶ 早くシャワーを浴びなさい！
Va vite_te doucher!
ヴァ ヴィットゥ　ドゥシェ
*se doucher「シャワーを浴びる」。

▶ シャワーで目が覚めるんだ！
Une bonne douche, ça réveille, le matin!
ユン　ボヌ　ドゥーシュ　サ　レヴェイ　ル　マタン
*直訳は「朝は気持ちのいいシャワーが目を覚まさせてくれる」。

▶ まだ長くかかる？
Tu en_as encore pour longtemps?
テュ　アンナ　アンコール　プル　　ロンタン
*お風呂などを使いたいときのたずね方。

Tu as bientôt fini?
テュ ア ビアント フィニ

家のなかで　　　　223

▶トイレは使ってるよ。
Il y a quelqu'un aux toilettes.
イリャ　ケルカン　オ　トゥワレトゥ

*Il y a...「～がいる、～がある」。quelqu'un「だれか」。

▶歯をみがくのを忘れないで！
N'oublie pas de te brosser les dents!
ヌブリ　　　パッ　トゥ　ブロセ　レ　ダン

*se brosser「ブラシをかける」。「歯をみがく」は brosser mes dents ではなく me brosser les dents となる。ここでは pas de を「パッ」と発音する。

Tu t'es lavé les dents?（歯をみがいた？）
テュ　テ　ラヴェ　レ　ダン

*se laver「洗う」。「歯をみがく」は laver mes dents ではなく me laver les dents となる。「髪を洗う」も同様に laver mes cheveux ではなく me laver les cheveux。

▶髪をとかしてきなさい！　ぼさぼさだよ。
Va te coiffer! Tu es tout ébouriffé [ébouriffée].
ヴァ　トゥ　クワフェ　テュ　エ　　　　　トゥテブリフェ

*se coiffer「髪をとかす」。ébouriffé「髪の乱れた」。

▶朝ご飯ができたよ！
Le petit déjeuner est prêt.
ル　プティ　デジュネ　エ　プレ

*prêt「準備のできた、身じたくのできた」。déjeuner「昼食」、petit déjeuner「朝食」。ただし動詞の déjeuner は「朝食を食べる」と「昼食を食べる」の両方に使われるため、「朝食を食べていない」と言うときには ce matin を伴って Je n'ai pas déjeuné ce matin. として昼食と区別する。

▶今朝は食べる気がしない。
J'ai pas très faim, ce matin.
ジェ　パ　トゥレ　ファン　ス　マタン

> **Tu veux une tartine?**（タルティーヌどう？）
> テュ　ヴ　ユン　タルティン
> **Non, merci. J'ai pas très faim, ce matin.**
> ノン　メルスィ　ジェ　パ　トゥレ　ファン　ス　マタン
> （ううん、いらない。今朝は食べる気がしないの）

*tartine は薄切りのパンにバターやジャムを塗ったもの。

▶ゆうべはちょっと飲みすぎた！
J'ai un peu trop bu, hier soir!
ジェ　アン　プ　トゥロ　ビュ　イエル　スワール

*un peu「すこし」。trop「過度に」。

▶コーヒーで目が覚めるんだ。
Le café, ça réveille, le matin.
ル　カフェ　サ　レヴェイ　ル　マタン

Moi, le matin, j'ai besoin d'un bon café pour me réveiller.
ムワ ル マタン ジェ ブズワン ダン ボン カフェ プル ム レヴェイエ
(私はね、朝目を覚ますにはコーヒーがいるんです)
*avoir besoin de...「〜が必要だ」。

▶何を着ようかな？

Qu'est-ce que je pourrais bien mettre?
ケス ク ジュ プレ ビアン メートゥル

> Qu'est-ce que je pourrais bien mettre?（何を着ようかな？）
> **Ton pantalon bleu marine et une chemise blanche.**
> トン パンタロン ブル マリン エ ユン シュミズ ブランシュ
> (紺のズボンと白いシャツがいいよ)

*et のあとはリエゾンしてはいけない。

Qu'est-ce que je vais mettre?
ケス ク ジュ ヴェ メトゥル

▶グレーのスーツにはどのネクタイがいいかな？

Qu'est-ce que je mets comme cravate‿avec mon costume gris?
ケス ク ジュ メー コム クラヴァータヴェク モン コステュム グリ

> Qu'est-ce que je mets comme cravate‿avec mon costume gris?（グレーのスーツにはどのネクタイがいいかな？）
> **Mets ta cravate rouge.**（赤いネクタイがいいよ）
> メ タ クラヴァットゥ ルージュ

▶着ていくものが何もないんだけど…。

Je n'ai rien‿à‿me mettre...
ジュ ネ リアナン メートゥル

*ne…rien「何も〜ない」。

> Je n'ai rien‿à‿me mettre...（着ていくものが何もないんだけど…）
> **Et ta robe bleue?**（青いドレスは？）
> エ タ ロブ ブル
> **Elle‿est tachée.**（しみがついてるの）
> エレ タシェ

▶シャツにアイロンをかけてもらえる？

Tu peux me repasser ma chemise, s'il te plaît?
テュ プ ム ルパセ マ シュミーズ スィル トゥ プレ

*repasser には「復習する」の意味もある。

▶ブラウスにアイロンをかけたほうがいいよ。しわくちゃだから。

Tu devrais repasser ton chemisier. Il‿est froissé.
テュ ドゥヴレ ルパセ トン シュミズィエ イレ フルワセ

家のなかで

▶早く服を着なさい！

Dépêche-toi de t'habiller!
デペシュトゥワッ　　タビエ

*se dépêcher de ...「急いで～する」。

Vite! Habille-toi!
ヴィットゥ　アビユトゥワ

▶セーター、裏返しだね。

Tu as mis ton pull à l'envers.
テュ ア ミ トン ピュラ ランヴェール

*à l'envers「逆さまに」。

> Tu as mis ton pull à l'envers. （セーター、裏返しだよ）
> J'ai pas les yeux en face des trous, ce matin.
> ジェ パ　レズュ　アン ファス デ トゥルー ス マタン
> （今朝は私、ねぼけてるの）

*n'avoir pas les yeux en face des trous の直訳は「穴の真ん前に瞳がない」で、「ねぼけまなこ」の意味。くだけた表現。

▶セーター、反対に着てるんじゃない？

Mais tu n'as pas mis ton tricot devant derrière?
メ テュ ナ パ ミ トン トリコ ドゥヴァン デリエール

*devant「前に」、derrière「後ろに」。mettre ... devant derrière「～を後ろ前に着る」。

▶パジャマを片付けなさい！

Range ton pyjama!
ランジュ トン ピジャマ

▶洗濯物を出して！

Donne-moi tes affaires à laver!
ドヌムワ　テザフェラ　ラヴェ

*affaire「用事、仕事、問題」、複数形では「持ち物、衣類」。les affaires d'hiver「冬服」のように用いる。

Tu as du linge à laver? （洗濯物ある？）
テュ ア デュ ランジュ ラヴェ

▶ごみを出すのを忘れないで。

N'oublie pas de sortir les poubelles.
ヌブリ　パ ソルティル　レ プベール

*「ごみ袋」sac-poubelle、「ごみ収集車」camion-poubelles、「ごみ収集の仕事をする人」les éboueurs。ごみ箱を poubelle と呼ぶのは、昔のセーヌ県（現在のパリ市を含む）の知事で、1884 年にごみ収集の制度を作った Poubelle 氏の名前に由来する。

▶ごみの収集日は何曜日？

C'est quels jours, les poubelles?
セ　ケル　ジュール レ　プベール

C'est quels jours, le ramassage des ordures?
セ　ケル　ジュール ル ラマサジュ　デゾルデュール

226　　　　　　　　　　3　毎日の生活で使うフレーズ

Ils passent quels jours, les_éboueurs?
イル パス ケル ジュール レゼブール

▶今日は、段ボールの日？

Aujourd'hui, c'est le jour des cartons?
オジュルデュイ セ ル ジュール デ カルトン

Aujourd'hui, c'est le jour des cartons?
(今日は、段ボールの日？)

Non, c'est le jour des_ordures ménagères. Les cartons, c'est
ノン セ ル ジュール デゾルデュル メナジェール レ カルトン セ
demain.
ドゥマン
(いいえ、今日は生ごみの日。段ボールは明日よ)

▶いってきます！

Bon, j'y vais. Au revoir!
ボン ジ ヴェ オ ルヴワール
*フランス語には日本語の「いってきます」にあたる決まった表現はない。

Bon, j'y vais. Au revoir! (いってきます！)
A ce soir! Travaille bien!
ア ス スワール トゥラヴァイ ビアン
(いってらっしゃい、しっかり勉強するのよ！)

*A ce soir! の直訳は「また今晩！」。

Bon, j'y vais! Au revoir!
(じゃ、いってくるよ！)
Bonne journée! A ce soir!
ボンヌ ジュルネ ア ス スワール
(いってらっしゃい！)

*Bonne journée! の直訳は「よい1日を！」。

▶今日は行く気がしない…。

J'ai pas envie d'y_aller, aujourd'hui...
ジェ パ アンヴィ ディアレ オジュルデュイ
*ne...pas の ne が省略された形。avoir envie de... 「～な気がする」。

J'ai envie de_sécher, aujourd'hui...
ジェ アンヴィ ツェシェ
*sécher には「乾く」のほかに「さぼる、知らない」の意味がある。

▶今日はどんな科目があるの？

Qu'est-ce que tu as, aujourd'hui, comme_matières?
ケス ク テュ ア オジュルデュイ コンマティエール

Qu'est-ce que tu as, aujourd'hui, comme_matières?
(今日はどんな科目があるの？)

家のなかで

Maths, français, anglais et histoire.
マットゥ　フランセ　アングレ　エ　イストゥワール
（数学、国語、英語それに歴史だよ）

▶もう8時だ！

Il est déjà huit heures!
イレ　デジャ　ユイトゥール
＊時刻を表すときは Il est ... heure (s). の形となる。déjà は「すでに」。

▶早くしないと遅れるよ！

Si tu ne te dépêches pas, tu vas être en retard!
スィ　テュン　トゥ　デペシュ　パ　テュ　ヴァ　エトゥラン　ルタール
＊se dépêcher「急ぐ」。être en retard「遅れる」。

Si tu ne te dépêches pas, tu vas être en retard!
（早くしないと遅れるよ！）

Oui, oui, ça y est, j'y vais.
ウィ　ウィ　サ　イエ　ジ　ヴェ
（はい、はい、もう行くよ）

Dépêche-toi, sinon tu vas arriver en retard à l'école!
デペシュトゥワ　スィノン　テュ　ヴァ　アリヴェ　アン　ルタラ　レコール
（急がないと学校に遅れるよ！）

▶急がなくちゃ！

Il faut que je me dépêche!
イル　フォ　ク　ジュ　ム　デペシュ
Je dois me dépêcher!
ジュ　ドゥワ　ム　デペシェ

▶遅れる！

On est en retard!
オネタン　ルタール

On est en retard! Dépêche-toi!
オネタン　ルタール　デペシュトゥワ
（遅れるよ！　急ぎなさい！）

J'arrive!
ジャリーヴ
（もうすぐよ！）

▶帰りは遅くなるの？

Tu rentres tard, aujourd'hui?
テュ　ラントゥル　ターロジュルデュイ

Tu rentres tard, aujourd'hui?（帰りは遅くなるの？）
Non, comme d'habitude.（ううん、いつもどおり）
ノン　コム　ダビテュードゥ

▶帰りは何時？

Tu rentres à quelle heure?
テュ　ラントゥラ　　　ケルール

> Tu rentres à quelle heure? (帰りは何時？)
> Vers sept heures. (7時ごろになるわ)
> ヴェル　セトゥール

▶お弁当持った？

Tu as pris ton bento?
テュ ア　プリ　トン　ベント

＊フランスの昼食は、子どもは cantine と呼ぶ学校の食堂か家へ帰って食べ、大人は社員食堂を利用するかカフェやレストランで外食する。バゲットのサンドイッチを買って食べることもある。また、数年前から欧米では bento が人気を集めている。以前はgamelle と呼ぶブリキの弁当箱を炭坑労働者や兵士などが使っていたが、いまではほとんど使われていない。

> Tu as pris ton bento? (お弁当持った？)
> Oui, je l'ai. (うん、持ったよ)
> ウィ　ジュ　レ

▶忘れ物はない？

Tu n'oublies rien?
テュ　ヌブリ　　リアン

> Tu n'oublies rien? (忘れ物はない？)
> Je ne pense pas. (ないと思うよ)
> ジュ ヌ　パンス　　パ

Tu as toutes tes affaires?
テュ ア　トゥッテザフェール
＊直訳は「持ち物を全部持った？」。

▶何か忘れてる気がするんだけど…。

J'ai l'impression d'oublier quelque chose...
ジェ　ランプレスィオン　ドゥブリエ　　ケルク　　ショーズ

> J'ai l'impression d'oublier quelque chose...
> (何か忘れてる気がするんだけど…)
> Ce ne serait pas tes affaires de gym, par hasard?
> スン　スレ　パ　テザフェール　ドゥ ジンム　　パラザール
> (もしかして、体操着じゃないの？)

＊ここでは par hasard「偶然に」が皮肉のニュアンスで使われている。

▶今日は雨が降りそうだよ。

Il risque de pleuvoir, aujourd'hui.
イル　リスク　ドゥ　　プルヴワール　オジュルデュイ

＊risquer de...「～するおそれがある」。

家のなかで

Il risque de pleuvoir, aujourd'hui.
(今日は雨が降りそうだよ)

Je vais prendre mon parapluie.
ジュ ヴェ プランドゥル モン パラプリュイ
(傘を持っていこう)

▶カギが見つからない！
Je ne trouve plus mes clés!
ジュン トゥルヴ プリュ メ クレ

▶出かけるときにカギをかけるの、忘れないでね。
N'oublie pas de fermer la porte à clé en partant.
ヌブリ パ ドゥ フェルメ ラ ポルタ クレ アン パルタン

帰宅してから寝るまで　　　　　　　　　3_002.mp3

▶ただいま！
C'est moi!
セ ムワー
*直訳は「私です！」。フランス語には日本語の「ただいま」「おかえりなさい」にあたる決まった表現はない。

▶おかえりなさい。
Ah, te voilà? Ça va?
ア トゥ ヴワラ サ ヴァ
Ah, c'est toi? Ça va?
ア セ トゥワ サ ヴァ

▶今日はどうだった？
Ça s'est bien passé, aujourd'hui?
サ セ ビアン パセ オジュルデュイ
C'était bien, aujourd'hui?
セテ ビアン オジュルデュイ
Tu as passé une bonne journée?
テュ ア パセ ユン ボヌ ジュルネ

▶遊びに行ってもいい？
Je peux aller jouer dehors?
ジュ プ アレ ジュエ ドゥオール

*dehors「外で」。

> Je peux aller jouer dehors?
> (遊びに行ってもいい？)
>
> Tu as fini tes devoirs?
> テュ ア フィニ テ ドゥヴワール
> (宿題は終わったの？)

3　毎日の生活で使うフレーズ

3

◆おやつを食べていい？

Je peux goûter?
ジュ ブ グテ

*goûter「おやつを食べる」。「おやつ」も同じ形。

> Je peux goûter?
> （おやつを食べていい？）
>
> Bien sûr! Qu'est-ce que tu veux?
> ビアン スュール ケス ク テュ ヴ
> （もちろん！ 何がいい？）

◆さあ、柔道のけいこに行ってこよう。

Bon! Je vais à mon cours de judo.
ボン ジュ ヴェ ア モン クール ドゥ ジュド

> Bon! Je vais à mon cours de judo.
> （さあ、柔道のけいこに行ってこよう）
>
> Rentre tout de suite après!
> ラントゥル トゥ ツィタプレ
> （終わったらすぐ帰ってくるのよ！）

◆おこづかいちょうだい。

Tu me donnes mon argent de poche?
テュ ム ドヌ モナルジャン ドゥ ポシュ

*argent de poche「ポケットのお金」は「こづかい」。

> Tu me donnes mon argent de poche?
> （おこづかいちょうだい）
>
> Qu'est-ce que tu veux acheter? （何を買いたいの？）
> ケス ク テュ ヴ アシュテ

◆おこづかい、もらってもいい？

Je pourrais avoir mon argent de poche?
ジュ プレ アヴワル モナルジャン ドゥ ポシュ

*Je pourrais avoir…? はふつう、自分を相手より低い立場に置く表現。

> Je pourrais avoir mon argent de poche de juin?
> ジュ プレ アヴワル モナルジャン ドゥ ポシュ ドゥ ジュアン
> （6月分のおこづかい、もらってもいい？）
>
> Comment ça? Tu as déjà tout dépensé!
> コマン サ テュ ア デジャ トゥ デパンセ
> （なんですって？もう全部使ったのよ！）

◆疲れた！

Je suis fatigué [fatiguée]!
シュイ ファティゲ

*くだけた会話では je suis を「シュイ」と発音することが多い。

家のなかで

J'en peux plus! (もうだめ！)
ジャン ブ ブリュー

Je suis épuisé [épuisée]! (とっても疲れた！)
シュイ エピュイゼ

Je suis crevé [crevée]! (もうくたくた！)
シュイ クルヴェ

▶やっぱり家はほっとするな！

Ça fait du bien de rentrer chez soi!
サ フェ デュ ビアン ドゥ ラントゥレ シェ スワ

*直訳は「家に帰ると気持ちがいい」。

▶おつかいに行ってきてくれる？

Tu peux aller me faire une course?
テュ ブ アレ ム フェリュン クールス

*me faire une course の直訳は「私のために買い物をする」。

> Tu peux aller me faire une course?
> （おつかいに行ってきてくれる？）
>
> Oui, d'accord. (うん、いいよ)
> ウイ ダコール

▶お風呂に入ろう。

Je vais prendre un bain.
ジュ ヴェ プランドゥラン バン

▶お風呂あいてる？

La salle de bains est libre?
ラ サル ドゥ バン エ リーブル

▶お風呂は使ってるよ。

La salle de bains est occupée.
ラ サル ドゥ バン エトキュペ

▶お腹がすいた！

J'ai faim!
ジェ ファン

Je meurs de faim! (お腹がすいて死にそう！)
ジュ ムル ドゥ ファン

*mourir de faim「飢えで死ぬ」。

J'ai l'estomac dans les talons.
ジェ レストマ ダン レ タロン

*直訳は「かかとの中に胃がある」。次の表現とともにくだけた表現。

J'ai la dalle! (腹ぺこだ！)
ジェ ラ ダール

Je crève de faim! (腹へったー！)
ジュ クレヴ ドゥ ファン

*crever「パンクする、死ぬ」。とてもくだけた表現。

3

◆ 今夜は何を食べようかな？

Qu'est-ce qu'on pourrait manger, ce soir?
ケス　コン　プレ　マンジェ　ス スワール

Qu'est-ce que je pourrais faire à manger, ce soir?
ケス　ク ジュ　プレ　フェラ　マンジェ　ス スワール
(今夜は何を作ろうかな？)

◆ 今夜、何が食べたい？

Qu'est-ce que tu veux manger, ce soir?
ケス　ク テュ ヴ　マンジェ　ス スワール

> Qu'est-ce que tu veux manger, ce soir? Un gratin?
> ケス　ク テュ ヴ　マンジェ　ス スワール アン グラタン
> (今夜、何が食べたい？グラタンにする？)
>
> Oui, je veux bien. (うん、いいね)
> ウィ ジュ ヴ ビアン

Qu'est-ce que tu veux, pour dîner? (夕食、何がいい？)
ケス　ク テュ ヴ　プル ディネ

◆ 晩ご飯は何？

Qu'est-ce qu'on mange, ce soir?
ケス　コン　マンジュ　ス スワール

> Qu'est-ce qu'on mange, ce soir?
> (晩ご飯は何？)
>
> Une pizza. (ピザよ)
> ユン ピザ
>
> Ouais! (やったー！)
> ウエー

Qu'est-ce qu'il y a de bon, ce soir?
ケス　キリヤ　ドゥ ボン　ス スワール

＊「今夜はどんなおいしいものを食べさせてもらえるのですか？」といったニュアンスの、食事を作る人に気をつかった質問。

◆ 食器を出してもらえる？

Tu veux bien mettre le couvert?
テュ ヴ ビアン メトゥル ル クヴェール

＊le couvert は食卓用具で、皿、コップ、スプーン、ナイフ、フォークなどを指す。ただし les couverts のときはスプーン、ナイフ、フォークの3点セットのことを言う。

> Tu veux bien mettre le couvert?
> (食器を出してもらえる？)
>
> D'accord. (いいよ)
> ダコール

家のなかで

▶どれぐらいでできるの？
C'est prêt dans combien_de_temps?
セ プレ ダン コンビアン_タン

C'est prêt dans combien_de_temps?
(どれぐらいでできるの？)

Dans cinq minutes_environ.
ダン サン ミニュタン_ヴィロン
(5分ぐらいで)

▶今日はクスクスよ！
Aujourd'hui, il_y_a du couscous!
オジュルデュイ イリャ デュ クスクッス
＊クスクスは小麦が原料の小さな粒を使った北アフリカの料理。

Aujourd'hui, c'est du couscous!
オジュルデュイ セ デュ クッスクッス

▶お湯がわいてるよ！
Ça bout!
サ ブー

Ça bout!
(お湯がわいてるよ！)

Oui, oui, je sais. (はい、はい、わかってるよ)
ウイ ウイ ジュ セ

▶こげてるよ！
C'est_en train de brûler!
セタン トゥラン ドゥ ブリュレ
＊être en train de ... は現在進行中のことを表し、「～しつつある」。

C'est_en train de brûler! (こげてるよ！)
Eteins le gaz! (ガスを止めて！)
エタン ル ガーズ

▶ご飯だよ！
C'est prêt! A table!
セ プレー ア ターブル
＊A table! だけでも「ご飯ができたよ！」の呼びかけの表現になる。

Tout le monde_à table! (みんないらっしゃい！)
トゥ ル モンダ ターブル
Le dîner est servi! (夕食だよ！)
ル ディネ エ セルヴィー

▶いま行くよ！
J'arrive!
ジャリーヴ

3

▶手を洗った？
Tu t'es lavé les mains?
テュ テ ラヴェ レ マン
*Tu as lavé tes mains? とは言わない。まちがえやすいので注意。

▶いただきます！
Bon‿appétit!
ボナペティ
*appétit「食欲」。この表現は、これから食べる人や食べている人に向かって「たくさん召し上がれ」のニュアンスで使うことばにもなる。また、食事の時間が近いときの別れのあいさつとしても用いられる。

▶さあ、どうぞ！
Allez-y, commencez!
アレズィ コマンセ
*直訳は「どうぞ始めてください」。

▶自分で取って！
Sers-toi!
セルトゥワ
Servez-vous! (お取りください！)
セルヴェヴ

▶食事中に読むのは失礼だよ！
C'est‿impoli de lire‿à table!
セタンポリ ドゥ リラ ターブル

▶行儀よく食べなさい！
Mange correctement!
マンジュ コレクトゥマン
Mange proprement! (汚さないで食べなさい！)
マンジュ プロプルマン

▶食べながら話さないで！
Ne parle pas la bouche pleine!
ヌ パルル パ ラ ブシュ プレン
*bouche「口」。plein「いっぱいの」。la bouche pleine「食べ物をほおばったままで」。

▶音をたてないで食べなさい！
Ne fais pas de bruit en mangeant!
ヌ フェ パ ドゥ ブリュイ アン マンジャン

▶姿勢をちゃんとして！
Tiens-toi bien, s'il te plaît!
ティアントゥワ ビアン スィル トゥ プレ

▶汚さないように気をつけなさい！
Fais attention de‿ne pas te‿salir!
フェ アタンスィオン ドゥン パ ツァリール

家のなかで 235

▶こぼさないで！
N'en renverse pas!
ナン　ランヴェルス　パ
*renverser「倒す、ひっくり返す」。ミルクなど液体の食べ物についての注意。

N'en fais pas tomber!
ナン　フェ　パ　トンベ

▶残さないで食べなさい。
Finis ce que tu as dans ton‿assiette.
フィニ　ス　ク　テュ ア　ダン　トナスィエトゥ
*直訳は「皿にあるものをたいらげなさい」。

▶飲みすぎちゃだめ！　おねしょするよ…。
Ne bois pas trop! Tu risques de faire pipi au lit...
ヌ　ブワ　パ　トゥロ　テュ　リスク　ドゥ　フェル　ピピ　オ　リ
*risquer de…「〜の危険がある」。子どもに向かって言う。

▶おいしいな！
C'est bon!
セ　ボン

▶アスパラガスは嫌いなんだけど…。
Je n'aime pas les‿asperges...
ジュ　ネン　パ　レザスペールジュ

> **Je n'aime pas les‿asperges...**（アスパラガスは嫌いなんだけど…）
> **Ne fais pas le difficile.**（好き嫌いはだめ）
> ヌ　フェ　パ　ル　ディフィスィール

*faire le difficile「好みにうるさい」。

▶とってもおいしかった。
C'était très bon.
セテ　トゥレ　ボン
*「ごちそうさま」の気持ちを含んで使われることが多い。フランス語には食後に交わす決まった表現はない。

C'était délicieux.
セテ　デリシュー

▶ごちそうさましていい？
Je peux sortir de table?
ジュ　プ　ソルティル　ドゥ　ターブル
*子どもだけが使うとてもていねいな表現。直訳は「食卓を離れてもよいか？」。

▶料理上手だね！
Tu es bon cuisinier [bonne cuisinière] !
テュ　エ　ボン　キュイズィニエ　[ボヌ　キュイズィニエール]
Tu fais bien la cuisine.
テュ　フェ　ビアン　ラ　キュイズィン

Tu es un vrai cordon bleu!
テュ エ アン ヴレ コルドン ブルー
*cordon bleu は古くは「騎士が授かる青綬」を指し、「巧みな料理人」の意味に使われる。

▶片付けを手伝ってもらえる？

Tu pourrais m'aider à débarrasser?
テュ プレ メデ ア デバラセ

▶皿洗いしてもらえる？

Tu peux faire la vaisselle, s'il te plaît?
テュ プ フェル ラ ヴェセール スィル トゥ プレ
*vaisselle「食器」、faire la vaisselle「皿洗いする」。

> Tu peux faire la vaisselle, s'il te plaît? (皿洗いしてくれる？)
> D'accord! (いいよ！)
> ダコール

▶お皿をふくの、手伝うよ。

Je vais t'aider à essuyer la vaisselle.
ジュ ヴェ テデ ア エスュイエ ラ ヴェセール

▶何してるの？

Qu'est-ce que tu fais?
ケス ク テュ フェ

▶テレビを見てるの。

Je regarde la télé.
ジュ ルガルドゥ ラ テレ
*la télé は la télévision の略。ほかにも football を foot、restaurant を resto など、くだけた会話では略した形で使われるが、上品ではない。

▶今夜、何かいい番組やる？

Il y a quelque chose de bien, ce soir, à la télé?
イリャ ケルク ショズ ドゥ ビアン ス スワール ア ラ テレ

> Il y a quelque chose de bien, ce soir, à la télé?
> (今夜、何かいい番組やる？)
> Non, rien d'intéressant.
> ノン リアン ダンテレサン
> (ううん、面白いものは何も)

▶今夜、テレビでいい映画をやるよ。

Il y a un bon film, ce soir, à la télé.
イリャ アン ボン フィルム ス スワール ア ラ テレ

▶2チャンネルでは何をやってるの？

Qu'est-ce qu'il y a sur la 2?
ケス キリャ スュル ラ ドゥ

家のなかで

▶チャンネルをかえてもらえる？

Tu pourrais changer de chaîne, s'il te plaît?
テュ　プレ　シャンジェ　ドゥ　チェン　スィル トゥ　プレ

Change de chaîne, s'il te plaît. (チャンネルをかえてちょうだい)
シャンジュ　ドゥ　シェン　スィル トゥ　プレ

▶チャンネルをしょっちゅうかえないで！

Arrête de zapper!
アレッドゥ　ザペ

*zapper「リモコンで次々とチャンネルをかえる」。

▶もうちょっとテレビを見てもいい？

Je peux regarder encore un peu la télé?
ジュ　プ　ルガルデ　アンコランプ　ラ　テレ

Je peux regarder encore un peu la télé?
（もうちょっとテレビを見てもいい？）

Non, ça suffit. (だめ、もう十分よ)
ノン　サ　スュフィ

▶ふとんをしこう。

On va installer le futon.
オン ヴァ　アンスタレ　ル　フトン

▶ふとんを出してほしいんだけど。

J'aimerais bien que tu sortes le futon.
ジェムレ　ビアン　ク　テュ ソルトゥ　ル　フトン

*sortir「取り出す」。

▶眠い。

J'ai sommeil.
ジェ　ソメーユ

Je tombe de sommeil. (眠くてたまらない)
ジュ　トンブ　ドゥ　ソメーユ

*直訳は「眠さで倒れる」。

▶宿題は終わったの？

Tu as fait tes devoirs?
テュ ア　フェ　テ　ドゥヴワール

Tu as fini tes devoirs?
テュ ア　フィニ　テ　ドゥヴワール

▶早く寝なさい！

Va vite te coucher!
ヴァ　ヴィットゥ　クシェ

*子どもに向かって使う表現。会話の下の表現も同じ。

Va vite te coucher, sinon tu vas être fatigué, demain.
ヴァ　ヴィットゥ　クシェ　スィノン テュ ヴァ エトゥル ファティゲ　ドゥマン
（早く寝なさい。でないと明日つらいよ）

Ça y‿est, j'ai fini. (もう終わったよ)
サ イエ ジェ フィニ

*être fatigué「疲れている」。ça y est, j'ai fini は「もうすぐ終わる」の意味にも使う。

Va vite‿au lit!
ヴァ ヴィトゥ リ

Allez, au dodo!
アレ オ ドド

*小さな子どもに向かって使う表現。dodo は dormir「眠る」からできた幼児語で「ねんね」。「ベッド」の意味でも使う。

▶もうゲームはやめなさい！

Ça suffit, les jeux vidéo!
サ スュフィ レ ジュ ヴィデオ

Ça suffit, les jeux vidéo! (もうゲームはやめなさい！)

Attends, j'ai presque fini!
アタン ジェ プレスク フィニー
(待って、もうすぐ終わるから！)

Arrête‿avec les jeux vidéo!
アレータヴェク レ ジュ ヴィデオ

▶寝る前に歯みがきを忘れないで。

N'oublie pas‿de te brosser les dents avant‿de‿te coucher.
ヌブリ パッ トゥ ブロセ レ ダン アヴァントゥ クシェ

N'oublie pas‿de te brosser les dents avant‿de‿te coucher.
(寝る前に歯みがきを忘れないで)

C'est fait.
セ フェ
(もうやったよ)

▶明日のしたくはできたの？

Tu as préparé tes‿affaires pour demain?
テュ ア プレパレ テザフェール プル ドゥマン

Tu as préparé tes‿affaires pour demain?
(明日のしたくはできたの？)

Non, pas‿encore. (ううん、まだだよ)
ノン パザンコール

Alors, fais-le vite! (それじゃ、早くやりなさい！)
アロール フェル ヴィットゥ

▶もう寝る時間だよ！

C'est l'heure de dormir!
セ ルール ドゥ ドルミール

*ベッドにいる人に向かって使う表現。

家のなかで

239

C'est l'heure de dormir!
(もう寝る時間よ！)

Attends! Je finis le chapitre.
アタン　ジュ フィニ ル　シャピートゥル
(待って！ この章、読み終えるから)

▶こんなに毎晩夜ふかししてると、病気になるよ！

Tu vas finir par tomber malade, à veiller comme ça tous les soirs!
テュ ヴァ　フィニール　パル　トンベ　マラーダ　ア ヴェイエ　コム　サ　トゥ　レ　スワール

Tu vas t'abîmer la santé, à veiller comme ça tous les soirs!
テュ ヴァ　タビメ　ラ サンテ　ア ヴェイエ　コム　サ　トゥ　レ スワール
*abîmer「損なう」。

▶散らかしっぱなしにしないで。

Ne laisse pas tes affaires en désordre.
ヌ　レス　パ　テザフェラン　デゾルドゥル
*désordre「乱れ」。

Ne laisse pas tes affaires en désordre. (散らかしっぱなしにしないで)
Je les range tout de suite!
ジュ　レ　ランジュ　トゥ　ツィトゥ
(すぐ片付けるよ！)

▶目覚まし時計を8時にセットしたよ。
J'ai mis le réveil à huit heures.
ジェ　ミ　ル　レヴェャ　ユイトゥール

▶明日の朝7時に起こしてね！
Demain matin, réveille-moi à sept heures!
ドゥマン　マタン　レヴェイムワ　ア　セトゥール

Demain matin, réveille-moi à sept heures!
(明日の朝7時に起こしてね！)

Entendu! (わかったよ！)
アンタンデュ

▶明日の朝は起こさないで。ゆっくり寝ていたいから。
Demain matin, ne me réveillez pas. Je fais la grasse matinée.
ドゥマン　マタン　ヌ　ム　レヴェイエ　パ　ジュ フェ ラ　グラス　マティネ
*grasse「太った」、matinée「午前中」、faire la grasse matinée「朝寝をする」。

▶おやすみなさい！
Bonne nuit!
ボンニューイ

Bonne nuit! Fais de beaux rêves! (おやすみなさい、いい夢見てね！)
ボンニューイ　フェ ドゥ　ボ　レーヴ

3　毎日の生活で使うフレーズ

Toi aussi. (あなたもね)
トワ オスィ

▶ぐっすりね！

Dors bien!
ドル ビアン

休みの日　　　　　　　　　　　　　　　　3_003.mp3

▶寝てたの？

Tu dormais?
テュ ドルメ

▶いいえ、起きてたよ。

Non, j'étais réveillé [réveillée].
ノン ジェテ レヴェイエ

▶寝たふりをしてるね！

Tu fais semblant‿de‿dormir!
テュ フェ サンブラン ドゥ ドルミール
*semblant「外見、見せかけ」。faire semblant de ...「〜のふりをする」。

Je sais bien que tu‿ne dors pas!
ジュ セ ビアン ク テュン ドル パ
（寝てないのわかってるよ！）

▶朝食をベッドに運んであげようか？

Tu veux que je t'apporte ton petit déjeuner au lit?
テュ ヴ ク ジュ タポルトゥ トン プティ デジュネ オ リ

▶ちょっと昼寝したいな…。

Je ferais bien une petite‿sieste...
ジュ フレ ビアン ユン プティツィエストゥ
*siesteはスペイン語から。

> Je ferais bien une petite‿sieste...
> （ちょっと昼寝したいな…）
>
> Mais tu viens‿de te lever!
> メ テュ ヴィアンッ トゥ ルヴェ
> （でも、起きたばかりじゃないの！）

J'ai envie de faire la sieste...
ジェ アンヴィ ドゥ フェル ラ スィエストゥ
Je ferais bien un petit somme...
ジュ フレ ビアン アン プティ ソンム
*somme「ひと眠り」。

Je piquerais bien un petit roupillon...
ジュ ピクレ ビアン アン プティ ルピヨン
*くだけた表現。

家のなかで

▶ちょっとひと休みしよう。

Je vais me reposer un petit moment.
ジュ ヴェ ム ルポゼ アン プティ モマン

*se reposer「休息する、疲れをいやす」。

▶この子をパジャマに着替えさせてもらえる?

Tu peux mettre la petite en pyjama, s'il te plaît?
テュ プ メトゥル ラ プティタン ピジャマ スィル トゥ プレ

*la petite「小さな女の子」。「小さな男の子」なら le petit、いずれも乳幼児を指す。

▶この子にご飯を食べさせてもらえる?

Tu peux faire manger le petit, s'il te plaît?
テュ プ フェル マンジェ ル プティ スィル トゥ プレ

▶ちょっとレアをみててもらえる?

Tu pourrais t'occuper de Léa, s'il te plaît?
テュ プレ トキュペ ドゥ レア スィル トゥ プレ

*s'occuper de ...「〜の世話をする」。

▶ナオミのおむつを取り替えてくれる?

Tu pourrais changer Naomi?
テュ プレ シャンジェ ナオミ

*「服を着替えさせてくれる?」の意味にもなる。

> Tu pourrais changer Naomi?
> (ナオミのおむつを取り替えてくれる?)
>
> Mais je viens de la changer!
> メ ジュ ヴィアン ドゥ ラ シャンジェ
> (でも取り替えたばかりだよ!)

▶妹たちの世話をしてね。

Occupe-toi de tes sœurs.
オキュプトゥワッ テ スール

> Occupe-toi de tes sœurs. (妹たちの世話をしてね)
>
> Tu peux compter sur moi.
> テュ プ コンテ スュル ムワ
> (大丈夫、まかせて)

▶今夜アルマンの子守りをしてくれる?

Tu peux garder Armand, ce soir?
テュ プ ガルデ アルマン ス スワール

*garder「世話をする、見張る」。

> Tu peux garder Armand, ce soir?
> (今夜アルマンの子守りをしてくれる?)
>
> Oui, bien sûr. (ええ、もちろん)
> ウイ ビアン スュール

3

▶おしっこがしたいの？

Tu as envie de faire pipi?
テュ ア アンヴィ ドゥ フェル ピピ

*pipi は幼児語で「おしっこ」、「うんち」は caca。

▶いないいない、ばあ！

Caché, caché, coucou!
カシェ カシェ ククー

*cacher「隠す」、coucou は鳥の「かっこう」。不意にあらわれて「ばあ！ ここにいるよ！」と言うときに使う。

▶こちょこちょ！

Guili guili guili!
ギリ ギリ ギリ

▶パパ、モノポリーで遊んでくれない？

Papa, tu veux pas jouer au Monopoly avec nous?
パパ テュ ヴ パ ジュエ オ モノポリ アヴェク ヌ

*Monopoly は子どもたちに人気のあるゲーム。

▶サッカーしようか？

On joue au foot?
オン ジュ オ フットゥ

> On joue au foot?
> Super!（わーい！）
> スュペール

▶猫にえさをやってくれる？

Tu peux donner à manger au chat?
テュ プ ドネ ア マンジェ オ シャ

▶犬を散歩に連れてってもらえる？

Tu pourrais aller promener le chien?
テュ プレ アレ プロムネ ル シアン

▶鉢植えに水をやってもらえるかな…。

Si tu pouvais arroser les plantes...
スィ テュ プヴェ アロゼ レ プラントゥ

*arroser「水をかける、水をまく」。plante「植物」。

> Je peux t'aider?（手伝おうか？）
> ジュ プ テデ
> Oui, si tu pouvais arroser les plantes...
> （うん、鉢植えに水をやってもらえるかな…）

▶何、こんなに散らかして！

Quel désordre!
ケル デゾールドゥル

家のなかで

243

Qu'est-ce que c'est que ce désordre!
ケス ク セ ス ク ス デゾルドゥル
(何なの、この散らかしかたは！)

* 親が子どもに、怒って片付けを促す表現。

Regarde-moi ça, ce désordre!
ルガルドゥムワ サ ス デゾルドゥル
(見てごらんなさい、この散らかしかたを！)

* 「命令形 -moi」は怒ったときに使う表現で「～しろ」。regarde-moi ça「これを見ろ」。

▶片付けなくては。

Il faut que je range.
イル フォ ク ジュ ランジュ

> Il faut que je range. (片付けなくては)
> Tu veux que je te donne un coup de main? (手伝おうか？)
> テュ ヴ ク ジュ トゥ ドナン ク ドゥ マン

*coup「打つこと、動作」。donner un coup de main「手伝う」。donner un coup de fil は「電話をかける」の意味になる。

▶手伝ってちょうだい。

Aide-moi, s'il te plaît.
エドゥムワ スィル トゥ プレ

> Aide-moi, s'il te plaît.
> (手伝ってちょうだい)
> A quoi faire? (何をすればいいの？)
> ア クワ フェール

▶部屋を片付けなさい！

Range ta chambre!
ランジュ タ シャンブル

> Range ta chambre! (部屋を片付けなさい！)
> Mais je suis en train de regarder un film!
> メ ジュ スュイ アン トゥラン ドゥ ルガルデ アン フィルム
> (でもいま映画を見てるところなんだもん！)

▶アイロンをかけなくては。

Il y a du repassage à faire.
イリャ デュ ルパサジャ フェール

* 「アイロンをかける必要があるのでだれかやってくれないか」というニュアンスの表現。

▶掃除を手伝ってもらえる？

Tu m'aides à faire le ménage, s'il te plaît?
テュ メダ フェル ル メナージュ スィル トゥ プレ

*ménage は家事一般を指して femme de ménage 「お手伝いさん」のようにも使う。

▶部屋に掃除機をかけなくては。

Il faut que je passe l'aspirateur dans ma chambre.
イル フォ ク ジュ パス ラスピラトゥール ダン マ シャンブル

*aspirateur「電気掃除機」は、aspirer「吸い込む」に接尾辞の teur「～するもの」がついてできた語。この表現は自分でこれからやろうとするときに使う。

Il faut passer l'aspirateur.
イル フォ パセ ラスピラトゥール

*ほかの人にやってほしいときの表現。

▶ほこりっぽいなあ。

C'est plein de poussière.
セ プラン ドゥ プスィエール

*直訳は「ほこりでいっぱいだ」。

▶ここは風通しが悪いね。

Ça manque d'aération, ici.
サ マンク ダエラスィオン イスィ

*manquer「欠乏する」。aération「換気」。

On étouffe, ici. (ここは息苦しいね)
オネトゥーフィスィ

Ça sent le renfermé, ici. (ここはむっとする)
サ サン ル ランフェルメ イスィ

*renfermé「空気がよどんだいやなにおい」。

▶窓を開けて。ちょっと空気を入れ換えなきゃ。

Ouvre la fenêtre. Il faut aérer un peu.
ウヴル ラ フネートゥル イル フォ アエレ アン プ

▶ここは風通しがよすぎるよ。

C'est plein de courants d'air ici.
セ プラン ドゥ クラン デーリスィ

*courant「流れ」。

▶お風呂をきれいにしてもらえる？

Tu peux nettoyer la baignoire, s'il te plaît?
テュ プ ネトゥワイエ ラ ベニュワール スィル トゥ プレ

*baignoire「浴槽」。

▶洗濯物を干してもらえる？

Tu peux étendre le linge, s'il te plaît?
テュ プ エタンドゥル ル ランジュ スィル トゥ プレ

*étendre「（たたんだものを）広げる」。

▶洗濯物をたたむのを手伝ってもらえる？

Tu peux m'aider à plier le linge, s'il te plaît?
テュ プ メデ ア プリエ ル ランジュ スィル トゥ プレ

*plier「折る、曲げる」。

家のなかで

▶今夜はお客さんがあるよ。

On a des gens, ce soir, à la maison.
オナ　デ　ジャン　ス スワール ア ラ　メゾン

*gens「人々」。

On a des invités, ce soir.
オナ　　デザンヴィテ　ス スワール

▶冷蔵庫がからっぽだ。

Il n'y a plus rien dans le frigo.
イル　ニャ　プリュ　リアン　ダン　ル フリゴ

*frigo は Frigidaire の略語。アメリカの家電メーカー General Motors-Frigidaire 社が開発し、ヨーロッパで一番有名だった冷蔵庫のブランド。

▶買い物に行こう。

Allons faire les courses.
アロン　フェル　レ　クールス

On a besoin de lait ...（牛乳がいるな…）
オナ　　ブズワン　ドゥ レ

Allons faire les courses.（買い物に行きましょうよ）

Je vais faire les courses et je reviens.
ジュ ヴェ　フェル　レ　クールセ　ジュ ルヴィアン
（買い物に行ってくるよ）

*je reviens と言ったときには「まもなく戻ってくる」のニュアンスが加わる。「日用品の買い物」には les courses のほかに les commissions も使う。

▶紙おむつを買ってくるのを忘れないで！

N'oublie pas de rapporter des couches!
ヌブリ　　パ ドゥ　ラポルテ　　デ　　クーシュ

▶台所の洗剤がもうないんだけど…。

Il n'y a plus de liquide vaisselle...
イル　ニャ　プリュ ドゥ　リキドゥ　ヴェセール

*ne...plus「もう〜ない」。liquide vaisselle「食器用の液体」。

Il n'y a plus de liquide vaisselle...
（台所の洗剤がもうないんだけど…）

Je vais aller en acheter.（買ってくるよ）
ジュ ヴェ　アレ　　アンナシュテ

▶果物を買ってきて。

Prends des fruits.
プラン　デ　フリュイ

Prends des fruits.
（果物を買ってきて）

Quoi, comme fruits?（どんな果物？）
クワ　　コム　　フリュイ

246　　　　　　　　　　　3　毎日の生活で使うフレーズ

3

▶スーパーはすごい人出だった。

Il y avait un monde fou au supermarché.
イリヤヴェ　アン　モンドゥ　フー　オ　スュペルマルシェ

*monde「人々」。fou は本来の「気が狂ったような」という意味から「並はずれた、おびただしい」。fou [folle] を使った表現に次のような例がある。J'ai un travail fou.「仕事が山ほどある」、Il dépense un argent fou!「彼は金づかいが荒い」、Ça prend une place folle.「すごく場所をとる」、Ça prend un temps fou.「すごく時間がかかる」。

Y avait un monde au supermarché, t'aurais vu ça!
ヤヴェ　アン　モーンド　スュペルマルシェ　トレ　ヴュ　サ
（信じられないよ、スーパーがすごい人出だった！）

*t'aurais vu ça「もし君がそれを見たなら」は「信じられない」の意味。

▶ちょっと音楽をかけてくれない？　退屈なんだ、私。

Tu pourrais pas mettre un peu de musique? Je m'ennuie, moi.
テュ　プレ　パ　メトゥラン　プ　ドゥ　ミュズィーク　ジュ　マンニューイ　ムワー

▶今日の午後、3チャンネルでいい映画をやるよ。

Il y a un film bien, cet après-midi sur la 3.
イリヤ　アン　フィルム　ビアン　セタプレミディ　スュル　ラ　トロワ

Il y a une émission intéressante, tout à l'heure, sur la 3.
イリヤ　ユネミスィオン　アンテレサントゥ　トゥタ　ルール　スュル　ラ　トロワ
（もうじき3チャンネルで面白い番組をやるよ）

▶ちょっと散歩しようか？

Si on allait faire une petite promenade?
スィ　オナレ　フェリュン　プティトゥ　プロムナードゥ

On va faire un petit tour?
オン　ヴァ　フェラン　プティ　トゥール

*un petit tour「ひとめぐり」。

▶子どもたちを公園で遊ばせてやって。

Emmène les enfants jouer au parc.
アンメン　レザンファン　ジュエ　オ　パルク

*emmener「連れていく」。

▶出かけようか？外の空気を吸いたいんだ。

On sort? J'ai envie de prendre l'air.
オン　ソール　ジェ　アンヴィ　ドゥ　プランドゥル　レール

▶1日中閉じこもっているなんて、もういやだ！

J'en ai assez de rester enfermé [enfermée] toute la journée!
ジャンネ　アセー　ドゥ　レステ　アンフェルメ　トゥトゥ　ラ　ジュルネー

*en avoir assez de …「～にうんざりする」。

家のなかで

247

プレゼント

3_004.mp3

▶はい、どうぞ！

Tiens, c'est pour toi!
ティアン　セ　プル　トゥワ

> Tiens, c'est pour toi!（はい、どうぞ！）
> Merci, c'est gentil!（ありがとう、うれしいわ！）
> メルスィ　セ　ジャンティ

Tiens, un petit cadeau.
ティアン　アン　プティ　カド
*petit cadeau「ちょっとした贈り物」。

Tiens, je t'ai rapporté ça.
ティアン　ジュ　テ　ラポルテ　サ
（はい、お土産だよ）

*rapporter「持ち帰る」。

▶お誕生日のプレゼントは何がいい？

Qu'est-ce que tu veux pour ton‿anniversaire?
ケス　ク　テュ　ヴー　プル　トナニヴェルセール

> Qu'est-ce que tu veux pour ton‿anniversaire?
> （お誕生日のプレゼントは何がいい？）
> J'aimerais bien un‿ordinateur.
> ジェムレ　　ビアン　アンノルディナトゥール
> （パソコンがほしいな）

▶どうぞ、開けてみて！

Vas-y, ouvre-le!
ヴァズィ　ウヴルルー

▶気に入った？

Ça te plaît?
サ　トゥ　プレ

> Ça te plaît?（気に入った？）
> Ah oui, j'aime beaucoup. C'est très joli!
> ア　ウイ　ジェム　ボク　　セ　トゥレ　ジョリ
> （ええ、大好きよ。きれいね！）

▶これがほしかったんでしょ？

C'est ce que tu voulais, non?
セ　ス　ク　テュ　ヴレ　ノン

▶ちょうどほしかったんだ。

C'est juste ce que je voulais.
セ　ジュストゥ　ス　ク　ジュ　ヴレ

3　毎日の生活で使うフレーズ

Alors, ça te plaît? (どう、気に入った？)
アロール サトゥ プレ
C'est juste ce que je voulais.
(ちょうどほしかったんだ)

▶いちばん好きな色だよ。知ってたの？
C'est ma couleur préférée. Tu le savais?
セ マ クルール プレフェレ テュ ル サヴェ

▶ありがとう、すばらしいよ！
Merci, c'est magnifique!
メルスィ セ マニフィック

Merci, c'est magnifique!
(ありがとう、すばらしいよ！)

Je savais que ça te plairait.
ジュ サヴェ ク サトゥ プレレ
(きっと気に入ると思ってたんだ)

08 余暇を楽しむ

知り合いを誘う　　　　　　　　　　　　　　　3_005.mp3

▶この週末はおひまでしょうか？

Vous seriez libre, le week-end prochain?
ヴ　スリエ　リーブル　ル　ウィケンドゥ　プロシャン

*prochain「次の、今度の」。la semaine prochaine「来週」、le mois prochain「来月」のように使う。

> Vous seriez libre, le week-end prochain?
> （この週末はおひまでしょうか？）
>
> Non, je suis pris. （いえ、予定があります）
> ノン　ジュ　スュイ　プリ

Tu es libre, ce week-end? （この週末はひま？）
テュ　エ　リーブル　ス　ウィケンドゥ

▶どこで会おうか？

Où est-ce qu'on se retrouve?
ウ　エス　コン　ス　ルトゥルーヴ

*se retrouver は「再会する」で、待ち合わせのときによく用いられる。

> Où est-ce qu'on se retrouve?
> （どこで会おうか？）
>
> Où tu veux. （好きなところで）
> ウ　テュ　ヴ

On se donne rendez-vous où?
オン　ス　ドンヌ　ランデヴ　ウ

*se donner rendez-vous「待ち合わせる」。

▶車で迎えに行こうか？

Je passe te prendre‿en voiture?
ジュ　パス　トゥ　プランドゥラン　ヴワテュール

*passer「立ち寄る」。prendre「迎えに行く、乗せる」。

> Je passe te prendre‿en voiture?
> （車で迎えに行こうか？）
>
> Je veux bien merci. C'est gentil.
> ジュ　ヴ　ビアン　メルスィ　セ　ジャンティ
> （うん、ありがとう。助かるよ）

▶今日の午後、何か用事がある？

Tu as quelque chose‿à faire, cet‿après-midi?
テュ　ア　ケルク　ショザ　フェール　セタプレミディ

> Tu as quelque chose‿à faire, cet‿après-midi?
> （今日の午後、何か用事がある？）

3　毎日の生活で使うフレーズ

Non, rien de spécial. (いいえ、別に)
ノン　リアン　ドゥ　スペスィアール

Tu as quelque chose de prévu, cet‿après-midi? (今日の午後は何か予定ある？)
テュ　ア　ケルク　ショーズ　ドゥ　プレヴュ　セタプレミディ

*prévu は「予定された」という形容詞。quelque chose「何か」に形容詞をつける場合は de が必要になる。

Vous‿êtes pris [prise], cet‿après‿midi?
ヴゼトゥ　プリ［プリーズ］　セタプレミディ
(今日の午後、ご予定がありますか？)

▶夕食を一緒にいかがですか？

Nous pourrions peut-être dîner ensemble?
ヌ　プリオン　プテトゥル　ディネ　アンサンブル

Nous pourrions peut-être dîner ensemble?
(夕食を一緒にいかがですか？)

Mais volontiers! (喜んで)
メ　ヴォロンティエ

*ここでの Mais は volontiers を強調する。

On peut dîner ensemble, si tu veux.
オン　プ　ディネ　アンサブル　スィ　テュ　ヴ
(よかったら夕食を一緒にしよう)

▶昼食を一緒にどう？

On déjeune‿ensemble?
オン　デジュナンサンブル

Tu as déjeuné? (昼食はすんだ？)
テュ　ア　デジュネ

Non, pas‿encore. (いや、まだだよ)
ノン　パザンコール

On déjeune‿ensemble? (一緒にどう？)

▶モネの展覧会を見に行きませんか？

Si on‿allait voir l'exposition Monet?
スィ　オナレ　ヴワール　レクスポズィスィオン　モネ

*si+on+ 半過去形の勧誘表現で、知っていると便利。Si on déjeunait ensemble?「昼食を一緒にどうですか？」のように使う。

Si on‿allait voir l'exposition Monet?
(モネの展覧会を見に行きませんか？)

Excellente‿idée. (いいですね)
エクセランティデ

▶ミュージカルを見に行くのはどう？

Ça te dirait d'aller voir‿une comédie musicale?
サ　トゥ　ディレ　ダレ　ヴワリュン　コメディ　ミュズィカール

余暇を楽しむ

▶土曜日の夜、うちに食べに来る?

Tu viens dîner à la maison, samedi soir?
テュ ヴィアン ディネ ア ラ メゾン サムディ スワール

> Tu viens dîner à la maison, samedi soir?（土曜日の夜、うちに食べに来る?）
> Volontiers. C'est gentil.
> ヴォロンティエ セジャンティ
> （喜んで。ありがとう）

▶喜んで。

Volontiers.
ヴォロンティエ

Avec plaisir.
アヴェク プレズィール

Je veux bien.
ジュ ヴ ビアン

Bonne idée. （いいね）
ボンデ

D'accord. （いいよ）
ダコール

▶来てもらえるとうれしいんだけど。

J'espère que tu pourras venir.
ジェスペール ク テュ プーラ ヴニール

J'espère que nous aurons le plaisir de vous voir.
ジェスペール ク ヌゾロン ル プレズィル ドゥ ヴ ヴワール
（来ていただければうれしいのですが）

▶何を持っていったらいい?

Qu'est-ce que je dois apporter?
ケス ク ジュ ドゥワ アポルテ

> Qu'est-ce que je dois apporter?
> （何を持っていったらいい?）
> Rien. （何も）
> リアン
> Mais si ... （でも何か…）
> メ スィ
> Non, rien du tout, je t'assure.
> ノン リアン デュ トゥ ジュ タスュール
> （いいえ、本当に何にもいらないの）

*assurer「断言する」。

▶すみません、その日は予定が入ってます。

Je suis désolé [désolée], ce jour-là, je suis pris [prise].
ジュ スュイ デゾレ ス ジュルラー ジュ スュイ プリ [プリーズ]

Malheureusement, demain soir, je suis pris [prise].
マルルズマン ドゥマン スワール ジュ スュイ プリ [プリーズ]
（あいにくですが、明日の夜は予定があります）

*malheureusement「残念だが、不幸にも」。誘いを断るときに便利に使えることば。
反対語は mal をとった heureusement「幸いなことに」。

▶すみません、とても忙しいんです。

Désolé [Désolée], je suis très occupé [occupée].
デゾレ　　　　　　　ジュ スュイ　　トゥレゾキュペ

▶せっかくですが、〜。

C'est gentil mais malheureusement, ...
セ　ジャンティー　メー　　　マルルズマン

> On va prendre un pot, je t'invite.
> オン ヴァ プランドゥラン ポ ジュ タンヴィトゥ
> (1 杯どう？おごるけど)
>
> C'est gentil mais malheureusement, je n'ai pas le temps.
> セ ジャンティー メー マルルズマン ジュ ネ パ ル タン
> (せっかくだけど、あいにく時間がないんだ)

*un pot は本来の「つぼ、びん」という意味から、「酒、飲み物、1 杯」を指す。

▶いや、今日はちょっと。

Pas aujourd'hui.
パ　オジュルデュイ

*相手の誘いをやんわりと断るときのひとこと。

> On va prendre un verre? (1杯どう？)
> オン ヴァ プランドゥラン ヴェール
> Pas aujourd'hui. (いや、今日はちょっと)

Aujourd'hui, ce n'est pas possible. (今日は無理です)
オジュルデュイ　ス　ネ　パ　ポスィーブル

▶またの機会に…。

Une autre fois, peut-être...
ユノトゥル　　フワ　プテートゥル

*peut-être「おそらく、たぶん」。

予定をたてる　　　　　　　　　　　　　　3_006.mp3

▶いつならひまなの？

Quand est-ce que tu es libre?
カンテス　ク テュ エ リーブル

> Quand est-ce que tu es libre?
> (いつならひまなの？)
>
> Vendredi après trois heures.
> ヴァンドゥルディ アプレ トゥルワズール
> (金曜日の午後 3 時以降なら)

Vous êtes libre quand?
ヴゼトゥ　リブル　カン
(いつがご都合いいですか？)

▶いつならいいの？

Ce serait possible quand?
ス スレ ポスィブル カン

Quand est-ce que tu pourrais?
カンテス ク テュ プレ

▶何時ごろにする？

Vers quelle heure?
ヴェル ケルール

▶何時でもいいよ。

A n'importe quelle heure.
ア ナンポルトゥ ケルール

*n'importe... は「すべてよい」という表現。n'importe où「どこでもよい」、n'importe quand「いつでもよい」のように使う。ただし n'importe comment「どうやってもよい」は、「いいかげんでもよい」の意味にもなるので注意。

▶いつでもいいよ。

Ça m'est égal.
サ メテガール

*égal「等しい」。この表現は「どちらでもかまわない」の意味で、いろいろな場面で使える。

A quelle heure veux-tu y aller?
ア ケルール ヴテュ ヤレ
(何時に行きたいの？)

Ça m'est égal. Je suis libre toute la journée.
サ メテガール ジュ スュイ リブル トゥトゥ ラ ジュルネ
(いつでもいいよ。1日中ひまだから)

N'importe quand.
ナンポルトゥ カン

▶何日でもかまわないよ。

N'importe quel jour.
ナンポルトゥ ケル ジュール

▶何曜日でもかまいません。

N'importe quel jour de la semaine.
ナンポルトゥ ケル ジュル ドゥ ラ スメン

▶あなたのご都合のいいときに。

Quand vous voulez.
カン ヴ ヴレ

Quand tu veux. (君の都合のいいときに)
カン テュ ヴ

▶今日ならひまです。

Aujourd'hui, je suis libre.
オジュルデュイ ジュ スュイ リーブル

Je suis relativement libre, aujourd'hui.
ジュ スュイ ルラティヴマン リーブル オジュルデュイ
(今日ならわりにひまです)
*relativement「比較的」。

Je n'ai rien à faire, aujourd'hui.
ジュ ネ リアンナ フェー ロジュルデュイ
(今日は何もすることがない)

▶残念ですが、あいてないんです。

Malheureusement, je ne suis pas libre.
マルルズマン ジュン スュイ パ リーブル

Je suis désolé [désolée], ce n'est pas possible. (悪いんですが、無理です)
ジュ スュイ デゾレ ス ネ パ ポスィーブル

▶明日は予定があります。

Demain, je suis pris [prise].
ドゥマン ジュ スュイ プリ [プリーズ]

Et demain, c'est possible? (明日はどう?)
エ ドゥマン セ ポスィーブル

Non, désolé, demain, je suis pris.
ノン デゾレ ドゥマン ジュ スュイ プリ
(悪いな、明日は予定があるんだ)

▶では、10日はどうですか？

Alors le dix?
アロール ル ディス

Et le dix?
エ ル ディス
*日にちの前には le をつける。

Le dix, ça irait? (10日だったら、大丈夫?)
ル ディッサ イレ

▶結構です。

C'est parfait.
セ パルフェ
*parfait「申し分のない、完璧な」。フランス語ではこの表現はとても好まれ、よく使われる。

Ça va.
サ ヴァ
C'est possible.
セ ポスィーブル
*「大丈夫です」といったニュアンスの表現。
Pas de problème. (問題ありません)
パ ドゥ プロブレム

▶それなら大丈夫です。

Ça, c'est possible.
サ セ ポスィーブル

Ça, ça irait.
サ サ イレ

Ça, ça va.
サ サ ヴァ

▶やむを得ません。

Ça irait, à la rigueur.
サ イレ アラ リグール

*à la rigueur「厳密に」。

Ça pourrait aller.
サ プレ アレ

▶時間を作ってみます。

Je vais essayer de me libérer.
ジュ ヴェ エセイエ ドゥ ム リベレ

▶来週にのばしたほうがいいですね。

Il vaut mieux reporter à la semaine prochaine.
イル ヴォ ミュ ルポルテ アラ スメン プロシェン

▶いつ行けばいいですか？

Quand‿est-ce que je peux passer?
カンテス ク ジュ プ パセ

Quand puis-je vous rendre visite?
カン ピュイジュ ヴ ランドゥル ヴィズィトゥ
(いつお訪ねすればよろしいですか？)

*rendre visite「会いに行く」。

▶あなたが決めて。

C'est toi qui décides.
セ トゥワ キ デスィドゥ

*時、場所などなにかを決めるときに幅広く使える。

C'est‿à vous‿de‿décider.
セタ ヴッデスィデ
(あなたが決めてください)

▶7時はどう？

Sept‿heures, ça te va?
セトゥール サ トゥ ヴァ

> A quelle‿heure‿est-ce que je dois arriver?（何時に行けばいいの？）
> ア ケルレス ク ジュ ドゥワ アリヴェ
> Sept‿heures, ça te va? (7時はどう？)

Sept‿heures, ça vous convient?
セトゥール サ ヴ コンヴィアン
(7時はいかがですか？)

Sept‿heures, c'est possible pour vous?
セトゥール セ ポスィーブル プル ヴ
(7時は大丈夫ですか？)

3

▶何時に来ることができますか？
A quelle‿heure pouvez-vous arriver?
ア　　ケルール　　　　　プヴェヴ　　　　アリヴェ

A quelle‿heure‿est-ce que tu peux être là?
ア　　ケルレス　　　　ク テュ プ エトゥル ラ
（何時に来られる？）

▶8時までに着くのは無理です。
Je‿ne pourrai pas être là avant huit‿heures.
ジュン　　プレ　　パ エトゥル ラ アヴァン　　ユイトゥール

▶4時には行かなければなりません。
Il faudra que je parte‿à quatre‿heures.
イル フォドゥラ　ク　ジュ　　パルタ　　　　カトゥルール

▶早すぎる？
C'est trop tôt?
セ　　トゥロ　ト

▶遅すぎる？
C'est trop tard?
セ　　トゥロ　タール

▶承知しました。
C'est‿entendu.
セタンタンデュ
＊オフィスなどでよく使う、丁寧な返答。

> Alors, le dix à neuf‿heures‿et demie.
> アロール ル ディス ア　　ヌヴレ　　　ドゥミ
> （では、10日の9時半に）
>
> C'est‿entendu.
> （わかりました）

▶了解。
C'est d'accord.
セ　　　ダコール
＊一般に使われる「わかった」の意味の返答。

> On se voit demain à neuf‿heures‿et demie.
> オン ス ヴワ ドゥマン ア　　ヌヴレ　　　ドゥミ
> （明日の9時半に会おう）
>
> C'est d'accord.
> （了解）

C'est noté.
セ　　ノテ
＊直訳は「それは書き込まれた」。

OK.
オケ

余暇を楽しむ

▶確認のために電話するよ。

Je te téléphone pour confirmer.
ジュ トゥ テレフォヌ プル コンフィルメ

▶電話番号を知らないんだけど…。

Je n'ai pas ton numéro‿de téléphone...
ジュ ネ パ トン ニュメロッ テレフォヌ

▶ケータイの番号は何番？

Quel‿est ton numéro de portable?
ケレ トン ニュメロ ドゥ ポルターブル

▶ファックス番号を教えてくれる？

Tu peux me donner ton numéro de fax?
テュ プ ム ドネ トン ニュメロ ドゥ ファクス

▶Eメールのアドレスは？

C'est quoi, ton mél?
セ クワ トン メール

*mélのほかにe-mail（イメール）なども使う。adresse électroniqueは長すぎて使わない。

C'est quoi, ton courriel?
セ クワ トン クリエル

*courrielはcourrier électroniqueの略。

▶それじゃ、また。

Alors, à bientôt.
アロール ア ビアント

外出する　　　　　　　　　　　　　　　3_007.mp3

▶用意はできた？

Tu es prêt [prête]?
テュ エ プレ ［プレトゥ］

　Tu es prêt?（用意はできた？）
　Non, pas‿encore.（いや、まだだよ）
　ノン パザンコール

Ça y‿est?（もうできた？）
サ イエ

▶準備はできてるよ。

Je suis prêt [prête].
ジュ スュイ プレ ［プレトゥ］

Ça y‿est.
サ イエ

▶まだ準備はできていません。

Je‿ne suis pas prêt [prête].
ジュン スュイ パ プレ ［プレトゥ］

3

▶何時に出かけようか？

On part à quelle heure?
オン　パラ　　　ケルール

On part à quelle heure?
(何時に出かけようか？)

Dans dix minutes. (10分後に)
ダン　ディ　ミニュトゥ

▶何時に出発しなきゃいけないの？

On doit partir à quelle heure?
オン　ドゥワー　パルティラ　　　ケルール

▶何時に着けばいい？

On doit y être à quelle heure?
オン　ドゥワ　イエトゥラ　　　ケルール

On doit arriver à quelle heure?
オン　ドゥワ　アリヴェ　ア　　ケルール

▶遅れそうだ…。

On va être en retard...
オン　ヴァ　エトゥラン　ルタール

▶さあ、行こう！

Allez, allons-y!
アレ　　アロンズィ

Allez, allons-y! (さあ、行こう！)

Donne-moi une minute!
ドヌムワ　　　ユン　ミニュトゥ

(ちょっと待って！)

*Donne-moi une minute. の直訳は「1分ちょうだい」。

Allez, on y va!
アレ　オニ　ヴァ

En route!
アン　ルトゥ

*route「道路」。en route は文中で用いると「途中で」の意味になる。

▶ちょっと待ってて、すぐ行くから。

Un instant, j'arrive.
アナンスタン　　ジャリーヴ

Une seconde, j'arrive.
ユン　スゴンドゥ　ジャリーヴ

*une seconde「1秒」。

J'arrive tout de suite.
ジャリヴ　トゥ　ツィトゥ

余暇を楽しむ

▶先に行って。あとから行くから。

Allez-y d'abord. Je vous rejoins.
アレズィ　ダボール　ジュ　ヴ　ルジュワン

*rejoindre「合流する、追いつく」。

▶いってらっしゃい。

Bonne soirée.
ボヌ　　　スワレ

* 夜出かける人に言う。

映画を見る　　　　　　　　　　　　　　　　3_008.mp3

▶映画に行きませんか？

Si on‿allait au cinéma?
スィ　オナレ　オ　スィネマ

*cinémaは「(芸術ジャンルとしての)映画、映画館」、filmは「映画作品」を指す。

> Si on‿allait au cinéma?
> (映画に行きませんか？)
>
> Oui, bonne‿idée. (ええ、いいですね)
> ウイ　　ボニデ

Ça‿te dirait d'aller voir‿un film?
サッ　ティレ　ダレ　　ヴワラン　フィルム

*dire「言う」には「気に入る」の意味もある。

▶『レ・ミゼラブル』見た？

Tu as vu "Les Misérables"?
テュ ア ヴュ レ　　ミゼラブル

*"Les Misérables"の原作はヴィクトル・ユゴーの同名の長編小説。主人公ジャン・ヴァルジャンの波乱の生涯を描いた作品。

▶見るだけのことはあるよ。

Ça vaut la peine de le voir.
サ　ヴォ　ラ　ペン　ドゥ ル ヴワール

*peine「労苦」。valoir la peine de ...「〜する価値がある」。

Il paraît que ça vaut le coup.
イル　パレ　ク　サ　ヴォ　ル　ク
(見る値打ちはあるそうだ)

*valoir le coup は valoir la peine のくだけた言い方。

▶いま、どんないい映画やってるの？

Qu'est-ce qu'il‿y‿a comme bons films, en ce moment?
ケス　　　キリヤ　　コム　ボン　フィルム アン ス　モマン

Qu'est-ce qu'il‿y‿a de bien, comme films,‿en ce moment?
ケス　　　キリヤ　ドゥ ビアン　コム　　フィルマン ス　モマン

▶いま、どんな新作が上映されてるの？
Qu'est-ce qu'il y a de nouveau, comme films, en ce moment?
ケス　キリャ　ドゥ　ヌヴォ　　コム　フィルム アン ス　モマン

▶どの映画が見たい？
Qu'est-ce que tu voudrais voir, comme film?
ケス　ク　テュ　ヴドゥレ　ヴワール　コム　フィルム

▶この映画、だれが出てるの？
Qui est-ce qui joue, dans ce film?
キ　エス　キ　ジュー　ダン　ス フィルム
C'est un film avec qui?
セタン　フィルム　アヴェッキ

▶監督はだれ？
C'est qui, le réalisateur?
セ　キー　ル　レアリザトゥール
＊女性の監督のときは réalisatrice。

▶『ジェルミナール』が見たいのですが。
J'aimerais bien voir "Germinal".
ジェムレ　ビアン ヴワル　ジェルミナール
＊"Germinal" の原作はエミール・ゾラの同名の小説。19世紀フランスの炭坑労働者の生活を描いた作品。

▶原語版ですか？
C'est en V.O.?
セタン　ヴェオ
＊V.O. は version originale の略。

▶フランス語の字幕つきです。
C'est sous-titré en français.
セ　スティトゥレ　アン　フランセ

▶フランス語の吹き替え版です。
C'est en version française.
セタン　ヴェルスィオン　フランセーズ

▶どんなストーリー？
Ça parle de quoi?
サ　パルル　ドゥ　クワ

▶どこで上映していますか？
Ça passe où?
サ　パス　ウ
＊passer「上映される」。

▶いつまで上映していますか？
Ça passe jusqu'à quand?
サ　パス　ジュスカ　カン

余暇を楽しむ

▶上映時間はどれくらいですか？
Ça dure combien de temps, ce film?
サ デュル コンビアンッタン ス フィルム
*durer「続く」。

C'est long, ce film? (この映画、長いの？)
セ ロン ス フィルム

▶次の回は何時からですか？
La prochaine séance, c'est à quelle heure?
ラ プロシェン セアンス セタ ケルール

▶何時に終わりますか？
Ça finit à quelle heure?
サ フィニ ア ケルール

▶2枚ください。
Deux places, s'il vous plaît.
ドゥ プラス スィル ヴ プレ
*place「座席」。飛行機や列車の場合にも使う。

Deux adultes, s'il vous plaît.
ドゥザデュルトゥ スィル ヴ プレ
(大人2枚ください)

▶学生を1枚ください。
Une place étudiant, s'il vous plaît.
ユン プラセテュディアン スィル ヴ プレ

▶どこにする？
On se met où?
オン ス メ ウ

▶前の人の頭で何にも見えない。
Je ne vois rien à cause de la personne qui est devant moi.
ジュン ヴワ リアン ア コズ ドゥ ラ ペルソンヌ キ エ ドゥヴァン ムワ
*à cause de ...「〜が原因で」。

▶ずいぶん後ろの席だね。
On est trop loin.
オネ トゥロ ルワン
On est un peu loin de l'écran.
オネ アン プ ルワン ドゥ レクラン
(スクリーンからちょっと遠いね)

*écran「スクリーン」。

▶スクリーンに近すぎるよ。
On est trop près de l'écran.
オネ トゥロ プレ ドゥ レクラン

▶真ん中ぐらいに座ろうか？
On se met au milieu?
オン ス メ オ ミリュ

▶もっと前の席に座ろう。
Rapprochons-nous.
ラプロションヌ
*se rapprocher「近づく」。

▶よかったね。どう？
J'ai trouvé ça bien. Et toi?
ジェ トゥルヴェ サ ビアン エ トゥワ

> J'ai trouvé ça bien. Et toi?
> （よかったね。どう？）
>
> Oui, moi aussi.
> ウイ ムワ オスィ
> （ええ、私も）

C'était bien, non?
セテ ビアン ノン

▶面白かったよね？
C'était amusant, tu trouves pas?
セテ アミュザン テュ トゥルヴ パ
*amusant は笑えるときに使う語。「興味深い」の意味のときは intéressant。会話の最後の tu trouves pas ? は「〜だよね？」。ne を加えた tu ne trouves pas ? は「〜だと思わない？」の意味になる。

C'était marrant, non?
セテ マラン ノン
*marrant は amusant のくだけた言い方。

▶気に入った？
Ça t'a plu?
サ タ プリュ

> Ça t'a plu?（気に入った？）
> Oui, beaucoup.（うん、すごく）
> ウイ ボク
>
> Ça t'a plu?（気に入った？）
> Non, pas tellement.（いいえ、そんなに）
> ノン パ テルマン

▶あまり面白くなかった…。
Ce n'était pas très intéressant...
ス ネテ パ トゥレザンテレサン

> Tu as trouvé ça bien?（いいと思った？）
> テュ ア トゥルヴェ サ ビアン

余暇を楽しむ

Non, ce n'était pas très intéressant ...
ノン ス ネテ パ トゥレザンテレサン
(あまり面白くなかった…)

C'était pas extraordinaire. (それほどでもなかった)
セテ パ エクストゥラオルディネール
*ne ... pas の ne が省略された形の文。

C'était pas terrible. (たいしたことなかった)
セテ パ テリーブル
*terrible は「ひどい、たいへん、すごい」など、程度が激しいことを表す。

▶すばらしかったよ！
C'était magnifique!
セテ マニフィーク

C'était comment, le spectacle?
セテ コマン ル スペクタクル
(ショーはどうだった？)
C'était magnifique! (すばらしかったよ！)

▶感動的だった！
C'était émouvant!
セテ エムヴァン

▶泣いてしまった！
J'ai pleuré comme une Madeleine!
ジェ プルレ コミュン マドゥレン
* 直訳は「マドレーヌのように泣いた」。Madeleine は聖書のマグダラのマリアのこと。悔悛の涙を流したことから、pleurer comme une Madeleine で「さめざめと泣く」という表現になる。

▶泣かせる映画は好きじゃない。
Je n'aime pas les films tristes.
ジュ ネム パ レ フィルム トゥリストゥ
*triste「悲しい」。

▶ハッピーエンドのほうが好きだな。
Je préfère quand ça finit bien.
ジュ プレフェール カン サ フィニ ビアン

コンサートに行く

▶ **10月3日のA席を2枚お願いします。**

Je voudrais deux places de série A pour le trois octobre, s'il vous plaît.

*série の代わりに catégorie も使う。

▶ **すみません、売り切れです。**

Désolé [Désolée], tout est complet.

> Il reste des places pour le concert du trois?
> (3日のコンサートの席はありますか？)
>
> Non, désolée, tout est complet.
> (いいえ、すみません、売り切れました)

*complet「満員の」。列車やホテルなどのあきがないときにも使うことば。

▶ **何日なら残ってますか？**

A quelle date est-ce qu'il reste des places?

▶ **何時からですか？**

Ça commence à quelle heure?

▶ **予約できますか？**

On peut réserver?
C'est possible de réserver?

▶ **当日券は買えますか？**

On peut acheter les places le jour-même?

▶ **チケットはどこで買うのですか？**

Où est-ce qu'on achète les billets?

> Où est-ce qu'on achète les billets?
> (チケットはどこで買うのですか？)
>
> Au guichet, là bas. (あそこの窓口で)

余暇を楽しむ

▶プログラムを買おうか？

On achète le programme?
オナシェトゥ　ル　プログラーム

▶座席は指定席です。

Les places sont numérotées.
レ　プラッソン　ニュメロテ

▶1階の3列めです。

On est à l'orchestre, au troisième rang.
オネタ　ロルケストゥル　オ　トゥルワズィエム　ラン

*orchestre「1階前方のイス席」。rang「列」。

C'est au premier balcon, au deuxième rang. (2階のバルコニー席の2列めです)
セト　プルミエ　バルコン　オ　ドゥズィエム　ラン

▶この席、あいてますか？

Cette place est libre?
セトゥ　プラセ　リーブル

Cette place est libre?
(この席、あいてますか？)

Non, il y a quelqu'un.
ノン　イリャ　ケルカン
(いいえ、ふさがってます)

C'est libre?
セ　リーブル
Il y a quelqu'un, ici?
イリャ　ケルカン　イスィ
Je peux m'asseoir ici?
ジュ　プ　マスワリスィ

▶いい席だね！

On est bien placés!
オネ　ビアン　プラセ

On est bien placés! (いい席だね！)
Heureusement! Au prix où sont les billets!
ウルズマン　オ　プリ　ウ　ソン　レ　ビエ
(当たり前だよ！　この値段なんだもの！)

*heureusement「幸いなことに」はここでは皮肉を込めて使われている。

On voit bien!
オン　ヴワ　ビアン
*直訳は「よく見える！」。

3　毎日の生活で使うフレーズ

▶アンコール！

Bis!
ビース
*bisはラテン語を語源とし「2回」の意味。Bis! は「もう一度！」。ただし、最近ではこのことばを使うよりそろって手拍子を打つことが多い。

▶ブラボー！

Bravo!
ブラヴォー
*イタリア語で「よかった、いいぞ」の意味。

テニスをする　　　　　　　　　　　　　　　　　　3_010.mp3

▶テニスをしたいのですが。

Je voudrais jouer au tennis.
ジュ　ヴドゥレ　ジュエ　オ　テニス

▶テニスをしに行こうか？

On va faire du tennis?
オン　ヴァ　フェル　デュ　テニス

▶一緒にテニスをしない？

Tu veux jouer au tennis avec moi?
テュ　ヴ　ジュエ　オ　テニサヴェク　ムワ

▶明日テニスをしませんか？

Voulez-vous jouer au tennis, demain?
ヴレヴ　ジュエ　オ　テニース　ドゥマン

Voulez-vous jouer au tennis, demain?（明日テニスをしませんか？）
Avec plaisir.（喜んで）
アヴェック プレズィール

Ça te dirait de jouer au tennis, demain?
サッ　ディレ　ドゥ　ジュエ　オ　テニース　ドゥマン

▶近くにテニスクラブはありますか？

Il y a un club de tennis, près d'ici?
イリャ　アン　クルブ　ドゥ　テニース　プレ　ディスィ

▶1人いくらですか？

C'est combien, par personne?
セ　コンビアン　パル　ペルソンヌ

▶1日いくらですか？

C'est combien, la journée?
セ　コンビアン　ラ　ジュルネ

▶その料金は全部込みですか？

Tout est compris dans le tarif?
トゥテ　コンプリ　ダン　ル　タリフ

余暇を楽しむ

▶ラケットを借りることはできますか？

On peut louer des raquettes?
オン プ ルエ デ ラケットゥ

▶予約をしたいのですが。

Je voudrais faire une réservation.
ジュ ヴドゥレ フェリュン レゼルヴァスィオン

▶いつがよろしいですか？

Quand désirez-vous jouer?
カン デズィレヴ ジュエ

▶できれば今週の金曜日に。

Vendredi prochain, si possible.
ヴァンドゥルディ プロシャン スィ ポスィーブル

Ce vendredi, si possible.
ス ヴァンドゥルディ スィ ポスィーブル

▶土曜日でしたら、予約されたほうがいいようですが。

Si c'est pour samedi, il vaudrait mieux réserver.
スィ セ プル サムディ イル ヴォドゥレ ミュ レゼルヴェ

＊お客に向かって言う丁寧な表現。

▶4人です。

Nous sommes quatre.
ヌ ソム カトゥル

On est quatre.
オネ カトゥル

▶3番コートです。

On a le court numéro trois.
オナ ル クール ニュメロ トゥルワ

▶何時までですか？

On a jusqu'à quelle heure?
オナ ジュスカ ケルール

▶ボールがむこうへ飛んでいった。

La balle est passée de l'autre côté.
ラ バレ パセ ドゥ ロトゥル コテ

＊l'autre côté「反対側」。

> La balle est passée de l'autre côté.
> （ボールがむこうへ飛んでいったよ）
>
> **Je vais la chercher.** （さがしてくるよ）
> ジュ ヴェ ラ シェルシェ

3 毎日の生活で使うフレーズ

飲みに行く

▶1杯どう？

On va prendre un verre?
オン ヴァ プランドゥラン ヴェール

*verre「グラス、コップ」という意味から un verre は「酒」。

> On va prendre un verre?
> (1杯どう？)
>
> **Excellente idée.** (それはいいね)
> エクセランティデ

Ça te dirait d'aller prendre un verre?
サッ ディレ ダレ プランドゥラン ヴェール

▶何か飲みに行こうか？

On va prendre un pot?
オン ヴァ プランドゥラン ポ

*pot「つぼ」という意味から un pot は仲間と楽しく飲むときに使う。

On va prendre quelque chose?
オン ヴァ プランドゥル ケルク ショーズ

On va prendre un café?
オン ヴァ プランドゥラン カフェ
(コーヒーを飲みに行こうか？)

▶何か飲まない？

Tu ne veux pas prendre quelque chose?
テュ ヌ ヴ パ プランドゥル ケルク ショーズ

▶お茶をどうですか？

Si on allait prendre un thé?
スィ オナレ プランドゥラン テ

▶1杯やりたいな。

Je prendrais bien un verre.
ジュ プランドゥレ ビアン アン ヴェール

▶あとで1杯飲みに行きませんか？

Si on allait prendre un verre, après?
スィ オナレ プランドゥラン ヴェーラプレ

> Si on allait prendre un verre, après?
> (あとで1杯飲みに行きませんか？)
>
> **Malheureusement, je suis pressé, ce soir.**
> マルルズマン ジュ スュイ プレセ ス スワール
> (残念ですが、今夜は急いでいるんです)

余暇を楽しむ

▶黒ビールはありますか？

Vous‿avez de la bière brune?
ヴザヴェ　ドゥ　ラ　ビエル　ブリュン

*brune「褐色の」。ビールには黒ビールとふつうのビール bière blonde、赤味がかった bière rousse がある。

> Vous‿avez de la bière brune?
> （黒ビールはありますか？）
>
> Bien sûr. Quelle marque désirez-vous?
> ビアン　スュール　ケル　マルク　デズィレヴ
> （もちろん。どちらのがよろしいですか？）

▶ビールを1本ください。

Une bière, s'il vous plaît.
ユン　ビエール　スィル　ヴ　プレ

> Une bière, s'il vous plaît.
> （ビールを1本ください）
>
> Pression ou bouteille?
> プレスィオン　ウ　ブティ
> （生ですか、それともびんですか？）
>
> Pression.
> プレスィオン
> （生で）

Un demi, s'il vous plaît. （生ビールください）
アン　ドゥミ　スィル　ヴ　プレ

*demi はもとは半リットル。いまは4分の1リットルのジョッキ（グラス）入りビールを指す。

▶ウイスキーをください。

Un whisky, s'il vous plaît.
アン　ウィスキ　スィル　ヴ　プレ

▶何にする？

Qu'est-ce que tu prends?
ケス　ク　テュ　プラン

Qu'est-ce que vous prenez? （何にしますか？）
ケス　ク　ヴ　プルネ

▶つまみは何にしようか？

Qu'est-ce qu'on pourrait prendre‿avec?
ケス　コン　プレ　プランドゥラヴェク

> Qu'est-ce qu'on pourrait prendre‿avec? （つまみは何にしようか？）
> Ça m'est‿égal. Choisis.
> サ　メテガール　シュワズィ
> （何でもいいよ。まかせるよ）

*avec「〜と一緒に」。直訳は「一緒に何をとる？」。

▶乾杯！

A votre santé!
ア ヴォトゥル サンテー
*直訳は「あなたの健康のために！」。

A ta santé!
ア タ サンテー

A la tienne!
ア ラ ティエン
*la tienne は「君のもの」。ここでは「君の健康」を指している。くだけた言い方。

Santé!
サンテ

Tchin-tchin!
チンチン
*親しい者どうしで使う表現。

▶最初のひと口が最高だ！

C'est la première gorgée la meilleure!
セ ラ プルミエル ゴルジェ ラ メユール
*gorgée「ひと口」は gorge「のど」からできた語。飲み物を口にしたときに使う。食べ物のときには gorgée の代わりに bouchée を用いる。

▶ああうまい！

Ça fait du bien!
サ フェ デュ ビアン
*渇いていたのどをうるおしたときなどに使う言いまわし。

▶もう1杯いかが？

Encore un verre?
アンコラン ヴェール

On remet ça?（もう1杯どう？）
オン ルメ サ
*remettre「たす、もう一度やる」。くだけた表現。

▶ビールをもう1杯！

Une autre bière, s'il vous plaît!
ユノトゥル ビエール スィル ヴ プレ

▶同じものをください。

La même chose, s'il vous plaît.
ラ メム ショーズ スィル ヴ プレ

▶日本酒は好きですか？

Vous aimez le saké?
ヴゼメー ル サケ

▶これは強いな！

C'est fort!
セ フォール

Ça réveillerait un mort!（これはすごく強い！）
サ レヴェイレ アン モール

余暇を楽しむ

*mort「死者」、réveiller「目覚めさせる」。「死者を生き返らせるほど強烈な酒だ」という意味。

Il est fort, ce whisky!
イレ フォール ス ウィスキ
(このウイスキーは強いね!)

▶飲みすぎないように!

Ne bois pas trop!
ヌ ブワ パ トゥロー

▶ちょっとー! 飲みすぎだよ!

T'exagères! Tu bois trop!
テグザジェール テュ ブワ トゥロ

▶酔っぱらっているね。

Tu es ivre!
テュ エ イーヴル

Tu es soûl [soûle].
テュ エ ス [スール]
* くだけた表現。

▶酔っぱらったよ。

Je suis ivre.
ジュ スュイ イーヴル

Je suis pompette. (ほろ酔い気分だ)
ジュ スュイ ポンペトゥ

Je suis bourré [bourrée]. (べろんべろんだ)
シュイ ブレ
*bourré「いっぱいの、ぎっしりつまった」から「酔っ払った」。とてもくだけた表現。

▶飲みすぎた…。

J'ai trop bu …
ジェ トゥロ ビュ

> J'ai trop bu … (飲みすぎた…)
> Je vais te reconduire en voiture.
> ジュ ヴェ トゥ ルコンデュイラン ヴワテュル
> (車で送るよ)

▶こんなに飲むんじゃなかった。

J'aurais pas dû boire autant.
ジョレ パ デュ ブワロタン
*autant「これほど」。

J'aurais dû boire moins.
ジョレ デュ ブワル ムワン
*moins「よりすくなく」はpeu「すこし」の比較級。直訳は「もっとすくなく飲めばよかった」。

3 毎日の生活で使うフレーズ

▶二日酔いだ！

J'ai la gueule de bois!
ジェ ラ グール ドゥ ブワ

*gueule de bois の直訳は「木の顔」。顔の表情が乏しいことを指し、二日酔いの状態を表す。

▶彼はアルコールに弱い。

Il ne tient pas l'alcool.
イル ヌ ティアン パ ラルコール

*tenir「持つ」はここでは「（酒に）強い」。くだけた表現。

Il supporte mal l'alcool.
イル スュポルトゥ マル ラルコール

*supporter「耐える」。

Il s'enivre vite.
イル サンニヴル ヴィトゥ

*直訳は「彼はすぐ酔ってしまう」。

▶彼は酒に強い。

Il supporte bien l'alcool.
イル スュポルトゥ ビアン ラルコール

Il tient bien l'alcool.
イル ティアン ビアン ラルコール

*くだけた表現。

▶彼は結構飲んだ。

Il boit bien.
イル ブワ ビアン

Il a une bonne descente.
イラ ユン ボヌ デサントゥ

*descente「下降」。くだけた表現。

▶彼は酒好きだ。

Il est porté sur l'alcool.
イレ ポルテ スュル ラルコール

*porté「〜の傾向がある」。非難するニュアンスで使う表現。

Il est porté sur la bouteille.
イレ ポルテ スュル ラ ブテイ

Il picole.
イル ピコール

*「酒を飲む」のくだけた表現。

▶彼は大酒飲みです。

C'est un gros buveur.
セタン グロ ビュヴール

▶飲酒運転は禁止されています。

Il est interdit de conduire en état d'ivresse.
イレタンテルディ ドゥ コンデュイランネタ ディヴレス

*d'ivresse を d'ébriété に置き換えると、法的なニュアンスを表現する。

余暇を楽しむ

▶そんな状態じゃ運転できないよ！

Tu ne peux pas conduire dans cet état!
テュン プ パ コンデュイール ダン セテタ

*état「人や物の状態、健康状態」。

カラオケを楽しむ　　　　　　　　　　3_012.mp3

▶カラオケに行こうか？

On va au karaoké?
オン ヴァ オ カラオケ

> On va au karaoké? (カラオケに行こうか？)
> Je ne sais pas chanter. (私、歌えないの)
> ジュン セ パ シャンテ

▶歌うのは得意？

Tu chantes bien?
テュ シャントゥ ビアン

Tu sais chanter? (歌える？)
テュ セ シャンテ

▶歌えないんです。

Je ne sais pas chanter.
ジュン セ パ シャンテ

Je chante mal. (へたです)
ジュ シャントゥ マル

Je chante comme une casserole. (へたくそです)
ジュ シャントゥ コミュン カスロール

*casserole「なべ」。

▶あなたからどうぞ！

A toi l'honneur!
ア トゥワ ロヌール

*honneur「名誉」。

C'est toi qui commences!
セ トゥワ キ コマンス

Toi d'abord!
トゥワ ダボード

Après toi!
アプレ トゥワ

▶楽しくやろう。

On va bien s'amuser.
オン ヴァ ビアン サミュゼ

▶ニコラ、歌わない？

Tu veux chanter, Nicolas?
テュ ヴ シャンテ ニコラ

▶何を歌う？
Qu'est-ce que tu vas chanter?
ケス　ク　テュ　ヴァ　シャンテ

▶デュエットしない？
On chante en duo?
オン　シャンタン　デュオ
On fait un duo?
オン　フェ　アン　デュオ

▶もっと大きな声で歌って！
Chante plus fort!
シャントゥ　プリュ　フォール

▶もうちょっと小さな声で歌って！
Chante moins fort!
シャントゥ　ムワン　フォール

▶マイクをちょっと離して。
Eloigne un peu le micro.
エルワニャン　プ　ル　ミクロ

▶さあ、私の番だ。
C'est à moi, maintenant.
セタ　ムワ　マントゥナン
C'est à mon tour, maintenant.
セタ　モン　トゥール　マントゥナン

▶あがってしまうよ。
J'ai le trac.
ジェ　ル　トゥラック
*trac「おじけ、気後れ」。

▶私はついていけないよ。
Je n'arrive pas à suivre.
ジュ　ナリヴ　パ　ア　スュイヴル
*「スピードについていけない」と言うときの表現。

▶私には高すぎるよ。
C'est trop haut pour moi.
セ　トゥロ　オ　プル　ムワ
Tu pourrais le régler un peu plus bas?
テュ　プレ　ル　レグレ　アン　プ　プリュ　バ
（もうちょっと音を下げてもらえる？）

▶音痴なんです。
Je chante faux.
ジュ　シャントゥ　フォ

余暇を楽しむ　　275

Je n'ai pas l'oreille musicale.
ジュ ネ パ ロレイ ミュズィカール
(音感がよくないんです)

*oreille「耳」。

▶あなたのおはこは何？
C'est quoi, ta meilleure chanson?
セ　クワ　タ　メユール　シャンソン
Quelle est ta chanson préférée?
ケレ　タ　シャンソン　プレフェレ

▶はじめて聞いたよ。
C'est la première fois que je l'entends.
セ　ラ　プルミエル　フワ　ク　ジュ　ランタン

> **Tu connais cette chanson?**
> テュ　コネ　セトゥ　シャンソン
> (この曲知ってる？)
>
> **Non, c'est la première fois que je l'entends.**
> (ううん、はじめて聞いたよ)

Je ne connais pas cette chanson.
ジュン　コネ　パ　セトゥ　シャンソン
(この曲は知りません)

▶この曲、知らなかったな。
Je ne la connaissais pas, celle-là.
ジュン　ラ　コネセ　パ　セラ
*celle-là は cette chanson-là。

▶この曲、きれいだね！
Elle est belle, cette chanson!
エレ　ベール　セチャンソン

> **Elle est belle, cette chanson!**
> (この曲、きれいだね！)
>
> **Oui, mais elle est difficile à chanter.**
> ウイ　メ　エレ　ディフィスィラ　シャンテ
> (うん、でも歌うのは難しいよ)

▶サビの部分が好きなんだ。
J'aime bien le refrain.
ジェム　ビアン　ル　ルフラン

▶出だしのところしかわからない。
Je ne connais que le premier couplet.
ジュン　コネ　ク　ル　プルミエ　クプレ
*couplet「歌の節（せつ）」。

3

09 会ったとき・別れるとき

知人と出会う　　　　　　　　　　　　　　　　　3_013.mp3

▶こんにちは！

Bonjour!
ボンジュール

* フランス語では「おはよう」と「こんにちは」の区別はないので、朝でも昼でもBonjour。たとえば Jacques Delvaux という名前の男性にあいさつする場合、丁寧な順に並べると① Bonjour, Monsieur. ② Bonjour. ③ Bonjour, M. Delvaux. となる。このうち③の表現は相手を微妙に見下したニュアンスを含み、先生など目上の人に使うにはふさわしくない。ただし、近所の人どうしや商店でなじみの客に向かって使われるのは別。①は丁寧だが親しみに欠ける表現でもあり、迷ったときには②が無難と言える。なお、Bonjour, Jacques. とあいさつできるのは、兄弟や身近な親せき、友達、tutoyer で話す了解 (On peut se tutoyer?) を得ている人の場合に限られる。

> **Bonjour, Monsieur.** (こんにちは)
> ボンジュール　　ムスュ
> **Bonjour, Lucas.** (こんにちは、リュカ)
> ボンジュール　　リュカ

▶こんばんは。

Bonsoir.
ボンスワール

* 夕方以降のあいさつに用いる。別れるときの「さようなら、おやすみなさい」にも使う。

▶やあ！

Salut!
サリュ

* 親しい人との間で交わすあいさつで、別れるときの「さようなら」としても用いる。時間を問わず、いつでも使える。

> **Salut!** (やあ！)
> **Salut!** (こんにちは！)

▶うっそー！

C'est pas vrai!
セ　パ　ヴレ

Tiens, c'est toi! (あれっ、あなたなの！)
ティアン　セ　トゥワ

Tiens donc! (おや、まあ！)
ティアン　ドンク

* 皮肉を込めて「おや、まあ」と言うときにも使う。

▶ごきげんいかがですか？

Comment‿allez-vous?
コマンタレヴ

Vous‿allez bien? (お元気ですか？)
ヴザレ　　　ビアン

会ったとき・別れるとき　　277

▶調子はどう？

Tu vas bien?
テュ ヴァ ビアン

Comment vas-tu?
コマン ヴァテュ

▶元気？

Ça va?
サ ヴァ

*ça va は問いかけにも返事にも使う。ただし、目上の人に対しては、返事には使えるが問いかけには用いない。

Ça va bien?
サ ヴァ ビアン

▶うまくいってる？

Ça marche?
サ マルシュ

Tout va comme tu veux?（何もかも順調？）
トゥ ヴァ コム テュ ヴ

* 直訳は「すべて望んでいるように進んでいるか？」。

▶どう、元気？

Comment ça va?
コマン サ ヴァ

Salut, Victor!（こんにちは、ヴィクトール！）
サリュ ヴィクトール

Thomas! Comment ça va?（トマ！ どう、元気？）
トマ コマン サ ヴァ

▶とても元気です。あなたは？

Très bien, merci. Et vous?
トゥレ ビアン メルスィ エ ヴ

▶元気だよ。君は？

Bien, merci. Et toi?
ビアン メルスィ エ トゥワ

Je vais bien. Merci. Et toi?
ジュ ヴェ ビアン メルスィ エ トゥワ

Ça va, merci. Et toi?
サ ヴァ メルスィ エ トゥワ

▶あんまり。

Pas très bien.
パ トゥレ ビアン

* 直訳は「とてもよくはない」。

Ça va, la santé?（体調はどう？）
サ ヴァ ラ サンテ

Non, pas très bien.（いや、あんまり）

278　　　　　　　　　　3　毎日の生活で使うフレーズ

Ça pourrait aller mieux.
サ プレ アレ ミュ
*直訳は「もっとうまくいくだろう」。

Ça va pas très fort.
サ ヴァ パ トゥレ フォール
*fort「強く」はここでは bien「上手に」の意味。くだけた表現。

Pas terrible!
パ テリーブル

Comme ci comme ça. (まあまあです)
コム スィ コム サ

▶ ううん、調子がよくないんだ。

Non, ça va pas.
ノン サ ヴァ パ

*「元気？」と聞かれて「元気ではない」と答えるときの表現。

▶ 最近どう？

Alors, quoi de neuf?
アロール クワ ドゥ ヌッフ

*neuf「新しい」。Bonjour のあと、会話を始めるのに使う便利な表現。ただし、親しい人に限る。

> Alors, quoi de neuf? (最近どう？)
> Pas grand-chose. (特に何も)
> パ グランショーズ

> Alors, quoi de neuf? (最近どう？)
> Rien, tout est vieux. (相変わらずよ)
> リアン トゥテ ヴュー

*neuf と vieux の対照にユーモアがあり、この返事はよく使われる。

▶ 別に。

Rien de spécial.
リアン ドゥ スペスィアール

Pas grand-chose.
パ グランショーズ

Rien d'extraordinaire.
リアン デクストゥラオルディネール

▶ 家族は元気？

Comment va ta famille?
コマン ヴァ タ ファミーユ

> Comment va ta famille? (家族は元気？)
> Tout le monde va bien. (みんな元気だよ)
> トゥ ル モンドゥ ヴァ ビアン

Et ta famille, ça va?
エ タ ファミーユ サ ヴァ

会ったとき・別れるとき

Votre famille va bien?
ヴォトゥル ファミーユ ヴァ ビアン
（ご家族はお元気ですか？）

▶ご両親はお元気ですか？

Vos parents vont bien?
ヴォ パラン ヴォン ビアン

Ça va, tes parents?
サ ヴァ テ パラン
（両親は元気？）

▶順調にいってる？

Tout va bien?
トゥ ヴァ ビアン

> Tout va bien?（順調にいってる？）
> Oui, ça va.（うん、順調だよ）
> ウイ サ ヴァ

▶仕事はどう？

Ça marche, les‿affaires?
サ マールシュ レザフェール

*marcher「うまく運ぶ」。
Ça va, les‿affaires?
サ ヴァ レザフェール
Vos‿affaires vont bien?
ヴォザフェル ヴォン ビアン
（お仕事は順調ですか？）

▶まあね。

Pas mal.
パ マール

* 直訳すると「悪くない」だが、これは一種の謙譲表現で、本心は「なかなかいい、結構うまくいっている」の意味。「まあまあ」以上。

On fait aller.
オン フェ アレ

▶相変わらずです。

Comme d'habitude.
コム ダビテュードゥ

> Ça marche, les‿affaires?
> サ マールシュ レザフェール
> （商売はどう？）
>
> Comme d'habitude.
> （相変わらずだよ）

▶お出かけですか？

Vous sortez?
ヴ ソルテ

▶どこへ行くの？
Où est-ce que tu vas?
　ウ　エス　ク　テュ　ヴァ
＊相手の行動を詮索する質問はなるべく避けるのがフランス語の会話のマナー。
Où vas-tu?
ウ　ヴァテュ

▶ここで何してるの？
Qu'est-ce que tu fais dans le quartier?
　ケス　ク　テュ　フェ　ダン　ル　カルティエ
*dans le quartier「この辺で」。dans le coin, par ici も同じように使う。

▶このあたりへはよく来るの？
Tu viens souvent par‿ici?
テュ　ヴィアン　スヴァン　パリスィ

▶散歩ですか？
Vous vous promenez?
　ヴ　ヴ　プロムネ

▶買い物してるの？
Tu fais des courses?
テュ　フェ　デ　クルス

▶ちょうどいいところへ来たね。
Tu arrives juste‿au bon moment.
テュ　アリヴ　ジュスト　ボン　モマン
Vous tombez bien.
ヴ　トンベ　ビアン
Tu tombes‿à pic.
テュ　トンバ　ピック
*pic「頂点」、à pic「タイミングよく」。

▶ああ、ここにいたんだ！
Ah, te voilà!
ア　トゥ　ヴワラ
＊「ああ、来たね！」という意味でも使われる。

> Ah, te voilà!（ああ、ここにいたんだ！）
> **Tu me cherchais?**（私をさがしてたの？）
> テュ　ム　シェルシェ

▶ああ、君か。
Ah, c'est toi?
ア　セ　トゥワ

▶偶然彼に出会ったんだ。
Je suis tombé [tombée] sur lui par‿hasard.
ジュ　スュイ　トンベ　スュル　リュイ　パザール
*tomber sur ...「～にばったり会う」。par hasard「偶然に」。
Je l'ai rencontré par‿hasard.
ジュ　レ　ランコントゥレ　パザール

会ったとき・別れるとき

▶昨日、だれに会ったかわかる？

Devine qui j'ai rencontré, hier?
ドゥヴィン　キ　ジェ　ランコントゥレ　イエール
*deviner「推測する」。ここでは「当ててごらんなさい」の意味。

> Devine qui j'ai rencontré, hier?
> (昨日、だれに会ったかわかる？)
> Je ne sais pas. (わからないよ)
> ジュ　ヌ　セ　パ

久しぶりに会う　　　　　　　　　　　　　3_014.mp3

▶お久しぶりです！

Ça fait longtemps!
サ　フェ　ロンタン
*直訳は「長い時間が経った」。

> Mais c'est Chloé! (クロエじゃないの！)
> メ　セ　クロエー
> Naomi! Ça fait longtemps!
> ナオミ　サ　フェ　ロンタン
> (ナオミ！ お久しぶりね！)

Ça fait un bail!
サ　フェ　アン　バイ
*bail「賃貸借、長い期間」。
Ça fait un moment qu'on ne s'est pas vus [vues]!
サ　フェ　アン　モマン　コン　ヌ　セ　パ　ヴュー
Ça fait une paye ...
サ　フェ　ユン　ペーイ
*paye「給料」、くだけた会話では「長い時間」の意味で使われる。

▶どうしてた？

Alors, qu'est-ce que tu deviens?
アロール　ケス　ク　テュ　ドゥヴィアン
*devenir「～になる」。

> Alors, qu'est-ce que tu deviens?
> (どうしてた？)
> Ça va. Et toi? (元気だよ。君は？)
> サ　ヴァ　エ　トゥワ

▶あれ以来、元気？

Ça va, depuis la dernière fois?
サ　ヴァ　ドゥピュイ　ラ　デルニエル　フワ
*la dernière fois「前回、最後の回」。

3　毎日の生活で使うフレーズ

Ça va, depuis la dernière fois?
(あれ以来、元気？)

Oui, très bien. Et toi?
ウィ トゥレ ビアン エ トゥワ
(うん、とても。君は？)

Ça va, la santé?
サ ヴァ ラ サンテ
*santé「健康」。くだけた表現。

▶最近何やってたの？
Qu'est-ce que tu as fait, ces derniers temps?
ケス ク テュ ア フェ セ デルニエ タン

Qu'est-ce que tu as fait, ces derniers temps?
(最近何やってたの？)

Rien de spécial. J'ai travaillé.
リアン ドゥ スペスィアル ジェ トゥラヴァイエ
(特に何も。働いてただけだよ)

▶また会えてうれしいな。
Ça me fait plaisir de te revoir.
サ ム フェ プレズィール ドゥ トゥ ルヴワール
*me はなくてもよい。

Ça me fait plaisir de te revoir. (また会えてうれしいわ)

Moi aussi! (私も！)
ムワ オスィ

Je suis content [contente] de te revoir.
ジュ スュイ コンタン [コンタントゥ] ドゥ トゥ ルヴワール
Je suis heureux [heureuse] de vous revoir.
ジュ スュイ ウルー [ウルーズ] ドゥ ヴ ルヴワール
Quelle bonne surprise! (また会えるなんて！)
ケル ボンヌ スュルプリーズ
*直訳は「何てよい驚き！」。思いがけない再会のとき、驚きとともに喜びの気持ちを表す表現。

▶変わってないね！
Tu n'as pas changé!
テュ ナ パ シャンジェ

Tu n'as pas changé! (変わってないね！)
Toi non plus! (あなたもね！)
トゥワ ノン プリュ

Tu es toujours le [la] même!
テュ エ トゥジュル ル [ラ] メーム
*直訳は「君は相変わらず同じだ」。外見より性格などについて言うときに使う。

会ったとき・別れるとき

Tu n'as pas changé du tout!
テュ ナ パ シャンジェ デュ トゥ
(ちっとも変わってないね！)

*ne ... pas du tout「ぜんぜん〜ない」。外見について言うときに使う。

▶変わったね！

Tu as changé!
テュ ア シャンジェ

*この表現を使うのは良い意味のときに限られる。

Je te reconnais à peine.
ジュ トゥ ルコネ ア ペン

*直訳は「君だとはほとんどわからない」。

▶今度の髪型、似合うね！

C'est bien, ta nouvelle coiffure!
セ ビアン タ ヌヴェル クワフュール

*nouvelle「新しい」。

▶もう、眼鏡かけないの？

Tu n'as plus de lunettes?
テュ ナ プリュ ドゥ リュネットゥ

Tu n'as plus de lunettes?
(もう眼鏡かけないの？)

Non, maintenant j'ai des verres de contact.
ノン マントゥナン ジェ デ ヴェル ドゥ コンタクトゥ
(ええ、いまはコンタクトレンズなの)

▶大きくなったね！

Qu'est-ce que tu as grandi!
ケス ク テュ ア グランディー

Comme tu as grandi!
コンム テュ ア グランディー

Tu es grand [grande], maintenant!
テュ エ グラン [グランドゥ] マントゥナン

*子どもに向かって言う表現。

▶りっぱな少年になったね！

Tu es devenu un vrai jeune‿homme!
テュ エ ドゥヴニュ アン ヴレ ジュノーム

*jeune homme は「若い人、青年」の意味だが、この表現を使えるのは相手が10代前半の子どものとき。jeune fille も同じ。

Tu es devenue une vraie jeune fille!
テュ エ ドゥヴニュ ユヌ ヴレ ジュヌ フィーユ
(いい娘さんになったね！)

3　毎日の生活で使うフレーズ

▶前よりずっときれいになったね！

Tu es encore plus jolie qu'avant!
テュ エ アンコル プリュ ジョリ カヴァン

*encore は比較級の前で程度を強めるときに用いる。

▶具合はよくなった？

Alors, ça va mieux?
アロール サ ヴァ ミュ

*mieux は bien の比較級で、病人のようすをたずねる表現。

Alors, ça va mieux?（具合はよくなった？）
Oui, beaucoup mieux.（うん、とてもよくなったよ）
ウイ ボク ミュ

▶元気そうだね！

Tu as l'air en forme!
テュ ア レラン フォールム

*avoir l'air ...「～のように見える」。

Tu as l'air en forme!（元気そうだね！）
Toi aussi!（君も！）
トゥワ オスィ

▶すこし太ったんじゃない？

Tu n'aurais pas un peu grossi?
テュ ノレ パ アン プ グロスィ

*grossir「太る」。十分に親しい関係の人に向かってしか使えない。

Tu n'aurais pas un peu grossi?（すこし太ったんじゃない？）
C'est bien possible.（そうかも）
セ ビアン ポスィブル

Tu as grossi, non?（太ったよね？）
テュ ア グロスィー ノン

▶やせたよね？

Tu as maigri, non?
テュ ア メグリー ノン

*maigrir「やせる」。

Tu as maigri, non?（やせたよね？）
Tu crois? C'est possible...（そう？ そうかもね…）
テュ クルワ セ ポスィーブル

Tu n'aurais pas un peu maigri?（すこしやせたんじゃない？）

Dis donc, qu'est-ce que tu as maigri !（あら、やせたね！）

*ある程度やせた人に向かって言う表現。ただし、失礼にならないように気を付ける。また、極端にやせた人には使わない。

会ったとき・別れるとき

別れる

3_015.mp3

▶さようなら！
Au revoir!
オ ルヴワール

▶じゃあね！
Salut!
サリュ

A bientôt!（またね！）
ア ビアント

A tout_à l'heure!（あとでね！）
ア トゥタ ルール

A la semaine prochaine!（また来週！）
ア ラ スメン プロシェン

A demain!（また明日！）
ア ドゥマン

A jeudi!（木曜日に！）
ア ジュディ

A la prochaine!（また今度！）
ア ラ プロシェン

* くだけた表現。

Ciao!（バイバイ！）
チャオ

* イタリア語から。くだけた表現。

A plus!（またね！）
ア プリュス

*plus を記号にすると＋なので、A plus! は A＋! と置き換えられる。メールなどで à plus tard「またあとで」の意味に使われている。くだけた表現。

▶じゃ、さようなら！
Bon, allez, au revoir !
ボン アレ オ ルヴワール

Bon, allez, j'y vais. Au revoir!
ボン アレ ジ ヴェ オ ルヴワール

*「いってきます」という意味もある。

Bon, alors, à bientôt.（じゃ、近いうちに）
ボン アロール ア ビアント

▶遅くなった！
Il_est tard!
イレ タール

> Il_est tard!
> （遅くなったわ！）
>
> On rentre?
> オン ラントゥル
> （帰ろうか？）

▶行かなくては。

Je dois partir.
ジュ ドゥワ パルティール

Excuse-moi, mais je dois partir.
エクスキュズムワ メ ジュ ドゥワ パルティール
(ごめん、行かなくては)

Déjà! (もうなの！)
デジャ

Il faut que je vous quitte.
イル フォ ク ジュ ヴ キトゥ
*電話では「もう切らなくては」の意味で使う。
Je dois y aller.
ジュ ドゥワ ヤレ
Il faut que j'y aille.
イル フォ ク ジ アーユ

▶ご成功を！

Bonne chance!
ボンヌ シャンス
*試験やデートの前などに「がんばって！」と励ますときに使う慣用句。

Bonne chance! (ご成功を！)
Merci. J'en ai besoin.
メルスィ ジャンネ ブズワン
(ありがとう。がんばるよ)

*j'en ai besoin の直訳は「私はそれを必要としている」で、en は chance を指す。
Je vous souhaite bonne chance!
ジュ ヴ スエットゥ ボンヌ シャンス
*souhaiter「望む、祈る」。

▶がんばって！

Bon courage!
ボン クラージュ
*courage「勇気、元気」。「しっかりね」と励ます言いまわしでよく使われる。

▶お大事に！

Soignez-vous bien!
スワニェヴ ビアン
*se soigner「健康に気をつける」。病気の人に言う。フランスの医療機関ではこの表現は使われない。診察のあと医者は患者と握手しながら「さようなら」とだけ言う。

▶気をつけてください。

Prenez bien soin de vous.
プルネ ビアン スワン ドゥ ヴ
*soin「心配り」。身体が弱い人に言う。

会ったとき・別れるとき

▶ゆっくり休んでください！

Reposez-vous bien!
ルポゼヴ　ビアン
*疲れている人に言う。

Ne vous fatiguez pas trop.
ヌ　ヴ　ファティゲ　パ　トゥロ
（疲れすぎないようにね）

▶その調子で！

Continue comme ça!
コンティニュ　コム　サ
*continuer「続ける」。

> Continue comme ça!（その調子でね！）
> Merci de m'encourager.
> メルスィ　ドゥ　マンクラジェ
> （励ましてくれてありがとう）

▶がんばりすぎないで！

Ne travaille pas trop!
ヌ　トゥラヴァイ　パ　トゥロ

> Ne travaille pas trop!
> （がんばりすぎないで！）
> Je suis bien‿obligé. J'ai un‿examen, demain.
> ジュ スュイ ビアノブリジェ ジェ アネグザマン ドゥマン
> （やらなくちゃならないんだ。明日試験だから）

N'en fais pas trop!（無理しないで！）
ナン　フェ　パ　トゥロ

▶よい1日を！

Bonne journée!
ボンヌ　ジュルネ

> Bonne journée!（よい1日を！）
> Toi aussi!（君もね！）
> トゥワ　オスィ

▶おやすみなさい！

Bonne soirée!
ボンヌ　スワレ
*寝るまでに時間があるときの別れのあいさつ。深夜は使わない。

▶楽しんできてください！

Amusez-vous bien!
アミュゼヴ　ビアン

> On part demain à Hawaii.
> オン パル ドゥマン ア アワイ
> （明日ハワイへ出発するんです）

3　毎日の生活で使うフレーズ

Amusez-vous bien!
(楽しんできてください！)

Profitez-en bien!
プロフィテザン　ビアン
＊直訳すると「その機会を十分生かしてください」。
Amuse-toi bien! (楽しんでらっしゃい！)
アミュズトゥワ　ビアン

▶よい週末を！
Bon week-end!
ボン　ウィケンドゥ

▶楽しい旅行を！
Bon voyage!
ボン　ヴォヤージュ
Je vous souhaite bon voyage!
ジュ　ヴ　スエットゥ　ボン　ヴォヤージュ

▶楽しいバカンスを！
Bonnes vacances!
ボンヌ　ヴァカンス
Passez de bonnes vacances!
パセ　ドゥ　ボンヌ　ヴァカンス

▶もうすこしいたいのですが、残念ながら…。
Je resterais bien encore un peu, mais malheureusement...
ジュ　レストゥレ　ビアン　アンコラン　プー　メー　マルルズマン

▶お会いできてよかったです。
Je suis content [contente] de vous avoir vu [vue].
ジュ　スュイ　コンタン　[コンタントゥ]　ドゥ　ヴザヴワル　ヴュ

▶お話しできてよかったです。
Je suis content [contente] d'avoir pu vous parler.
ジュ　スュイ　コンタン　[コンタントゥ]　ダヴワル　ピュ　ヴ　パルレ

Je suis content d'avoir pu vous parler. (お話しできてよかったです)
Moi aussi. (私もです)
ムワ　オスィ

▶マクシムによろしくね。
Dis bonjour à Maxime de ma part.
ディ　ボンジュラ　マクシム　ドゥ　マ　パール
＊直訳は「マクシムに私からのこんにちはを言って」。

Saluez Maxime pour moi.
サリュエ　マクシム　プル　ムワ
＊直訳は「私の代わりにマクシムにあいさつして」。

会ったとき・別れるとき

▶奥さんによろしくお伝えください。

Transmettez mon bon souvenir à votre épouse.
トゥランスメテ　モン　ボン　スヴニラ　ヴォトゥレプーズ

*souvenir「思い出」。mon bon souvenir à ...「〜によろしく」。

> Transmettez mon bon souvenir à votre épouse.
> (奥さんによろしくお伝えください)
>
> Je n'y manquerai pas. (確かに伝えます)
> ジュ　ニ　マンクレ　パ

*manquer「そむく」。

▶お土産を忘れないで！

N'oublie pas de me rapporter un petit cadeau!
ヌブリ　パ　ドゥ　ム　ラポルテ　アン　プティ　カド

> N'oublie pas de me rapporter un petit cadeau!
> (お土産を忘れないでね！)
>
> Promis! (約束するよ！)
> プロミ

▶近いうちにまたお会いしたいですね。

J'espère vous revoir très bientôt.
ジェスペール　ヴ　ルヴワル　トゥレ　ビアント

Je serais ravi [ravie] de vous revoir.
ジュ　スレ　ラヴィ　ドゥ　ヴ　ルヴワール
(またお目にかかりたいです)

▶今夜電話して。

Appelle-moi ce soir.
アペルムワ　ス　スワール

> Appelle-moi ce soir! (今夜電話してね！)
> Entendu. (わかった)
> アンタンデュ

▶気をつけて帰って！

Rentre bien!
ラントゥル　ビアン

*家へ帰ろうとする人にかけることば。

▶気をつけてね！

Fais attention!
フェ　アタンスィオン

> Fais attention! (気をつけてね！)
> Ne t'inquiète pas! (心配しないで！)
> ヌ　タンキエトゥ　パ

▶明日また来ます。

Je repasserai demain.
ジュ　ルパスレ　ドゥマン

しばらく会えないとき　　3_016.mp3

▶お便りをちょうだいね！

Donne-moi de tes nouvelles!
ドンヌムワ　ドゥ　テ　ヌヴェール

▶ときどき電話をちょうだい。

Passe-moi un petit coup de fil de temps en temps.
パスムワ　アン　プティ　ク　ドゥ フィール ドゥ　タンザン　タン
*coup「打つこと」。fil「コード」。passer un coup de fil で「電話をかける」。

Appelle-moi de temps en temps.
アペルムワ　ドゥ　タンザン　タン

▶ときどきメールをちょうだい。

Envoie-moi un mél de temps en temps.
アンヴォワムア　アン　メル　ドゥ　タンザン　タン

Envoie-moi un mél de temps en temps.
（ときどきメールをちょうだいね）

Evidemment!（もちろん！）
エヴィダマン

▶ときどき手紙を出します。

Je vous enverrai un petit mot de temps en temps.
ジュ　ヴザンヴェレ　アン プティ　モ　ドゥ　タンザン　タン
*mot「ことば、短信」。envoyer un mot「ちょっとした手紙を書く」。

Je vous écrirai.
ジュ　ヴゼクリレ

▶さびしくなるな。

Tu vas me manquer.
テュ ヴァ　ム　マンケ
*manquer「欠乏する」。

Tu vas me manquer.（さびしくなるな）
Toi aussi.（私も）
トゥワ オスィ

▶新学期にまた会いましょう。

On se reverra à la rentrée.
オン ス　ルヴェラ　ア ラ　ラントゥレ
*rentrée「新学期」。フランスでは9月。

会ったとき・別れるとき

▶また来年！

A l'année prochaine!
ア ラネ プロシェン

On se reverra l'année prochaine!
オン ス ルヴェラ ラネ プロシェン

訪問　　　　　　　　　　　　　　　　　　　　3_017.mp3

▶ごめんください。

Il_y_a quelqu'un?
イリャ ケルカン

* 直訳は「だれかいますか？」となり、主に商店へ入るときに使う。フランス語には日本語の「ごめんください、おじゃまします」にあたる決まった表現はない。一般の家庭では玄関は施錠されており、家の人がドアを開けるので勧められたときだけ中へ入る。

S'il vous plaît!
スィル ヴ プレー

* 商店へ入って店の人を呼ぶときの表現。

▶何のご用ですか？

Oui, c'est pour quoi?
ウイ セ プル クワ

* 知らない訪問者への問い。

　Il_y_a quelqu'un?（ごめんください）
　イリャ ケルカン

　Oui, c'est pour quoi?（何のご用ですか？）

Oui?
ウイ

▶突然おじゃましてすみません…。

Excusez-moi de passer à l'improviste ...
エクスキュゼムワ ドゥ パセ ア ランプロヴィストゥ

*passer「立ち寄る」。à l'improviste「不意に」。

Je suis désolé [désolée] de passer sans prévenir.
ジュ スュイ デゾレ ドゥ パセ サン プレヴニール

*sans prévenir「予告なしに」。

▶どうぞお入りください！

Je vous_en prie, entrez!
ジュ ヴザン プリー アントゥレ

　Excusez-moi de venir à l'improviste.
　エクスキュゼムワ ドゥ ヴニラ ランプロヴィストゥ
　（突然おじゃましてすみません）

　Mais, je vous_en prie, entrez!
　メ ジュ ヴザン プリー アントゥレ
　（どうぞお入りください）

3

▶こんにちは、どうぞ！

Bonjour, entrez!
ボンジュール　アントゥレ

▶ああ驚いた！

Quelle surprise!
ケル　　スュルプリーズ

Quelle bonne surprise! (まあうれしい！)
ケル　　ボヌ　スュルプリーズ

▶いったいどうしたの？

Quel bon vent vous‿amène?
ケル　ボン　ヴァン　ヴザメヌ

＊直訳は「どんなよい風があなたを連れてきたのか？」。突然の来訪者に言うくだけた表現。

▶来てくださってありがとう！

C'est vraiment gentil d'être venu [venue]!
セ　ヴレマン　ジャンティ　デトゥル　ヴニュ

▶よくいらっしゃいました！

Comme c'est gentil de me rendre visite!
コム　セ　ジャンティ　ドゥ　ム　ランドゥル　ヴィズィトゥ

＊突然の訪問を受けて「ようこそ、歓迎しています」と迎える表現。rendre visite à ...「～を訪問する」。visiter だけのときは「場所を訪問する」の意味なので「人を訪問する」と言うときにはこの言い方または aller voir を用いる。たとえば「毎週日曜日に祖母を訪問する」の場合、Je rends visite à ma grand-mère tous les dimanches. または Je vais voir ma grand-mère tous les dimanches. となり、Je visite ma grand-mère tous les dimanches. とは言わない。

▶まさかいらっしゃるとは！

Je‿ne m'attendais pas à votre visite!
ジュン　マタンデ　パ　ア　ヴォトゥル　ヴィズィトゥ

＊s'attendre à ...「～を予想する」。

▶ごめんなさい、家が散らかってて。片付けるひまがなくて…。

Excusez-moi, la maison est‿en désordre. Je n'ai pas eu le temps de ranger ...
エクスキュゼムワ　ラ　メゾン　エタン　デゾルドゥル　ジュ　ネ　パ　ユ　ル　タン　ドゥ　ランジェ

> Excusez-moi, la maison est‿en désordre. Je n'ai pas eu le temps de ranger ...
> （ごめんなさい、家が散らかってて。片付けるひまがなくて…）
> Ne vous‿inquiétez pas. (気にしないで)
> ヌ　　ヴザンキエテ　　パ

▶お招きありがとうございます。

Je vous remercie de m'avoir‿invité [invitée].
ジュ　ヴ　ルメルスィ　ドゥ　マヴワランヴィテ

会ったとき・別れるとき

Je vous remercie de votre invitation.
ジュ ヴ ルメルスィ ドゥ ヴォトゥランヴィタスィオン

▶ どうぞ、これ。

Tenez, c'est pour vous.
トゥネ セ プル ヴ

> Tenez, c'est pour vous. （どうぞ、これ）
>
> Mais il ne fallait pas ...
> メ イル ヌ ファレ パー
> （そんなことしていただかなくても…）
>
> Ce n'est pas grand-chose ...
> ス ネ パ グランショーズ
> （たいしたものでは…）

*il ne faut pas「必要がない」。

Tenez, je vous ai apporté ça.
トゥネ ジュ ヴゼ アポルテ サ
（どうぞ、お土産です）
*apporter「持ってくる」。

▶ そんなことしていただかなくても…。

Mais il ne fallait pas ...
メ イル ヌ ファレ パー

▶ 気に入っていただけるといいんですが…。

J'espère que ça va vous plaire ...
ジェスペル ク サ ヴァ ヴ プレール

▶ どうぞお楽にしてください。

Faites comme chez vous, je vous en prie.
フェットゥ コム シェ ヴ ジュ ヴザン プリ

*je vous en prie は「どうぞ」と勧めるときと「どういたしまして」と答えるときの両方の使い方がある。ここでは前者。直訳は「どうぞ自分の家にいるようにふるまってください」となり、お客に「ゆっくりくつろいで」と言うときの表現。en を使わない je vous prie という表現には上下関係が生じるので、目下の者が目上の者に向かって用いることはできない。

Mettez-vous à votre aise, je vous en prie.
メテヴ ア ヴォトゥレーズ ジュ ヴザン プリ
*aise「喜び、満足」。会話では「くつろぎ」の意味で使う。

▶ どうぞおかけください。

Asseyez-vous, je vous en prie.
アセイエヴ ジュ ヴザン プリ

> Asseyez-vous, je vous en prie.
> （どうぞおかけください）
>
> Merci. （ありがとうございます）
> メルスィ

3 毎日の生活で使うフレーズ

Prenez un siège. (かけてください)
ブルネ　アン　スィエージュ

*siège はイス全般を指す語。chaise「背付きでひじかけのないイス」、fauteuil「ひじかけイス」などの種類がある。

Assieds-toi. (かけて)
アスィエトゥワ

▶何かいかがですか？

Vous prendrez bien quelque chose?
ヴ　　プランドゥレ　ビアン　　ケルク　　ショーズ

▶何がよろしいですか？

Qu'est-ce que je vous offre?
ケス　　ク　ジュ　ヴゾーフル

*offrir は客に飲み物などを出すときに使い、servir よりていねいな言い方になる。

> Qu'est-ce que je vous offre?
> (何がよろしいですか？)
> Je veux bien une bière, si vous avez.
> ジュ　ヴ　ビアン　ユン　ビエール　スィ　ヴザヴェ
> (ビールがあったらお願いします)

Qu'est-ce que je peux vous offrir?
ケス　　ク　ジュ　プ　ヴゾフリール
(何をお持ちしましょうか？)

Qu'est-ce que je te sers? (何にする？)
ケス　　ク　ジュ トゥ セール

▶コーヒーを飲む？

Tu veux un café?
テュ　ヴ　アン　カフェ
Tu prends un café?
テュ　プラン　アン　カフェ
Vous voulez un café?
ヴ　ヴレ　アン　カフェ
(コーヒーをいかがですか？)

▶コーヒー、どう？

Un petit café?
アン　プティ　カフェ

*ここでの petit に「小さい」の意味はなく、「かわいい、おいしい」のような「いい感じ」を添える。

▶気にしないで。

Ne vous inquiétez pas.
ヌ　　ヴザンキエテ　　　パ

*s'inquiéter「心配する」。

Excusez-moi, je n'ai pas le temps de bavarder avec vous.
エクスキュゼムワ ジュ ネ パ ル タン ドゥ バヴァルデ アヴェック ヴ
(すみません、おしゃべりしている時間がなくて)

Ne vous inquiétez pas. Je suis juste venu voir Marc.
ヌ ヴザンキエテ パ ジュ スュイ ジュストゥ ヴニュ ヴワル マルク
(気にしないで。マルクに会いに来ただけですから)

Ne vous occupez pas de moi.
ヌ ヴゾキュペ パ ドゥ ムワ
*s'occuper「世話をする、気にかける」。

Ne vous dérangez pas. (おかまいなく)
ヌ ヴ デランジェ パ

▶いいお住まいですね！

Vous avez une belle maison!
ヴザヴェ ユヌ ベル メゾン
*maison は一軒家を指す。

Vous avez une belle maison! (いいお住まいですね！)
Je vous remercie. C'est gentil. (ありがとう。それはどうも)
ジュ ヴ ルメルスィ セ ジャンティ

J'aime beaucoup votre maison!
ジェム ボク ヴォトゥル メゾン

C'est joli, chez toi. (君の家、すてきだね)
セ ジョリー シェ トワ
*家の内部、インテリアなどをほめるときに使う。

▶いいお部屋ですね。

Il est bien, votre appartement.
イレ ビアン ヴォトゥラパルトゥマン
*appartement はマンションなどの集合住宅を指す。

J'aime beaucoup votre appartement.
ジェム ボク ヴォトゥラパルトゥマン

Vous avez un bel appartement.
ヴザヴェ アン ベラパルトゥマン
*bel はこの場合「大きな、広い」の意味。

Il est bien décoré, votre appartement.
イレ ビアン デコレ ヴォトゥラパルトゥマン
*décoré「装飾された」。インテリアをほめる表現。

▶たばこを吸ってもかまいませんか？

Ça ne vous dérange pas, si je fume?
サン ヴ デランジュ パ スィ ジュ フューム
*déranger「迷惑をかける」。

Ça ne vous dérange pas, si je fume?
(たばこを吸ってもかまいませんか？)

Non, pas du tout. Je vous en prie.
ノン パ デュ トゥ ジュ ヴザン プリ
(ええ、ちっとも。どうぞ)

Ça ne vous dérange pas, si je fume?
(たばこを吸ってもかまいませんか?)
Si, un peu. Excusez-moi.
スィ アン プ エクスキュゼモワ
(いえ、ちょっと。悪いんですが)

Je peux fumer?
ジュ プ フュメ
Ça vous gêne, la fumée?
サ ヴ ジェン ラ フュメ
*gêner「迷惑をかける」。fumée「たばこの煙」。

Ça vous ennuie, si je fume?
サ ヴザンニュイ スィ ジュ フューム
*ennuyer「困らせる」。

▶すみませんが、お手洗いはどこですか?

Excusez-moi, où sont les toilettes?
エクスキュゼモワ ウ ソン レ トゥワレットゥ

Excusez-moi, où est-ce que je peux me laver les mains?
エクスキュゼモワ ウ エス ク ジュ プ ム ラヴェ レ マン
*直訳は「すみませんが、どこで手を洗えますか?」。

▶申し訳ありません。ちょっと電話をかけていいですか?

Excuse-moi, vous permettez? J'ai un petit coup de fil à passer.
エクスキュゼモワ ヴ ペルメテ ジェ アン プティ ク ドゥ フィル ア パセ
*petit「小さい」はここでは「時間がかからない」の意味。一緒にいる人に、ひとこと
ことわってから携帯電話を使うときの表現。

▶ちょっと失礼します。

Je reviens.
ジュ ルヴィアン
*revenir「戻る」。用事ができて、席をはずすときに使う。

Excusez-moi un instant.
エクスキュゼモワ アナンスタン
*より丁寧な表現。

▶ここに駐車してもいいですか?

Est-ce que je peux me garer ici?
エス ク ジュ プ ム ガレ イスィ

▶お宅の前に車を止めたんですが…。

Je me suis garé [garée] devant chez vous ...
ジュ ム スュイ ガレ ドゥヴァン シェ ヴ

Je me suis garé devant chez vous ...
(お宅の前に車を止めたんですが…)
Pas de problème. (かまいませんよ)
パ ドゥ プロブレム

会ったとき・別れるとき

▶ちょっと音楽をかけようか。

On va mettre un peu de musique.
オン ヴァ メトゥラン プ ドゥ ミュズィーク

> On va mettre un peu de musique. Qu'est-ce que tu préfères?
> オン ヴァ メトゥラン プ ドゥ ミュズィーク ケス ク テュ プレフェール
> (ちょっと音楽をかけようか。何がいい？)
>
> Ça m'est égal. Choisis.
> サ メテガール シュワズィ
> (何でもいい。まかせるよ)

*choisir「選ぶ」。

▶よかったら、テレビをつけて。

Tu peux allumer la télévision, si tu veux.
テュ プ アリュメ ラ テレヴィズィオン スィ テュ ヴ

▶DVDを見る？

Tu veux voir un DVD?
テュ ヴ ヴワラン デヴェデ

▶写真を見る？

Tu veux regarder des photos?
テュ ヴ ルガルデ デ フォト

▶すみません、これで失礼します。

Excusez-moi, mais je suis obligé [obligée] de partir.
エクスキュゼモワ メ ジュ スュイゾブリジェ ドゥ パルティール

*être obligé de ...「〜せざるをえない」。

Excusez-moi, je dois partir.
エクスキュゼムワ ジュ ドゥワ パルティール
Excuse-moi, mais je dois y aller.
エクスキュズムワ メ ジュ ドゥワ ヤレ
(ごめんなさい、行かなければならないんで)

▶来てくださってありがとうございました。

Je vous remercie d'être venu [venue].
ジュ ヴ ルメルスィ デトゥル ヴニュ

> Je vous remercie d'être venu.
> (来てくださってありがとうございました)
>
> Non, c'est moi ...
> ノン セ ムワ
> (いえ、こちらこそ…)

Je vous remercie de votre visite.
ジュ ヴ ルメルスィ ドゥ ヴォトゥル ヴィズィトゥ

3 毎日の生活で使うフレーズ

▶ ご招待ありがとうございました。
Je vous remercie de votre invitation.
ジュ ヴ ルメルスィ ドゥ ヴォトゥランヴィタスィオン

Merci de m'avoir invité [invitée].
メルスィ ドゥ マヴワランヴィテ
(呼んでくれてありがとう)

▶ すてきな夜をありがとうございました。
Je vous remercie. Nous avons passé une excellente soirée.
ジュ ヴ ルメルスィ ヌザヴォン パセ ユネクセラントゥ スワレ

Merci. J'ai passé une très bonne soirée.
メルスィ ジェ パセ ユン トゥレ ボヌ スワレ
(ありがとう。とても楽しい夜だった)

▶ 近いうちにまた寄ってね。
Repasse me voir un de ces jours.
ルパス ム ヴワラン ドゥ ツェ ジュール
*un de ces jours「いつか」。くだけた表現。

> Repasse me voir un de ces jours.
> (近いうちにまた寄ってね)
>
> Merci. C'est gentil.
> メルスィ セ ジャンティ
> (ありがとう。うれしいな)

▶ また来てね！
Reviens nous voir!
ルヴィアン ヌ ヴワール

> Reviens nous voir! (また来てね！)
> Avec plaisir! (喜んで！)
> アヴェク プレズィール

J'espère que vous reviendrez nous voir.
ジェスペル ク ヴ ルヴィアンドゥレ ヌ ヴワール
(またおいでください)

Repasse me voir quand tu veux.
ルパス ム ヴワル カン テュ ヴ
(好きなときにまた寄ってね)

人を紹介する　　　　　　　　　　　3_018.mp3

▶ デュモンさんを紹介させていただきます。
Permettez-moi de vous présenter M. Dumont.
ペルメテムワ ドゥ ヴ プレザンテ ムシュ デュモン

＊人を紹介する順序は、まず年齢の若い人を年配の人に、地位の低い人を高い人に、男性を女性に、となる。ただし若い人どうしのときは特にルールはない。

▶ベルティエさん、フロランさんを紹介します。

Mme Berthier, je vous présente M. Florin.
マダム　ベルティエ　ジュ　ヴ　プレゼントゥ　ムスュ　フロラン

Mme Berthier, voici M. Florin.
マダム　ベルティエ　ヴゥスィ　ムスュ　フロラン

Mme Berthier, M. Florin.
マダム　ベルティエ　ムスュ　フロラン

▶友達を紹介したいんだけど。

Je voudrais te présenter un‿ami [une‿amie].
ジュ　ヴドゥレ　トゥ　プレザンテ　アナミ　[ユナミ]

▶クララ、こちらがアントゥワンだよ。

Clara, je te présente Antoine.
クララ　ジュ　トゥ　プレザントゥ　アントゥワン

> Clara, je te présente Antoine.
> (クララ、こちらがアントゥワンだよ)
>
> Bonjour. (はじめまして)
> ボンジュール
>
> Enchanté. (よろしく)
> アンシャンテ

Clara, voici Antoine.
クララ　ヴゥスィ　アントゥワン

Clara, c'est Antoine.
クララ　セ　アントゥワン

Clara, Antoine.
クララ　アントゥワン

▶はじめまして。

Enchanté [Enchantée].
アンシャンテ
＊初対面の人と「よろしく」の気持ちで交わすあいさつ。

Très‿heureux [Très‿heureuse].
トゥレズルー　[トゥレズルーズ]
＊若い人はあまり使わない表現。

Bonjour.
ボンジュール

▶お会いできてうれしいです。

Je suis ravi [ravie] de faire votre connaissance.
ジュ　スュイ　ラヴィ　ドゥ　フェル　ヴォトル　コネサンス
＊ふつうはすでに知ってはいたがつきあいのなかった人に紹介されたときに使う表現。

> Je suis ravi de faire votre connaissance.
> (お会いできてうれしいです)
>
> Moi de même. (私もです)
> ムワ　ドゥ　メーム

3 毎日の生活で使うフレーズ

Je suis très heureux [très heureuse] de faire votre connaissance.

▶お目にかかれて光栄です。

C'est un honneur pour moi de vous rencontrer.

*honneur「名誉」。

Je suis très honoré [honorée] de faire votre connaissance.
*je suis très honoré「光栄に存じます」。

▶お知り合いになれてうれしかったです。

J'ai été très heureux [très heureuse] de vous connaître.

J'ai été très heureuse de vous connaître.
（お知り合いになれてうれしかったです）

Moi de même.（こちらこそ）

▶こちらこそ。

Moi de même.

*de même「同様に」。

Tout le plaisir est pour moi.
*直訳は「すべての喜びは私のためです」。

▶クリスティアンと呼んでください。

Appelez-moi Christian.

▶前にお会いしたような気がするのですが…。

Nous nous sommes déjà rencontrés, il me semble …

*sembler「〜のように思われる」。

Nous nous sommes déjà rencontrés, il me semble …
（前にお会いしたような気がするのですが…）

C'est possible. Vous êtes …（そうかもしれませんね。お名前は…）

Nous nous connaissons déjà, il me semble …

▶お名前はお聞きしたように思いますが。

Votre nom me dit quelque chose.

*dire quelque chose「何かを思い出させる」。

▶私のことをご記憶ですか？
Vous vous souvenez de moi?
ヴ ヴ スヴネ ドゥ ムワ

*se souvenir「覚えている、思い出す」。

Tu ne te souviens pas de moi?
テュン トゥ スヴィアン パ ドゥ ムワ

（私のこと覚えてないの？）

▶ああそうだ、クレールさんですね！
Ah oui, vous êtes M. Clair!
ア ウィー ヴゼトゥ ムシュ クレール

▶ええ、確かに覚えています！
Mais bien sûr, je vous reconnais!
メ ビアン スュール ジュ ヴ ルコネー

▶存じあげているのですが、すみません、お名前を忘れてしまって。
Je vous connais, mais, excusez-moi, j'ai oublié votre nom.
ジュ ヴ コネ メー エクスキュゼムワ ジェ ウブリエ ヴォトゥル ノン

▶古くからのお知り合いですか？
Vous vous connaissez depuis longtemps?
ヴ ヴ コネセ ドゥピュイ ロンタン

*depuis longtemps「ずっと前から」。

> Vous vous connaissez depuis longtemps?
> （おふたりは古くからのお知り合いですか？）
> Oui, nous nous sommes connus à Paris il y a vingt ans.
> ウイ ヌ ヌ ソンム コニュ ア パリ イリヤ ヴァンタン
> （はい、20年前にパリで知り合いました）

▶旧友です。
C'est un vieil ami [C'est une vieille amie] à moi.
セタン ヴィエヤミ [セテュン ヴィエヤミ] ア ムワ

Nous sommes de vieux amis.
ヌ ソンム ドゥ ヴィユザミ

（私たちは古くからのつきあいです）

▶幼なじみです。
Nous sommes des amis d'enfance.
ヌ ソンム デザミ ダンファンス

*enfance「子どものころ」。

▶初対面です。
C'est la première fois.
セ ラ プルミエール フワ

> Vous vous êtes déjà rencontrés?
> ヴ ヴゼットゥ デジャ ランコントゥレ
> （おふたりはお知り合いだったのですか？）

3 毎日の生活で使うフレーズ

Non, c'est la première fois.
(いえ、初対面です)

C'est la première fois que je le vois.
セ ラ プルミエル フワ ク ジュ ル ヴワ
(彼とはこれが初対面です)

▶彼とは面識がありません。

Je ne l'ai jamais vu.
ジュン レ ジャメ ヴュ
Je ne le connais pas.
ジュン ル コネ パ

▶あの人を知っています。

Je connais cette personne.
ジュ コネ セトゥ ペルソンヌ

▶顔だけは知っています。

Je le [la] connais seulement de vue.
ジュ ル [ラ] コネ スルマン ドゥ ヴュ
*de vue「目で見て」。

Tu le connais? (彼を知ってる?)
テュ ル コネ
Pas personnellement. Je le connais seulement de vue.
パ ペルソネルマン ジュ ル コネ スルマン ドゥ ヴュ
(つきあいはないけれど、顔だけは知ってるよ)

▶どこかで見たことがあるんだけど…。

Son visage m'est familier ...
ソン ヴィザージュ メ ファミリエ
*visage「顔」。直訳は「彼の顔はなじみがある」。

▶名前が思い出せない。

Son nom m'échappe.
ソン ノン メシャップ
*échapper「逃げる」は、物が主語になって「記憶に浮かばない」の意味になる。
Je ne me souviens plus de son nom.
ジュン ム スヴィアン プリュ ドゥ ソン ノン
J'ai oublié son nom.
ジェ ウブリエ ソン ノン
Je ne sais plus comment il s'appelle.
ジュン セ プリュ コマン イル サペール

▶失礼ですが、何というお名前でしたか?

Excusez-moi, pourriez-vous me rappeler votre nom?
エクスキュゼモワ プリエヴ ム ラプレ ヴォトゥル ノン
*rappeler「思い出させる」。
Excusez-moi, j'ai oublié votre nom ...
エクスキュゼモワ ジェ ウブリエ ヴォトゥル ノン
(すみません、お名前を忘れてしまって…)

会ったとき・別れるとき

初めて会った人と話す

3_019.mp3

▶どちらさまですか？

Vous＿êtes Monsieur ...?
ヴゼトゥ　　　　ムスューー

＊パーティなどの場では、いきなり人の名前をたずねるのは避けて、まず自己紹介して相手に名乗ってもらえるようにする。

Quel＿est votre nom?
ケレ　ヴォトゥル　ノン
（お名前は？）

Comment vous＿appelez-vous?
コマン　　　ヴザプレヴ
（お名前は？）

＊この表現はパーティではあまり使わない。

Pourriez-vous me donner votre nom, s'il vous plaît?
プリエヴ　　ム　ドネ　ヴォトゥル　ノン　スィル　ヴ　プレ
（お名前をお教えいただけますか？）

＊ビジネスの場で使う。

Qui êtes-vous?
キ　エトゥヴ
（どなた？）

＊この表現は言い方によっては失礼になることがある。

▶ポル・ルフォールです。

Je suis Paul Lefort.
ジュ スュイ　ポル　ルフォール

＊名前を人からたずねられたときの答えは自分の姓名だけを言えばよい。自分のほうから名乗るときには Je suis ...（私は〜です）または Je m'appelle ...（私は〜と申します）を使う。

Paul Lefort.
ポル　ルフォール

Je m'appelle Paul Lefort.
ジュ　マペール　ポル　ルフォール
（ポル・ルフォールと申します）

Je me présente: Paul Lefort.
ジュ　ム　プレザントゥ　ポル　ルフォール
（自己紹介します。ポル・ルフォールです）

Moi, c'est Paul Lefort.
ムワ　セ　ポル　ルフォール
（私は、ポル・ルフォールです）

＊相手が名乗ったあとで使う表現。

▶どちらのご出身ですか？

Vous＿êtes＿de quelle région?
ヴゼドゥ　　　　ケル　　　レジョン

Vous＿êtes＿de quelle région?
（どちらのご出身ですか？）

Je suis de Paris. (パリです)
ジュ スュイ ドゥ パリ

*région「地方」。pays にも同じ意味があるが、古い言い方なので出身地をたずねるときには使わないほうがよい。

Tu viens d'où?
テュ ヴィアン ドゥ

Vous êtes originaire d'où?
ヴゼトリジネル ドゥ

*originaire de ...「〜の出身の、〜生まれの」。

D'où êtes-vous?
ドゥ エトゥヴ

▶お国はどちらですか？

Vous venez de quel pays?
ヴ ヴネ ドゥ ケル ペイー

De quel pays êtes-vous?
ドゥ ケル ペイ エトゥヴ

*出身国のたずね方。答えは Je suis japonais [japonaise]. などとなる。

Vous êtes de quelle nationalité?
ヴゼッドゥ ケル ナシオナリテ

*国籍のたずね方。答えは Je suis français [française]. などとなる。

▶日本人です。

Je suis japonais [japonaise].
ジュ スュイ ジャポネ [ジャポネーズ]

▶カナダの出身です。

Je viens du Canada.
ジュ ヴィアン デュ カナダ

*出身国を言うとき、男性国の場合は venir du (複数のときは venir des) だが、女性国では冠詞をつけずに venir de となる。たとえば、日本（男性）なら Je viens du Japon. となり、アメリカ（男性複数）なら Je viens des Etats-Unis.、フランス（女性）のときは Je viens de France. となる。

Je suis né [née] en France.
ジュ スュイ ネ アン フランス
（フランスで生まれました）

Je suis de Paris. (パリの出身です)
ジュ スュイ ドゥ パリ

▶日本が好きですか？

Vous aimez le Japon?
ヴゼメー ル ジャポン

Ça te plaît, le Japon? (日本のこと、気に入ってる？)
サ トゥ プレー ル ジャポン

Qu'est-ce que vous pensez du Japon?
ケス ク ヴ パンセ デュ ジャポン
（日本はどうですか？）

会ったとき・別れるとき

▶好きです。
J'aime bien.
ジェム　ビアン
Ça me plaît beaucoup.（すごく気に入ってます）
サ　ム　プレ　ボク
J'adore.（大好きです）
ジャドール

▶好きですが、ちょっとたいへんです。ことばが話せないので。
J'aime bien, mais c'est‿un peu difficile pour moi. Je ne parle pas la langue.
ジェム　ビアン　メ　セタン　プ　ディフィスィール　プル　ムワ　ジュン　パルル　パ　ラ　ラング

▶きれいな国ですね。
C'est‿un beau pays.
セタン　ボ　ペイー

▶日本ではどこへ行きましたか？
Où êtes-vous allé [allée], au Japon?
ウ　エトゥヴ　アレ　オ　ジャポン
Vous‿avez voyagé, au Japon?
ヴザヴェ　ヴワィヤジェ　オ　ジャポン
（日本では旅行をしましたか？）

Qu'est-ce que vous‿avez visité, au Japon?
ケス　ク　ヴザヴェ　ヴィズィテ　オ　ジャポン
（日本では何をご覧になりましたか？）

▶どこに住んでいるのですか？
Où habitez-vous?
ウ　アビテヴ

▶東京にお住まいですか？
Vous‿habitez à Tokyo?
ヴザビテ　ア　トキョ
＊住まいを話題にするとき、Où …? よりも Vous habitez à …? とたずねるほうが望ましい。また、住まいに限らず一般にフランス人に質問をする場合、相手に説明を求める問いの形より、Oui または Non で答えられる形でたずねるほうが好まれる。

▶東京に住んでいます。
J'habite‿à Tokyo.
ジャビタ　トキョ

▶休暇で来ていらっしゃるのですか？
Vous‿êtes‿ici en vacances?
ヴゼティスィ　アン　ヴァカンス
Vous‿êtes‿ici en touriste‿ou pour‿affaires?
ヴゼティスィ　アン　トゥリスト　ウ　プラフェール
（こちらへは観光ですか、それともお仕事ですか？）

▶仕事で来ています。

Je suis ici pour affaires.
ジュ スュイ イスィ プラフェール

Je suis en voyage d'affaires.
ジュ スュイザン ヴヴォヤジュ ダフェール
(出張中なんです)

▶日本は長いんですか？

Vous êtes au Japon depuis longtemps?
ヴゼト ジャポン ドゥピュイ ロンタン

Vous êtes au Japon depuis longtemps?
(日本は長いんですか？)

Depuis cinq ans. (5年になります)
ドゥピュイ サンカン

Ça fait longtemps que vous êtes au Japon?
サ フェ ロンタン ク ヴゼット ジャポン

Vous vivez au Japon depuis combien de temps?
ヴ ヴィヴェ オ ジャポン ドゥピュイ コンビアン ドゥ タン
(日本に来てどのくらいですか？)
*vivre「暮らす」。答えは Depuis ... の形となる。

Quand est-ce que vous êtes arrivé [arrivée] au Japon? (いつ日本に
カンテス ク ヴゼタリヴェ オ ジャポン 来たのですか？)
* 答えは Il y a ... の形となる。

▶4か月ほどです。

Environ quatre mois.
アンヴィロン カトゥル ムワ

Presque six ans. (もうすぐ6年になります)
プレスク スィザン
*presque「ほとんど」。

▶もう慣れましたか？

Vous êtes bien habitué [habituée], maintenant?
ヴゼトゥ ビアナビテュエ マントゥナン

Vous êtes bien habitué, maintenant?
(もう慣れましたか？)

Non, pas encore. (いいえ、まだです)
ノン パザンコール

▶日本にずっと住むつもりですか？

Vous comptez vous installer définitivement au Japon?
ヴ コンテ ヴザンスタレ デフィニティヴマン オ ジャポン
*s'installer「落ち着く、住まう」。

会ったとき・別れるとき

Vous_avez l'intention de rester toute votre vie ici?
ヴザヴェ　ランタンスィオン ドゥ レステ トゥットゥ ヴォトゥル ヴィ イスィ

(ここに永住なさるつもりですか？)
*avoir l'intention de ... 「〜を計画する」。toute sa vie「生涯」。

▶いつまで滞在されるのですか？
Vous restez jusqu'à quand?
ヴ　レステ　ジュスカ　カン

> Vous restez jusqu'à quand?
> (いつまで滞在されるのですか？)
>
> Jusqu'au début du mois prochain.
> ジュスコ　デビュ　デュ　ムワ　プロシャン
> (来月の初めまでです)

Vous_êtes_ici pour combien de temps?
ヴゼトゥズィスィ　プル　コンビアン ドゥ タン
(どのくらいご滞在ですか？)

▶12月までです。
Jusqu'au mois de décembre.
ジュスコ　ムワ ドゥ　デサンブル

▶日本語を話しますか？
Vous parlez japonais?
ヴ　パルレ　ジャポネ

> Vous parlez japonais?
> (日本語を話しますか？)
>
> Malheureusement non.
> マルルズマン　ノン
> (いいえ、残念ながら)

Vous savez parler japonais?
ヴ　サヴェ　パルレ　ジャポネ
(日本語を話せますか？)

▶はい、十分話せます。
Oui, je parle couramment.
ウイ　ジュ　パルル　クラマン
*couramment「ふつうに、すらすらと」。

▶はい、何とか。
Oui, je me débrouille.
ウイ　ジュ ム　デブルーユ
*se débrouiller「切り抜ける、何とかする」。

Oui, ça va à peu près.
ウイ　サ ヴァ ア ブ　プレ
*à peu près「だいたい」。

▶日常会話は何とか大丈夫です。
Je me débrouille pour la conversation de tous les jours.
ジュ ム デブルーユ プル ラ コンヴェルサスィオン ドゥ トゥ レ ジュール

▶すこしだけ。
Un peu.
アン プ
Juste un petit peu. (ほんのすこし)
ジュスタン プティ プ
Très peu. (ごくわずか)
トゥレ プ

▶日本語はまったく話せません。
Je ne parle pas un mot de japonais.
ジュン パルル パ アン モ ドゥ ジャポネ
Je ne connais pas le japonais.
ジュン コネ パ ル ジャポネ
(日本語がわかりません)

Je ne sais pas parler japonais.
ジュ ヌ セ パ パルレ ジャポネ
(日本語を話せません)

▶どこで日本語を勉強されたのですか？
Où est-ce que vous avez appris le japonais?
ウ エス ク ヴザヴェ アプリ ル ジャポネ

▶高校で。
Au lycée.
オ リセ

▶大学で。
A l'université.
ア リュニヴェルスィテ

▶独学です。
Je l'ai appris tout seul [toute seule].
ジュ レ アプリ トゥ スッル [トゥツール]
*tout seul「ひとりで」。

▶こちらで。
Je l'ai appris ici.
ジュ レ アプリ イスィ
Je l'ai appris sur le tas.
ジュ レ アプリ スュル ル タ
(自然に身につきました)

*sur le tas「現場で」。

会ったとき・別れるとき

職業について話す

3_020.mp3

▶ 仕事をしていらっしゃいますか？

Vous travaillez?
ヴ　トゥラヴァイエ

> Vous travaillez?
> （仕事をしていらっしゃいますか？）
>
> Non, je suis étudiant. （いいえ、学生です）
> ノン　ジュ スュイ エテュディアン

Tu travailles? （働いてる？）
テュ　トゥラヴァイ

▶ 専業主婦です。

Je suis femme⌒au foyer.
ジュ スュイ　ファモ　フワイエ

*foyer「炉、家庭」。最近ではこの表現より Je ne travaille pas. のほうがよく使われる。

▶ 働いていません。

Je⌒ne travaille pas.
ジュン　トゥラヴァイ　パ

▶ パートで働いてます。

Je travaille⌒à temps partiel.
ジュ　トゥラヴァヤ　タン　パルスィエール

*partiel「部分的な」。

Je travaille⌒à mi-temps.
ジュ　トゥラヴァヤ　ミタン

*mi-temps は法定労働時間の半分だけ就労するもの。フルタイムは plein temps。

▶ コンピュータの技術者です。

Je suis ingénieur⌒informaticien de formation.
ジュ スュイ　アンジェニュランフォルマティスィアン　ドゥ　フォルマスィオン

*formation「養成」。職業のあとに de formation をつけると「専門に勉強した」のニュアンスが加わる。

▶ ご職業は何ですか？

Qu'est-ce que vous faites, dans la vie?
ケス　ク　ヴ　フェットゥ　ダン　ラ　ヴィ

Quel⌒est votre métier?
ケレ　ヴォトゥル　メティエ

*métier「職業」。

Quelle⌒est votre profession?
ケレ　ヴォトゥル　プロフェスィオン

▶ IT関連の会社に勤めています。

Je travaille pour⌒une société d'informatique.
ジュ　トゥラヴァイ　プリュン　ソスィエテ　ダンフォルマティック

3　毎日の生活で使うフレーズ

3

▶弁護士事務所で研修中です。

Je suis en stage dans un cabinet d'avocats.
ジュ スュイザン スタージュ ダンザン カビネ ダヴォカ

Je suis stagiaire chez ...
ジュ スュイ スタジエル シェ
(〜で研修を受けています)

*chezの後ろには社名、あるいは人の名前がくる。ただし、ふつう自分の勤務先の企業の名は親しい関係の人以外には言わない。

▶サラリーマンです。

Je suis employé [employée] de bureau.
ジュ スュイ アンプルワイエ ドゥ ビュロ

*この表現には「管理職ではない、平社員だ」の意味が含まれる。肩書きについてのニュアンスを避けるためには、次のように「〜の会社で働いている」という言い方をする。

▶貿易会社で働いています。

Je travaille dans une société d'import-export.
ジュ トゥラヴァイユ ダンズュヌ ソスィエテ ダンポレクスポール

*société「会社、団体」。travailler dansの代わりにtravailler pourとも言う。

▶公務員です。

Je suis fonctionnaire.
ジュ スュイ フォンクスィオネール

▶教師です。

Je suis enseignant [enseignante].
ジュ スュイ アンセニャン [アンセニャントゥ]

▶建築家です。

Je suis architecte.
ジュ スュイ アルシテクトゥ

▶自営業です。

Je travaille à mon compte.
ジュ トゥラヴァヤ モン コントゥ

*à mon compte「自分の責任で」。
Je suis installé [installée] à mon compte.
ジュ スュイ アンスタレ ア モン コントゥ

▶フリーランスで働いています。

Je travaille en freelance.
ジュ トゥラヴァヤン フリランス

▶部署はどちらですか？

Vous êtes dans quel service?
ヴゼットゥ ダン ケル セルヴィース

*ビジネス以外の場では、会社名や部署など相手のプライバシーにかかわる質問はできるだけ控えるようにする。

会ったとき・別れるとき

Vous_êtes dans quel service?
(部署はどちらですか？)
Le service des ventes. (営業部です)
ル セルヴィス デ ヴァントゥ

▶どんな業界にいらっしゃるんですか？

Vous travaillez dans quel domaine?
ヴ トゥラヴァイエ ダン ケル ドメン

Vous travaillez dans quel domaine?
(どんな業界にいらっしゃるんですか？)

Je travaille dans la pub. (広告業界です)
ジュ トラヴァイ ダン ラ ピュップ

*pub は publicité の略。
Vous_êtes dans quelle branche?
ヴゼッ ダン ケル ブランシュ
*branche「枝、分野」。

▶この会社には長くお勤めですか？

Ça fait longtemps que vous travaillez dans cette société?
サ フェ ロンタン ク ヴ トゥラヴァイエ ダン セットゥ ソスィエテ

Ça fait longtemps que vous travaillez pour_eux?
サ フェ ロンタン ク ヴ トゥラヴァイエ プルー
*eux「彼ら」、ここでは「会社の人間」を指している。

Ça fait longtemps que vous faites ce travail? (このお仕事は長いんですか？)
サ フェ ロンタン ク ヴ フェットゥ ス トゥラヴァイ

Ça fait longtemps que vous_occupez ce poste?
サ フェ ロンタン ク ヴゾキュペ ス ポストゥ
(そのポストについて長いのですか？)

▶10年になります。

Ça fait dix_ans.
サ フェ ディザン

▶東京で働いていらっしゃるのですか？

Vous travaillez à Tokyo?
ヴ トゥラヴァイエ ア トキョ

Votre bureau est_à Tokyo?
ヴォトゥル ビュロ エタ トキョ
(仕事場は東京ですか？)

▶本社はどちらにあるんですか？

Où est le siège de votre société?
ウ エ ル スィエージュ ドゥ ヴォトゥル ソスィエテ
*siège「イス、議席、本拠地」。

3

▶オペラ地区にあります。

Dans le quartier de l'Opéra.
ダン ル カルティエ ドゥ ロペラ

*l'Opéra はバレエ、オペラが上演されるパリのオペラ座劇場を指し、quartier de l'Opéra は日本人向けの店が多いことでも知られている。

▶通勤にどのくらいかかりますか？

Vous mettez combien de temps pour aller au bureau?
ヴ メテ コンビアン ドゥ タン プラレ オ ビュロ

Il vous faut combien de temps pour aller au bureau?
イル ヴ フォ コンビアン ドゥ タン プラレ オ ビュロ

▶1時間くらいです。

Environ une heure.
アンヴィロン ユヌール

A peu près une heure.
ア プ プレ ユヌール

▶どうやって通うんですか？

Vous y allez comment?
ヴズィ アレ コマン

Vous prenez les transports en commun?
ヴ プルネ レ トゥランスポラン アン コマン
(公共の乗り物で通うのですか？)

*commun「共同の、共通の」

Vous y allez en voiture? (車で通うのですか？)
ヴズィ アレ アン ヴォテュール

▶地下鉄で通います。

J'y vais en métro.
ジ ヴェ アン メトゥロ

Je prends le métro.
ジュ プラン ル メトゥロ

▶転職します。

Je vais changer de travail.
ジュ ヴェ シャンジェ ドゥ トゥラヴァイ

▶いま、求職中です。

Je cherche un travail, en ce moment.
ジュ シェルシャン トゥラヴァイ アン ス モマン

Je suis à la recherche d'un emploi, en ce moment.
ジュ スュイ ア ラ ルシェルシュ ダンプルワ アン ス モマン

*être à la recherche de ...「〜をさがしている」。emploi「仕事、職」。

▶来年、定年退職です。

Je prends ma retraite l'année prochaine.
ジュ プラン マ ルトゥレトゥ ラネ プロシェン

L'année prochaine, je suis à la retraite.
ラネ プロシェン ジュ スュイ ア ラ ルトゥレトゥ

会ったとき・別れるとき 313

▶いま、失業中です。

Je suis au chômage, en ce moment.
ジュ スュイ オ ショマージュ アン ス モマン

Je suis sans emploi, en ce moment.
ジュ スュイ サンザンプルワ アン ス モマン

学校について話す　　　　　　　　　　　　　　3_021.mp3

▶高校生？

Tu es lycéen [lycéenne]? (高校生？)
テュ エ リセアン [リセエンヌ]

　Tu es lycéen? (高校生？)
　Non, j'ai fini l'année dernière.
　ノン ジェ フィニ ラネ デルニエール
　(ううん、去年卒業したよ)

▶どこの高校に行ってるの？

Tu vas où, au lycée?
テュ ヴァ ウ オ リセ

Tu vas à quel lycée?
テュ ヴァ ア ケル リセ

▶何年生？

Tu es en quelle classe?
テュ エ アン ケル クラス
*小・中・高の生徒へのたずね方。

Tu es en quelle année?
テュ エ アン ケラネ
*大学生へのたずね方。

▶どのコースにいるの？

Tu es en quoi?
テュ エ アン クワ
*高校では L、ES、S などのコースに分かれる。L は Littéraire、ES は Economique et Social、S は Scientifique。

▶まだ高校生？

Tu es encore au lycée?
テュ エ アンコロ リセ

　Tu es encore au lycée? (まだ高校生？)
　Non, j'ai passé mon bac l'année dernière.
　ノン ジェ パセ モン バック ラネ デルニエール
　(いいえ、去年バカロレアを受けたの)

*bac は baccalauréat「バカロレア」の略。passer は本来は試験を「受ける」で、「パスする、合格する」の意味ではない。ただし、実際には合格の意味でよく使われ、失敗したときには使わない。上の会話例でも暗に「合格した」の意味を含んでいる。

▶学生です。

Je suis étudiant [étudiante].
ジュ スュイ エテュディアン [エテュディアントゥ]

Je suis à l'université.
ジュ スュイ ア リュニヴェルスィテ

*étudiant は大学以上の学生を指し、それまでは élève「生徒」を用いる。高校生は lycéen [lycéenne]、中学生は collégien [collégienne]、小学生は écolier [écolière] と呼ぶ。フランスの学校教育は Ecole primaire (小学校－5年)、Collège (中学校－4年)、Lycée (高校－3年) で、Lycée の終了時にバカロレアと呼ぶ試験を受けて高校卒業の資格を得る。これで一般の大学へは入学できるが、grandes écoles (グランドゥゼコール) などの特別な学校へ進むにはさらに試験を受ける必要がある。

Je suis en prépa. (プレパにいます)
ジュ スュイ アン プレパ

*prépa は classe préparatoire の略で、エリート養成の高等教育機関グランドゥゼコール受験のための特別クラス。

Je suis à Sciences-Po.
ジュ スュイ ア スィアンスポ
(スィアンスポにいます)

*Sciences-Po は Institut d'Etudes Politiques de Paris (パリ政治学院) の略でグランドゥゼコールのひとつ。

Je suis à l'ENA. (エナにいます)
ジュ スュイ ア レナ

*ENA は Ecole Nationale d'Administration (国立行政学院) の略で、高級官僚養成のためのグランドゥゼコールのひとつ。

▶何を専攻してるの？

Qu'est-ce que tu étudies?
ケス ク テュ エテュディ

Tu es en fac de quoi? (何学部なの？)
テュ エ アン ファック ドゥ クワ

*fac は faculté「学部」の略。

▶法学部です。

Je suis en fac de droit.
ジュ スュイ アン ファック ドゥ ドゥルワ

Je fais des études de droit.
ジュ フェ デゼテュッドゥ ドゥルワ
(法学を専攻しています)

▶英語を勉強しています。

J'étudie l'anglais.
ジェテュディ ラングレ

*語学学校などで勉強していることを言う。

Je fais des études d'anglais.
ジュ フェ デゼテュッダングレ
(英語を専攻しています)

*大学で専門的に勉強していることを言う。

会ったとき・別れるとき

▶パリ第8大学の学生です。

Je suis étudiant à [étudiante_à] Paris VIII.
ジュ スュイ エテュディアン ア [エテュディアンタ] パリ ユイットゥ

▶どこで勉強したの？

Où as-tu fait tes_études?
ウ アテュ フェ テゼテュードゥ

Où as-tu fait tes_études?
(どこで勉強したの？)

A Bordeaux. (ボルドーだよ)
ア ボルド

▶1年生です。

Je suis en première_année.
ジュ スュイ アン プルミエラネ

▶来年卒業します。

Je termine l'année prochaine.
ジュ テルミン ラネ プロシェン
*terminer「終える」。

Je n'ai plus qu'un_an à faire
ジュ ネ プリュ カンナン ア フェール
(あと1年です)

▶何のクラブに入ってるの？

Tu es dans quel club?
テュ エ ダン ケル クルブ
*フランスでは学校でのクラブ活動の義務はなく、参加者は多くない。

▶アルペンスキー部に入ってるんだ。

Je suis dans le club de ski alpin.
ジュ スュイ ダン ル クルブ ドゥ スキ アルパン

▶アルバイトはやってる？

Tu as un job?
テュ ア アン ジョブ

Tu as un job? (アルバイトはやってる？)

Oui, je donne des cours particuliers trois fois par semaine.
ウイ ジュ ドンヌ デ クール パルティキュリエ トゥルワ フワ パル スメン
(うん、週3回、家庭教師をね)

*cours「授業」。

Tu as un petit boulot?
テュ ア アン プティ ブロ
*boulot「仕事」はくだけた言い方。

3 毎日の生活で使うフレーズ

3

▶週に1回、本屋でレジの仕事をしてるんだ。

Je travaille comme caissier [caissière] dans une librairie, une fois par semaine.

▶卒業したらどうするの?

Qu'est-ce que tu vas faire, après l'université?

> Qu'est-ce que tu vas faire, après l'université?
> (卒業したらどうするの?)
> Je n'ai pas encore décidé.
> (まだ決めてないの)

Qu'est-ce que tu comptes faire, après tes études?

*compter ... 「~するつもりである」。

家族について話す　　　　　3_022.mp3

▶兄弟は何人いるの?

Tu as combien de frères et sœurs?

▶家族は何人?

Vous êtes combien, dans ta famille?

*フランスではこの形で質問されることはない。ふつうフランス人が相手の家族についてたずねるのは、何人の兄弟・姉妹を持っているかということだけで、家族構成についてはたずねない。

▶両親と姉[妹]と私の4人です。

On est quatre. Mes parents, ma sœur et moi.

*フランス語ではふつう兄・弟、姉・妹を使い分けない。特に必要なときには aîné [aînée]（年上の）、cadet [cadette]（年下の）を用いて、たとえば frère aîné（兄）、sœur cadette（妹）のように区別する。grand [grande] と petit [petite] は子どもっぽい表現になるので使わないほうがよい。

▶うちはとても仲のよい家族です。

Nous sommes une famille très unie.

▶両親は離婚しています。

Mes parents sont divorcés.

会ったとき・別れるとき　　317

▶両親は亡くなりました。

Mes parents sont décédés.
メ　　バラン　　ソン　　デセデ
Mes parents sont morts.
メ　　バラン　　ソン　　モール

▶両親はリタイアしました。

Mes parents sont retraités.
メ　　バラン　　ソン　　ルトゥレテ
Mes parents sont à la retraite.
メ　　バラン　　ソンタ　ラ　ルトゥレトゥ

▶父は失業中です。

Mon père est au chômage.
モン　　　　ペレト　　　ショマージュ

▶兄弟はいるの？

Tu as des frères et sœurs?
テュ　ア　デ　　フレレ　　　スール

▶ひとりっ子です。

Je suis fils unique [fille unique].
ジュ スュイ　フィスユニック　　［フィユニック］

▶ひとり娘ですが、男の兄弟が3人います。

Je suis l'unique fille, mais j'ai trois frères.
ジュ スュイ　リュニック　フィーユ　メ　ジェ トゥルワ　フレール

▶兄［弟］がひとりだけいます。

J'ai seulement un frère.
ジェ　　スルマン　　アン フレール
Je n'ai qu'un frère.
ジュ ネ　カン フレール
*ne ... que 〜「〜しか…ない」。

▶兄［弟］は学生です。

Mon frère est étudiant.
モン　　フレレテテュディアン

▶親の家に住んでいるの？

Tu habites chez tes parents?
テュ　アビットゥ　　シェ テ　　バラン
Vous habitez chez vos parents?
ヴザビテ　　　シェ ヴォ　バラン
（実家に住んでいるんですか？）

▶父と一緒に暮らしてます。

Je vis chez mon père.
ジュ ヴィ　シェ　モン　ペール
* 直訳は「父の家で暮らしている」で、両親は離婚していることを暗に示している。

▶ひとり暮らしです。
J'habite seul [seule].

▶アパートに住んでいます。
J'habite un appartement.

▶リヨンに住んでいます。
J'habite à Lyon.

▶両親は地方に住んでいます。
Mes parents habitent en province.
*province は首都に対しての「地方」で「地方都市」を指すことが多い。

Mes parents habitent à la campagne.
(両親はいなかに住んでいます)

▶結婚してるの?
Tu es marié [mariée]?
*結婚や子どもの有無など、私生活についての質問はむやみにしないほうがよい。特に、フランスでは結婚をしないで同居するカップルがとても多いので(若い世代では多数を占める)、この質問は控えるようにする。

> Tu es mariée?
> (結婚してるの?)
> Non, je suis célibataire.
> (ううん、独身よ)

▶婚約しています。
Je suis fiancé [fiancée].

▶結婚しています。
Je suis marié [mariée].

▶来年結婚します。
Je me marie l'année prochaine.

▶同居しています。
J'habite avec ma copine [mon copain].

会ったとき・別れるとき

▶妻はアメリカ人です。
Ma femme est américaine.
マ　　　　　ファメタメリケン

> Ma femme est américaine.（妻はアメリカ人だよ）
> Alors, vous parlez anglais entre vous?
> アロール　ヴ　パルレ　アングレ　アントゥル　ヴ
> （じゃあ、あなたたち、英語で話すの？）
> Non, elle parle parfaitement français.
> ノン　エル　パルル　パルフェトゥマン　フランセ
> （いや、彼女はフランス語が完璧なんだ）

▶夫は弁護士です。
Mon mari est avocat.
モン　マリ　エタヴォカ
*avocat の女性形は avocate。

▶離婚しています。
Je suis divorcé [divorcée].
ジュ スュイ　ディヴォルセ

▶別居しています。
Nous sommes séparés.
ヌ　ソム　セパレ

▶主人は亡くなりました。
Je suis veuve.
ジュ スュイ　ヴーヴ
*veuve「配偶者を亡くした」、男性形は veuf。

▶妻を半年前に亡くしました。
J'ai perdu ma femme il y a six mois.
ジェ　ペルデュ　マ　ファミリャ　スィ　ムワ

▶お子さんはいらっしゃいますか？
Vous avez des enfants?
ヴザヴェ　デザンファン

> Vous avez des enfants?
> （お子さんはいらっしゃいますか？）
> Oui, j'ai un garçon et une fille.
> ウイ ジェ アン ガルソン エ ユン フィーユ
> （ええ、男の子と女の子がひとりずつ）

▶息子がふたりいます。
J'ai deux garçons.
ジェ　ドゥ　ガルソン
J'ai deux fils.
ジェ　ドゥ　フィッス

3　毎日の生活で使うフレーズ

3

▶子どもはいません。
Je n'ai pas d'enfant.
ジュ ネ パ ダンファン

▶お子さんは大きいんですか？
Vos‿enfants sont grands?
ヴォザンファン ソン グラン

▶お子さんはおいくつですか？
Vos‿enfants ont quel‿âge?
ヴォザンファン オン ケラージュ

▶小学生の娘がいます。
J'ai une fille. Elle‿est‿à l'école primaire.
ジェ ユヌ フィーユ エレタ レコル プリメール

▶息子は学生です。
Mon fils‿est‿étudiant.
モン フィセテテュディアン

▶娘は働いています。
Ma fille travaille.
マ フィーユ トラヴァイ

趣味について話す　　　　　　　　　　　3_023.mp3

▶勉強以外に、何をやってるの？
Qu'est-ce que tu fais, en dehors de tes‿études?
ケス ク テュ フェ アン ドゥオール ドゥ テゼテュードゥ
*en dehors de ... 「～のほかに」。

▶何にいちばん興味がありますか？
Quels sont vos centres d'intérêt?
ケル ソン ヴォ サントゥル ダンテレ
*centres d'intérêt「興味の中心、関心の的」。

> Quels sont vos centres d'intérêt?（何にいちばん興味がありますか？）
> **Je m'intéresse‿à l'art.**
> ジュ マンテレサ ラール
> （美術に興味があります）

Qu'est-ce qui t'intéresse?（何に興味があるの？）
ケス キ タンテレース
*直訳は「何が君の興味をひくのか？」。

▶趣味は何？
Quel‿est ton passe-temps favori?
ケレ トン パスタン ファヴォリ
*passe-temps「趣味、ひまつぶし」。favori「お気に入りの」。

会ったとき・別れるとき

Quel est ton passe-temps favori?
（趣味は何なの？）

C'est la lecture. （読書だよ）
セ ラ レクテュール

▶趣味をお持ちですか？
Vous avez un hobby?
ヴザヴェ アン オビ

▶ひまなときは何をしていますか？
Qu'est-ce que vous faites, quand vous avez du temps libre?
ケス ク ヴ フェトゥ カン ヴザヴェ デュ タン リーブル

Qu'est-ce que vous faites, quand vous avez du temps libre?
（ひまなときは何をしていますか？）

Pas grand-chose. Je me repose.
パ グランショーズ ジュ ム ルポーズ
（たいしたことはしてません。のんびりしてるだけです）

Comment occupez-vous vos loisirs?
コマン オキュペヴ ヴォ ルワズィール
*loisirs「余暇」。

▶どんな本を読んでるの？
Quel genre de livres est-ce que tu lis?
ケル ジャンル ドゥ リヴレス ク テュ リ

Quel genre de livres est-ce que tu lis?
（どんな本を読んでるの？）

Surtout des biographies. （特に伝記もの）
スュルトゥ デ ビオグラフィ

▶最近何を読んでるの？
Qu'est-ce que tu lis en ce moment?
ケス ク テュ リ アン ス モマン

Qu'est-ce que tu lis en ce moment? （最近何を読んでる？）
Je lis un livre sur l'histoire de France. （フランスの歴史の本を読んでるよ）
ジュ リ アン リヴル スュル リストゥワル ドゥ フランス

▶映画を見に行くのが好きです。
J'aime bien aller au cinéma.
ジェム ビアン アレ オ スィネマ

▶映画ファンです。
Je suis passionné [passionnée] de cinéma.
ジュ スュイ パスィオネ ドゥ スィネマ
Je suis un fan de cinéma.
ジュ スュイ アン ファン ドゥ スィネマ

3

▶ テレビを見るのが好きです。

J'aime bien regarder la télévision.
ジェム ビアン ルガルデ ラ テレヴィズィオン

J'aime bien regarder des DVD.
ジェム ビアン ルガルデ デ デヴェデ
(DVD を見るのが好きです)

▶ どんな種類の映画が好きですか？

Qu'est-ce que vous aimez, comme genre de films?
ケス ク ヴゼメ コム ジャンル ドゥ フィルム

> Qu'est-ce que vous aimez, comme genre de films?
> (どんな種類の映画が好きですか？)
> J'aime surtout les films policiers. (特に刑事ものが好きなんです)
> ジェム スュルトゥ レ フィルム ポリスィエ

▶ ピアノがお上手ですね！

Vous jouez bien du piano!
ヴ ジュエ ビアン デュ ピアノー

*jouer de ...「(楽器)を演奏する」、jouer à ...「(スポーツ)をする」。

Vous êtes bon pianiste!
ヴゼットゥ ボン ピアニストゥ

▶ どんなスポーツが好きですか？

Qu'est-ce que vous aimez comme sports?
ケス ク ヴゼメ コム スポール

▶ スポーツをやってますか？

Vous pratiquez un sport?
ヴ プラティケ アン スポール

▶ どんなスポーツをやってますか？

Qu'est-ce que vous faites comme sports?
ケス ク ヴ フェトゥ コム スポール

▶ スキーは長くやっているのですか？

Vous skiez depuis longtemps?
ヴ スキエ ドゥピュイ ロンタン

Ça fait longtemps que tu fais du ski?
サ フェ ロンタン ク テュ フェ デュ スキ

▶ スポーツが好きです。

J'aime bien le sport.
ジェム ビアン ル スポール

▶ サッカー、好き？

Tu aimes le football?
テュ エム ル フトゥボール

> Tu aimes le football? (サッカー、好き？)

会ったとき・別れるとき

En spectateur, oui. (うん、見るのはね)
アン スペクタトゥール ウイ

*en spectateur「観客として」。

▶観戦するのが好きなんです。

J'aime bien regarder les matches.
ジェム ビアン ルガルデ レ マッチュ

> Tu joues au baseball? (野球をやるの？)
> テュ ジュ オ ベズボール
> Non, mais j'aime bien regarder les matches.
> ノン メ ジェム ビアン ルガルデ レ マッチュ
> (いや、観戦するのが好きなんだ)

▶野球ファンです。

Je suis un fan de baseball.
ジュ スュイ アン ファン ドゥ ベズボール

▶ゴルフをするのが好きです。

J'aime bien jouer au golf.
ジェム ビアン ジュエ オ ゴルフ

▶エアロビクスをやったことある？

Tu as déjà fait de l'aérobic?
テュ ア デジャ フェ ドゥ ラエロビック

> Tu as déjà fait de l'aérobic? (エアロビクスをやったことある？)
> Tu plaisantes! (とんでもない！)
> テュ プレザントゥ

*plaisanter「冗談を言う」。

▶ジョギングをやってます。

Je fais du jogging.
ジュ フェ デュ ジョギング

▶テニスはよくやるの？

Tu joues souvent au tennis?
テュ ジュ スヴァン オ テニス

> Tu joues souvent au tennis? (テニスはよくやるの？)
> Non, de temps‿en‿temps seulement.
> ノン ドゥ タンザンタン スルマン
> (いいえ、ときどきやるだけ)

▶外国へ行ったことある？

Tu es déjà allé [allée] à l'étranger?
テュ エ デジャ アレ ア レトゥランジェ

> Tu es déjà allé à l'étranger? (外国へ行ったことある？)

Oui, deux fois. (うん、2回)

▶ **カナダのどこへ行ったの？**

Tu es allé [allée] où, au Canada?

Où est-ce que vous êtes allé [allée] au Canada?
(カナダのどこへ行きましたか？)

▶ **アメリカへ行ったんだ。**

J'ai visité les Etats-Unis.

> J'ai visité les Etats-Unis. (アメリカへ行ったんだ)
>
> C'était bien? (よかった？)
>
> Formidable! J'aimerais bien y retourner.
> (最高だよ！また行きたいな)

*aller が単に「行く」という意味で使われるのに対して、visiter は「訪問して見物する」というニュアンスをもつ。

Je suis allé [allée] aux Etats-Unis.

*「アメリカ合衆国」は Etats-Unis、「アメリカ人」は Américain (e)。

▶ **去年の秋、スコットランドへ行きました。**

L'automne dernier, nous sommes allés en Ecosse.

> L'automne dernier, nous sommes allés en Ecosse. C'était magnifique. Tu connais?
> (去年の秋、スコットランドへ行ったんだ。すばらしかったよ。行ったことある？)
>
> Non, mais j'aimerais bien y aller.
> (ううん、でも行きたいな)

*connaître「知っている」を国や場所について使うときには「行ったことがある」の意味になる。

▶ **次はどこへ行きたい？**

Où est-ce que tu veux aller, la prochaine fois?

> Où est-ce que tu veux aller, la prochaine fois?
> (次はどこへ行きたい？)
>
> J'irais bien en Inde. (インドへ行ってみたいな)

会ったとき・別れるとき 325

Quelle est votre prochaine destination?
ケレ ヴォトゥル プロシェン デスティナスィオン
(次の行き先はどこですか?)

好みについて話す

3_024.mp3

▶ 気に入ってます。

Ça me plaît.
サ ム プレ

*「気に入っている」と言うとき、その対象によっては、Ça (Cela の省略形) は適切でない場合があるので注意すること。たとえば衣類の場合、ふつう靴下やTシャツならÇa me plaît と言えるが、ブラウス、スーツなど、ある程度値段が高いものについては用いない。これらの場合には次のように Il または Elle を使う。ただし、食べ物、飲み物を指すときは値段に関係なく Ça を使える。

Il [Elle] me plaît.
イル [エル] ム プレ
J'aime bien.
ジェム ビアン

▶ ピザがすごく好き。

J'adore les pizzas.
ジャドール ラ ピッザ
Je raffole des pizzas.
ジュ ラフォル デ ピッザ
*raffoler de ...「~に目がない、~に夢中だ」。

▶ この絵、好きだな。

J'aime bien ce tableau.
ジェム ビアン ス タブロ

*「~が気に入っている」と言うときはふつう J'aime ... だけでなく J'aime bien ... の形を使う。

> J'aime bien ce tableau.
> (この絵、好きだな)
>
> **Moi aussi.** (私もよ)
> ムワ オスィ

Il me plaît, ce tableau.
イル ム プレ ス タブロ
Je le trouve très joli, ce tableau.
ジュ ル トゥルヴ トゥレ ジョリー ス タブロ
*直訳は「この絵をとてもすてきだと思う」。

▶ 新しい車が気に入ってる。

Je suis content [contente] de ma nouvelle voiture.
ジュ スュイ コンタン [コンタントゥ] ドゥ マ ヌヴェル ヴワテュール
Je suis satisfait [satisfaite] de ma nouvelle voiture.
ジュ スュイ サティスフェ [サティスフェトゥ] ドゥ マ ヌヴェル ヴワテュール
(新しい車に満足している)

▶この色が大好きです。

J'aime beaucoup cette couleur.
ジェム　ボク　セトゥ　クルール

Cette couleur me plaît beaucoup.
セトゥ　クルール　ム　プレ　ボク

▶コーヒーよりお茶のほうが好きなんです。

Je préfère le thé au café.
ジュ　プレフェル　ル　テ　オ　カフェ
*préférer ... à ～「～よりも…のほうが好きだ」。

J'aime mieux le thé que le café.
ジェム　ミュ　ル　テ　ク　ル　カフェ
*aimer mieux ... que ～「～よりも…のほうを好む」。

▶トマトスープが好きです。

J'aime bien le potage‿à la tomate.
ジェム　ビアン　ル　ポタジャ　ラ　トマトゥ

▶日本料理が気に入ってます。

J'aime beaucoup la cuisine japonaise.
ジェム　ボク　ラ　キュイズィン　ジャポネーズ

▶私は好みにうるさいんです。

Je suis difficile.
ジュ　スュイ　ディフィスィール

▶納豆が好きになりました。

J'ai fini par‿aimer le natto.
ジェ　フィニ　パレメ　ル　ナット
*finir par ...「ついに～する」。

J'ai pris goût au natto.
ジェ　プリ　グ　オ　ナット
*goût「食欲、好み」。prendre goût à ...「～が好きになる」。

Maintenant, j'aime bien le natto.
マントゥナン　ジェム　ビアン　ル　ナット
(いまじゃ納豆が好きだ)

Je commence‿à aimer le natto.
ジュ　コマンサ　エメ　ル　ナット
(納豆が好きになりそう)

▶甘いものに目がないんです。

J'aime bien tout ce qui est sucré.
ジェム　ビアン　トゥ　ス　キ　エ　スュクレ

Vous‿aimez les chocolats, n'est-ce pas?
ヴゼメ　レ　ショコラー　ネス　パ
(チョコレートはお好きですよね？)

Oui, j'aime bien tout ce qui est sucré.
(ええ、甘いものに目がないんです)

会ったとき・別れるとき

▶甘いものは好きではありません。

Je n'aime pas les sucreries.
_{ジュ ネム パ レ スュクルリ}
*sucreries は複数形で「砂糖菓子、甘いもの」。

▶甘いものより塩からいもののほうが好きです。

Je préfère le salé au sucré.
_{ジュ プレフェール ル サレ オ スュクレ}
* フランスでは「甘党」「辛党」という言い方はしない。

▶ビールよりワインのほうが好きです。

Je préfère le vin à la bière.
_{ジュ プレフェール ル ヴァン ア ラ ビエール}
Je préfère le sec au doux.
_{ジュ プレフェール ル セコ ドゥー}
(甘口より辛口のほうが好きです)
* ワインの sec「辛口」と doux「甘口」は、糖分の量による。

▶嫌いじゃない。

Je ne déteste pas.
_{ジュン デテストゥ パ}
*détester「大嫌いだ」。

▶あまり好きじゃない。

Je n'aime pas tellement.
_{ジュ ネム パ テルマン}
*tellement「それほど」。

> Tu aimes bien, le noir?（黒が好き？）
> _{テュ エム ビアン ル ヌワール}
> **Non, je n'aime pas tellement.**
> (ううん、あまり好きじゃないな)

Je n'aime pas beaucoup.
_{ジュ ネム パ ボク}
Ça ne me plaît pas beaucoup.
_{サン ム プレ パ ボク}
Je n'aime pas vraiment.
_{ジュ ネム パ ヴレマン}

▶ぜんぜん好きじゃない。

Je n'aime pas du tout.
_{ジュ ネム パ デュ トゥ}
Je n'aime vraiment pas.
_{ジュ ネム ヴレマン パ}

▶大嫌い！

Je déteste ça!
_{ジュ デテストゥ サ}

> Tu aimes le natto?（納豆は好き？）
> _{テュ エーム ル ナットー}

Non, je déteste ça!（ううん、大嫌い！）

J'ai horreur de ça!
ジェ　オルール　ドゥ　サ
*horreur「恐怖、激しい嫌悪」。

生活習慣について話す　　　　　　　　　　3_025.mp3

▶8時間の睡眠が必要なんです。

J'ai besoin de huit‿heures de sommeil.
ジェ　ブズワン　ドゥ　ユイトゥール　ドゥ　ソメイ

▶ふだんは7時に起きます。

D'habitude, je me lève‿à sept‿heures.
ダビテュードゥ　ジュ ム　レヴァ　セトゥール

Vous vous levez tôt?
ヴ　ヴ　ルヴェ　ト
（早く起きるんですか？）

D'habitude, je me lève‿à sept‿heures.
（ふだんは7時に起きます）

▶ふつうは遅く寝ます。

En général, je me couche tard.
アン ジェネラール ジュ ム　クシュ　タール

En général, je me couche tard.
（ふつうは遅く寝ます）

Vers quelle‿heure?（何時ごろ？）
ヴェル　ケルール

▶12時前に寝ることはありません。

Je‿ne me couche jamais avant minuit.
ジュンヌ　ム　クシュ　ジャメ　アヴァン　ミニュイ

▶夜型の人間なんです。

Je suis du soir.
ジュ スュイ デュ スワル

Je suis du soir.（夜型の人間なんです）

Moi pas.（私は違います）
ムワ　パ

⇔ Je suis du matin.
　ジュ スュイ デュ　マタン

▶朝と夜シャワーを浴びます。

Je me douche matin et soir.
ジュ ム　ドゥシュ　マタン エ スワル

▶ふだん、仕事のあと運動しに行きます。
D'habitude, en sortant du bureau, je vais faire du sport.
ダビテュードゥ アン ソルタン デュ ビュロ ジュ ヴェ フェル デュ スポール

D'habitude, en sortant du bureau, je vais au club de sport.
ダビテュードゥ アン ソルタン デュ ビュロ ジュ ヴェ オ クルブ ドゥ スポール
(ふだん仕事のあと、スポーツクラブに行きます)

▶運動不足なんです。
Je manque d'exercice.
ジュ マンク デグゼルスィス

▶ジョギングを始めました。
J'ai commencé le jogging.
ジェ コマンセ ル ジョギング

J'ai commencé le jogging.
(ジョギングを始めたんだ)

Ah bon? C'est super!
ア ボン セ スュペール
(そうなの? すごいね!)

▶毎朝20分体操をしています。
Je fais vingt minutes_de gymnastique tous les matins.
ジュ フェ ヴァン ミニュッドゥ ジムナスティク トゥ レ マタン

▶1日ひと箱たばこを吸います。
Je fume_un paquet par jour.
ジュ フュマン パケ パル ジュール

Je fume_un paquet par jour.
(1日ひと箱たばこを吸うんだ)

C'est trop! (吸いすぎだよ!)
セ トゥロ

▶たばこはやめました。
J'ai arrêté de fumer.
ジェ アレテ ドゥ フュメ

Une cigarette? (たばこはいかが?)
ユン スィガレットゥ

Non, merci. J'ai arrêté de fumer.
ノン メルスィ ジェ アレテ ドゥ フュメ
(いいえ、けっこうです。たばこはやめました)

C'est bien! (それはいいですね!)
セ ビアン

Je_ne fume plus.
ジュン フュム プリュ
＊直訳は「もうたばこは吸わない」。

3

▶毎日30分昼寝をします。

Je fais une demi-heure de sieste tous les jours.
ジュ フェ ユン ドゥミウル ドゥ スィエーストゥ トゥ レ ジュール

▶朝食はしっかりとってます。

Le matin, je déjeune bien.
ル マタン ジュ デジュン ビアン

▶昼食はよく抜きます。

Je saute souvent le repas de midi.
ジュ ソツヴァン ル ルパ ドゥ ミディ

*sauter「跳び越える」。repas「食事」。

▶規則正しく食べています。

Je mange à heures régulières.
ジュ マンジャ ウール レギュリエール

▶間食はしません。

Je ne grignote pas entre les repas.
ジュン グリニョトゥ パ アントゥル レ ルパ

*grignoter「かじる、すこしずつ食べる」。

▶夜は軽く食べます。

Le soir, je mange légèrement.
ル スワール ジュ マンジュ レジェルマン

▶規則正しい生活をしています。

J'ai une vie bien réglée.
ジェ ユン ヴィ ビアン レグレ

Je ne fais pas d'excès. (不摂生はしていません)
ジュン フェ パ デクセ

▶寝る前にいつも本を読みます。

Je lis toujours avant de m'endormir.
ジュ リ トゥジュル アヴァン ドゥ マンドルミール

*s'endormir「寝入る」。

▶寝つきが悪いんです。

J'ai du mal à m'endormir.
ジェ デュ マラ マンドルミール

▶ぐっすり眠ります。

J'ai le sommeil lourd.
ジェ ル ソメイ ルール

*lourd「重い」。avoir le sommeil lourd「眠りが深い」。

J'ai un sommeil de plomb.
ジェ アン ソメイ ドゥ プロン

*sommeil de plomb「鉛の睡眠」。

会ったとき・別れるとき 331

▶熟睡できないんです。

J'ai le sommeil léger.
ジェ ル ソメイ レジェ

*léger「軽い、浅い」。

Je me réveille d'un rien.
ジュ ム レヴェイ ダン リアン

(すぐ目が覚めるんです)

*rien「ほんのすこしのこと」。ここでは「ちょっとした物音」。

▶よく眠れません。

Je ne dors pas bien.
ジュ ン ドル パ ビアン

▶お酒は飲まないようにしています。

J'évite de boire de l'alcool.
ジェヴィッドゥ ブワル ドゥ ラルコール

*éviter de ...「〜しないようにする」。

▶4時を過ぎたらコーヒーは飲みません。そうしないと眠れないので。

Je ne prends pas de café après quatre heures, sinon, je ne peux pas dormir.
ジュン プラン パ ドゥ カフェ アプレ カトゥルール スィノン ジュ ン プ パ ドルミール

▶最近忘れっぽいんだ。

J'oublie tout, ces temps-ci.
ジュブリ トゥ セ タンスィ

*直訳は「このごろ、全部忘れる」。

▶1日に何回もメールをチェックします。

Je vérifie mes méls plusieurs fois par jour.
ジュ ヴェリフィ メ メール プリュズュル フワ パル ジュール

▶インターネットを1日に平均2時間やります。

Je passe deux heures par jour en moyenne sur Internet.
ジュ パス ドゥズル パル ジューラン ムワイエン スュランテルネトゥ

▶1日中パソコンの前にいます。

Je suis toute la journée devant mon ordinateur.
ジュ スュイ トゥトゥ ラ ジュルネ ドゥヴァン モノルディナトゥール

年齢・身長・体重について話す　　3_026.mp3

▶何歳？

Tu as quel âge?
テュ ア ケラージュ

*年齢や体重についての質問は無礼にあたることが多いので特に慎重に。

Je n'ai pas l'âge de conduire. (運転できる年じゃないんだ)
ジュ ネ パ ラジュ ドゥ コンデュイール

Tu as quel‿âge? (何歳なの？)

▶おいくつですか？
Quel‿âge‿avez-vous?
ケラジャヴェヴ

Quel‿âge‿avez-vous? (おいくつなんですか？)
Et vous? (あなたのほうは？)
エ ヴ
Cinquante‿ans. (50歳です)
サンカンタン
Vous‿êtes plus jeune que moi.
ヴゼトゥ プリュ ジュン ク ムワ
(あなたのほうがお若いですね)

Je peux vous demander votre‿âge?
ジュ プ ヴ ドゥマンデ ヴォトゥラージュ
(お歳をうかがってもよろしいですか？)

▶いくつに見えますか？
A votre‿avis?
ア ヴォトゥラヴィ
＊直訳は「あなたの考えでは？」。はっきり答えたくないときの返事。話題を封じることになる。

Vous me donnez quel‿âge?
ヴ ム ドネ ケラージュ
(私を何歳だと思いますか？)

Et vous? (あなたのほうは？)
エ ヴ
＊逆に相手に問い返すことで質問をかわす答え方。

▶ないしょですよ。
Ça, c'est‿un secret.
サ セタン スクレ

▶それは聞くことじゃないでしょ。
Ça ne se demande pas.
サ ス ドゥマンドゥ パ
＊直訳は「それはたずねられることではない」で、「質問するのは失礼だ」の意味。

▶48歳です。
J'ai quarante-huit‿ans.
ジェ カランテュイタン

▶体重はどのくらい？
Tu pèses combien?
テュ ペズ コンビアン
＊peser「重さがある」。この表現を使えるのは十分に親しい人だけに限られる。

会ったとき・別れるとき

Tu pèses combien?
(体重はどれくらいなの？)

Soixante-quinze kilos à peu près.
スワサントゥカンズ　キロ　ア　プ　プレ
(75キロぐらいかな)

▶75キロあります。

Je pèse soixante-quinze kilos.
ジュ　ペズ　スワサントゥカンズ　キロ

Je fais soixante-quinze kilos.
ジュ　フェ　スワサントゥカンズ　キロ

▶身長はどのくらい？

Tu mesures combien?
テュ　ムズュール　コンビアン
*mesurer「測る、～の長さがある」。

Vous faites quelle taille?
ヴ　フェットゥ　ケル　タイ
*tailleは「身長」のほか、「ウエスト」「服のサイズ」の意味もある。

▶1メートル80センチです。

Un mètre quatre-vingts.
アン　メトゥル　カトゥルヴァン
*1メートルを超えるときは、メートルとセンチメートルの両方に分け、180センチのようにセンチメートルの単位だけでは表現しない。また、単位は上のほうだけを用い、たとえばメートルを使ったときには、その下の単位のセンチメートルは省略して数字だけを言う。

10 病気・けがのとき

病状について話す　　　　　　　　　　　　　　　3_027.mp3

▶気分が悪いの？

Ça ne va pas?
サ ヌ ヴァ パ

Tu ne te sens pas bien?
テュヌ トゥ サン パ ビアン

*se sentir ...「自分が～だと感じる」。

Tu n'as pas l'air dans ton assiette.
テュ ナ パ レール ダン トナスィエトゥ
(気分が悪そうだね)

*avoir l'air ...「～のように見える」。直訳は「君は自分の皿の中にいないようだ」。

▶具合が悪そうだね。

Tu n'as pas l'air en forme.
テュ ナ パ レラン フォルム

*forme「体調」、en forme で「元気な」となる。

> Tu n'as pas l'air en forme.（具合が悪そうだね）
> Je suis enrhumé.（風邪をひいてるんだ）
> ジュ スュイ アンリュメ

Ça n'a pas l'air d'aller.
サ ナ パ レル ダレ

Tu n'as pas l'air bien.
テュ ナ パ レル ビアン

▶どうしたの？

Qu'est-ce qui ne va pas?
ケス キン ヴァ パ

> Qu'est-ce qui ne va pas?（どうしたの？）
> Je ne me sens pas bien.（気分が悪いの）
> ジュン ム サン パ ビアン

Qu'est-ce que tu as?
ケス ク テュ ア

Ça va?
サ ヴァ

▶顔色が悪いね。

Tu es pâle.
テュ エ パール

*pâle「青白い、血の気がない」。

> Tu es pâle. Ça ne va pas?
> テュ エ パール サン ヴァ パ
> (顔色が悪いね。気分が悪いの？)

病気・けがのとき

Si, si. Je suis fatigué, c'est tout.
スィ スィ ジュ スュイ ファティゲ セ トゥ
(ううん、疲れてるだけなんだ)

▶気分が悪いんだ。

Je ne me sens pas bien.
ジュ ヌ ム サン パ ビアン

▶診察を受けたいんですが。

Je voudrais voir un médecin.
ジュ ヴドゥレ ヴワラン メツァン

*médecin「医師」は男女両方に使い変化しない。Il [Elle] est médecin. となる。

▶医者を呼んでいただけますか？

Vous pourriez appeler un médecin, s'il vous plaît?
ヴ プリエ アプレ アン メツァン スィル ヴ プレ

▶医者を呼びましょうか？

Vous voulez qu'on appelle un médecin?
ヴ ヴレ コナペラン メツァン

Vous voulez qu'on appelle un médecin?
(医者を呼びましょうか？)

Oui, s'il vous plaît.
ウイ スィル ヴ プレ
(はい、お願いします)

▶救急車を呼んでください！

Appelez une ambulance, s'il vous plaît!
アプレ ユナンビュランス スィル ヴ プレ

Il nous faudrait une ambulance le plus vite possible.
イル ヌ フォドゥレ ユナンビュランス ル プリュ ヴィトゥ ポスィーブル
(できるだけ早く救急車が必要だ)

▶けがしています。

Je suis blessé [blessée].
ジェ スュイ ブレセ

▶けが人はいますか？

Il y a des blessés?
イリャ デ ブレセ

▶元気になった？

Tu es guéri [guérie]?
テュ エ ゲリ

*guéri「病気が治った」。

3 毎日の生活で使うフレーズ

▶もう、よくなった？

Tu vas mieux, maintenant?
テュ ヴァ ミュー マントゥナン

Vous vous sentez mieux, maintenant?
ヴ ヴ サンテ ミュー マントゥナン

Ça va mieux?
サ ヴァ ミュー

▶安静が必要なんです。

Je dois rester au lit.
ジュ ドゥワ レステ オ リ
＊直訳は「ベッドにいなくてはならない」。

Je dois garder la chambre.
ジュ ドゥワ ガルデ ラ シャンブル

Je dois rester au chaud.
ジュ ドゥワ レステ オ ショ
(家の中にいなくてはなりません)
＊au chaud「暖かくして」。

▶風邪をひいた。

J'ai attrapé un rhume.
ジェ アトゥラペ アン リューム
＊attraper「つかまえる、(病気に)かかる」。

▶インフルエンザにかかった。

J'ai la grippe.
ジェ ラ グリップ

▶あなたの風邪がうつったよ。

J'ai attrapé ton rhume.
ジェ アトゥラペ トン リューム

Tu m'as passé ton rhume.
テュ マ パセ トン リューム
＊passer「うつす」。

▶体調は戻ってきた？

Tu as récupéré?
テュ ア レキュペレ
＊récupérer「健康を回復する」。

▶お大事に！

Soigne-toi bien!
スワニュトゥワ ビアン

Meilleure santé!
メユル サンテ
＊直訳は「もっとよい健康を！」。

Bon rétablissement!
ボン レタブリスマン
＊rétablissement「回復、再建」。

病気・けがのとき

▶よくなりました。

Je me sens mieux.
ジュ ム サン ミュ

*mieux は bien の比較級で「よりよく」。

> **Comment vous sentez-vous?**
> コマン ヴ サンテヴ
> (いかがですか?)
>
> **Je me sens mieux. Merci.**
> ジュ ム サン ミュ メルスィ
> (よくなりました。ありがとうございます)

▶それほどよくなっていません。

Je ne me sens pas tellement mieux.
ジュ ン ム サン パ テルマン ミュ

*tellement「非常に」、pas tellement で「それほど〜ない」となる。

Je ne me sens pas encore très bien.
ジュ ン ム サン パ アンコル トゥレ ビアン

*ne ... pas encore「まだ〜ない」。

▶彼は亡くなりました。

Il est décédé.
イレ デセデ

*décédé の女性形は décédée。

Il est mort.
イレ モール

*mort の女性形は morte。家族や尊敬すべき人の死について話すときは décéder を、それ以外の場合は mourir を用いることが多い。

診察を受ける　　　　　　　　　　　　　3_028.mp3

▶どうしましたか?

Alors, qu'est-ce qui ne va pas?
アロール ケス キン ヴァ パ

▶だるいんです。

Je me sens fatigué [fatiguée].
ジュ ム サン ファティゲ

Je ne me sens pas en forme.
ジュ ン ム サン パ アン フォルム
(元気がないんです)

▶調子が悪いんです。

Je ne me sens pas bien.
ジュ ン ム サン パ ビアン

Je me sens mal.
ジュ ム サン マッル

338　　　　　　　　3　毎日の生活で使うフレーズ

Je suis malade. (病気です)
ジュ スュイ マラードゥ

▶すごく苦しいんです。

Je souffre beaucoup.
ジュ スフル ボク

▶どこが痛むんですか？

Où avez-vous mal?
ウ アヴェヴ マッル
*avoir mal à ...「〜が痛い」。
Où est-ce que ça vous fait mal?
ウ エス ク サ ヴ フェ マッル

▶胃が痛いんですが。

J'ai mal à l'estomac.
ジェ マラ レストマ

> J'ai mal à l'estomac. (胃が痛いんですが)
> Depuis quand? (いつからですか？)
> ドゥピュイ カン

> J'ai mal à l'estomac. (胃が痛いんですが)
> C'est peut-être une indigestion.
> セ プテトゥリュナンディジェスティオン
> (おそらく消化不良でしょう)

J'ai des douleurs d'estomac.
ジェ デ ドゥルール デストマ
*douleurs「痛み」。

▶頭痛がします。

J'ai mal à la tête.
ジェ マラ ラ テトゥ
J'ai des maux de tête.
ジェ デ モッ ドゥ テトゥ
*maux は mal の複数形。

J'ai la migraine. (偏頭痛がします)
ジェ ラ ミグレン
J'ai l'impression que ma tête va éclater.
ジェ ランプレスィオン ク マ テットゥ ヴァ エクラテ
(頭が割れそうに痛い)
*avoir l'impression que ...「〜のような気がする」。éclater「破裂する」。

▶のどがすごく痛いんです。

J'ai très mal à la gorge.
ジェ トゥレ マラ ラ ゴールジュ

病気・けがのとき

▶歯が痛いんです。

J'ai mal aux dents.
ジェ　マロ　ダン

> J'ai mal aux dents.（歯が痛いんですが）
> Ça vous a pris quand?（いつからですか？）
> サ　ヴザ　プリ　カン

J'ai une dent qui me fait mal.
ジェ ユン ダン キ ム フェ マッル
（痛い歯が1本あります）

J'ai une rage de dents.
ジェ ユン ラジュ ドゥ ダン
（がまんできないほど歯が痛い）

*rage「激怒」。rage de dents「激しい歯の痛み」。

▶肩がこってるんです。

J'ai mal aux épaules.
ジェ　マロゼポール

▶背中が痛いんです。

J'ai mal au dos.
ジェ　マロ　ド

▶腰が痛いんです。

J'ai mal aux reins.
ジェ　マロ　ラン

*reins「腎臓」。

▶目が痛い。

J'ai mal aux yeux.
ジェ　マロズュ

*「目が疲れた」と言うときにもこの表現を用いる。

J'ai mal à l'œil.
ジェ　マラ　ルーユ

*片方の目が痛いとき。

J'ai les yeux fatigués.（目が疲れた）
ジェ　レズュ　ファティゲ

▶鈍い痛みです。

C'est une douleur sourde.
セテュン　ドゥルル　スールドゥ

▶鋭い痛みです。

C'est une douleur aiguë.
セテュン　ドゥルレギュ

▶ずきずきする痛みがあります。

J'ai des élancements.
ジェ　デゼランスマン

*élancement「うずき、激痛」。

▶刺すような痛みです。
Ça fait comme des coups de coupe de couteau.
サ フェ コンム デ ク ドゥ クト
*coup「突くこと、刺すこと」。couteau「ナイフ」。

▶下痢しています。
J'ai la diarrhée.
ジェ ラ ディアレ

▶食中毒です。
J'ai une intoxication alimentaire.
ジェ ユナントクスィカスィオン アリマンテール
*intoxication「中毒」。alimentaire「食物の」。

▶血圧が高いんですが。
J'ai trop de tension.
ジェ トゥロッ タンスィオン

Je fais de l'hypertension.
ジュ フェ ドゥ リペルタンスィオン
*hyper「過度」はギリシア語から。

▶血圧が低いんですが。
Je n'ai pas assez de tension.
ジュ ネ パ アセッ タンスィオン
*assez「十分に」。

Je fais de l'hypotension.
ジュ フェ ドゥ リポタンスィオン
*hypo「不足」はギリシア語から。

▶息が苦しいんです。
J'ai du mal à respirer.
ジェ デュ マラ レスピレ

▶生理痛があります。
J'ai des règles douloureuses.
ジェ デ レーグル ドゥルルーズ

*règle「規則」は複数形で「生理」の意味になる。「生理中です」は avoir ses règles。douloureuse「痛い」。

▶めまいがします。
J'ai des vertiges.
ジェ デ ヴェルティージュ

▶食欲がありません。
Je n'ai pas d'appétit.
ジュ ネ パ ダペティ

病気・けがのとき

▶ 寒気がします。
J'ai des frissons.
ジェ デ フリソン
*frisson は寒さや熱による「震え」。風邪をひいたときに身体がぞくぞくする状態を言う。

▶ 風邪です。
J'ai un rhume.
ジェ アン リューム

▶ 風邪ぎみです。
J'ai un début de rhume.
ジェ アン デビュ ドゥ リューム
*début「初め、始まり」。

Je suis légèrement enrhumé [enrhumée].
ジュ スュイ レジェルマン アンリュメ
*légèrement「軽く、わずかばかり」。

▶ 鼻がつまっています。
J'ai le nez bouché.
ジェ ル ネ ブシェ
*bouché「栓をした」。

▶ 鼻水が止まりません。
J'ai le nez qui coule.
ジェ ル ネ キ クール
*couler「流れる」。

▶ 声が出ません。
J'ai une extinction de voix.
ジェ ユネクスタンクスィオン ドゥ ヴワ
*extinction「消滅」。

▶ 吐き気がします。
J'ai des nausées.
ジェ デ ノゼ
J'ai envie de vomir.
ジェ アンヴィ ドゥ ヴォミール
*avoir envie de ...「〜したい」。vomir「吐く」。

▶ 動悸がするんです。
J'ai des palpitations.
ジェ デ パルピタスィオン
*palpitation「ぴくぴく動くこと、けいれん」。

▶ かゆいんです。
J'ai des démangeaisons.
ジェ デ デマンジェゾン
J'ai des picotements.
ジェ デ ピコトゥマン

Ça me pique!
サム　ピック
*piquer「刺激する」。セーターなどがちくちくするときにもこの表現を使う。

▶足の骨を折りました。
Je me suis cassé la jambe.
ジュ　ム　スュイ　カセ　ラ　ジャンブ
J'ai la jambe cassée!（足が折れた！）
ジェ　ラ　ジャンブ　カセ
*骨を折ったその場で使う表現。

▶手をやけどしました。
Je me suis brûlé la main.
ジュ　ム　スュイ　ブリュレ　ラ　マン

> Je me suis brûlé la main.
> （手をやけどしました）
> En faisant quoi?（何をしていて？）
> アン　フザン　クワ

▶足首をねんざしました。
Je me suis fait une entorse à la cheville.
ジュ　ム　スュイ　フェ　ユナントルサ　ラ　シュヴィーユ

> Je me suis fait une entorse à la cheville.（足首をねんざしました）
> En faisant quoi?（何をしていてですか？）
> アン　フザン　クワ
> En jouant au tennis.
> アン　ジュアン　オ　テニス
> （テニスをしていてです）

Je me suis foulé la cheville.
ジュ　ム　スュイ　フレ　ラ　シュヴィーユ
*se fouler …「～をねんざする」。

▶咳が止まりません。
Je n'arrête pas de tousser.
ジュ　ナレトゥ　パッ　トゥセ
Je tousse sans arrêt.
ジュ　トゥッサンザレ
*sans arrêt「絶え間なく」。

▶出血しています。
Je saigne.
ジュ　セーニュ
Ça saigne.
サ　セーニュ

▶切ってしまいました。
Je me suis coupé [coupée].
ジュ　ム　スュイ　クペ

病気・けがのとき

▶痛いっ！
Aïe!
アイ

▶痛いです！
J'ai mal!
ジェ　マール
Ça fait mal!
サ　フェ　マール

▶ハチに刺されました。
J'ai été piqué [piquée] par une abeille.
ジェ　エテ　　　　ピケ　　　　　　パリュナベーユ

▶気を失いました。
Je me suis évanoui [évanouie].
ジュ　ム　スュイ　エヴァヌイ
J'ai perdu connaissance.
ジェ　ペルデュ　　コネサンス
Je suis tombé [tombée] dans les pommes.
ジュ　スュイ　　トンベ　　　　　　　ダン　レ　ポンム
＊直訳は「私はリンゴの中に倒れた」。くだけた表現。

▶熱はありますか？
Vous avez de la fièvre?
ヴザヴェ　　ドゥ　ラ　フィエーヴル

▶熱があります。
J'ai de la fièvre.
ジェ　ドゥ　ラ　フィエーヴル
J'ai un peu de fièvre.
ジェ　アン　プ　ドゥ　フィエーヴル
（すこし熱っぽいんです）

J'ai trente-neuf de fièvre.（39度あります）
ジェ　トゥラントゥヌッフ　ドゥ　フィエーヴル
＊フランス語では単位の「度」は使わず、数字だけを言う。

▶熱が下がりました。
J'ai moins de fièvre.
ジェ　　ムワン　ドゥ　フィエーヴル
＊moins de ... 「よりすくない〜」。
Ma température a baissé.
マ　　タンペラテュラ　　　　ベセ

▶熱を計ってください。
Prenez votre température.
プルネ　　ヴォトゥル　　タンペラテュール
＊検温はふつう舌下でする。

▶何か変わったものを食べましたか？

Avez-vous mangé quelque chose d'inhabituel?
アヴェヴ　マンジェ　ケルク　ショズ　ディナビテュエール

*habituel「いつもの」に接頭辞の in がついて inhabituel「いつもとちがう」となる。

▶服を脱いでください。

Déshabillez-vous.
デザビエヴ

▶上を脱いでください。

Enlevez le haut.
アンルヴェ　ル　オ

*haut「上部、上半身」。haut ⇔ bas

Gardez seulement le bas.
ガルデ　スルマン　ル　バ
(下だけになってください)

*bas「下部、下半身」

▶診察しましょう。

Je vais vous ausculter.
ジュ　ヴェ　ヴ　ゾスキュルテ

*ausculter「聴診する」。

▶痛みますか？

Ça vous fait mal?
サ　ヴ　フェ　マッル

*触診のときの質問。

▶血圧を測りましょう。

Je vais vous prendre la tension.
ジュ　ヴェ　ヴ　プランドゥル　ラ　タンスィオン

▶いま、治療を受けていますか？

Est-ce que vous êtes sous traitement, actuellement?
エス　ク　ヴゼッ　トゥレトゥマン　アクチュエルマン

▶現在、薬を服用中ですか？

Vous prenez des médicaments, en ce moment?
ヴ　プルネ　デ　メディカマン　アン　ス　モマン

> Vous prenez des médicaments, en ce moment?
> (いま、薬を服用中ですか？)
> Non, je ne prends rien.
> ノン　ジュン　プラン　リアン
> (いいえ、何も)

▶先生、どこが悪いんでしょうか？

Qu'est-ce que j'ai, Docteur?
ケス　ク　ジェー　ドクトゥール

病気・けがのとき

*docteur と médecin の使い分けに注意。医者に呼びかけるときには Bonjour, Docteur. となり、「医者へ行く」と言うときには Je vais chez le médecin. のように使う。

▶ひどいんでしょうか？

C'est grave?
セ　グラーヴ

*grave「深刻な、病気が重い」。

▶たいしたことありません。心配しないで。

Rien de grave. Ne vous inquiétez pas.
リアン　ドゥ　グラーヴ　ヌ　ヴザンキエテ　パ

▶インフルエンザです。

Vous avez une grippe.
ヴザヴェ　ユン　グリップ

▶ただの風邪です。

Un simple rhume.
アン　サンプル　リューム

▶中耳炎です。

Vous avez une otite.
ヴザヴェ　ユノティトゥ

▶妊娠しています。

Vous êtes enceinte.
ヴゼッツァンサントゥ

▶何日間か外出を控えてください。

Il faut rester au chaud pendant quelques jours.
イル　フォ　レステ　オ　ショ　パンダン　ケルク　ジュール

*pendant「〜の間」。au chaud の直訳は「暖かくして」。

▶どのくらいギプスをはめていなければいけないんですか？

Je dois garder ce plâtre combien de temps?
ジュ　ドゥワ　ガルデ　ス　プラートゥル　コンビアン　ドゥ　タン

*plâtre「石膏」。

> Je dois garder ce plâtre combien de temps?
> （どのくらいギプスをはめていなければいけないんですか？）
>
> Environ un mois. （ひと月くらいです）
> アンヴィロン　アン　ムワ

▶入院しなければなりませんか？

Je dois être hospitalisé [hospitalisée]?
ジュ　ドゥワ　エトゥロスピタリゼ

▶手術が必要ですか？

Je dois être opéré [opérée] ?
ジュ　ドゥワ　エトゥロペレ

3　毎日の生活で使うフレーズ

Je dois être opéré?
(手術が必要ですか?)

Ce ne sera pas nécessaire, je pense.
スン スラ パ ネセセール ジュ パンス
(その必要はないと思います)

▶手術できますか?
Ça s'opère?
サ ソペール

▶長くかかりますか?
Ce sera long?
ス スラ ロン

▶お風呂に入ってもいいですか?
J'ai le droit de prendre un bain?
ジェ ル ドゥルワ ド プランドル アン バン
*droit は「権利」の意味で使われている。医者に質問するときの表現。

Je peux me doucher?
ジュ プ ム ドゥシェ
(シャワーを浴びてもいいですか?)

▶お酒を飲んでもかまいませんか?
J'ai le droit de boire de l'alcool?
ジェ ル ドゥルワ ド ブワル ド ラルコール

Je peux boire de l'alcool?
ジュ プ ブワル ド ラルコール

▶処方箋を書きます。
Je vais vous faire une ordonnance.
ジュ ヴェ ヴ フェール ユノルドナンス
*フランスでは医者は診療をするだけで薬は出さない。患者は処方箋を受け取って調剤薬局へ行く。

▶ペニシリンにアレルギーがありますか?
Vous êtes allergique à la pénicilline?
ヴゼタレルジカ ラ ペニスィリン

▶2、3日で治るでしょう。
Vous serez remis d'ici deux-trois jours.
ヴ スレ ルミ ディスィ ドゥトゥルワ ジュール
*se remettre「回復する」。d'ici「いまから」。たとえば d'ici lundi「月曜日までに」のように使う。

Vous irez mieux dans deux-trois jours.
ヴズィレ ミュ ダン ドゥトゥルワ ジュール
(2、3日したらよくなるでしょう)

▶すぐに薬局へ行ってください。
Allez tout de suite à la pharmacie.
アレ トゥ ツィタ ラ ファルマスィ

▶先生、おいくらですか？
Je vous dois combien, Docteur?
ジュ ヴ ドゥワ コンビアン ドクトゥール

▶書類に記入しましょう。
Je vais vous faire un arrêt-maladie.
ジュ ヴェ ヴ フェラ ナレマラディ
*arrêt-maladie は社会保険の手続きに必要な申請書。

Je vais vous mettre en arrêt-maladie.
ジュ ヴェ ヴ メトラン ナレマラディ

▶保険のための書類を書いていただけますか？
Pourriez-vous me remplir cette feuille, c'est pour mon assurance.
プリエヴ ム ランプリル セトゥ フーユ セ プル モナスュランス
*remplir は「埋める、満たす」から「(書類の空欄に)書き込む」。feuille「葉、書類」。この保険は主に外国人のためのもの。

薬局で
3_029.mp3

▶何か風邪にきく薬はありますか？
Vous auriez quelque chose contre la grippe?
ヴゾリエ ケルク ショーズ コントゥル ラ グリップ
Je voudrais un sirop contre la toux.
ジュ ヴドゥレ アン スィロ コントゥル ラ トゥ
(咳止めのシロップが欲しいんですが)

▶よく効きますか？
C'est efficace?
セテフィカース

▶子ども用をください。
C'est pour un enfant.
セ プル アン ナンファン

C'est pour un enfant. (子ども用をください)
Un enfant de quel âge?
アン ナンファン ドゥ ケラージュ
(何歳のお子さんですか？)
Trois ans. (3歳です)
トゥルワザン

▶処方箋はお持ちですか？
Vous avez une ordonnance?
ヴザヴェ ユノルドナンス

3 毎日の生活で使うフレーズ

▶処方箋がなければ出せません。
On ne le délivre que sur ordonnance.
オン ル デリーヴル ク スュロルドナンス
*délivrer「救出する、交付する」、ne ... que〜「〜しか…ない」。le は「薬」のこと。

▶錠剤がいいですか、それとも粉薬がいいですか？
Vous le préférez en comprimés ou en sachets?
ヴ ル プレフェレ アン コンプリメ ウ アン サシェ
*le は「薬」のこと。sachet「小さな袋」、たとえば thé en sachet は「ティーバッグ」。「散薬」の意味では poudre も使う。

▶カプセル剤です。
Ce sont des gélules.
ス ソン デ ジェリュール

▶そんなに苦くないですか？
Ce n'est pas trop amer?
ス ネ パ トゥロパメール

▶シロップのほうがいいんですが。
Je préférerais un sirop.
ジュ プレフェッレ アン スィロ

⑪ 恋愛と結婚

好きになる
3_030.mp3

▶ 彼は女の子にもてる。

Il plaît aux filles.
イル プレ オ フィーユ
*plaire à ...「〜に好かれる、〜の気に入る」。

Il a du succès auprès des filles.
イラ デュ スュクセ オプレ デ フィーユ
*succès「成功、もてること」。auprès de ...「〜のもとで、〜の目には」。

Il a la cote avec les filles.
イラ ラ コタヴェック レ フィーユ
(彼は女の子に人気がある)

*cote「評価」。avoir la cote「評判がよい」。

C'est un homme à femmes. (女たらしだ)
セタノマ ファンム
*homme à femmes「女にもてる男」は中年以上の男性について言う。femme は「結婚した女性、若くない女性」、あるいは「女性全般」を表す。

▶ 色男だね。

C'est un coureur de jupons.
セタン クルール ドゥ ジュポン
*coureur (coureuse)「走者」、jupon「ペチコート」。coureur de jupons で「女を追い求める男、女の尻を追い回す男」。

C'est un vrai dragueur. (ナンパ男だ)
セタン ヴレ ドゥラグール
*draguer「水底に沈んだものをさらう」から dragueur は「女(男)をひっかける人、ナンパする人」を指す。

▶ 彼女は男にもてる。

Elle plaît aux hommes.
エル プレ オゾム

Elle a du succès auprès des garçons.
エラ デュ スュクセ オプレ デ ガルソン
*garçon は 20 歳以下の若い男性。

Elle a la cote avec les garçons.
エラ ラ コタヴェック レ ガルソン
(彼女は男の子に人気がある)

▶ 思わせぶりな女だ。

C'est une allumeuse.
セテュヌ アリュムーズ
*allumer「点火する」から allumeuse「点火する人」。

3

▶彼が好きなの。

Je suis amoureuse de lui.
ジュ スュイ アムルーズ ドゥ リュイ

*amoureuse「恋をしている」、男性形は amoureux。

Je l'aime.
ジュ レーム

Je suis folle de lui.
ジュ スュイ フォール ドゥ リュイ

(彼に夢中なの)

*folle「気の狂った」、男性形は fou。

Il me plaît beaucoup.
イル ム プレ ボク

(彼のこと、とっても気に入ってるの)

▶彼のこと好きになってしまったみたい。

Je crois que je suis amoureuse de lui.
ジュ クルワ ク ジュ スュイ アムルーズ ドゥ リュイ

Je crois que je suis amoureuse de lui.
(彼のこと好きになってしまったみたい)

Et lui?
エ リュイ

(で、彼のほうは？)

▶彼女を好きなんだ。

Je suis amoureux d'elle.
ジュ スュイ アムル デール

Je l'aime.
ジュ レーム

Je suis fou d'elle.
ジュ スュイ フ デール

(彼女に夢中なんだ)

Elle me plaît beaucoup.
エル ム プレ ボク

(彼女のこと、とっても気に入ってるんだ)

▶彼ってほんとにすてき！

Il est vraiment bien!
イレ ヴレマン ビアン

C'est vraiment un type super!
セ ヴレマン アン ティプ スュペール

(まったくすごいやつだね！)

*type「やつ、男」。

▶彼、かっこいいね！

Il est beau!
イレ ボー

C'est vraiment un beau mec!
セ ヴレマン アン ボ メック

恋愛と結婚

351

（あいつはすごくかっこいい！）

*くだけた調子で男性をほめるときによく使う言いまわし。mec は男性を指す「あいつ」の意味。女性の場合は nana。

Il est beau garçon!
イレ　ボ　ガルソン

Il est canon.
イレ　カノン

*canon「大砲」。

Il est beau gosse!
イレ　ボ　ゴッス

*gosse は enfant「子ども」のくだけた言い方。beau gosse は beau garçon のくだけた表現になる。

▶まじめな青年です。

C'est un garçon bien.
セタン　ガルソン　ビアン

C'est un type bien. (いいやつだ)
セタン　ティップビアン

▶彼はとてもやさしい。

Il est vraiment gentil.
イレ　ヴレマン　ジャンティ

▶かわいいね、彼女って！

Elle est mignonne, cette fille!
エレ　ミニョンヌ　セトゥ　フィーユ

▶きれいだね、彼女！

Elle est jolie, cette fille!
エレ　ジョリー　セトゥ　フィーユ

> **Elle est jolie, cette fille!**
> （きれいだね、彼女！）
>
> **Ça, c'est vrai!**
> サ　セ　ヴレ
> （うん、本当だね！）

Elle est belle, cette fille!
エレ　ベール　セトゥ　フィーユ

Elle est canon, cette nana!
エレ　カノン　セトゥ　ナナ

*canon「大砲」。nana は fille と同様に「若い女性、女の子」を表すが、fille よりもくだけたことば。

▶彼女ってすごくセクシーだ！

Elle est vraiment sexy, cette fille!
エレ　ヴレマン　セクスィー　セトゥ　フィーユ

3　毎日の生活で使うフレーズ

▶彼女はスタイルがいい。
Elle est bien faite.
エレ ビアン フェトゥ
*直訳は「彼女はうまく作られている」。

Elle est bien roulée.
エレ ビアン ルレ
*男性だけが使うくだけた表現。

C'est une belle femme.
セテュン ベル ファンム
*belle femme は背が高く細身で美しい40代以上の女性のことを言う。

▶彼女、とってもすてきだね！
Elle est vraiment super, cette fille!
エレ ヴレマン スュペール セトゥ フィーユ
*super は supérieur「すぐれた」の略、男女同形。

▶いい娘（こ）です。
C'est une fille bien.
セテュン フィユ ビアン
*性格や人がらについてほめる表現。

▶やさしい女性です。
Elle est vraiment gentille.
エレ ヴレマン ジャンティーユ

▶あの人あなたが好きみたい…。
J'ai l'impression qu'il est amoureux de toi ...
ジェ ランプレスィオン キレタムル ドゥ トワ
*avoir l'impression que ...「～のような気がする」。

> J'ai l'impression qu'il est amoureux de toi ...
> （あの人あなたが好きみたい…）
> **Tu crois?** （そう思う？）
> テュ クルワ

J'ai l'impression qu'il t'aime bien ...
ジェ ランプレスィオン キル テム ビアン
Il a l'air de bien t'aimer.
イラ レール ドゥ ビアン テメ
*avoir l'air ...「～のように見える」。

▶アンヌはフレデリックに関心があるみたい。
Anne a l'air de s'intéresser à Frédéric.
アナ レール ドゥ サンテレセ ア フレデリック

▶彼は彼女に夢中だけど、片想いだ。
Il est fou d'elle, mais ce n'est pas réciproque.
イレ フ デール メー ス ネ パ レスィプロック
*réciproque「お互いの」。

恋愛と結婚

Elle est amoureuse de lui, mais lui ne s'intéresse pas à elle.
(彼女は彼が好きだけど、彼のほうは彼女に関心がない)

▶彼女にはほんとにまいったよ、でも好きなんだよな！

Elle est vraiment impossible, mais je l'adore!
*impossible「性格が悪くて手に負えない」。

▶彼女にどうしてももう一度会いたい。

Je veux absolument la revoir.
*「彼に」の場合は le。

▶彼女は彼とつきあいたがってる。

Elle voudrait sortir avec lui.
*sortir avec「デートする、つきあう」。

▶彼はつきあいたがってるけれど、彼女のほうはそういうことに興味がない。

Il voudrait sortir avec elle, mais elle, ça ne l'intéresse pas.

▶彼、彼女をナンパしてるよ！

Il est en train de la draguer!

▶彼は彼女をくどいてる。

Il lui fait la cour.
*faire la cour「くどく、言い寄る」。

▶あのふたりは半年前からつきあってる。

Ils se fréquentent depuis six mois.
*se fréquenter「つきあう」。

Ils sortent ensemble depuis six mois.
*sortir ensemble「一緒に出かける、つきあう」。

Ils sont ensemble depuis six mois.

デート

3_031.mp3

▶今晩ひま?

Tu es libre, ce soir?
テュ エ リーブル ス スワール

> Tu es libre, ce soir? (今晩ひま?)
> Oui. Pourquoi? (ええ、なぜ?)
> ウイ プルクワ

Tu es pris [prise], ce soir? (今夜忙しい?)
テュ エ プリ [プリーズ] ス スワール
*pris「予定がある、忙しい」は libre の反対語として使われる。

Tu as quelque chose de prévu, ce soir?
テュ ア ケルク ショズ ドゥ プレヴュー ス スワール
(今夜何か予定がある?)

▶今夜、一緒にどう?

On pourrait sortir ensemble, ce soir?
オン プレ ソルティランサンブル ス スワール
Si on sortait ensemble, ce soir?
スィ オン ソルテ アンサンブル ス スワール
Ça te dirait de sortir avec moi, ce soir?
サッ ディレ ドゥ ソルティラヴェック ムワー ス スワール
On sort ensemble, ce soir?
オン ソランサンブル ス スワール

▶一緒に映画を見に行かない?

Si on allait voir un film ensemble?
スィ オナレ ヴワラン フィルマンサンブル

> Si on allait voir un film ensemble?
> (一緒に映画を見に行かない?)
>
> **Avec plaisir.** (喜んで)
> アヴェック プレズィール

On va voir un film ensemble?
オン ヴァ ヴワラン フィルマンサンブル
Ça te dirait d'aller au cinéma?
サッ ディレ ダレ オ スィネマ
On pourrait aller voir un film ensemble ...
オン プレ アレ ヴワラン フィルマンサンブル

▶一緒にコンサートはどう?

Ça te dirait de venir au concert avec moi?
サッ ディレ ドゥ ヴニロ コンセラヴェック ムワ
Tu ne veux pas venir écouter un concert avec moi?
テュン ヴ パ ヴニレクテ アン コンセラヴェック ムワ
(私とコンサートに行かない?)

*écouter「聴く」。

恋愛と結婚

Je voudrais t'inviter à un concert.
ジュ ヴドゥレ タンヴィテ ア アン コンセール
(コンサートに誘いたいんだけど)

J'aimerais vous inviter à un concert.
ジェムレ ヴザンヴィテ ア アン コンセール
(コンサートにお誘いしたいのですが)

Accepteriez-vous de m'accompagner à un concert?
アクセプトゥリエヴ ドゥ マコンパニェ ア アン コンセール
(コンサートにご一緒していただけますか？)

*accepter「受け入れる」。

▶デートしてもらえる？

Tu veux bien sortir avec moi?
テュ ヴ ビアン ソルティラヴェック ムワ

　Tu veux bien sortir avec moi?
　(デートしてもらえる？)

　Désolée, mais j'ai déjà un copain.
　デゾレ メ ジェ デジャ アン コパン
　(ごめんなさい、彼がいるの)

Tu veux pas sortir avec moi?
テュ ヴ パ ソルティラヴェック ムワ
(デートしてもらえない？)

▶一緒に出かけない？

Tu ne veux pas qu'on sorte ensemble?
テュン ヴ パ コン ソルタンサンブル

▶7時ごろ迎えに行くよ。

Je passerai te chercher vers sept heures.
ジュ パスレ トゥ シェルシェ ヴェル セトゥール

　Je passerai te chercher vers sept heures. (7時ごろ迎えに行くよ)
　D'accord. Je t'attendrai en bas.
　ダコール ジュ タタンドゥレ アン バ
　(わかった。下で待ってるわ)

▶どこで会う？

Où est-ce qu'on se retrouve?
ウ エス コン ス ルトゥルーヴ

　Où est-ce qu'on se retrouve?
　(どこで会う？)

　Où tu veux. (どこでもいいよ)
　ウ テュ ヴー

*Où tu veux. の直訳は「君の望む所」。

▶むこうで待ち合わせたほうがいいよ。

Il vaut mieux se retrouver sur place.
イル ヴォ ミュ ス ルトゥルヴェ スュル プラス

*sur place「現場で、その場で」。

> Je passerai te prendre à six heures.
> ジュ パスレ トゥ プランドゥラ スィズール
> (6時に迎えに行くよ)
>
> Non, merci. Ce n'est pas la peine. Il vaut mieux se retrouver sur place.
> ノン メルスィ ス ネ パ ラ ペン イル ヴォ ミュ ス ルトゥルヴェ スュル プラス
> (いえ結構よ。むこうで待ち合わせたほうがいいわ)

*ce n'est pas la peine de ...「〜しなくてもいい」。

▶何時にしようか？

On se donne rendez-vous à quelle heure?
オン ス ドヌ ランデヴ ア ケルール

*rendez-vousは恋人どうしに限らず、人との約束全般に使う。ビジネスの場でも用いる。

> On se donne rendez-vous à quelle heure? (何時にする？)
> A sept heures. Ça va? (7時でいい？)
> ア セトゥール サ ヴァ

▶いい夜だった。ありがとう。

J'ai passé une excellente soirée. Je te remercie.
ジェ パセ ユネクセラントゥ スワレ ジュ トゥ ルメルスィ

> J'ai passé une excellente soirée. Je te remercie.
> (いい夜だった。ありがとう)
>
> J'espère qu'il y en aura beaucoup d'autres.
> ジェスペール キリャンノラ ボク ドートゥル
> (これからもよろしくね)

*直訳は「(こんな夜が) ほかにもたくさんあるのを期待している」。

▶また会いたいんだけど…。

J'aimerais te revoir ...
ジェムレ トゥ ルヴワール

On pourrait peut-être se revoir?
オン プレ プテトゥル ス ルヴワール
(また会えるかな？)

Pourrais-je vous revoir?
プレジュ ヴ ルヴワール
(またお目にかかれますか？)

*Pourrais-je ...? はとても丁寧な表現で、現在ではあまり使われない。

▶家まで車で送るよ。

Je te raccompagne chez toi.
ジュ トゥ ラコンパニュ シェ トゥワ

恋愛と結婚

Je te raccompagne chez toi.
(家まで車で送るよ)

Mais non, ce n'est pas la peine.
メ　ノン　ス　ネ　パ　ラ　ペン
(いいえ、送ってもらわなくてだいじょうぶよ)

Si, si, j'insiste. (いや、送るよ)
スィ　スィ　ジャンスィストゥ

*insister「強調する」。

▶ちょっと寄ってかない？

Tu ne veux pas entrer un instant?
テュ　ヌ　ヴ　パ　アントゥレ　アナンスタン

*entrer「入る」。家まで送ってもらったときに使う。

▶さあ、寄っていって！　お茶を入れるから。

Allez, entre! Je t'offre un café.
アレ　アントゥル　ジュ　トフラン　カフェ

*offrir「提供する」。

▶今夜一緒に過ごせてうれしいよ…。

J'ai été heureux [heureuse] de passer la soirée avec toi ...
ジェ　エテ　ウル　[ウルーズ]　ドゥ　パセ　ラ　スワレ　アヴェク　トゥワ

J'ai été heureux de passer la soirée avec toi ...
(今夜一緒に過ごせてうれしいよ…)

Moi aussi. (私もよ)
ムワ　オスィ

告白する　　　　　　　　　　　　　　　3_032.mp3

▶話があるんだ。

Je voudrais te parler.
ジュ　ヴドゥレ　トゥ　パルレ

J'ai besoin de te parler. (ぜひ話したいんだ)
ジェ　ブズワン　ドゥ　トゥ　パルレ

*avoir besoin de ...「〜する必要がある」。

▶つきあってる人がいるの？

Tu as un copain [une copine], en ce moment?
テュ　ア　アン　コパン　[ユヌ　コピン]　アン　ス　モマン

Tu as un copain, en ce moment?
(つきあってる人がいるの？)

Oui et non. (どちらとも言えないわ)
ウイ　エ　ノン

3　毎日の生活で使うフレーズ

Tu as quelqu'un, dans ta vie?
テュ ア ケルカン ダン タ ヴィ
*vie「生活、人生」。
Tu sors avec quelqu'un, en ce moment?
テュ ソラヴェッケルカン アン ス モマン
Tu n'es pas libre?
テュ ネ パ リーブル
* ここでは libre「ひまな」は「自由な、束縛されていない」。

▶ 愛してる。
Je t'aime.
ジュ テーム
* フランスの花を使う恋占いは「Je t'aime, un peu, beaucoup, passionnément, à la folie, pas du tout. (愛してる、すこしだけ、いっぱい、情熱的に、狂うほど、ぜんぜん)」と言いながら花びらを1枚ずつはずしていく。

> Je t'aime. (愛してるよ)
>
> Je t'aime, moi aussi. (私も愛してるわ)
> ジュ テーム ムワ オスィ

Je suis amoureux [amoureuse] de toi.
ジュ スュイ アムル [アムルーズ] ドゥ トゥワ
*amoureux de ... は「〜にほれた、〜に夢中の」。この愛情表現は結婚後はふつう使わない。

▶ 大好きだ。
Je t'adore.
ジュ タドール

▶ 私が好き？
Tu m'aimes?
テュ メーム

> Tu m'aimes? (ぼくが好き？)
>
> Oui, je t'aime. (ええ、好きよ)
> ウイ ジュ テーム

> Tu m'aimes? (ぼくのこと好き？)
>
> Tu sais bien que je t'aime beaucoup.
> テュ セ ビアン ク ジュ テンム ボク
> (知ってるでしょ、いいお友達だってこと)

*aimer に beaucoup がつくと、「好きだけれど愛してはいない、恋愛感情はもっていない」の意味になる。

▶ 君にひとめぼれしたんだ。
J'ai eu le coup de foudre pour toi.
ジェ ウル ク ドゥ フドゥル プル トゥワ
*coup de foudre「雷の一撃」。

恋愛と結婚

Je suis tombé amoureux [tombée amoureuse] de toi dès que je t'a
ジュ スュイ　トンベ　　　アムル　　　　［トンベ　　　　アムルーズ］　ドゥトゥヴ デ　ク ジュ テ
vue [vu].
ヴュ

*dès que ...「〜するや否や、〜の瞬間から」。直訳は「あなたに出会った瞬間から恋に落ちてしまった」。

▶一緒にいると幸せだ。

Je suis heureux avec [heureuse‿avec] toi.
ジュ スュイ　ウル　　アヴェク　　　［ウルーザヴェク］　トゥワ

▶君が必要なんだ。

J'ai besoin de toi.
ジェ　　ブズワン　　ドゥ トゥワ

▶あなたなしでは生きられない。

Je‿ne peux pas vivre sans toi.
ジュン　　　プ　　　パ　ヴィヴル　サン　トゥワ

▶あなた！

Mon‿amour!
モナムール

*「愛する人よ！」という恋愛感情を込めた呼びかけ。男女同じ形。

Mon chéri [Ma chérie] !
モン　シェリ　［マ　　シェリ］

*mon [ma]をつけると、親から子どもへなど、恋愛関係以外でも日常生活でよく使われる

ほめる　　　　　　　　　　　　　　　　　　　　　　3_033.mp3

▶あなたの目の色が大好き！

J'aime beaucoup la couleur de tes‿yeux.
ジェム　　ボク　　　　ラ　クルール　ドゥ　テズュ

▶とってもやさしいんだね！

Tu es adorable!
テュ エ　アドラーブル

*恋人に限らず友達にも使う表現。

Tu es tellement gentil [gentille]!
テュ エ　テルマン　　ジャンティ ［ジャンティーユ］

▶本当にきれいだね！

Tu es vraiment jolie!
テュ エ　ヴレマン　　　ジョリ
Tu es vraiment belle!
テュ エ　ヴレマン　　　ベール
Tu es vraiment ravissante!
テュ エ　ヴレマン　　　ラヴィサントゥ
（君はうっとりするほど美しいよ！）

Tu es vraiment séduisant [séduisante]!
テュ エ ヴレマン セデュイザン [セデュイザントゥ]
(あなたは魅力的ね！)

◆ その髪型いいね。
Tu es bien coiffé [coiffée] !
テュ エ ビアン クワフェ

◆ そのネックレスすてきだね。
Il est beau, ton collier!
イレ ボー トン コリエ
*Il は ton collier を指している。

◆ そのドレス、きれいだね！
Elle est jolie, ta robe!
エレ ジョリー タ ローブ
*Elle は ta robe を指している。

J'aime bien ta robe!
ジェム ビアン タ ローブ
Tu as une jolie robe!
テュ ア ユン ジョリ ローブ
Elle te va bien, cette robe!
エル トゥ ヴァ ビアン セトゥ ローブ
(そのドレス、よく似合ってるね！)

◆ とってもおしゃれだね！
Tu es très chic!
テュ エ トゥレ シック
*chic「洗練された」。

◆ 今日はエレガントだね！
Tu es élégant [élégante], aujourd'hui!
テュ エ エレガン [エレガントゥ] オジュルデュイ

> Tu es élégante, aujourd'hui!
> (今日はエレガントだね)
>
> Aujourd'hui seulement? (今日だけ？)
> オジュルデュイ スルマン
>
> Non, bien sûr. Mais aujourd'hui encore plus.
> ノン ビアン スール メ オジュルデュイ アンコル プリュス
> (いや、そうじゃないよ。でも今日は特にね)

◆ そのかっこう、すてきじゃない！
Tu es beau [belle], comme ça.
テュ エ ボー [ベール] コム サ
* ふだんとちがう服装のときのほめことば。

恋愛と結婚

結婚

▶結婚してくれる？

Tu veux te marier avec moi?
テュ ヴ トゥ マリエ アヴェク ムワ

*se marier「結婚する」。「結婚、結婚式」は mariage。フランスではふつう、カップルは結婚前に同居する。

Veux-tu m'épouser?
ヴテュ メプゼ

*épouser ...「〜と結婚する」。

On pourrait se marier ...
オン プレ ス マリエ

Accepterais-tu de devenir ma femme?
アクセプトゥレテュ ドゥ ドゥヴニル マ ファンム

（僕の妻になってもらえる？）

*エレガントな求婚の表現。

▶もちろん。

Oui, bien sûr.
ウイ ビアン スュール

Oui, tu le sais bien.
ウイ テュ ル セ ビアン

Tu connais la réponse.
テュ コネ ラ レポンス

*直訳は「君は返事を知っている」。返事が Non のときでも使うので、Oui の場合は明るい表情で言う。

▶まだ結婚したくないんだ。

Je ne veux pas me marier tout de suite.
ジュ ヌ ヴ パ ム マリエ トゥ ドゥ スュイトゥ

*tout de suite「すぐに」。

Je ne veux pas me marier tout de suite.
（まだ結婚したくないの）

Je suis prêt à attendre. （待ってるよ）
ジュ スュイ プレタ アタンドゥル

▶まだ真剣になりたくないの。

Je ne suis pas encore prêt à [prête à] m'engager.
ジュ スュイ パ アンコル プレ ア [プレタ] マンガジェ

*直訳は「まだ固い約束をする準備ができていない」。

Je voudrais te présenter à mes parents.
ジュ ヴドゥレ トゥ プレザンテ ア メ パラン

（両親に君を紹介したいんだ）

C'est trop tôt, je ne suis pas encore prête à m'engager.
セ トゥロ ト ジュ スュイ パ アンコル プレタ マンガジェ

（早すぎるわ、まだ真剣になりたくないの）

Je n'ai pas envie de m'engager tout de suite.
ジュ ネ パ アンヴィ ドゥ マンガジエ トゥ ツイトゥ

▶まだ気持ちがはっきりしないんだ。

Je ne suis pas encore sûr [sûre] de mes sentiments.
ジュン スュイ パ アンコル スュール ドゥ メ サンティマン

> On sort ensemble depuis un an ...
> オン ソランサンブル ドゥピュイ アナン
> (1年も前からつきあってるんじゃないか…)
>
> Je sais, mais, je ne suis pas encore sûre de mes sentiments.
> ジュ セ メ ジュン スュイ パ アンコル スュール ドゥ メ サンティマン
> (そうね、でもまだ気持ちがはっきりしないの)

▶そのことはまだ考えていません。

On n'a pas encore réfléchi à la question.
オン ナ パ アンコーレフレシ ア ラ ケスティオン

*réfléchir à ... 「〜のことをよく考える」。on は「私たちふたり」を指す。直訳は「その問題についてはまだよく考えていない」。

> Quand est-ce que vous vous mariez?
> カン エス ク ヴ ヴ マリエ
> (あなたたちいつ結婚するの?)
>
> On n'a pas encore réfléchi à la question.
> (そのことはまだ考えてないの)

▶結婚することにしました。

Nous avons décidé de nous marier.
ヌザヴォン デスィデ ドゥ ヌ マリエ

*両親や友人に結婚することを伝える一般的な表現。

▶式は教会であげたい。

Je veux me marier à l'église.
ジュ ヴ ム マリエ ア レグリーズ

▶白いウエディングドレスが着たいわ。

Je veux me marier en blanc.
ジュ ヴ ム マリエ アン ブラン

▶宗教的な儀式はやりたくない。

Je ne veux pas de cérémonie religieuse.
ジュン ヴ パ ドゥ セレモニ ルリジューズ

▶結婚したばかりです。

On vient de se marier.
オン ヴィアンツ ドゥ ス マリエ

恋愛と結婚

▶私たちふたりとも幸せです。
   On est heureux tous les deux.
   オンネ　　ウルー　　トゥ　レ　ドゥ

▶私たちは共通点がいっぱいあるんです。
   Nous avons beaucoup de points communs.
   ヌザヴォン　　　　ボク　　ドゥ　プワン　　コマン

▶うまくいってます。
   On s'entend bien.
   オン　サンタン　ビアン
   *s'entendre「仲がいい」。

▶けんかはぜんぜんしません。
   On ne se dispute jamais.
   オン　ス　ディスピュトゥ　ジャメ
   *se disputer「口げんかする」。

▶あのふたりはお似合いだね。
   Ils sont bien assortis.
   イル　ソン　　ビアナソルティ
   Ils vont bien ensemble.
   イル　ヴォン　　ビアナンサンブル

▶一家のよき主(あるじ)です。
   C'est un bon père de famille.
   セタン　　ボン　ペル　ドゥ　ファミーユ
   * 父親として夫として、世帯主としての務めをよく果たしている存在を bon père de famille と呼ぶ。

▶ぼくはとても家庭的です。
   Je suis très "famille".
   ジュ スュイ トゥレ　ファミーユ
   *famille「家族」は女性名詞だが、ここでは形容詞的に使われている。

▶彼女は子どもをほしがっている。
   Elle veut des enfants.
   エル　ヴ　　デザンファン

▶妊娠しています。
   Je suis enceinte.
   ジュ スュイ　アンサントゥ

> J'ai une grande nouvelle à t'annoncer! Je suis enceinte.
> ジェ ユン　グランドゥ　ヌヴェラ　　タノンセ　ジュ スュイ　アンサントゥ
> (あなた、大ニュースがあるの。妊娠したのよ!)
>
> C'est vrai? Je suis si heureux, ma chérie!
> セ　ヴレ　ジュ スュイ スィ　ウルー　　マ　シェリー
> (本当?すごく幸せだよ!)

J'attends un enfant.
ジャタン　アナンファン
*attendre「待つ」。

J'attends un bébé.
ジャタン　アン　ベベ

▶予定日は？
C'est pour quand?
セ　プル　カン

▶男か女か、どちらか知ってるの？
Vous savez si c'est un garçon ou une fille?
ヴ　サヴェ　スィ　セ　アン　ガルソン　ウ　ユン　フィーユ

▶どっちが生まれたの？
Elle a eu un garçon ou une fille?
エラ　ユ　アン　ガルソン　ウ　ユン　フィーユ

> Elle a eu un garçon ou une fille?
> （どっちが生まれたの？）
>
> **Une petite fille.** (かわいい女の子よ)
> ユン　プティットゥ　フィーユ

▶彼女は流産しました。
Elle a fait une fausse couche.
エラ　フェ　ユン　フォス　クーシュ
*fausse couche の直訳は「にせの出産」。

▶彼女は中絶した。
Elle a eu une I.V.G.
エラ　ユ　ユニヴェジェ
*I.V.G. は Interruption Volontaire de Grossesse の略。以前は avortement が使われたが、現在では I.V.G を使う。

Elle a avorté.
エラ　アヴォルテ

▶あのふたりは子どもがなかなかできない。
Ils ont du mal à avoir des enfants.
イルゾン　デュ　マラ　アヴワール　デザンファン
*avoir du mal à …「なかなか～できない」。

> Ils ont du mal à avoir des enfants.
> （あのふたりは子どもがなかなかできないの）
>
> **Oui, elle suit un traitement …**
> ウイ　エル　スュイ　アン　トゥレトゥマン
> （うん、彼女は治療を受けているんだけど…）

恋愛と結婚

離婚

▶私たちはよくけんかする。

Nous nous disputons souvent.

> Vous vous_entendez bien?
> (あなたたち仲良くやってる？)
>
> Non, nous nous disputons souvent.
> (いいえ、よくけんかするの)

▶しょっちゅうけんかしています。

On se dispute sans_arrêt.

▶もううまくいっていません。

On_ne s'entend plus du tout.
*s'entendre「理解し合う、仲がよい」。

Ça_ne va plus entre nous.

▶ぼくは秘書と浮気をした。

J'ai eu une_aventure_avec ma secrétaire.

J'ai eu une liaison avec mon patron.
(私は社長と関係した)
*liaison「つながり」。

▶浮気をしているでしょ。

Tu me trompes.
*tromper「裏切る」。

Tu as un_amant.
*amant「男の愛人」。

Tu as une maîtresse.
*maîtresse「女の愛人」。

▶ほかの人ができたの？

Tu as quelqu'un d'autre?

> Tu as quelqu'un d'autre? (ほかの人ができたの？)
>
> Non, personne. (いいえ、だれも)

▶君は変わったね。

Tu as changé.

Tu n'es plus le [la] même qu'avant.

*même「同じ」。直訳は「君はもう以前と同じではない」。

▶君のこと、わかってるつもりだったのに、実際には…。

Je croyais te connaître, mais en réalité ...

▶一緒にいるのは退屈だ。

Je m'ennuie avec toi.

▶あなたとはもう一緒に暮らしたくない。

Je n'ai plus envie de vivre avec toi.

▶一緒に暮らす理由はもうないよ。

On n'a plus aucune raison de vivre ensemble.

▶別居するのがいちばんいい。

Le mieux, c'est de se séparer.

On ferait mieux de se séparer.
(別居したほうがいいね)

▶もっと早く別ればよかった…。

Ça fait longtemps qu'on aurait dû se séparer ...

*直訳は「別れるべきだったのはずっと前だ」。

▶私たち、もうおしまい。

C'est fini entre nous.

Tout est fini entre nous.

▶彼女は出て行った。

Elle est partie.

*「彼は」のときは Il est parti. となる。

Elle m'a plaqué. (彼女に捨てられた)

*「彼に」のときは Il m'a plaquée. となる。くだけた表現。

恋愛と結婚

▶妻と別居しました。

Je suis séparé de ma femme.
ジュ スュイ セパレ ドゥ マ ファンム

* 「夫と」のときは Je suis séparée de mon mari. となる。

Nous vivons séparés. (別居しています)
ヌ ヴィヴォン セパレ

▶離婚するのがいちばんいい。

Le mieux, c'est de divorcer.
ル ミュ セッ ディヴォルセ

> Je ne t'aime plus. (もう愛してないわ)
> ジュン テム プリュ
> Le mieux, c'est de divorcer.
> (離婚するのがいちばんいいね)

On n'a qu'à divorcer.
オナ カ ディヴォルセ
*n'avoir qu'à ... 「〜しさえすればいい」。

On ferait mieux de divorcer.
オン フレ ミュ ドゥ ディヴォルセ

(離婚したほうがいいね)

▶子どもがいるから別れたくない。

Je ne veux pas divorcer à cause des enfants.
ジュン ヴ パ ディヴォルセ ア コーズ デザンファン

▶捨てないで！

Ne me quitte pas!
ヌ ム キトゥ パ

Ne m'abandonne pas!
ヌ マバンドンヌ パ

Ne me laisse pas!
ヌ ム レス パ

Ne pars pas!
ヌ パル パ

▶知り合わなければよかったのに。

Je regrette de t'avoir rencontré [rencontrée].
ジュ ルグレッドゥ タヴワル ランコントゥレ

*regretter de ... 「〜することを悔やむ」。

▶すごく苦しんだ。

Tu m'as fait beaucoup de mal.
テュ マ フェ ボク ドゥ マール

* 直訳は「あなたは私をとても苦しめた」。

3 毎日の生活で使うフレーズ

▶忘れられない。

Je n'arrive pas à t'oublier.
ジュ ナリヴ パ ア トゥブリエ
*arriver à ... 「〜できるようになる」。

▶子どもたちは母親と暮らしています。

Mes‿enfants vivent‿avec leur mère.
メザンファン ヴィヴァヴェク ルル メール

▶1週間おきの週末と学校の休みの半分を子どもたちと過ごします。

Je vois mes‿enfants un week-end sur deux et la moitié des vacances.
ジュ ヴワ メザンファン アン ウィケンドゥ スュル ドゥ エ ラ ムワティエ デ ヴァカンス

▶子どもたちは妻が引きとりました。

C'est mon‿ex-femme qui a obtenu la garde des‿enfants.
セ モネクスファンム キ ア オプトゥニュ ラ ガールドゥ デザンファン
*ex「前の、元の」。直訳は「養育の権利を得たのは私の元の妻です」。フランスでは両親が別れた場合(結婚していないにかかわらず)、子どもの親権は父母がともに2分の1ずつ持つことになっている。また一般的なルールとして、隔週末と学校の休みの期間の半分を、子どもはふだん一緒に暮らしていないほうの親のもとで過ごす。

▶彼女に養育費を払っています。

Je lui verse‿une pension alimentaire.
ジュ リュイ ヴェルスュン パンスィオン アリマンテール
*verser「注ぐ、払い込む」。alimentaire「食物の、生活扶助の」。

▶別れた妻[夫]と仲がいいんです。

Je m'entends bien avec mon‿ex.
ジュ マンタン ビアン アヴェク モネクス

12 仕事と人間関係

オフィスで　　　　　　　　　　　　　　　3_036.mp3

▶会社にいます。

Je suis au bureau.
ジュ スュイ オ ビュロ

▶自分の部屋にいます。

Je suis dans mon bureau.
ジュ スュイ ダン・モン ビュロ

▶ふう！　ぎりぎり間に合った！

Ouf! Je suis arrivé [arrivée] à temps!
ウッフ ジュ スュイ アリヴェ ア タン

　Ouf! Je suis arrivé à temps!
　（ふう！ ぎりぎり間に合ったぞ！）

　Pas tout‿à fait. Il‿est neuf‿heures cinq.
　パ トゥタ フェ イレ ヌヴール サンク
　（完璧じゃないけどね。9時5分なんだから）

Je suis arrivé [arrivée] juste!
ジュ スュイ アリヴェ ジュストゥ

Je suis à l'heure!
ジュ スュイ ア ルール
*à l'heure「定刻に」。

Je suis dans les temps!
ジュ スュイ ダン レ タン
*dans les temps「決められた時間内に」。

J'ai bien failli être‿en retard!
ジェ ビアン ファイイ エトゥラン ルタール
（やれやれ！遅刻するところだった！）

*faillir「〜しそうになる」。en retard「遅れて」。

▶もっと時間を守りなさい！

Soyez plus ponctuel [ponctuelle]!
スワイエ プリュ ポンクテュエール
*ponctuel「時間を厳守する」。

　Soyez plus ponctuel!
　（もっと時間を守りなさい！）

　Excusez-moi. Je ferai attention.（すみません。気をつけます）
　エクスキュゼムワ ジュ フレ アタンスィオン

Vous‿ne devez pas arriver en retard.
ヴン ドゥヴェ パ アリヴェ アン ルタール
（遅れてきてはいけません）

3　毎日の生活で使うフレーズ

▶また遅刻ですね！

Vous êtes encore en retard!

Vous n'êtes jamais à l'heure.
(ぜんぜん時間を守らないですね)

Vous êtes souvent en retard ...
(よく遅刻しますねえ…)

▶5分遅れただけです！

Je n'avais que cinq minutes de retard!

Je suis arrivé [arrivée] seulement cinq minutes en retard.

▶すこし早めに来るように言っておいたのに…。

Je vous avais demandé d'arriver un peu à l'avance ...

▶ちょっと早めに着いたので、コーヒーを飲みに行く時間があります。

Je suis un peu en avance. J'ai le temps d'aller prendre un café.

▶タイムカードを押した？

Tu as pointé?

▶私は会社員です。

Je suis employé [employée] de bureau.

*employé「勤め人、サラリーマン」。「管理職ではない会社員」というニュアンスを含んでいる。

Je travaille dans une entreprise.

▶マーケティング部門を担当しています。

Je suis responsable du service marketing.

*responsable de ...「～に責任がある」。

Je dirige le service marketing.

Je m'occupe du service marketing.

J'ai été nommé [nommée] à la tête du service marketing.
(マーケティング部の部長に任命されました)

*être à la tête de ...「～を経営する、～を指揮する」。

仕事と人間関係

▶待ってください、予定を確かめます。

Attendez, je regarde mon‿emploi du temps.
アタンデ　ジュ　ルガールドゥ　モナンプルワ　デュ　タン

*emploi du temps「仕事の時間割、スケジュール」。

> On pourrait se voir mardi?
> オン　プレ　ス　ヴワル　マルディ
> (火曜日に会えますか?)
> Attendez, je regarde mon‿emploi du temps.
> (待ってください、予定を確かめますから)

Un‿instant, il faut que je vérifie mon‿emploi du temps.
アナンスタン　イル　フォ　ク　ジュ　ヴェリフィ　モナンプルワ　デュ　タン

▶やることがいっぱいあるんだ！

J'ai un travail!
ジェ　アン　トゥラヴァーイ

J'ai tellement de‿choses‿à faire!
ジェ　テルマン　チョザ　フェール

▶めちゃくちゃに忙しいんだ！

Je suis extrêmement occupé [occupée]!
ジュ　スュイ　エクストゥレンマン　オキュペ

Je suis débordé [débordée]!
ジュ　スュイ　デボルデ
(すごく忙しいんだ！)

*déborder は「あふれる」の意味。鍋から吹きこぼれるときや、川が氾濫するときなどにも使う。

Je‿ne sais plus où donner de la tête!
ジュン　セ　プリュ　ウ　ドネ　ドゥ　ラ　テトゥ

*直訳は「頭をどこに向けたらいいかもうわからない」。

▶時間に追われています。

Je suis pressé [pressée] par le temps.
ジュ　スュイ　プレセ　パル　ル　タン

▶いま、ものすごく忙しいんです。

J'ai trop‿de travail‿en ce moment.
ジェ　トゥロッ　トゥラヴァヤン　ス　モマン

> Tu pourrais m'aider? (手伝ってくれる?)
> テュ　プレ　メデ
> Désolé, j'ai trop‿de travail‿en ce moment.
> デゾレ　ジェ　トゥロッ　トゥラヴァヤン　ス　モマン
> (ごめん、いまものすごく忙しいんだ)

Je suis trop‿occupé [occupée] en ce moment.
ジュ　スュイ　トゥロポキュペ　アン　ス　モマン

3

▶すごく忙しくて、猫の手も借りたいほどなんだけど…。

J'ai tellement de travail! Si seulement quelqu'un pouvait
ジェ　テルマン　　ドゥ　トゥラヴァーイ　スィ　スルマン　　　　ケルカン　　　プヴェ
m'aider ...
メデ

*si seulement ... 「せめて～であったら」。直訳は「すごく忙しい！せめてだれかが手伝ってくれたら…」。

▶仕事が山ほどある！

J'ai un monceau de travail qui m'attend!
ジェ　アン　モンソッ　トゥラヴァイ　キ　マタン

*un monceau de ... 「～の山」。attendre「待つ」。

J'ai une pile de dossiers qui m'attend.
ジェ　ユン　ピッル　ドゥ　ドスィエ　キ　マタン

*pile「（積み重ねた）山」。dossier「ファイル」。

▶この仕事ならたいしたことないよ。

Ce n'est pas un travail difficile.
ス　ネ　パ　アン　トゥラヴァイ　ディフィスィール

Ce n'est pas un travail difficile.
（この仕事ならたいしたことないよ）
Tu as de la chance! （ついてるね！）
テュ　ア　ドゥ　ラ　シャーンス

C'est un travail facile. （この仕事は簡単だ）
セタン　　トゥラヴァイ　ファスィール

▶まじめに働きなさい。

Faites votre travail sérieusement.
フェトゥ　ヴォトゥル　トゥラヴァイ　　セリュズマン

Soyez sérieux [sérieuse] dans votre travail.
スワイエ　セリュ　　［セリューズ］　ダン　ヴォトゥル　トゥラヴァイ

Travaillez sérieusement.
トゥラヴァイエ　セリュズマン

▶定年にはまだ間があります。

Je suis encore loin de la retraite.
ジュ　スュイ　アンコル　ルワン　ドゥ　ラ　ルトゥレトゥ

*retraite「退職、引退」。定年退職したことを表現するのは Je suis à la retraite. または Je suis retraité [retraitée]. となる。

▶社長はやめさせられた。

Le directeur a [La directrice a] été licencié [licenciée].
ル　ディレクトゥラ　［ラ　ディレクトゥリサ］　エテ　　　リサンスィエ

Le [La] P.D.G. a été limogé [limogée].
ル　ラ　ペデジェ　ア　エテ　　リモジェ

*P.D.G. は Président-Directeur Général の略。

Le patron a été mis à la porte.
ル　パトゥロン　ア　エテ　ミ　ア　ラ　ポルトゥ

*mettre ... à la porte 「～を追い出す」。

仕事と人間関係

Le patron a été viré. (社長は首になった)
ル パトゥロン ア エテ ヴィレ
*virer「首にする」。

▶重要事項に線を引いていただけますか？

Pourriez-vous souligner les points importants?
プリエヴ スリニェ レ ブワン アンポルタン

▶インターネットで検索してください。

Cherchez sur‿internet.
シェルシェ スュランテルネトゥ

▶この書類をマランさんにファックスしてください。

Faxez ce document à M. Marin.
ファクセ ス ドキュマン ア ムスュ マラン

▶この書類をフォリさんにメールで送ってください。

Envoyez ce document par mél‿à M. Faury.
アンヴワイエ ス ドキュマン パル メーラ ムスュ フォリ

▶ペラン先生にメールを送ります。

J'envoie un mél‿à Mᵉ Perrin.
ジャンヴワ アン メーラ メトゥル ペラン

*Mᵉ は Maître の略。弁護士のような法律家、著名な教授、芸術家、有名な作家などに対する敬称。職業そのものではない。

▶書類を提出してください。

Vous me remettrez le document.
ヴ ム ルメトゥレ ル ドキュマン

> Vous me remettrez le document. (書類を提出してください)
> De quel document parlez-vous?
> ドゥ ケル ドキュマン パルレヴ
> (どの書類のことですか？)

▶報告書を提出します。

Je vous soumettrai le rapport.
ジュ ヴ スメトゥレ ル ラポール

▶この書類をコピーしてもらえますか？

Vous pourriez me photocopier ces documents?
ヴ プリエ ム フォトコピエ セ ドキュマン

▶コピー機が故障しています。

La photocopieuse‿est‿en panne.
ラ フォトコピュゼタン パンヌ

▶コピー機が動きません。

La photocopieuse ne marche pas.
ラ フォトコピューズ ヌ マルシュ パ

374 3 毎日の生活で使うフレーズ

*原因はわからないが、機械が作動しない状態にあることを言う表現。

▶紙が切れているんだと思います。

A mon avis, il n'y a plus de papier.
ア モナヴィ イル ニャ プリュ ドゥ パピエ

Il faut remettre du papier.
イル フォ ルメトゥル デュ パピエ
(紙を補充しなければいけません)

▶コンピュータが故障しました。

L'ordinateur est en panne.
ロルディナトゥレ レタン　　パンヌ

▶コンピュータがフリーズしました。

Mon ordinateur est bloqué.
モノルディナトゥレ　　ブロケ

Mon ordinateur est bloqué!
(コンピュータがフリーズした！)
Redémarre-le! (再起動して！)
ルデマルルー

*「再起動」は redémarrer または remettre en marche。

▶もっといいプリンタが必要です。

Il faudrait une imprimante plus performante.
イル フォドゥレ ユナンプリマントゥ プリュ ペルフォルマントゥ
*performante「高性能の」。

▶ひと休みしようか？

On fait une pause?
オン フェ ユン ポーズ

On fait une pause? (ひと休みしようか？)
Bonne idée. (いいね)
ボニデ

On fait une petite pause?
オン フェ ユン プティトゥ ポーズ

▶コーヒーを持ってきてくれる？

Apportez-moi un café, voulez-vous?
アポルテムワ アン カフェ ヴレヴ
*次の2つとともに目下の者への依頼表現。

Vous seriez gentille d'aller me chercher un café?
ヴ スリエ ジャンティーユ ダレ ム シェルシェ アン カフェ
Vous pourriez aller me chercher un café, s'il vous plaît?
ヴ プリエ アレ ム シェルシェ アン カフェ スィル ヴ プレ

▶コーヒーはいかがですか？

Vous désirez un café?
ヴ デズィレ アン カフェ

仕事と人間関係

*目上の人に使う表現。
Tu veux un café? (コーヒーはどう?)
テュ ヴ アン カフェ
*次の表現とともに同僚どうしで使う表現。
Un petit café? (コーヒーは?)
アン プティ カフェ

▶喜んで!

Volontiers!
ヴォロンティエ
Avec plaisir!
アヴェク プレズィール
Oui, merci. C'est gentil.
ウイ メルスィ セ ジャンティ
(はい、どうも。うれしいな)
Bonne idée! (いい考えだ!)
ボニデ
Ça me ferait du bien! (そりゃいいね!)
サ ム フレ デュ ビアン

▶結構です、ありがとう。

Non, merci, ça va.
ノン メルスィ サ ヴァ

▶そろそろ昼食の時間です。

C'est presque l'heure de déjeuner.
セ プレスク ルール ドゥ デジュネ

▶お昼を食べに行ってました。

Nous sommes allés [allées] déjeuner.
ヌ ソンムザレ デジュネ

> Où étiez-vous? (どこにいたんですか?)
> ウ エティエヴ
> Nous sommes allés déjeuner.
> (お昼を食べに行ってました)

▶さあ、働こう!

Allez, au travail!
アレ オ トゥラヴァイ
Allez, on s'y met! (さあ、始めよう!)
アレ オン スィ メ
Allez, au boulot! (さあ、やるぞ!)
アレ オ ブロ
*boulot は「仕事、勉強」のくだけた表現。

▶気をぬかないで!

Ne vous laissez pas aller!
ヌ ヴ レセ パ アレ
*se laisser aller「いいかげんにやる」。

Ce n'est pas le moment de se relâcher.
(のんびりしている場合じゃない)

▶できるだけのことはやりなさい！

Faites le maximum!
Fais de ton mieux!
*faire de son mieux「最善を尽くす」
Faites au mieux!

▶もっと努力すべきだよ。

Tu devrais te donner plus de mal.
Vous devriez faire davantage d'efforts.
(あなたはもっと努力すべきですね)
*davantage「よりいっそう」。
Tu devrais travailler plus.
(君はもっと働くべきだよ)

▶働きすぎだよ！

Tu travailles trop!
Vous vous surmenez!（無理をしていますね！）
*se surmener「自分の体を酷使する」。

▶働きすぎないで！

Ne travaille pas trop!
Ne vous surmenez pas!（無理をしないで！）

▶さあ、しっかりして！

Allez, remets-toi!
*se remettre「回復する、ふたたび～する」。

> Allez, remets-toi!（さあ、しっかりして！）
> C'est la première fois que je me fais passer un tel savon …
> (こんなに叱られたのははじめてだよ…)

*savon「石けん、大目玉」、se faire passer un savon「ひどく叱られる」。

仕事と人間関係

▶私をあてにしてもらっていいですよ。

Vous pouvez compter sur moi.
ヴ　ブヴェ　コンテ　スュル　ムワ
*compter「勘定に入れる」。

▶ひと息つくひまもない。

J'ai à peine le temps de respirer.
ジェ ア ペンヌ ル タン ドゥ レスピレ
*peine「苦しみ」。à peine ... で「ほとんど～ない」の意味になる。

> Ça marche, les affaires? (仕事はうまくいってる？)
> サ　マールシュ　レザフェール
> J'ai à peine le temps de respirer.
> （ひと息つくひまもないんだ）

Je n'ai pas une seconde à moi.
ジュ ネ パ ユヌ スゴンダ ムワ
* 直訳は「自分の時間は1秒もない」。

▶転職するしかない。

La seule solution, c'est de changer de travail.
ラ スゥル ソリュスィオン セ　　　シャンジェットゥラヴァイ
*seule solution「唯一の解決策」。

▶彼は仕事中毒だね！

Pour lui, le travail, c'est une véritable drogue!
プル リュイ ル トゥラヴァイ セテュン ヴェリタブル ドゥローグ
* 直訳は「彼にとって仕事はまさしく麻薬だ！」。

▶この会議は長びきそうだ。

Je sens que ça va être long, cette réunion.
ジュ サン ク サ ヴァ エトゥル ロン セトゥ レユニオン
*sentir que ...「～であると感じる」。

J'ai l'impression que ça va durer, cette réunion.
ジェ ランプレスィオン ク サ ヴァ デュレ セトゥ レユニオン
C'est parti pour des heures, cette réunion.
セ パルティ プル デズール セトゥ レユニオン
* 直訳は「この会議は何時間もの予定で始まった」。

▶会議はうまくいった。

La réunion s'est bien passée.
ラ レユニオン セ ビアン パセ

▶できる限りのことはした。

J'ai fait tout ce que j'ai pu.
ジェ フェ トゥ ス ク ジェ ピュ

> Pourquoi est-ce que tu ne m'as pas soutenu davantage?
> プルクワ エス ク テュヌ マ パ ストゥニュ ダヴァンタージュ
> （どうしてもっと助けてくれなかったの？）

3　毎日の生活で使うフレーズ

J'ai fait tout ce que j'ai pu.
(できる限りのことはしたよ)

*soutenir「支える、擁護する」。
J'ai fait le maximum.
ジェ フェル マクスィモンム
Je ne peux rien faire de plus.
ジュン ブ リアン フェル ドゥ プリュス
(これ以上は何もできない)

▶どう思いましたか？
Qu'est-ce que vous en avez pensé?
ケス ク ヴザンナヴェ パンセ

Qu'est-ce que vous en avez pensé?
(どう思いましたか？)

J'ai été très surpris. (とても驚きました)
ジェ エテ トゥレスュルプリ

▶本題に入っていただけませんか？
Vous pourriez en venir au fait?
ヴ プリエ アン ヴニロ フェットゥ
*en venir à …「～に至る」。

Vous pourriez en venir au fait?
(本題に入っていただけませんか？)

Un instant, j'y arrive.
アナンスタン ジ アリーヴ
(ちょっと待ってください、これからです)

▶つまり、何が言いたいんですか？
Qu'est-ce que vous voulez dire, exactement?
ケス ク ヴ ヴレ ディーレグザクトゥマン
*exactement「正確には」。相手の話し方があいまいなときに使う表現。

▶この仕事はやり直しだな。
Ce travail est à refaire.
ス トゥラヴァイ エタ ルフェール

Ce travail est à refaire.
(この仕事はやり直しだな)

Entièrement?
アンティエルマン
(全部？)

Recommencez à zéro.
ルコマンセ ア ゼロ
(最初からやり直してください)

仕事と人間関係

▶この仕事は自慢できますね。

C'est_un travail dont vous pouvez être fier [fière].
セタン　トゥラヴァイ　ドン　ヴ　プヴェ　エトゥル　フィエール
*être fier de ...「〜を自慢する」。

▶今夜残業するの？

Tu travailles tard, ce soir?
テュ　トゥラヴァイ　タール　ス　スワール
*tard「遅い時間まで」。

Tu fais des_heures supplémentaires, ce soir?
テュ　フェ　デズル　スュプレマンテール　ス　スワール
*heure supplémentaire「超過勤務時間」。

Tu fais des_heures sup, ce soir?
テュ　フェ　デズル　スュプ　ス　スワール
*くだけた表現。

▶今夜は遅くまでやらなくては。

Je dois rester tard, ce soir.
ジュ　ドワ　レステ　タール　ス　スワール

▶この報告書は必ず今日中にやりあげてください。

Vous devez absolument terminer ce rapport_aujourd'hui.
ヴ　ドゥヴェ　アプソリュマン　テルミネ　ス　ラポロジュルデュイ

▶この報告書、いつまでですか？

C'est pour quand, ce rapport?
セ　プル　カン　ス　ラポール

▶すぐできます！

C'est vite fait!
セ　ヴィトゥ　フェ

▶適当にやりなさい！

Fais-le en gros!
フェル　アン　グロ
*en gros「おおざっぱに」。

▶これでよし、終わった。

Bon, ça y_est.
ボン　サ　イエ
* 仕事の仕上がりを確認したときに言う。

▶よし、片付いた！

Ça y_est, j'ai terminé!
サ　イエ　ジェ　テルミネ
Ça y_est, c'est fini!
サ　イエ　セ　フィニ

3

▶ちょうど終わったところです。
Je viens juste de finir.
ジュ ヴィアン ジュストゥ ドゥ フィニール

▶やっと終わった。
Je viens seulement de finir.
ジュ ヴィアン スルマン ドゥ フィニール

> Je viens seulement de finir.
> (やっと終わったよ)
>
> **Ben dis donc!** (おやまあ！)
> バン ディ ドン

J'ai terminé, c'est pas trop tôt!
ジェ テルミネ セ パ トゥロ ト
*c'est pas trop tôt は ne が省略された形で、直訳は「早すぎはしない」。

La journée a été longue! (1日が長かった！)
ラ ジュルネ ア エテ ロング

▶今日はよく働いた！
On a beaucoup travaillé, aujourd'hui!
オナ ボク トゥラヴァイエ オジュルデュイ

On a bossé, aujourd'hui!
オナ ボセ オジュルデュイ
(今日はよくやったよ！)
*bosser「あくせく働く、がり勉をする」。勉強が終わったときでも気軽に使えるくだけた表現。

▶もう夜だ！
Il fait déjà nuit!
イル フェ デジャ ニュイ

▶もうやめにしよう！
Allez, on s'arrête!
アレ オン サレットゥ

> **Tout le monde est fatigué. Allez, on s'arrête!**
> トゥ ル モンデ ファティゲ アレ オン サレットゥ
> (みんな疲れてるな。もうやめにしよう！)
>
> **Excellente idée!** (よかった！)
> エクセランティデ

▶今日はこれで十分だ。
Ça suffit comme ça pour aujourd'hui.
サ スュフィ コム サ プルオジュルデュイ

▶さあ、帰ろう！
Allez, on rentre!
アレ オン ラントゥル

仕事と人間関係

▶帰る時間だ!
Il est l'heure de rentrer!
イレ ルール ドゥ ラントゥレ

▶お先に失礼します。
Excusez-moi, je suis obligé [obligée] de partir.
エクスキュゼムワ ジュ スュイ オブリジェ ドゥ パルティール
* 直訳は「すみませんが、行かなくてはなりません」で、特別な理由で帰らなければならないときに使う。ふつうに退社するときは、上司には Au revoir Monsieur, à demain. と、同僚には Au revoir, à demain. と言う。

Bon, j'y vais. Au revoir.(じゃ、お先に)
ボン ジ ヴェ オ ルヴワール
* 同僚へのあいさつ。

▶お疲れさま!
Au revoir!
オ ルヴワール
* フランス語には日本語の「お疲れさまでした」にあたる決まった表現はない。

▶また明日!
A demain!
ア ドゥマン

▶飲みに行こう!
Allons prendre un verre!
アロン プランドゥラン ヴェール

Si on allait prendre un verre?
スィ オナレ プランドゥラン ヴェール
(飲みに行きませんか?)

▶おじゃまして悪いのですが…。
Excusez-moi de vous déranger, mais ...
エクスキュゼムワ ドゥ ヴ デランジェー メー
*déranger「迷惑をかける」。

▶ちょっと失礼してよろしいでしょうか?
Puis-je vous interrompre un instant?
ピュイジュ ヴザンテロンプランアンスタン
*interrompre「中断する」。会話中の人に声をかけるときの表現。

Excusez-moi!(すみません!)
エクスキュゼムワ
Pardonnez-moi de vous déranger, mais ...
パルドネムワ ドゥ ヴ デランジェー メー
(おじゃまして悪いのですが…)

▶ボレールさんとお約束しているのですが。
J'ai rendez-vous avec M. Borel.
ジェ ランデヴ アヴェク ムシュ ボレール

Oui, vous_êtes Monsieur ...
ウイ　ヴゼットゥ　　ムスューー
(はい、どちらさまでしょうか…)

M. Vernon. J'ai rendez-vous avec M. Borel.
ムシュ ヴェルノン ジェ　ランデヴ　アヴェク ムシュ ボレール
(ヴェルノンと申します。ボレールさんとお約束しているのですが)

▶ABC社は何階ですか？

La société ABC, c'est_à quel_étage?
ラ　ソスィエテ　アベセ　セタ　　ケレタージュ

La société ABC, c'est_à quel_étage?
(ABC 社は何階ですか？)

Au neuvième. (10階です)
オ　ヌヴィエーム

*フランスでは日本の2階を1階 (premier étage) として数えるので、1階ずつずれる。日本の1階のことは rez-de-chaussée (レチョセ) と呼ぶ。

▶エレベータはどこにありますか？

Où sont les_ascenseurs?
ウ　ソン　レザサンスール

*escalator「エスカレータ」。escalier「階段」。

Où sont les_ascenseurs, s'il vous plaît?
ウ　ソン　レザサンスール　スィル　ヴ　プレ
(エレベータはどこにありますか？)

Au coin à droite. (右手の角に)
オ　クワン ア　ドゥルワトゥ

給料と待遇

3_037.mp3

▶社会保険と年金込み。

Cotisations de sécurité sociale_et de retraite comprises.
コティザスィオン　ドゥ　セキュリテ　ソスィアーレ　ドゥ　ルトゥレトゥ　　コンプリーズ
*cotisation「分担額」。

▶手取り？　それとも税込み？

C'est net_ou brut?
セ　ネートゥ　ブリュトゥ
*net「正味の」。brut「経費・税などを引かない」。

▶給料日は25日です。

Le salaire_est versé le vingt-cinq.
ル　サレレ　　ヴェルセ　ル　ヴァンツァンク

On_est payés le vingt-cinq.
オネ　　ペイエ　ル　ヴァンツァンク

▶今日は給料日です。

Aujourd'hui, c'est le jour de la paye.
オジュルデュイ　セ　ル　ジュール　ドゥ　ラ　ペーユ

> Aujourd'hui, c'est le jour de la paye.
> （今日は給料日だね）
>
> Ah oui, c'est vrai! Tant mieux!
> ア　ウイ　セ　ヴレ　タン　ミュ
> （あっ、そうだね！よかった！）

C'est aujourd'hui qu'on est payés.
セジュルデュイ　　　コネ　　ペイエ

▶年末のボーナスをもらうんだ。

On va recevoir la prime de fin d'année.
オン　ヴァ　ルスヴワール　ラ　プリム　ドゥ　ファン　ダネ

▶ボーナスをもらった？

T'as touché une prime?
タ　トゥシェ　ユン　プリーム

*もらえるかどうかわからないボーナスについてたずねるときの表現。prime は業績に応じて不定期に支給される。

> T'as touché une prime?
> （ボーナスもらった？）
>
> Tu rigoles? （冗談でしょ！）
> テュ　リゴール

*rigoler は rire「冗談を言う」のくだけた表現。

Tu as eu ton bonus?
テュ　ア　ユ　トン　ボニュス
*必ずもらえるボーナスについてたずねるときの表現。

▶残業があります。

Il y a des heures supplémentaires.
イリャ　　デズール　　　　スュプレマンテール

▶給料の前払いをしてほしいんですが。

Je voudrais une avance sur salaire.
ジュ　ヴドゥレ　　ユナヴァンスュル　　　サレール

▶夜勤です。

C'est un travail de nuit.
セタン　　トゥラヴァイ　ドゥ　ニュイ

▶前より収入が減ったんだ。

Je gagne moins qu'avant.
ジュ　ガニュ　ムワン　カヴァン
*gagner「かせぐ」。

▶休日はどれだけあるんですか？
J'ai droit à combien de jours de congé?
ジェ ドゥルワ ア コンビアン ドゥ ジュール ドゥ コンジェ
*avoir droit à ...「〜を請求する権利がある」。

> J'ai droit à combien de jours de congé?
> （休日はどれだけあるんですか？）
>
> Vous_avez droit à deux jours de congé par semaine.
> ヴザヴェ ドゥルワ ア ドゥ ジュル ドゥ コンジェ パル スメン
> （週休2日です）

▶サラリーマンは5週間の有給休暇があります。
Les_employés ont droit à cinq semaines de congés payés.
レザンプルワイエ オン ドゥルワ ア サンク スメン ドゥ コンジェ ペイエ

▶人材派遣会社に登録した。
Je me suis inscrit [inscrite] dans_une boîte_d'intérim.
ジュ ム スュイ アンスクリ [アンスクリトゥ] ダンズュン ブワッダンテリーム
*intérim「代理」、ラテン語から。

▶最低賃金です。
C'est payé au S.M.I.C.
セ ペイエ オ スミック
*S.M.I.C. は Salaire Minimal Interprofessionnel de Croissance「全産業一律スライド最低賃金」の略。

▶彼は生活保護を受けています。
Il_a le R.S.A.
イラ ル エレサ
*R.S.A. は Revenu de Solidarité Active「積極的連帯所得手当」の略で、2009年6月からそれまでの R.M.I. (Revenu Mimimum d'Insertion) に代わって実施されている制度。

▶失業手当てを受けています。
Je touche les_allocations chômage.
ジュ トゥシュ レザロカスィオン ショマージュ

お金の管理   3_038.mp3

▶支払い期限はいつですか？
Quelle_est la date-limite de paiement?
ケレ ラ ダトゥリミトゥ ドゥ ペマン
*date-limite「期限」。

> Voici votre facture.（請求書です）
> ヴワスィ ヴォトゥル ファクテュール
> Quelle_est la date-limite de paiement?（支払い期限はいつですか？）

J'ai jusqu'à quand pour payer?
ジェ ジュスカ カン プル ペイエ

仕事と人間関係

▶遅くとも月末にはお支払いください。

Vous devez régler au plus tard le trente‿et un.
ヴ ドゥヴェ レグレ オ プリュ タール ル トゥランテ アン

*régler は payer の敬語的表現。au plus tard「遅くとも」。

Vous devez payer avant le trente.
ヴ ドゥヴェ ペイエ アヴァン ル トゥラントゥ

▶小銭にしていただけますか?

Pourriez-vous me faire de la monnaie, s'il vous plaît?
プリエヴ ム フェル ドゥ ラ モネ スィル ヴ プレ

▶できたら小銭がほしいんですが。

Je voudrais de la monnaie, si possible.
ジュ ヴドゥレ ドゥ ラ モネ スィ ポスィーブル

*si possible「できるなら」は si c'est possible の略。おつりを小銭で受け取りたいときの表現。

▶よければ小銭で払おうか。

J'ai de la monnaie, si tu veux.
ジェ ドゥ ラ モネ スィ テュ ヴ

J'ai de la monnaie, si tu veux.
(よければ小銭で払おうか)

Ça m'arrange. (助かります)
サ マランジュ

▶10ユーロ札をくずしていただけますか?

Auriez-vous la monnaie de dix‿euros, s'il vous plaît?
オリエヴ ラ モネ ドゥ ディズロ スィル ヴ プレ

Auriez-vous la monnaie de dix‿euros, s'il vous plaît?
(10ユーロ札をくずしていただけますか?)

En pièces d'un‿euro? (1ユーロ硬貨にですか?)
アン ピエス ダンユロ

Vous n'auriez pas la monnaie de mille yens, s'il vous plaît?
ヴ ノリエ パ ラ モネ ドゥ ミル イエン スィル ヴ プレ
(1000円札をくずしていただけますか)

▶預金口座に500ユーロ預けたいんですが。

Je voudrais déposer cinq cents‿euros sur mon compte.
ジュ ヴドゥレ デポゼ サン サンズロ スュル モン コントゥ

▶金額はアルファベットで書くんです。

Il faut écrire la somme‿en toutes lettres.
イル フォ エクリル ラ ソマン トゥトゥ レトゥル

* 算用数字を使わずに書くこと。たとえば 1800 ではなく mille huit cents と書く。

▶5万円引き出したいんですが。

Je voudrais retirer cinquante mille yens.
ジュ　ヴドゥレ　ルティレ　サンカントゥ　ミリエン

▶自腹を切りました。

J'ai payé de ma poche.
ジェ　ペイエ　ドゥ　マ　ポシュ

*直訳は「自分のポケットから払った」。

▶現金を持っていません。

Je n'ai pas de liquide.
ジュ　ネ　パ　ドゥ　リキドゥ

*liquide「液体、現金」。

▶いま、あまり現金を持っていません。

Je n'ai pas beaucoup d'argent sur moi.
ジュ　ネ　パ　ボク　ダルジャン　スュル　ムワ

> Tu peux payer?（払ってもらえる？）
> テュ　プ　ペイエ
> Je n'ai pas beaucoup d'argent sur moi.
> （いま、あまり現金を持ってないんだ）

▶いま、ちょっとお金に困ってるんだ。

Je suis un peu gêné [gênée], en ce moment.
シュイ　アン　プ　ジェネー　アン　ス　モマン

*gêné「窮屈な、金に困った」。

▶いま、きりきりなんだ。

Je suis à un peu juste, en ce moment.
シュイ　ア　アン　プ　ジュストゥ　アン　ス　モマン

▶今月は苦しいんだ。

J'ai du mal à finir le mois.
ジェ　デュ　マラ　フィニル　ル　ムワ

J'ai des fins de mois difficiles.
ジェ　デ　ファン　ドゥ　ムワ　ディフィスィール

J'ai du mal à joindre les deux bouts.（やりくりが大変だ）
ジェ　デュ　マラ　ジュワンドゥル　レ　ドゥ　ブ

*直訳は「（ひもの）両端を結ぶのがむずかしい」。

▶無一文なんだ。

Je suis fauché [fauchée].
シュイ　フォシェ

*fauché「破産した、文なしの」。くだけた表現。avoir des économies、avoir de l'argent de côté は「貯金がある」。faire des économies、économiser は「貯金する」。

> Tu peux me prêter un peu d'argent?
> テュ　プ　ム　プレテ　アン　プ　ダルジャン
> （ちょっとお金を貸してくれる？）

仕事と人間関係

Désolé, je suis fauché.
デゾレ　　シュイ　フォシェ
(悪いけど、無一文なんだ)

Je suis à sec.
シュイ　ア　セック
*sec「乾燥」。à sec「水がない、空っぽの」という意味から「私はすっからかんだ」。くだけた表現。

J'ai pas un rond.
ジェ　パ　アン　ロン
*rond「円、円形のもの、小銭」。くだけた表現。

▶今日はリッチなんだ！
Je suis riche, aujourd'hui!
シュイ　　　リーショジュルデュイ

▶働くしかないな！
Je suis bien obligé [obligée] de travailler!
シュイ　ビアンノブリジェ　　　　　　　トラヴァイエ
*être obligé de ...「〜せざるをえない」。

▶部屋代を払うのがきつい。
J'ai du mal à payer mon loyer.
ジェ　デュ　マラ　ペイエ　モン　ルワイエ
Je rame pour payer le loyer.
ジュ　ラーム　プル　ペイエ　ル　ルワイエ
*ramer「オールでこぐ」。くだけた表現。

▶何てもったいない！
Quel gaspillage!
ケル　ガスピヤージュ
*gaspillage「(金・時間・才能などの) 浪費」。

▶彼は借金を踏み倒した。
Il est parti sans payer ses dettes.
イレ　パルティ　サン　ペイエ　セ　デットゥ
*直訳は「彼は借金を払わないで立ち去った」。

▶彼らは夜逃げした。
Ils ont déménagé à la cloche de bois.
イルゾン　デメナジェ　ア ラ　クロシュ　ドゥ　ブワ
*直訳すると「木の鐘に引っ越した」となる。いまではあまり使わない表現。

職場の人間関係　　　　　　　　　　　　　　　3_039.mp3

▶彼女とうまくいっていますか？
Vous vous entendez bien avec elle?
ヴ　　ヴザンタンデ　　ビアン　アヴェケール

▶彼とはとても気が合います。

Je m'entends très bien avec lui.
ジュ　マンタン　トゥレ　ビアン　アヴェク　リュイ

> Il est sympa, Marc?
> イレ　サンパー　マルク
> (マルクって、いいやつ？)
>
> Oui. Je m'entends très bien avec lui.
> (ああ、彼とはとても気が合うんだ)

On s'entend très bien. (とても仲がいいんだ)
オン　サンタン　トゥレ　ビアン

▶私たちはうまくいっています。

Nous avons de bonnes relations.
ヌザヴォン　ドゥ　ボンヌ　ルラスィオン

*relations「つきあい、関係」、主に複数形で。

▶彼女とはあまり気が合いません。

Je ne m'entends pas très bien avec elle.
ジュヌ　マンタン　パ　トゥレ　ビアン　アヴェケール

On ne s'entend pas très bien.
オンヌ　サンタン　パ　トゥレ　ビアン
(あまり仲がよくないんだ)

Nous n'avons pas de très bonnes relations.
ヌ　ナヴォン　パ　ドゥ　トゥレ　ボンヌ　ルラスィオン
(私たちはそれほど仲がよくありません)

▶彼女は私を無視している。

Elle m'ignore.
エル　ミニョール

Elle fait semblant de ne pas me voir.
エル　フェ　サンブラン　ドゥン　パ　ム　ヴワール

*faire semblant de ...「〜のふりをする」。直訳は「彼女は私を見ないふりをしている」。

▶友達です。

C'est un ami [C'est une amie].
セタナミ　　　　　[セテュナミ]

Nous sommes devenus amis.
ヌ　ソンム　ドゥヴニュ　アミ
(私たち友達になりました)

▶同僚です。

C'est un [C'est une] collègue.
セタン　　[セテュン]　　コレーグ

*collègue は男女同じ形。

▶以前の同僚です。

C'est un ancien [C'est une ancienne] collègue.
セタナンスィアン　　[セテュナンスィエンヌ]　　コレーグ

仕事と人間関係

Nous sommes collègues depuis des années. (何年も前からの同僚です)
ヌ　ソンム　コレーグ　ドゥピュイ　デザネ

▶よく知っています。
Je le [la] connais bien.
ジュ ル [ラ]　コネ　ビアン

▶顔だけは知っています。
Je le [la] connais de vue.
ジュ ル [ラ]　コネ　ドゥ　ヴュ

▶会ったことがあります。
Je l'ai déjà rencontré [rencontrée].
ジュ レ　デジャ　ランコントゥレ

▶私たちは同期の入社です。
Nous avons été engagés [engagées] la même année.
ヌザヴォン　エテ　アンガジェ　ラ　メマネ

*engagés「雇われた」。

Nous sommes entrés [entrées] dans la société la même année.
ヌ　ソンマントゥレ　ダン ラ ソスィエテ ラ　メマネ

▶みんなとうまくやっていきたいんです。
Je tiens à avoir de bonnes relations avec tout le monde.
ジュ ティアン ア アヴォワール ドゥ　ボヌ　ルラスィオン　アヴェク　トゥ　ル　モンドゥ

*tenir à ...「ぜひ〜したい」。

▶彼には恩があります。
Je lui dois beaucoup.
ジュ リュイ ドゥワ　ボク

J'ai une dette envers lui.
ジェ ユヌ　デタンヴェル　リュイ

*dette「借金」はここでは金銭ではなく「恩義」の意味で使われている。

Je lui suis redevable. (彼のおかげです)
ジュ リュイ スュイ ルドゥヴァーブル

*redevable「借金がある、恩を受けている」。

Il a été bienveillant envers moi.
イラ　エテ　ビアンヴェイヤン　アンヴェル　ムワ

(彼には世話になりました)

*bienveillant「好意的な」。être bienveillant envers ...「〜に対して親切である」。

▶彼は私に親切にしてくれます。
Il est gentil avec moi.
イレ　ジャンティ アヴェク　ムワ

*gentil の女性形は gentille。

◆ 彼はだれにでも感じがいい。
Il est sympathique avec tout le monde.
イレ　　サンパティカヴェク　　トゥ　ル　モンドゥ

◆ 彼を尊敬しています。
J'ai de l'estime pour lui.
ジェ　ドゥ　レスティンム　プル　リュイ
*estime「尊敬、評価」。
J'ai du respect pour lui.
ジェ　デュ　レスペ　プル　リュイ

◆ 彼を尊敬できません。
Je n'ai pas d'estime pour lui.
ジュ　ネ　パ　デスティンム　プル　リュイ
Ce n'est pas quelqu'un que je respecte.
ス　ネ　パ　ケルカン　ク　ジュ　レスペクトゥ
(尊敬できる人間ではない)

◆ 彼の本心がわかりません。
On ne sait pas ce qu'il pense réellement.
オン　セ　パ　ス　キル　パンス　レエルマン
*réellement「現実に」。直訳は「彼が本当に考えていることがわからない」。

◆ 彼女はちょっとしたことで騒ぎ立てる。
Elle fait des histoires.
エル　フェ　デズィストゥワール
*histoire「歴史、物語」はここでは「もめごと」。
Elle fait des histoires pour rien.
エル　フェ　デズィストゥワール　プル　リアン
(彼女は何でもないことで騒ぎ立てる)
C'est une faiseuse d'histoires.
セテュン　フズーズ　ディストゥワール
(すぐに騒ぎ立てる女性だ)
*faiseuse de ...「～する人」。男性形は faiseur。軽蔑のニュアンスで使われることが多い。

◆ 彼は私にとても厳しいんです。
Il est trop dur avec moi.
イレ　トゥロ　デュラヴェク　ムワ
*dur の女性形は dure。

> Il est sympa, ton patron?
> イレ　　サンパ　トン　パトゥロン
> (課長は感じいい？)
> Non, il est trop dur avec moi.
> (ううん、ぼくにとても厳しいんだ)

Il n'est pas sympa avec moi.
イル　ネ　パ　サンパ　アヴェク　ムワ
Il est trop sévère.
イレ　トゥロ　セヴェール

Il me traite mal.
イル ム トゥレトゥ マッル

▶彼は私を目のかたきにする。
Il me considère comme son ennemi.
イル ム コンスィデール コム ソンネンミ
*considérer... comme 〜「…を〜とみなす」。
Il me prend pour son ennemi.
イル ム プラン プル ソンネンミ
*prendre ... pour 〜「…を〜とみなす」。

▶彼は私のことが好きではない。
Il ne m'aime pas.
イル ヌ メム パ

▶彼は私をねたんでいる。
Il est jaloux de moi.
イレ ジャル ドゥ モワ
*jaloux の女性形は jalouse。

▶彼は私に失礼な態度をとっている。
Il est impoli avec moi.
イレタンポリ アヴェク モワ
*impoli の女性形は impolie。

▶彼の顔つきが好きじゃない。
Je n'aime pas sa tête.
ジュ ネム パ サ テトゥ
*tête「頭、顔つき、性格」。
Il a une tête qui me revient pas.
イラ ユン テトゥ キ ム ルヴィアン パ
(彼の性格はどうも気に入らない)

▶彼女の態度が気に入らない。
Je n'aime pas son attitude.
ジュ ネム パ ソナティテュードゥ

▶彼が大嫌いだ！
Je le déteste!
ジュ ル デテストゥ
*「彼女が大嫌い」のときには la。
Je peux pas le sentir!
ジュ プ パ ル サンティール
*sentir「好む」。
Je peux pas le piffer.
ジュ プ パ ル ピフェ
*piffer「かぐ」。pifferer も使う。
Je peux pas le blairer! (あんなやつ大嫌いだよ！)
ジュ プ パ ル ブレレ
*blairer は sentir のくだけた言い方で、主に否定形で使われる。

3 毎日の生活で使うフレーズ

Je peux pas le voir‿en peinture!
* 直訳は「絵で彼を見ることさえがまんできない」。くだけた表現。

Je peux pas l'encaisser.
*encaisser「受領する、耐える」。くだけた表現。

◆彼女にはがまんできない！
Je‿ne peux pas la supporter!

Je la trouve‿insupportable!

◆tuを使おうか？
On peut se tutoyer?

> On peut se tutoyer? (tuを使おうか？)
> Si tu veux. (いいよ)

◆tuで話す仲です。
On se tutoie.
*「tuで話す仲」とは互いに相手をtuで呼び合う親しい間柄のことを指し、これに対してvousで話すことをvouvoyer(ヴヴワイエ)と言う。

On se dit "tu".

◆ピエルと呼んで。
Appelez-moi Pierre.

◆名前で呼び合う仲です。
On s'appelle par notre prénom.

人をほめる　　　　　　　　　　　3_040.mp3

◆どんな人ですか？
C'est quel genre d'homme?

◆彼は頭の回転が速い。
Il‿a l'esprit rapide.
*esprit「精神、頭脳」。

Il‿apprend vite. (彼は飲みこみが早い)
*apprendre「学ぶ、覚える」。vite「早く、速く」、「早い、速い」はrapide。

Il comprend vite. (彼は理解が早い)
イル　コンプラン　ヴィトゥ

▶彼は頭がいい。
Il est intelligent.
イレタンテリジャン
*intelligent の女性形は intelligente。

Il est brillant. (彼は頭がきれる)
イレ　ブリヤン
*brillant「光る、輝かしい」。女性形は brillante。

▶才媛だね！
C'est une femme remarquable!
セテュン　ファンム　ルマルカーブル
*remarquable「注目すべき、傑出した」。

▶彼は仕事ができる。
Il travaille vite et bien.
イル　トゥラヴァイ　ヴィテ　ビアン

▶いい人だよ。
C'est quelqu'un de bien.
セ　ケルカン　ドゥ　ビアン
*quelqu'un de ...「～な人」は男女どちらにも使える。

C'est un type bien! (いいやつだ！)
セタン　ティップビアン

▶彼女は高く評価されています。
Elle est très appréciée.
エレ　トゥレザプレスィエ
*appréciée の男性形は apprécié。

▶彼には長所がたくさんあります。
Il a beaucoup de qualités.
イラ　ボク　ドゥ　カリテ

▶彼はお客に愛想がいい。
Il a un bon contact avec les clients.
イラ　アン　ボン　コンタクタヴェック　レ　クリアン
*client は「商店などの客」のほか、「取引相手、依頼人、クライアント」。

▶彼は顔が広い。
Il connaît beaucoup de gens.
イル　コネ　ボク　ドゥ　ジャン
* 直訳は「彼はたくさんの人と知り合いである」。

Il a des relations.
イラ　デ　ルラスィオン
* コネがあって顔がきくことをいう。

Il a de l'entregent.
イラ　ドゥ　ラントゥルジャン

3　毎日の生活で使うフレーズ

Il a le bras long.
イラ ル ブラ ロン
*直訳は「彼は腕が長い」。

▶彼はとても人気がある。
Il est très populaire.
イレ トゥレ ポピュレール

▶彼は話が上手だ。
Il parle bien.
イル パルル ビアン
Il s'exprime bien.
イル セクスプリム ビアン
*exprimer「表現する」、s'exprimer「自分の考えを述べる」。説得力のある上手な話し方ができる人のことをいう。

▶行動的な人です。
C'est un homme entreprenant.
セタノマントゥルプルナン
[C'est une femme entreprenante].
セテュン ファマントゥルプルナントゥ

> Il dirige plusieurs sociétés. (彼はいくつもの会社を経営しているんだ)
> イル ディリージュ プリュズュール ソスィエテ
> C'est un homme entreprenant. (行動的な人だね)

C'est un homme d'action. (実行力のある人です)
セタノンム ダクスィオン
C'est un homme actif. (活動的な人です)
セタノマクティフ
*女性について言うときには une femme active。

▶彼は積極的です。
Il a de l'initiative.
イラ ドゥ リニスィアティーヴ

▶彼は発想が豊かだ。
Il a des idées.
イラ デズィデ
Il est imaginatif. (彼は想像力が豊かです)
イレティマジナティフ
*imaginatif の女性形は imaginative。

▶彼女は勇気がある！
Elle a du courage!
エラ デュ クラージュ
Il ne manque pas de courage!
イル ヌ マンク パ ドゥ クラージュ
(彼はとても勇気があるね！)

仕事と人間関係

▶すごい働き者だ。
C'est quelqu'un de très travailleur.
セ　　　ケルカン　　　ドゥ　トゥレ　　トゥラヴァィユール

C'est un bourreau de travail. (仕事の鬼だ)
セタン　　　ブロ　　　ドゥ　トゥラヴァイ

*bourreau「死刑執行人」。

▶彼女は望みが高い。
Elle a de l'ambition.
エラ　ドゥ　ランビスィオン

*ambition「野心、高い望み」。

▶彼は何にでも立ち向かう男だ。
C'est un battant.
セタン　　　バタン

*battant「戦闘的な人」。女性形は battante。

Il est énergique. (彼はエネルギッシュだ)
イレテネルジック

Il en veut.
イラン　ヴ

*直訳は「彼はそれを望んでいる」。

Il a du punch.
イラ　デュ　パンチュ

*punch「パンチ、バイタリティ」、英語からきた語。

▶彼女は有能だ。
Elle est efficace.
エレテフィカス

▶能力のある人です。
C'est un homme compétent [C'est une femme compétente].
セタンノンム　　　コンペタン　　　[セテュン　　ファンム　　コンペタントゥ]

*compétent はある分野で専門的な能力があることを表す語。

C'est un homme capable.
セタンノンム　　　カパーブル

▶完璧主義者です。
C'est un perfectionniste.
セタン　　　ペルフェクスィオニストゥ

▶彼はビジネスのセンスがあります。
Il a le sens des affaires.
イラ　ル　サンス　　デザフェール

▶彼は思いやりがある。
Il est compréhensif.
イレ　　　コンプレアンスィッフ

*compréhensif の女性形は compréhensive。

Il a du cœur.
イラ　デュ　クール

396　　　　　　　3　毎日の生活で使うフレーズ

▶彼は責任感が強い。

Il a le sens des responsabilités.
イラ ル サンス デ レスポンサビリテ

▶彼は交渉がうまい。

Il est diplomate.
イレ ディプロマートゥ

*diplomate「外交官、かけひきの巧みな人」。

▶信用できる人です。

On peut lui faire confiance.
オン プ リュイ フェル コンフィアンス

*faire confiance à ...「～を信用する」。

C'est quelqu'un de fiable.
セ ケルカン ドゥ フィアブル

*fiable「信頼できる」。quelque chose と同様、quelqu'un に形容詞をつけるときには de を介する。

▶誠実な人です。

C'est quelqu'un de loyal.
セ ケルカン ドゥ ルワヤール

▶常識のある人です。

C'est un homme [C'est une femme] de bon sens.
セタンノンム [セテュン ファンム] ドゥ ボン サンス

▶のんき者です。

C'est quelqu'un d'insouciant.
セ ケルカン ダンススィアン

▶彼女は楽天家です。

Elle est optimiste.
エレトプティミストゥ

*optimiste の反意語は pessimiste。

▶彼はつきあいやすい。

Il est facile à vivre.
イレ ファスィラ ヴィヴル

▶彼は口がたい。

Il est discret.
イレ ディスクレ

*discret の女性形は discrète。

On peut compter sur sa discrétion.
オン プ コンテ スュル サ ディスクレスィオン
(口がかたい人だから大丈夫だ)

*compter sur...「～をあてにする」。

仕事と人間関係

▶控えめな人です。
C'est‿un‿homme réservé [C'est‿une femme réservée].
セタンノンム　レゼルヴェ　[セテュン　ファンム　レゼルヴェ]
* 「遠慮がちで慎み深い人柄だ」の意味。

> **Il n'a pas prononcé une parole.**
> イル　ナ　パ　プロノンセ　ユン　パロール
> (彼はひとことも発言しなかったね)
> **C'est‿un‿homme réservé.**
> (控えめな人なんですよ)

C'est‿une personne discrète.
セテュン　ペルソンヌ　ディスクレトゥ
(遠慮深い人です)
*une personne「人」は男女どちらにも使える。

▶とても礼儀正しい人です。
C'est‿une personne très polie.
セテュン　ペルソンヌ　トレ　ポリ

▶彼は偉そうにしない。
Il ne se prend pas trop‿au sérieux.
イル　ヌ　ス　プラン　パ　トゥロポ　セリュ
*se prendre au sérieux「自分を重要視する」。
Il n'est pas vantard. (彼は自慢をしない)
イル　ネ　パ　ヴァンタール
*vantard の女性形は vantarde。
Il n'aime pas se vanter.
イル　ネム　パ　ス　ヴァンテ
(彼は自慢するのが好きでない)

▶彼は人柄がいい。
Il‿a bon caractère.
イラ　ボン　カラクテール
C'est‿un‿homme gentil [C'est‿une femme gentille].
セタンノム　ジャンティ　[セテュン　ファンム　ジャンティーユ]
(優しい人です)

▶彼は気前がいい。
Il‿est généreux.
イレ　ジェネルー
*généreux の女性形は généreuse。
Il‿a le cœur sur la main.
イラ　ル　クール　スュル　ラ　マン
* 直訳は「彼は手の上に心臓がある」。

▶彼女は落ち着いている。
Elle‿est toujours d'humeur‿égale.
エレ　トゥジュール　デュムレガール
* 性格が安定していることを言う表現。

▶彼女は気が若いね。
Elle a l'esprit jeune.
エラ　　レスプリ　　ジュン

▶彼はとても感じがいい。
Il est très sympathique.
イレ　　トゥレ　　サンパティック

▶彼は時間に厳格です。
Il est toujours ponctuel.
イレ　　トゥジュル　ポンクテュエール
*ponctuelの女性形は ponctuelle。

▶彼はおしゃれです。
Il est toujours élégant.
イレ　　トゥジュレレガン
*élégant の女性形は élégante。
Il sait s'habiller.
イル　セ　サビエ
* 直訳は「彼は服の着方を知っている」。

▶彼は申し分のない身なりをしています。
Il est toujours impeccable.
イレ　　トゥジュランペカーブル
*impeccable「完璧な」。

▶彼は倹約家だ。
Il est économe.
イレテコノーム

人をけなす　　　　　　　　　　　　　3_041.mp3

▶彼は性格がよくない。
Il a mauvais caractère.
イラ　　モヴェ　　カラクテール
Il a un sale caractère.
イラ　アン　サッル　カラクテール
（彼はいやな性格だ）
* くだけた表現。

▶気難しい人だ。
Ce n'est pas un homme facile.
ス　ネ　パ　アン　ノンム　ファスィール
Il n'est pas commode.
イル　ネ　パ　コモドゥ
*commode は「気さくな」だが、否定形で「気難しい」という意味で使うことが多い。
Il est susceptible.
イレ　　スュセプティブル
*susceptible は人の話に「傷つきやすい、気を悪くする」の意味。

C'est‿un‿homme difficile‿à vivre.
セタンノンム　　　　ディフィスィラ　ヴィヴル
（つきあいにくい人です）

▶彼はちょっと変わっている。
Il‿est un peu spécial.
イレ　　アン　プ　スペスィアール

▶彼は気まぐれだ！
Il‿est vraiment lunatique!
イレ　　ヴレマン　　リュナティック
*lune は「月」、lunatique は月が満ち欠けするように気が変わりやすい性格をいう語。

Elle‿est d'humeur changeante.
エレ　　デュムル　　シャンジャントゥ
（彼女は気まぐれです）

▶彼女は変わってる。
C'est‿une‿originale.
セテュノリジナール

> Elle s'est fait teindre les cheveux en vert.
> エル　セ　フェ　タンドゥル　レ　シュヴ　アン ヴェール
> （彼女、髪を緑にしたよ）
>
> C'est‿une‿originale.
> （変わってるね）

Elle‿est bizarre, cette fille.（彼女はへんな娘だ）
エレ　　ビザール　セトゥ　フィーユ

▶彼はそういう男だよ。
Il‿est comme ça.
イレ　　コンム　サ
*「しかたがない…」のニュアンス。

▶彼は頭がよくない。
Il n'est pas intelligent.
イル　ネ　パ　アンテリジャン
*intelligent の女性形は intelligente。

Il‿est stupide.（彼はばかだ）
イレ　ステュピドゥ
Il‿est bête.
イレ　ベートゥ

▶彼は賢いとは言えないね。
Il n'est pas très‿intelligent.
イル　ネ　パ　トゥレザンテリジャン

Il manque d'intelligence.（彼は知性に欠ける）
イル　マンク　ダンテリジャンス

▶彼は想像力がたりないよ。

Il manque d'imagination.

Il n'a pas d'idées. (彼は発想に乏しい)

▶エゴイストだ。

C'est un égoïste.

> Je n'aime pas Nicolas. (ニコラが嫌いだ)
>
> Pourquoi? (どうして?)
>
> Parce que c'est un égoïste.
> (エゴイストだから)

Il est égoïste.
Il est égocentrique. (彼は自己中心的だ)
Il ne pense qu'à lui. (彼は自分のことしか考えない)

▶彼はきまじめすぎるよ。

Il prend les choses trop au sérieux.

＊直訳は「彼はものごとをまじめに取りすぎる」。

▶単純な人間だ。

C'est quelqu'un de primaire.

＊primaire は「最初の」を表す語。人について言うときは「幼稚な、視野の狭い」といった意味になる。

▶今日の彼は神経質だね。

Il est nerveux, aujourd'hui.

＊nerveux の女性形は nerveuse。

> Qu'est-ce qu'il a? Il est nerveux, aujourd'hui.
> (どうかしたの?今日の彼は神経質だね)
>
> Je ne sais pas. (知らないな)

Il est énervé, aujourd'hui.
＊énervé「いら立った」。女性形は énervée。

▶彼は今日、不きげんです。

Il n'est pas de bonne humeur, aujourd'hui.
イル ネ パ ドゥ ボニュームーロジュルデュイ

Il est de mauvais poil, aujourd'hui.
イル エ ドゥ モヴェ プワーロジュルデュイ
(今日の彼、どうかしてるよ)
*poil「頭髪以外の体の毛」。くだけた表現。

▶彼女はおしゃべりだ。

Elle est bavarde.
エレ バヴァールドゥ
*bavarde の男性形は bavard。

C'est un vrai moulin à paroles!
セタン ヴレ ムラン ア パロール
*moulin「風車」。moulin à paroles「とめどなくしゃべる人」。

▶彼女はいつも香水が強すぎるよ！

Elle se parfume toujours trop!
エル ス パルフューム トゥジュル トロ

▶彼女って口が悪いね！

Elle a mauvaise langue!
エラ モヴェズ ラング

Elle dit du mal de tout le monde.
エル ディ デュ マル ドゥ トゥ ル モンドゥ
(彼女は誰のことでも悪く言う)

▶何ていやらしい！

Quel vicieux!
ケル ヴィスュー
*vicieux は「助平な、悪趣味の」の意味で、人を強くけなす表現。

> Il essaie toujours de me toucher.
> イレセーイ トゥジュル ドゥ ム トゥシェ
> (彼ったらいつも私に触ろうとするのよ)
> **Quel vicieux!**（何ていやらしいの！）

Quel cochon! (何てすけべなやつ！)
ケル コション
*cochon は「豚」、「いやな人、助平な人、卑怯な人」の意味になる。

C'est un vieux cochon.
セタン ヴィユ コション
(すけべじじいだ)

C'est un obsédé sexuel.
セタノプセデ セクスュエル
(性的な偏執狂です)

Il ne pense qu'à ça.
イル ヌ パンス カ サ
(彼はそれしか考えていない)

3

▶ セクハラです。

C'est du harcèlement sexuel.
セ デュ アルセルマン セクシュエール

*harcèlement「小刻みにしつこく攻めること」。

> C'est du harcèlement sexuel.
> (セクハラです)
> **Tu devrais porter plainte.**
> テュ ドゥヴレ ポルテ プラントゥ
> (訴えたほうがいいよ)

*plainte「不平、告訴」。

▶ 口がうまい男だ。

C'est un beau parleur.
セタン ボ パルルール

*beau parleur「口先の達者な人」。この表現は批判的だが、一般にフランスでは話す能力は高く評価される。

C'est un hableur.
セタン アブルール

*hableur「ほら吹き」。

C'est un baratineur.
セタン バラティヌール

*「作り話をする人」のニュアンス。くだけた表現。

▶ 彼は表現力がないね。

Il ne sait pas s'exprimer.
イル ヌ セ パ セクスプリメ

▶ 彼はよくばかげたことを言うんだ。

Il dit souvent des bêtises.
イル ディ スヴァン デ ベティーズ

Il tient souvent des propos bizarres.
イル ティアン スヴァン デ プロポ ビザール
(彼はよくへんなことを言うんだ)

▶ 彼はビジネスのセンスがない。

Il n'a pas le sens des affaires.
イル ナ パ ル サンス デザフェール

▶ 抜けめのない人だ！

C'est un homme habile [C'est une femme habile]!
セタンノマビール [セテュン ファンマビール]

*habile「巧みな、辣腕の」。

> **Il est comment?** (彼ってどんな人？)
> イレ コマン
> **C'est un homme habile.**
> (抜けめのない男だよ)

C'est un malin.
セタン マラン

仕事と人間関係   403

▶彼はコネを使っている。

Il a du piston.
イラ デュ ピストン

Il est pistonné.
イレ ピストネ

Il a des appuis.
イラ デザピュイ

*appui「有力な支持者」。

▶調子のいい男だ。

C'est un opportuniste.
セタンノポルテュニストゥ

*opportuniste「日和見主義者、ご都合主義者」。

Il retourne souvent sa veste.
イル ルトゥルン スヴァン サ ヴェストゥ

* 直訳は「彼は上着をよく裏返す」。くだけた表現。

▶彼の言うことはしょっちゅう変わる！

Il change d'avis comme de chemise!
イル シャンジュ ダヴィ コンム ドゥ シュミーズ

* 直訳は「彼は意見をシャツのように変える」。

▶あいつはごますりなんだ。

C'est un lèche-bottes.
セタン レシュボットゥ

*lécher「なめる」、bottes「ブーツ」。lèche-bottes は「へつらったり、おべっかを使う人」を指して言う語。lèche-cul とも言うが、cul は「尻」で下品な表現。

Il cherche à se faire bien voir du patron.
イル シェルシャ ス フェル ビアン ヴワル デュ パトゥロン
(彼は社長によく思われようとしているね)

C'est un lèche-bottes.
(あいつはごますりなんだ)

*chercher à ...「〜しようと努める」。

▶偽善者だ。

C'est un hypocrite.
セタニポクリトゥ

C'est un fourbe.
セタン フールブ

▶彼は常識がたりないよ。

Il manque de bon sens.
イル マンク ドゥ ボン サンス

▶彼には責任感がまるでない。

Il n'a aucun sens des responsabilités.
イル ナ オカン サンス デ レスポンサビリテ

C'est un irresponsable.（無責任だ）
セタニレスポンサブル

▶彼は世渡りがへただ。
Il n'est pas diplomate.
イル ネ パ ディプロマトゥ
＊外交的な手腕のない人、かけひきのへたな人を言う。

▶感じの悪い男だ。
C'est un homme antipathique.
セタノマンティパティク
Il est désagréable.
イレ デザグレアブル

▶彼は何でも批判するんだ。
Il a vraiment l'esprit critique.
イラ ヴレマン レスプリ クリティック
＊直訳は「彼は本当に批判的な精神を持っている」。

▶彼は批判精神に欠けている。
Il manque d'esprit critique.
イル マンク デスプリ クリティック

▶彼は頑固だ！
Il est têtu!
イレ テテュ
＊têtu の女性形は têtue。

> Ton père n'a pas accepté?
> トン ペール ナ パ アクセプテ
> （お父さんは承知してくれなかったの？）
> Non, il est têtu!（うん、頑固なんだ！）

Il a la tête dure!
イラ ラ テッデュール
C'est un homme entêté.
セタンノマンテテ
＊entêté の女性形は entêtée。
C'est une tête de mule!
セテュン テッドゥ ミュール
＊mule「雌ラバ」、tête de mule「頑固者、石頭」。

▶強情な人だね。
C'est quelqu'un d'obstiné.
セ ケルカン ドブスティネ
Il sait ce qu'il veut.
イル セ ス キル ヴー
＊直訳は「彼は自分がどうしたいかを知っている」。

▶彼はすごく野心が強い。
Il est très ambitieux.
イレ トゥレザンビスュ

仕事と人間関係 405

Il marcherait sur père et mère pour y arriver.
*y arriver「出世する」。直訳は「彼は出世のためなら父母さえ踏みつぶす」。

▶彼は野心が強すぎるね。

Il a trop d'ambition.
(彼は望みが高すぎるよ)

Il vise trop haut.
*viser「ねらう」。

▶彼女はけっして自分の過ちを認めない。

Elle ne reconnaît jamais ses torts.

Elle n'aime pas reconnaître qu'elle a tort.

▶彼は往生ぎわが悪い。

Il est mauvais perdant.
*mauvais perdant「へたな敗北者」。女性形は mauvaise perdante。

Il a horreur de perdre.
*horreur de perdre「負ける恐怖」。

Il ne supporte pas la défaite.
*直訳は「彼は敗北に耐えられない」。

▶彼はつかみどころがないね。

Il est difficile à cerner.
*cerner「取り囲む」。

▶彼はひねくれてるね。

Il a l'esprit tordu.
*esprit tordu「ねじれた心、ゆがんだ性格」。

Il a mauvais esprit.

▶彼は誠実じゃないね。

Il n'est pas honnête.

▶彼は欠点が多いね。

Il a beaucoup de défauts.

▶なんのとりえもないやつだ。
C'est‿un bon à rien.
セタン　　ボン　ア　リアン
*bon à...「～の役に立つ」。「あいつは全く役に立たないやつだ」という意味で、男性についてだけ言う。

> Il‿est bien?（彼はいい人？）
> イレ　　ビアン
> Non, c'est‿un bon à rien.（いや、なんのとりえもないやつなんだ）

C'est‿une nullité.（無能だ）
セテュン　ニュリテ
*nullité「無価値、くだらない人間」。

▶彼女は知らない人には引っ込み思案になるんだ。
Elle‿est timide‿avec les gens qu'elle ne connaît pas.
エレ　　ティミダヴェック　レ　ジャン　ケル　ヌ　コネ　パ

▶彼は内気だね！
Il‿est trop timide!
イレ　　トゥロ　ティミードゥ

▶彼は臆病だ！
Il‿est lâche!
イレ　　ラーシュ
*lâche には「卑劣」の意味もある。

Il manque de courage!
イル　マンク　ドゥ　クラージュ
*直訳は「彼は勇気に欠けている」。

Il manque de cran.
イル　マンク　ドゥ　クラン

C'est‿une vraie poule mouillée.（君は本当の意気地なしだ）
セテュン　ヴレ　プル　ムイエ
*poule mouillée「ぬれためんどり」。

▶彼は厚かましいよ！
Il‿a du culot!
イラ　デュ　キュロ
*culot「図々しさ」。くだけた表現。

Il ne manque pas d'air!（相当なもんだ！）
イル　ヌ　マンク　パ　デール
*manquer d'air「空気が不足する」から、ne pas manquer d'air は「図々しい」。くだけた表現。

▶彼は自慢ばっかりするんだ！
Il faut toujours qu'il se vante!
イル　フォ　トゥジュール　キル　ス　ヴァントゥ
*直訳は「彼はいつも自慢をする必要がある」。

仕事と人間関係

▶ かっこうつけてる。
C'est un frimeur [C'est une frimeuse].
セタン　フリムール　　［セテュン　　フリムーズ］
*frimeur「みえっ張りな人」。くだけた表現。
Il frime!（彼は気取ってるよ！）
イル　フリーム
Il fait du chiqué!
イル　フェ　デュ　シケ

▶ 彼は怒りっぽい。
Il est coléreux.
イレ　　コレルー
*coléreux の女性形は coléreuse。
Il se met facilement en colère.
イル　ス　メ　ファスィルマン　アン　コレール
*se mettre en colère「腹を立てる」。
Il est soupe au lait.
イレ　　スポ　　レ
*直訳は「彼は牛乳入りのスープだ」。すぐに煮立ってふきこぼれるように、すぐにかっとなる人間のことを言う。

▶ 彼はすぐにいらいらする。
Il s'énerve facilement.
イル　セネルヴ　　ファスィルマン

▶ 彼はいいかげんだ。
Il est négligent.
イレ　　ネグリジャン
*négligent の女性形は négligente。

▶ 彼は時間を守らない。
Il n'est pas ponctuel.
イル　ネ　パ　ポンクテュエール
*ponctuel の女性形は ponctuelle。

▶ 彼はファッションのセンスがない。
Il ne sait pas s'habiller.
イル　ヌ　セ　パ　サビエ
Il s'habille mal.
イル　サビユ　マッル
Il n'a pas de goût pour s'habiller.
イル　ナ　パ　ドゥ　グ　プル　サビエ

▶ 彼は身なりに気を配らない。
Il est souvent négligé.
イレ　　スヴァン　　ネグリジェ
*négligé「雑な」の女性形は négligée。

▶彼はけちだ。

Il est radin.
イレ　ラダン

*radin の女性形は radine。くだけた表現。

Il est pingre.
イレ　パングル

Il est rat.
イレ　ラ

人について話す　　　　　　　　　　　　　　3_042.mp3

▶彼って老けて見えるね！

Il fait plus vieux!
イル　フェ　プリュ　ヴュー

*faire…「〜のように見える」。「年齢に比べて老けて見える」の意味。

> **Il a quarante-six ans.**（彼は46歳だよ）
> イラ　カラントゥスィザン
> **Il fait plus vieux!**（老けて見えるね！）

Il fait plus que son âge!
イル　フェ　プリュス　ク　ソナージュ
（年のわりに老けて見えるね）

▶彼って老けてるね！

Il fait vieux!
イル　フェ　ヴュー

▶彼はもう若くはない。

Il n'est plus très jeune.
イル　ネ　プリュ　トゥレ　ジュン

Il n'a plus vingt ans.
イル　ナ　プリュ　ヴァンタン

*直訳は「彼はもう20歳ではない」。

▶彼、老けたね。

Il a vieilli.
イラ　ヴィエイー

▶彼女は若く見えるね！

Elle fait plus jeune!
エル　フェ　プリュ　ジュン

Elle fait moins que son âge!
エル　フェ　ムワン　ク　ソナージュ

Elle fait jeune!
エル　フェ　ジュン

▶彼は私より若く見えるね！

Il fait plus jeune que moi!
イル　フェ　プリュ　ジュン　ク　ムワ

仕事と人間関係

▶ヘビースモーカーだ。
C'est‿un grand fumeur [C'est‿une grande fumeuse].
セタン　グラン　フュムール　[セテュン　グランドゥ　フュムーズ]

Il fume cigarette sur cigarette.
イル フュンム スイガレットゥ スュル スイガレットゥ
(彼はたてつづけに吸う)

C'est‿un fumeur‿invétéré. (愛煙家です)
セタン　フュムランヴェテレ
*invétéré「根っからの、深い」。

Il fume comme‿un pompier. (彼は消防車みたいに吸う)
イル フュンム　コマン　　ポンピエ

▶彼は声が低い。
Il‿a la voix grave.
イラ　ラ　ヴワ　グラーヴ

▶彼は太った。
Il‿a grossi.
イラ　グロスィ

Il‿a pris du poids.
イラ　プリ　デュ　プワ
*poids「体重」。

▶彼はやせた。
Il‿a maigri.
イラ　メグリ

Il‿a perdu du poids.
イラ　ペルデュ　デュ　プワ

▶彼は太りすぎだ。
Il‿est trop gros.
イレ　トゥロ　グロ
*gros の女性形は grosse。

Il‿est obèse.
イレ　オベーズ
(彼は肥満体だ)

▶彼はやせすぎだ。
Il‿est trop maigre.
イレ　トゥロ　メーグル

▶彼女は小食です。
Elle ne mange pas beaucoup.
エル　ヌ　マンジュ　パ　ボク

Elle mange peu.
エル　マンジュ　プ

Elle n'a pas beaucoup d'appétit.
エル ナ　パ　ボク　ダペティ

Elle a un appétit d'oiseau.
*appétit d'oiseau「鳥の食欲」。

▶彼女はダイエットをしている。

Elle fait un régime.
*régime には「食事制限」のほかに「体制」の意味もある。

Elle est au régime.
Elle suit un régime.

▶彼はよく食べる。

Il a bon appétit.

Il mange bien.

Il mange beaucoup.

Il mange comme quatre.

* 直訳は「彼はまるで4人のように食べる」。

Il a un bon coup de fourchette.
(彼は大食漢だ)
*fourchette「フォーク」。

Il a un appétit féroce!
(彼は猛烈な食欲をもっている！)
*féroce は動物のどう猛なようすを表す語。

▶彼女は妊娠している。

Elle est enceinte.

> Elle est enceinte.
> (彼女、妊娠してるよ)
>
> Ah bon, c'est pour quand?
> (ああそう、いつ産まれるの？)

▶彼女は出産休暇中です。

Elle est en congé de maternité.

仕事と人間関係

▶彼は２人の子どもを養っている。

Il a deux enfants à charge.
イラ　　ドゥザンファン　ア　シャールジュ

▶彼はやもめです。

Il est veuf.
イレ　　ヴッフ
*veufの女性形は veuve「未亡人」。

▶彼は金持ちになった。

Il est devenu riche.
イレ　ドゥヴニュ　　リーシュ

Il a fait fortune.（彼はひと財産作った）
イラ　フェ　フォルテュン

▶彼は金持ちです。

Il est riche.
イレ　リーシュ

Il a de l'argent.
イラ　ドゥ　ラルジャン

Il a les moyens.
イラ　レ　ムワヤン
*moyenは複数形で「資力、富」。

Il vit très bien.（彼はいい暮らしをしている）
イル ヴィ トゥレ ビアン

Il est à l'aise.（彼は金に不自由していない）
イレタ　レーズ
*à l'aise「気楽に、裕福に」。

Il n'a pas de problème pour vivre.
イル ナ パ ドゥ　プロブレム　プル ヴィヴル
（彼は暮らし向きには困らない）

* 直訳は「彼は生活するのに問題をかかえていない」。

自分について話す

3_043.mp3

▶不器用なんです。

Je suis maladroit [maladroite].
ジュ スュイ　マラドゥルワ　　［マラドゥルワートゥ］

Je ne suis pas adroit de [adroite de] mes mains.
ジュン スュイ パ アドゥルワ ドゥ ［アドゥルワッドゥ］　メ　　マン
*adroit de mes mains「手先が器用な」。

Je ne suis pas bricoleur [bricoleuse].
ジュン スュイ パ　ブリコルール　　［ブリコルーズ］
*bricoleur「修理の上手な、大工仕事の好きな」。

Je ne suis pas doué [douée] pour le bricolage.
ジュン スュイ パ　　　ドゥエ　　　プル ル ブリコラージュ
*doué pour le bricolage「日曜大工の才能がある」。

3

▶周りのことに気がつきません。
Je ne suis pas observateur.
*observateur「観察者」の女性形は observatrice。

▶人の顔を覚えるのが苦手です。
Je ne suis pas physionomiste.
*physionomiste「他人の顔をよく覚えている」。
Je ne reconnais pas les gens.

▶ひとりでいるのが好きです。
Je suis quelqu'un de solitaire.
*solitaire「孤独な」。

▶すぐ顔が赤くなるんです。
Je rougis facilement.
*恥ずかしさが顔に出ることを言っている。

> Tu es tout rouge! (顔が赤いよ！)
> Je rougis facilement. (私すぐ顔が赤くなるの)

▶実際的な人間です。
Je suis quelqu'un de pragmatique.

▶片付けるのが苦手です。
Je ne suis pas très ordonné [ordonnée].
*ordonné「きちょうめんな」。

▶一度にひとつのことしかできないんです。
Je ne peux faire qu'une seule chose à la fois.
*à la fois「同時に」。

▶人を見る目があります。
Je juge bien les gens.
*juger「判断を下す、批評する」。
Je me trompe rarement sur les gens.
*se tromper「まちがえる」。rarement「めったに〜しない」。sur「〜について」。

仕事と人間関係

▶人を見る目がありません。
Je me trompe souvent sur les gens.
ジュ ム トゥロンプ スヴァン スュル レ ジャン

▶数学が全くだめです。
Je suis nul‿en math.
ジュ スュイ ニュラン マットゥ
*nul「無の、無能な」。

▶暗算が得意です。
Je suis bon en [bonne en] calcul mental.
ジュ スュイ ボン アン ボナン カルキュル マンタール
*mental「心の、頭の中の」。

▶絵をかくのは苦手で…。
Je‿ne suis pas doué [douée] en dessin …
ジュン スュイ パ ドゥエ アン デサン
*doué「上手な」。

▶子どものころはとても幸せでした。
J'ai eu une‿enfance très‿heureuse.
ジェ ユ ユナンファンス トゥレズルーズ
*enfance「幼年期」。

▶楽な人生じゃなかったな…。
Je n'ai pas eu une vie facile…
ジュ ネ パ ユ ユン ヴィ ファスィール
J'ai été malheureux [malheureuse] dans la vie.
ジェ エテ マルルー [マルルーズ] ダン ラ ヴィ
(不幸だったときがあります)

3 毎日の生活で使うフレーズ

13 電話

電話をかける　　　　　　　　　　　　　　　3_044.mp3

▶ もしもし、こんにちは。フランスワ・デュポンです。
Allô, bonjour. C'est François Dupont.
Allô, bonjour. Ici, François Dupont.
Allô, bonjour. François Dupont à l'appareil.
*appareil「器具、電器」。

▶ もしもし、ミシェル？
Allô, Michel?

▶ もしもし、ミシェル・ロランさんですか？
Allô, c'est Michel Lorrain?

▶ ロラン・ヴェルディエさんのお宅ですか？
Je suis bien chez Laurent Verdier?
Je suis bien au 01 45 67 12 33?
(01 45 67 12 33 ですか？)

▶ 経理部ですか？
Le service financier?

▶ デュピュイ先生の診療所ですか？
C'est bien le cabinet du Docteur Dupuy?

▶ カロンさんをお願いしたいんですが。
Pourrais-je parler à M. Caron, s'il vous plaît?
Je voudrais parler à M. Caron, s'il vous plaît.
Pourriez-vous me passer M. Caron, s'il vous plaît?
*passer à ...「〜に電話を回す」。

▶ マルクはいますか？
Est-ce que Marc est là, s'il vous plaît?

▶夜分遅くに申し訳ありません。

Excusez-moi d'appeler si tard.

* 「朝早く」のときには si tôt。

▶いまだいじょうぶですか。

Je ne vous dérange pas?

*déranger「じゃまをする」。

J'espère que je ne vous dérange pas.

Je peux vous parler?

▶起こさなかったですか?

J'espère que je ne vous ai pas réveillé [réveillée].

*「起こしてごめんなさい」のニュアンスで使う電話での慣用的な表現。

> J'espère que je ne vous ai pas réveillé.
> (起こさなかったですか?)
> Mais non, pas du tout.
> (いいえ、ぜんぜん)

▶至急ルムワンさんにつないでください。

Pourriez-vous me passer M. Lemoine. C'est urgent.

*c'est urgent「緊急です」。

Je voudrais parler à M. Lemoine. C'est urgent.

▶内線103番をお願いします。

Le poste 103, s'il vous plaît.

Pourriez-vous me passer le poste 103, s'il vous plaît?

(内線103番につないでいただけますか?)

▶明日の会議のことなんですが。

C'est au sujet de la réunion de demain.

*au sujet de...「〜について」。

Je vous appelle à propos de la réunion de demain.

▶明日のことなんだけど。

Je te téléphone au sujet de demain.

3 毎日の生活で使うフレーズ

▶ お電話をいただいたそうですが。
Vous m'avez appelé [appelée], je crois.
ヴ　マヴェ　　アプレー　　　　　ジュ　クルワ

▶ 伝言をいただいたそうですが。
Vous m'avez laissé un message, je crois.
ヴ　マヴェ　　レセ　アン　メサージュ　ジュ　クルワ

▶ メッセージを聞いたんですが。
J'ai eu votre message.
ジェ　ユ　ヴォトゥル　メサージュ

▶ お電話したのですが、お話し中でした。
Je vous‿ai appelé [appelée], mais ça sonnait occupé.
ジュ　ヴゼ　　アプレー　　　　　　メ　サ　ソネ　オキュペ
＊相手が男性のときは appelé、女性のときは appelée となる。

▶ 話し中だ。
Ça sonne‿occupé.
サ　　ソンヌキュペ
＊電話をかけた先が話し中の状態をいう。

▶ つながった。
Ça sonne.
サ　ソンヌ
＊話し中だった状態が終わって相手の呼び出し音が鳴ったとき。また「電話のベルが鳴っている」の意味でも使う。

▶ 出ないな。
Ça‿ne répond pas.
サン　レポン　パ
＊呼び出しているが相手が出ないとき。

電話を受ける　　　　　　　　　　　　　　　3_045.mp3

▶ もしもし？
Allô?
アロー

　　Allô?（もしもし？）
　　Est-ce que Marc‿est là, s'il vous plaît?
　　エス　ク　マルケ　ラ　スィル　ヴ　プレ
　　（マルクをお願いします）

＊次の3例はオフィスで電話を受けるときの言い方。
Allô oui?
アロ　ウイ
Allô j'écoute?
アロ　ジェクトゥ
Martin, j'écoute.（マルタンです）
マルタン　ジェクトゥ

▶はい、私です。
C'est lui-même [C'est elle-même].
セ　リュイメーム　　[セテルメーム]
*lui-même「彼自身」。
C'est moi.
セ　モワ
C'est moi-même.
セ　ムワメーム

▶ABCビジネススクールです、こんにちは。
Ecole de Commerce ABC, bonjour.
エコール　ドゥ　コメルサベセ　　　ボンジュール

▶まあ、あなたなの？
Ah, c'est toi?
ア　セ　トゥワ
Ah, bonjour Madame.（まあ、こんにちは）
ア　ボンジュル　　マダーム

▶どなたですか？
Qui est à l'appareil?
キ　エタ　ラパレーユ

▶どちらさまですか？
C'est de la part de qui?
セ　ドゥ　ラ　パール　ドゥ　キ
*次の2つの表現とともに電話をとりつぐときに使う言い方。
Puis-je vous demander votre nom?
ピュイージュ　ヴ　　ドゥマンデ　ヴォトゥル　ノン
（お名前を聞かせていただけますか？）
Vous êtes Monsieur ...
ヴゼットゥ　　　ムスュー
（失礼ですがお名前は…？）

▶特にだれかをご希望ですか？
Vous désirez parler à quelqu'un en particulier?
ヴ　デズィレ　　パルレ　ア　ケルカン　　アン　パルティキュリエ

▶だれにおかけですか？
Qui demandez-vous?
キ　　ドゥマンデヴ

▶家内にかわりましょうか？
Vous voulez parler à mon épouse?
ヴ　ヴレ　　パルレ　ア　モネプーズ
Vous voulez que je vous passe ma femme?
ヴ　ヴレ　ク　ジュ　ヴ　パス　マ　ファンム
*épouse/époux に比べて femme/mari のほうがくだけた言い方になる。
Vous désirez parler à mon mari?
ヴ　デズィレ　　パルレ　ア　モン　マリ

(主人にかわりましょうか？)
*désirer は vouloir の敬語的表現。

お電話をお待ちしておりました。
J'attendais votre appel.
ジャタンデ　ヴォトゥラペル

その名前の者は何人かおりますが、だれにおかけですか？
Nous avons plusieurs personnes de ce nom. Laquelle demandez-vous?
ヌザヴォン　プリュズュル　ペルソンヌ　ドゥ　ス　ノン　ラケル　ドゥマンデヴ
*plusieurs「何人もの、いくつもの」。laquelle「どの人」。ここでは personne を受けて女性形になっている。

内線103番におつなぎします。
Je vous passe le poste 103.
ジュ　ヴ　パッス　ル　ポストゥ　サントゥルワ

少々お待ちください。
Ne quittez pas, je vous prie.
ヌ　キテ　パ　ジュ　ヴ　プリ
*直訳は「どうぞ切らないでください」。

> Je voudrais parler à M. Lamy, s'il vous plaît.
> ジュ　ヴドゥレ　パルレ　アムスュ　ラミ　スィル　ヴ　プレ
> (ラミさんをお願いします)
>
> Ne quittez pas, je vous prie.
> (少々お待ちください)

Un instant, s'il vous plaît.
アナンスタン　スィル　ヴ　プレ
Veuillez patienter un instant, s'il vous plaît.
ヴイエ　パスィアンテ　アナンスタン　スィル　ヴ　プレ
*patienter「しんぼう強く待つ」。

Restez en ligne, s'il vous plaît.
レステ　アン　リーニュ　スィル　ヴ　プレ

お待ちいただけますか？
Pouvez-vous patienter?
プヴェヴ　パスィアンテ

> Pouvez-vous patienter?
> (お待ちいただけますか？)
>
> Non, je rappellerai plus tard.
> ノン　ジュ　ラペルレ　プリュ　タール
> (いいえ、またあとでお電話します)

Tu peux attendre un instant? (ちょっと待ってくれる？)
テュ　プ　アタンドゥラナンスタン

電話

▶お名前をもう一度言っていただけますか？
Rappelez-moi votre nom, s'il vous plaît.
ラプレムワ　ヴォトゥル　ノン　スィル　ヴ　プレ

▶彼にかわります。
Je vous le passe.
ジュ　ヴ　ル　パッス
*「彼女に」のときはla。

Je vous passe votre correspondant.
ジュ　ヴ　パッス　ヴォトゥル　コレスポンダン
（おつなぎいたします）

*correspondant「交通の相手、電話の相手」。オペレータが用いる表現。

▶お待ちください。呼んでまいります。
Ne quittez pas. Je vais l'appeler.
ヌ　キテ　パ　ジュ　ヴェ　ラプレ

▶担当の者にかわります。
Je vous passe un responsable.
ジュ　ヴ　パサン　レスポンサーブル

▶人事部につなぎます。
Je vous passe le service du personnel.
ジュ　ヴ　パッス　ル　セルヴィス　デュ　ペルソネール

▶ルドンさんから1番にお電話です。
Vous avez M. Redon sur la 1.
ヴザヴェ　ムスュ　ルドン　スュル ラ アン

C'est pour vous. M. Redon sur la 1.
セ　プル　ヴー　ムスュ　ルドン　スュル ラ アン

▶ABC社のムランさんからお電話です。
Vous avez un appel de M. Moulin, d'ABC.
ヴザヴェ　アナペル　ドゥ ムスュ　ムラン　ダベセ

C'est M. Moulin, d'ABC.
セ　ムスュ　ムラン　ダベセ

▶お出になりました。お話しください。
Votre correspondant est en ligne. Vous pouvez parler.
ヴォトゥル　コレスポンダン　エタン　リーニュ　ヴ　プヴェ　パルレ
*オペレータが用いる表現。

▶10分後にかけ直していただけますか？
Pourriez-vous me rappeler dans dix minutes?
プリエヴ　ム　ラプレ　ダン　ディ　ミニュトゥ

Ça vous ennuierait de me rappeler dans dix minutes?
サ　ヴザンニュイレ　ドゥ　ム　ラプレ　ダン　ディ　ミニュトゥ

Rappelez-moi dans dix minutes, s'il vous plaît. (10分後にかけ直してください)
ラプレムワ　ダン　ディ　ミニュトゥ　スィル　ヴ　プレ

3　毎日の生活で使うフレーズ

◆すみませんが、あとでかけ直していただけませんか？　いま電話中ですので。

Excusez-moi, vous pourriez me rappeler plus tard? Je suis en communication.

*en communication の代わりに en ligne も使う。

◆すみませんが来客中なので、明日こちらからかけ直してもいいですか？

Excusez-moi, j'ai des gens à la maison. Je peux vous rappeler demain?

◆かけ直していただいてありがとうございます。

Je vous remercie de me rappeler.

◆お待たせして申し訳ありません。

Excusez-moi de vous avoir fait attendre.

Excusez-moi de vous avoir fait attendre.
（お待たせして申し訳ありません）

Je vous en prie. （いえいえ）

Excusez-moi. （お待たせしました）

電話に出られないとき　　3_046.mp3

◆出られないから、出て！

Je ne peux pas répondre. Vas-y!
Je suis occupé [occupée]. Vas-y!
（忙しいから、出て！）

Téléphone! Vas-y! （電話だよ！出て！）
Ça sonne! Vas-y! （鳴ってるよ！出て！）

◆出てもらえる？

Tu peux répondre, s'il te plaît?

◆いないことにして。

Je ne suis pas là.

*居留守を使うとき。

Dis-lui que je ne suis pas là.
ディリュイ ク ジュン スイ パ ラ
(私はいないって彼に言って)

Si c'est Franck, je ne suis pas là.
スィ セ フランク ジュン スイ パ ラ
(フランクだったら、いないことにして)

Je ne suis là pour personne.
ジュン スイ ラ プル ペルソンヌ
(だれからでもいないことにして)

▶彼女は電話中です。

Elle est en ligne.
エレタン リーニュ

> Elle est en ligne. (彼女は電話中です)
> Entendu. Je rappellerai plus tard.
> アンタンデュ ジュ ラペルレ プリュ タール
> (わかりました。またあとでかけ直します)

Elle est en communication.
エレタン コミュニカスィオン

▶彼はただいま会議中です。

Il est en réunion, en ce moment.
イレタン レユニオン アン ス モマン

▶彼女はいま手がはなせないんですが。

Elle n'est pas libre en ce moment.
エル ネ パ リーブラン ス モマン

▶彼女はただいま接客中です。

Elle est actuellement en rendez-vous.
エレタクテュエルマン アン ランデヴ

▶彼は席をはずしております。

Il n'est pas dans son bureau.
イル ネ パ ダン ソン ビュロ

Il s'est absenté un moment.
イル セタプサンテ アン モマン
(彼はちょっと席をはずしております)

Il n'est pas dans son bureau, mais il est dans la maison.
イル ネ パ ダン ソン ビュロ メ イレ ダン ラ メゾン
(彼は席をはずしていますが、社内におります)

▶あいにくですが、彼はただいま不在にしております。

Je suis désolé [désolée], mais il n'est pas là pour le momen
ジュ スイ デゾレ メズィル ネ パ ラ プル ル モマン

3 毎日の生活で使うフレーズ

Est-ce que M. Blanc est là?
(ブランさんはいらっしゃいますか？)
Je suis désolé, mais il n'est pas là pour le moment.
(あいにくですが、彼はただいま不在にしております)

▶彼は外出中です。
Il est sorti.

▶彼は昼食に出ております。
Il est sorti déjeuner.

▶何時ごろお戻りですか？
Elle sera là vers quelle heure?
Est-ce que vous savez à quelle heure elle revient?

▶10分ほどで戻るはずです。
Il devrait être là dans dix minutes.
Il sera là dans dix minutes.

▶午後9時には戻ってまいります。
Il ne sera pas là avant vingt et une heures.
*直訳は「彼は21時前にはここにいない」。

▶彼女は学校に行ってます。
Elle est à l'école.
*école はふつう小学校を指す。中学校は collège、高校は lycée。
Il est à la fac.（彼は大学です）

▶彼は来週戻ってきます。
Il revient la semaine prochaine.
Il sera là la semaine prochaine.
（彼は来週には戻っています）

▶彼女は来週まで休暇中です。
Elle est en congé jusqu'à la semaine prochaine.

電話

423

* 夏季・冬季休暇、クリスマス休暇などには congé の代わりに vacances を用いる。

▶ 彼は本日、病気で休んでおります。
Il est souffrant, aujourd'hui.
イレ　スフラン　オジュルデュイ
*souffrant「体調が悪い、病気である」。この場合 malade は使わない。

▶ 彼は出張中です。
Il est en déplacement.
イレタン　デプラスマン
*déplacement「旅行、出張」。

Il est en voyage d'affaires.
イレタン　ヴヮヤジュ　ダフェール

▶ もうすこしあとでかけ直していただけますか？
Pourriez-vous rappeler un peu plus tard?
プリエヴ　ラプレ　アン　プ　プリュ　タール

Pourriez-vous le rappeler dans la matinée?
プリエヴ　ル　ラプレ　ダン　ラ　マティネ
（午前中にかけ直していただけますか？）

*le はかける相手を指す。相手が女性のときは la。「午後に」は dans l'après-midi、「夜に」は dans la soirée。

▶ 彼のほうからかけ直させましょうか？
Désirez-vous qu'il vous rappelle?
デズィレヴ　キル　ヴ　ラペール
*「こちらから折り返し電話をかけさせましょうか？」とたずねる表現。

Voulez-vous qu'il vous rappelle?
ヴレヴ　キル　ヴ　ラペール
Dois-je lui dire de vous rappeler?
ドゥジュ　リュイ　ディール　ドゥ　ヴ　ラプレ

▶ 彼女は会社を辞めました。
Elle a quitté la société.
エラ　キテ　ラ　ソスィエテ
Elle ne travaille plus ici.
エル　ヌ　トゥラヴァイ　プリュズィスィ
（彼女はもうここで働いていません）

伝言

何かご伝言はありますか？

Voulez-vous lui laisser un message?

> Voulez-vous lui laisser un message?
> (何かご伝言はありませんか？)
>
> Non, merci. Je rappellerai.
> (いいえ、結構です。かけ直します)

Désirez-vous lui laisser un message?
Puis-je lui transmettre un message?
(彼に伝言いたしましょうか？)
Y a-t-il un message?
(何か伝言ある？)

またあとでかけ直します。

Je rappellerai plus tard.
Je rappellerai dans une heure.
(1 時間後にかけ直します)

伝言をお願いできますか？

Puis-je lui laisser un message?
Pourriez-vous lui transmettre un message?
(彼に伝言を伝えていただけますか？)

Je peux lui laisser un message? (伝えてもらえますか？)

フロリアン・マイエですが。

C'est de la part de Florian Maillet.

どうつづりますか？

Ça s'écrit comment?
*s'écrire「書かれる」。

Pourriez-vous épeler, s'il vous plaît? (スペルを教えていただけますか？)
*épeler「字のつづりを言う」。

電話

▶フロリアン・マイエから電話があったことを伝えていただけますか。

Pourriez-vous lui dire que Florian Maillet a appelé.
プリエヴ　　リュイ ディール ク　フロリアン　　マイエ　ア　アプレ

Dites-lui que Florian Maillet a appelé.
ディトゥリュイ ク　フロリアン　マイエ　ア　アプレ
（フロリアン・マイエから電話があったことを伝えてください）

Dites-lui que j'ai appelé.
ディトゥリュイ ク ジェ アプレ
（私から電話があったことを伝えてください）

▶私に電話をもらうよう伝えてください。

Dites-lui de me rappeler.
ディトゥリュイ ドゥ　ム　　ラプレ

Demandez-lui de me rappeler.
ドゥマンデリュイ　ドゥ　ム　ラプレ

▶電話番号を存じているでしょうか？

Il‿a votre numéro‿de téléphone?
イラ ヴォトゥル　　ニュメロ　　　テレフォンヌ

＊携帯電話の場合は numéro de portable と言う。

▶番号をお願いします。

Quel‿est votre numéro?
ケレ　ヴォトゥル　ニュメロ

Quel‿est votre numéro?
（番号をお願いします）

C'est le　01　　23　　45　　67　　89.
セ　ル ゼロアン ヴァントゥロワ カラントゥサンク スワサントゥセットゥ カトゥルヴァンヌッフ
（01 23 45 67 89 です）

Pourriez-vous me donner votre numéro?
プリエヴ　　　ム　ドネ　ヴォトゥル　ニュメロ
（あなたの番号を教えていただけますか？）

Pourriez-vous me rappeler votre numéro?
プリエヴ　　　ム　ラプレ　ヴォトゥル　ニュメロ
（あなたの番号をもう一度お教えいただけますか？）

Vous‿avez un numéro où on peut vous joindre?
ヴザヴェ　アン ニュメロ ウ オン プ ヴ ジュワンドゥル
（連絡先の番号は？）

Je vais noter votre numéro.
ジュ ヴェ ノテ ヴォトゥル ニュメロ
（番号をメモします）

▶私の番号は01　44　58　39　12です。

Mon numéro, c'est le　01　　44　　58　　39　　12.
モン　ニュメロ　　セ　ル ゼロアン カラントゥカトゥル サンカンテュイトゥ トゥラントゥヌッフ ドゥーズ

▶どこへご連絡すればよろしいですか？

Où est-ce que je peux le joindre?
_{ウ エス ク ジュ プ ル ジュワンドゥル}

*joindre「結合する、連絡をとる」。相手が女性なら la となる。

▶午後6時までは01 44 58 39 12にいます。

Vous pouvez le joindre au 01 44 58 39
_{ヴ プヴェ ル ジュワンドゥロ ゼロアン カラントゥカトゥル サンカンテュイトゥ トゥラントゥヌッフ}
12, jusqu'à dix-huit heures.
_{ドゥーズ ジュスカ ディズュイトゥール}

* 相手が女性なら la となる。

▶では繰り返します、01 44 58 39 12。よろしいですか？

Alors, je répète: 01 44 58 39 12.
_{アロール ジュ レペトゥ ゼロアン カラントゥカトゥル サンカンテュイトゥ トゥラントゥヌッフ ドゥーズ}
C'est bien ça?
_{セ ビアン サ}

▶わかりました。お電話があったことを伝えます。

Entendu. Je lui dirai que vous avez appelé.
_{アンタンデュ ジュ リュイ ディレ ク ヴザヴェ アプレ}

Entendu. Je lui transmettrai votre message.
_{アンタンデュ ジュ リュイ トゥランスメトレ ヴォトル メサージュ}

（かしこまりました。彼に伝言を伝えます）

▶かけ直すよう伝えます。

Je lui demanderai de vous rappeler.
_{ジュ リュイ ドゥマンドゥレ ドゥ ヴ ラプレ}

*lui「彼」が目上の人のときは demander を用いて「かけ直してもらうよう頼みます」のニュアンスになる。目上の人でなければ dire を使う。

Je lui dirai de vous rappeler.
_{ジュ リュイ ディレ ドゥ ヴ ラプレ}

▶さっきマイエさんからお電話がありました。

M. Maillet vous a appelé tout à l'heure.
_{ムスュ マイエ ヴザ アプレ トゥタ ルール}

Tout à l'heure, vous avez eu un appel de M. Maillet.
_{トゥタ ルール ヴザヴェ ユ アナペル ドゥムスュ マイエ}

* オフィスで使う表現。

▶ベールさんから電話があったよ。

Tu as eu un coup de fil de M. Bert.
_{テュ ア ユ アン クー ドゥ フィル ドゥ ムスュ ベール}

Il y a M. Bert qui a appelé.
_{イリャ ムスュ ベール キ ア アプレ}

Un certain M. Bert a appelé.
_{アン セルタン ムスュ ベラ アプレ}

（ベールとかいう人から電話があったよ）

電話

電話を切る

▶じゃあ、またね。
Bon, alors, à bientôt.
ボン　アロール　ア　ビアント
*Bon, alors は電話を切りたいときに「さあ、そろそろ」の意味で使う。Bon だけ、または Alors だけでも使うが、その場合 Alors のほうが丁寧。

Bon, alors, au revoir. (それじゃ、失礼します)
ボン　アロール　オ　ルヴワール

▶お電話ありがとうございました。
Je vous remercie de votre‿appel.
ジュ　ヴ　ルメルスィ　ドゥ　ヴォトゥラペル

Alors à demain. (それでは明日)
アロール　ア　ドゥマン
Je vous remercie de votre‿appel.
(お電話ありがとうございました)

Je vous remercie d'avoir‿appelé.
ジュ　ヴ　ルメルスィ　ダヴワラプレ

▶すみません、出かけなければならないものですから…。
Excusez-moi, mais je vais être‿obligé [obligée] de vous laisser.
エクスキュゼモワ　メ　ジュ　ヴェ　エトゥロブリジェ　ドゥ　ヴ　レセ
Je dois partir.
ジュ　ドワ　パルティール
*être obligé de vous laisser「あなたを残していかざるをえない」。

▶そろそろ失礼しなくては。
Excusez-moi, il faut que je vous quitte.
エクスキュゼモワ　イル　フォ　ク　ジュ　ヴ　キットゥ
Bon, excusez-moi, il faut que je vous laisse.
ボン　エクスキュゼモワ　イル　フォ　ク　ジュ　ヴ　レス

▶すみません、だれか来たので。
Excusez-moi, mais on sonne‿à la porte.
エクスキュゼモワ　メ　オン　ソナ　ラ　ポルトゥ

Excusez-moi, mais on sonne‿à la porte.
(すみません、だれか来たので)
Bon, je vous laisse. Au revoir, à bientôt.
ボン　ジュ　ヴ　レス　オ　ルヴワール　ア　ビアント
(じゃ、切ります。ではまた、さようなら)

Excusez-moi, mais j'ai un‿appel sur‿une autre ligne.
エクスキュゼモワ　メ　ジェ　アナペル　スュリュノトゥル　リーニュ
(すみません、ほかの電話が入ったものですから)

3　毎日の生活で使うフレーズ

▶お話ができてよかったです。
Je suis ravi [ravie] d'avoir pu vous parler.
ジュ スュイ ラヴィ ダヴワル ピュ ヴ パルレ

▶彼女のほうが切った。
Elle a raccroché.
エラ ラクロシェ

Elle a coupé.
エラ クペ

Elle m'a raccroché au nez.
エル マ ラクロシェ オ ネ
(彼女はガチャンと切った)

*nez は「鼻」。au nez de...「〜の鼻先で」。

まちがい電話　　　　　　　　　　　　3_049.mp3

▶番号をおまちがえのようです。
Vous faites erreur.
ヴ フェットゥゼルール

Vous faites erreur.
(番号をおまちがえのようです)

Excusez-moi. (すみません)
エクスキュゼムワ

Vous vous trompez de numéro.
ヴ ヴ トゥロンペ ドゥ ニュメロ
Vous-avez fait un faux numéro.
ヴザヴェ フェ アン フォ ニュメロ

▶何番におかけですか？
Quel numéro demandez-vous?
ケル ニュメロ ドゥマンデヴ

▶だれにおかけですか？
Qui demandez-vous?
キ ドゥマンデヴ

▶この会社にはその名前の者はおりません。
Nous n'avons personne de ce nom-là dans la société.
ヌ ナヴォン ペルソンヌ ドゥ ス ノンラ ダン ラ ソスィエテ

▶すみません、まちがえたようです。
Je suis désolé [désolée]. J'ai dû me tromper.
ジュ スュイ デゾレ ジェ デュ ム トゥロンペ

▶すみません。
Excusez-moi.
エクスキュゼムワ

電話

▶ いいえ。

Ce n'est pas grave.
スネパグラーヴ
＊直訳は「たいしたことではない」。

Je vous‿en prie.
ジュ ヴザン プリ

留守番電話　　　3_050.mp3

▶ こちらは01 23 45 67 89です。ただいま留守にしております。ピーという音のあとご用件をお話しください。

Vous‿êtes bien au 01　23　45　67　89.
ヴゼトゥ ビアン オ ゼロアン ヴァントゥルワ カラントゥサンク スワサントゥセットゥ カトルヴァンヌッフ
Je‿ne suis pas là pour le moment, mais vous pouvez me
ジュヌ スュイ パ ラ プル ル モマン メ ヴ プヴェ ム
laisser un message après le bip sonore. Merci.
レセ アン メサージュ アプレ ル ビップ ソノール メルスィ
＊応答用のメッセージ。

▶ ABC社のフランスィス・ルグリです。01 23 45 67 89までお電話をいただけませんでしょうか。

Bonjour, c'est Francis Legris, de la société ABC. Pourriez-vous
ボンジュル セ フランスィス ルグリ ドゥ ラ ソスィエテ アベセ プリエヴ
me rappeler au 01　23　45　67　89.
ム ラプレ オ ゼロアン ヴァントゥルワ カラントゥサンク スワサントゥセットゥ カトルヴァンヌッフ
Merci.
メルスィ

▶ フランスィス・ルグリです。できるだけ早くお電話をください。

Ici, Francis Legris. Je vous remercie de me rappeler le plus
イスィ フランスィス ルグリ ジュ ヴ ルメルスィ ドゥ ム ラプレ ル プリュ
rapidement possible.
ラピドゥマン ポスィーブル

電話で困ったとき　　　3_051.mp3

▶ 何ですか？

Pardon?
パルドン
Comment?
コマン

▶ すみません、聞こえないのですが。

Excusez-moi, je‿ne vous‿entends pas.
エクスキュゼムワ ジュヌ ヴザンタン パ
Excusez-moi, je n'entends pas.
エクスキュゼムワ ジュ ナンタン パ
Excusez-moi, je n'entends rien.
エクスキュゼムワ ジュ ナンタン リアン
（すみません、ぜんぜん聞こえません）

▶よく聞き取れないのですが。

Je ne vous entends pas très bien.
ジュヌ ヴザンタン パ トゥレ ビアン

Vous êtes libre, demain?
ヴゼトゥ リーブル ドゥマン
（明日おひまですか？）

Pardon? Je ne vous entends pas très bien.
パルドン ジュヌ ヴザンタン パ トゥレ ビアン
（何ですか？よく聞き取れないのですが）

Je vous entends mal.
ジュ ヴザンタン マッル

▶もうすこしゆっくり話していただけませんか。

Pourriez-vous parler un peu plus lentement, s'il vous plaît?
プリエヴ パルレ アン プ プリュ ラントゥマン スィル ヴ プレ

▶もうすこし大きな声で話していただけませんか。

Pourriez-vous parler un peu plus fort, s'il vous plaît?
プリエヴ パルレ アン プ プリュ フォール スィル ヴ プレ

Pourriez-vous parler un peu plus fort, s'il vous plaît? Je n'entends pas.
プリエヴ パルレ アン プ プリュ フォール スィル ヴ プレ ジュ ナンタン パ
（もうすこし大きな声で話していただけませんか。聞こえないんです）

Excusez-moi. （失礼しました）
エクスキュゼモワ

▶回線がよくないようですが。

La communication est mauvaise.
ラ コミュニカスィオン エ モヴェーズ

La ligne est mauvaise.
ラ リニエ モヴェーズ

▶雑音が入っています。

Il y a de la friture sur la ligne.
イリャ ドゥ ラ フリテュール スュル ラ リーニュ

＊friture「ラジオや電話の雑音」。油で揚げる（frire）ときの「パチパチ、チリチリ」という音がもとになっている。

Il y a des bruits sur la ligne.
イリャ デ ブリュイ スュル ラ リーニュ

▶混線しています。

Il y a quelqu'un d'autre sur la ligne.
イリャ ケルカン ドートゥル スュル ラ リーニュ

▶電話が切れてしまいました。

Nous avons été coupés.
ヌザヴォン エテ クペ

＊電話の途中で、使っている人間のせいではないのに切れてしまったことをいう。

電話

▶電話が使えません。

Le téléphone ne marche plus.
ル　　テレフォッヌ　　　　マルシュ　　プリュ

Le téléphone est en dérangement.
ル　　テレフォネタン　　　　デランジュマン

Le téléphone est en panne.
ル　　テレフォネタン　　　パンヌ
（電話が故障しています）

▶教えてもらった番号は違っていました。

Le numéro que vous m'avez donné n'est pas le bon.
ル　ニュメロ　ク　ヴ　　マヴェ　　ドネ　　ネ　パ　ル　ボン

▶おかけになった番号は現在使われておりません。

Le numéro que vous demandez n'est pas en
ル　ニュメロ　ク　ヴ　　ドゥマンデ　　ネ　パザン
service actuellement.
セルヴィサクチュエルマン

＊メッセージ。

▶回線が混み合っているためおつなぎできません。

Par suite d'encombrements, nous ne pouvons donner
パル　スュイットゥ　ダンコンブルマン　　　　ヌン　　ヌ　　プヴォン　　　ドネ
suite à votre appel.
スュイタ　　ヴォトゥラペル

＊メッセージ。par suite de...「〜にしたがって」。encombrement「混雑」。donner suite à ...「〜に応じる」。

Veuillez renouveler votre appel ultérieurement.
ヴィエ　　ルヌヴレ　　　ヴォトゥラペリュルテリュルマン
（のちほどおかけ直しください）

＊メッセージ。renouveler「新しくする、繰り返す」。ultérieurement「あとで、後日」。

▶まだ長くかかりますか？

Vous en avez encore pour longtemps?
ヴザンナヴェ　　　アンコール　　プル　　ロンタン
＊公衆電話を使用中の人に、そろそろ切ってほしいという意味で声をかけるときの表現。

▶切れてしまった。

Ça a coupé.
サ　ア　クペ

14 日時と天気

日時をたずねる　　　　　　　　　　　　　　3_052.mp3

▶今日は何日ですか？

On est le combien, aujourd'hui?
オネ　ル　コンビアン　オジュルデュイ

> Remplissez ce papier.
> ランプリセ　ス　パピエ
> (この用紙に記入してください)
>
> On est le combien, aujourd'hui?
> (今日は何日ですか？)

Quelle est la date, aujourd'hui?
ケレ　ラ　ダートジュルデュイ
Nous sommes le combien, aujourd'hui?
ヌ　ソム　ル　コンビアン　オジュルデュイ

▶8月13日です。

On est le treize août.
オネ　ル　トゥレズットゥ
Le treize août.
ル　トゥレズットゥ
C'est le treize août.
セ　ル　トゥレズットゥ
On est le premier avril. (4月1日です)
オネ　ル　プルミエラヴリッル

＊「1日」だけは序数を使って le premier と言う。

▶今日は何曜日ですか？

On est quel jour, aujourd'hui?
オネ　ケル　ジューロジュルデュイ

＊「今日は何日ですか？」の意味にもなる。

> On est quel jour, aujourd'hui?
> (今日は何曜日ですか？)
>
> On est vendredi. (金曜日です)
> オネ　ヴァンドゥルディ

Quel jour sommes-nous, aujourd'hui?
ケル　ジュール　ソムヌー　オジュルデュイ
C'est quel jour, aujourd'hui?
セ　ケル　ジュール　オジュルデュイ

▶木曜日です。

On est jeudi.
オネ　ジュディ
C'est jeudi.
セ　ジュディ

日時と天気　　433

▶いま何時ですか？

Quelle heure est-il, s'il vous plaît?
ケルレティール スィル ヴ プレ

Il est quelle heure?
イレ ケルール

Vous avez l'heure, s'il vous plaît?
ヴザヴェ ルール スィル ヴ プレ

Pourriez-vous me dire l'heure, s'il vous plaît?
プリエヴ ム ディル ルール スィル ヴ プレ
(いま何時か教えていただけますか？)

▶もうすぐ正午です。

Il est presque midi.
イレ プレスク ミディ

▶ちょうど1時です。

Il est une heure juste.
イレ ユヌール ジュストゥ

▶1時45分です。

Il est deux heures moins le quart.
イレ ドゥズール ムワン ル カール
*moins le quart「15分前」。

Il est une heure quarante-cinq.
イレ ユヌル カラントゥサンク

▶1時5分です。

Il est une heure cinq.
イレ ユヌール サンク

▶時計は3時15分を指しています。

L'horloge marque trois heures et quart.
ロルロージュ マルク トゥルワズレ カール
* 時計を表す単語には horloge「大時計」のほかに pendule「置き時計、掛け時計」、réveil「目覚まし時計」、montre「腕時計」などがある。

A ma montre, il est trois heures quinze.
ア マ モントゥル イレ トゥルワズル カンズ
(私の腕時計では3時15分です)

▶5時15分です。

J'ai cinq heures et quart.
ジェ サンクレ カール

▶2時10分前です。

Il est deux heures moins dix.
イレ ドゥズール ムワン ディス
Il est une heure cinquante.
イレ ユヌール サンカントゥ
(1時50分です)

▶9時半です。
Il est neuf heures et demie.
イレ　　ヌヴレ　　　　ドゥミ
Il est neuf heures trente.
イレ　　ヌヴール　　トゥラントゥ

時間について　　　　　　　　　　　　　　3_053.mp3

▶その時計は5分遅れてるよ。
La pendule retarde de cinq minutes.
ラ　パンデュール　　ルタールドゥ　　サン　ミニュトゥ
*pendule「置き時計、掛け時計」。

▶私の腕時計は5分進んでます。
Ma montre avance de cinq minutes.
マ　モントゥラヴァンス　ドゥ　サン　ミニュトゥ

▶あの時計は合ってるよ。
L'horloge est à l'heure.
ロルロジェタ　　　　ルール
*horloge は pendule より大きい時計。

▶さあ、出かける時間だ。
Bon, il est temps de partir.
ボン　イレ　　タン　ドゥ パルティール
Bon, c'est l'heure de partir.
ボン　セ　　ルール　ドゥ パルティール
Bon, il faut y aller.
ボン　イル　フォ　ヤレ
*くだけた表現。

▶いつごろ？
Vers quelle date?
ヴェル　ケル　ダートゥ
Quand, à peu près?
カン　ア プ　プレ
*à peu près「およそ」。

▶何時ごろ？
Vers quelle heure?
ヴェル　ケルール

▶間に合う？
On va y arriver?
オン ヴァ　ヤリヴェ
On a encore le temps?
オナ　アンコル　ル　タン
*直訳は「まだ時間はあるか？」。

日時と天気

▶まだ５日もある。

Il y a encore cinq jours à attendre.
イリャ アンコール サンク ジュラ アタンドゥル
*attendre「待つ」。

Encore cinq jours!（まだ５日も！）
アンコル サンク ジュール

▶もう５日しかない。

Plus que cinq jours à attendre.
プリュ ク サンク ジュラ アタンドゥル

▶いったいどうしてそんなに長くかかるの？

Mais pourquoi est-ce que c'est si long?
メ プルクワ エス ク セ スィ ロン
Mais pourquoi est-ce que ça met autant de temps?
メ プルクワ エス ク サ メ オタン ドゥ タン
Mais pourquoi est-ce qu'elle met un temps pareil?
メ プルクワ エス ケル メ アン タン パレイ
（いったいなぜ彼女はそんなに時間がかかるの？）

▶ひまつぶしにテレビを見よう。

Pour passer le temps, je vais regarder la télé.
プル パセ ル タン ジュ ヴェ ルガルデ ラ テレ
Pour tuer le temps, je vais lire le journal.
プル テュエル タン ジュ ヴェ リール ル ジュルナール
（ひまつぶしに雑誌でも読もう）

*tuer「殺す」。

▶丸１日をむだにしたよ。

J'ai perdu toute ma journée.
ジェ ペルデュ トゥットゥ マ ジュルネ
*perdre「失う」。

J'ai perdu une journée entière.
ジェ ペルデュ ユン ジュルネ アンティエール
*... entière「〜全体」。

▶あいている時間がありますか？

Avez-vous du temps de libre?
アヴェヴ デュ タン ドゥ リーブル
Est-ce que vous êtes libre?（おひまですか？）
エス ク ヴゼットゥ リーブル

▶時間がありますか？

Est-ce que vous avez le temps?
エス ク ヴザヴェ ル タン

▶時間がありません。

Je n'ai pas le temps.
ジュ ネ パ ル タン

▶時間はたっぷりあります。
J'ai tout mon temps.
ジェ トゥ モン タン

▶もう時間がないよ。
On n'a plus le temps.
オン ナ プリュ ル タン
*持ち時間、残り時間がなくなったことを表している。

▶時間になりました。
C'est l'heure.
セ ルール

▶もうすぐだ。
Il est presque l'heure.
イレ プレスク ルール
*presque「ほとんど」。

▶時間です！
Le temps est écoulé!
ル タン エテクレ
*クイズや試験のときに使う表現。

▶どうぞごゆっくり。
Prenez votre temps.
プルネ ヴォトゥル タン

天気
3_054.mp3

▶明日の天気はどうですか？
Il va faire quel temps, demain?
イル ヴァ フェール ケル タン ドゥマン

▶天気予報では、明日はどうですか？
Qu'est-ce que la météo annonce, pour demain?
ケス ク ラ メテオ アノンス プル ドゥマン
*météo は météorologie「天気予報、気象観測」の略。

> Qu'est-ce que la météo annonce, pour demain?
> （天気予報では、明日はどうなの？）
>
> Il va faire froid. （寒くなるようだよ）
> イル ヴァ フェール フルワ

Quelles sont les prévisions météo, pour demain?
ケル ソン レ プレヴィズィオン メテオ プル ドゥマン
*prévision「予報」。

▶明日はいい天気かな？
Il fera beau, demain?
イル フラ ボー ドゥマン

▶今日はどんな天気?

Quel temps fait-il, aujourd'hui?
ケル　タン　フェティーロジュルデュイ

Quel temps fait-il, aujourd'hui?
(今日はどんな天気?)

Il fait beau. (いい天気だよ)
イル フェ ボ

▶いい天気だ!

Il fait beau, aujourd'hui!
イル フェ ボー　オジュルデュイ

Quel beau temps!
ケル ボ タン

Quelle belle journée!
ケル ベル ジュルネー

▶気持ちのいい日です。

Il fait bon, aujourd'hui.
イル フェ ボーン　オジュルデュイ

C'est agréable, ce temps.
セタグレアーブル　ス タン

C'est une belle journée.
セテュン ベル ジュルネ
(よい日和だ)

▶穏やかな天気です。

Il fait doux, aujourd'hui.
イル フェ ドゥー　オジュルデュイ

▶そよ風が吹いてます。

Il y a une petite brise, aujourd'hui.
イリャ ユン プティトゥ ブリーズ　オジュルデュイ

Il y a une petite brise, aujourd'hui.
(そよ風が吹いてるね)

Oui, c'est agréable.
ウイ　セタグレアーブル
(うん、気持ちがいいね)

▶晴れてます。

Il fait un beau soleil.
イル フェ アン ボ ソレーユ

Il y a du soleil.
イリャ デュ ソレーユ
(おひさまが出てる)

Le temps est ensoleillé.
ル タン エタンソレイエ
*ensoleillé「日あたりのいい、晴れやかな」。

3　毎日の生活で使うフレーズ

3

▶快晴だね。

Le ciel est dégagé.
ル スィエレ デガジェ

*dégagé「さえぎるもののない」。

Le ciel est clair.
ル スィエレ クレール

▶暑い！

Il fait chaud!
イル フェ ショー

▶今日はすごく暑いね！

Il fait très chaud, aujourd'hui!
イル フェ トゥレ ショー オジュルデュイ

Tu ne trouves pas qu'il fait très chaud, aujourd'hui!
テュン トゥルヴ パ キル フェ トゥレ ショー オジュルデュイ

*tu ne trouves pas「そう思わない？」

Quelle chaleur, aujourd'hui!
ケル シャルール オジュルデュイ

*chaleur「暑さ」。

Il fait une chaleur, aujourd'hui!
イル フェ ユン シャルール オジュルデュイ

▶猛暑だ！

Il fait une chaleur torride!
イル フェ ユン シャルール トリードゥ

*torride「酷暑の」。

C'est la canicule!
セ ラ カニキュール

*canicule「酷暑の」。

Il fait un soleil de plomb!
イル フェ アン ソレイ ドゥ プロン

*plombは「鉛、ヒューズ」、soleil de plombで「灼熱の太陽」。

Il fait terriblement chaud!
イル フェ テリブルマン ショ

▶何て暑いんだ、今日は！

Qu'est-ce que ça tape, aujourd'hui!
ケス ク サ タ パオジュルデュイ

*Qu'est-ce queはここでは「何て」という感嘆の表現。taper「たたく、太陽がカンカン照りつける」。くだけた表現。

> Qu'est-ce que ça tape, aujourd'hui!
> （何て暑いの、今日は！）
> Oui, attention de ne pas attraper une insolation.
> ウイ アタンスィオン ドゥン パ アトゥラペ ユナンソラスィオン
> （うん、熱中症にかからないよう気をつけて）

日時と天気　439

▶日焼けした。
J'ai attrapé un coup de soleil.
ジェ アトラペ アン ク ツォレーユ

▶まいったね、この暑さは！
C'est tuant, cette chaleur!
セ テュアン セトゥ シャルール
*tuant「耐えがたい」は tuer「殺す、へとへとにさせる」からできた語。

C'est insupportable, cette chaleur!
セタンスュポルターブル セトゥ シャルール
*insupportable「耐えられない」。

C'est pénible, cette chaleur!
セ ペニーブル セトゥ シャルール
*pénible「つらい」。

C'est fatigant, cette chaleur!
セ ファティガン セトゥ シャルール
(うんざりだね、この暑さは！)

▶がまんできないね、この天気は！
C'est pénible, ce temps!
セ ペニーブル ス タン
C'est désagréable, ce temps!
セ デザグレアーブル ス タン
(不快だな、この天気は！)

▶曇っている。
Le ciel est couvert.
ル スィエル クヴェール
Le ciel est nuageux.
ル スィエル ニュアジュ
Il fait gris.
イル フェ グリ

▶霧が出ている。
Il y a du brouillard.
イリャ デュ ブルヤール

▶もやがかかっている。
Il y a de la brume.
イリャ ドゥ ラ ブリューム

▶さあ、いよいよ梅雨だ。
Ça y est! C'est la saison des pluies.
サ イエ セ ラ セゾン デ プリュイ

▶雨が降っています。
Il pleut.
イル プルー

▶今日は雨が降るかな？
Il va pleuvoir, aujourd'hui?
イル ヴァ プルヴワーロジュルデュイ

3　毎日の生活で使うフレーズ

Il va pleuvoir, aujourd'hui?
（今日は雨が降るかな？）
Ça m'étonnerait. (まさか)
*étonner「驚かせる」。

▶雨が降るそうだよ。
Il va pleuvoir, paraît-il.
*天気予報でそう言っているという表現。
On a annoncé de la pluie.

▶今日は雨になるでしょう。
Il va pleuvoir, aujourd'hui.
Il va y avoir de la pluie, aujourd'hui.

▶雨が降るかもしれない。
Il risque de pleuvoir.
*risquer de ...「〜かもしれない」。

D'après la météo, Il risque de pleuvoir. Tu devrais prendre ton imperméable.
（天気予報では雨が降るかもしれないって。レインコートを持っていったほうがいいよ）
Oui, tu as raison. (うん、そうだね)

▶雨が降ってきた。
Il commence à pleuvoir.

▶どしゃ降りだ！
Un vrai déluge!
Il pleut des cordes!
*corde「綱、弦」。
Il pleut comme vache qui pisse!
*vache qui pisse は「おしっこをしている雌牛」の意味。品のない表現なので実際には使わないほうがよい。

▶信じられない、この雨！
Incroyable, cette pluie!

Incroyable, cette pluie! (信じられないわ、この雨！)

Oui, un vrai déluge!
ウイ アン ヴレ デリュージュ
(うん、どしゃ降りだね！)

▶これが続いたら、洪水だよ。

Si ça continue, il va y‿avoir des‿inondations.
スィ サ コンティニュー イル ヴァ ヤヴワール デズィノンダスィオン

▶天気が悪い。

Il fait mauvais temps.
イル フェ モヴェ タン

Il fait un temps épouvantable.
イル フェ アン タン エプヴァンタ－ブル
(ひどい天気だ)

Il fait un temps de chien!
イル フェ アン タン ドゥ シアン
*chien「犬」。… de chien「ひどい〜」。たとえば、vie de chien「みじめな生活」、mal de chien「ひどい痛さ、ひどい困難」。くだけた表現。

Il fait un temps de cochon!
イル フェ アン タン ドゥ コション
*cochon「豚」。くだけた表現。

▶何てひどい天気なんだろう！

Quel sale temps!
ケル サル ターン

▶今日は風が強い。

Il‿y‿a du vent, aujourd'hui.
イリャ デュ ヴァン オジュルデュイ

▶あらしだ。

C'est‿une véritable tempête.
セテュン ヴェリタブル タンペットゥ
*véritable「本物の」。tempête「暴風雨」。

C'est‿une véritable tempête.
(あらしだね)

Oui, il va y‿avoir des dégâts.
ウイ イル ヴァ ヤヴワール デ デガ
(ええ、被害が出るでしょうね)

▶雷雨になりそうだ。

On dirait qu'il va y‿avoir de l'orage.
オン ディレ キル ヴァ ヤヴワール ドゥ ロラージュ

Il‿y‿a de l'orage dans l'air.
イリャ ドゥ ロラージュ ダン レール
*直訳は「空気の中にあらしがある」で、「けんかになりそうな険悪な雰囲気」の意味でも使う。

3 毎日の生活で使うフレーズ

3

▶雷が聞こえる？
Tu entends le tonnerre?
テュ　アンタン　ル　トネール
*tonnerre「雷鳴」。

▶あっ、光った！
Ah, j'ai vu un éclair!
ア　ジェ ヴュ　アネクレール
*éclair「稲妻、ひらめき」、お菓子の「エクレア」の意味もある。

▶雷に気をつけて！
Attention à la foudre!
アタンスィオン　ア ラ　フードゥル
*tonnerre と éclair を伴う落雷が foudre。

▶台風が来るんだって。
Ils ont annoncé un typhon.
イルゾン　アノンセ　アン　ティフォン

> Pourquoi est-ce que tu fermes les volets?
> プルクワ　エス ク テュ フェルム レ ヴォレ
> (どうして雨戸を閉めるの？)
> Ils ont annoncé un typhon.
> (台風が来るんだって)

Il y a un typhon qui arrive.
イリヤ　アン　ティフォン　キ　アリーヴ
(台風が接近している)

▶今日は涼しいな。
Il fait frais, aujourd'hui.
イル フェ　フレー　オジュルデュイ

▶今日はちょっと肌寒いね。
Il fait frisquet, aujourd'hui.
イル フェ　フリスケー　オジュルデュイ
*frisquet「うすら寒い」。くだけた表現。

▶今日は寒い。
Il fait froid, aujourd'hui.
イル フェ　フルワー　オジュルデュイ

> Il fait froid, aujourd'hui.
> (今日は寒いですね)
> Oui, je suis gelée. (ええ、凍えそう)
> ウイ ジュ スュイ ジュレ

▶霜が降りている。
Il y a du givre.
イリヤ　デュ ジーヴル

日時と天気

▶氷が張っている。
Il gèle.
イル ジェール

▶凍えそうだ。
Il fait très froid, aujourd'hui.
イル フェ トレ フルワ オジュルデュイ
Il fait un froid glacial, aujourd'hui.
イル フェ アン フルワ グラスィアール オジュルデュイ
*glacial「凍てつきそうな」。

▶雪が降ってるよ。
Il neige.
イル ネージュ

> Il neige.（雪が降ってるよ）
> Super! On va pouvoir skier!
> スュペール オン ヴァ プヴワル スキエ
> （わーい！ スキーができるぞ！）

▶吹雪になるでしょう。
Il va y avoir une tempête de neige.
イル ヴァ ヤヴワリュン タンペッドゥ ネージュ

▶あられだ！
Il y a de la grêle!
イリャ ドゥ ラ グレール
Tu as vu ces grêlons!（見た、このひょう！）
テュ ア ヴュー セ グレロン

▶湿度が高いね。
Il fait humide.
イル フェ ユミードゥ
Le temps est humide.
ル タン エ ユミードゥ

▶むし暑いな。
Il fait chaud et humide.
イル フェ ショ エ ユミードゥ

▶乾燥してるね。
Il fait sec.
イル フェ セック
Le temps est sec.
ル タン エ セック
L'air est sec.
レール エ セック

3 毎日の生活で使うフレーズ

4

感情を表すフレーズ

- ⑮ 心をこめて述べる
- ⑯ うれしいとき
- ⑰ 腹が立ったとき
- ⑱ うまくいかないとき
- ⑲ 人を気づかうとき
- ⑳ いろいろな感情
- ㉑ 冠婚葬祭と行事

15 心をこめて述べる

礼を言う

4_001.mp3

▶ありがとう。

Merci.
メルスィ

　Merci. (ありがとう)

　De rien. (どういたしまして)
　ドゥ リアン

Merci, hein!
メルスィー アン
*hein の前にくる語は、ふつう調子を上げてのばして発音する。くだけた表現。

▶どうもありがとう。

Merci beaucoup.
メルスィ ボク

Merci bien.
メルスィ ビアン

▶ありがとうございます。

Je vous remercie.
ジュ ヴ ルメルスィ

▶どうもありがとうございます。

Je vous remercie beaucoup.
ジュ ヴ ルメルスィ ボク

　Je vous remercie beaucoup.
　(どうもありがとうございます)

　Je vous_en prie. N'en parlons plus.
　ジュ ヴザン プリ ナン パルロン プリュ
　(どういたしまして。そのことはもう…)

Je vous remercie infiniment.
ジュ ヴ ルメルスィ アンフィニマン
(本当にありがとうございます)
* 直訳は「限りなく感謝します」。

Je vous remercie de tout cœur.
ジュ ヴ ルメルスィ ドゥ トゥ クール
(心から感謝します)

Merci mille fois.
メルスィ ミル フワ
* 直訳は「千回ありがとう」。

▶何てお礼を申し上げたらいいのか…。

Je ne sais comment vous remercier.
ジュ ヌ セ コマン ヴ ルメルスィエ

*ne... pas の pas を省略した形。とても丁寧な表現。

▶ありがとう、うれしいな。

Merci, c'est gentil.
メルスィ セ ジャンティ

J'aime beaucoup votre appartement.
ジェム ボク ヴォトゥラパルトゥマン
(とてもすてきなマンションですね)

Merci, c'est gentil.
(ありがとう、うれしいわ)

*相手がほめてくれたときに返す決まり文句として軽く使う。

Allez, je t'invite à prendre un café!
アレ ジュ タンヴィタ プランドゥラン カフェ
(さあ、コーヒーをおごるよ！)

Merci, c'est gentil.
(ありがとう、うれしいな)

▶ご親切、ありがとうございます。

C'est très gentil à vous.
セ トゥレ ジャンティ ア ヴ

*相手の心づかいに礼を言う表現。

C'est très aimable de votre part.
セ トゥレゼマーブル ドゥ ヴォトゥル パール
*aimable「親切な、気持ちのよい」。de votre part「あなたからの」。

Vous êtes très aimable.
ヴゼットゥレゼマーブル

▶それはご親切に。

C'est vraiment gentil.
セ ヴレマン ジャンティ

*相手の申し出に礼を言うときの慣用表現。「それはありがたい、すてきだ、うれしい」などの意味になる。

Je vous raccompagne en voiture.
ジュ ヴ ラコンパニャン ヴワテュール
(車でお送りしましょう)

C'est vraiment gentil. (それはご親切に)

C'est trop gentil.
セ トゥロ ジャンティ

Comme c'est gentil!
コム セ ジャンティ

心をこめて述べる

447

▶ありがとう、助かります。

Merci. Vous me rendez service.
メルスィ ヴ ム ランデ セルヴィス

> Tenez, je vous prête mon parapluie.
> トゥネ ジュ ヴ プレトゥ モン パラプリュイ
> (どうぞ、傘をお貸しします)
> Merci. Vous me rendez service.
> (ありがとう、助かります)

▶とにかくありがとう。

Merci quand même.
メルスィ カン メーム
*quand même「いずれにしても」。

> Je suis désolé. Je_ne sais pas.
> ジュ スュイ デゾレ ジュン セ パ
> (すみません。知らないんですが)
> Merci quand même. (とにかくありがとう)

▶じゃ、お言葉に甘えます。ありがとう。

Alors, j'accepte_avec plaisir. Merci.
アロール ジャクセプタヴェク プレズィール メルスィ
*「喜んであなたのお申し出を受けます」の意味。

▶いろいろありがとう。

Merci pour tout.
メルスィ プル トゥ
*直訳は「あらゆることに対してありがとう」。相手のしてくれたことにお礼を言うときに使う便利な表現。

▶先日はどうもありがとうございました。

Merci beaucoup pour l'autre jour.
メルスィ ボク プル ロトゥル ジュール

▶贈り物をどうもありがとうございました。

Je vous remercie beaucoup pour votre cadeau.
ジュ ヴ ルメルスィ ボク プル ヴォトゥル カド
Merci pour ton cadeau.
メルスィ プル トン カド
(プレゼント、ありがとう)

▶お世話をおかけしました。

Je vous remercie de votre_aide.
ジュ ヴ ルメルスィ ドゥ ヴォトゥレードゥ

> Vous m'avez bien_aidé [aidée]. Merci.
> ヴ マヴェ ビアネデ メルスィ
> (とても助かりました。ありがとう)

Merci de ton‿aide. (助かったよ)
メルスィ ドゥ トネードゥ

▶ ～はあなたのおかげです。
C'est grâce‿à vous.
セ グラサ ヴ

*実際に感謝する理由があるときに使う表現。

▶ 誘っていただいてありがとうございました。
Je vous remercie de votre‿invitation.
ジュ ヴ ルメルスィ ドゥ ヴォトゥランヴィタスィオン

> Je vous remercie de votre‿invitation.
> (誘っていただいてありがとうございました)
>
> Non, c'est moi.
> ノン セ ムワ
> (いいえ、こちらこそ)

Je te remercie de m'avoir‿invité [invitée]. (誘ってくれてありがとう)
ジュ トゥ ルメルスィ ドゥ マヴワランヴィテ

▶ 来てくださってありがとうございます。
Je vous remercie d'être venu [venue].
ジュ ヴ ルメルスィ デトゥル ヴニュ

> Je vous remercie d'être venue.
> (来てくださってありがとうございます)
>
> Je vous‿en prie. C'est la moindre des choses.
> ジュ ヴザン プリ セ ラ ムワンドゥル デ ショーズ
> (どういたしまして。当たり前のことです)

*C'est la moindre des choses. の直訳は「なかでも最も小さなことだ」。

▶ おもてなしありがとうございました。
Je vous remercie de votre‿accueil.
ジュ ヴ ルメルスィ ドゥ ヴォトゥラクーユ

▶ 待っててもらってありがとうございました。
Je vous remercie de m'avoir‿attendu [attendue].
ジュ ヴ ルメルスィ ドゥ マヴワラタンデュ

▶ 励ましてくれてありがとう。
Merci pour tes‿encouragements.
メルスィ プル テザンクラジュマン

> Merci pour tes‿encouragements.
> (励ましてくれてありがとう)
>
> De rien. C'est normal. (どういたしまして。当然だよ)
> ドゥ リアン セ ノルマール

心をこめて述べる

Merci de m'avoir‿encouragé [encouragée].
メルスィ ドゥ マヴワランクラジェ

▶知らせてくださってありがとうございました。

Je vous remercie de m'avoir‿averti [avertie].
ジュ ヴ ルメルスィ ドゥ マヴワラヴェルティ

＊知らせてもらったばかりのときは m'avoir averti が m'avertir となることもある。また、je vous remercie de m'avertir は「知らせてもらえるとありがたいのですが」の意味にもなる。

Merci de me prévenir.
メルスィ ドゥ ム プレヴニール
（知らせてくれてありがとう）

▶お手紙ありがとうございました。

Je vous remercie de votre lettre.
ジュ ヴ ルメルスィ ドゥ ヴォトゥル レトゥル

＊de のかわりに pour も使える。

▶お電話ありがとうございます。

Je vous remercie de votre‿appel.
ジュ ヴ ルメルスィ ドゥ ヴォトゥラペル

▶ご清聴ありがとうございました。

Je vous remercie de votre‿attention.
ジュ ヴ ルメルスィ ドゥ ヴォトゥラタンスィオン

＊スピーチの最後に使う決まり文句。

▶ありがとう。命の恩人です。

Merci. Vous m'avez sauvé la vie.
メルスィ ヴ マヴェ ソヴェ ラ ヴィ

＊直訳は「あなたは私の命を救ってくれた」。

> Merci. Vous m'avez sauvé la vie.（ありがとう。命の恩人です）
>
> Je n'ai fait que mon devoir.（義務を果たしただけですよ）
> ジュ ネ フェ ク モン ドゥヴワール

礼に応える　　　　　　　　　　　　　　　4_002.mp3

▶どういたしまして。

Je vous‿en prie.
ジュ ヴザン プリ

> Je vous remercie beaucoup. C'est vraiment gentil.
> ジュ ヴ ルメルスィ ボク セ ヴレマン ジャンティ
> （どうもありがとうございます。とても助かります）
>
> Je vous‿en prie.
> （どういたしまして）

4 感情を表すフレーズ

De rien.
ドゥ リアン
Il n'y a pas de quoi.
イル ニャ パ ドゥ クワ
Ce n'est rien.
ス ネ リアン
C'est vraiment peu de chose.
セ ヴレマン プ チョーズ
＊直訳は「それは本当にごくわずかなことです」。

▶あたりまえだよ。

C'est normal.
セ ノルマール

Je te remercie de ton aide.
ジュトゥ ルメルスィ ドゥ トネードゥ
(助けてくれてありがとう)

C'est normal, entre amis.
セ ノルマーラントゥラミ
(あたりまえだよ、友達なんだから)

C'est tout à fait normal.
セ トゥタ フェ ノルマール
＊tout à fait「まったく」。
C'est tout naturel.
セ トゥ ナテュレール
＊上品な表現。

▶いえ、こちらこそ…。

Mais c'est moi...
メ セ ムワ

Je vous remercie pour cette bonne soirée.
ジュ ヴ ルメルスィ プル セトゥ ボヌ スワレ
(楽しい夜をありがとうございました)

Mais c'est moi...
(いえ、こちらこそ…)

Non, c'est moi...
ノン セ ムワ
C'est moi qui vous remercie.
セ ムワ キ ヴ ルメルスィ
＊直訳は「お礼を言うのは私のほうです」。

▶そのことはもう…。

N'en parlons plus.
ナン パルロン プリュ

＊直訳は「そのことを話すのはもうやめましょう」で、「あなたのお気持ちは十分わかりました、もう気にしないで」とやわらかくさえぎる表現。

心をこめて述べる

Merci. Je ne sais pas ce que j'aurais fait sans vous.
メルスィ ジュン セ パ ス ク ジョレ フェ サン ヴ
(ありがとう。あなたがいなければとても…)

N'en parlons plus. (そのことはもう…)

▶お役に立ててうれしいです。

Je suis heureux [heureuse] d'avoir pu vous aider.
ジュ スュイ ウル [ウルーズ] ダヴワル ピュ ヴゼデ

C'est vraiment grâce à vous...
セ ヴレマン グラサ ヴ
(本当にあなたのおかげで…)

Je suis heureux d'avoir pu vous aider. (お役に立ててうれしいです)

Je suis heureux [heureuse] d'avoir pu vous être utile.
ジュ スュイ ウル [ウルーズ] ダヴワル ピュ ヴゼトゥリュティール

謝る 4_003.mp3

▶あっ、すみません！

Oh, pardon!
オッ パルドン

Oh, pardon! Je ne vous avais pas vu.
オッ パルドン ジュン ヴザヴェ パ ヴュ
(あっ、すみません！気がつかなかったものですから)

Il n'y a pas de mal. (何でもありません)
イル ニャ パ ドゥ マル

Oh, excusez-moi!
オッ エクスキュゼムワ

Aïe! (あ痛っ！)
アイッ

Oh, excusez-moi. Je vous ai fait mal?
オッ エクスキュゼムワ ジュ ヴゼ フェ マッル
(あっ、すみません。痛かったですか？)

Oh, je m'excuse.
オッ ジュ メクスキューズ
＊直訳は「私が私を許す」となって本来は正しい表現とは言えない。慣用表現として使われているが避けたほうがよい。

Oh, pardon. Je suis désolé [désolée].
オッ パルドン ジュ スュイ デゾレ
(あっ、すみません。悪かったです)

▶うっかりしてました…。

Je ne l'ai pas fait exprès...
ジュン レ パ フェ エクスプレ
＊exprès「わざと」。直訳は「わざとやったのではない」。

Oh, pardon. Je ne l'ai pas fait exprès...
オッ パルドン ジュン レ パ フェ エクスプレ
(あっ、失礼。うっかりしてました…)

J'espère bien! (そうでしょうねえ！)
ジェスペル ビアン

▶どうぞお許しください。

Je vous prie de m'excuser.
ジュ ヴ プリ ドゥ メクスキュゼ
＊かなり深いわびの表明になるので、気軽には使わない。

Vous auriez pu téléphoner pour prévenir!
ヴゾリエ ピュ テレフォネ プル プレヴニール
(前もって電話できたはずじゃないか！)

Je vous prie de m'excuser.
(どうぞお許しください)

Je vous demande pardon.
ジュ ヴ ドゥマンドゥ パルドン
＊へりくだった表現。

▶申し訳ありません、～。

Je regrette, ...
ジュ ルグレトゥ

Je regrette, je n'aurais pas dû faire ça.
ジュ ルグレトゥ ジュ ノレ パ デュ フェル サ
(申し訳ありません、あんなことすべきじゃなかったのに)

C'est inexcusable! (許せないわ！)
セティネクスキュザーブル

▶本当にすみません。

Je suis vraiment désolé [désolée].
ジュ スュイ ヴレマン デゾレ

Je suis vraiment désolé.
(本当にすみません)

C'est un peu tard... (遅いよちょっと…)
セタン プ タール

Je suis navré [navrée].
ジュ スュイ ナヴレ
＊navré「遺憾に思う、恐縮した」。

▶私のせいです。すみません。

C'est de ma faute. Excusez-moi.
セ ドゥ マ フォトゥ エクスキュゼムワ
＊faute「過ち、落ち度」。

心をこめて述べる

C'est de ma faute. Excusez-moi.
(私のせいです。すみません)

Ce n'est pas grave. Ne vous‿inquiétez pas.
スネ グラーヴ ヌ ヴザンキエテ パ
(たいしたことありません。心配しないで)

C'est‿à cause de moi. Je suis désolé [désolée].
セタ コズ ドゥ ムワ ジュ スュイ デゾレ
*à cause de... 「〜のせいで」。

▶来られなくてごめんなさい。

Désolé [Désolée], je n'ai pas pu venir.
デゾレ ジュ ネ パ ピュ ヴニール

Désolé, je n'ai pas pu venir.
(来られなくてごめん)

Ça‿ne fait rien. La prochaine fois...
サ ン フェ リアン ラ プロシェン フワ
(いいのよ。また今度ね…)

▶この間はごめんなさい。

Excuse-moi pour l'autre jour.
エクスキュズムワ プル ロトゥル ジュール

Salut, Franck! (やあ、フランク！)
サリュ フランク

Salut, Thomas! Excuse-moi pour l'autre jour.
サリュ トマ エクスキュズムワ プル ロトゥル ジュール
(やあ、トマ！この間はごめん)

T'inquiète pas. (いいんだよ)
タンキエトゥ パ

Je regrette pour‿hier.
ジュ ルグレトゥ プリエール
(昨日はすみませんでした)

Je suis désolé [désolée] pour demain.
ジュ スュイ デゾレ プル ドゥマン
(明日のこと、申し訳ありません)

▶失礼しました。お許しください。

Je n'ai pas été très poli [polie]. Je vous prie de m'excuser.
ジュ ネ パ エテ トゥレ ポリ ジュ ヴ プリ ドゥ メクスキュゼ
*poli「礼儀正しい、丁寧な」。

Je n'ai pas été très poli. Je vous prie de m'excuser.
(失礼しました。お許しください)

N'en parlons plus. (そのことはもう…)
ナン パルロン プリュ

▶先日のおわびを申し上げます。

Je tiens à vous présenter mes＿excuses pour l'autre jour.
ジュ ティアン ア ヴ プレザンテ メゼクスキューズ プル ロトゥル ジュール

*tenir à...「ぜひ〜したい」。présenter「述べる、表明する」。excuse「言い訳」は複数形で「おわび」。

Je tiens à vous présenter mes＿excuses pour l'autre jour.
（先日のおわびを申し上げます）

Je les＿accepte.（わかりました）
ジュ レザクセプトゥ

▶何て謝ったらいいのか…。

Je＿ne sais comment m'excuser.
ジュン セ コマン メクスキュゼ

Je＿ne sais comment m'excuser.
（何て謝ったらいいのか…）

Bon, oublions ça. Mais la prochaine fois, faites＿attention.
ボン ウブリオン サ メ ラ プロシェン フワ フェタタンスィオン
（もういいですよ。次からは気をつけてくださいね）

*Bon, oublions ça. の直訳は「さあ、そのことは忘れましょう」。

▶そんなつもりで言ったのではありません。すみません。

Je＿ne voulais pas dire ça. Je suis désolé [désolée].
ジュン ヴレ パ ディル サ ジュ スュイ デゾレ

▶すみません、そうじゃないんです。

Excusez-moi, je me suis peut-être mal＿exprimé [exprimée].
エクスキュゼムワ ジュ ム スュイ プテトゥル マレクスプリメ

*「あなたが正しく理解できないのは、おそらく私の表現がうまくないからです」というへりくだった表現。

Ce n'est pas gentil de dire ça.
ス ネ パ ジャンティ ドゥ ディル サ
（そんなこと言うなんてやさしくないね）

Excusez-moi, je me suis peut-être mal＿exprimé.
（すみません、そうじゃないんです）

▶ご迷惑をかけてしまってすみません。

Excusez-moi de vous＿avoir dérangé [dérangée].
エクスキュゼムワ ドゥ ヴザヴワル デランジェ

Excusez-moi de vous＿avoir dérangée.
（ご迷惑をかけてしまってすみません）

Ce n'est rien.（いえいえ）
ス ネ リアン

心をこめて述べる

▶悪いのですが、〜なので。
Je suis désolé [désolée] de vous déranger, mais ...

Je suis désolé de vous déranger, mais c'est urgent.
(すみませんが、緊急の用なんで)

Oui, qu'est-ce qui se passe? (はい、どうしたんですか?)

▶待たせてごめんね。
Je suis désolé [désolée] de t'avoir fait attendre.

Je suis désolé de t'avoir fait attendre. (待たせてごめんね)
J'allais repartir. (帰るところだったのよ)

Je vous ai fait attendre. Excusez-moi.
(お待たせしてしまって。すみません)

Je suis désolé [désolée], je suis en retard. (遅くなってすみません)

▶いざとなって悪いのですが。
Excusez-moi de vous prévenir à la dernière minute.
*prévenir「(緊急の事態を)知らせる」。à la dernière minute「最後の瞬間になって」。

Excusez-moi de vous prévenir à la dernière minute.
(いざとなって悪いのですが)

Ce n'est pas grave. (大丈夫ですよ)

▶せっかくですが、〜。
Malheureusement, ...

Vous viendrez, vendredi soir? (金曜日の夜、来られますか?)
Malheureusement, je suis pris.
(せっかくですが、予定があるので)

Je regrette, mais ...
*malheureusement に比べて申し訳ないという気持ちが強い表現。

456　　　　　　　　　4 感情を表すフレーズ

4

謝罪に応じる　　　　　　　　　　　　　　　　　4_004.mp3

▶大丈夫です。

Ce n'est pas grave.
スネ　パ　グラーヴ

*相手の気持ちを楽にする表現。日本語の「たいしたことないよ、大丈夫だよ、気にしないで」にあたる。

> Oh, je suis désolée. Je vous‿ai taché?
> オ　ジュ スュイ　デゾレ　ジュ　ヴゼ　タシェ
> (あっ、すみません。しみになりませんでしたか？)
> Ce n'est pas grave. (大丈夫です)

Il n'y‿a pas de mal.
イル ニャ パ ドゥ マッル
Ce n'est rien. (平気です)
スネ　リアン

▶どうぞ、どうぞ。

Je vous‿en prie.
ジュ　ヴザン　プリ

> Excusez-moi, je me suis servi le premier.
> エクスキュゼムワ　ジュ ム スュイ セルヴィル　プルミエ
> (すみません、お先にいただきました)
> Je vous‿en prie. (どうぞ、どうぞ)

Je t'en prie.
ジュ タン プリ

▶かまわないよ。

Ça‿ne fait rien.
サ　フェ リアン

> Ah, excusez-moi, j'ai cassé un verre!
> ア　エクスキュゼムワ　ジェ　カセ　アン ヴェール
> (あっ、ごめんなさい、コップを割ってしまった！)
> Ça‿ne fait rien. (かまわないよ)

▶ご心配なく。

Ne vous‿inquiétez pas.
ヌ　ヴザンキエテ　パ

> Je suis désolé de vous faire‿attendre. (お待たせしてすみません)
> ジュ スュイ　デゾレ　ドゥ　ヴ　フェラタンドゥル
> Ne vous‿inquiétez pas. J'ai tout mon temps.
> ヌ　ヴザンキエテ　パ　ジェ トゥ　モン　タン
> (ご心配なく。私は十分時間がありますから)

Ne t'en fais pas.
ヌ タン フェ パ
*ne pas s'en faire「心配しない、気兼ねしない」。

心をこめて述べる　　　457

▶君のせいじゃないよ。

Ce n'est pas_de ta faute.
スネ パッ タ フォートゥ

> Je suis désolé. J'ai complètement oublié.
> ジュ スュイ デゾレ ジェ コンプレトゥマン ウブリエ
> (ごめん、すっかり忘れてしまって)
> Ce n'est pas_de ta faute. J'aurais dû te le rappeler.
> スネ パッ タ フォートゥ ジョレ デュ トゥ ル ラプレ
> (君のせいじゃないよ。ぼくがもう一度確認すればよかったんだ)

ほめる　　　　　　　　　　　　　　　　　　　　　4_005.mp3

▶よくやったね！

Je te félicite!
ジュ トゥ フェリスィートゥ
*féliciter「祝う、たたえる」。

> Regarde, Maman! J'ai eu 20! (見て、お母さん！ 満点取ったよ!)
> ルガールドゥ ママン ジェ ユ ヴァン
> Je te félicite! (よくやったね！)

* フランスの学校のテストは、小学校では10点満点、中学校からは20点満点。

Félicitations!
フェリスィタスィオン
C'est bien, ça!
セ ビアン サ

▶おめでとう！

Toutes mes félicitations!
トゥトゥ メ フェリスィタスィオン

> Je suis nommé rédacteur_en chef. (編集長に決まったよ)
> ジュ スュイ ノメ レダクトゥラン シェッフ
> Toutes mes félicitations! (おめでとう！)

*rédacteur「編集者」、女性形は rédactrice。

Tous mes compliments!
トゥ メ コンプリマン

▶すごい！

Bravo!
ブラヴォー

> On_a gagné! (勝った！)
> オナ ガニェ
> Bravo! (すごい！)

Super!
スュペール
Chapeau!
シャポー
*chapeau「帽子」。Chapeau bas! の略で「脱帽だ！」の意味。くだけた表現。

4 感情を表すフレーズ

▶偉いね！

C'est bien, mon chéri [ma chérie]
セ　ビアン　モン　シェリ　[マ　シェリ]

*親が子をほめるときに使う表現。

> Maman, je sais faire du vélo!
> ママン　ジュ　セ　フェル　デュ　ヴェロ
> （ママ、自転車に乗れたよ！）
>
> C'est bien, mon chéri! Je suis fière de toi!
> セ　ビアン　モン　シェリ　ジュ　スュイ　フィエール　ドゥ　トゥワ
> （偉いね！ がんばったね！）

*fière「誇りにしている」、男性形は fier。

▶すごくいいね。その調子で。

C'est très bien. Continue comme ça.
セ　トゥレ　ビアン　コンティニュ　コム　サ

*continuer「続ける」。

> Alors, t'as vu mon bulletin? C'est bien, non?
> アロール　タ　ヴュ　モン　ビュルタン　セ　ビアン　ノン
> （ねえ、成績表を見た？ いいでしょ？）
>
> C'est très bien. Continue comme ça.
> （すごくいいね。その調子で）

▶それはよかった。

Je suis content [contente] pour vous.
ジュ　スュイ　コンタン　[コンタントゥ]　プル　ヴ

*直訳は「あなたのために私もうれしい」。

> J'ai retrouvé un travail.
> ジェ　ルトゥルヴェ　アン　トゥラヴァイ
> （再就職できました）
>
> Je suis content pour vous.
> （それはよかったですね）

▶とっても上手だね！

C'est magnifique!
セ　マニフィーク

> Qu'est-ce que tu penses de mes tableaux? （私の絵、どう思う？）
> ケス　ク　テュ　パンス　ドゥ　メ　タブロ
>
> C'est magnifique! J'adore!
> セ　マニフィーク　ジャドール
> （とっても上手だね！ 大好きだな！）

C'est très beau!
セ　トゥレ　ボ

C'est merveilleux!
セ　メルヴェュ

心をこめて述べる

▶お見事！
C'est formidable!
セ　フォルミダーブル
*人ではなく、行為をほめる表現。

> 18 en philo! C'est formidable!
> ディズュイタン フィロー　セ　フォルミダーブル
> （哲学で18点！お見事！）
>
> J'ai eu de la chance, c'est tout. Je suis tombé sur mon sujet
> ジェ ユ ドゥ ラ シャンス　セ　トゥ ジュ スュイ トンベ スュル モン スュジェ
> **préféré.**
> プレフェレ
> （運がよかっただけだよ。たまたま好きなテーマが出たんだ）

C'est fantastique!
セ　ファンタスティーク
C'est extraordinaire!
セ　エクストゥラオルディネール
C'est super!（すごい！）
セ　スュペール
*次の表現とともにくだけた表現。
C'est extra!（すごい！）
セ　エクストゥラ

▶すばらしかったよ！
Tu as été formidable!
テュ ア エテ　フォルミダーブル
*スポーツやスピーチなどをうまくやり終えた人にねぎらいと賞賛を与える表現。

> Tu as été formidable!
> （すばらしかったよ！）
>
> Tu ne dis pas ça pour me faire plaisir?（お世辞じゃないの？）
> テュン ディ パ サ プル　ム フェル プレズィール
>
> Non, vraiment!（ううん、本当のことだよ！）
> ノン ヴレマン

Tu as été super!
テュ ア エテ スュペール

▶ネックレス、きれいだね！
Il est joli, ton collier!
イレ　ジョリ トン コリエ

> Il est joli, ton collier!
> （ネックレス、きれいだね！）
>
> C'est un cadeau.（もらったのよ）
> セタン　カド

Il est beau, ton collier.
イレ　ボー トン コリエ

Il‿est super, ton collier!
イレ スュペール トン コリエ
(そのネックレス、すごいね！)

▶そのドレス、よく似合ってるよ！
Elle te va très bien, cette robe!
エル トゥ ヴァ トゥレ ビアン セトゥ ローブ
*aller à...「(色や服が) 〜に似合う、調和する」。

> Elle te va très bien, cette robe!
> (そのドレス、よく似合ってるよ！)
>
> Merci. C'est gentil.
> メルスィ セ ジャンティ
> (そう、ありがとう)

Ça te va à merveille! (それ君にぴったりだね！)
サ トゥ ヴァ ア メルヴェイ
*à merveille「すばらしく、見事に」。

▶いいシャツだね！
J'aime bien ta chemise!
ジェム ビアン タ シュミーズ
*J'aime bien... はほめるときの便利な表現。

> J'aime bien ta chemise!
> (いいシャツだね！)
>
> C'est ma copine qui me l'a offerte.
> セ マ コピン キ ム ラ オフェルトゥ
> (彼女からのプレゼントなんだ)

▶何てすてきなの、そのアンサンブル！
Qu'est-ce qu'il‿est joli, ton‿ensemble!
ケス キレ ジョリー トナンサーンブル

> Qu'est-ce qu'il‿est joli, ton‿ensemble!
> (何てすてきなの、そのアンサンブル！)
>
> Il‿est‿à ma mère.
> イレタ マ メール
> (母のものなの)
>
> Elle‿a du goût, ta mère!
> エラ デュ グー タ メール
> (趣味がいいのね、あなたのお母さん！)

Qu'il‿est joli, ton‿ensemble!
キレ ジョリー トナンサーンブル
Comme il‿est joli, ton‿ensemble!
コム イレ ジョリー トナンサーンブル

▶本当にセンスがいいね！
Vous‿avez vraiment du goût!
ヴザヴェ ヴレマン デュ グー

心をこめて述べる

C'est magnifique, ce bouquet! Vous‿avez vraiment du goût!
セ マニフィーク ス ブケ ヴザヴェ ヴレマン デュ グ
(見事ね、この花！ 本当にセンスがいいのね！)

C'est gentil‿de‿dire ça. (そう言ってくれてうれしいな)
セ ジャンティディル サ

*bouquet「花束」。

Tu as bon goût! (センスがいいね！)
テュ ア ボン グ

▶いい部屋だね！

Il‿est bien, ton‿appartement!
イレ ビアン トナパルトゥマン

Il‿est bien, ton‿appartement! (いい部屋だね！)
Tu trouves? (そう？)
テュ トゥルーヴ

▶いい車だね！

Tu as une belle voiture!
テュ ア ユヌ ベル ヴォテュール

*相手の持ち物をほめるのによく使われる表現。

Tu as une belle voiture! (いい車だね！)
Elle sort du garage. (新車なんだ)
エル ソル デュ ガラージュ

Elle‿est bien, ta voiture!
エレ ビアン タ ヴォテュール
Tu en‿as, une belle voiture!
テュ アンナ ユヌ ベル ヴォテュール
(いい車持ってるね！)

▶それ、かっこいいよ！

Tu es beau [belle], comme ça!
テュ エ ボー [ベール] コム サ

*たとえば初めて背広を着た人に「なかなか似合うじゃないか」というように、ユーモアを含んで服装をほめることば。

Tu es beau, comme ça! (それ、かっこいいよ！)
Je suis toujours beau! (いつだってそうだよ！)
ジュ スュイ トゥジュル ボ

Quelle‿élégance! (おしゃれ！)
ケレレガーンス

▶シックだね！

Qu'est-ce que tu es chic!
ケス ク テュ エ シック

4 感情を表すフレーズ

▶顔色がいいね！

Tu as bonne mine!
テュ ア ボヌ ミーヌ

> Tu as bonne mine! (顔色がいいね！)
> Evidemment, je rentre de vacances!
> エヴィダマン ジュ ラントゥル ドゥ ヴァカンス
> (当然よ、バカンスから戻ったところだもの！)

Tu as une mine resplendissante!
テュ ア ユン ミン レスプランディサントゥ
(生き生きした顔してるね！)

Tu as l'air en forme! (元気そうだね！)
テュ ア レラン フォーム
*avoir l'air... 「〜のように見える」。en forme「元気な、好調な」。

▶それはすごいよ！

C'est génial!
セ ジェニャール

*génial「天才的な」は、会話では「見事な」の意味でくだけた調子で使われる。

> Qu'est-ce que tu penses de mon projet? (ぼくの計画、どう思う？)
> ケス ク テュ パンス ドゥ モン プロジェ
> C'est génial! (それはすごいよ！)

▶たいした人だ！

Quel homme [Quelle femme]!
ケローム ［ケル ファーム］

* ユーモアを含んだ表現。

> Ça y est, j'ai changé l'ampoule!
> サ イ エ ジェ シャンジェ ランプール
> (さあ終わった、電球を取り替えたよ！)
>
> Quel homme! Qu'est-ce que je ferais sans toi!
> ケローム ケス ク ジュ フレー サン トゥワ
> (たいした人だ！あなたがいなきゃとても！)
>
> Arrête de te moquer de moi! (からかうのはよしてくれよ！)
> アレッドゥ トゥ モケ ドゥ ムワ

Tu es vraiment formidable!
テュ エ ヴレマン フォルミダーブル

▶さすがだね。

Ça ne m'étonne pas de toi.
サン メトヌ パッ トゥワ

* 直訳は「君には驚かない」。この表現には「さすがに君だ」とほめる意味と、逆に「やっぱりまた君か」とけなす意味の両方があり、声の調子で使い分ける。

心をこめて述べる

> Maman, j'ai gagné!（お母さん、勝ったよ！）
> マモン ジェ ガニェ
>
> Encore! Ça ne m'étonne pas de toi. Tu as une de ces chances!
> アンコール サン メトヌ パッ トゥワ テュ ア ユン ドゥ セ シャーンス
> （またなの！さすがね。ついてるわね！）

*une de ces「すごい」

▶かわいい坊やですね！
Vous avez un fils adorable!
ヴザヴェ アン フィサドラーブル

*adorable「かわいい、愛らしい」。乳幼児をほめるときに使う語で、小学生になったらふさわしくない。

> Vous avez un fils adorable... et très bien élevé en plus!
> ヴザヴェ アン フィサドラーブル エ トレ ビアネルヴェー アン プリュス
> （かわいい坊やですね…それにとってもお行儀がいいこと！）
>
> Merci, c'est gentil.（どうもありがとう）
> メルスィ セ ジャンティ

Il est mignon, votre fils!
イレ ミニョン ヴォトゥル フィス

*外見だけではなく、性格についてほめるときにも使う表現。

▶息子さん、あなたにそっくりですね！
Qu'est-ce qu'il vous ressemble, votre fils!
ケス キル ヴ ルサーンブル ヴォトゥル フィース

*直訳は「息子さん、何であなたに似ているんでしょう！」。

> Qu'est-ce qu'il vous ressemble, votre fils!
> （息子さん、あなたにそっくりですね！）
>
> Oui, paraît-il.（ええ、そうらしいんです）
> ウイ パレティール

Il vous ressemble comme deux gouttes d'eau, votre fils!
イル ヴ ルサンブル コム ドゥ グッド ヴォトゥル フィス

*comme deux gouttes d'eau「ふたつの水滴のように」。

▶若く見えますね！
Vous faites jeune!
ヴ フェトゥ ジューン

*faire+形容詞（無冠詞名詞）「～のように見える」。

> Vous faites jeune!（若く見えますね！）
>
> Oui, on me le dit souvent...
> ウイ オン ム ル ディ スヴァン
> （ええ、よく言われるんですよ…）

Vous ne faites pas votre âge!（その年には思えないわ！）
ヴン フェトゥ パ ヴォトゥラージュ

4 感情を表すフレーズ

本当に親切だね！

C'est vraiment gentil de ta part!
セ　ヴレマン　ジャンティッ　タ　パール

*de ta part「君からの」。

> Je les ai hébergés pendant trois mois. Ils n'avaient pas où loger.
> ジュ　レゼ　エベルジェ　パンダン　トゥルワ　ムワ　イル　ナヴェ　パ　ウ　ロジェ
> (あの人たちを3か月間泊めてあげたんだ。泊まるところがなかったんで)
>
> C'est vraiment gentil de ta part!（本当に親切だね！）

Vous êtes vraiment gentil [gentille] !
ヴゼトゥ　ヴレマン　ジャンティ　[ジャンティーユ]

*vous êtes... はこの場合相手の性格を判断することになるので、ほめるときでも目上の人には使わない。c'est... と言うのが無難。

感心します！

Je vous admire!
ジュ　ヴザドゥミール

> A quarante ans, j'ai repris des études d'infirmière.
> ア　カランタン　ジェ　ルプリ　デゼテュッダンフィルミエール
> (40歳になって看護師の勉強をやり直したんです)
>
> Je vous admire. Moi, je n'en aurais pas eu le courage!
> ジュ　ヴザドゥミール　ムワ　ジュ　ナンレ　パ　ユ　ル　クラージュ
> (感心します。私にはとてもできないわ！)

Tu as du courage!（勇気があるね！）
テュ　ア　デュ　クラージュ

Tu es courageux [courageuse]!
テュ　エ　クラジュー　[クラジューズ]

ご苦労さまです。

J'apprécie vos efforts.
ジャプレスィ　ヴォゼフォール

*直訳は「あなたの努力を高く評価している」。

> Je fais tout mon possible...
> ジュ　フェ　トゥ　モン　ポスィーブル
> (できるだけのことはやってるんですが…)
>
> J'apprécie vos efforts.（ご苦労さまです）

あなたのことを高く評価しています。

Je vous estime beaucoup.
ジュ　ヴゼスティンム　ボク

> Je vous estime beaucoup.（あなたのことを高く評価しています）
>
> C'est réciproque.（それはお互いさまです）
> セ　レスィプローク

*réciproque「相互の」。

心をこめて述べる

▶あなたを全面的に信頼しています。

J'ai toute confiance en vous.
ジェ トゥトゥ コンフィアンサン ヴ

> **J'ai toute confiance en vous.**
> (あなたを全面的に信頼しています)
>
> **Je vous remercie.** (ありがとうございます)
> ジュ ヴ ルメルスィ

Je vous fais entièrement confiance.
ジュ ヴ フェ アンティエルマン コンフィアンス
*faire confiance à...「〜を信用する」。

Vous avez toute ma confiance.
ヴザヴェ トゥトゥ マ コンフィアンス

16 うれしいとき

喜ぶ

▶最高！
C'est formidable!
セ フォルミダーブル

> J'ai gagné cinq mille euros!
> ジェ ガニェ サンク ミルロ
> (5,000ユーロ当たったんだ！)
> C'est pas vrai! C'est formidable! (うっそー！ 最高！)
> セ パ ヴレ セ フォルミダーブル

C'est fantastique!
セ ファンタスティーク

▶やったー！
Super!
スュペール

> Aujourd'hui, le cours est annulé.
> オジュルデュイ ル クレタニュレ
> (今日は休講だよ)
> Super! (やったー！)

Chouette!
シュエットゥ

Génial!
ジェニアール

Cool!
クール

Non! (うっそー！)
ノン

▶よかった！
Tant mieux!
タン ミュ

> L'examen est reporté d'une semaine!
> レグザマン エ ルポルテ デュン スメン
> (試験は1週間延期だよ！)
> Tant mieux! On aura plus de temps pour réviser.
> タン ミュ オノラ プリュス ドゥ タン プッレヴィゼ
> (よかった！ 復習する時間ができた)

▶うわーっ！
Ouah!
ウァー

Regarde ça, un peu!
ルガルドゥ　サ　アン　プ
(ちょっとこれを見て！)

Ouah! C'est magnifique!
ヴァー　セ　マニフィーク
(うわーっ！ すごい！)

▶本当なの？
C'est vrai?
セ　ヴレ

Maman, j'ai une nouvelle à t'annoncer. Tu vas être grand-mère!
ママン　ジェ ユン　ヌヴェラ　タノンセ　テュ ヴァ エトゥル　グランメール
(お母さん、知らせることがあるの。おばあさんになるんだよ！)
C'est vrai? (本当なの？)

C'est pas vrai! (うっそー！)
セ　パ　ヴレー

▶信じられない！
C'est trop beau pour être vrai!
セ　トゥロ　ボ　プルトゥル　ヴレ
＊直訳は「本当にしては話があまりにうますぎる」。

Je crois rêver! (うっそー！)
ジュ クルワ　レヴェ

▶ああ、うれしい。
Ah, je suis content [contente].
ア　シュイ　コンタン　　　［コンタントゥ］

Ah, je suis content! J'ai fini de trier tous mes papiers.
ア　シュイ　コンタン　ジェ フィニ ドゥ トゥリエ トゥ　メ　パピエ
(ああ、うれしい。書類の整理が終わったよ)
Ça, je te comprends! (それはよかったね！)
サ　ジュトゥ　コンプラン

▶彼女にいい人がみつかってよかった。
Je suis content [contente] qu'elle ait trouvé quelqu'un.
ジュ スュイ　　コンタン　　　［コンタントゥ］　　　ケレ　　　トゥルヴェ　　　ケルカン

Je suis contente qu'elle ait trouvé quelqu'un.
(彼女にいい人がみつかってよかったわ)
Oui, c'est dur, la solitude!
ウイ　セ　デュール ラ ソリテュードゥ
(そうね、ひとりっていうのはきついから)

▶幸せです。
Je suis heureux [heureuse].
ジュ スュイ　　ウル　　　［ウルーズ］

4　感情を表すフレーズ

Je suis heureux. Elle a dit oui.
ジュ スュイ ウル エラ ディ ウイ
(彼女が承知してくれて、幸せです)

Alors, le mariage, c'est pour quand?
アロール ル マリアージュ セ プル カン
(じゃあ、式はいつなんですか？)

Je suis comblé [comblée].
ジュ スュイ コンブレ
(幸せでいっぱいです)

▶ こんなうれしいことはないよ！
Je n'ai jamais été aussi heureux [heureuse] de ma vie!
ジュ ネ ジャメ エテ オスィ ウル [ウルーズ] ドゥ マ ヴィ
*de sa vie「(生まれてから) 一度も、けっして」。

▶ とっても満足してます！
Je suis tellement content [contente]!
ジュ スュイ テルマン コンタン [コンタントゥ]
Je suis si heureux [heureuse]!
ジュ スュイ スィ ウルー [ウルーズ]

▶ うれしくてたまらない。
Je suis fou [folle] de joie.
ジュ スュイ フ [フォッル] ドゥ ジュワ
*fou de...「〜で夢中な」。

Je suis fou de joie à l'idée de ce bébé!
ジュ スュイ フ ドゥ ジュワ ア リデ ドゥス ベベ
(赤ん坊のことを考えるとうれしくてたまらないんだ！)

Je suis vraiment heureux pour vous.
ジュ スュイ ヴレマン ウルー プル ヴ
(それは本当によかったね)

▶ 彼らは有頂天だ。
Ils sont aux anges.
イル ソントザンジュ
*ange「天使」。être aux anges「幸せでうっとりしている」。

Il a été nommé aux Antilles. Ils sont aux anges.
イラ エテ ノメ オザンティュ イル ソントザンジュ
(彼がアンティル駐在に任命されたんだ。ふたりとも有頂天だよ)

Je les comprends. C'est le paradis, là-bas!
ジュ レ コンプラン セ ル パラディー ラバ
(わかるよ。天国だからね、あっちは)

*Antilles「カリブ海のアンティル諸島」。マルチニーク島などフランスの統治領がある。

Ils sont au septième ciel.
イル ソント セティエム スィエル

うれしいとき

*「第7天にいる」という意味から「天にも昇る心地だ」。
Ils sont sur un petit nuage. (彼らは舞い上がってしまっている)
イル ソン スュル アン プティ ニュアジュ
*nuage「雲」。

▶成績に満足してるよ。

Je suis satisfait de [satisfaite de] tes résultats.
ジュ スュイ サティスフェ ドゥ [サティスフェッドゥ] テ レズュルタ

Je suis satisfaite de tes résultats. Tu as progressé.
ジュ スュイ サティスフェッドゥ テ レズュルタ テュ ア プログレセ
(成績に満足してるわ。よくなったね)

Tu as vu? Je te l'avais promis! (でしょ? 約束してたんだもの!)
テュ ア ヴュ ジュ トゥ ラヴェ プロミ

▶すごくうれしいな。

J'en suis ravi [ravie].
ジャン スュイ ラヴィ ラヴィ

J'ai invité Nathalie, demain soir. (明日の夜、ナタリーを呼んだよ)
ジェ アンヴィテ ナタリ ドゥマン スワール
J'en suis ravi. Tu me la présenteras?
ジャン スュイ ラヴィ テュ ム ラ プレザントゥラ
(すごくうれしいな。紹介してくれる?)

Je suis enchanté [enchantée].
ジュ スュイ アンシャンテ

▶気に入った!

Ça me plaît!
サ ム プレ

Ce quartier, ça me plaît! Y a pas à dire!
ス カルティエ サ ム プレ ヤ パザ ディール
(ここ、気に入ったよ! 確かに!)

C'est parce que ça te rappelle ton enfance.
セ パルス クゥ サ トゥ ラペル トナンファンス
(子どものころを思い出すからでしょ)

*quartier「地域」。Y a pas à dire. は Il n'y a pas à dire. の略で「言うまでもない、文句のつけようがない」。

▶完璧!

C'est parfait!
セ パルフェ

Alors, elle te plaît, ta chambre?
アロール エル トゥ プレ タ シャンブル
(部屋は気に入った?)
C'est parfait! (完璧!)

C'est impeccable!
セ アンペカブル

▶ いいね！

Excellente idée!
エクセランティデ

> Ce soir, on dîne dehors?
> ス スワール オン ディン ドゥオール
> （今夜は外食しようか？）
> Excellente idée! （いいね！）

*dehors「外で」。

▶ この旅行を楽しみにしてるんです。

Je me réjouis à l'avance de ce voyage.
ジュ ム レジュイ ア ラヴァンス ドゥ ス ヴォヤージュ
*à l'avance「早めに」。

> Je me réjouis à l'avance de ce voyage.
> （この旅行を楽しみにしてるんだ）
> Depuis le temps que tu en rêvais!
> ドゥピュイ ル タン ク テュ アン レヴェ
> （ずっと前からあこがれてたんだものね！）

*depuis le temps que...「ずっと前から〜なのだから」。

▶ ちょうどよかった！

Ça tombe bien!
サ トンビアン
*tomber bien「ちょうど都合よくやってくる、事が生じる」。「いいタイミングだ！」というニュアンス。

> Il y a un film formidable, ce soir, à la télé.
> イリャ アン フィルム フォルミダーブル ス スワーラ ラ テレ
> （今夜テレビですごくいい映画をやるよ）
> Ça tombe bien! Ce soir, je n'ai pas de travail.
> サ トンビアン ス スワール ジュ ネ パッ トゥラヴァイ
> （ちょうどよかった！ 今夜は勉強がないんだ）

Ça ne pouvait pas tomber mieux!
サン プヴェ パ トンベ ミュ
*直訳は「これ以上都合よくそれが起こることはないだろう」で、「これ以上のタイミングはない」の意味。

▶ それはありがとう。

C'est gentil, ça.
セ ジャンティー サ

> Je te téléphone pour prendre de tes nouvelles.
> ジュ トゥ テレフォンヌ プル プランドゥル ドゥ テ ヌヴェール
> （具合が知りたくて電話したんだ）
> C'est gentil, ça.（それはありがとう）

うれしいとき

*prendre de tes nouvelles は病気やけがをした相手の体調をたずねるときに使う。
avoir de tes nouvelles だと体調に関係なく「あなたのようすを知る」となる。

▶うれしいな。

Ça me fait plaisir.
サ ム フェ プレズィール
*直訳は「それは私を喜ばせる」。

> C'est délicieux! C'est meilleur qu'au restaurant!
> セ デリシュ セ メユール コ レストゥラン
> (とってもおいしい! レストランよりおいしいよ!)
> Merci. Ça me fait plaisir. (ありがとう。うれしいな)
> メルスィ サ ム フェ プレズィール

▶そりゃあ、いいニュースだね!

Ça alors, c'est une bonne nouvelle!
サ アロール セテュン ボンヌヴェール

> Il paraît que Charlotte s'est mariée.
> イル パレ ク シャルロッツェ マリエ
> (シャルロットが結婚したんだって)
> Ça alors, c'est une bonne nouvelle!
> (そりゃあ、いいニュースだね!)

▶ちょうどほしかったんだ!

C'est juste ce que je voulais!
セ ジュストゥ ス ク ジュ ヴレ

> Ça te plaît? (気に入った?)
> サ トゥ プレ
> C'est juste ce que je voulais. Comment as-tu deviné?
> セ ジュストゥ ス ク ジュ ヴレ コマン アテュ ドゥヴィネ
> (ちょうどほしかったんだ。どうしてわかったの?)

▶あった、やっと見つけた!

Ça y est, je l'ai trouvé!
サ イエ ジュ レ トルヴェ
*Ça y est は何かがうまくいったときに「やった!」の感じで使う。

▶今日はついてる気がするんだ!

Aujourd'hui, je sens que c'est mon jour de chance!
オジュルデュイ ジュ サン ク セ モン ジュル ドゥ シャンス

> Tu joues dix numéros. Mais ça va te coûter une fortune!
> テュ ジュ ディ ニュメロ メ サ ヴァトゥ クテ ユン フォルテューン
> (10個も賭けるんだね。すごくお金かかるでしょ!)
> Oui, mais aujourd'hui, je sens que c'est mon jour de chance!
> ウイ メ オジュルデュイ ジュ サン ク セ モン ジュル ドゥ シャンス
> (うん、でも今日はついてる気がするんだ!)

* フランスの宝くじ「ロト」についての会話。fortune「財産、運命」。coûter une fortune「大金がかかる」。

▶勝った！
J'ai gagné!
ジェ ガニェー

C'est moi qui ai gagné!
セ ムワ キ エ ガニェー

*周りの人に「勝ったのは私です」と知らせる表現。

▶人生一度のチャンスだ！
C'est la chance de ma vie!
セ ラ シャンス ドゥ マ ヴィ

Une chance comme ça, ça n'arrive pas deux fois!
ユン シャンス コム サ サ ナリヴ パ ドゥ フワ
(二度とはないチャンスだ！)

▶絶好調だ！
Je me sens en pleine forme!
ジュ ム サン アン プレン フォルム

*se sentir...「自分が～だと感じる」。pleine「いっぱいの、完全な」。forme「形、元気、体調」。

▶何て楽しいんだろう！
Qu'est-ce qu'on s'amuse!
ケス コン サミューズ

*s'amuser「遊ぶ、楽しむ」。

> Alors, ça te plaît? (気に入った？)
> アロール サ トゥ プレ
> Oui. Qu'est-ce qu'on s'amuse!
> (うん。何て楽しいんだろう！)

Qu'est-ce que c'est marrant!
ケス ク セ マラン

*marrant「面白い、こっけいな」。くだけた表現。

ほっとする　　　　　　　　　　　4_007.mp3

▶ほっとした！
Je suis soulagé [soulagée]!
ジュ スュイ スラジェ

*être soulagé「楽になる」。soulager は「人を楽にさせる」。se soulager は「おならをする」になる。

> Ça y est! On a fini de payer le crédit de la maison.
> サ イ エ オナ フィニ ドゥ ペイエ ル クレディ ドゥ ラ メゾン
> (やっと終わった！ 家のローンが済んだよ！)
> Je suis soulagée! (ほっとしたわ！)

うれしいとき

Quel soulagement!
ケル スラジュマン
*直訳は「何という安堵感！」。

▶安心した！

Je respire!
ジュ レスピール
*respirer「呼吸をする、ほっとする」。

> Alors, ton fils, ses examens médicaux? （で、息子さん、病院の検査は？）
> アロール トン フィス セゼグザマン メディコ
> Ils ne lui ont rien trouvé. Je respire!
> イル ヌ リュイ オン リアン トゥルヴェ ジュ レスピール
> （何でもなかったの。安心したわ！）

▶気が楽になった！

Je me sens mieux!
ジュ ム サン ミュ
*se sentir bien「気分がいい」。mieux は bien の比較級で「もっとよく」。

> Il a téléphoné. Je me sens mieux!
> イラ テレフォネ ジュ ム サン ミュ
> （彼から電話があったの。気が楽になったわ！）
> Tu vois, encore une fois, tu t'es fait du souci pour rien.
> テュ ヴォワ アンコリュン フワ テュ テ フェ デュ ススィ プリアン
> （ほらね、今回もむだな心配だったでしょ）

Ça va mieux!
サ ヴァ ミュ

▶やれやれ、やっと終わった！

Ouf! Ça y est, c'est fini!
ウッフ サ イエ セ フィニ

> Ouf! Ça y est, c'est fini. （やれやれ、やっと終わった）
> Tu dois être fatigué... （きっと疲れてるでしょう…）
> テュ ドゥワ エトゥル ファティゲ

Ouf, c'est pas trop tôt!
ウッフ セ パ トゥロ ト
*直訳は「（終わるのが）早すぎはしない」。

▶やっとだ！

Enfin!
アンファン

> Enfin, on est arrivés! （やっと着いた！）
> アンファン オネタリヴェ
> Tu te rends compte, on a mis huit heures!
> テュ トゥ ラン コントュ オナ ミ ユイトゥール
> （信じられない、8時間もかかったよ！）

4 感情を表すフレーズ

▶ せいせいした！

Bon débarras!
ボン　デバラ

*débarras は「物置き部屋」で、会話では「厄介払い」の意味。

> Ça y_est. Il_est parti.
> サ　イエ　イレ　パルティ
> （よし。彼は出かけたよ）
>
> Bon débarras! Qu'est-ce qu'il_est collant!
> ボン　デバラ　ケス　キレ　コラーン
> （せいせいしたわ！ 何てしつこいんでしょ！）

▶ やれやれ、解決した！

Ouf, c'est_arrangé!
ウッフ　セタランジェ

> Ouf, c'est_arrangé!（やれやれ、解決した！）
> Tant mieux!（よかったね！）
> タン　ミュ

Ouf, c'est réglé!
ウッフ　セ　レグレ
Ça y_est, le problème_est résolu!
サ　イエ　ル　プロブレメ　レゾリュ

▶ よかった！

Heureusement!
ウルズマン

> Ça y_est! J'ai retrouvé ton porte-monnaie.
> サ　イエ　ジェ　ルトゥルヴェ　トン　ポルトゥモネ
> （あった！ 君の小銭入れ、見つけたよ）
>
> Heureusement!（よかった！）

▶ ついてたね！

On_a eu de la chance!
オナ　ユ　ドゥラ　シャンス

> Il nous_a laissé partir sans nous donner de P.V. !
> イル　ヌザ　レセ　パルティール　サン　ヌ　ドネ　ドゥ　ペヴェ
> （あの警官、違反切符を切らずに行ってしまったよ！）
>
> Oui, on_a eu de la chance!
> （うん、ついてたね！）

*P.V. は procès-verbal の略。「交通（駐車）違反」。

On_a eu de la veine!
オナ　ユ　ドゥ　ラ　ヴェン
On_a eu du bol!
オナ　ユ　デュ　ボール
*veine「静脈」と bol「鉢」はともに chance「幸運」のくだけた言い方。

うれしいとき

▶危なかった！

On l'a échappé belle!
オン ラ エシャペ ベール
*l'échapper belle「うまく切り抜ける、危うく逃れる」。

> Eh ben dis donc! On l'a échappé belle! (ああーっ！ 危なかった！)
> エ バン ディ ドン オン ラ エシャペ ベール
>
> Oui, un peu plus, et c'était l'accident!
> ウイ アン プ プリュス エ セテ ラクスィダン
> (うん、もうちょっとで事故だったね！)

*eh ben=eh bien「いやはや」。dis donc「おい、ちょっと、まさか」。

On a failli!
オナ ファイイ
*faillir...「危うく〜しそうになる、もうすこしで〜するところだ」。

Un peu plus et ça y était!
アン プ プリュセ サ イエテ
* 直訳は「もうちょっとでそうなるところだった」。

C'était moins une!
セテ ムワン ユン
* 直訳は「1分前だった」。

C'était juste! (ぎりぎりだった！)
セテ ジュストゥ

▶ああ、ありがたい！

Merci mon Dieu!
メルスィ モン ディウ
* 直訳は「神様、感謝します」。

> Votre fils a eu un accident, mais rassurez-vous, il est indemne.
> ヴォトゥル フィサ ユ アナクスィダン メ ラスュレヴ イレタンデュン
> (お宅の息子さんが事故にあわれました。でも安心してください、無事ですから)
>
> Merci mon Dieu! (ああ、ありがたい！)

4 感情を表すフレーズ

17 腹が立ったとき

うんざりする　　　　　　　　　　　　　　　　　4_008.mp3

▶もうたくさんだ！

J'en ai assez!
ジャンネ　アセ

> J'en ai assez de cette musique! Ça me donne mal à la tête.
> ジャンネ　アセ　ドゥ　セトゥ　ミュズィーク　サ　ム　ドヌ　マラ　ラ　テトゥ
> （もうたくさんだよ、この音楽！ 頭が痛くなる！）
>
> Bon, d'accord, je baisse le son.
> ボン　ダコール　ジュ　ベス　ル　ソン
> （うん、わかった、ボリューム下げるよ）

Ça suffit!
サ　スュフィ

▶うんざりするよ！

J'en ai marre!
ジャンネ　マール

*marre は assez のくだけた表現。

> J'en ai marre! Il pleut tous les jours!
> ジャンネ　マール　イル　プル　トゥ　レ　ジュール
> （うんざりするよ！ 毎日雨ばっかり！）
>
> Oui, l'hiver, c'est pas marrant...
> ウイ　リヴェール　セ　パ　マラン
> （そうね、冬はつまらないわね…）

*marrant「面白い、おかしい」、pas marrant「面白くない」。

Y en a marre!
ヤンナ　マール

*Il y en a marre. の略。「もう十分ある」という意味から「うんざりだ」。

▶彼にはうんざり！

J'en ai marre de lui!
ジャンネ　マール　ドゥ　リュイー

> J'en ai marre de lui! Il tient pas ses promesses!
> ジャンネ　マール　ドゥ　リュイー　イ ティアン　パ　セ　プロメス
> （彼にはうんざり！ ぜんぜん約束守らないんだもの！）
>
> C'est pas nouveau...
> セ　パ　ヌヴォ
> （いまに始まったことじゃないよ…）

* くだけた会話では il を「イ」と発音することが多い。c'est pas nouveau「新しくない」。

▶むかつく！

J'en ai ras le bol!
ジャンネ　ラ　ル　ボル

* 「茶わんすり切り1杯まで持っている」という意味から「もううんざりだ」。くだけた表現。

> **J'en_ai ras le bol! Elle me pique toutes_mes_affaires!**
> ジャンネ ラ ル ボッル エル ム ピック トゥトゥ メザフェール
> (むかつく! あの子ったら私の服とってしまうんだもん!)
>
> **Tu n'as qu'à fermer ton_armoire_à clé.**
> テュ ナ カ フェルメ トナルムワラ クレ
> (タンスにカギをかけたらどう?)

*piquer は prendre「奪う」あるいは voler「盗む」のくだけた言い方。

J'en_ai plein le dos!
ジャンネ プラン ル ド
* 直訳は「たくさん背負っている」。くだけた表現。

▶彼にはあきあきした!

Il me fatigue!
イル ム ファティーグ
*fatiguer「疲れさせる、うんざりさせる」。

> **Il me fatigue!** (彼にはあきあきしたわ!)
>
> **Tu n'es pas obligée de le voir.** (会うことないでしょ)
> テュ ネ パ オブリジェ ドゥ ル ヴワール

Il_est fatigant!
イレ ファティガン
Il me tue!
イル ム テュー
* 直訳は「彼は私を殺す」。
Il_est tuant!
イレ テュアン
*tuant は fatigant のくだけた言い方。

▶彼には困ってるんだ!

Il m'embête!
イル マンベートゥ
*embêter は ennuyer のくだけた言い方。

> **Il m'embête, il me téléphone sans_arrêt!**
> イル マンベートゥ イル ム テレフォヌ サンザレ
> (彼には困ってるの、しょっちゅう電話をかけてくるから)
>
> **T'as qu'à le bloquer!**
> タ カ ル ブロケ
> (ブロックすればいいじゃない!)

Il m'ennuie!
イル マンニュイー
Il m'énerve!
イル メネールヴ
Il m'agace!
イル マガース

4 感情を表すフレーズ

Il me casse les pieds!
ィル ム カス レ ピエ
*直訳は「彼は私の足を折る」。「足の動きを乱す」という意味から「うるさがらせる、うんざりさせる」。

彼のこと、もうがまんできない！
Je ne peux plus le supporter!
ジュン プ プリュ ル スュポルテ

> Je ne peux plus le supporter!
> （彼のこと、もうがまんできないよ！）
>
> Pourtant, vous étiez bons amis, avant...
> プルタン ヴゼティエ ボンザミー アヴァン
> （だけど、あなたたち前は仲良しだったじゃない…）

Je peux plus le voir en peinture!
ジュ プ プリュ ル ヴワラン パンテュール
*直訳は「もう彼のことは絵でも見られない」で、「彼を見るのもいやである」。

▶もう限界！
J'en peux plus!
ジャン プ プリュ
*「（肉体的・精神的に）もうだめだ」。ne...plus の ne が省略されている。強い感情を表現するときには ne を省略することが多い。

Ma patience est à bout!
マ パスィアンセタ ブ
*bout「端」。
Je suis à bout!
スュイ ア ブ
C'est plus possible!
セ プリュ ポスィーブル
Je vais craquer!
ジュ ヴェ クラケ
*craquer「（みしみしと）音をたてて折れる、破れる」。

▶いやになるよ！
Ça m'énerve!
サ メネールヴ
*直訳は「それは私をいらだたせる！」。

> Ça m'énerve! Il raconte toujours les mêmes blagues!
> サ メネールヴ イ ラコントゥトゥジュル レ メム ブラーグ
> （いやになるよ！彼ったらいつも同じ冗談言うんだもの！）
>
> Il les raconte bien, au moins?
> ィル レ ラコントゥ ビアン オ ムワン
> （せめて、うまい冗談なの？）

▶わかったよ、もういいよ！
Ça va, j'ai compris!
サ ヴァー ジェ コンプリー

腹が立ったとき

479

* 「そのことならもう十分、これ以上言ってくれるな」という気持ちのくだけた表現。

> **N'oublie pas ce que je t'ai dit...**
> ヌブリ パ ス ク ジュ テ ディ
> (私の言うことを忘れないように…)
> **Ça va, j'ai compris!**
> (わかったよ、もういいよ！)

Bon, bon, j'ai compris!
ボン ボン ジェ コンプリー

▶ その話ならもう十分！

Ça suffit, cette‿discussion!
サ スュフィー セッディスキュスィオン

On‿arrête‿cette‿discussion!
オナレッテ‿ディスキュスィオン
(この話はやめようよ！)

On‿arrête‿avec ça! (そのことはやめよう！)
オナレタヴェク サ

▶ その話はもう結構！

Je‿ne veux plus entendre parler de‿ça!
ジュンヴ プリュ アンタンドゥル パルレ ツァ
*直訳は「その話はこれ以上聞きたくない」。

J'en‿ai assez entendu!
ジャンネ アセ アンタンデュ

▶ その話は聞きあきた！

Tu me l'as déjà raconté mille fois!
テュ ム ラ デジャ ラコンテ ミル フワ
*直訳は「君はそのことをもう千回も話した」。

▶ 彼女、また始めたよ！

La voilà qui recommence!
ラ ヴワラ キ ルコマンス
* ~ voilà qui...「ほら、～が…だ」。～には le, la, les のいずれかが使われる。

La voilà repartie!
ラ ヴワラ ルパルティ

▶ かっこうつけないで！

Arrête‿ton cinéma!
アレットン スィネマ
*「芝居はよせ！ またそんなまねをしていいかげんにしろ！」という意味。

Arrête‿de frimer!
アレッドゥ フリメ
*frimer「はったりをかます、気取る」を使うくだけた表現になる。

Arrête‿ta frime!
アレッタ フリーム
*frime「見せかけ、ごまかし」。くだけた表現。

4 感情を表すフレーズ

▶けんかはやめてよ!

Arrêtez de vous disputer!
アレテ ドゥ ヴ ディスピュテー

*se disputer は「口論する」。身体を使ってのけんかのときは se battre。

> Arrêtez de vous disputer!
> (けんかはやめてよ!)
>
> C'est lui qui a commencé!
> セ リュイ キ ア コマンセ
> (彼のほうが始めたんだよ!)

▶だったら、どうでもいいよ!

Et puis après tout, je m'en fiche!
エ ピュイ アプレ トゥ ジュ マン フィシュ

*après tout「結局」。se ficher「~を問題にしない」は話しことばだけに使われる。

Et puis après tout, ce n'est pas mon affaire!
エ ピュイ アプレ トゥ ス ネ パ モナフェール
*ce n'est pas mon affaire「それは私の問題ではない」。

いらいらする　　　　　　　　　　　　4_009.mp3

▶頭にくる!

Ça m'énerve!
サ メネールヴ

*渋滞や騒音などについて言うときの表現。

> Ça m'énerve, ta musique!
> サ メネールヴ タ ミュズィーク
> (この音楽、頭にくる!)
>
> Mets des boules Quies! (耳栓したら!)
> メ デ ブル キエス

*boules「玉」。Quies は本来は商品名だが、boules Quies で耳栓一般を指すことばとして使わわれている。

Ça me porte sur les nerfs!
サ ム ポルトゥ スュル レ ネール
*直訳は「それは私の神経にさわる」。

▶もういやだ!

C'est insupportable!
セ アンスュポルターブル

> Arrête ce réveil! C'est insupportable!
> アレトゥ ス レヴェイ セ アンスュポルターブル
> (目覚ましを止めてよ! もういやだ!)
>
> Mais il est l'heure de se lever! (だって起きる時間だよ!)
> メ イレ ルール ドゥ ス ルヴェ

C'est intenable!
セタントゥナーブル

腹が立ったとき

▶おかしくなるよ！

Ça me rend fou [folle]!
サ ム ラン フ [フォール]
*直訳は「それは私の気をおかしくさせる」。気がへんになるほどの強い怒りの表現。

Ça me rend dingue!
サ ム ラン ダング
*dingue「頭のおかしい」。くだけた表現。

▶うるさいな！

Tu m'énerves!
テュ メネールヴ
*直訳は「君はぼくをいらいらさせる」。家族のような親しい相手に「もう爆発するよ、やめてよ」の軽い意味でよく使う言いまわし。

Tu m'accompagnes à la gare?
テュ マコンパニャ ラ ガール
(駅まで送ってくれる？)

Tu m'énerves! J'ai pas que ça à faire!
テュ メネールヴ ジェ パ ク サ ア フェール
(うるさいな！ やること、それだけじゃないんだから！)

Tu es de mauvaise humeur ou quoi? (機嫌が悪いんじゃない？)
テュ エ ドゥ モヴェズュムール ウ クワ

▶今度は、何！

Quoi, encore!
クワー アンコール
*要求が繰り返されたときに「これ以上何なの？ まだ何かあるの？」とうんざりして問い返す表現。

François! (フランスワ！)
フランスワ
Quoi, encore! (今度は、何！)

Qu'est-ce qu'il y a, encore!
ケス キリャー アンコール

▶頭にきたよ！

Il m'a pris la tête!
イル マ プリ ラ テトゥ
*人について言うときに使うくだけた表現。

Il m'a pris la tête, avec ses histoires!
イル マ プリ ラ テトゥ アヴェク セズィストゥワール
(彼の話、頭にきたよ！)

Mais pourquoi tu l'écoutes?
メ プルクワ テュ レクトゥ
(だったらなぜ聞くの？)

▶そりゃないよ！

Ça, c'est le comble!
サ セ ル コンブル
*comble「頂点、極み」。

> Je ne retrouve plus ma clé...
> ジュン ルトゥルヴ プリュ マ クレ
> （カギが見つからないんだけど…）
>
> Où est la clé de secours?
> ウ エ ラ クレ ドゥ スクール
> （合いカギはどこなの？）
>
> Je l'ai perdue... （それもなくしてしまって…）
> ジュ レ ペルデュ
>
> Ça, c'est le comble!
> サ セ ル コンブル
> （そりゃないよ！）

C'est le bouquet!
セ ル ブケ
*bouquet「花火大会の最後の打ち上げ花火」。

Il manquait plus que ça!
イ マンケ プリュ ク サ

Ça, c'est la goutte d'eau qui fait déborder le vase!
サ セ ラ グッド ドー キ フェ デボルデ ル ヴァーズ
*直訳は「花瓶から水をあふれさせるのはその一滴だ」。「堪忍袋の緒が切れた」にあたる。

▶わからないの！

Tu ne comprends pas ou quoi!
テュン コンプラン パー ウ クワー
*「そんなこともわからないのか」といった批判的な表現。ou quoiは会話文の最後につけて「～じゃないか」の意味となる。

> Mais pourquoi est-ce qu'il ne faut pas le dire?
> メ プルクワ エス キル ヌ フォ パ ル ディール
> （でもなぜそう言っちゃだめなの？）
>
> Tu ne comprends pas ou quoi!
> （わからないの！）

Tu es bouché [bouchée] ou quoi!
テュ エ ブシェ ウ クワ
*bouché「ふさがった」。くだけた表現。

Tu es aveugle ou quoi!
テュ エ アヴーグル クワ
*aveugle「盲目の」。

▶わざとそう言ってるのか！

Tu dis ça exprès ou quoi!
テュ ディ サ エクスプレー ウ クワー

▶しらばっくれないで！

Tu sais très bien ce que je veux dire!
テュ セ トゥレ ビアン ス ク ジュ ヴ ディール

腹が立ったとき

* 直訳は「私が言いたいことをあなたはよくわかっている」。

> **Tu sais très bien ce que je veux dire!**
> （しらばっくれないで！）
>
> **Non, pas du tout. Je te jure.**
> ノン パ デュ トゥ ジュ トゥ ジュール
> （ううん、ぜんぜん知らないんだ。本当だよ）

Tu sais très bien de quoi je parle!
テュ セ トゥレ ビアン ドゥ クワ ジュ パルル
* 直訳は「私が話していることをあなたはよくわかっている」。

Ne fais pas exprès de_ne pas comprendre.
ヌ フェ パ エクスプレ ドゥン パ コンプランドゥル
* 直訳は「わからないふりをしないで」。

▶考えてみなさい！

Réfléchis, bon sang!
レフレシー ボン サン
*sang「血液」。bon sang は怒ったときに使う言いまわしで「ちくしょう、いまいましい」といったニュアンスで怒りを強調する。

> **Je_ne sais pas...**（わからないよ…）
> ジュン セ パ
> **Réfléchis, bon sang!**（考えてみなさい！）

Sers-toi_de ta tête!（頭を使えよ！）
セルトゥワッ タ テートゥ
*se servir de...「～を使う」。ふつう子どもに向かって言う表現。怒ったニュアンスがあるので目下の者に対してのみ使うこと。

▶がみがみ言わないで！

Arrête_de me harceler!
アレッドゥ ム アルスレー
*harceler「休みなく攻めたてる、しつこく悩ませる」。

> **Tu n'as pas encore_réparé la machine_à laver!**
> テュ ナ パ アンコーレパレ ラ マシンナ ラヴェ
> （洗濯機、まだ直してないの？）
>
> **Arrête_de me harceler. Je t'ai dit que j'allais le faire!**
> アレッドゥ ム アルスレー ジュ テ ディ ク ジャレ ル フェール
> （がみがみ言うなよ。やるって言っただろ！）

▶ぶつぶつ言うのはやめて！

Arrête_de te plaindre!
アレッドゥ トゥ プランドゥル
*se plaindre「不平を言う、愚痴をこぼす」。

Arrête_de ronchonner!
アレッドゥ ロンショネー
Arrête_de râler!
アレッドゥ ラレ
*ronchonner と râler は se plaindre のくだけた言い方。

もう聞きたくない！
Je ne veux plus t'entendre!
ジュ ヌ ヴ プリュ タンタンドゥル

もういい！
Ça suffit!
サ スュフィ

> Maman... s'il te plaît...
> ママン スィル トゥ プレ
> （ママー、お願いだから…）
>
> Ça suffit! J'ai dit non, c'est non.
> サ スュフィ ジェ ディ ノン セ ノン
> （もういい！ だめって言ったらだめ！）

ちょっと、やめてよ！
Tu arrêtes un peu!
テュ アレータン プー

じっとしてなさい！
Tiens-toi tranquille!
ティアントゥワ トゥランキール

*se tenir...「～の状態を保つ」。se tenir tranquille「静かにじっとしている」。子どもに向かって言う。

> Tiens-toi tranquille, bon sang!
> ティアントゥワ トゥランキール ボン サン
> （もーう、じっとしてなさい！）
>
> Mais j'en ai assez de rester assis!
> メ ジャンネ アセー ドゥ レステ アスィ
> （だってー、座ったままでいるの、あきちゃったんだもん！）

早く決めて！
Tu te décides, oui ou non!
テュ トゥ デスィードゥ ウイ ウ ノン

*oui ou non はいらいらしているときに使う。

> Vous désirez? （何になさいますか？）
> ヴ デズィレ
>
> Tu préfères un croissant ou une brioche?
> テュ プレフェラン クルワサン ウ ユン ブリオシュ
> （クロワッサンがいい？ ブリオシュにする？）
>
> Un croissant. Et puis non, une brioche, et puis non...
> アン クルワサン エ ピュイ ノン ユン ブリオシュ エ ピュイ ノン
> （クロワッサン。あ、やめた、ブリオシュ、でもそうじゃなくて…）
>
> Tu te décides, oui ou non! Tu vois bien qu'il y a la queue!
> テュ トゥ デスィードゥ ウイ ウ ノン テュ ヴワ ビアン キリャ ラ クー
> （早く決めて！ みんな並んでるでしょ！）

腹が立ったとき

▶ちょっと急ぎなさい！

Dépêche-toi, un peu!
デペシュトゥワー　アン　プー

Grouille-toi!（急いで！）
グルイトゥワー

*se grouiller は se dépêcher のくだけた言い方。

▶何をしてるんだ！

Mais qu'est-ce que tu fais!
メ　ケース　ク　テュ　フェ

Mais où est-ce que tu as la tête!
メ　ウ　エス　ク　テュ　ア　ラ　テトゥ

*直訳は「どこに頭をつけているんだ」で、「何てばかなことをするんだ」と叱りつける感じ。

▶何を言ってるんだ！

Mais qu'est-ce que tu racontes!
メ　ケス　ク　テュ　ラコントゥ

> C'est lui qui a cassé la lampe!
> セ　リュイ　キ　ア　カセ　ラ　ランプ
> （ランプをこわしたのは彼だよ！）
>
> Mais qu'est-ce que tu racontes! Tu n'étais même pas là!
> メ　ケス　ク　テュ　ラコントゥ　テュ　ネテ　メン　パ　ラ
> （何を言ってるんだ！そこにいもしなかったくせに！）

▶冗談はやめて！

Arrête‿tes plaisanteries!
アレッテ　プレザントゥリ

La plaisanterie a assez duré!
ラ　プレザントゥリ　ア　アセ　デュレ

*直訳は「その冗談はもう十分続いた」。

Les plaisanteries les plus courtes sont toujours les meilleures!
レ　プレザントゥリ　レ　プリュ　クルトゥ　ソン　トゥジュル　レ　メユール
（冗談は短ければ短いほどよい）

*ことわざ。

▶その点をはっきりさせておこうよ。

Entendons-nous bien là-dessus.
アンタンドンヌ　ビアン　ラッシュ

*s'entendre「理解し合う」。là-dessus「その点について」。

> Entendons-nous bien là-dessus. C'est moi le patron, c'est moi
> アンタンドンヌ　ビアン　ラッシュ　セ　ムワ　ル　パトゥロン　セ　ムワ
> qui décide.
> キ　デスィードゥ
> （その点をはっきりさせておこうよ。社長は私なんだからね、決めるのは私だよ）
>
> Excusez-moi.（すみません）
> エクスキュゼムワ

Mettons bien les choses‿au clair.
メトン　ビアン　レ　ショゾ　クレール
*直訳は「それらのことをはっきりさせよう」。

言い訳するな！
Pas d'excuses!
パ　デクスキューズ
Il n'y‿a pas de "mais" qui tienne...
イル　ニャ　パ　ドゥ　メ　キ　ティエンヌ
(「でも…」は通じないよ)

とがめる　　　　　　　　　　　　　　　　　　　4_010.mp3

君のせいだ！
C'est‿de‿ta faute!
セッタ　　　フォトゥ
C'est‿à cause de toi!
セタ　　コズ　ドゥ　トゥワ

勝手すぎるよ！
Tu exagères!
テュ　エグザジェール
*exagérer「誇張する、図に乗る」。「言いすぎ」や「やりすぎ」を指して言う。

> Je t'ai emprunté ton parfum...
> ジュ　テ　アンプランテ　トン　パルファン
> (香水、借りちゃった…)
>
> Tu exagères! Tu aurais pu me demander!
> テュ　エグザジェール　テュ　オレ　ピュ　ム　ドゥマンデ
> (勝手すぎるよ！私に聞けばいいじゃない！)

Faut pas pousser!
フォ　パ　プセ
*pousser は exagerer のくだけた言い方。文の最初の Il ne も省略されている。

Tu déconnes!
テュ　デコンヌ
*déconner「ばかなことを言う、ふざける」。下品な表現。

おおげさだよ。
Il ne faut pas exagérer.
イル　ヌ　フォ　パ　エグザジェレ
*直訳は「誇張してはいけない」。

> Maman, t'as fait une‿énorme rayure‿à la voiture!
> ママン　タ　フェ　ユネノルム　レユラ　ラ　ヴワテュール
> (ママ、車にすごい傷つけたね！)
>
> Il ne faut pas exagérer. C'est juste‿une‿égratignure...
> イル　ヌ　フォ　パ　エグザジェレ　セ　ジュステュネグラティニュール
> (おおげさね。ただのかすり傷じゃないの…)

腹が立ったとき

Tu n'en rajoutes pas un peu?
テュ ナン ラジュトゥ パ アン プ
*rajouter「付け加える」。

T'es pas de Marseille, toi!
テ パ ドゥ マルセイ トゥワ
*Tu n'es pas de Marseille, toi! の省略形で、「君はマルセイユの出身でもあるまいし。マルセイユの人はおおげさな話し方をするという通説に基づいた表現。

▶そんなことしなくてもよかったのに！
Ce n'est pas bien de faire ça!
ス ネ パ ビアン ドゥ フェル サ

▶そんなことすべきじゃなかったのに！
Tu n'aurais pas dû!
テュ ノレ パ デュ
*過去の行為についてとがめる表現。

> Tu n'aurais pas dû mentir!
> テュ ノレ パ デュ マンティール
> (うそをつくべきじゃなかったのに！)
>
> J'avais peur... (こわかったから…)
> ジャヴェ プール

Il ne fallait pas!
イル ヌ ファレ パ
(そんなことしなくてもいいのに！)

▶そんなこと言うべきじゃないよ！
Tu‿ne devrais pas dire ça!
テュン ドゥヴレ パ ディル サ
*現在の行為についてとがめる表現。

> Il peut crever, je m'en fous!
> イル プ クルヴェ ジュ マン フー
> (彼なんか死んだって、知るもんか！)
> Tu‿ne devrais pas dire ça!
> (そんなこと言うべきじゃないよ！)

*crever「くたばる」。se foutre de...「～を問題にしない」。ともに下品な表現。

▶ひとの悪口を言うのはよくないよ！
Ce n'est pas bien de dire du mal des‿autres!
ス ネ パ ビアン ドゥ ディル デュ マル デゾートゥル
*dire du mal de...「～の悪口を言う」。

Il ne faut pas dire du mal des gens!
イル ヌ フォ パ ディル デュ マル デ ジャン

▶恥ずかしくないの！
Tu n'as pas honte!
テュ ナ パ オーントゥ

Tu n'as pas honte! (恥ずかしくないの！)
Mais je n'y suis pour‿rien!
　メ　ジュ　ニ　スュイ　プリアン
(ぼくはぜんぜん関係ないもの！)

*y être pour... 「〜に関係がある」。

Quelle honte! (何て恥ずかしい！)
　ケル　　オーントゥ
* 人ではなく行為を指して「恥ずべき行為だ！」と非難することば。

勝手にやれば！

Non mais, ne te gêne pas!
ノン　メ　ヌ　トゥ　ジェン　パ

*gêner「じゃまする、迷惑をかける」。se gêner「遠慮する」。直訳は「遠慮するな」となるが、皮肉な表現で、実際には「すこしは遠慮したらどうだ」と非難している。

Non mais, ne te gêne pas!
(勝手にやれば！)
Je‿ne fouillais pas, je regardais seulement...
ジュン　フイエ　パ　ジュ　ルガルデー　スルマン
(さがしてたんじゃないよ、ただ見てただけなんた…)

Dis donc, fais comme chez toi!
ディ　ドン　　フェ　　コム　　シェ　トゥワ

何て図々しい！

Quel culot!
　ケル　キュロー
*culot は会話で「厚かましさ」。

T'es vraiment culotté!
テ　ヴレマン　キュロテ
*culotté「半ズボンをはいた」。会話では「図々しい」の意味。

T'as du toupet!
タ　デュ　トゥペ
*toupet「厚かましさ」。

Tu manques pas d'air!
テュ　マンク　パ　デール
*manquer d'air「空気が不足する、息がつまりそうだ」。ne pas manquer d'air「図々しい」。

T'es gonflé!
テ　ゴンフレ
*gonflé「ふくらんだ」。会話では「図々しい」の意味。

人前で髪をとかすものじゃないよ！

On‿ne se coiffe pas en public!
オン　ス　クワフ　パ　アン　ピュブリック

On‿ne se coiffe pas en public!
(人前で髪をとかすものじゃないよ！)

Qu'est-ce que ça peut faire!
ケス ク サ プ フェール
(別にいいじゃない！)

Ça ne se fait pas devant les gens!
サン ス フェ パ ドゥヴァン レ ジャン
(人前でそんなことするものじゃないよ！)

▶食事のときにその話はしないこと！

On ne parle pas de ça à table!
オン パルル パ ツァ ア ターブル

*à table「食卓で、食事中」。

> Le trottoir était jonché de crottes de chien!
> ル トロトゥワレテ ジョンシェ ドゥ クロッドゥ シアン
> (歩道がね、犬のふんでいっぱいだったよ！)
> On ne parle pas de ça à table!
> (食事のときにその話はしないこと！)

*jonché de...「～をしきつめた」。

▶台なしだよ！

Tu as tout gâché!
テュ ア トゥ ガシェ

> Je lui ai dit que Mélanie serait là ce soir.
> ジュ リュイ エ ディ ク メラニ スレ ラ ス スワール
> (今夜メラニーが来ること、彼に話したよ)
> Quoi! Alors que c'était une surprise... Tu as tout gâché!
> クワ アロール ク セテ ユン スュルプリーズ トゥ ア トゥ ガシェ
> (何で！ びっくりさせるんだったのに…！ 台なしだよ！)

▶口先だけなんだから…。

Tu es fort en paroles...
テュ エ フォラン パロール

*fort en...「～が上手な、得意な」。

Tu parles beaucoup...
テュ パルル ボク

▶何でも悪くとるんだね！

Tu te vexes d'un rien!
テュ トゥ ヴェクス ダン リアン

*se vexer de...「～で気を悪くする」。直訳は「君はつまらないことでむっとする」。

Tu es trop susceptible!
テュ エ トゥロ スュセプティーブル

*susceptible「怒りっぽい、感情的な」。

▶知ってたんだろ！

Tu le savais, hein!
テュ ル サヴェー アン

Tu le savais, hein!（知ってたんだろ！）
Je n'avais pas le droit d'en parler...
ジュ ナヴェ パ ル ドゥロワ ダン パルレ
（話せなかったんだ…）

*avoir le droit de...「〜する権利がある、〜することを許されている」。

◆ばかなこと言うんじゃないよ…。
Ne dis pas de bêtises...
ヌ ディ パ ドゥ ベティーズ

Je vais lui casser la figure!
ジュ ヴェ リュイ カセ ラ フィギュール
（彼をなぐってやる！）
Ne dis pas de bêtises...
（ばかなこと言うんじゃないよ…）

Ne dis pas n'importe quoi!
ヌ ディ パ ナンポルトゥ クワ
*n'importe quoi「何でもかんでも、めちゃくちゃなこと、でたらめ」。「口からでまかせを話すな」の意味になる。

Ne sois pas ridicule...
ヌ スワ パ リディキュール
*「ばかなことをするな」の意味にもなる。

◆口にする前によく考えなくては！
Il faut réfléchir‿avant de parler!
イル フォ レフレシーラヴァン ドゥ パルレ

Il faut tourner sept fois sa langue dans sa bouche‿avant de parler!
イルフォ トゥルネ セトゥ フワ サ ラング ダン サ ブシャヴァン ドゥ パルレ
*「話す前に熟考すべし」ということわざ。直訳は「話す前にはことばを7回口の中で反すうすべきである」。

◆とぼけないで！
Ne fais pas l'innocent!
ヌ フェ パ リノサン
*innocent「無実の人、無知な人、お人よし」。直訳は「無実のふりをするな」。

Ne fais pas l'innocent. Je sais que c'est toi.
ヌ フェ パ リノサン ジュ セ ク セ トワ
（とぼけないで！あなただってこと、わかってるんだから！）
Non, je te promets!（違うよ、本当だよ！）
ノン ジュ トゥ プロメ

◆もうちょっとがんばったらどうなの！
Si tu‿te donnais un peu de mal!
スィ テュッ トゥ ドネ アン プ ドゥ マッル
*mal「苦労」。se donner du mal「がんばる」。

腹が立ったとき

Je n'y arrive pas!
ジュ ニャリヴ パー
(できないよ！)

Si tu te donnais un peu de mal!
(もうちょっとがんばったらどうなの！)

▶汚い！

C'est dégoûtant!
セ デグタン
*dégoûtant「不潔な、不愉快きわまりない、胸が悪くなるような」。

C'est dégoûtant!
(汚いわね！)

Mais je n'ai pas de fourchette...
メ ジュ ネ パ ドゥ フルシェトゥ
(だってフォークがないんだもん…)

C'est écœurant.
セ エクラン
*dégoûtant よりも強い表現になる。次の表現も同じ。

C'est répugnant!
セ レピュニャン
C'est dégueulasse!
セ デグラス
*「ひどい！」の意味でも使う。下品な表現。

▶ひどい！

C'est dégoûtant!
セ デグタン

Ses voisins l'ont dénoncé.
セ ヴワザン ロン デノンセ
(となりの人が彼を密告したんだ)

C'est dégoûtant!
(ひどい！)

▶君って本当にひどいやつだな…。

T'es vraiment moche...
テ ヴレマン モーシュ
*moche「(形が) 醜い、(品質、物事が) ひどい、卑劣だ」。T'es は Tu es のくだけた表現。

J'en ai besoin, je te jure...
ジャンネ ブズワン ジュ トゥ ジュール
(どうしてもいるんだよ…)

Je m'en fiche. Je ne te prêterai pas un sou! Débrouille-toi!
ジュ マン フィシュ ジュン トゥ プレトゥレ パ アン スー デブルイトゥワ

4 感情を表すフレーズ

(知るもんか！　一銭だって貸さないから！　何とかしろよ！)

T'es vraiment moche...
(君って本当にひどいやつだな…)

T'es vraiment pas sympa!
テ　ヴレマン　パ　サンパ
*sympa は sympathique「感じのいい」の略。

▶ふざけないで！

Ce n'est pas drôle!
ス　ネ　パ　ドゥロール
*drôle「おかしい」。「面白くない、不愉快だ」という意味の決まり文句。

Je ne trouve plus mon billet!
ジュ ヌ　トゥルヴ　プリュ　モン　ビエ
(切符をなくしちゃったよ！)

Qui est-ce qui va payer une belle amende?
キ　エス　キ　ヴァ　ペイエ　ユン　ベラマンドゥ
(高い罰金払うの、だーれだ？)

Ce n'est pas drôle!
(ふざけないで！)

*列車の中で検札のときに切符を持っていないと、通常の料金のほかに罰金も支払わなければならない。belle「美しい」はここでは「大きい」の意味。

C'est pas marrant!
セ　パ　マラン
*marrant は drôle のくだけた言い方。

▶はっきり言ったらどう！

Je déteste les sous-entendus!
ジュ　デテストゥ　レ　スザンタンデュ
*sous-entendu「言外の意味、ほのめかし」。直訳は「ほのめかしは大嫌いだ」。

On ne mange pas, aujourd'hui?
オン　マンジュ　パー　オジュルデュイ
(今日は食事しないの？)

Je déteste les sous-entendus! Si tu as faim, dis-le directement!
ジュ デテストゥ　レ　スザンタンデュ　スィ テュ ア ファン　ディル　ディレクトゥマン
(はっきり言ったらどう！　お腹がすいたのなら、そう言えば！)

▶おしゃべりだね！

Tu ne sais pas tenir ta langue!
テュン　セ　パ　トゥニル タ　ラング
*langue「舌」。tenir sa langue は「舌をおさえる」で「口がかたい、秘密を守る」の意味になる。

Tu parles trop!
テュ　パルル　トゥロ

Tu as la langue trop pendue!
テュ ア ラ　ラング　トゥロ　パンデュ

腹が立ったとき

*pendu「ぶら下がった」。

Tu es incapable de garder un secret!!
テュ エ アンカパブル ドゥ ガルデ アン スクレ
(秘密が守れないんだね！)

▶うぬぼれてるよ！

Tu manques de modestie!
テュ マンク ドゥ モデスティ
*直訳は「君には謙虚さがたりない」。

Ne sois pas si prétentieux [prétentieuse]!
ヌ スワ パ スィ プレタンシュ [プレタンシューズ]
(そんなにうぬぼれないで！)

Tu fais un complexe de supériorité!
テュ フェ アン コンプレクス ドゥ スュペリオリテ
(優越感を持ってるね！)

⇔ Tu fais un complexe d'infériorité!
テュ フェ アン コンプレクス ダンフェリオリテ
(劣等感を抱いてるね！)

▶君が言えることじゃないよ！

Tu es mal placé [placée] pour parler!
テュ エ マル プラセ プル パルレ
*être mal placé pour...「～するのに不利な立場にいる」。

Il est toujours en retard!
イレ トゥジュルラン ルタール
(彼はいつも遅れるね！)
Tu es mal placé pour parler!
(君が言えることじゃないよ！)

▶ちょっとは人のこと考えたら！

Pense un peu aux autres!
パンス プ オゾートゥル

Tu en prends trop. Pense un peu aux autres!
テュ アン プラン トゥロ パンス プ オゾートゥル
(取りすぎだよ！ ちょっとは人のこと考えたら！)
Mais personne n'aime ça, d'habitude.
メ ペルソンネム サー ダビテュードゥ
(でも、ふつう、みんなはこれが好きじゃないから)

Ne sois pas égoïste!
ヌ スワ パ エゴイストゥ
(わがままはやめなさい！)

Ne pense pas qu'à toi!
ヌ パンス パ カ トゥワ
(自分のことだけ考えないで！)

▶がんばりすぎだよ！

Tu veux toujours en faire trop!
テュ ヴ トゥジュラン フェル トゥロ

*能力以上にやろうとする人に「そんなにやっても結果としてうまくいかないよ」といったニュアンスで批判的に使う。「そんなにやってはしつこいよ」の意味にもなる。

> Je suis épuisé!
> ジュ スュイ エピュイゼ
> (くたくただよ！)
>
> C'est de ta faute. Tu veux toujours en faire trop!
> セッ タ フォートゥ テュ ヴ トゥジュラン フェル トゥロ
> (自分のせいだね。がんばりすぎだよ！)

▶だまされやすいんだね！

Tu te fais toujours avoir!
テュ トゥ フェ トゥジュラヴワール

*ここでの avoir は「だます」。se faire avoir「だまされる」。

> Tu te fais toujours avoir!
> (だまされやすいんだね！)
>
> Oui, je sais. Qu'est-ce que tu veux...
> ウイ ジュ セ ケス ク テュ ヴー
> (うん、わかってる。しょうがないんだよ…)

Tu te fais toujours rouler!
テュ トゥ フェ トゥジュル ルレ

*se faire rouler は se faire avoir のくだけた言い方。直訳は「君はいつも転がされる」。

T'es toujours la bonne poire!
テ トゥジュル ラ ボヌ プワール
(お人よしだね！)

*poire「洋ナシ」は「だまされやすい人」の意味で使われる。

▶だから言ったでしょ！

Je te l'avais bien dit!
ジュ トゥ ラヴェ ビアン ディ

> Je crois que j'ai attrapé une bronchite...
> ジュ クルワ ク ジェ アトゥラペ ユン ブロンシトゥ
> (気管支炎にかかったみたい…)
>
> Il ne fallait pas sortir hier soir. Je te l'avais bien dit!
> イル ヌ ファレ パ ソルティリエル スワル ジュ トゥ ラヴェ ビアン ディ
> (ゆうべは出かけなければよかったのに。だから言ったでしょ！)

Je t'avais prévenu [prévenue]!
ジュ タヴェ プレヴニュ

▶自業自得だ！

Tu l'as bien cherché!
テュ ラ ビアン シェルシェ

腹が立ったとき

495

* 直訳は「君はそれを追い求めていた」となり、皮肉を込めた表現。

J'ai raté le train, ce matin.
ジェ ラテル トゥラン ス マタン
(今朝、電車に乗り遅れたの)

Tu l'as bien cherché! Je t'avais dit_de te dépêcher...
テュ ラ ビアン シェルシェ ジュ タヴェ ディットゥ デペシェ
(自業自得よ! 急ぐように言ったでしょうが…)

C'est_de ta faute!
セッ タ フォートゥ
(自分のせいだよ!)

Tu_ne peux t'en prendre qu'à toi!
テュン ブ タン プランドゥル カ トゥワ
(自分を責めるしかないよ!)
*s'en prendre à...「〜を責める」。

▶何でも信じるんだから!

Tu es vraiment innocent [innocente]!
テュ エ ヴレマン イノサン [イノサントゥ]

Tu es vraiment naïf [naïve]!
テュ エ ヴレマン ナイフ [ナイーヴ]

Tu crois tout ce qu'on_te dit!
テュ クルワ トゥ ス コン ティ
(人の言うことを何でも信じるんだから!)

▶もったいない!
C'est du gaspillage!
セ デュ ガスピヤージュ
*gaspillage「むだづかい」。お金、時間、才能などの浪費について言う。

C'est du gaspillage!
(もったいない!)

Ce n'est pas ton_affaire!
ス ネ パ トナフェール
(よけいなお世話だよ!)

Quel gaspillage! (何てもったいないこと!)
ケル ガスピヤージュ

▶むだづかいだよ!
C'est_une dépense_inutile!
セテュン デパンスィニュティール
*dépense「出費」。inutile「役に立たない」。

C'est de l'argent jeté par les fenêtres!
セ ドゥ ラルジャン ジュテ パル レ フネトゥル
* 直訳は「窓から捨てた金だ」。

4 感情を表すフレーズ

4

◆時間のむだだ！
C'est de la perte_de temps!
セ ドゥ ラ ペルッドゥ タン

◆それじゃたりない！
Ce n'est pas suffisant!
ス ネ パ スュフィザン

> Mais je travaille déjà quatre_heures par jour...
> メ ジュ トゥラヴァイ デジャ カトゥール パル ジュール
> （いまだって1日に4時間勉強してるけど…）
>
> Ce n'est pas suffisant!
> （それじゃたりないよ！）

Ça_ne suffit pas!
サ ヌ スュフィ パ
*suffire「たりる」。
Ce n'est pas assez!
ス ネ パ アセ

◆言い訳にならないね！
Ce n'est pas_une_excuse!
ス ネ パ ズュネクスキューズ

> Excusez-moi, je suis en retard. Il_y_avait beaucoup
> エクスキュゼムワ ジュ スュイ アン ルタール イリャヴェ ボク
> d'encombrements.
> ダンコンブルマン
> （遅刻してすみません。渋滞がひどかったもので）
>
> Ce n'est pas_une_excuse! Vous n'avez qu'à venir_en train
> ス ネ パ ズュネクスキューズ ヴ ナヴェ カ ヴニラン トゥラン
> comme tout le monde!
> コム トゥ ル モンドゥ
> （言い訳にならないね！ みんなのように電車で来ればいいでしょ！）

C'est_un mauvais prétexte.
セタン モヴェ プレテクストゥ
*直訳は「へたな言い訳だ」。

◆その態度はよくないな！
Je n'aime pas votre_attitude!
ジュ ネム パ ヴォトゥラティテュードゥ

> Je n'aime pas votre_attitude!
> （その態度はよくないな！）
>
> Qu'est-ce que vous me reprochez?
> ケス ク ヴ ム ルプロシェ
> （どこが問題なんですか？）

▶これだけ？

C'est tout?
セ トゥ

C'est tout? Ben dis donc, tu n'as pas beaucoup avancé...
セ トゥ バン ディ ドン テュ ナ パ ボク アヴァンセ
(これだけ？ うーん、あんまり進んでないな…)

C'est mieux que rien.
セ ミュ ク リアン
(やらないよりましでしょ)

おどす
4_011.mp3

▶怒るよ！

Je vais me fâcher!
ジュ ヴェ ム ファシェ
*se fâcher を面と向かって使うのは子どもに対してだけ。

▶わかった？

Tu m'entends?
テュ マンタン
*子どもに向かって言うときには「聞こえたのならさっさと言うようにしなさい」のニュアンスになる。

Tu vas t'excuser tout de_suite. Tu m'entends?
テュ ヴァ テクスキュゼ トゥ ツィトゥ テュ マンタン
(すぐに謝りなさい。わかった？)

Excuse_moi. (ごめんなさい)
エクスキューズムワ

Tu as entendu ce que j'ai dit?
テュ ア アンタンデュ ス ク ジェ ディ

▶いいか、よく聞きなさい！

Ouvre bien tes_oreilles!
ウヴル ビアン テゾレユ
*直訳は「耳をよく開けなさい」で、子どもに対してだけ使う。

Ouvre bien tes_oreilles. Tu recommences_encore_une fois et tu
ウヴル ビアン テゾレユ テュ ルコマンサンコリュン フワ エ テュ
n'as plus d'argent de poche!
ナ プリュ ダルジャン ドゥ ポシュ
(いい、よく聞きなさい。もしまたやったら、おこづかいあげないからね！)

Je_ne le ferai plus, je te promets!
ジュ ヌ ル フレ プリュ ジュ トゥ プロメ
(もうしないよ、約束するよ！)

Ecoute-moi bien! Tu vas m'écouter!
エクトゥムワ ビアン テュ ヴァ メクテ
*tu vas (vous allez)... で「〜するんだ！」という強い命令調になるので、大人に対しては使わないほうがよい。

▶口のききかたに気をつけたらどうなんだ！

Je te conseille de surveiller tes paroles!
ジュ トゥ　コンセイ　ドゥ　スュルヴェイエ　テ　パロール
*conseiller de...「～するように助言する」。surveiller「（言動などに）注意する」。

Je te conseille de faire attention à ce que tu dis!
ジュ トゥ　コンセイ　ドゥ　フェラタンスィオン　ア ス ク テュ ディ
Ne me parle pas sur ce ton ou ça va mal aller!
ヌ　ム　パルル　パ　スュル ス トン ウ サ ヴァ　マラレ
（そんな話し方はするな、怒るぞ！）
*ton「口調、語調」。

▶うるさい！

Ne m'énerve pas!
ヌ　メネルヴ　パ
*直訳は「私をいらだたせるな」。

Tu n'as pas encore fini?!
テュ ナ　パ　アンコル フィニー
（まだなの!?）
Ne m'énerve pas!
（うるさい！）

▶覚えてろ！

Tu vas me le payer!
テュ ヴァ ム ル ペイエ
*直訳は「君は私にそれを払うことになる」で、「仕返ししてやるぞ」というおどし文句。

C'était ta copine. J'ai dit que tu n'étais pas là.
セ テ タ コピン　ジェ ディ ク テュ ネテ　パ ラ
（君の彼女だったよ。留守だと言っておいたからね）
Tu vas me le payer! （覚えてろ！）

Tu vas t'en souvenir!
テュ ヴァ タン スヴニール
*直訳は「君はそのことを思い出すことになる！」。「覚えてろよ」というおどし文句。

Tu vas le regretter!
テュ ヴァ ル ルグレテ
*regretter「後悔する」。

Attends un peu!
アタン　アン プ
*直訳は「ちょっと待て」。「待ってろよ」というおどし文句。

Tu vas voir!
テュ ヴァ ヴワル
*日本語のおどし文句「いまに見ていろ」にあたる。

Tu vas t'en mordre les doigts!
テュ ヴァ タン モルドゥル レ ドゥワ
*直訳は「自分の指をかむことになる」。日本語では「ほぞをかむ」。

腹が立ったとき

▶彼をどなりつけてやる！
Il va m'entendre!
イル ヴァ マンタンドゥル
* 直訳は「彼は私の言うことを聞くことになる」で、「ひとこと言わずにはいられない」という怒りの感情を表している。

> Il va m'entendre!
> （彼をどなりつけてやる！）
> Pourquoi? Qu'est-ce qui s'est passé?
> プルクワ ケス キ セ パセ
> （どうして？ 何があったの？）

▶今にみてろ！
Tu ne perds rien pour attendre!
テュン ペリアン プラタンドゥル
* 直訳は「君は待つことで何も失わない」で、「時間がたっても怒りが減りはしない」の意味。「まあ待ってろ、そのうちに痛い目にあわせてやるからな」というニュアンス。

> Tu ne m'attraperas pas!
> テュン マトラプラ パ
> （つかまらないよー！）
> Tu ne perds rien pour attendre!
> （今にみてろ！）

怒る
4_012.mp3

▶いいかげんにしなさい！
Ça suffit!
サ スュフィ

> Maman! Il m'a pris ma poupée!
> ママン イル マ プリ マ プペ
> （ママ、お兄ちゃんがお人形をとったよ！）
> Ça suffit! Et toi, rends-lui sa poupée!
> サ スュフィ エ トゥワ ランリュイ サ プペ
> （いいかげんにしなさい！ お兄ちゃん、お人形を返してあげなさい！）

▶口答えしないで！
Cesse de me répondre!
セス ドゥ ム レポンドゥル
*cesser「やめる」。

▶いったい、どこだと思ってるの！
Non mais, où est-ce que tu te crois!
ノン メ ウ エス ク テュ トゥ クルワ
* 「場所がらをわきまえなさい」と相手の言動を非難する表現。

▶いったい、何さまのつもり！
Non mais, tu te prends pour qui!
ノン メ テュ トゥ プラン プル キ
*se prendre pour...「自分を～だと思う」。

▶頭がおかしいんじゃないの！
Tu as perdu la tête ou quoi!
テュ ア ペルデュ ラ テートゥ ウ クワ
*perdre la tête は「頭を失う」から「気が狂う」の意味。

Ça va pas, la tête!
サ ヴァ パー ラ テートゥ
*くだけた表現。以下の表現も同様。

Non mais, ça va pas!
ノン メ サ ヴァ パ
Tu es malade ou quoi!
テュ エ マラードゥ クワ
Tu es fou ou [folle ou] quoi!
テュ エ フー ウ [フォール] クワ
*fou「気の狂った」。

▶うんざりだよ、まったくもう！
Tu m'énerves, à la fin!
テュ メネールヴァ ラ ファン
Tu m'embêtes, à la fin!
テュ マンベッタ ラ ファン
Tu m'emmerdes, à la fin!
テュ マンメルダ ラ ファン
*emmerder「困らせる」。下品な表現。
Tu me fais chier, à la fin!
テュ ム フェ シェ ア ラ ファン
*chier「くそをたれる」。下品な表現。

▶何てことしたの!?
Comment as-tu pu faire ça?!
コマン アテュ ピュ フェル サ

Tu m'as jeté mon billet de loto! Mais comment as-tu pu faire ça?!
テュ マ ジュテ モン ビエ ドゥ ロト メ コマン アテュ ピュ フェル サ
（私のロトの券、捨てたって！ 何てことしたの!?）
Je croyais que c'était un vieux!
ジュ クルワイエ ク セテ アン ヴィウ
（古いと思ったもんだから！）

*loto「番号合わせの宝くじ」。

▶どうしてそんなことしたの!?
Pourquoi est-ce que tu as fait ça?!
プルクワ エス ク テュ ア フェ サ

腹が立ったとき

Maman, il m'a arraché les jambes de ma poupée!
ママン イル マ アラシェ レ ジャンブ ドゥ マ プペ
(ママ、お兄ちゃんがお人形の足をこわしちゃったよ!)

Pourquoi est-ce que tu as fait ça?!
(どうしてそんなことしたの!?)

▶なんでそんなこと言えるの!?

Comment osez-vous me dire ça?!
コマン オゼヴ ム ディル サ
*oser...「勇敢にも〜する、厚かましくも〜する」。

Comment osez-vous me dire ça?!
(なんでそんなこと言えるの!?)

Excusez-moi. Mes paroles‿ont dépassé ma pensée.
エクスキュゼモワ メ パロロン デパセ マ パンセ
(すみません。言いすぎました)

▶侮辱は許さない!

Je vous‿interdis de m'insulter!
ジュ ヴザンテルディ ドゥ マンスュルテ

Je vous‿interdis de m'insulter!
(侮辱は許さない!)

Mais je‿ne vous‿ai pas insulté!
メ ジュン ヴゼ パ アンスュルテ
(侮辱なんかしていません!)

▶弁解はもうたくさん!

J'en‿ai assez de vos‿excuses!
ジャンネ アセー ドゥ ヴォゼクスキューズ

C'est que... le téléphone‿n'a pas arrêté de‿sonner...
セ ク ル テレフォナ ナ パ アレテ ドゥ ソネ
(それが…電話がひっきりなしで…だからなんです)

J'en‿ai assez de vos‿excuses!
(弁解はもうたくさん!)

Vous‿avez toujours de bonnes‿excuses!
ヴザヴェ トゥジュル ドゥ ボヌゼクスキューズ

▶いまのことば、すぐに取り消して!

Retire‿immédiatement ce que tu viens de dire!
ルティリンメディアトゥマン ス ク テュ ヴィアン ドゥ ディール

Menteur!
マントゥール
(うそつき!)

Retire‿immédiatement ce que tu viens de dire!
(いまのことば、すぐに取り消して!)

▶黙れ！

Tais-toi!
テトゥワ
*se taire「黙る」。

Ferme-la!
フェルムラ
*くだけた表現。きつい口調なのでふだんは使わないほうがよい。

Boucle-la!
ブクルラ
*boucler「締める」。くだけた表現。

Ta gueule!
タ グール
*下品な表現。gueuleは本来「獣や魚の口」を指す。人を悪く言うのに用いられるが、下品なことばづかいなので使わないほうがよい。

▶もう怒った！

Je suis furieux [furieuse]!
ジュ スュイ フュリュ ［フュリューズ］
*furieux「怒り狂った」。激しい怒りを表す。

> Je suis furieux! Ça fait une heure que je l'attends!
> ジュ スュイ フュリュ サ フェ ユヌール ク ジュ ラタン
> (もう怒った！1時間も待ってるんだ！)
>
> Tu lui as téléphoné sur son portable?
> テュ リュイ ア テレフォネ スュル ソン ポルタブル
> (ケータイに電話した？)
>
> Oui, mais ça ne répond pas.
> ウイ メ サン レポン パ
> (うん、でも、出ないんだよ)

Je suis en colère!
ジュ スュイ アン コレール
Je ne suis vraiment pas content [contente].
ジュン スュイ ヴレマン パ コンタン ［コンタントゥ］

▶もうやめて！

J'en ai marre, à la fin!
ジャンネ マーラ ラ ファン
*à la fin「ついに、(いらだたしさの表現として)ほんとに」。

> Dépêche-toi! On va être en retard!
> デペシュトゥワ オン ヴァ エトゥラン ルタール
> (急ぎなさい！遅れるよ！)
>
> J'en ai marre, à la fin! Ça fait cinquante fois que tu me le dis!
> ジャンネ マーラ ラ ファン サ フェ サンカントゥ フワ ク テュ ム ル ディ
> (もうやめて！50回も聞いたよ！)

腹が立ったとき

▶承知できない！

C'est‿inadmissible!
セティナドゥミスィーブル

> **Une‿heure d'attente, c'est‿inadmissible!**
> ユヌル ユール ダタントゥ セティナドゥミスィーブル
> （1時間も待たせるなんて、承知できないわ！）
>
> **Que voulez-vous, nous manquons de personnel...**
> ク ヴレヴ ヌ マンコン ドゥ ペルソネル
> （でも、人手がたりないものですから…）

*Que voulez-vous?「どうしろと言うのですか、しかたがないじゃないですか」。

C'est scandaleux!
セ スカンダルー
*scandaleux「けしからん、言語道断の」。
C'est‿insupportable!
セタンスュポルタブル
C'est‿inacceptable!
セティナクセプタブル

▶信じられない！

C'est‿incroyable!
セタンクルワヤーブル

C'est pas croyable!
セ パ クルワヤーブル
Ça dépasse l'entendement!
サ デパス ランタンドゥマン
*dépasser「超える」。entendement「理解力」。

▶許せない！

C'est‿impardonnable!
セタンパルドナーブル

▶ばかにしてるのか！

Tu te moques de moi, ou quoi!
テュ トゥ モク ドゥ ムワー ウ クワ
*se moquer de...「～をばかにする」。

Tu me prends pour qui!
テュ ム プラン プル キ
*直訳は「私をだれだと思っているのか」。
Tu me prends pour‿un‿imbécile [pour‿une‿imbécile]‿ou quoi!
テュ ム プラン プラナンベスィール ［プリュナンベスィール］ ウ クワ
*imbécile「ばか」。直訳は「私をばかだと思ってるんじゃないのか」。
Tu te fiches de moi ou quoi!
テュ トゥ フィシュ ドゥ ムワー ウ クワ
*se ficher de...「～をからかう」。くだけた表現。
Tu te payes ma tête‿ou quoi!
テュ トゥ ペイ マ テートゥ クワ
*se payer la tête de...「～を嘲笑する」。くだけた言い方。

ののしる

▶臆病者！
Lâche!
ラーシュ
* 「卑怯者」の意味もある。

▶弱虫！
Peureux [Peureuse]!
プルー　[プルーズ]
Froussard [Froussarde]!
フルサール　[フルサルドゥ]
* くだけた表現。
Trouillard [Trouillarde]!
トゥルヤール　[トゥルヤールドゥ]
Poule mouillée!
プル　ムイエー
* 直訳は「ぬれためんどり」。

▶ろくでなし！
Minable!
ミナーブル
Pauvre type!
ポヴ　ティープ
* type は男性を指すくだけた言い方「やつ」で、mec と同じ。ここでは pauvre の r の音は発音しない。

Pauvre mec!
ポヴ　メック

▶ばか野郎！
Espèce d'imbécile!
エスペス　ダンベスィール
* espèce「種類」。espèce de... で軽蔑的に「〜なやつ」。
Espèce d'idiot!
エスペス　ディディオ

▶まぬけ！
Crétin!
クレタン
Débile!
デビール
Couillon [Couillonne]!
クヨン　[クヨンヌ]
* 南仏ではののしる意味ではなく、呼びかけに使う。
Andouille!
アンドゥーイ
* ソーセージの一種。会話では「ばか、まぬけ」の意味で使われる。
Taré!
タレ

腹が立ったとき

Enfoiré [Enfoirée]!
アンフワレ

▶いやなやつ！
Sale type!
サル ティップ
＊一般に面と向かっては使わず、不愉快な思いをさせられたときなどに、吐き捨てるように口にする。

▶くそったれ！
Pauvre con [conne]!
ポヴ コン [コンヌ]
Connard [Connasse]!
コナール [コナース]
＊pauvre con よりも強い表現。

▶こんちくしょう！
Salaud!
サロ
＊次の語とともに非常に汚いことばなので、映画などで聞くことはあっても自分では使わない。
Salope!
サロープ
（あばずれ！）
＊非常に下品で強い表現。

▶けち！
Radin [Radine]!
ラダン [ラディーヌ]
＊くだけた表現。
Avare!
アヴァール

▶意地悪！
Chameau!
シャモ
＊chameau「（ふたこぶ）ラクダ」。

▶うそつき！
Menteur [Menteuse]!
マントゥール マントゥーズ

▶偽善者！
Hypocrite!
イポクリトゥ

▶すけべ！
Cochon!
コション
＊「豚」という意味から「不潔な人、下品な人、すけべ、卑怯者」。

▶けだものめ！

Sale brute!
サル　ブリュトゥ

*brute「粗野な人間」。暴力的な人間のことを言う。

▶礼儀知らず！

Quel mufle!
ケル　ミューフル

*礼儀作法をわきまえず、女性への配慮に欠ける粗野な男性を非難して言うもので、次の表現とともに男性に対してのみ使う。

Quel goujat!
ケル　グジャ

▶このがき！

Sale gamin!
サル　ガマン
Sale gosse!
サル　ゴス
Sale môme!
サル　モーム
Sale mioche!
サル　ミョシュ

▶くそじじい！

Vieille peau!
ヴィエイ　ポ

*直訳は「古い皮膚」。「くそばばあ！」の意味にもなる。

責められたとき　　　　　4_014.mp3

▶責めないで！

Ne me fais pas de reproches!
ヌ　ム　フェ　パ　ドゥ　ルプロシュ

> Tu n'es jamais là au bon moment...
> テュ ネ ジャメ ラ オ ボン モマン
> （大事なときにいつもいないんだから…）
> Ne me fais pas de reproches! Ce n'est pas de ma faute!
> ヌ ム フェ パ ドゥ ルプロシュ ス ネ パ ドゥ マ フォートゥ
> （責めないで！私のせいじゃないんだから！）

▶私のせいにしないで！

Ne m'accuse pas!
ヌ　マキュズ　パ

*accuserは、はっきり「罪がある」と指摘してとがめる語で、reprocherより強い。

▶やつあたりしないで！

Ne t'en prends pas à moi!
ヌ　タン　プラン　パ　ア　ムワー

*s'en prendre à...「〜を非難する、責める」。

> Et puis toi aussi, tu n'as rien dit!
> エ ピュイ トゥ オスィ テュ ナ リアン ディ
> (それに君だって、ひとことも言わなかったじゃないか!)
> Ne t'en prends pas à moi!
> (やつあたりしないで!)

▶何もやってない!

Je n'ai rien fait!
ジュ ネ リアン フェ

> C'est‿de ta faute!
> セッ タ フォートゥ
> (君のせいだ!)
> Qui, moi? Mais je n'ai rien fait!
> キ ムワ メ ジュ ネ リアン フェ
> (ええっ、ぼく? でも何もやってないよ!)

▶悪いことはやってませんよ、私は!

Je n'ai rien fait de mal, moi!
ジュ ネ リアン フェ ドゥ マール ムワ

▶私のせいじゃない!

Ce n'est pas de ma faute!
ス ネ パ ドゥ マ フォートゥ

> Alors, je te prête ma moto et tu te la fais voler!
> アロール ジュ トゥ プレトゥ マ モト エ テュ トゥ ラ フェ ヴォレ
> (貸したバイクをとられてしまうなんて!)
> Ce n'est pas de ma faute! J'avais bien mis l'antivol...
> ス ネ パ ドゥ マ フォートゥ ジャヴェ ビアン ミ ランティヴォール
> (ぼくのせいじゃないよ! ちゃんとカギはかけておいたんだから…)

*antivol「(車、オートバイなどの)盗難防止装置」。

▶私は関係ありません!

Je n'y suis pour‿rien!
ジュ ニ スュイ プリアン

*y être pour...「〜に関係がある、〜に加わっている」。

Je n'ai rien‿à voir là-dedans!
ジュ ネ リアナ ヴワル ラッダン

*n'avoir rien à voir「何の関係もない」。là-dedans「その中に、そこに」。

▶どうしようもないんだ!

Je n'y peux rien!
ジュ ニ プ リアン

*n'y pouvoir rien「どうにもできない、お手上げだ」。

Tu as encore cassé un verre!
テュ ア アンコール カセ アン ヴェール
(またコップを割ったのね！)

Je n'y peux rien! Ils sont trop fragiles.
ジュ ニ ブ リアン イル ソン トゥロ フラジール
(どうしようもないんだよ！ 割れやすいんだもの)

◆ 何だよ、だれにだってあることじゃないか！

Et alors, ça arrive à tout le monde!
エ アロール サ アリヴァ トゥ ル モンドゥ

Ah zut! Je sais plus où j'ai mis les clés...
ア ズトゥ シェ プリュ ウ ジェ ミ レ クレ
(しまった！どこへカギを置いたか忘れちゃった…)

C'est pas vrai!
セ パ ヴレー
(冗談じゃないよ！)

Et alors, ça arrive à tout le monde!
(何よ、だれにだってあることじゃない！)

Et alors, ça t'est jamais arrivé, toi?
エ アロール サ テ ジャメ アリヴェー トゥワ
＊直訳は「君には起きたことがないのか？」。

◆ とにかく、私じゃない！

Ce n'est pas moi, en tout cas!
ス ネ パ ムワ アン トゥ カ

Léa, qui a fini le gâteau?
レア キ ア フィニ ル ガト
(レア、ケーキを食べてしまったのだれ？)

Ce n'est pas moi, en tout cas!
(とにかく、私じゃないよ！)

◆ まるで私のせいみたい！

On dirait que c'est de ma faute!
オン ディレ ク セ ドゥ マ フォートゥ
＊on dirait...「〜のようだ」。

Tu étais là... (あなた、そこにいたのよね…)
テュ エテ ラ

On dirait que c'est de ma faute!
(まるで私のせいみたい！)

◆ 私に何かうらみでもあるの？

Tu as quelque chose contre moi?
テュ ア ケルク ショズ コントゥル ムワ
＊avoir quelque chose contre...「〜に不満を抱く」。

腹が立ったとき

Elle_est vraiment moche, ta cravate...
エレ　ヴレマン　モッシュ　タ　クラヴァトゥ
(そのネクタイ、まったくひどいね…)

Tu as quelque chose contre moi, aujourd'hui?
テュア　ケルク　ショズ　コントゥル　ムワ　オジュルデュイ
(今日は、何かぼくにうらみでもあるの？)

Qu'est-ce que tu as contre moi?
ケス　ク　テュア　コントゥル　ムワ

▶ののしらないで！

Ne soyez pas grossier [grossière]!
ヌ　スワイエ　パ　グロスィエ　[グロスィエール]

Taré, va! Tu peux pas regarder où tu vas?
タレー　ヴァ　テュ　プ　パ　ルガルデ　ウ　テュ　ヴァ
(ばか野郎！　どこに目をつけてるんだ！)

Ne soyez pas grossier! Je_ne vous_ai pas insulté!
ヌ　スワイエ　パ　グロスィエ　ジュン　ヴゼ　パ　アンスュルテ
(ののしらないで！　私は侮辱してはいませんよ)

*tu peux pas regarder où tu vas? の直訳は「行き先を見ることができないのか」。
insulter「侮辱する」。

Ne m'insulte pas!
ヌ　マンスュルトゥ　パ
* 直訳は「私を侮辱しないで」。

▶丁寧に話してください！

Je vous prie de me parler poliment!

Mais qu'est-ce que vous foutiez, là, en plein milieu de la rue?
メ　ケス　ク　ヴ　フティエ　ラ　アン　プラン　ミリュ　ドゥラ　リュ
(そんなとこ、道のどまん中で、何してやがるんだ！)

Je vous prie de me parler poliment!
(丁寧に話してください！)

* 怒鳴るときには赤の他人に対しても vous ではなく tu を使う。

Soyez poli!
スワイエ　ポリ
* 「礼儀をわきまえなさい」と相手の無礼な態度に強く抗議する表現。

▶話し方に気をつけて！

Tu n'as pas le droit de me parler sur ce ton!
テュ　ナ　パ　ル　ドゥロワ　ドゥ　ム　パルレ　スュル　ス　トン
* 直訳は「君には私にそんな口のきき方をする権利はない」。

Je te prie de me parler sur_un_autre ton!
ジュトゥ　プリ　ドゥ　ム　パルレ　スュラノトゥルトン
(そんな口のきき方はよしなさい)

* 直訳は「別な口調で話してください」。横柄な口調を改めるよう、親が子をたしなめるときに使う。

▶怒鳴らないで！

Arrête de crier!
アレッドゥ　クリエー

> Tu as encore eu un accident. Mais quand est-ce que tu vas savoir conduire?
> テュ ア　アンコリュ　アナクスィダン　メ　カンテス　ク テュ ヴァ　サヴワール コンデュイール
> （また事故をやったって。いったいいつになったら運転できるようになるの？）
> **Arrête de crier!**
> （怒鳴らないで！）

Cesse de hurler!
セス　ドゥ　ユルレ
*hurler を使うと crier より強い表現になる。

▶怒らないで！

Ne vous fâchez pas!
ヌ　ヴ　ファシェ　パー

Ne t'énerve pas!
ヌ　テネルヴ　パー
*s'énerver「いらだつ、興奮する」。

Ne te mets pas en colère!
ヌ トゥ　メ　パ アン コレール

▶私の身にもなって！

Mets-toi à ma place!
メトゥワ ア マ プラース

> Pourquoi est-ce que tu ne lui as pas dit la vérité?
> プルクワ　エス　ク　テュ ヌ リュイ ア パ ディ ラ ヴェリテ
> （どうして彼に本当のことを言わなかったの？）
> **Mets-toi à ma place!**
> （私の身にもなってよ！）

▶いつもけちをつけるね！

Tu trouves toujours à redire!
テュ　トゥルヴ　トゥジュラ　ルディール
*trouver à redire「文句をつける」。

Tu trouves toujours à critiquer!
テュ　トゥルヴ　トゥジュラ　クリティケ
*critiquer「批判する」。

Tu n'es jamais content [contente]!
テュ　ネ　ジャメ　コンタン　[コンタントゥ]
* 直訳は「君は満足したことがない」。

腹が立ったとき

▶そうは言ってないよ！
Ce n'est pas ce que j'ai dit!
スネ パ ス ク ジェ ディ

> Tu me traites de menteur? (うそつきだって言うの？)
> テュ ム トレッドゥ マントゥール
> Ce n'est pas ce que j'ai dit! (そうは言ってないよ！)

Je n'ai pas dit ça!
ジュ ネ パ ディ サ

▶じゃあ、かん違いだよ！
Alors, tu n'as pas compris!
アロール テュ ナ パ コンプリ

> Tu as dit que c'était moi! (ぼくだと言ったじゃないか！)
> テュア ディ ク セテ ムワ
> Alors, tu n'as pas compris! (じゃあ、かん違いだよ！)

▶てきとうなこと言わないで！
Tu racontes n'importe quoi!
テュ ラコントゥ ナンポルトゥ クワ

> C'est toi qui as ouvert ma lettre!
> セ トゥワ キ ア ウヴェル マ レトゥル
> (私の手紙を開けたのあなたでしょ！)
> Tu racontes n'importe quoi! Je ne savais même pas que tu avais
> テュ ラコントゥ ナンポルトゥ クワ ジュヌ サヴェ メム パ ク テュ アヴェ
> du courrier...
> デュ クリエ
> (てきとうなこと言わないで！ あなたのところへ手紙が来てたのさえ知らなかったのに…)

Tu racontes des salades!
テュ ラコントゥ デ サラドゥ
*salades はくだけた表現で「でたらめ、ほら」。
Tu déconnes!
テュ デコンヌ
*déconner「ばかなことを言う」。下品な表現。

▶そんなことないよ！
C'est pas vrai!
セ パ ヴレ

> Tu es toujours de mauvaise humeur, le matin!
> テュ エ トゥジュル ドゥ モヴェズュムール ル マタン
> (午前中はいつもきげんが悪いんだね！)
> C'est pas vrai!
> (そんなことないよ！)

C'est faux!
セ フォ

4 感情を表すフレーズ

▶絶対に違うよ。

Absolument pas.
アブソリュマン パ

> C'est à cause de toi qu'on est en retard.
> セタ コズ ドゥ トゥワ コネ アン ルタール
> (遅刻したのはおまえのせいだよ)
>
> Absolument pas. C'est toi qui n'étais pas prêt!
> アブソリュマン パ セ トゥワ キ ネテ パ プレ
> (絶対に違うわ。準備してなかったのはあなたじゃない！)

Pas du tout!
パ デュ トゥ
Mais non!
メ ノン

▶うそだ！

C'est un mensonge!
セタン マンソンジュ
Tu mens!
テュ マン

▶そうじゃないよ。

Tu te trompes.
テュッ トゥロンプ
＊次の表現とともに、直訳は「君は間違っている」。

> C'est toi qui es sorti le dernier de la maison.
> セ トゥワ キ エ ソルティ ル デルニエ ドゥ ラ メゾン
> (家を最後に出たのはあなたでしょ)
>
> Tu te trompes. C'est Papa.
> テュッ トゥロンプ セ パパ
> (そうじゃないよ。パパだよ)

Vous faites erreur.
ヴ フェテルール

抗議する　　　　　　　　　　　　　　4_015.mp3

▶おかしいよ！

Il n'y a pas de raison!
イル ニャ パ ドゥ レゾン
＊「それは正当ではない」と抗議する表現。

> Toi, tu restes à la maison.
> トゥワ テュ レスタ ラ メゾン
> (留守番しててね、あなたは)
>
> Il n'y a pas de raison! Je veux y aller, moi aussi!
> イル ニャ パ ドゥ レゾン ジュ ヴ ヤレー ムワ オスィ
> (おかしいよ、ぼくだって行きたいよ！)

腹が立ったとき　　513

C'est pas juste!
セ パ ジュストゥ
*子どもが親に「不公平だよ！」と言うときによく使う。

Je suis pas d'accord!
シュイ パ ダコール
*直訳は「賛成できない」。

▶すみませんが、〜。
Je regrette, ...
ジュ ルグレトゥ

> C'est à moi.
> セタ ムワ
> （私の番です）
>
> Je regrette, Madame, mais j'étais là avant vous.
> ジュ ルグレトゥ マダム メ ジェテ ラ アヴァン ヴ
> （すみませんが、私はあなたより先にここにいたんですよ）

▶どうして私なんですか？
Et pourquoi moi?
エ プルクワ ムワ

> Et pourquoi moi?
> （どうしてぼくなの？）
>
> Parce que tu es l'aîné.
> パルス ク テュ エ レネ
> （お兄ちゃんだからよ）

▶違うよ、君の役目だよ！
Non, c'est à toi de le faire!
ノン セタ トゥワ ドゥ ル フェール
*直訳は「それをするのは君だ」。

▶みんなのように並んでください！
Faites la queue comme tout le monde!
フェットゥ ラ ク コム トゥ ル モーンドゥ
*queue「しっぽ、行列」。順番を守らない人に「割りこまないで」と抗議する表現でよく使われる。

▶押さないで！
Ne poussez pas!
ヌ プセ パー

▶それじゃおどしだよ！
Mais c'est du chantage!
メ セ デュ シャンタージュ
*chantage「恐喝、ゆすり、おどし」。

Si tu‿ne m'aides pas, je te dénonce.
スィ テュン メドゥ パ ジュトゥ デノンス
(手伝ってくれないのなら、言いつけるから)

Mais c'est du chantage!
(それじゃおどしだよ！)

▶ちょっと待って、機械じゃないよ、私は！

Attends, je‿suis pas une machine, moi!
アタン シュイ パ ユン マシン ムワ

Tant que tu y‿es, passe l'aspirateur, étends le linge et range la cuisine, s'il te plaît.
タン ク テュ イ エ パス ラスピラトゥール エタン ル ランジュ エ ランジュ ラ キュイズィン スィル トゥ プレ
(それはついでに、掃除機をかけて、洗濯物を干して、台所を片付けてちょうだい)

Attends, je‿suis pas une machine, moi!
(ちょっと待って、機械じゃないよ、ぼくは！)

Je n'ai que deux bras, moi!
ジュ ネ ク ドゥ ブラー ムワ
(腕は二本しかないんだからね！)

しりぞける

4_016.mp3

▶それは私のことだから。

C'est mon problème.
セ モン プロブレーム

A ta place, je‿ne lui ferais pas confiance...
ア タ プラス ジュン リュイ フレ パ コンフィアンス
(私だったら、彼を信じないけど…)

C'est mon problème.
(それは私のことだから)

C'est moi que ça regarde!
セ ムワ ク サ ルガルドゥ
*regarder「見る」には物が主語で「〜に関係する」の意味がある。直訳は「関係があるのは私です」。

Ça‿ne regarde que moi.
サン ルガルドゥ ク ムワ
*直訳は「それは私にしか関係のないことだ」。

▶関係ないでしょ！

Ça‿ne te regarde pas!
サン トゥ ルガルドゥ パ

Qu'est-ce qu'il te dit, dans sa lettre?（手紙、何て書いてあるの？）
ケス キル トゥ ディ ダン サ レトゥル

Ça‿ne te regarde pas!（関係ないでしょ！）

腹が立ったとき

C'est pas ton problème!
セ パ トン プロブレーム
Ça ne te concerne pas!
サ ヌ トゥ コンセルン パ
Ça te regarde?
サ トゥ ルガルドゥ

▶君に何か頼んだ？

On t'a demandé quelque chose, toi?
オン タ ドゥマンデ ケルク ショーズ トゥワ
On t'a demandé ton avis?
オン タ ドゥマンデ トナヴィ
＊直訳は「君に意見をたずねたか？」。
Je ne t'ai rien demandé!
ジュ ヌ テ リアン ドゥマンデ
On t'a pas sonné! (お呼びじゃないよ！)
オン タ パ ソネ
＊sonner「呼び鈴を鳴らす」。くだけた表現。

▶よけいなお世話！

Occupe-toi de tes affaires!
オキュプトゥワッ テザフェール
＊s'occuper de...「～に専心する、かかわる」。直訳は「自分のことをやっていなさい」。
Mêle-toi de tes oignons!
メルトゥワッ テゾニョン
＊se mêler de...「～にかかわり合う」。直訳は「自分のタマネギにかまっていろ」。
Ce ne sont pas tes affaires!
スン ソン パ テザフェール

▶口出ししないで！

De quoi je me mêle!
ドゥ クワ ジュ ム メール
De quoi je m'occupe!
ドゥ クワ ジュ モキュップ
Il faut toujours que tu mettes ton grain de sel!
イル フォ トゥジュール ク テュ メットン グレン ツェール
＊Il faut toujours ～は「いつも～してばかり」から転じて、「～してはいけない」の意味になる。grain de sel「塩の粒、才気あふれることば」。mettre son grain de sel「よけいな口出しをする」。

▶指し図は受けないよ！

Je n'ai pas d'ordres à recevoir de toi!
ジュ ネ パ ドルドゥラ ルスヴワル ドゥトワ

> Il faut que tu termines avant ce soir! (夜までに仕上げるんだよ！)
> イル フォ ク テュ テルミナヴァン ス スワル
> Je n'ai pas d'ordres à recevoir de toi! (君の指し図は受けないよ！)

Je sais ce que j'ai à faire!
ジュ セ ス ク ジェ ア フェール
＊直訳は「自分のやるべきことはわかっている」。

4 感情を表すフレーズ

▶ Tuで話すのはやめていただきたいのですが。

Je vous prierai de ne pas me tutoyer!
ジュ ヴ プリエレ ドゥン パ ム テュトゥワイエ

*相手に距離を置いた、丁寧だが冷たい表現。tutoyer は「君・ぼく」を使った親しい口のきき方。反対は vouvoyer.

▶ なれなれしくしてほしくありません。

Je ne vous permets pas ces familiarités.
ジュン ヴ ペルメ パ セ ファミリアリテ

*相手に距離を置いた、丁寧だが冷たい表現。

▶ 助言はいらないよ！

Je me passerai de tes conseils!
ジュ ム パスレ ドゥ テ コンセイ

*se passer de...「～なしですませる」。

Tes conseils, tu peux te les garder!
テ コンセイ テュ プ トゥレ ガルデ

*se garder「ひかえる、とっておく」。くだけた表現。

▶ 自分でできるでしょ！

Tu peux très bien le faire toi-même!
テュ プ トゥレ ビアン ル フェル トゥワメーム

> Tu pourrais me réparer ma roue?
> テュ プレ ム レパレ マ ルー
> （自転車のタイヤ、直してもらえる？）
> Tu peux très bien le faire toi-même!
> （自分でできるでしょ！）

Fais-le toi-même!
フェル トゥワメーム

▶ 知るもんか！

Je veux pas le savoir!
ジュ ヴ パ ル サヴワール

*直訳は「私はそれを知りたくない」。

> S'il te plaît... si tu ne m'aides pas, j'aurai une mauvaise note!
> スィル トゥ プレー スィ テュン メドゥ パ ジョレ ユン モヴェズ ノートゥ
> （頼むよ…助けてくれないと、悪い点を取ることになるんだ！）
> Je veux pas le savoir!
> （知るもんか！）

J'en ai rien à faire!
ジャンネ リアンナ フェール

*faire の代わりに ficher（くだけた言い方）、foutre（下品な言い方）が使える。

▶ 私には関係ありません。

Ce n'est pas mon affaire.
ス ネ パ モナフェール

腹が立ったとき

Ce n'est pas mon problème.
ス ネ パ モン プロブレム
Ça ne me regarde pas.
サ ン ム ル ガルドゥ パ

▶自分でやれば！

Je ne t'empêche pas de le faire!
ジュ ヌ タンペシュ パ ドゥ ル フェール
*empêcher「さまたげる」。直訳は「君がそれをするじゃまはしない」。

> Quel désordre, ici! Il faudrait ranger...
> ケル デゾルドゥルスィ イル フォドゥレ ランジェ
> （何て散らかってるの、ここは！ 片付けたほうが…）
> Je ne t'empêche pas de le faire!
> （自分でやれば！）

▶うるさいよ！

Tu m'embêtes!
テュ マンベトゥ
*直訳は「君はぼくを困らせる」。

> Tu pourrais me le prêter, quand même!
> テュ プレー ム ル プレテー カン メーム
> （それでもやっぱり、貸してよー！）
> Tu m'embêtes!（うるさいよ！）

Tu m'énerves!
テュ メネールヴ
*直訳は「君はぼくをうんざりさせる」。

▶ひまがないんだ！

Je n'ai pas le temps!
ジュ ネ パ ル タン

▶いまはだめ！

Ce n'est pas le moment!
ス ネ パ ル モマン
*直訳は「いまはその時ではない」。

> Dis, regarde. Je voudrais te montrer quelque chose.
> ディ ルガールドゥ ジュ ヴドゥレ トゥ モントゥレ ケルク ショーズ
> （ねえ、見て。いいもの見せてあげるから）
> Ce n'est pas le moment! Tu vois bien que je suis occupée!
> ス ネ パ ル モマン テュ ヴワ ビアン ク シュイ オキュペ
> （いまはだめ！ 忙しいのわかってるでしょ！）

▶かまわないで！

Laissez-moi tranquille!
レセ モワ トゥランキール
*tranquille「静かな」。

Vous‿ne voulez vraiment pas me dire votre nom?
ヴン　ヴレ　ヴレマン　パ　ム　ディル ヴォトゥル　ノン
(どうしてもぼくに名前を教えてもらえないの？)

Laissez-moi tranquille! (かまわないで！)

Fichez-moi la paix!
フィシェムワ　ラ　ペ
*ficher「与える、やる」。paix「安らぎ、静けさ」。ficher を用いるとくだけた表現になる。

Foutez-moi la paix!
フテムワ　ラ　ペ
*foutre「与える、くらわす」。foutre は下品な表現。

Lâche-moi!
ラシュムワ
*lâcher「つかんでいたものを放す」。くだけた表現。

▶じゃましないで！

Ne me dérange pas!
ヌ　ム　デランジュ　パ

Tu viens jouer avec moi?
テュ ヴィアン ジュエ アヴェク ムワ
(一緒に遊んでくれる？)

Ne me dérange pas! Tu vois bien que je travaille!
ヌ　ム　デランジュ　パ　テュ ヴワ ビアン ク ジュ トゥラヴァイ
(じゃましないで！ 仕事してるのわかるでしょ！)

Tu me gênes! (じゃまだ！)
テュ ム ジェーヌ

落ち着かせる　　　　　　　　　　　　4_017.mp3

▶落ち着いて！

Calme-toi!
カルムトゥワー

Oh la la! Je vais être‿en retard!
オ ラ ラー ジュ ヴェ エトゥラン ルタール
(たいへん！ 遅刻しそう！)

Calme-toi. Ça‿ne sert‿à rien de t'énerver.
カルムトゥワー　サン　セラ　リアン ドゥ テネルヴェ
(落ち着いて。いらいらしても何にもならないよ)

Du calme!
デュ カールム

Mollo!
モロー
*くだけた表現。

▶落ち着いて考えてごらん！

Calme-toi et réfléchis!
カルムトゥワ　エ　レフレシ

腹が立ったとき

Mais qu'est-ce que je vais faire, maintenant! Je suis fichu!
メ ケス ク ジュ ヴェ フェール マントゥナン シュイ フィシュー
(いまさらどうすればいいの！もうだめ！)

Calme-toi et réfléchis!
(落ち着いて考えてごらん！)

▶興奮しないで！

Ne t'énerve pas!
ヌ テネルヴ パー

C'est pas vrai! J'en ai marre! J'y arriverai jamais!
セ パ ヴレー ジャンネ マール ジ アリヴレ ジャメー
(うっそー！ もーう！ 絶対無理だよ！)

Ne t'énerve pas. Ça n'avance à rien!
ヌ テネルヴ パ サ ナヴァンサ リアン
(興奮しないで！ 何にもならないから！)

Garde ton sang-froid.
ガルドゥ トン サンフルワ
*sang は「血液」。sang-froid は直訳すると「冷たい血」で「冷静、沈着」。日本語の「冷血」の意味はない。

▶まあ、まあ。

Allons, allons!
アロン アローン

Je la déteste. (彼女なんか嫌い！)
ジュラ デテストゥ

Allons, allons! Il ne faut pas dire ça. (まあ、まあ。そんなこと言わないで)
アロン アローン イル ヌ フォ パ ディル サ

▶気をしずめて！

Détends-toi!
デタントゥワー
*se détendre「ゆるむ、緊張をとく」。

Vraiment, il me tue. Et dire qu'il est là pour un mois!
ヴレマン イル ム テュ エ ディール キレ ラ プラン ムワ
(まったく、うんざりするわ。彼が1か月もここにいるなんて！)

Détends-toi! Tiens, je vais te faire couler un bain.
デタントゥワー ティアン ジュ ヴェ トゥ フェル クレ アン バン
(気をしずめて！ さあ、お風呂にお湯を張るわ)

Décontracte-toi!
デコントゥラクトゥトゥワー
*se décontracter「緊張をゆるめる、くつろぐ」。

Relax, Max!
ルラクス マクス
*直訳は「マクス、リラックスしなさい」で、ふたつの語に共通の ax を並べたごろ合わせの表現。

4 感情をあらわすひとこと

▶ ゆっくりやりなさい！

Prends ton temps!
プラン トン ターン

> C'est dur, ce devoir! Je n'y‿arrive pas!（難しいよ、この宿題！ できない！）
> セ デュール ス ドゥヴワール ジュ ニャリヴ パー
>
> Prends ton temps！ Ce n'est pas pour demain.
> プラン トン ターン ス ネ パ プル ドゥマン
> （ゆっくりやりなさい！ 明日までじゃないんだから）

Ne te presse pas!（あせらないで！）
ヌ トゥ プレス パ

▶ 急がなくても大丈夫。

Ce n'est pas la peine de se dépêcher.
ス ネ パ ラ ペン ドゥス デペシェ
*ce n'est pas la peine de...「～するには及ばない」。

> Allez, vite! On‿y va!
> アレ ヴィットゥ オニ ヴァ
> （さあ、早く！ 行くよ！）
>
> Ce n'est pas la peine de se dépêcher! On‿a encore deux‿heures!
> ス ネ パ ラ ペン ドゥス デペシェ オナ アンコル ドゥズール
> （急がなくても大丈夫。まだ2時間もあるから！）

Y‿a pas le feu!
ヤ パ ル フー
*Il n'y a pas le feu! の略で、「火はない」という意味から「あわてることはない」。次とともにくだけた表現。

On n'est pas aux pièces!
オン ネ パ オ ピエース
*直訳は「出来高払いではない」。

▶ 時間はあるよ！

On‿a le temps!
オナ ル ターン

> Vite, ils‿arrivent dans dix minutes!
> ヴィットゥ イルザリヴ ダン ディ ミニュートゥ
> （早く、10分で来るよ！）
>
> On‿a le temps! Tu sais bien qu'ils sont toujours‿en retard!
> オナ ル ターン テュ セ ビアン キル ソン トゥジュラン ルタール
> （時間はあるよ！ あの人たちがいつも遅れるの、知ってるでしょ！）

▶ 心配しないで！

Ne t'inquiète pas!
ヌ タンキエトゥ パ

> Tu as vu? Il m'a menacée!（見た？ 彼、私をおどしたのよ！）
> テュ ア ヴュ イル マ ムナセ

腹が立ったとき

521

Ne t'inquiète pas. Ce ne sont que des mots...
ヌ タンキエトゥ パ スン ソン ク デ モー
(心配しないで。ことばだけよ...)

Ne vous faites pas de souci!
ヌ ヴ フェトゥ パ ツスィ

▶安心して！
Rassure-toi!
ラスュルトゥワ

J'ai le trac!
ジェ ル トラック
(あがってるの！)
Rassure-toi. Ça ira!
ラスュルトゥワ サ イラー
(安心して。うまくいくよ！)

▶こわがらないで。
N'aie pas peur.
ネ パ プール

J'ai peur du chien! (犬がこわいよ！)
ジェ プル デュ シアン
N'aie pas peur! Il ne mord pas.
ネ パ プール イル ヌ モル パ
(こわがらないで！ かみつきはしないから)
Qu'est-ce que tu en sais?
ケス ク テュ アン セ
(そんなことどうしてわかるの？)

▶あわてないでください！
Ne vous affolez pas!
ヌ ヴザフォレ パ
＊s'affoler「(動転して)取り乱す、うろたえる」。

J'ai eu un accident. Mon fils est blessé.
ジュ ユ アナクスィダン モン フィセ ブレセ
(事故なんです。息子がけがをして)
Ne vous affolez pas. J'appelle une ambulance.
ヌ ヴザフォレ パ ジャペリュナンビュランス
(あわてないでください。救急車を呼びますから)

Pas de panique!
パ ドゥ パニーク

▶悪くとらないで！
Ne le prends pas mal!
ヌ ル プラン パ マール

4 感情を表すフレーズ

Il m'a répondu en français, alors que j'ai fait l'effort de lui parler en japonais!
(彼ったらフランス語で返事するんだよ、ぼくが日本語で話そうとがんばってるのに!)

Ne le prends pas mal. C'est par gentillesse!
(悪くとらないで。親切からだよ!)

Ne te vexe pas!
*se vexer「気を悪くする」。

▶うらまないで! 彼のせいじゃないんだから。

Ne lui en veux pas! Ce n'est pas de sa faute.
*en vouloir à...「~を悪く思う、うらむ」。

Je m'en souviendrai!
(忘れないから!)
Ne lui en veux pas! Ce n'est pas de sa faute.
(うらまないで! 彼のせいじゃないんだから)

仲直りする   4_018.mp3

▶仲直りしたんだ。

On s'est réconciliés [réconciliées].

Ça va mieux, entre vous?
(あなたたち、もういいの?)
Oui, on s'est réconciliés.
(うん、仲直りしたんだ)

▶仲直りしたの?

Vous êtes réconciliés [réconciliées]?

Vous êtes réconciliés?
(仲直りしたの?)
Non pas encore.
(いいえ、まだ)

Ça va mieux, entre vous?

Vous vous_êtes rabibochés [rabibochées]?
ヴ　ヴゼトゥ　　　　　ラビボシェ
*se rabibocher は se réconcilier のくだけた言い方。

▶仲直りしようか…？
Si on faisait la paix...?
スィ オン フゼ　ラ ペ
*Si+on 半過去形で「〜しないか？」の勧誘表現。paix「平和、平穏」。

> Si on faisait la paix... ?
> （仲直りしようか…？）
>
> Si tu veux...
> スィ テュ ヴ
> （いいよ…）

Faisons la paix!
フゾン　ラ ペ
（仲直りしようよ！）

▶もう言い争うのはやめようよ。
Allez, on_arrête_de se disputer.
アレ　　オナレッドゥ　ス　ディスピュテ

▶わかりあえないものかな…。
On pourrait essayer de_s'arranger...
オン　プレ　　エセイエ　　ツァランジェ
*essayer de...「〜しようと努める」。s'arranger「和解する」。

On pourrait essayer de_s'entendre...
オン　プレ　　エセイエ　　ツァンタンドゥル
*s'entendre「理解し合う」。

▶冷静に話し合えない？
Si on_en discutait calmement?
スィ　オンナン　ディスキュテ　　カルムマン

▶水に流そうよ！
Oublions ça!
ウブリオン　サ
*直訳は「そのことは忘れよう」。

> Je regrette ce qui s'est passé...
> ジュ ルグレトゥ ス キ セ パセ
> （こんなことになってしまって後悔してるわ…）
>
> Oublions ça!
> （水に流そうよ！）

Bon, allez, n'en parlons plus.
ボン　アレ　ナン　パルロン　プリュ
（さあ、そのことはもういいよ）

4

▶ 悲しませるつもりはなかったんだ…。

Je ne voulais pas te faire de la peine...
ジュ ヴレ パ トゥ フェル ドゥ ラ ペン
*faire de la peine à「〜を悲しませる」。

Je ne voulais pas te blesser...
ジュ ヴレ パ トゥ ブレセ
(傷つけたくはなかったのに…)

▶ 申し訳ない。

Je te demande pardon.
ジュ トゥ ドゥマンドゥ パルドン

> Je te demande pardon.
> (申し訳ない)
>
> Bon, d'accord. Je te pardonne.
> ボン ダコール ジュ トゥ パルドン
> (よし、わかった。許すよ)

Excuse-moi.
エクスキュズムワ
(ごめんなさい)

Je suis désolé [désolée].
ジュ スュイ デゾレ
(すみませんでした)

▶ 悪かった、認めるよ。

J'ai eu tort. Je le reconnais.
ジェ ユ トール ジュ ル ルコネ
*avoir tort「まちがっている」。

C'est de ma faute.
セ ドゥ マ フォトゥ
(私のせいです)

▶ もう二度としません。

Je ne le referai plus.
ジュ ル ルフレ プリュ

Je ne recommencerai plus.
ジュ ルコマンスレ プリュ

腹が立ったとき

18 うまくいかないとき

不平を言う

▶仕事が多すぎるんだ！
J'ai trop de travail!
ジェ トゥロッ トゥラヴァイ

> J'ai trop de travail!
> （仕事が多すぎるんだ！）
> Allez, courage!
> アレ クラージュ
> （さあ、がんばって！）

▶働きすぎなんだ。
Je travaille trop.
ジュ トゥラヴァイ トゥロ
Je passe ma vie à travailler!
ジュ パス マ ヴィ ア トゥラヴァイエ
＊直訳は「人生を仕事で過ごしている」。

▶遊ぶ時間がないんです。
Je n'ai jamais de loisirs.
ジュ ネ ジャメ ドゥ ルワズィール
＊loisirs「自由な時間、余暇」。

▶休むひまがない。
Je n'ai pas le temps de me reposer.
ジュ ネ パ ル タン ドゥ ム ルポゼ
Je n'ai pas assez de congés.
ジュ ネ パ アセ ドゥ コンジェ
（有給休暇がすくないんだ）

▶何にもできやしない。
Je n'ai le temps de rien faire.
ジュ ネ ル タン ドゥ リアン フェール
＊直訳は「何かをする時間がまったくない」。

▶まだ３週間もあるなんて！
Et dire que j'en ai encore pour trois semaines!
エ ディール ク ジャンネ アンコール プル トゥルワ スメン

> Et dire que j'en ai encore pour trois semaines!
> （まだ３週間もあるなんて！）
> Allez, courage! Qu'est-ce que c'est, trois semaines, dans une vie!
> アレー クラージュ ケス ク セ トゥルワ スメン ダンズュン ヴィ
> （さあ、がんばって！ なによ、人生の中のたった３週間じゃないの！）

526 4 感情を表すフレーズ

▶収入が足りないんです。

Je ne gagne pas assez.
ジュ ヌ ガニュ パ アセ

J'ai un salaire de misère.
ジェ アン サレール ドゥ ミゼール
(薄給です)

▶これではやっていけない。

Je n'arrive pas à joindre les deux bouts.
ジュ ナリヴ パ ア ジュワンドゥル レ ドゥ ブ
*bout「細長いものの先端」。

▶家賃が高すぎるんだ。

Mon loyer est trop cher.
モン ルワイエ エ トゥロ シェール

Mon loyer est trop cher.
(家賃が高すぎるんだ)

Demande à ton propriétaire de te le baisser.
ドゥマンダ トン プロプリエテール ドゥ トゥ ル ベセ
(大家さんに値下げを頼んだら?)

Je paye trop cher de loyer.
ジュ ペイ トゥロ シェール ドゥ ルワイエ

▶税金が高すぎる。

On paie trop d'impôts.
オン ペ トゥロ ダンポ

On paie trop d'impôts.
(税金が高すぎるよ)

Ne m'en parle pas!
ヌ マン パルル パ
(そりゃそうだね!)

▶こんな人生、つまらないよ…。

C'est pas marrant, cette vie...
セ パ マラン セトゥ ヴィ
*marrantはくだけた表現で「面白い、変わった」。

C'est pas marrant, cette vie: métro, boulot, dodo...
セ パ マラン セトゥ ヴィ メトゥロ ブロ ドド
(こんな人生、つまらないよ…電車に乗って、仕事をして、帰って寝るだけなんて…)

C'est pareil pour tout le monde...
セ パレイ プル トゥ ル モンドゥ
(だれだってそんなものだよ…)

*dodoは幼児語で「ねんね」。

うまくいかないとき

がっかりしたとき

▶**がっかりだ！**

Je suis déçu [déçue]!
ジュ スュイ デスュ

> Je n'ai pas eu le poste que je voulais. Je suis déçu!
> ジュ ネ パ ユ ル ポストゥ ク ジュ ヴレ ジュ スュイ デスュ
> (望んでいたポストに就けなかったんだ。がっかりだよ)
>
> Je te comprends...
> ジュ トゥ コンプラン
> (わかるよ…)

Quelle déception!
ケル デセプスィオン
*déception「失望、落胆」。

C'est décevant!
セ デスヴァン
*décevant「期待はずれの」。

▶**彼には失望したよ。**

Il m'a déçu [déçue].
イル マ デスュ

> Il m'a lâché au dernier moment! Il m'a déçu.
> イル マ ラシェ オ デルニエ モマン イル マ デスュ
> (彼はどたんばで裏切ったんだ！ 失望したよ)
>
> Il manque de courage! (いくじがないな！)
> イル マンク ドゥ クラージュ

Je n'aurais pas cru ça de lui.
ジュ ノレ パ クリュ サ ドゥ リュイ
(彼がそんなことをするとは思わなかった)

▶**それは残念だな！**

Quel dommage!
ケル ドマージュ

> Malheureusement, je_ne pourrai pas venir.
> マルルズマン ジュン プレ パ ヴニール
> (せっかくですが、行けないんです)
>
> Quel dommage! (それは残念だな！)

C'est bien dommage!
セ ビアン ドマージュ

▶**つまらないな！**

C'est bête!
セ ベートゥ
*bête には「ばかな」の意味もあるので注意。

C'est annulé, demain.
(明日は取りやめだよ)

C'est bête! Moi qui me réjouissais...
(つまらないな！せっかく楽しみにしてたのに…)

Dommage!

▶～とは残念です。

Je suis désolé [désolée] que...

Je suis désolé qu'elle rentre au Canada...
(彼女がカナダに帰ってしまうとは残念だな…)

Elle va te manquer...
(いなくなるとさびしくなるね…)

Je regrette que...
Quel dommage que...

▶残念ながら、～。

Malheureusement,...

Malheureusement, elle ne m'a pas reconnu.
(残念ながら、彼女はぼくのことがわからなかったよ)

Pourtant, tu n'as pas changé.
(だけど、君は変わってないのにね)

▶しょげてるんだ。

C'est démoralisant.

*démoralisant「がっかりさせる、気力を失わせる」。

Ça fait trois fois que je rate. C'est démoralisant.
(3回も落ちてしまって。しょげてるんだ)

Courage! Je suis sûr que tu finiras par y arriver.
(がんばって！きっとうまくいくと思うよ)

Je suis démoralisé [démoralisée].

うまくいかないとき

Ça me démoralise.
サ ム デモラリーズ

▶やる気がでない。

Je suis découragé [découragée].
ジュ スュイ デクラジェ
*décourager「落胆させる、気力を失わせる」。

> Il faut que je recommence tout à zéro. Je suis découragé.
> イル フォク ジュ ルコマンス トゥ ア ゼロ ジュ スュイ デクラジェ
> (最初からやり直さなきゃならないんだ。やる気がでないよ)
>
> Profites-en pour‿améliorer!
> プロフィトゥザン プラメリョレ
> (よくなるのならいいじゃない！)

*profiter de...「〜を利用する」。améliorer「改善する」。直訳は「改善のためにそのことを利用しなさい」。

C'est décourageant.
セ デクラジャン
Ça me décourage.
サ ム デクラージュ

▶何もかもむだだった！

Tout ça pour‿rien!
トゥ サ プリアン

> Finalement, elle ne vient pas dîner. Elle‿est malade.
> フィナルマン エル ヌ ヴィアン パ ディネ エレ マラードゥ
> (結局、彼女は食事に来ないよ。病気なんだ)
>
> C'est pas vrai! J'ai fait tout ça pour‿rien!
> セ パ ヴレー ジェ フェ トゥ サ プリアン
> (そんなー！ 何もかもむだだった！)

Alors que je me suis donné [donnée] tout ce mal!
アロル ク ジュ ム スュイ ドネ トゥス マール
(こんなに努力したのに！)
Tout ça pour des prunes!
トゥ サ プル デ プリュン
*prune「プラム」。pour des prunes「つまらないことのために、むだに」。くだけた表現。

▶何にもならなかった。

Ça n'a servi à rien.
サ ナ セルヴィ ア リアン
* 直訳は「それは何の役にも立たなかった」。

> On‿a protesté.
> オナ プロテステ
> (抗議をしたよ)

Et alors?
エ アロール
(それで?)

Ça n'a servi à rien.
(何にもならなかった)

C'était inutile!
セテ イニュティール

▶ まあいいよ!

Tant pis!
タン ピ
*「残念だがしかたがない」というニュアンス。

Je ne peux pas aller t'accompagner à l'aéroport. Je suis désolée.
ジュ ヌ プ パ アレ タコンパニェ ア ラエロポール ジュ スュイ デゾレ
(空港まで送って行けないの。ごめんなさい)

Tant pis. J'irai seul.
タン ピ ジレ スール
(まあいいよ。ひとりで行くから)

▶ 〜に失敗した。

J'ai raté...
ジェ ラテ
*rater は échouer à... のくだけた言い方。

J'ai raté le permis...
ジェ ラテ ル ペルミ
(免許、失敗したんだ…)

Ce n'est pas grave. Tu le repasses quand?
ス ネ パ グラーヴ テュ ル ルパス カン
(大丈夫だよ。次はいつなの?)

J'ai échoué.
ジェ エシュエ
Je l'ai loupé [loupée].
ジュ レ ルペ

▶ だめだった。

J'ai perdu.
ジェ ペルデュ
*「私の負けだ、くやしい」の気持ちで使う。

Tu as regardé les résultats du dernier tirage?
テュ ア ルガルデ レ レズュルタ デュ デルニエ ティラージュ
(最後の抽選の結果を見た?)

Oui. J'ai perdu.
(うん。だめだった)

うまくいかないとき

▶時間のむだだった。

J'ai perdu mon temps.
ジェ ペルデュ モン タン

> Alors, c'était bien?
> アロール セテ ビアン
> (よかった？)
>
> Non, ce n'était pas intéressant. J'ai perdu mon temps.
> ノン ス ネテ パ アンテレサン ジェ ペルデュ モン タン
> (ううん、面白くなかった。時間のむだだった)

ゆううつなとき　　　　　　　　　　　　　　4_021.mp3

▶やる気になれない。

Je n'ai pas le moral.
ジュ ネ パ ル モラール
*moral「気力、士気」。

> Je n'ai pas le moral.
> (やる気になれないんだ)
>
> Tu as des problèmes?
> テュ ア デ プロブレーム
> (なにかあるの？)

▶今日はゆううつです。

J'ai le cafard, aujourd'hui.
ジェ ル カファー ロジュルデュイ
*cafardは「ゴキブリ」で、「気がめいる、落ち込む」などの暗い気分を表すのに使われる。

J'ai le bourdon.
ジェ ル ブルドン
*bourdon「低音の鐘」。くだけた表現。

J'ai le blues.
ジェ ル ブル
(ブルーな気分だ)
*くだけた表現。

▶落ち込んでるんだ。

Je suis déprimé [déprimée].
ジュ スュイ デプリメ
*déprimé「意気消沈した」。

> Je suis déprimé.
> (落ち込んでるんだ)
>
> Si tu as besoin de parler, je suis là.
> スィ テュ ア ブズワン ドゥ パルレ ジュ スュイ ラ
> (もし話したかったら、私が聞くわよ)

Je ne suis pas bien, aujourd'hui.
ジュン スュイ パ ビアン オジュルデュイ

4 感情を表すフレーズ

(今日は調子がよくない)
*身体についても精神的なことについても使える。

◆気がめいる。
Ça me déprime.
サム　デプリーム

> Ça me déprime, ce temps...
> サム　デプリーム　ス　タン
> (気がめいるな、この天気…)
> Tu trouves? Moi, j'aime bien la pluie. (そう？ 雨が好きよ、私は)
> テュ トゥルーヴ　ムワ ジェム ビアン ラ プリュイ

C'est déprimant.
セ　デプリマン
C'est triste.
セ　トゥリスト

◆今日は何もしたくない。
Je n'ai rien‿envie de faire,‿aujourd'hui.
ジュ ネ　リアンナンヴィ ドゥ フェーロジュルデュイ

> Je n'ai rien‿envie de faire,‿aujourd'hui. (今日は何もしたくない)
> Il ne faut pas rester comme ça... Allez, je t'emmène‿au cinéma.
> イル ヌ　フォ パ　レステ　コム　サ　アレ ジュ　タンメノ　　スィネマ
> (さあ、そんなふうにしてないで…映画に連れてってあげるから)

◆人生、面白いことなんか何もない。
Il n'y‿a rien qui m'intéresse dans la vie.
イル ニャ　リアン キ　マンテレス　ダン ラ ヴィ

◆だれもわかってくれない。
Personne‿ne me comprend.
ペルソンヌ　　ム　コンプラン

◆人生をしくじったよ。
J'ai raté ma vie.
ジェ ラテ　マ ヴィ

さびしいとき・悲しいとき

▶とてもさびしい。

Je me sens très seul [seule].
ジュ ム サン トゥレ スール
*seul「唯一の、ひとりきりの」。直訳は「自分がひとりきりだと感じる」。

> Je me sens très seul depuis la mort de ma femme.
> ジュ ム サン トゥレ スール ドゥピュイ ラ モール ドゥ マ ファンム
> （妻が亡くなって以来、とてもさびしいんです）
>
> Je comprends... （お察しします…）
> ジュ コンプラン

Je me sens vraiment solitaire.
ジュ ム サン ヴレマン ソリテール
*solitaire「孤独な」。

▶つらいな、ひとりは…。

C'est dur, la solitude...
セ デュール ラ ソリテュードゥ

> C'est dur, la solitude...
> （つらいな、ひとりは…）
>
> Mais la solitude, c'est aussi la liberté...
> メ ラ ソリテュードゥ セトオスィ ラ リベルテ
> （でもひとりなら、自由でしょうに…）

▶悲しい。

Je suis triste.
ジュ スュイ トゥリストゥ

> Je suis triste. （悲しいわ）
>
> C'est parce que ton copain est parti?
> セ パルス ク トン コパン エ パルティ
> （彼が行ってしまったから？）

Je suis malheureux [malheureuse]. （みじめだ）
ジュ スュイ マルル マルルーズ
* 同情をひくようなニュアンスがあるので、気軽には使わない。

▶つらいんです。

J'ai de la peine.
ジェ ドゥ ラ ペン
* 何か理由があって、悲しみ悩んでいるときに使う。peine には「精神的な苦しみ、悲しみ」のほか「身体的な労苦」の意味もある。

> J'ai de la peine. Je viens de perdre ma meilleure amie.
> ジェ ドゥ ラ ペン ジュ ヴィアン ドゥ ペルドゥル マ メユラミ
> （つらいの。親友が亡くなったばかりで）
>
> C'est pas vrai... Dans un accident? （うそ…事故だったの？）
> セ パ ヴレ ダンザナクスィダン

4 感情を表すフレーズ

Non, elle était malade. (いいえ、病気で)

J'ai du chagrin.
*chagrin は peine より強い。

▶悲しいことです。

Ça me fait de la peine.

Mes deux fils sont fâchés. Ça me fait de la peine.
(うちのふたりの息子が仲たがいしてて。悲しいことです)

Ça ne va pas durer...
(いつまでも続かないですよ…)

C'est triste.

▶さびしくなるよ…。

Tu me manques...
*manquer à...「(大切な人や物が) 欠けていてさびしい」。

Je me sens seul sans toi...

▶悲惨だよ！

C'est affreux!

J'ai tout perdu: plus de maison, plus de souvenirs, plus rien.
C'est affreux!
(何もかもなくしたんだ。家も、思い出になるものも、もう何もない。悲惨だよ！)

Ne pleure pas, on va t'aider, on est là.
(泣かないで、力になるよ、私たちがついてるんだから)

▶泣いてしまったの。

Je me suis mise à pleurer.
*se mettre à...「〜し出す」。ふつう男性は使わない表現。

Et alors, qu'est-ce que tu lui a répondu? (それで、彼に何て返事したの？)
Rien. Bêtement, je me suis mise à pleurer.
(何にも。ばかみたい、泣いてしまったの)

うまくいかないとき

J'ai pleuré.
ジェ　プルレ
J'ai chialé.
ジェ　シアレ
*chialer は pleurer のくだけた言い方。

J'ai éclaté en sanglots.
ジェ　エクラテ　アン　サングロ
*éclater は「破裂する」、éclater en... で「突然〜する」。sanglots「すすり泣き、おえつ」。

J'ai pleuré toutes les larmes de mon corps. (涙が枯れるまで泣いた)
ジェ　プルレ　トゥトゥ　レ　ラルムズ　ドゥ　モン　コール
* 直訳は「体中の涙をすべて流し尽くした」。

▶泣きそうだった。

J'avais les larmes‿aux‿yeux.
ジャヴェ　レ　ラルムズオズュ
* 直訳は「目に涙を浮かべていた」。「それを知って泣きそうになった」と言うときには J' en avais les larmes aux yeux. となる。

J'avais‿envie de pleurer.
ジャヴェザンヴィ　ドゥ　プルレ
* 直訳は「泣きたかった」。

Je retenais mes larmes. (涙をこらえていた)
ジュ　ルトゥネ　メ　ラルム

▶目が赤くない?

Je n'ai pas les‿yeux rouges?
ジュ　ネ　パ　レズュ　ルージュ

Je n'ai pas les‿yeux rouges?
(目が赤くない?)

A peine. Ça‿ne se voit pas.
ア　ペン　サン　ス　ヴワ　パ
(ちょっとね。でも大丈夫だよ)

興味・関心がないとき　　4_023.mp3

▶どっちでもいいよ。

Peu importe.
プ　アンポルトゥ
*importer「重要である」。peu「ほとんど〜ない」。時間、場所、物など、何についてたずねられた時でも使える。次の類似表現も同じ。

On prend quel chemin? (どっちの道を行く?)
オン　プラン　ケール　シュマン

Peu importe, du moment qu'on‿arrive‿à l'heure.
プ　アンポルトゥ　デュ　モマン　コナリヴァ　ルール
(どっちでもいいよ、時間に間に合うのなら)

*du moment que...「〜なら」。

Ça m'est égal.
サ　メテガール
N'importe.
ナンポルトゥ

▶全然かまいませんよ。

Ça m'est complètement égal.
サ　メ　コンプレトゥマンテガール

> Je vais le dire à votre patron.
> ジュ ヴェル ディラ ヴォトゥル パトゥロン
> (あなたの上司に話しますよ)
>
> Allez-y. Ça m'est complètement égal.
> アレズィ　サ　メ　コンプレトゥマンテガール
> (どうぞ。全然かまいませんよ)

J'en ai rien à faire.
ジャンネ　リアナ　フェール
＊くだけた表現。

▶いいよ、別に。

Je m'en fiche.
ジュ　マン　フィシュ
＊くだけた表現。「どうだっていいよ、私には関係ないよ」というニュアンス。

> Tu sais ce qu'il raconte de toi?
> テュ セス キル ラコントゥ ドゥ トゥワ
> (彼が君のことをどう言ってるか知ってる?)
>
> Il peut dire ce qu'il veut. Je m'en fiche.
> ル　プ　ディルス　キル　ヴ　ジュ　マン　フィッシュ
> (言いたいように言わせておけばいいさ。いいよ、別に)

Je m'en fiche complètement.
ジュ　マン　フィシュ　コンプレトゥマン
＊se ficher de... 「～を問題にしない、無視する」。くだけた表現。
Je m'en fous.
ジュ　マン　フ
＊さらにくだけた表現。

▶それがどうしたの？

Et alors?
エ　アロール

> Tu sais, j'ai entendu dire qu'ils ne sont pas mariés.
> テュ セ ジェ アンタンデュ ディール キル ヌ ソン パ マリエ
> (ねえ、あのふたり、結婚してないんですって)
>
> Et alors? (それがどうしたの?)

Qu'est-ce que ça peut faire?
ケス　ク　サ　プ　フェール

うまくいかないとき

▶お好きなように。

Comme tu veux.
コム　テュ　ヴ

Tu veux déjeuner? (お昼、食べる？)
テュ　ヴ　デジュネ
Comme tu veux. (お好きなように)

▶何も言うことはありません。

Je n'ai rien‿à dire.
ジュ ネ　リアナ　ディール

Qu'est-ce que vous‿en pensez?
ケス　ク　ヴザン　パンセ
(どう思いますか？)
Je n'ai rien‿à dire.
(何も言うことはありません)

Je n'ai pas de commentaires‿à faire.
ジュ ネ　パ ドゥ　コマンテラ　フェール

▶興味がないんだ。

Ça‿ne m'intéresse pas.
サン　マンテレス　パ

Tu aimes bien la philosophie?
テュ エム ビアン ラ フィロゾフィ
(哲学、好き？)
Non, ça‿ne m'intéresse pas.
(うぅん、興味がないんだ)

Je‿ne m'intéresse pas à...
ジュン　マンテレス　パ ア
Ça‿ne m'attire pas.
サン　マティル　パ
*attirer「(人の心を) 引きつける」。

▶あまり面白くない。

Ce n'est pas très‿intéressant.
ス ネ　パ　トゥレザンテレサン

Ce n'est pas très‿intéressant, cette‿émission!
ス　ネ　パ　トゥレザンテレサン　セテミシォン
(あまり面白くないね、この番組！)
Oui. Voyons ce qu'il‿y‿a sur les‿autres chaînes.
ウィ　ヴワヨン　ス　キリャ　スュル　レゾトゥル　シェン
(そうだね。ほかのチャンネルで何やってるか、見てみよう)

Ce n'est pas passionnant.
ス ネ　パ　パスィオナン
*passionnant「夢中にさせる」。

4　感情を表すフレーズ

▶その気になれないな。

Ça ne me dit rien.
サン ム ディ リアン
*dire は物が主語で「何かを訴えかける、気に入る、思い出させる」。

> Tu ne veux pas venir au cinéma avec nous? (一緒に映画に行かない？)
> テュン ヴ パ ヴニロ スィネマ アヴェク ヌ
> Non, ça ne me dit rien.
> (いいえ、その気になれないの)

Ça ne me tente pas.
サン ム タントゥ パ
*tenter「気をそそる、誘惑する」。

▶それはちょっとね…。

Ça ne m'inspire pas.
サン マンスピル パ
*inspirer「感情などを起こさせる」。

> Tu ne veux pas faire une balade en forêt? (森で散歩しない？)
> テュン ヴ パ フェリュン バラダン フォレ
> Ça ne m'inspire pas. (それはちょっとね…)

▶たいしたことじゃないよ。

Ça n'a aucune importance.
サ ナ オキュヌンポルタンス

> Il est furieux. (彼が怒ってるわよ)
> イレ フュリュ
> Ça n'a aucune importance.
> (たいしたことじゃないよ)

Ça n'a pas d'importance.
サ ナ パ ダンポルタンス

▶くだらない。

Ça n'a aucun intérêt.
サ ナ オカナンテレ
*intérêt「利益、興味、重要性」。

> On regarde les variétés?
> オン ルガルドゥ レ ヴァリエテ
> (バラエティ番組を見ようか？)
> Non, ça n'a aucun intérêt. C'est nul!
> ノン サ ナ オカナンテレ セ ニュール
> (ううん、くだらないよ。最低だもの！)

Ça ne présente pas d'intérêt.
サン プレザントゥ パ ダンテレ
*présenter「提示する」。

うまくいかないとき

C'est inintéressant au possible.
セ　イナンテレサン　オ　ポスィブル
*au possible「非常に」。

▶ それほどじゃない。

Ça n'a rien d'extraordinaire.
サ　ナ　リアン　デクストゥラオルディネール
*「すこしも並はずれていない」、つまり「ふつうだ」の意味。

Ce n'est pas grand-chose.
ス　ネ　パ　グランショーズ
*直訳は「たいしたことじゃない」。

▶ どこがいいのかわからない。

Je‿ne vois pas ce que tu lui trouves.
ジュン　ヴワ　パ　ス　ク　テュ　リュイ　トゥルーヴ

> Alors, il‿est bien, non?
> アロール　イレ　ビアン　ノン
> (ねえ、彼ってかっこいいよね？)
>
> Je‿ne vois pas ce que tu lui trouves.
> (どこがいいのかわからないわ)

Elle n'a rien d'extraordinaire.
エル　ナ　リアン　デクストゥラオルディネール
(たいした人じゃない)

退屈なとき　　　　　　　　　　　　　4_024.mp3

▶ 退屈です。

Je m'ennuie.
ジュ　マンニュイー
Je m'embête.
ジュ　マンベトゥ
*くだけた表現。

Je m'emmerde.
ジュ　マンメールドゥ
*下品な表現。

Je m'ennuie à mourir. (死ぬほど退屈だ)
ジュ　マンニュイ　ア　ムリール

▶ つまらない。

C'est barbant.
セ　バルバン
*強調するときには comme tout「すごく」をつける。次の4つの表現も同じ。

C'est ennuyeux.
セ　アンニュイユー
C'est‿assommant.
セタソマン

4 感情を表すフレーズ

*assommant「うんざりさせる、閉口させる」。

C'est rasoir.
セ　ラズワール
*rasoir「(長話などで)退屈させる、うんざりさせる」。

C'est chiant.
セ　シアン
*強くて下品な表現。

C'est mortel. (退屈で死にそう)
セ　モルテール

▶雨の日みたいに退屈だ。

C'est ennuyeux comme la pluie.
セ　アンニュイユ　コム　ラ　プリュイ

恥ずかしいとき　　　　　　　　　　　　4_025.mp3

▶恥ずかしい。

Je suis timide.
ジュ スュイ ティミードゥ

> Allez viens, je vais te présenter à mes_amis.
> アレ　ヴィアン　ジュ ヴェ トゥ プレザンテ　ア　メザミ
> (さあ来て、友達に紹介するから)
>
> Tu sais, je suis timide...
> テュ セ　ジュ スュイ ティミードゥ
> (あのね、恥ずかしくて…)

▶照れてしまって。

J'étais trop_intimidé [intimidée].
ジェテ　　トゥロパンティミデ
*intimider「気後れさせる、あがらせる」。

> C'était le bon moment pour lui parler!
> セテル　ボン　モマン　プル リュイ パルレ
> (彼女と話すいい機会だったじゃない!)
>
> J'étais trop_intimidé. (照れてしまって)

▶ばつが悪いな。

Je suis gêné [gênée].
ジュ スュイ　ジェネ
*よく使う表現。J'ai honte.「恥ずかしい」より軽い意味になる。

> Tiens, M. Morand! Allons le saluer.
> ティアン ムシュ モラン　アロン ル サリュエ
> (あれ、モランさんだ! あいさつしよう!)
>
> Je suis gêné. Je_ne lui ai pas fait signe depuis un_an.
> ジュ スュイ ジェネ　ジュン リュイ エ パ フェ スィーニュ ドゥピュイ アナン
> (ばつが悪いな。1年以上連絡してないんだもん)

うまくいかないとき

*faire signe「連絡する」。
Je suis embarrassé [embarrassée].
ジュ スュイ　　　　アンバラセ

▶悪かったですね。
Je suis confus [confuse].
ジュ スュイ　コンフュ　［コンフューズ］
*confus「恐縮した、恥じ入った」。

> Excusez-moi, mais je suis musulman. Je ne peux pas manger de porc...
> エクスキュゼムワ　　メ　ジュ スュイ ミュズュルマン　ジュン　プ　パ　マンジェ　ドゥ ポール
> （すみません、私はイスラム教徒なので、豚肉は食べられないんです…）
>
> Excusez-moi, je suis confus. J'aurais dû le savoir.
> エクスキュゼムワ　ジュ スュイ　コンフュ　ジョレ　デュ ル サヴワール
> （すみません。悪かったですね、気がつかなくて）

*musulman の女性形は musulmane
Je suis honteux [honteuse].
ジュ スュイ　オントゥー　［オントゥーズ］

▶こんなお願いするのはなんですが…。
Ça me gêne de vous demander ça, mais...
サ　ム　ジェン ドゥ ヴ　ドゥマンデ　サ　メ
*下の類似表現とともに、「心苦しいのですが」のニュアンス。

> Ça me gêne de vous demander ça, mais auriez-vous cinq mille yens à me prêter? J'ai oublié mon portefeuille.
> サ　ム　ジェン ドゥ ヴ　ドゥマンデ　サ　メ　オリエヴ　サン　ミル　イエナ　ム　プレテ　ジェ ウブリエ　モン　ポルトゥフーユ
> （こんなお願いをするのはなんですか、5千円貸していただけませんか？ 財布を忘れたものですから）
>
> Mais bien sûr!
> メ　ビアン スュール
> （もちろんいいですよ！）

Ça m'ennuie de vous demander ça...
サ　マンニュイ　ドゥ ヴ　ドゥマンデ　サ

▶居心地が悪くて。
Je me sens mal à l'aise.
ジュ ム　サン　マ ラ　レーズ
*aise「気楽、くつろぎ」。

> Qu'est-ce qu'il y a? (何か？)
> ケス　　　　キリヤ
> Je me sens mal à l'aise au milieu de tous ces gens chics...
> ジュ ム　サン　マ ラ　レーズ オ　ミリュ ドゥ トゥ　セ ジャン シック
> （おしゃれな人たちばかりなんで、居心地が悪くて…）

*milieu「真ん中」。

4　感情を表すフレーズ

Je ne me sens pas à ma place.
ジュン ム サン パ ア マ プラス
*à sa place「自分の席に、ふさわしい場所に」。

▶恥ずかしくて…。

J'ai honte...
ジェ オーントゥ
*honte「羞恥心」。

> Je ne peux pas y aller dans cette tenue. J'ai honte...
> ジュン プ パ ヤレ ダン セットゥニュー ジェ オーントゥ
> (こんなかっこうで行けないよ。恥ずかしくて…)
>
> Pourquoi? Tu es très bien comme ça.
> プルクワ テュ エ トゥレ ビアン コム サ
> (どうして? それで十分だよ)

Ça me fait honte...
サ ム フェ オーントゥ
*Ça は恥ずかしい理由をさす。

▶恥ずかしくて聞けないよ…。

J'ai honte de demander...
ジェ オンドゥ ドゥマンデ

> Tu as compris? (わかった?)
> テュ ア コンプリ
> Non, mais j'ai honte de demander...
> ノン メ ジェ オンドゥ ドゥマンデ
> (いいえ、でも恥ずかしくて聞けないよ…)

▶我ながら恥ずかしいよ…。

J'ai honte de moi...
ジェ オンドゥ ムワ
*直訳は「自分自身を恥じる」。

> J'ai honte de moi...
> (我ながら恥ずかしいよ…)
>
> C'est vrai que tu aurais pu faire mieux.
> セ ヴレ ク テュ オレ ピュ フェル ミュ
> (確かに、もっとうまくやれたのにね)

▶みっともない!

C'est la honte!
セ ラ オーントゥ
*honte「不名誉」。くだけた表現。

> 3 sur 20 en math. C'est la honte!
> トゥロワ スュル ヴァン アン マットゥ セ ラ オーントゥ
> (数学で20点満点の3点なんだ。みっともないよ!)

うまくいかないとき

Tu vas le dire à tes parents?
テュ ヴァ ル ディラ テ パラン
(親に話すつもり？)

困ったとき

4_026.mp3

▶それは困ったな。

C'est ennuyeux.
セタンニュイユ

J'ai la grippe.
ジェ ラ グリップ
(風邪をひいたんだ)

C'est ennuyeux, je risque de l'attraper.
セタンニュイユ ジュ リスク ドゥ ラトゥラペ
(それは困ったな、うつるかもしれない)

C'est embêtant.
セタンベタン
＊くだけた表現。

C'est assommant.
セタソマン

C'est emmerdant.
セ アンメルダン
＊下品な表現。

▶困ってるんだ。

Je suis ennuyé [ennuyée].
ジュ スュイ アンニュイエ

Je suis ennuyé. Ils ne m'ont pas encore payé.
ジュ スュイ アンニュイエ イル ヌ モン パ アンコル ペイエ
(困ってるんだ。あの人たちがまだ払ってくれなくて)

Relance-les!
ルランスレ
(催促しなさいよ！)

＊relancer「経済などをたて直す、改めて頼む」。

Je suis embêté [embêtée].
シュイ アンベテ
＊くだけた表現。

Je suis emmerdé [emmerdée].
シュイ アンメルデ
＊下品な表現。

▶たいへんだ！

Je suis dans de beaux draps!
シュイ ダン ドゥ ボ ドゥラ
＊直訳は「きれいなシーツの中にいる」。

4 感情を表すフレーズ

4

◆ まずいな！

Ça m'embête!
サ　マンベートゥ

*embêter「うんざりさせる、困らせる」。くだけた表現。

> **Ça m'embête! J'ai perdu son numéro.**
> サ　マンベートゥ　ジェ　ペルデュ　ソン　ニュメロ
> (まずいな！ 彼の電話番号、なくしてしまったよ)
>
> **Attends, je crois que je l'ai.**
> アタン　ジュ　クルワ　ク　ジュ　レ
> (待って、私が持ってると思うから)

Ça m'ennuie!
サ　マンニュイ

Quel‿ennui!
ケランニュイー

Quelle poisse!
ケル　プワース

*poisse「不運」。くだけた表現。

Quelle barbe!
ケル　バルブ

* くだけた表現で「もうたくさんだ、うんざりだ」。

◆ 困ったやつだ！

Il‿est embêtant!
イレ　アンベタン

*embêtantの女性形はembêtante。

> **Il‿est embêtant. Il met toujours son répondeur.**
> イレ　アンベタン　イル　メ　トゥジュル　ソン　レポンドゥール
> (困ったやつだ！ いつも留守番電話なんだ)
>
> **C'est pour filtrer les‿appels.**
> セ　プル　フィルトゥレ　レザペール
> (相手を確認してから出るようにしてるんだよ)

*filtrer「ふるいにかける」。

Il‿est casse-pieds!
イレ　カスピエ

* くだけた表現。直訳は「彼は人の足を折るような人間だ」で人に迷惑をかける人間のことを指す。casser les pieds à...「悩ませる」。

Il‿est chiant!
イレ　シアン

* 次の表現とともに下品な表現。

Fait chier!
フェ　シエ

◆ タイミングが悪いよ。

Ça tombe mal.
サ　トンブ　マル

うまくいかないとき

C'est demain, à dix-neuf‿heures.
セ　ドゥマン　ア　ディズヌヴール
(明日の午後 7 時だよ)

Ça tombe mal. J'ai un rendez-vous.
サ　トンブ　マル　ジェ アン　ランデヴ
(タイミングが悪いな。約束があるんだ)

▶めんどうなことになるよ！

On va avoir des‿ennuis!
オン ヴァ アヴワール　デザンニュイ

La machine‿à laver a débordé. Tout‿est‿inondé.
ラ　マシナ　ラヴェ ア　デボルデ　　　　トゥテティノンデ
(洗濯機があふれて、すっかり水浸しだ)

On va avoir des‿ennuis!
(めんどうなことになるよ！)

▶どうしよう。

Je‿ne sais pas quoi faire.
ジュン　セ　パ　クワ　フェール
＊直訳は「どうすればいいのかわからない」。

Je‿ne sais pas quoi faire.
(どうしよう)

Ne t'inquiète pas. Je vais t'aider.
ヌ　タンキエトゥ　パ ジュ ヴェ　テデ
(心配しないで。手伝うよ)

▶いまさら、どうすればいいの？

Qu'est-ce que je vais faire, maintenant?
ケス　　ク ジュ ヴェ フェール　　マントゥナン
＊これからのことについて「どうすればいいの」とたずねる表現。

Qu'est-ce que je vais faire, maintenant?
(いまさら、どうすればいいの？)

Effectivement, c'est‿un problème.
エフェクティヴマン　セタン　プロブレーム
(確かに、困ったことだね)

Qu'est-ce que je peux faire, maintenant?
ケス　　ク ジュ プ　フェール　　マントゥナン
＊限られた状況の中で「どうすればいいの」とたずねる表現。

▶弱ったな。

Je suis perplexe.
ジュ スイ　ペルプレクス
＊perplexe「当惑した」。どうしたらよいのかわからず、途方に暮れているようすを言う。

4　感情を表すフレーズ

Je suis perplexe. (弱ったな)
ジュ スイ ペルプレクス

Pourquoi? (どうしたの？)
プルクワ

Ça marchait et tout d'un coup, ça ne marche plus.
サ マルシェ エ トゥ ダン ク サ ヌ マルシュ プリュ
(動いてたのに、突然止まってしまったんだ)

▶ そりゃあ、問題だ！

Ça, c'est un problème!
サ セタン プロブレーム

J'ai oublié le code de la porte d'entrée.
ジェ ウブリエ ル コッドゥ ラ ポルトゥ ダントゥレ
(玄関の扉の暗証番号を忘れてしまった)
Ça, c'est un problème!
(そりゃあ、問題だ！)

Effectivement, c'est un problème.
エフェクティヴマン セタン プロブレーム

▶ 難しいな、それは。

C'est ça, la difficulté.
セ サ ラ ディフィキュルテ

Il faudrait arriver à le joindre.
イル フォドゥレ アリヴェ ア ル ジュワンドゥル
(彼に何とか連絡をとらなければ)
C'est ça, la difficulté. (難しいな、それは)

C'est ça, le problème.
セ サ ル プロブレーム

▶ まいったな。

Il y a un os.
イリャ アノス
*os「人間・動物の骨」。くだけた表現で、「思わぬ難問や支障がもちあがる」という意味。

Il y a un problème.
イリャ アン プロブレム
Il y a une difficulté.
イリャ ユヌ ディフィキュルテ

▶ やっかいだな！

C'est une calamité!
セテュヌ カラミテ
*calamité は話しことばで「災いの種、災いの種となる人」。

Cette photocopieuse, c'est une calamité! Elle est toujours en panne!
セトゥ フォトコピューズ セテュヌ カラミテ エレ トゥジュラン パンヌ
(このコピー機、やっかいだな。しょっちゅう故障するんだから！)

うまくいかないとき 547

> Tu n'as qu'à utiliser l'autre.
> テュ ナ カ ユティリゼ ロートゥル
> (ほかのを使ったら)

▶そんな、ひどい！

Ah non, c'est pas vrai!
ア ノン セ パ ヴレー
*c'est pas vrai!「まさか、そんなばかな！」。

> Ah non, c'est pas vrai! J'ai les quatre pneus crevés.
> ア ノン セ パ ヴレー ジェ レ カトゥル プヌ クルヴェ
> (そんな、ひどい！タイヤが全部パンクしてる)
>
> C'est certainement quelqu'un qui t'a fait ça exprès.
> セ セルテンマン ケルカン キ タ フェ サ エクスプレ
> (きっとだれかがわざとやったんだよ)

Ah, la vache!
ア ラ ヴァッシュ
*vache「雌牛」。「ちくしょう、しまった、すごい」など、驚きや怒りを表現する語として使われる。くだけた表現。

▶あっ、しまった！

Ah, zut!
ア ズュットゥ
*軽い意味で使う。

> Tiens, lis toi-même.
> ティアン リ トゥワメーム
> (どうぞ、自分で読んで)
>
> Ah, zut! J'ai oublié mes lunettes!
> ア ズュットゥ ジェ ウブリエ メ リュネットゥ
> (あっ、しまった！メガネを忘れた！)

Zut‿alors!
ズュタロール
Oh nooon!
オ ノーーン
Ah, merde!
ア メールドゥ
(あっ、やばい！)

*腹立たしいとき、くやしいときの「ちくしょう」。merde「糞」は下品なことばなので、よく耳にするが使うのはやめたほうがよい。

▶何とかして！

Fais quelque chose!
フェ ケルク ショーズ

> La télévision ne marche plus!
> ラ テレヴィズィオン ヌ マルシュ プリュ
> (テレビが映らないよ！)

Fais quelque chose! Le match commence dans dix minutes!
(何とかして！ あと10分で試合が始まるんだ！)

▶ たぶん無理だよ。

C'est mal parti.

*être mal parti「さい先が悪い、出だしが悪い」。être bien parti「さい先がよい、出だしがよい」。

Il faut arriver avant six heures.
(6時までに着かなければ)

C'est mal parti, avec ces embouteillages...
(たぶん無理だよ、こんなに渋滞してるんだもの…)

C'est compromis!
*compromis「危うくなった」。

あきらめる　　　　　　　　　　　　　　　4_027.mp3

▶ あきらめるよ！

J'abandonne!

J'abandonne le chinois! C'est trop difficile!
(あきらめる、中国語！ 難しすぎる！)

Tu manques de persévérance! Tu viens à peine de commencer.
(根気がないね！ 始めたばかりじゃないの)

Je renonce.

Je laisse tomber!
*laisser tomber「落とす」。

Je jette l'éponge.
*éponge「タオル」。ボクシング用語の「タオルを投げる、敗北を認める」がもとになって「すっかりあきらめた」の意味で使われる。日本語の「さじを投げる」にあたる。

Je donne ma langue au chat! (降参！)
* 直訳は「私の舌を猫に与える」で、主に遊びで使う表現。

うまくいかないとき

▶しかたがない！

Tant pis!
タン ピ

C'est bête. C'est fermé. On va ailleurs?
セ ベートゥ セ フェルメ オン ヴァ アユール
(残念、閉まってるよ。ほかへ行こうか？)

Non, tant pis. On se passera de pain.
ノン タン ピ オン ス パスラ ドゥ パン
(いや、しかたがないよ。パンなしにしよう)

▶どうにもならない！

Pas moyen!
パ ムワヤン

*moyen「方法、手段」。「何回やってもうまくいかない、手段がない」の意味。

Tu as réservé ton billet?
テュ ア レゼルヴェ トン ビエ
(チケットを予約した？)

Pas moyen. Tout‿est archi-plein!
パ ムワヤン トゥテ アルシプラン
(どうにもならないんだ。超満員なんだよ！)

*archi- は「極端に、徹底して」の意味の接頭語。

Rien‿à faire!
リアナ フェール
Impossible!
アンポスィーブル

▶できるわけないよ。

Je n'y‿arriverai jamais.
ジュ ニャリヴレ ジャメ

*arriver à...「〜できるようになる」。直訳は「けっしてそれをできるようにはならない」

Je n'y‿arriverai jamais.
(できるわけないよ)

Quand‿on veut, on peut!
カントン ヴ オン プ
(「なせばなる」だよ！)

Je‿ne pourrai jamais...
ジュン プレ ジャメ
Je‿ne réussirai jamais...
ジュン レユスィレ ジャメ

▶もうだめだ！

C'est fichu!
セ フィシュー

*くだけた表現。fichu の代わりに foutu を使うと下品な表現になる。

C'est cuit!
セ キュイ
*「それは焼けてしまった」という意味から「もうだめだ」。くだけた表現。

C'est râpé!
セ ラペ
*くだけた表現。

どうせ無理だよ。
C'est perdu d'avance.
セ ペルデュ タヴァンス
*直訳は「あらかじめだめだと決まっていることだ」。

> On devrait essayer quand même.
> オン ドゥヴレ エセイエ カン メーム
> (とにかくやってみたほうがいいよ)
> C'est perdu d'avance. (どうせ無理だよ)

絶望的だ。
C'est sans espoir.
セ サンゼスプワール
*espoir「希望」。

> Alors, qu'est-ce que dit le médecin?
> アロール ケス ク ディル メツァン
> (で、医者は何て言ってるの?)
> C'est sans espoir. (絶望的だって)

C'est désespéré.
セ デゼスペレ

夢を見ててはだめだ…。
Il ne faut pas se faire d'illusions...
イル ヌ フォ パ ス フェール ディリュズィオン
*se faire...「~を心に抱く、作り上げる」。illusion「幻想、夢想」。

> Olivier a eu de mauvais résultats.
> オリヴィエア ユ ドゥ モヴェ レズュルタ
> (オリヴィエは成績が悪かったね)
> Il ne faut pas se faire d'illusions... Il n'aura pas son bac
> イル ヌ フォ パ ス フェール ディリュズィオン イル ノラ パ ソン バク
> cette année.
> セタネ
> (夢を見ててはだめだ…今年のバカロレアはだめだろうな)

Il ne faut pas rêver...
イル ヌ フォ パ レヴェ

Il faut être réaliste...
イル フォ エトゥル レアリストゥ
*直訳は「リアリストにならなければいけない」。

うまくいかないとき

Il faut voir les choses en face...
フォ ヴワル レ ショザン ファス
*直訳は「ものごとを直視しなくてはならない」。

▶もうしないでしょうよ…。

Je n'y crois plus...
ジュ ニ クルワ プリュ
*「以前はできると思っていたが、失敗したのだからもうできないと思う」といったニュアンスの表現。

> Il va se marier?（彼、結婚するのかな？）
> イル ヴァ ス マリエ
> Je n'y crois plus...
> （もうしないでしょうよ…）

▶どうしようもない。

On n'y peut rien.
オン ニ プ リアン
*n'y pouvoir rien「どうにもできない、お手上げだ」。

> Vous ne pouvez pas construire plus d'un étage? Pourquoi?
> ヴン プヴェ パ コンストリュイール プリュ ダネタージュ プルクワ
> （2階建てしか建てられないのですか？ なぜ？）
> On n'y peut rien. C'est la loi.
> オン ニ プ リアン セ ラ ルワ
> （どうしようもないんです。法律ですから）

*étage「階」は1階を含まないので、un étage で「2階建て」となる。

C'est comme ça...
セ コム サ
Il n'y a rien à faire...
イル ニャ リアナ フェール
*直訳は「なすすべは何もない」。

▶こうするしかない。

Je n'ai pas le choix.
ジュ ネ パ ル シュワ
*choix「選択」。「選択の余地はない」という意味。

> Pourquoi est-ce que tu quittes l'entreprise?
> プルクワ エス ク テュ キトゥ ラントゥルプリズ
> （どうして会社を辞めるの？）
> Je n'ai pas le choix. Je suis licencié.
> ジュ ネ パ ル シュワ ジュ スュイ リサンスィエ
> （こうするしかないんだ。解雇されたんだよ）

Je suis bien obligé [obligée].
ジュ スュイ ビアノブリジェ
*être obligé de...「〜せざるを得ない」。
Je n'ai pas d'autre solution.
ジュ ネ パ ドトゥル ソリュスィオン

4 感情を表すフレーズ

*solution「解決策」。

Je ne peux pas faire autrement.
ジュ ヌ プ パ フェロトゥルマン
*autrement「別なふうに」。

しょうがないじゃないか…。
Qu'est-ce que tu veux...
ケス ク テュ ヴー
*「どうしろと言うのか、しかたがないではないか」という意味。

> Tu vas déménager? (引っ越すの？)
> テュ ヴァ デメナジェ
>
> Qu'est-ce que tu veux... Je ne peux plus payer.
> ケス ク テュ ヴー ジュ ヌ プ プリュ ペイエ
> (しょうがないじゃないか…家賃が払えないんだから)

これが人生だよ…。
C'est la vie...
セ ラ ヴィ
C'est le destin! (運命だ！)
セ ル デスタン
*冗談めかして使う表現。

そういう定めだったんだ！
C'était fatal!
セテ ファタル
*冗談めかして使う表現。
C'était écrit!
セテ エクリ
*直訳は「それは書かれていた」。「神の摂理によって定められた、あらかじめ決まっている」という意味。

わかった、君の勝ちだよ。
C'est bon, tu as gagné.
セ ボン テュ ア ガニェ
D'accord, j'ai perdu. (確かに、負けたよ)
ダコール ジェ ペルデュ

まあいいよ、どうでもいいんだ！
Et puis après tout, je m'en fiche!
エ ピュイ アプレ トゥ ジュ マン フィシュ
*après tout「結局、要するに」。くだけた表現。

> J'ai fait un trou à ma veste... (上着に穴をあけてしまった…)
> ジェ フェ アン トゥル ア マ ヴェストゥ
>
> C'est bête! (惜しいわね！)
> セ ベートゥ
>
> Et puis après tout, je m'en fiche, elle était vieille.
> エ ピュイ アプレ トゥ ジュ マン フィシュ エレテ ヴィエイ
> (まあいいよ、どうでもいいんだ、古くなってたから)

うまくいかないとき

Et puis après tout, ça n'a pas d'importance.
エ ピュイ アプレ トゥ サナ パ ダンポルタンス
* 直訳は「それに結局のところ、たいしたことではない」。

後悔・反省　　　　　　　　　　　　　　　　　4_028.mp3

▶わかっていたら…。

Si j'avais su...
スィ ジャヴェ スュ

Tu n'aurais pas dû l'épouser.
テュ ノレ パ デュ レプゼ
(彼と結婚するべきじゃなかったのに)

Si j'avais su...
(わかっていたら…)

▶あんなことしなければよかった…。

Je n'aurais pas dû faire ça...
ジュ ノレ パ デュ フェル サ

Je n'aurais pas dû faire ça...
ジュ ノレ パ デュ フェル サ
(あんなことしなければよかった…)

C'est un peu tard pour regretter.
セタン プ タール プルグレテ
(悔やんでも遅いよ)

▶まちがっていた。

C'était une erreur.
セテテュンネルール

Tu n'aurais pas dû donner ta démission.
テュ ノレ パ デュ ドネ タ デミスィオン
(辞表を出すべきじゃなかったのに)

Oui, c'était une erreur.
(うん、まちがっていたよ)

▶ばかなことをした。

J'ai fait une bêtise.
ジェ フェ ユン ベティーズ
J'ai été bête. (ばかだった)
ジェ エテ ベートゥ
J'ai agi bêtement.
ジェ アジ ベトゥマン
*agir「振る舞う、行動する」。

▶軽率だった。

J'ai été imprudent.
ジェ エテ アンプリュダン

554　　　　　　　　　　4 感情を表すフレーズ

4

▶ 彼に相談すればよかった。

J'aurais dû lui demander conseil.
ジョレ　デュ　リュイ　ドゥマンデ　コンセイ

> J'aurais dû lui demander conseil.
> （彼に相談すればよかった）
> Pourquoi est-ce que tu n'e l'as pas fait?
> プルクワ　エス　ク　テュン　ラ　パ　フェ
> （どうしてそうしなかったの？）

▶ 謝ればよかった。

J'aurais dû m'excuser.
ジョレ　デュ　メクスキュゼ

> J'aurais dû m'excuser.（謝ればよかった）
> Il n'est jamais trop tard pour bien faire.
> イル　ネ　ジャメ　トゥロ　タール　プル　ビアン　フェール
> （「過ちを悔いるにははばかることなかれ」だよ）

*Il n'est jamais trop tard pour bien faire. は「なすべきことをするのに遅すぎるということはない」ということわざで、「いまからでも遅くはない」という意味。

▶ 気がつけばよかったんだけど。

J'aurais dû m'en douter.
ジョレ　デュ　マン　ドゥテ

*se douter de...「～に気づく」。

> Elle lui a tout répété.（彼女、彼にすっかり話してしまったよ）
> エリュイ　ア　トゥ　レペテ
> J'aurais dû m'en douter.（気がつけばよかったんだけど）

*répéter は「他人のことばを繰り返す」という意味から「（聞いたことを）伝える、しゃべる」。

J'aurais dû le savoir.
ジョレ　デュ　ル　サヴワール

▶ 後悔しています。

Je regrette.
ジュ　ルグレトゥ

> Je regrette d'avoir dit ça.
> ジュ　ルグレッタダヴワル　ディ　サ
> （あんなこと言って後悔してるんだ）
> La prochaine fois, tu feras attention.
> ラ　プロシェヌ　フワ　テュ　フラ　アタンスィオン
> （次からは、気をつけなさい）

▶ ～とは残念だった。

C'est dommage que...
セ　ドマージュ　ク

うまくいかないとき　555

C'est dommage qu'on_n'ait pas eu d'enfants.
セ ドマージュ コンネ パ ビュ ダンファン
(子どもができなかったのは残念だったよ)

Vous_auriez pu en_adopter.
ヴゾリエ ピュ アンナドプテ
(養子をもらうこともできたでしょうに)

..., c'est dommmage.
セ ドマージュ

C'est bête.
セ ベートゥ

Quel dommage!
ケル ドマージュ

* 一般に C'est... より Quel... の形のほうが強い表現になる。

▶〜は悪かった。

Je suis désolé [désolée] de ...
ジュ スュイ デゾレ ドゥ

Je suis désolée de_ne pas m'en_être_occupé davantage...
ジュ スュイ デゾレ ドゥン パ マンネトゥロキュペ ダヴァンタージュ
(もっとしてあげられなくて悪かったわね)

Tu avais ta vie...
テュ アヴェ タ ヴィ
(あなたの生活があったんですもの…)

..., je suis désolé [désolée].
ジュ スュイ デゾレ

▶どうして中退してしまったんだろう…。

Pourquoi est-ce que j'ai abandonné mes_études...
プルクワ エ ス ク ジェ アバンドネ メゼテュードゥ

Pourquoi est-ce que j'ai abandonné mes_études...
(どうして中退してしまったんだろう…)

Tu peux toujours les reprendre, en cours du soir.
テュ プ トゥジュル レ ルプランドゥル アン クル デュ スワール
(いつだって夜間の授業でやり直せるよ)

▶惜しいことに、〜。

Malheureusement, ...
マルルズマン

C'était_une bonne_occasion de lui dire.
セテテュン ボノカズィオン ドゥ リュイ ディール
(彼に話すいい機会だったのに)

Malheureusement, je n'ai pas eu la présence d'esprit.
マルルズマン ジュ ネ パ ユ ラ プレザンス デスプリ
(惜しいことに、機転がきかなかったんだ)

*présence d'esprit「沈着、機転」。

4 感情を表すフレーズ

4

▶やりすぎたよ。

J'ai exagéré.
ジェ エグザジェレ

*exagérer「誇張する、度を過ごす」。

> Pourquoi est-ce que tu t'es mis en colère comme ça?
> プルクワ エス ク テュ テ ミ アン コレール コム サ
> (どうしてあんなに怒ったの?)
>
> J'ai exagéré, je sais.
> ジェ エグザジェレ ジュ セ
> (うん、怒りすぎたよ)

J'ai été trop loin.
ジェ エテ トゥロ ルワン

*直訳は「遠くへ行きすぎた」。ここでの être は aller の意味。

J'en_ai fait trop.
ジャンネ フェ トゥロ

*くだけた表現。

▶すっかりぶちこわしてしまった。

J'ai tout gâché.
ジェ トゥ ガシェ

> J'ai tout gâché.
> (すっかりぶちこわしてしまった)
>
> Oui, c'est_de ta faute!
> ウイ セッ タ フォートゥ
> (うん、君のせいだよ)

▶気がとがめる。

J'ai mauvaise conscience.
ジェ モヴェズ コンスィアンス

*conscience「良心」。avoir mauvaise conscience「気がとがめる」。avoir bonne conscience「良心に恥じるところがない」。

> J'ai mauvaise conscience. J'ai été trop dur_avec lui.
> ジェ モヴェズ コンスィアンス ジェ エテ トゥロ デュラヴェク リュイ
> (気がとがめるよ。彼にきびしすぎたんだ)
>
> Non, ça lui fait du bien.
> ノン サ リュイ フェ デュ ビアン
> (いや、彼のためになるよ)

Je me sens coupable.
ジュ ム サン クパブル

*coupable「罪のある」。

うまくいかないとき

19 人を気づかうとき

相手を気づかう

4_029.mp3

▶お先にどうぞ。

Je vous_en prie.
ジュ ヴザン プリ

> Je vous_en prie.（お先にどうぞ）
> Non, après vous.（いえ、どうぞお先に）
> ノン アプレ ヴ

Allez-y.
アレズィ
Après vous.
アプレ ヴ
*「あなたのあとからまいります」の意味。

▶お先に失礼。

Je vous précède.
ジュ ヴ プレセードゥ
*précéder「先行する」。
Excusez-moi.
エクスキュゼムワ

▶コートをお預かりしましょうか？

Je peux vous débarrasser?
ジュ プ ヴ デバラセ
*débarrasser「じゃまなものを取りのける、脱がす」。
Je vais prendre votre manteau.
ジュ ヴェ プランドゥル ヴォトゥル マント
Donnez-moi votre manteau.
ドネムワ ヴォトゥル マント

▶どうぞ、お掛けください。

Je vous_en prie, asseyez-vous.
ジュ ヴザン プリ アセイエヴ

> Je vous_en prie, asseyez-vous.
> （どうぞ、お掛けください）
> Merci.（どうも）
> メルスィ

▶どうぞお楽に。

Mettez-vous à votre_aise.
メテヴ ア ヴォトゥレーズ
*aise「くつろぎ」。se mettre à son aise「楽にする、くつろぐ」。
Installez-vous, je vous_en prie.
アンスタレヴ ジュ ヴザン プリ

4 感情を表すフレーズ

▶どうぞ、ゆっくりなさってください。

Je vous en prie, faites comme chez vous.

*直訳は「自分の家のようにしてください」。

> Je peux enlever ma veste?
> （上着を脱いでもいいですか？）
> Je vous en prie, faites comme chez vous.
> （どうぞ、ゆっくりなさってください）

▶暑くないですか？

Vous n'avez pas trop chaud?

*暖房を使っているときに「暑すぎないか？」とたずねる表現。

Vous n'avez pas chaud?

*自分が暑いとき「あなたはどう？」とたずねる表現。

▶よろしければ冷房を入れますが…。

Je peux mettre le climatiseur, si vous voulez...

*climatiseur「冷房」。chauffage「暖房」。

> Je peux mettre le climatiseur, si vous voulez...
> （よろしければ冷房を入れますが…）
> Non, merci. C'est très bien comme ça.
> （いえ、結構です。これぐらいがちょうどいいんで）

▶何をお飲みになりますか？

Qu'est-ce que je vous offre?

*直訳は「何をお出ししましょうか？」。

Vous prendrez bien quelque chose?（飲み物はいかがですか？）

▶どうぞ残してください。

Vous pouvez laisser, je vous en prie.

> Vous pouvez laisser, je vous en prie.（どうぞ残してください）
> Excusez-moi, c'est délicieux, mais ça me fait un peu trop.
> （すみません、とってもおいしいんですが、ちょっとボリュームが…）

Tu peux laisser, si tu en as trop.（多すぎたら残して）

人を気づかうとき

559

▶どうぞ無理しないで。

Ne vous forcez pas, je vous_en prie.
ヌ ヴ フォルセ パ ジュ ヴザン プリ

> Ne vous forcez pas, je vous_en prie.
> (どうぞ無理しないで)
>
> C'est que... je_ne suis pas habitué à manger du poisson cru.
> セ クー ジョン スュイ パ アビテュエ ア マンジェ デュ プワソン クリュ
> (すみません…生の魚は食べなれていないもので)

*C'est que... は言いにくいことを言おうとするとき、困ったときに使う。

▶お手伝いしましょうか？

Je peux vous_aider?
ジュ プ ヴゼデ

> Je peux vous_aider?
> (お手伝いしましょうか？)
>
> Non, merci. Ça va.
> ノン メルスィ サ ヴァ
> (いいえ、ありがとう。大丈夫です)

Je vais t'aider. (手伝うよ)
ジュ ヴェ テデ

▶どうぞそのままで。

Je vous_en prie, laissez.
ジュ ヴザン プリ レセ

> Je vais vous_aider à débarrasser...
> ジュ ヴェ ヴゼデ ア デバラセ
> (あと片付け、お手伝いします…)
> Non, je vous_en prie, laissez.
> (いいえ、どうぞそのままで)

▶ちょっと失礼します。

Excusez-moi.
エクスキュゼムワ
*会話中に用事ができて中座するときに使う。

Je vous prie de m'excuser.
ジュ ヴ プリ ドゥ メクスキュゼ
*「失礼させていただきます」というニュアンス。

Je vous demande_un_instant.
ジュ ヴ ドゥマンダナンスタン
*「ちょっとお待ちになっていてください」というニュアンス。

Excusez-moi, je reviens tout de_suite.
エクスキュゼムワ ジュ ルヴィアン トゥ ツィトゥ
(すみません、すぐ戻ってきますので)

▶本当にいいのかな…

Je ne veux pas te déranger.
ジュ ヌ ヴ パ トゥ デランジェ

*直訳は「あなたに迷惑をかけたくない」で、相手の好意に感謝しながら念を押すために使う決まり文句。

> Tu peux rester. Il n'y a pas de problème.
> テュ プ レステ イル ニャ パ ドゥ プロブレム
> (ここにいていいよ。かまわないから)
>
> Je ne veux pas te déranger…
> (本当にいいのかな…)

Je ne voudrais pas vous gêner.
ジュ ヌ ヴドゥレ パ ヴ ジェネ

▶おかまいなく。

Ne vous dérangez pas.
ヌ ヴ デランジェ パ

*se déranger「席を立つ、仕事を中断する」。

> Je vous raccompagne.
> ジュ ヴ ラコンパーニュ
> (車で送りますよ)
>
> Ne vous dérangez pas.
> (おかまいなく)

▶よければ、駅へ迎えに行きましょうか…。

Je vais vous chercher à la gare, si vous voulez…
ジュ ヴェ ヴ シェルシェ ア ラ ガール スィ ヴ ヴレ

> Je vais vous chercher à la gare, si vous voulez.
> (よければ、駅へ迎えに行きましょうか…)
>
> C'est gentil, mais ce n'est pas la peine.
> セ ジャンティ メ ス ネ パ ラ ペン
> (ご親切にありがとう、でも大丈夫です)

▶お宅までお送りしましょうか?

Je vous raccompagne chez vous?
ジュ ヴ ラコンパニュ シェ ヴ

> Je vous raccompagne chez vous?
> (お宅までお送りしましょうか?)
>
> Non, merci. C'est gentil, mais je vais rentrer en train.
> ノン メルスィ セ ジャンティ メ ジュ ヴェ ラントゥレ アン トゥラン
> (いえ、ご親切はありがたいのですが、電車で帰りますから)

▶寒くない?

Tu n'as pas froid?
テュ ナ パ フルワ

人を気づかうとき

Tu n'as pas froid?
(寒くない？)

Si, un peu.
スィ アン プ
(ええ、ちょっとね)

Tiens, prends ma veste.
ティアン プラン マ ヴェストゥ
(さあ、ぼくの上着を着て)

▶お腹すいてない？

Tu n'as pas trop faim?
テュ ナ パ トゥロ ファン

Tu n'as pas trop faim?
(お腹すいてない？)

Non, non. Pour l'instant, ça va.
ノン ノン プル ランスタン サ ヴァ
(うん。いまは大丈夫)

▶大丈夫？ 疲れてない？

Ça va? Tu n'es pas trop fatigué [fatiguée]?
サ ヴァ テュ ネ パ トゥロ ファティゲ

Ça va? Tu n'es pas trop fatiguée?
(大丈夫？ 疲れてない？)

Si, un peu. (ええ、ちょっと)
スィ アン プ

On va se reposer un instant.
オン ヴァス ルポゼ アナンスタン
(ちょっとひと休みしようか)

▶大丈夫？ 気分悪くない？

Ça va? Tu n'as pas mal au cœur?
サ ヴァ テュ ナ パ マロ クール

Ça va? Tu n'as pas mal au cœur?
(大丈夫？ 気分悪くない？)

Si, un peu. (うん、すこし)
スィ アン プ

Tu veux qu'on s'arrête un instant?
テュ ヴ コン サレタンナンスタン
(ちょっと止めようか？)

▶どう？ まだ大丈夫？

Ça va? Tu tiens le coup?
サ ヴァ テュ ティアン ル ク
*tenir le coup「持ちこたえる」。くだけた表現。

Ça va? Tu tiens le coup?
(どう？ まだ大丈夫？)

Oui, pour le moment.
ウィ プル ル モマン
(うん、いまのところは)

Dès que tu as envie de dormir, tu me le dis, je prends le volant.
デ ク テュ ア アンヴィ ドゥ ドルミール テュ ム ル ディ ジュ プラン ル ヴォラン
(眠くなったら言ってね、運転を代わるから)

*volant「ハンドル」。prendre le volant「運転をし始める」。「運転している」は être au volant。

▶何もかもうまくいってる？
Tout va bien?
トゥ ヴァ ビアン

Tout va bien?
(何もかもうまくいってる？)

Ça va, merci.
サ ヴァ メルスィ
(大丈夫だよ、ありがとう)

心配する　　　　　　　　　　　　　　　4_030.mp3

▶心配です。
Je suis inquiet [inquiète].
ジュ スュイ アンキエ ［アンキエトゥ］

Je suis inquiet. Nous n'avons plus de nouvelles de lui.
ジュ スュイ アンキエ ヌ ナヴォン プリュ ドゥ ヌヴェル ドゥ リュイ
(心配だな。彼から連絡がこなくなったもので)

Pas de nouvelles, bonnes‿nouvelles.
パ ドゥ ヌヴェール ボンヌヴェール
(「便りのないのがよい便り」だよ)

Je m'inquiète.
ジュ マンキエトゥ

▶気にかかる。
Je me fais du souci.
ジュ ム フェ デュ ススィ
*souci「気がかり、心配ごと」、se faire du souci「心配する、気をもむ」。

Je me fais du souci pour‿elle. Elle n'a pas bonne mine‿en ce moment.
ジュ ム フェ デュ ススィ プレール エル ナ パ ボヌ ミナン ス モマン
(彼女のことが気にかかるな。このごろ、顔色がよくないんだ)

Evidemment, avec le rythme de vie qu'elle‿a...
エヴィダマン　アヴェクル　リトゥム　ドゥ ヴィ　ケラ
(それはそうでしょう、あの人の生活のリズムでは…)

▶どうしたんですか？
Qu'est-ce qu'il‿y‿a?
ケス　　　キリヤ

Qu'est-ce qu'il‿y‿a? Ça n'a pas l'air d'aller...
ケス　　　キリヤ　　サ ナ パ レール ダレ
(どうしたんですか？ 調子が悪そうですが…)

Non, je suis un peu fatigué, c'est tout.
ノン ジュ スュイ アン プ ファティゲ　セ トゥ
(いいえ、ちょっと疲れてて、それだけなんです)

Qu'est-ce qui‿ne va pas?
ケス　　　キン　ヴァ パ

▶大丈夫？
Ça va?
サ ヴァ

Ça va, tu es sûre?
サ ヴァ テュ エ スュール
(本当に大丈夫？)

Oui, oui, ça va.
ウイ ウイ サ ヴァ
(ええ、ええ、平気よ)

▶今日は調子が悪そうだけど…。
Ça n'a pas l'air d'aller, aujourd'hui...
サ ナ パ レール ダレー　オジュルデュイ

Tu n'as pas l'air dans ton‿assiette,‿aujourd'hui...
テュ ナ パ レール ダン　トナスィエートジュルデュイ
*assiette「皿」はここでは「体の調子」。ton assiette で「君のいつもの調子」。

Tu n'es pas comme d'habitude‿aujourd'hui...
テュ ネ パ コム　　ダビテュードジュルデュイ
(今日はいつもと違うみたい)

▶何かあったんですか？
Il‿y‿a quelque chose qui‿ne va pas?
イリヤ　ケルク　ショズ　　キン ヴァ パ

Quelque chose te tracasse?
ケルク　ショズ トゥ トゥラカス
(何か心配ごとがあるんですか？)

*tracasser「心配させる、気をもませる」。

▶困ってるの？
Tu as des‿ennuis?
テュ ア　デザンニュイ

4　感情を表すフレーズ

Vous avez un problème?
ウザヴェ　アン　プロブレーム
(お困りですか?)

▶君のことを心配してたんだけど。

Je m'inquiétais à ton sujet.
ジュ　マンキエテ　ア　トン　スュジェ

*au sujet de...「〜について」。

> Je m'inquiétais à ton sujet.
> (君のことを心配してたんだけど)
>
> Excuse-moi. J'aurais dû te téléphoner.
> エクスキュズムワ　ジョレ　デュッ　テレフォネ
> (ごめんなさい。電話すればよかったわね)

Je me faisais du souci pour toi.
ジュ　ム　フゼ　デュ　スュスィ　プル　トゥワ

▶心配そうだね…。

Tu as l'air soucieux [soucieuse]...
テュ　ア　レール　ススュー　[ススューズ]

> Tu as l'air soucieux...
> (心配そうだね…)
>
> Oui, j'ai des tas de problèmes en ce moment.
> ウィ　ジェ　デ　タ　ドゥ　プロブレーマン　ス　モマン
> (うん、このごろいろいろ問題があってね)

*des tas de は beaucoup のくだけた言い方。

▶へんな顔をしてるけど…。

Tu fais une drôle de tête...
テュ　フェ　ユン　ドゥロル　ドゥ　テートゥ

*une drôle de...「妙な〜」。tête「頭」はここでは「顔、表情」。顔つきがいつもと違っているときに言う。

Tu as un drôle d'air...
テュ　ア　アン　ドゥロル　デール
(ようすがへんだけど…)

▶ずいぶん深刻そうだね…。

Tu as l'air bien sérieux [sérieuse]...
テュ　ア　レール　ビアン　セリュー　[セリューズ]

> Tu as l'air bien sérieux...
> (ずいぶん深刻そうだね…)
>
> J'ai quelque chose d'important à te dire.
> ジェ　ケルク　ショズ　ダンポルタン　ア　トゥ ディール
> (君に大事な話があるんだ)

人を気づかうとき

▶今日は浮かない顔をしてるね…。
Tu n'as pas l'air gai [gaie], aujourd'hui...
テュ ナ パ レル ゲー オジュルデュイ
*gai「陽気な、明るい」。

> Tu n'as pas l'air gai, aujourd'hui...
> (今日は浮かない顔してるね…)
>
> Je viens d'apprendre une mauvaise nouvelle.
> ジュ ヴィアン ダプランドゥリュン モヴェーズ ヌヴェール
> (よくない知らせを聞いたところなんだ)

Tu as l'air triste, aujourd'hui.
テュ ア レル トゥリーストジュルデュイ
(悲しそうだね、今日は)

▶どうしてそんな顔してるの？
Pourquoi est-ce que tu fais cette tête?
プルクワ エス ク テュ フェ セッテテュ
＊くだけた表現。

> Pourquoi est-ce que tu fais cette tête?
> (どうしてそんな顔してるの？)
>
> Je viens de prendre un de ces savons...
> ジュ ヴィアン ドゥ プランドゥラン ツェ サヴォン
> (すごく叱られたところなの…)

*prendre un savon「叱られる」。

▶怒ってるみたいだけど…。
Tu as l'air fâché [fâchée]...
テュ ア レール ファシェ

> Tu as l'air fâchée...
> (怒ってるみたいだけど…)
>
> Oui, absolument! Et tu sais bien pourquoi!
> ウイ アプソリュマン エ テュ セ ビアン プルクワ
> (ええ、そのとおりよ！ なぜだか、よく知ってるでしょ！)

Tu as l'air de mauvaise humeur.
テュ ア レール ドゥ モヴェーズュムール
(きげんが悪そうだね)

▶すごく疲れてるみたいだね。
Tu as l'air exténué [exténuée].
テュ ア レクステニュエ
*exténué「憔悴した」。

Tu as l'air très fatigué [fatiguée].
テュ ア レール トゥレ ファティゲ
Tu as l'air épuisé [épuisée].
テュ ア レピュイゼ

4 感情を表すフレーズ

Tu as l'air crevé [crevée].
テュ ア レール クルヴェ
*crevé「パンクした」。人に使うと「ぐったりした、くたくたになった」ようすを表す。くだけた表現。

▶ちょっと休んだほうがいいよ。

Tu devrais te reposer un peu.
テュ ドゥヴレ トゥ ルポゼ アン プ

> Je suis fatigué.（疲れた）
> ジュ スュイ ファティゲ
> Tu devrais te reposer un peu.（ちょっと休んだほうがいいよ）

Tu devrais faire une pause.（休憩したほうがいいよ）
テュ ドゥヴレ フェリュン ポーズ

同情する　　　　　　　　　　　　　　　4_031.mp3

▶たいへんですね。

Je vous plains.
ジュ ヴ プラン
*plaindre「同情する」。

> Mon fils est en pleine crise d'adolescence.
> モン フィス エタン プレン クリーズ ダドルサンス
> （息子が反抗期の真っ最中で）
>
> Je vous plains! Je sais ce que c'est...
> ジュ ヴ プラン ジュ セ ス ク セ
> （たいへんですね！ それなら私もわかりますよ…）

*crise「興奮、動揺」。adolescence「青春期」。

Ce n'est pas drôle!
ス ネ パ ドゥロール
*「困ったことだ、いやだ、つらい」などを意味する表現。

▶きっとつらいでしょうね。

Ça doit être dur pour toi.
サ ドゥワ エトゥル デュール プル トゥワ

> Mon beau-père est malade. J'ai dû arrêter de travailler pour m'occuper de lui.
> モン ボペール エ マラードゥ ジェ デュ アレテ トゥラヴァイエ プル モキュペ ドゥ リュイ
> （舅が病気なので、介護のために仕事を辞めざるを得なかったんですよ）
>
> Ça doit être dur pour toi...
> （きっとつらいでしょうね…）

Ça ne doit pas être facile!
サン ドゥワ パ エトゥル ファスィール
*facile「簡単な」。

人を気づかうとき

▶かわいそうに！

Mon pauvre [Ma pauvre]!
モン　ポーヴル　[マ　ポーヴル]

J'ai passé le réveillon au lit avec 39 de fièvre...
ジェ パセ ル レヴェヨン オ リ アヴェック トゥラントゥヌフ ドゥ フィエーヴル
（39度の熱があって大みそかをベッドで過ごしたの…）

Ma pauvre!
（かわいそうに！）

Pauvre‿Hélène!
ポヴレレーヌ
（かわいそうなエレーヌ！）
*pauvre のうしろに人の名前を続けて同情を表す表現。

▶お気の毒です。

Je suis désolé [désolée].
ジュ スュイ デゾレ

Mon père‿est‿hospitalisé.
モン ペレトスピタリゼ
（父は入院しています）

Je suis désolée.
（お気の毒です）

Je suis navré [navrée].
ジュ スュイ ナヴレ
*「遺憾に存じます」といった感じの丁寧な表現。

▶同情します。

J'ai de la peine pour toi.
ジェ ドゥ ラ ペン プル トゥワ
* 次の表現とともに、直訳は「君のために悲しむ」。

Je suis triste pour toi.
ジュ スュイ トゥリストゥ プル トゥワ

▶何てこと！

C'est malheureux!
セ マルルー
* 直訳は「不運なことだ、残念なことだ！」。

Sa femme l'a quitté.
サ ファム ラ キテ
（彼の奥さん、出ていったんだよ）

C'est malheureux!
（何てことなの！）

C'est triste, ça!
セ トゥリーストゥ サ

4　感情を表すフレーズ

▶気持ちはわかるよ。

Je sais ce que tu ressens.
ジュ セ ス ク テュ ルサン
*ressentir「強く感じる」。ressentiment (ルサンチマン)「うらみ、怨恨」はこの語から。

Je te comprends.
ジュ トゥ コンプラン

Je me mets à ta place.
ジュ ム メ ア タ プラス
*直訳は「あなたの身になります」。

Je sais ce que c'est.
ジュ セ ス ク セ
*直訳は「私にはそれがどういうものであるかわかる」。自分にもその経験があるときの表現。次も同じ。

Je suis passé [passée] par là.
ジュ スュイ パセ パル ラ
*直訳は「私もそこを通ってきた」。

▶本当についてなかったですね！

Vous n'avez vraiment pas eu de chance!
ヴ ナヴェ ヴレマン パ ユ ドゥ チャンス

> Il a plu pendant toutes nos vacances.
> イラ プリュ パンダン トゥトゥ ノ ヴァカンス
> (休暇中ずっと雨だったんです)
>
> Vous n'avez vraiment pas eu de chance!
> (本当についてなかったですね！)

Tu n'as vraiment pas de veine!
テュ ナ ヴレマン パ ドゥ ヴェヌ
*veine は chance のくだけた言い方。さらにくだけると bol。

▶ついてないね！

Pas de chance!
パ チャンス
*深刻な話題には使わない。次の3つの表現も同じ。

Pas de veine!
パ ドゥ ヴェヌ
Pas de bol!
パ ドゥ ボッル
Quelle malchance!
ケル マルシャンス

▶残念だね、それは！

C'est bête, ça!
セ ベートゥ サー
*くだけた表現。C'est bête! には「そんなばかな！」の意味もある。

> Je suis obligé de déménager. (引っ越さなきゃならないんだ)
> ジュ スュイ オブリジェッ デメナジェ

人を気づかうとき

C'est bête, ça! Il_était bien, ton_appartement...
セ　ベートゥ　サー　イレテ　ビアン　　トナパルトゥマン
(残念だね、それは！ いい部屋だったのに…)

C'est dommage, ça!
セ　　ドマージュ　サ
C'est moche, ça!
セ　モーシュ　サ
*moche「みっともない、汚い、ひどい」。ここでは「残念な」の意味。

▶ひどいよね！
C'est terrible!
セ　テリーブル

Tu as vu tous ces pauvres gens?
テュ　ア　ヴュ　トゥ　セ　ポヴル　ジャン
(あのたくさんの気の毒な人たちを見た？)

Oui, c'est terrible!
(うん、ひどいよね！)

C'est_affreux!
セタフルー

▶まあたいへん！
Oh la la!
オ　ラ　ラー

On_a été bloqués six_heures_à l'aéroport de Moscou.
オナ　エテ　ブロケ　スィズラ　　　ラエロポール　ドゥ　モスク
(モスクワ空港で6時間待たされたんだ)

Oh la la! (まあたいへん！)

なぐさめる　　　　　　　　　　　　　　　　4_032.mp3

▶気にしないで。
Ce n'est pas grave.
ス　ネ　パ　グラーヴ
*「たいしたことじゃないから心配しないで、大丈夫だよ」という意味。

Ah, zut,_c'est cassé! C'était toi qui me l'avais offert...
ア　ズューツェ　カセー　セテ　トゥワ　キ　ム　ラヴェ　オフェール
(しまった、こわしてしまった！ 君からもらったものなのに…)

Ce n'est pas grave. Je t'en_offrirai un_autre.
ス　ネ　パ　グラーヴ　ジュ　タンノフリレ　アノートゥル
(気にしないで。別のをあげるから)

Ça n'a pas d'importance.
サ　ナ　パ　ダンポルタンス

▶大丈夫だよ。

Ça ne fait rien.
サン　フェ　リアン

Ah, zut! J'ai oublié mon agenda au bureau.
ア　ズュトゥ　ジェ　ウブリエ　モナジェンダ　オ　ビュロ
(あっ、しまった！ 事務所に手帳を忘れてきた)

Ça ne fait rien, tu le récupéreras demain matin.
サン　フェ　リアン　テュ　ル　レキュペルラ　ドゥマン　マタン
(大丈夫だよ、明日の朝行けばあるよ)

*récupérer「回収する」。

▶何でもないよ！

Ce n'est rien!
ス　ネ　リアン

Maman, je suis tombé!
ママン　ジュ　スュイ　トンベ
(ママー、転んじゃった！)

Ce n'est rien! Allez, relève-toi.
ス　ネ　リアン　アレ　ルレヴトゥワ
(何でもないわ！ さあ、立ち上がって)

Ce n'est rien du tout!
ス　ネ　リアン　デュ　トゥ
*rien du tout は rien を強調した表現。

▶何とかなるよ…。

Ça va s'arranger...
サ　ヴァ　サランジェ
*s'arranger「解決する、うまくいく」。

Ils ne s'adressent plus la parole depuis des mois.
イル　ヌ　サドゥレス　プリュ　ラ　パロール　ドゥピュイ　デ　ムワ
(あのふたり、何か月も前から口をきいてないのよ)

Ne t'inquiète pas. Ça va s'arranger...
ヌ　タンキエトゥ　パ　サ　ヴァ　サランジェ
(心配しないで。何とかなるよ…)

Ça va finir par s'arranger...
サ　ヴァ　フィニール　パル　サランジェ
*「時間はかかっても最終的には何とかなる」のニュアンス。

▶そんなに悪くないよ…。

Ce n'est pas si mal...
ス　ネ　パ　スィ　マール

C'est nul! Je suis quinzième sur trente!
セ　ニュール　ジュ　スュイ　カンズィエム　スュル　トゥラントゥ
(ひどい！ 30人中15番だ！)

人を気づかうとき

Ce n'est pas si mal...
(そんなに悪くないよ…)

Il y a pire. (ましなほうだ)
イリヤ　ピール
*pire は mauvais の比較級。直訳は「もっと悪いのがある」。

▶次はもっとうまくいくよ。

Tu feras mieux la prochaine fois.
テュ　フラ　ミュ　ラ　プロシェン　フワ

Je ne suis pas très fière de moi...
ジュン　スュイ　パ　トゥレ　フィエル　ドゥ　ムワ
(ちょっと恥ずかしいな…)

Tu feras mieux la prochaine fois.
(次はもっとうまくいくよ)

*fier「自慢である」。
Ça ira mieux la prochaine fois.
サ　イラ　ミュ　ラ　プロシェン　フワ

▶とにかくよくはなってるよ。

C'est tout de même mieux qu'avant.
セ　トゥ　ドゥ　メンミュ　　　カヴァン
*直訳は「それでも以前よりはいい」。

J'ai encore du mal en anglais.
ジェ　アンコル　デュ　マーランナングレ
(英語はまだ難しいよ)

Mais c'est tout de même mieux qu'avant.
メ　セ　トゥ　ドゥ　メンミュ　　　カヴァン
(でも、とにかくよくはなってるよ)

Tu as quand même progressé.
テュア　カン　メン　プログレセ
*直訳は「それでも君は進歩した」。

▶ないよりましだ。

C'est mieux que rien.
セ　ミュ　ク　リアン

Je n'ai que cinq cents euros devant moi.
ジュ　ネ　ク　サン　サンズロ　　　ドゥヴァン　ムワ
(残りは500ユーロしかない)

C'est mieux que rien. (ないよりましだよ)

*avoir... devant soi「～の余裕がある」。

4　感情を表すフレーズ

▶そんなにたいしたことじゃないよ。

Ce n'est pas si grave.
ス ネ パ スィ グラーヴ

Oh la la, c'est pas vrai! J'ai un pneu crevé!
オ ララー セ パ ヴレー ジェ アン プニュ クルヴェ
(あれー、うそー！ タイヤがパンクした！)

Ce n'est pas si grave. Ça se change, une roue.
ス ネ パ スィ グラーヴ サ ス シャンジュン ル
(そんなにたいしたことじゃないよ。タイヤをひとつ取り替えるだけさ)

▶いいほうだよ！

Ça aurait pu être pire!
サ オレ ピュ エトゥル ピール

*直訳は「もっと悪い状態になる可能性だってあった」。

Je suis tombé dans l'escalier. Je me suis fait une entorse.
ジュ スュイ トンベ ダン レスカリエ ジュ ム スュイ フェ ユナントルス
(階段で転んでね。ねんざしたんだ)

Tu as eu de la chance! Ça aurait pu être pire!
テュア ユ ドゥラ シャンス サ オレ ピュ エトゥル ピール
(運がよかったね！ いいほうだよ！)

▶泣かないで！

Ne pleure pas!
ヌ プルル パー

Arrête de pleurer.
アレッドゥ ドゥ プルレー

Sèche tes larmes. (涙をふいて)
セシュ テ ラールム

▶悲観的になってはだめだよ。

Il ne faut pas voir tout en noir.
イル ヌ フォ パ ヴワル トゥタン ヌワール

*直訳は「すべてを暗く考えてはいけない」。

Tout va mal: le travail, la famille...
トゥ ヴァ マール ル トゥラヴァイ ラ ファミーユ
(何もかもうまく行かないんだ、仕事も家庭も…)

Il ne faut pas voir tout en noir.
(悲観的になってはだめだよ)

▶しかたないよ、そんなもんだよ。

Tu n'y peux rien, c'est comme ça.
テュ ニ プ リアン セ コム サ

*n'y pouvoir rien「どうにもできない」。

Une matinée entière de perdue pour avoir ce papier!
ユン マティネ アンティエル ドゥ ペルデュ プラヴワル ス パピエ

人を気づかうとき

573

(この書類に午前中いっぱいかかったよ！)
Tu n'y peux rien, c'est comme ça.
(しかたないよ、そんなもんだよ)

▶自分を責めないで。

Ne vous faites pas de reproches.
ヌ　ヴ　フェトゥ　パ　ドゥ　ルプローシュ
*reproche「非難、批判」。

C'est de ma faute... (ぼくのせいだ…)
セ　ドゥ　マ　フォートゥ

Ne vous faites pas de reproches. Vous‿avez fait le maximum.
ヌ　ヴ　フェトゥ　パ　ドゥ　ルプローシュ　ヴザヴェ　フェ　ル　マクスィモーム
(自分を責めないで。最善を尽くしたんだから)

▶あなたは何も悪くありません！

Vous n'avez rien fait de mal!
ヴ　ナヴェ　リアン　フェ　ドゥ　マール

Ce n'est pas de votre faute.
ス　ネ　パ　ドゥ　ヴォトゥル　フォートゥ
(あなたのせいではありません)

▶だれにでもあることです。

Ça arrive‿à tout le monde.
サ　アリヴァ　トゥ　ル　モンドゥ

J'ai complètement oublié...
ジェ　コンプレトゥマン　ウブリエ
(すっかり忘れてしまって…)
Ça arrive‿à tout le monde.
(だれにでもあることですよ)

Ça peut arriver. (そういうこともあるよ)
サ　プ　アリヴェ

▶君だけじゃないんだから、元気を出して。

Console-toi, tu n'es pas le seul [la seule].
コンソルトゥワ　テュ　ネ　パ　ル　スール [ラ　スール]
*consoler「なぐさめる」。se consoler「自分をなぐさめる、元気を出す」。

J'ai joué deux cents euros au loto et j'ai perdu...
ジェ　ジュエ　ドゥ　サン　ウロ　オ　ロト　エ ジェ ペルデュ
(ロトに200ユーロもかけたのに、だめだったんだ…)
Console-toi, tu n'es pas le seul!
(君だけじゃないんだから、元気を出して)

Si ça peut te consoler, tu n'es pas le seul [la seule].
スィ　サ　プ　トゥ　コンソレ　テュ　ネ　パ　スール [ラ　スール]
* 直訳は「もしなぐさめになるのなら（言うが）、君だけではない」。

4　感情を表すフレーズ

▶もう考えないで。

N'y pense plus.
ニ　パンス　プリュー

N'y pense plus!（もう考えないで！）

Je ne peux pas m'en empêcher.
ジュヌ　プ　パ　マンナンペシェ
（考えないではいられないの）

*s'empêcher「がまんする」。

N'y pense pas trop.（あんまり考えすぎないで）
ニ　パンス　パ　トゥロ

▶また機会はあるよ。

Il y aura d'autres occasions.
イリョラ　　ドトゥルゾカズィオン

C'est dommage…（残念…）
セ　ドマージュ

Il y aura d'autres occasions.
（また機会はあるよ）

Tu auras d'autres chances.
テュ　オラ　ドトゥル　シャンス

▶人生はこれからだよ。

Tu as toute la vie devant toi.
テュ　ア　トゥトゥ　ラ　ヴィ　ドゥヴァン　トゥワ

安心させる　　　　　　　　　　　　　　　4_033.mp3

▶心配しないで。

Ne t'en fais pas.
ヌ　タン　フェ　パ

*s'en faire = se faire du souci「心配する」。Ne t'en fais pas. は du souci の部分が en になって否定命令形になったもの。

Il est tout seul. Il n'a personne pour l'aider…
イレ　トゥ　スール　イル　ナ　ペルソンヌ　プル　レデ
（あの子はたったひとりなのよ。助けてくれる人がだれもいないし…）

Ne t'en fais pas. Il est assez grand pour se débrouiller.
ヌ　タン　フェ　パ　イレタセ　グラン　プル　ス　デブルイエ
（心配しないで。自分で切り抜けられる年だよ）

Ne t'inquiète pas.
ヌ　タンキエトゥ　パ

▶いまから心配しても、何にもならないよ。

Ne te fais pas de souci à l'avance, ça ne sert à rien.
ヌ　トゥ　フェ　パッスィ　ア　ラヴァーンス　サン　セラ　リアン

> **Et s'il a eu un problème...**（もし彼が問題を抱えてるのなら…）
> エ スィラ ユ アン プロブレーム
>
> **Ne te fais pas de souci à l'avance, ça ne sert à rien.**
> （いまから心配しても、何にもならないよ）

Ce n'est pas la peine de te faire du souci à l'avance.
ス ネ パ ラ ペン ドゥ トゥ フェル デュ ススィ ア ラヴァンス

＊直訳は「早めに心配するにはおよばない」。

▶心配することはないよ。

Tu n'as pas de raison de t'inquiéter.
テュ ナ パ ドゥ レゾン ドゥ タンキエテ

＊直訳は「君には心配する理由はない」。

Tu n'as pas de raison de t'en faire.
テュ ナ パ ドゥ レゾン ドゥ タン フェール

▶引き受けるよ。

Je m'en occupe.
ジュ マンノキュップ

> **Il faudrait le prévenir, mais je n'ai pas le courage...**
> イル フォドゥレ ル プレヴニール メ ジュネ パ ル クラージュ
> （彼に知らせなければいけないんだけど、勇気がなくて…）
> **Je m'en occupe.**（ぼくが引き受けるよ）

Je m'en charge.
ジュ マン シャルジュ

Laisse-moi faire.
レスムワ フェール

＊直訳は「私にまかせておいて」。

▶全部まかせて。

Je m'occupe de tout.
ジュ モキュプ ドゥ トゥ

> **Je suis malade. Je n'en peux plus.**（病気なの。もうだめ）
> ジュ スュイ マラードゥ ジュ ナン プ プリュ
> **Va te coucher. Je m'occupe de tout.**
> ヴァ トゥ クシェ ジュ モキュプ ドゥ トゥ
> （寝ててちょうだい。全部まかせて）

＊n'en plus pouvoir「（肉体的・精神的に）もうだめである」。

▶信用して。

Fais-moi confiance.
フェムワ コンフィアンス

> **J'ai peur...**（心配だな…）
> ジェ プール
> **Fais-moi confiance.**（信用して）

Crois-moi.（信じて）
クルワムワ

▶あてにしていいよ！

Compte sur moi!
コントゥ スュル ムワ

Tu n'oublies pas de sortir le chien trois fois par jour.
テュ ヌブリ パ ドゥ ソルティル ル シアン トゥルワ フワ パル ジュール
（1日3回、犬を散歩に連れていくのを忘れないでね）

Compte sur moi!
（あてにしていいよ！）

▶安心してください！

Rassurez-vous!
ラスュレヴー

Vous croyez qu'il va venir?
ヴ クルワイエ キル ヴァ ヴニール
（彼は来ると思いますか？）

Rassurez-vous! Tiens, justement, le voilà!
ラスュレヴー ティアン ジュストゥマン ル ヴワラ
（安心してください！ ほら、ちょうど、来ましたよ！）

▶そんなことにはならないよ。

Il ne t'arrivera rien.
イル ヌ タリヴラ リアン
＊直訳は「君には何も起こらない」。

Et si je me fais attaquer?
エ スィ ジュ ム フェ アタケ
（もし私が攻撃されたら？）

Il ne t'arrivera rien.
（そんなことにはならないよ）

▶問題ないよ。

Il n'y a pas de problème.
イル ニャ パ ドゥ プロブレーム

Tu crois qu'il va être élu?
テュ クルワ キル ヴァ エトゥレリュ
（彼が選ばれると思う？）

Il n'y a pas de problème. Il est en tête des sondages.
イル ニャ パ ドゥ プロブレーム イレタン テッデ ソンダージュ
（問題ないよ。世論調査で1位だもの）

Sans problème.
サン プロブレーム

人を気づかうとき

▶ うまくいくよ。

Ça va aller.
サ ヴァ アレ

> Je ne suis pas très rassurée...
> ジュ ヌ スュイ パ トゥレ ラスュレ
> (ちょっと不安なんだけど…)
>
> Ça va aller.（うまくいくよ）

▶ 大丈夫ですよ、お約束します。

Tout ira bien, je vous promets.
トゥティラ ビアン ジュ ヴ プロメ

*Tout ira bien. の直訳は「万事うまくいきます」。

> Bon, je suis obligée de partir. Occupez-vous bien de lui.
> ボン ジュ スュイ オブリジェ ドゥ パルティール オキュペヴ ビアン ドゥ リュイ
> (さあ、行かなくちゃ。この子のことをよろしく)
>
> Tout ira bien, je vous promets.
> (大丈夫ですよ、お約束します)

Je t'assure que tout ira bien.
ジュ タスュール ク トゥティラ ビアン

▶ 方法は必ずあるよ。

Il y a une solution à tout.
イリャ ユン ソリュスィオン ア トゥ

*直訳は「すべてに解決策はある」。

> Je n'arrive pas à retrouver mon chien. Je suis désespérée.
> ジュ ナリヴ パ ア ルトゥルヴェ モン シアン ジュ スュイ デゼスペレ
> (逃げた犬がなかなか見つからなくて。絶望的なの)
>
> Il y a une solution à tout. Tiens, par exemple, tu n'as qu'à
> イリャ ユン ソリュスィオン ア トゥ ティアン パル エグザンプル テュ ナ カ
> passer une annonce et offrir une récompense.
> パセ ユナノンス エ オフリリュン レコンパンス
> (方法は必ずあるよ。たとえばね、広告を出して、懸賞金をつけたらどう)

励ます　　　　　　　　　　　　　　　4_034.mp3

▶ さあ、がんばって！

Allez, courage!
アレー クラージュ

> C'est perdu d'avance.（だめに決まってる）
> セ ペルデュ ダヴァンス
> Mais non. Allez, courage!
> メ ノン アレー クラージュ
> (そんなことないよ。さあ、がんばって！)

Allez, un peu de courage!
(さあ、もうちょっとしっかりしなさい！)

Allez, sois courageux [courageuse].
(さあ、勇気を出して)

▶ さあ、しっかり！

Allez, vas-y!

> Je n'ose pas entrer...
> (どうしても入っていけないよ…)
>
> Allez, respire un bon coup et vas-y!
> (さあ、深呼吸して、しっかり！)

*oser...「思い切って〜する」。

Allez, vas-y carrément!

*carrément「きっぱりと」。「迷わないで、自信をもって」のニュアンスの表現。

▶ ためらわないで！

N'hésite pas!

> N'hésite pas! Saute!
> (ためらわないで！ 跳んで！)
>
> Tu es sûr que ce n'est pas dangereux?
> (本当に危なくないの？)

▶ さあ！ こわがらないで！

Allez! N'aie pas peur!

> Je déteste les examens. J'ai le trac...
> (試験はいやだ。緊張してしまうんだもの…)
>
> Allez! N'aie pas peur. Ils ne sont pas là pour te coller.
> (さあ！ こわがらないで。だれも君を落とすつもりはないよ)

*coller「不合格にする」。

Ne crains rien!

人を気づかうとき

▶恥ずかしがらないで！

N'aie pas honte!
ネ パ オーントゥ

▶あきらめないで！

Tiens bon!
ティアン ボン
*tenir「持つ」はここでは「持ちこたえる」。

> Je n'en peux plus...
> ジュ ナン プ プリュ
> (これ以上は無理だよ…)
>
> Tiens bon! Après le concours, tu pourras te reposer.
> ティアン ボン アプレ ル コンクール テュ プラ トゥ ルポゼ
> (あきらめないで！ 試験が終わったら、休めるんだから)

▶できるよ！

Tu peux y‿arriver!
テュ プ ヤリヴェ

> Nager un kilomètre! Moi?
> ナジェ アン キロメートゥル ムワ
> (1キロも泳ぐの！ 私が？)
>
> Oui, tu peux y‿arriver! (そう、できるよ！)

▶あともうちょっとだ！

Encore‿un petit‿effort!
アンコラン プティテフォール
*effort「努力、苦心」。

> Il‿y‿en‿a encore pour longtemps? Je suis fatigué.
> イリヤンナ アンコル プル ロンタン ジュ スュイ ファティゲー
> (まだかかるの？ 疲れたよ)
>
> Encore‿un petit‿effort!
> (あともうちょっとだ！)

Tu y‿es presque!
テュ イエ プレースク
*直訳は「君はもうほとんどそこにいる！」。
Ça y‿est presque!
サ イエ プレースク

▶可能性はあるよ！

Tu as tes chances!
テュ ア テ シャンス
*chance「運、幸運、（複数形で）可能性」。

> Tu y crois, toi? (できると思ってるの？)
> テュ イ クルワ トワ
> Oui, tu as tes chances! (うん、可能性はあるよ！)

▶ご成功を！

Bonne chance!
ボンヌ　　シャンス

Je te souhaite bonne chance!
ジュ トゥ スエトゥ　　ボンヌ　　シャンス
*souhaiter「願う、祈る」。

Je croise les doigts pour toi!
ジュ クルワズ レ　ドゥワ　プル トゥワ
*croiser les doigts は中指を人さし指に重ねるジェスチャーで、「成功を祈る」の意味をもつ。

Merde!
メルドゥ
*アーティストが舞台に上がるときには Bonne chance! は禁句とされている。声をかけるなら Merde! を使う。また、かけられた側は絶対に merci と答えない。

▶「わが辞書に不可能はなし」だよ。

Impossible n'est pas français.
アンポスィーブル　ネ　パ　フランセ
*直訳は「不可能はフランス語にあらず」。ナポレオン１世のことばとされる。

> Reprendre des études quinze ans après, impossible!
> ルプランドゥル　デゼテュドゥ　　カンザン　　アプレ　アンポスィーブル
> （15年たって勉強し直すなんて、不可能だよ！）
> Impossible n'est pas français!
> （「わが辞書に不可能はなし」だよ！）

▶やる気になれば、できるよ！

Quand on veut, on peut!
カントン　ヴ　オン プ
Vouloir, c'est pouvoir. （意志あれば道あり）
ヴルワール　セ　プヴワール
*ことわざ。

▶やってごらん！

Essaye!
エセーユ

> Personne n'a jamais réussi.
> ペルソンヌ　　ジャメ　レュスィ
> （だれも成功してないんだもの）
> Et alors? Essaye!
> エ アロール　エセーユ
> （それがなんなの？やってごらんよ！）

▶できるだけのことをやってごらんなさい！

Fais le maximum!
フェ ル マクスィモーム
Fais de ton mieux! （最善を尽くしなさい！）
フェ ドゥ トン ミュー

人を気づかうとき

▶くじけないで！
Ne te laisse pas abattre!
ヌ トゥ レス パ アバートゥル
*abattre「倒す」。

> J'ai l'impression que tout le monde＿est contre moi.
> ジェ ランプレスィオン ク トゥル モンデ コントゥル ムワ
> (私、みんなに嫌われてるみたいなの)
>
> Allez, ne te laisse pas abattre!
> アレー ヌ トゥ レス パ アバートゥル
> (さあ、くじけないで！)

▶さあ、立ち直って！
Allez, ressaisis-toi!
アレ ルセズィトゥワ
Allons, reprends-toi!
アロン ルプランドトゥワ
*se reprendre「自分を取り戻す、気を取り直す」。Allons を使うと相手をなぐさめなたら励ますニュアンスになる。

▶がっかりしないで！
Il ne faut pas＿te décourager!
イル ヌ フォ パッ デクラジェー

> C'est la deuxième fois que je suis recalé.
> セ ラ ドゥズィエム フワ ク ジュ スュイ ルカレ
> (落ちたの２回目なんだ)
>
> Il ne faut pas＿te décourager! (がっかりしないで！)

Il faut garder le moral! (気を落とさないで！)
イル フォ ガルデ ル モラール

▶応援に行くよ。
J'irai t'encourager.
ジレ タンクラジェ

> Tu viendras? (来るの？)
> テュ ヴィアンドゥラ
> Oui, j'irai t'encourager.
> (うん、応援に行くよ)

▶彼を元気づけよう！
On va lui remonter le moral!
オン ヴァ リュイ ルモンテ ル モラール

> Il＿est＿au plus bas. (彼、落ち込んでるよ)
> イレト プリュ バ
> On va lui remonter le moral!
> (元気づけよう！)

4 感情を表すフレーズ

4

▶ ものごとを肯定的に考えなさい！

Regarde le bon côté des choses!
ルガルドゥ　ル　ボン　コテ　デ　ショーズ

*直訳は「ものごとのよい面を見なさい」。

> Je suis vraiment mal payé.
> ジュ スュイ ヴレマン マル ペイエ
> (本当に給料が安いんだよ)
>
> Regarde le bon côté des choses! Tu as un travail
> ルガルドゥ　ル　ボン　コテ　デ　ショーズ　テュ ア アン トゥラヴァイ
> très‿intéressant.
> トゥレザンテレサン
> (ものごとを肯定的に考えなさい！ とても面白い仕事じゃないの)

Regarde les choses de façon positive!
ルガルドゥ　レ　ショーズ　ドゥ ファソン ポズィティーヴ

*de façon... 「～なしかたで」。

▶ 人生、楽観的にならなくては！

Il faut être‿optimiste, dans la vie!
イル フォ エトゥロプティミーストゥ　ダン ラ ヴィー

> Je‿ne rencontrerai jamais personne...
> ジュン　ランコントゥルレ　ジャメ　ペルソンヌ
> (私ってちっとも相手にめぐり会えないのよね…)
>
> Il ne faut pas dire ça. Il faut être‿optimiste, dans la vie!
> イル ヌ フォ パ ディル サー イル フォ エトゥロプティミーストゥ ダン ラ ヴィー
> (そんなこと言っちゃだめ。人生、楽観的にならなくては！)

人を気づかうとき

20 いろいろな感情

希望・意志　　　　　　　　　　　　　　　　　　　　4_035.mp3

▶そうできればいいな…。

J'aimerais bien...
ジェムレ　ビアン

*夢や希望を表現するときに使う。

> Tu pourrais aller étudier en France?
> テュ　プレ　アレ　エテュディエ　アン　フランス
> （フランスに留学したら？）
> J'aimerais bien...
> （そうできればいいな…）

▶また行きたいな。

Je voudrais bien y retourner.
ジュ　ヴドゥレ　ビアン　イ　ルトゥルネ

> Je voudrais bien y retourner. C'était tellement beau...
> ジュ　ヴドゥレ　ビアン　イ　ルトゥルネ　セテ　テルマン　ボ
> （また行きたいな。すばらしかったから…）
> Mais tu sais, il‿y‿a beaucoup d'autres‿endroits magnifiques‿à
> メ　テュ　セ　イリャ　ボク　ドゥトゥランドゥルワ　マニフィカ
> découvrir.
> デクヴリール
> （でもねえ、見るべきところはほかにもたくさんあるよ）

*endroits magnifiques à découvrir の直訳は「発見すべきすばらしい場所」。

▶この展覧会を見たいんだけど。

Je veux voir cette‿exposition.
ジュ　ヴ　ヴワール　セテクスポズィスィオン

> Je veux voir cette‿exposition.
> （この展覧会を見たいんだけど）
> Quoi! Le dernier jour? Avec le monde qu'il va y‿avoir!
> クワ　ル　デルニエ　ジュール　アヴェク　ル　モンドゥ　キル　ヴァ　ヤヴワール
> （何言ってるの！ 最終日じゃないの？ すごく込んでるのに！）

▶ぜひ行きたい。

Je tiens absolument à y‿aller.
ジュ　ティアン　アプソリュマン　ア　ヤレ

*tenir à... 「どうしても〜したい」。

> Tu veux vraiment aller à ce concert?
> テュ　ヴ　ヴレマン　アレ　ア　ス　コンセール
> （このコンサートに本当に行きたいの？）
> Oui, je tiens absolument à y‿aller. A l'âge qu'il‿a, c'est
> ウィ　ジュ　ティアン　アプソリュマン　ア　ヤレ　ア　ラージュ　キラ　セ

4 感情を表すフレーズ

peut-être la dernière occasion.
プトゥトゥル ラ デルニエロカズィオン
(うん、ぜひ行きたいんだ。こんな歳なんだから、たぶんこれが彼の最後の演奏になるんじゃないかな)

● このポストに就けるとうれしいんだけど。

J'espère avoir ce poste.
ジェスペラヴワル ス ポストゥ

*espérer「希望する、期待する」。単なる夢ではなく、実現が可能なことについて言う表現。

> J'espère avoir ce poste. (このポストに就けるとうれしいんだけど)
> Tu sais, il ne faut pas trop y compter...
> テュ セ イル ヌ フォ パ トゥロイ コンテ
> (でも、期待しすぎちゃだめだよ…)

● 彼女にジュリアンを紹介しようかな…。

J'ai envie de lui présenter Julien...
ジェ アンヴィ ドゥ リュイ プレザンテ ジュリアン

*envie「願望、欲求」、avoir envie de...「〜したい、〜が欲しい」。

> J'ai envie de lui présenter Julien... On ne sait jamais...
> ジェ アンヴィ ドゥ リュイ プレザンテ ジュリアン オン セ ジャメ
> (彼女にジュリアンを紹介しようかな…うまくいくかも…)
> On n'a qu'à les inviter tous les deux samedi soir.
> オンナ カ レザンヴィテ トゥ レ ドゥ サムディ スワール
> (土曜日の夜、ふたりとも招待したらいいじゃない)

*On ne sait jamais. は「先に何が起こるかわからない」で、よい意味でも悪い意味でも使う。

● 野党に投票します。

Je vais voter pour l'opposition.
ジュ ヴェ ヴォテ プル ロポズィスィオン

> Cette fois, je vais voter pour l'opposition.
> セトゥ フワ ジュ ヴェ ヴォテ プル ロポズィスィオン
> (今回は、野党に投票します)
> Oui, moi aussi. Je suis pour l'alternance.
> ウイ モワ オスィ ジュ スュイ プル ラルテルナンス
> (そう、私もです。政権交代に賛成ですから)

● 山で1週間、部屋を借りるつもりです。

Je pense louer une semaine à la montagne.
ジュ パンス ルエ ユン スメヌ ラ モンターニュ

> Je pense louer une semaine à la montagne.
> (山で1週間、部屋を借りるつもりです)
> Oui, c'est une bonne idée. Ça vous changerait d'air.
> ウイ セテュン ボニデ サ ヴ シャンジュレ デール
> (ああ、いい考えですね。気分転換になりますから)

いろいろな感情

585

▶夏までには本を仕上げるつもりです。
Je compte‿terminer mon livre‿avant l'été.
ジュ　コンテルミネ　モン　リヴラヴァン　レテ
*compter...「〜しようと思う、〜するつもりだ」。

> Je compte‿terminer mon livre‿avant l'été.
> （夏までには本を仕上げるつもりよ）
>
> Tu parles! Ça fait deux‿ans que tu dis ça!
> テュ パルール　サ フェ　ドゥザン　ク テュ ディ サ
> （よく言うわ！２年前からそう言ってるじゃない！）
>
> Et alors, tu crois que ça se fait comme ça, un livre!
> エ アロール テュ クルワ　ク サ ス フェ　コム　サ　アン リーヴル
> （何よ、簡単なことだと思ってるの、本１冊が！）

*comme ça「このように」はここでは facilement「簡単に」の意味で使われている。

▶買おうと思ってます。
J'envisage d'acheter.
ジャンヴィザージュ　ダシュテ
*envisager「計画する」

> J'envisage d'acheter un studio à Paris.
> ジャンヴィザージュ　ダシュテ　アン ステュディオ ア パリ
> （パリに部屋を買おうと思ってるんだ）
>
> Tu as les moyens?
> テュ ア　レ　ムワヤン
> （そんなお金あるの？）

*studio「ワンルームマンション」。

▶ブティックを開く計画です。
J'ai l'intention d'ouvrir‿une boutique.
ジェ ランタンスィオン　ドゥヴリリュン　ブティック
*intention「意図」

> J'ai l'intention d'ouvrir‿une boutique de vêtements.
> ジェ ランタンスィオン　ドゥヴリリュン　ブティック ドゥ ヴェトゥマン
> （ブティックを開く計画なの）
>
> Dans quel quartier?
> ダン ケル カルティエ
> （どのあたりに？）

▶あまり遅くならないといいのですが…。
Je‿ne voudrais pas terminer trop tard.
ジュン　ヴドゥレ　パ　テルミネ　トゥロ タール

> Je‿ne voudrais pas terminer trop tard. Demain, je travaille.
> ジュン　ヴドゥレ　パ　テルミネ　トゥロ タール　ドゥマン ジュ トゥラヴァイ
> （あまり遅くならないといいのですが…。明日、仕事がありますから）

Alors, je vais réserver pour sept_heures.
アロール ジュ ヴェ レゼルヴェ プル セトゥール
(じゃあ、7時に予約します)

▶となりの人ともめるのはごめんだ。

Je_ne tiens pas à avoir des_ennuis avec les voisins.
ジュン ティアン パ ア アヴワル デザンニュイ アヴェク レ ヴワザン

Arrête le piano! Je_ne tiens pas à avoir des_ennuis avec les
アレトゥ ル ピアノ ジュン ティアン パ ア アヴワル デザンニュイ アヴェク レ
voisins!
ヴワザン
(ピアノをやめなさい！ となりの人ともめるのはごめんだよ！)

Mais, j'ai mon cours demain…
メ ジェ モン クール ドゥマーン
(でも、明日レッスンがあるんだもの…)

Je n'aimerais pas avoir des_ennuis avec les voisins.
ジュ ネムレ パ アヴワル デザンニュイ アヴェク レ ヴワザン

▶歩いて帰るのはいやだ。

Je n'ai pas envie de rentrer à pied.
ジュ ネ パ アンヴィ ドゥ ラントゥレ ア ピエ

Je n'ai pas envie de rentrer à pied.
(歩いて帰るのはいやだ)

Pourtant, ça nous ferait une promenade_digestive.
プルタン サ ヌ フレ ユン プロムナッドィジェスティーヴ
(でもね、歩くのは消化のためにいいよ)

*promenade「散歩」。digestive「消化の」。

▶あの人には言いたくない。

Je_ne veux pas lui dire.
ジュン ヴ パ リュイ ディール

Je_ne veux pas lui dire.
(あの人には言いたくないんだ)

Pourquoi?
プルクワ
(どうして？)

Il_le répéterait.
イル レペトゥレ
(しゃべるから)

▶彼を雇う気はありません。

Je n'ai pas l'intention de l'engager.
ジュ ネ パ ランタンスィオン ドゥ ランガジェ

Je n'ai pas l'intention de l'engager. Il ne me plaît pas beaucoup.
ジュ ネ パ ランタンスィオン ドゥ ランガジェ イル ヌ ム プレ パ ボク
(彼を雇う気はないよ。あまり好きじゃないんだ)

いろいろな感情

C'est dommage. Je t'assure qu'il_est bien.
セ　ドマージュ　ジュ　タスール　キレ　ビアン
(残念だな。確かにいい人なのに)

*assurer que... 「～と断言する」。

▶いまのところ引っ越す予定はありません。
Je n'envisage pas_de déménager dans l'immédiat.
ジュ　ナンヴィザジュ　パ　ドゥ　デメナジェ　ダン　リメディア

*immédiat「即時」、dans l'immédiat「さしあたり」。

Quand_est_ce que tu déménages?
カンテス　ク　テュ　デメナージュ
(いつ引っ越すの？)
Je n'envisage pas_de déménager dans l'immédiat. Je verrai ça
ジュ　ナンヴィザジュ　パ　ドゥ　デメナジェ　ダン　リメディア　ジュ　ヴレ　サ
au printemps.
オ　プランタン
(いまのところ引っ越す予定はないよ。春になったら考えるよ)

▶日曜日に出かけるつもりはありません。
Je_ne pense pas sortir dimanche.
ジュン　パンス　パ　ソルティール　ディマンシュ

Je_ne pense pas sortir dimanche. J'ai trop_de travail.
ジュン　パンス　パ　ソルティール　ディマンシュ　ジェ　トゥロッ　トゥラヴァイ
(日曜日に出かけるつもりはないよ。勉強がいっぱいあるから)
Pourtant, ça te changerait les_idées...
プルタン　サ　トゥ　シャンジュレ　レズィデ
(だけど、気分転換になるよ…)

*se changer les idées「気分を変える」。

▶行く気になれない。
Ça_ne me dit rien d'y aller.
サ　ヌ　ム　ディ　リアン　ディ　アレ

Ça_ne me dit rien d'y aller.
(行く気になれないな)
Pourquoi?
プルクワ
(どうして？)
Il va y_avoir trop de monde.
イル　ヴァ　ヤヴワール　トゥロ　ドゥ　モンドゥ
(いっぱいの人だもの)

▶あの人たちは呼ばないつもりです。
Je_ne compte pas les_inviter.
ジュン　コントゥ　パ　レザンヴィテ

Je_ne compte pas les_inviter. On serait trop nombreux.
ジュン　コントゥ　パ　レザンヴィテ　オン　スレ　トゥロ　ノンブル

(あの人たちは呼ばないつもりよ。人が多すぎるから)

Oh, tu sais, au point où on en est...
オ テュセー オ ブワン ウ オナンネ
(でもねえ、たいして変わらないんじゃないかな…)

*nombreux「たくさんの」。au point où on en est... は一定の限度を越えたときに「ここまできたら〜」のニュアンスで使う表現。

▶車を買い換えるのはやめたよ。

Je ne vais pas changer de voiture.
ジュン ヴェ パ シャンジェ ドゥ ヴワテュール

Tu ne voulais pas acheter la nouvelle Renault?
テュン ヴレ パ アシュテ ラ ヌヴェル ルノ
(新しいルノー、買うんじゃなかったの?)

Non. Finalement, je ne vais pas changer de voiture. La mienne marche encore très bien.
ノン フィナルマン ジュン ヴェ パ シャンジェ ドゥ ヴワテュール ラ ミエンヌ マルシャンコル トゥレ ビアン
(うん、結局、買い換えるのはやめたよ。いまのでまだ十分走るから)

*mienne「私のもの」、男性形は mien。

▶私はワインはいらない。

Pas de vin pour moi.
パ ドゥ ヴァン プル ムワ

Pas de vin pour moi.
(私はワインはいらない)

Alors, qu'est-ce que tu veux boire?
アロール ケス クテュ ヴ ブワール
(じゃあ、何を飲む?)

不安なとき　　　　　　　　　　　　4_036.mp3

▶こわい。

J'ai peur.
ジェ プール

Ça bouge! J'ai peur...
サ ブージュ ジェ プール
(揺れてる! こわい…)

Calme-toi, ce sont seulement des turbulences. Ça va s'arrêter.
カルムトゥワ スン ソン スルマン デ テュルビュランス サ ヴァ サレテ
(落ち着いて、ただの乱気流だから。もうじきおさまるよ)

*bouger「動く」。
J'ai la frousse.
ジェ ラ フルス
*frousse「恐怖」、avoir la frousse「おびえる、ふるえあがる」。くだけた表現。

いろいろな感情

J'ai la trouille.
ジェ ラ トゥルユ
*trouille「おじけ」、avoir la trouille「びびる」。くだけた表現。
J'ai la pétoche.
ジェ ラ ペトシュ
*pétoche「おじけ」、avoir la pétoche「おじけつく」。くだけた表現。
Je suis mort [morte] de peur.
ジュ スュイ モール [モルトゥ] ドゥ プール
(こわくて死にそう)

▶気管支炎にかかったんじゃないか心配なんだ。

J'ai peur d'avoir attrapé une bronchite.
ジェ プール ダヴワラトゥラペ ユン ブロンシトゥ

J'ai peur d'avoir attrapé une bronchite.
(気管支炎にかかったんじゃないか心配なんだ)
Voilà ce que c'est de ne pas se couvrir!
ヴワラ スク セ ドゥン パ ス クヴリール
(ちゃんと着てないからよ!)

*se couvrir「身をくるむ」。voilà ce que c'est de... には「自業自得」のニュアンスがある。

Je crains d'avoir une bronchite.
ジュ クラン ダヴワリュン ブロンシトゥ
(気管支炎じゃないか心配なんだ)
*craindre de...「自分が〜するのを恐れる」。

▶私にできるかなあ。

Je me demande si je vais y arriver.
ジュ ム ドゥマンドゥ スィ ジュ ヴェ ヤリヴェ

Je me demande si je vais y arriver.
(ぼくにできるかなあ)
Je te fais confiance.
ジュ トゥ フェ コンフィアンス
(きっとできるよ)

*Je te fais confiance. の直訳は「君を信用している」。

▶13日の金曜日が気になるな。

J'appréhende le vendredi 13.
ジャプレアンドゥ ル ヴァンドゥルディ トゥレーズ
*appréhender「懸念する、恐れる」。

J'appréhende le vendredi 13.
(13日の金曜日が気になるな)
C'est ridicule, c'est de la superstition!
セ リディキュール セ ドゥ ラ スュペルスティスィオン
(ばかばかしい、迷信だよ!)

4 感情を表すフレーズ

Je redoute le vendredi 13.
ジュ ルドゥートゥ ル ヴァンドゥルディ トゥレーズ
*redouter「恐れる、心配する」。

▶すごく心配だ。

Je suis anxieux [anxieuse].
ジュ スュイ アンクスュ　[アンクスューズ]

> Je suis anxieuse. Il n'a pas appelé. C'est mauvais signe...
> ジュ スュイ アンクスューズ イル ナ パ アプレ セ モヴェ スィーニュ
> (すごく心配なの。彼から電話がないの。よくないことでも…)
>
> Mais non! Ne sois pas pessimiste!
> メ ノン ヌ スワ パ ペスィミストゥ
> (そんなことないよ！ 悲観的にならないで！)

*mauvais signe「悪い兆し」。「よい兆し」は bon signe。

Je suis angoissé [angoissée].
ジュ スュイ　　　アングワセ
(不安でたまらない)

▶そんなばかな！

C'est pas vrai!
セ パ ヴレー
*深刻な事態が生じたときに使う表現。

> Où est Olivier? Je ne le trouve plus! Il était là à l'instant!
> ウ エ オリヴィエ ジュン ル トゥルヴ プリュ イレテ ラア ランスタン
> (オリヴィエはどこ？ ついさっきまでここにいたのに、見つからないのよ！)
>
> C'est pas vrai!
> (そんなばかな！)

*à l'instant「たったいま」。

Mon Dieu!
モン ディウ
*Dieu「神」。Mon Dieu! で驚き、怒り、喜び、恐怖などさまざまな感情を示す。

Ne me dis pas...!
ヌ ム ディ パ
*pas のあとに que 以下が省略されている。直訳は「～だと言わないで！（そんなことはありえない）」。

疑わしいとき　　　　　　　　　　　　　　　4_037.mp3

▶まさか！

Ça m'étonnerait!
サ メトンレ

> Je parie qu'il va pleuvoir, demain.
> ジュ パリ キル ヴァ プルヴワール ドゥマン
> (きっと明日は雨になるよ)
>
> Ça m'étonnerait. (まさか)

いろいろな感情

591

*parier「賭ける」。
Je serais étonné [étonnée]!
ジュ スレ　　　エトネ

▶そう思う？

Tu crois?
テュ クルワ

> Il n'est pas marié.
> イル ネ パ マリエ
> (彼、結婚してないよ)
> Tu crois?
> (そう思う？)

Ah bon?
ア ボン

▶本当かな？

C'est vrai?
セ ヴレ

> Elle dit qu'elle a trente-cinq ans.
> エル ディ ケラ　　　トゥランツァンカン
> (彼女、35歳だって)
> C'est vrai? A mon avis, elle en a dix de plus.
> セ ヴレ ア モナヴィ　　エランナ ディス ドゥ プリュス
> (本当かな？ 私が思うには、もう10歳は上だな)

Vraiment?
ヴレマン

▶そのうそ、ほんとかな？

C'est vrai, ce mensonge?
セ ヴレ ス マンソンジュ
*ユーモア表現。

> Excusez-moi, le train était en retard.
> エクスキュゼモワ ル トゥラン エテタン ルタール
> (すみません、電車が遅れたもので)
> C'est vrai, ce mensonge?
> (そのうそ、ほんとかな？)

▶冗談でしょ？

Tu plaisantes?
テュ プレザーントゥ
Tu rigoles!
テュ リゴール
*rigoler は rire「笑う」のくだけた言い方。

C'est une blague!
セテュン ブラーグ

▶わざと言ってるんでしょ！

Tu me fais marcher!
テュ ム フェ マルシェ

*faire marcher「だます、からかう」。

> Ça y est, ils sont là!
> サ イエ イル ソン ラ
> (もうあの人たち来たよ！)
>
> Tu me fais marcher!
> (わざと言ってるんでしょ！)
>
> Oui, c'était pour que tu te dépêches...
> ウイ セテ プル ク テュッ デペシュ
> (そう、急がせようとしたんだ…)

*se dépêcher「急ぐ」。

▶本気じゃないよね？

Tu ne parles pas sérieusement?
テュン パルル パ セリュズマン

▶確かなの？

Tu en es sûr [sûre]?
テュ アンネ スール

> J'ai fini tous mes devoirs.
> ジェ フィニ トゥ メ ドゥヴワール
> (宿題全部終わったよ)
>
> Tu en es sûr? Vérifie ton cahier de textes...
> テュ アンネ スール ヴェリフィ トン カイエッ テクストゥ
> (確かなの？ もう一度連絡帳を確認してごらんなさい…)

*cahier de textes は「宿題をメモするノート」。

▶やっぱりおかしい…。

C'est quand même bizarre...
セ カン メム ビザール

> Il n'y a plus de lait.
> イル ニャ プリュ ドゥ レ
> (牛乳がもうないよ)
>
> C'est quand même bizarre. J'en ai acheté trois litres, hier...
> セ カン メム ビザール ジャンネ アシュテ トゥルワ リートゥリエール
> (やっぱりおかしいわ。昨日3リットル買ってきたのに…)

C'est suspect.
セ スュスペ
*suspect「疑わしい」。

C'est louche.
セ ルーシュ
*louche「あやしい」。くだけた表現。

いろいろな感情

▶よく言うよ！

Tu parles!
テュ パールル
*「とんでもない」と、不信感や嘲笑、怒りを表す。

> Non, je ne suis pas amoureux d'elle!
> ノン ジュン スュイ パ アムル デール
> (違うよ、彼女のことぜんぜん好きじゃないよ！)
>
> Tu parles! Ça se voit comme le nez au milieu de la figure!
> テュ パールル サ ス ヴワ コム ル ネ オ ミリュ ドゥ ラ フィギュール
> (よく言うよ！ 顔に書いてあるよ！)

*Ça se voit comme le nez au milieu de la figure! の直訳は「そのことが顔の真ん中にある鼻のようにはっきり見てとれる」。

Allons donc!
アロン ドン
*「ばかな、まさか、おやおや」など、不信や皮肉を表現する。

▶信じられない。

Je n'y crois pas.
ジュ ニ クルワ パ

Ce n'est pas possible.
ス ネ パ ポスィーブル
(ありえない)

▶うそだ！

Mon œil!
モヌーユ
*あかんべえのジェスチャーをしながら言う、疑いや拒否の下品な表現。

> J'ai cent cinquante euros d'argent de poche par mois.
> ジェ サン サンカントゥロ ダルジャン ドゥ ポシュ パル ムワ
> (おこづかい月に150ユーロもらってるんだ)
>
> Mon œil! Cinquante euros, oui!
> モヌーユ サンカントゥロー ウイ
> (うそだ！ 50ユーロならわかるけど！)

▶そんなこと信じると思うの？

Et tu crois que je vais avaler ça?
エ テュ クルワ ク ジュ ヴェ アヴァレ サ
*avaler「飲み込む」から「すぐに信じ込む」の意味。

> On a dormi dans le même lit. Mais il ne s'est rien passé.
> オナ ドルミ ダン ル メム リ メ イル ヌ セ リアン パセ
> (同じベッドで眠ったんだ。でも何にもなかったんだよ)
>
> Et tu crois que je vais avaler ça?
> (そんなこと信じると思うの？)

Si tu crois que je vais avaler ça...
スィ テュ クルワ ク ジュ ヴェ アヴァレ サ

▶彼は本当のことを言ってないと思うよ。
Je pense qu'il ne dit pas la vérité.
ジュ パンス キル ヌ ディ パ ラ ヴェリテ
Je crois qu'il ment.
ジュ クルワ キル マン
(彼はうそをついてると思う)

▶彼の話はでたらめだと思うな。
A mon avis, il raconte des histoires.
ア モナヴィ イル ラコンデズィストゥワール
*à mon avis「私の考えでは」。histoires「作り話、でたらめ」。

> Il prétend que son père est un acteur très célèbre.
> イル プレタン ク ソン ペレタナクトゥール トゥレ セレーブル
> (彼、お父さんは有名な俳優だって言ってるよ)
> A mon avis, il raconte des histoires.
> (彼の話はでたらめだと思うな)

*prétendre「言い張る」。
A mon avis, c'est du baratin!
ア モナヴィ セ デュ バラタン
*baratin「人をのせるための口車」。くだけた表現。
A mon avis, ce sont des salades.
ア モナヴィ ス ソン デ サラドゥ
*salades「でたらめ、ほら」。くだけた表現。
A mon avis, c'est du pipeau.
ア モナヴィ セ デュ ピポ
*pipeau「牧場などで使う小さな笛」。

▶とんでもない話だ！
C'est une histoire à dormir debout!
セテュニストゥワラ ドルミル ドゥブ
*直訳は「それは立ったまま眠るという話だ」。

▶話がうますぎるよ！
C'est trop beau pour être vrai!
セ トゥロ ボ プルトゥル ヴレ
*直訳は「それは本当にしては美しすぎる」。

> Il paraît qu'on a gagné un voyage à Tahiti.
> イル パレ コナ ガニェ アン ヴワヤジャ タイティ
> (タヒチ旅行が当たったんですって)
> C'est trop beau pour être vrai!
> (話がうますぎるよ！)

確信しているとき　　　　　　　　　　4_038.mp3

▶確かにまちがいはありません。
J'en suis sûr [sûre].
ジャン スュイ スュール

いろいろな感情

La soirée commence vraiment à neuf_heures?
ラ スワレ コマンス ヴレマン ア ヌヴール
(パーティは本当に9時からなの?)

Oui, j'en suis sûr.
(ええ、確かにまちがいはありません)

J'en suis certain [certaine].
ジャン スュイ セルタン [セルテン]
Je suis absolument sûr [sûre].
ジュ スュイ アプソリュマン スュール
*強い表現。

Je suis formel [formelle].
ジュ スュイ フォルメル
*formel「明確な、厳密な」。強い表現。100パーセントまちがいないときに使う。

▶信じていいよ！

Tu peux me croire!
テュ プ ム クルワール
*「本当のことだ」と強く訴える表現。

Tu es sûr qu'il_est d'époque?
テュ エ スュール キレ デポック
(これが時代物というのは確かなの?)

Tu peux me croire. Je m'y connais en meubles...
テュ プ ム クルワール ジュ ミ コネー アン ムーブル
(信じていいよ。家具に詳しいんだから…)

*s'y connaître en...「～に詳しい、精通している」。
Crois-moi!
クルワムワ

▶確かだよ！

Je te jure!
ジュ トゥ ジュール
*jurer「誓う」。非常に強い表現。

Tu es sûr qu'il_a dit ça?
テュ エ スュール キラ ディ サ
(彼がそう言ったのはまちがいない?)

Je te jure!
(確かだよ!)

Je t'en donne ma parole!
ジュ タン ドヌ マ パロール
*donner sa parole「約束する」。非常に強い表現。

▶絶対にまちがいない。

C'est sûr_et certain.
セ スュレ セルタン

Il va pleuvoir? (雨になるかな？)
イル ヴァ プルヴワール

C'est sûr_et certain. Regarde le ciel...
セ スュレ セルタン ルガルドゥ ル スィエール
(絶対にまちがいないよ。空を見てよ…)

Absolument.
アプソリュマン

▶疑う余地なしだよ。

Aucun doute là-dessus.
オカン ドゥトゥ ラッュ
*là-dessus「その点について」。

Il n'y_a pas le moindre doute.
イル ニャ パ ル ムワンドゥル ドゥトゥ
*moindre「最も小さい、ほんのわずかな」。

J'en suis sûr [sûre]_à cent pour cent.
ジャン スュイ スュラ サン プル サン
(100パーセント確信している)
*pour cent「%」。

▶断言するよ。

J'en mettrais ma main au feu.
ジャン メトゥレ マ マン オ フ
* 直訳は「手を火のなかに突っ込んでもいい」。そのぐらい確信があることを意味する。

C'est lui qui m'a dénoncé, tu crois?
セ リュイ キ マ デノンセ テュ クルワ
(告げ口したのは彼だと思うの？)

J'en mettrais ma main au feu. (断言するよ)

J'en donnerais ma tête_à couper.
ジャン ドンレ マ テタ クペ
* 直訳は「自分の首を切らせてもいい」。「自分の首にかけて断言する」という意味。

予想どおりだったとき　　　　　　　　　　4_039.mp3

▶そうじゃないかと思ってたんだ。

Je m'en doutais.
ジュ マン ドゥテ
*se douter de...「〜に気づく、〜がわかる」。

C'est_elle qui a téléphoné tout_à l'heure.
セテール キ ア テレフォネ トゥタ ルール
(さっき電話をかけてきたの、彼女だよ)

Je m'en doutais.
(そうじゃないかと思ってたんだ)

いろいろな感情

C'est bien ce que je pensais.
セ ビアン ス ク ジュ パンセ

▶当たり前だよ。

Ça ne m'étonne pas.
サ ン メトンヌ パ
*直訳は「それは私を驚かさない」。

Elle est épuisée.
エレテピュイゼ
(彼女、疲れ切ってるよ)

Ça ne m'étonne pas. Avec le travail qu'elle a...
サ ン メトンヌ パ アヴェク ル トゥラヴァイ ケラ
(当たり前だよ。あんなに働いてたんじゃ…)

Ce n'est pas étonnant.
ス ネ パ エトナン
*étonnant「驚くべき」。

Rien d'étonnant.
リアン デトナン

▶やっぱりね。

C'était à prévoir.
セテ ア プレヴワール
*prévoir「予想する」。直訳は「それは予想されるべきことだった」。

Ils divorcent.
イル ディヴォルス
(あのふたり、離婚するよ)

C'était à prévoir. Ça fait longtemps que ça n'allait plus entre eux.
セテ ア プレヴワール サ フェ ロンタン ク サ ナレ プリュ アントゥルー
(やっぱりね。ずっと前からうまくいってなかったもの)

▶予想してたんだ。

Je m'y attendais.
ジュ ミ アタンデ

Vingt kilomètres de bouchon! On n'est pas arrivés...
ヴァン キロメトゥル ドゥ ブション オン ネ パ アリヴェ
(渋滞20キロだって！ 時間がかかりそう…)

Je m'y attendais. Un week-end de pont...
ジュ ミ アタンデ アン ウイケンッドゥ ポン
(予想してたんだ。連休だもの…)

*pontは祝日などの間の平日を休みにした「連休」。

Il fallait s'y attendre.
イル ファレ スィ アタンドゥル
(予想されるべきだった)

▶ね、そう言ったでしょ！

Tu vois, je te l'avais bien dit!
テュ ヴワ ジュトゥ ラヴェ ビアン ディ

> Effectivement, elle n'a pas desserré les dents.
> エフェクティヴマン エル ナ パ デセレ レ ダン
> (やっぱり、彼女は口をきかなかったね)
>
> Tu vois, je te l'avais bien dit!
> (ね、そう言ったでしょ)

*desserrer les dents の直訳は「歯をゆるめる」。

Tu vois, je t'avais prévenu [prévenue].
テュ ヴワ ジュ タヴェ プレヴニュ
(ね、そう言っておいたでしょ)

*prévenir「予告する、警告する」。

▶ほらね、私が正しかったでしょ。

Tu vois, j'avais raison.
テュ ヴワ ジャヴェ レゾン

> On est dans le rouge...
> オネ ダン ル ルージュ
> (赤字だよ…)
>
> Tu vois, j'avais raison. On n'aurait pas dû dépenser tant.
> テュ ヴワ ジャヴェ レゾン オン ノレ パ デュ デパンセ タン
> (ほらね、私が正しかったでしょ。こんなに使うんじゃなかったのに)

*être dans le rouge「赤字である、経営危機にひんしている」。

Tu vois, tu aurais dû m'écouter.
テュ ヴワ テュ オレ デュ メクテ
(ほらね、私の言うことを聞けばよかったのに)

▶わかってたでしょ。

Tu aurais dû t'en douter.
テュ オレ デュ タン ドゥテ

*直訳は「君はそれを予想すべきだった」。

> Dis donc, il y avait un monde fou!
> ディ ドーン イリャヴェ アン モンドゥ フー
> (あのね、すごい人出だったよ！)
>
> Tu aurais dû t'en douter. Le premier jour des soldes, c'est normal!
> テュ オレ デュタン ドゥテ ル プルミエ ジュル デ ソルドゥ セ ノルマール
> (わかってたでしょ。セールの初日なんだもの、当然よ！)

Tu aurais dû le savoir.
テュ オレ デュル サヴワール

いろいろな感情

驚いたとき

4_040.mp3

▶信じられない！

Incroyable!
アンクルワヤーブル

> **Il neige!**
> イル ネージュ
> （雪だ！）
>
> **Incroyable! Au mois d'avril!**
> アンクルワヤーブル オ ムワ ダヴリール
> （信じられない！ 4月なのに！）

C'est pas croyable!
セ パ クルワヤーブル
Je n'arrive pas à y croire!
ジュ ナリヴ パ ア イ クルワール
（とても信じられない！）

▶あら、まあ！

Ça alors!
サ アロール

> **Tu ne me reconnais pas?**
> テュ ン ム ルコネ パ
> （私のこと覚えてないの？）
>
> **Ça, alors! Cécile! Si je m'attendais...**
> サ アロール セスィール スィ ジュ マタンデ
> （あら、まあ！ セスィールね！ 思ってもみなかった…）

Ça, par exemple!
サ パレグザンプル
*par exemple「たとえば」は「とんでもない、まさか」といった驚き、不満などの意味でも使われる。

▶あれっ！

Tiens!
ティアン

> **Tiens, Stéphane!**
> ティアン ステファーヌ
> （あれっ、ステファンじゃない！）
> **Laura!**
> ロラー
> （ロラ！）

▶ああ驚いた！

Quelle surprise!
ケル スュルプリーズ
* 久しぶりに知人と出会ったときや、意外な人の訪問を受けたときに発することば。

▶何ですって！

Comment!
コマン

> Tous les vols sont annulés!
> トゥ レ ヴォル ソンタニュレ
> （全便が欠航ですって！）
>
> Comment! Et pour quelle raison?
> コマン エ プル ケル レゾン
> （何ですって！どうしてなの？）

Quoi!
クワ

▶まさか！

C'est pas vrai!
セ パ ヴレー

> Je rentre en France.
> ジュ ラントゥラン フランス
> （フランスへ戻るよ）
>
> C'est pas vrai! Après vingt ans de Japon?
> セ パ ヴレー アプレ ヴァンタン ドゥ ジャポン
> （まさか！ 20年も日本にいたのに？）

Pas possible!
パ ポスィーブル
Nooon!
ノーーン

▶びっくりした！

Je n'en reviens pas!
ジュ ナン ルヴィアン パ
＊直訳は「そこから戻っていない」。「驚きから覚めないでいる状態」、つまり「非常に驚いた」の意味。

> Je n'en reviens pas! Elle a grossi...
> ジュ ナン ルヴィアン パー エラ グロスィー
> （びっくりした！彼女、太ったね…）
>
> Oui, elle est méconnaissable! （うん、見違えたよ！）
> ウイ エレ メコネサーブル

Je suis sidéré [sidérée]!
ジュ スュイ スィデレ
Je suis stupéfait [stupéfaite]!
ジュ スュイ ステュペフェ [ステュペフェトゥ]
（びっくり仰天した！）
Je suis scié [sciée]!
ジュ スュイ スィエ
（あきれた！）

いろいろな感情

*次の表現とともにとてもくだけた表現。
J'en suis baba!
ジャン スュイ ババ

▶驚いたな！

Ça me surprend!
サ ム スュルプラン

> Il veut faire médecine.
> ル ヴ フェル メツィン
> (彼、医学部に行きたいんだって)
>
> Ça me surprend! Lui qui ne supporte pas la vue du sang...
> サ ム スュルプラン リュイ キン ヌ スュポルトゥ パ ラ ヴュ デュ サン
> (驚いたな！ 血を見るのも耐えられないやつなのに…)

Ça m'étonne!
サ メトンヌ
Je suis surpris [surprise]!
ジュ スュイ スュルプリ [スュルプリーズ]
C'est surprenant!
セ スュルプルナン
C'est étonnant!
セテトナン

▶夢みたいだ！

Je rêve ou quoi!
ジュ レーヴ クワ

*... ou quoi!「～なのか、それともどうなのだ」。

> Je rêve ou quoi!
> (夢みたいだ！)
>
> Non, tu ne rêves pas. C'est bien moi.
> ノン テュン レヴ パ セ ビアン ムワ
> (いや、夢じゃないよ。確かにぼくだよ)

▶本気で言ってるの？

Tu parles sérieusement?
テュ パルル セリュズマン

> Prépare tes bagages. On part demain pour Hawaii!
> プレパル テ バガージュ オン パル ドゥマン プラワイ
> (したくしなさい。明日はハワイに行くよ！)
>
> Tu parles sérieusement?
> (本気で言ってるの？)

Tu es sérieux [sérieuse]?
テュ エ セリュ [セリューズ]

4

▶ええっ、本当なの？

Non, c'est vrai?
ノン　セ　ヴレ

C'est pas vrai?
セ　パ　ヴレ
(うそでしょ？)

▶冗談でしょ！

Tu plaisantes!
テュ　プレザントゥ

J'ai donné ma démission. (辞表を出したよ)
ジェ　ドネ　マ　デミスィオン

Tu plaisantes! Tu n'as pas fait ça?
テュ　プレザントゥ　テュ　ナ　パ　フェ　サ
(冗談でしょ！ そんなことするわけないよね？)

Sans blague!
サン　ブラーグ
*直訳は「冗談はなしだ」。くだけた表現。

▶びっくりした…。

J'ai eu peur...
ジェ　ユ　プール
*peur「恐怖」。

Ah, c'est toi? J'ai eu peur...
ア　セ　トゥワ　ジェ　ユ　プール
(あっ、君なの？びっくりした…)

Tu n'as pas entendu? Pourtant j'ai sonné...
テュ　ナ　パ　アンタンデュ　プルタン　ジェ　ソネ
(聞こえなかった？ チャイムを鳴らしたんだけど…)

▶おどかさないでよ！

Tu m'as fait peur!
テュ　マ　フェ　プール
*直訳は「君は私を驚かせた」。

On nous a volé la voiture! ...Poisson d'avril!
オン　ヌザ　ヴォレ　ラ　ヴワテュール　プワソン　ダヴリール
(車を盗まれた！…うそだよー！)

Tu m'as fait peur! (おどかさないでよ！)
テュ　マ　フェ　プール

*poisson d'avril「4月の魚」は「エイプリル・フール」。

Tu m'as fait une de ces peurs!
テュ　マ　フェ　ユン　ドゥ　セ　プール
*直訳は「すごくびっくりさせられたよ！」。

いろいろな感情

▶それを知ったときは驚いたよ。
J'ai été étonné [étonnée] d'apprendre ça.
ジェ エテ エトネ ダプランドゥル サ

▶ええっ、それは知らなかったな！
Alors, ça, c'est nouveau!
アロル サ セ ヌヴォ

*nouveau「初めての、新しい」。「自分はいままで知らされていなかった」と皮肉を込めて言う表現。

> Elle a déménagé.
> エラ デメナジェ
> (彼女、引っ越したよ)
>
> Alors, ça, c'est nouveau! Depuis quand?
> アロル サ セ ヌヴォ ドゥピュイ カン
> (ええっ、それは知らなかったな！ いつ？)

Première nouvelle!
プルミエル ヌヴェール
(初耳だ！)

ばかにするとき　　　　　　　　　　　　　　4_041.mp3

▶歳を考えたらどう！
Ce n'est plus de ton âge!
ス ネ プリュッ トナージュ

*「あなたはもうそんな年齢ではない」の意味。相手の年齢にかかわる表現は、特に女性に対してはたいへん失礼なので、話題にしないほうが賢明。

> Tu regardes un dessin animé! Mais, ce n'est plus de ton âge!
> テュ ルガルダン デサン アニメ メ ス ネ プリュッ トナージュ
> (アニメを見てるの！ 歳を考えたらどう！)
>
> Il n'y a pas d'âge pour aimer les dessins animés!
> イル ニャ パ ダージュ プレメ レ デサン アニメ
> (アニメ好きに年齢は関係ないよ！)

A ton âge!
ア トナージュ
*「歳相応に！」という意味。

▶そんなことを信じるの？
Et tu crois ça?
エ テュ クルワ サ

> Il paraît qu'il parle cinq langues couramment...
> イル パレ キル パルル サンク ラング クラマン
> (彼、5か国語がペラペラなんですって…)
>
> Et tu crois ça?
> (そんなことを信じるの？)

Tu gobes vraiment n'importe quoi!
テュ ゴブ ヴレマン ナンポルトゥ クワ
(何でもかんでも真に受けるんだね！)
*gober「信じ込む、うのみにする」。

▶ええーっ、そんなことも…。

Alors comme ça,
アロル コム サー

Alors comme ça, tu‿ne sais plus faire‿une multiplication?
アロル コム サー テュン セ プリュ フェリュン ミュルティプリカスィオン
(ええーっ、そんなことも、掛け算さえできないの？)
Ne te moque pas de moi! Une‿erreur de calcul, ça arrive‿à tout
ヌ トゥ モク パ ドゥ ムワー ユネルール ドゥ カルキュル サ アリヴァ トゥ
le monde!
ル モンドゥ
(ばかにしないで！ 計算ミスはだれにだってあるでしょ！)

▶弱虫！

Peureux [Peureuse]!
プルー プルーズ

Non, je‿ne veux pas entrer. J'ai horreur des maisons hantées!
ノン ジュン ヴ パ アントゥレ ジェ オルール デ メゾン アンテ
(いやだ、入りたくない。おばけ屋敷が大嫌いなんだ！)
Peureux, va! Ce n'est qu'une‿attraction!
プルー ヴァース ネ キュナトゥラクスィオン
(弱虫、行きなさいよ！ ただの作り物じゃないの！)

Froussard [Froussarde]
フルサール [フルサールドゥ]
Trouillard [Trouillarde]
トゥルイヤール [トゥルイヤールドゥ]
*froussard も trouillard も peureux「臆病な」のくだけた言い方。

▶結構だこと！

Bravo!
ブラヴォ
*皮肉を込めた表現。会話の下のふたつの表現も同じ。

J'ai eu 5 sur 20 à mon test de chimie.
ジェ ユ サンク スュル ヴァン ア モン テストゥ ドゥ シミ
(科学のテスト、20点満点の5点だった)
Bravo!
(結構だこと！)

Ah bien!
ア ビアン
Chapeau!
シャポー

いろいろな感情

▶ざまあみろ！

C'est bien fait pour toi!
セ ビアン フェ ブル トゥワ
*「君には当然の報いだ」という意味。

> Je me suis fait arrêter par les flics. Je n'avais pas la ceinture.
> ジュ ム スュイ フェ アレテ パル レ フリック ジュ ナヴェ パ ラ サンテュール
> (おまわりに止められたんだ。シートベルトをしてなかったから)
>
> C'est bien fait pour toi! Combien de fois je t'ai dit de la mettre!
> セ ビアン フェ ブル トゥワ コンビアン ドゥ フワ ジュ テ ディ ドゥ ラ メトゥル
> (ざまあみろ！ そうしろって何回も言ったじゃないか！)

*par les flics は par la police のくだけた表現。

Ça t'apprendra!
サ タプランドゥラ
*直訳は「そのことが君に教えてくれるだろう」。「これで君にわかるだろう、いい薬だ」という意味の表現。

Tu l'as bien mérité!
テュ ラ ビアン メリテ
*mériter「値する」。「君は当然の報いを受けた、自業自得だ」の意味。

Tu l'as bien cherché!
テュ ラ ビアン シェルシェ
*直訳は「君はまさしくそれを追い求めていた」。皮肉を込めた表現。

Ça te servira de leçon! (いい勉強になるよ！)
サ トゥ セルヴィラ ドゥ ルソン

21 冠婚葬祭と行事

祝う

▶おめでとう！

Félicitations!
フェリスィタスィオン
*félicitations は常に複数形で使う。

> Mon fils se marie le mois prochain.
> モン フィッス マリ ル ムワ プロシャン
> (息子が来月結婚するんだ)
>
> Félicitations!
> (おめでとう！)

Tous mes compliments.
トゥ メ コンプリマン
*compliment「賛辞、祝辞」。

Toutes mes félicitations!
トゥトゥ メ フェリスィタスィオン
(おめでとうございます！)

Je vous félicite!
ジュ ヴ フェリスィートゥ
(おめでとうございます！)

Je te fais tous mes compliments.
ジュ トゥ フェ トゥ メ コンプリマン
(本当におめでとう)

▶すばらしい！おめでとう！

C'est formidable! Bravo!
セ フォルミダーブル ブラヴォー
*Bravo! は親しい人への「おめでとう」のことば。

> J'ai appris ta nomination. C'est formidable! Bravo!
> ジェ アプリ タ ノミナスィオン セ フォルミダーブル ブラヴォー
> (任命されたんですってね。すばらしいわ！ おめでとう！)
>
> Oui, je suis content.
> ウイ ジュ スュイ コンタン
> (うん、うれしいよ)

▶すごい！

Chapeau!
シャポ
*Chapeau bas! の bas が省略されたもので「脱帽だ！」の意味。

> Tu as retapissé tout l'appartement tout seul? Chapeau!
> テュ ア ルタピセ トゥ ラパルトゥマン トゥ スール シャポー
> (ひとりで壁紙をそっくり張り替えたの？ すごい！)

Ça m'a pris du temps...
サ マ プリ デュ タン
(時間がかかったけどね…)

▶婚約したんだってね。おめでとう！

J'ai appris vos fiançailles. Félicitations!
ジェ アプリ ヴォ フィアンサイ フェリスィタスィオン

*fiançailles「婚約」は常に複数形で使う。

▶結婚されるそうですね。おめでとうございます！

Il paraît que vous allez vous marier. Félicitations!
イル パレ ク ヴ ザレ ヴ マリエ フェリスィタスィオン

Il paraît que vous allez vous marier. Félicitations!
(結婚されるそうですね。おめでとうございます！)

Merci. Ce sera le vingt mai. Vous êtes invité, bien sûr.
メルスィ ス スラ ル ヴァン メ ヴゼタンヴィテ ビアン スュール
(ありがとう。5月20日なんです。もちろん、ご招待します)

▶おめでとうございます。どうぞお幸せに。

Félicitations. Tous mes vœux de bonheur.
フェリスィタスィオン トゥ メ ヴ ドゥ ボヌール

*vœux「(複数形で) 祈願、祝いのことば」。結婚を祝う表現。

▶男の子が産まれたんですって。おめでとう！

J'ai appris que vous avez eu un petit garçon. Félicitations!
ジェ アプリ ク ヴザヴェ ユ アン プティ ガルソン フェリスィタスィオン

J'ai appris que vous avez eu un petit garçon. Félicitations!
(男の子が産まれたんですって。おめでとう！)

Oui, il s'appelle Nathan.
ウイ イル サペール ナタン
(うん、ナタンっていうんだ)

C'est joli, comme nom.
セ ジョリー コム ノン
(いい名前ね)

▶おばあさんになったの知らなかったよ。おめでとう！

Je ne savais pas que vous étiez grand-mère. Félicitations!
ジュヌ サヴェ パ ク ヴゼティエ グランメール フェリスィタスィオン

Je ne savais pas que vous étiez grand-mère. Félicitations!
(おばあさんになったの知らなかったよ！おめでとう！)

Merci. Mais ça ne me rajeunit pas, malheureusement...
メルスィ メ サ ヌ ム ラジュニ パ マルルズマン
(ありがとう。私も若くないってことよね、残念だけど…)

4

◆全快おめでとう。
Je suis heureux [heureuse] que tu sois guéri [guérie].
ジュ スュイ ウル [ウルーズ] ク テュ スワ ゲリ

> Je suis heureuse que tu sois guérie.
> （全快おめでとう）
> Merci. C'est gentil. （どうもありがとう）
> メルスィ セ ジャンティ

Je suis heureux [heureuse] de vous voir rétabli [rétablie].
ジュ スュイ ウルー [ウルーズ] ドゥ ヴ ヴワル レタブリ
*rétabli「健康を回復した」。直訳は「あなたの元気になった姿を見られてうれしい」。

◆乾杯！
A ta santé!
ア タ サンテ
*「あなたの健康のために！」がもとの意味。

A votre santé!
ア ヴォトゥル サンテ
A la tienne!
ア ラ ティエンヌ
*la tienne「君のもの」は ta santé「君の健康」のこと。
Santé!
サンテ
*南仏で使われる。
Tchin-tchin!
チンチン
*親しい者どうしで使う表現。

◆みんなの健康に！
A la santé de tous!
ア ラ サンテ ドゥ トゥッス

◆子どもたちの成功に！
Au succès de nos‿enfants!
オ スュクセ ドゥ ノザンファン
*「すでに成功したことを祝って」と「これからの成功を祈って」の両方の意味で使える。

> Au succès de nos‿enfants!
> （子どもたちの成功に！）
> Et à notre‿amitié!
> エ ア ノトゥラミティエ
> （そして私たちの友情に！）

A la réussite‿de nos‿enfants!
ア ラ レュスィッドゥ ノザンファン

◆ご健康の回復を祈って！
A votre bon rétablissement!
ア ヴォトゥル ボン レタブリスマン

冠婚葬祭と行事 609

A votre bon rétablissement!
(ご健康の回復を祈って！)

Merci. C'est gentil d'y penser.
メルスィ　セ　ジャンティ ディ　パンセ
(ありがとう。うれしいわ)

▶乾杯しましょう。

Je vous propose de porter un toast.
ジュ ヴ　プロポーズ　ドゥ　ポルテ　アン トストゥ
*toast「祝杯」は英語から。porter un toast「祝杯をあげる」。

Je vous propose de porter un toast.
(乾杯しましょう)

Au succès de notre‿association!
オ　スュクセ ドゥ　ノトゥラソスィアスィオン
(提携の成功を祈って！)

Je vous propose de lever nos verres‿à...
ジュ ヴ　プロポーズ ドゥ ルヴェ ノ　ヴェーラ
*直訳は「〜のためにグラスをあげましょう」。

お悔やみを言う　　　　　　　　　　　　4_043.mp3

▶お悔やみ申し上げます。

Je vous présente toutes mes condoléances.
ジュ　ヴ　プレザントゥ　トゥトゥ　メ　コンドレアンス
*遺族への弔意を表す慣用表現。日本語の「ご愁傷さまです」に近く、形式的な感じである。condoléance は複数形で使う。

Toutes mes condoléances.
トゥトゥ　メ　コンドレアンス
Toute ma sympathie.
トゥトゥ　マ　サンパティ
*sympathie「同感、同情」。

▶ご心中をお察しいたします。

Je partage votre peine.
ジュ パルタージュ ヴォトゥル　ペンヌ
*直訳は「あなたの悲しみを分かち合います」。

J'ai beaucoup de peine pour vous.
ジェ　ボク　　ドゥ ペン　プル　ヴ
Je suis de tout cœur‿avec vous.
ジュ スュイ ドゥ トゥ　クラヴェク　ヴ
*de tout cœur「心底から」。

▶祖母が亡くなりました。

J'ai perdu ma grand-mère.
ジェ ペルデュ マ　グランメール
Ma grand-mère‿est décédée.
マ　グランメレ　　デセデ

*décéder「死亡する、亡くなる」。

Ma grand-mère est morte.
マ　　グランメル　　モルトゥ
*mort「死んだ」。

Ma grand-mère nous a quittés.
マ　　グランメル　　ヌザ　　キテ
*nous a quittés「逝去する、他界する」。

● お葬式は来週の火曜日です。

Les obsèques auront lieu mardi prochain.
レゾプセコロン　　　　　　　　　リュ　　マルディ　　プロシャン
*obsèques「葬式、葬儀」。常に複数形で、改まった表現に使うことば。avoir lieu「行われる、催される」。

L'enterrement aura lieu mardi prochain.
ランテルマン　　　オラ　リュ　マルディ　プロシャン
*enterrement は墓地でとり行う「埋葬」。

L'incinération aura lieu vendredi.
ランスィネラスィオン　オラ　リュ　ヴァンドゥラディ
（火葬は金曜日です）

● 惜しい方を亡くしました。

C'est une grande perte pour nous tous.
セテュン　　グランドゥ　ベルトゥ　プル　ヌ　トゥッス
*直訳は「私たちみんなにとっての大きな喪失です」。

● 弔花はご辞退申し上げます。

Ni fleurs ni couronnes.
ニ　　フルール　ニ　　クロンヌ
*「花束も花輪も結構です」という意味で、この場合「志があれば関連の医学団体や福祉団体に寄付をしてください」のメッセージを含んでいる。もしその気持ちがあれば、直接自分で諸団体に寄付金を送る。

祝祭日　　　　　　　　　　　　　　　　　　　　4_044.mp3

● よいお年を！

Bonne année!
ボナネ
*新年のあいさつ「あけましておめでとう！」にもなる。

● あけましておめでとう！

Tous mes meilleurs vœux!
トゥ　メ　　メユル　　ヴ

> Tous mes meilleurs vœux!
> （あけましておめでとう！）
>
> Moi de même.
> ムワ　ドゥ　メーム
> （おめでとうございます）

Je vous présente mes meilleurs vœux.
ジュ ヴ プレザントゥ メ メユル ヴ
(あけましておめでとうございます)

Bonne‿année, bonne santé.
ボナネ ボンヌ サンテ
(おめでとう、今年もご健康で)

Je vous souhaite‿une bonne‿et heureuse‿année!
ジュ ヴ スエテュヌ ボネ ウルザネ
(今年もよい年になりますように!)

▶新年おめでとう!

A la nouvelle‿année!
ア ラ ヌヴェラネー

*1月1日の午前0時に一緒に新年を迎えた人たちが交わす新年のあいさつ。

Vive la nouvelle‿année!
ヴィヴ ラ ヌヴェラネー
(新年ばんざい!)

▶復活祭おめでとう!

Joyeuses Pâques!
ジュワユズ パーク

*復活祭はキリストの復活を祝う祭り。春分後の最初の満月のあとの日曜日が復活祭の日にあたり、翌日の月曜日が休日になる。

Bonne fête‿de Pâques!
ボヌ フェッドゥ パーク

▶メリークリスマス!

Joyeux Noël!
ジュワユ ノエール

Joyeux Noël!
(メリークリスマス!)

Joyeux Noël‿à vous aussi!
ジュウユ ノエラ ヴ オスィ
(メリークリスマス!)

Je vous souhaite‿un joyeux Noël!
ジュ ヴ スエタン ジュワユ ノエール
(楽しいクリスマスを!)

▶よい大みそかをお過ごしください!

Je vous souhaite‿un bon réveillon!
ジュ ヴ スエタン ボン レヴェヨン

Je vous souhaite‿un bon réveillon!
(よい大みそかをお過ごしください!)

Merci. A vous aussi!
メルスィ ア ヴ オスィ
(ありがとう。あなたもね!)

4

▶ よい年末を！

Bonnes fêtes‿de fin d'année!
ボヌ　フェッドゥ　ファン　ダネ

誕生日　　　　　　　　　　　　　　　　　　　4_045.mp3

▶ お誕生日おめでとう！

Bon‿anniversaire!
ボナニヴェルセール

　Bon‿anniversaire!
　（お誕生日おめでとう！）

　Merci. C'est gentil d'y avoir pensé.
　メルスィ　セ　ジャンティ ディ アヴワール　パンセ
　（ありがとう。覚えていてもらってうれしいな）

Joyeux‿anniversaire!
ジュワユザニヴェルセール
*「ハッピーバースデー トゥー ユー」のメロディに合わせて歌う歌詞。

▶ はい、どうぞ。

Tenez, c'est pour vous.
トゥネ　セ　プル　ヴ
*プレゼントを渡すときの表現。

　Tenez, c'est pour vous.
　（はい、どうぞ）

　Je vous remercie, c'est trop gentil. Mais il ne fallait pas.
　ジュ ヴ　ルメルスィ　セ　トゥロ ジャンティ　メ イル ヌ ファレ　パ
　（ありがとう、すごくうれしいです。でも、こんなことしてもらわなくても）

Tiens, c'est pour toi.
ティアン　セ　プル トゥワ
Tiens, je t'ai apporté un petit cadeau.
ティアン ジュ テ　アポルテ　アン プティ　カド
*直訳は「はい、ちょっとしたプレゼントを持ってきたよ」。

▶ はい、お誕生日のプレゼントだよ。

Tiens, voilà ton cadeau d'anniversaire.
ティアン　ヴワラ　トン　カド　　ダニヴェルセール

　Tiens, voilà ton cadeau d'anniversaire.
　（はい、お誕生日のプレゼントだよ）

　Merci. J'ai hâte‿de savoir ce que c'est...
　メルスィ　ジェ　アッドゥ　サヴワル ス ク　セ
　（ありがとう。何かしら、早く知りたいな…）

*hâte「急ぐこと」。avoir hâte de...「早く〜したい」。プレゼントを受け取ったらその場で開けるのがフランスのマナー。さらにおおげさなほどに喜びを表現することも大事。

冠婚葬祭と行事

▶ろうそくは何本？
Je mets combien de bougies?
ジュ メ コンビアン ドゥ ブジ

> Je mets combien de bougies sur le gâteau?
> ジュ メ コンビアン ドゥ ブジ スュル ル ガト
> （ケーキのろうそくは何本？）
>
> Mets-en trois grosses et cinq petites.
> メザン トゥルワ グロス エ サンク プティトゥ
> （大きいのを3本と小さいのを5本立てて）
>
> Ce‿ne serait pas le contraire, par‿hasard?
> スン スレ パ ル コントゥレール パラザール
> （もしかして、反対なんじゃないの？）

▶さあ、ろうそくを消して！
Allez, souffle tes bougies!
アレ スフル テ ブジ

▶おめでとう！
Bonne fête!
ボヌ フェートゥ

* フランスにはキリスト教の聖人の名に基づくカレンダーがあり、1年365日それぞれの日にひとりの聖人が割り当てられている。自分と同じ名前の聖人の日が fête で、たとえば2月22日なら Sainte Isabelle「聖イザベル」の日なので Isabelle という名の女の子の fête の日となる。家族や友人から祝ってもらう。

▶父の日おめでとう！
Bonne fête, Papa!
ボヌ フェートゥ パパ
Bonne fête‿des Pères!
ボヌ フェッデ ペール

▶母の日おめでとう！
Bonne fête, Maman!
ボヌ フェートゥ ママン
Bonne fête‿des Mères!
ボヌ フェッデ メール

5

学生生活で使うフレーズ

- ㉒ 専攻と学年
- ㉓ 手続き
- ㉔ 施設とサービス
- ㉕ 講義
- ㉖ 遅刻と欠席
- ㉗ 面談
- ㉘ 教室で
- ㉙ 放課後
- ㉚ 友達づきあい
- ㉛ 余暇
- ㉜ アルバイト
- ㉝ バカンス
- ㉞ 健康

22 専攻と学年

この章では親しい者どうしが使うくだけた会話が中心になっているので、単語の一部を省略・短縮したり、まとめて発音する例が多い。

専攻と学年　　　　　　　　　　　　　　　　　　　　　　　5_001.mp3

▶ 医学部の学生です。

Je suis étudiant en [étudiante‿en] médecine.
ジュ スュイ エテュディアン アン [エテュディアンタン] メツィヌ

droit (法学部)、sciences‿économiques (経済学部)、commerce (商学部)、
ドゥルワ　　　スィアンセコノミック　　　　　　　　　　　コメールス
sociologie (社会学部)、lettres (文学部)、sciences‿et technologie (理工
ソシオロジ　　　　　　レトゥル　　　　　スィアンセ　テクノロジ
学部)、médecine (医学部)、pharmacie (薬学部)、dentaire (歯学部)
　　　　メツィヌ　　　　　　　ファルマスィ　　　　　　ダンテール

▶ 法学部です。

Je suis en fac de droit.
ジュ スュイ アン ファック ドゥ ドゥルワ
*fac は faculté「学部」の略。

> Tu es étudiant?
> テュ エ エテュディアン
> （学生なの？）
>
> Oui, je suis en fac de droit à Paris II.
> ウィ ジュ スュイ アン ファック ドゥ ドゥルワ ア パリ ドゥー
> （うん、パリ第2大学の法学部だよ）

▶ 経済学部にいます。

Je suis en sciences‿éco.
ジュ スュイ アン スィアンセコ
*sciences éco は sciences économiques の略。

▶ ラングゾーで日本語を勉強してます。

Je fais du japonais à Langues‿O.
ジュ フェ デュ ジャポネ ア ラングゾ
*Langues O は INALCO「イナルコ」、すなわち Institut National des Langues et Civilisations Orientales「パリ東洋語学校」の略。

J'étudie le japonais à Langues‿O.
ジェテュディ ル ジャポネ ア ラングゾ

▶ 大学3年です。

Je suis en troisième‿année de licence.
ジュ スュイ アン トゥルワズィエンヌアネ ドゥ リサンス

licence 学士課程 (1・2・3年)、master 修士課程 (4・5年)、doctorat 博士課程 (6・
リサンス　　　　　　　　　　　　マストゥル　　　　　　　　　　ドクトラ
7・8年)

▶薬学部の3年です。
Je suis en troisième année de pharmacie.
ジュ スュイ アン トゥルワズィエンマネ ドゥ ファルマスィ

▶確か、3年生ですね？
Vous êtes en troisième année de licence, c'est bien ça?
ヴゼタン トゥルワズィエンマネ ドゥ リサンス セ ビアン サ

▶5年生だよね？
Tu es en master 2, non?
テュエ アン マストゥル ドゥ ノン

▶仏文科の修士課程です。
Je fais un master de littérature française.
ジュ フェ アン マストゥル ドゥ リテラテュール フランセーズ

▶最終学年です。
Je suis en dernière année.
ジュ スュイ アン デルニエラネ

*dernière année「最終学年」はフランスの大学ではあまり使われない。みんなが揃って4年で卒業する日本とちがって、入学後何年間学ぶかは本人の意志によって決まる。また、成績の評価が厳しいので進級できないこともめずらしくない。

▶博士課程です。
Je suis en doctorat.
ジュ スュイ アン ドクトラ

Je fais un doctorat.
ジュ フェ アン ドクトラ
Je prépare ma thèse.
ジュ プレパール マ テーズ
*préparer「準備する」。thèse「博士論文」。

▶プレパにいます。
Je suis en prépa.
ジュ スュイ アン プレパ
*prépa は classe préparatoire の略で、バカロレアのあとグランゼコールへの入学に備える2年間のクラス。

Je suis en prépa HEC.
ジュ スィアン プレパ アシュセ
（アシュセのプレパにいます）
*HEC は École des Hautes Etudes Commerciales「経営大学院」の略でグランゼコールのひとつ。

Je prépare Sciences-Po.
ジュ プレパール スィアンスポ
（スィアンスポの準備をしています）
*Sciences-Po は Institut d'Etudes Politiques de Paris「パリ政治学院」の略でグランドゥゼコールのひとつ。

専攻と学年

▶ イユテにいます。
Je suis dans‿un‿IUT.
ジュ スュイ　　ダンザニユテ

*IUT は Institut Universitaire de Technologie「技術短期大学」の略でグランドゥゼコールのひとつ。

▶ 聴講生です。
Je suis les cours‿en‿auditeur [cours‿en‿auditrice] libre.
ジュ スュイ　レ　クランノディトゥル　　　[クランノディトゥリス]　　リーブル

*suivre les cours「授業を受ける」。

Je suis auditeur [auditrice] libre.
ジュ スュイ オディトゥル [オディトゥリス] リーブル

23 手続き

登録

▶ 登録はいつまでですか?

Les inscriptions, c'est jusqu'à quand?

> Les inscriptions, c'est jusqu'à quand?（登録はいつまでですか?）
> Jusqu'au dix septembre.（9月10日までです）

Quelle est la date limite pour s'inscrire?
（登録の締め切りは?）

▶ 登録には遅すぎます。

C'est trop tard pour s'inscrire.

▶ 登録には早すぎます。

Il est trop tôt pour s'inscrire.

▶ 登録の書類はどこでもらえますか?

Où est-ce qu'on retire les dossiers d'inscription?
*retirer「引き出す、取り出す」。

▶ 登録の書類がほしいんですが。

Je voudrais un dossier d'inscription.

▶ 書類はどこへ出すんですか?

Où est-ce qu'on dépose les dossiers?
*déposer「提出する、登録する」。

▶ 登録の窓口は何時まで開いてますか?

Le service des inscriptions est ouvert jusqu'à quelle heure?

▶ 写真は何枚いりますか?

Il faut combien de photos?

▶ 最近撮った写真が3枚必要です。

Il faut apporter trois photos récentes.
*apporter「持ってくる」。

手続き 619

学生証　　　　　　　　　　　　　　　　　　5_003.mp3

▶学生証はどこでもらえますか？
Où est-ce qu'on retire la carte d'étudiant?
*carte「証明書」。

▶試験のときは学生証を持参してください。
Les jours d'examens, il faut apporter sa carte d'étudiant.

▶学生証は何に使えるんですか？
Ça donne droit à quoi, la carte d'étudiant?
*donner droit à...「〜の権利を与える」。

> Ça donne droit à quoi, la carte d'étudiant?
> （学生証は何に使えるんですか？）
> Ça donne droit à des réductions.
> （学割がききます）

*réduction「値引き」。

▶学生証があれば学食が利用できます。
La carte d'étudiant, ça donne_accès au resto U.
*resto U は restaurant universitaire「学生食堂」の略。

▶学生証で学割がききます。
Avec la carte d'étudiant, on_a des réductions.

▶学割を利用するには、学生証を見せなくてはなりません。
Pour bénéficier du tarif_étudiant, il faut montrer sa carte.
*bénéficier de...「〜の恩恵を受ける」。

単位　　　　　　　　　　　　　　　　　　5_004.mp3

▶学士資格を得るには何単位とらなければいけないんですか？
On doit obtenir combien de crédits, pour la licence?
*フランスの大学制度はおよそ次のようなシステムになっている。1学期（6か月）に30クレジット（単位）を取得、6学期（3年間）で180クレジットを得ると「学士」の資格を取得できる。さらに4学期（2年間）で「修士」、その上6学期（3年間）で「博士」の資格を得られる。

> On doit obtenir combien de crédits, pour la licence?
> （学士資格を得るには何単位とらなければいけないんですか？）

C'est‿écrit dans la brochure pédagogique.
（履修案内に出ています）

*brochure「パンフレット」。

▶近代文学のUEは何ECですか？
Il‿y‿a combien d'EC dans l'UE de littérature moderne?
UE は Unité d'Enseignement（教育ユニット）の略で、複数の EC（Eléments constitutifs ou matières 構成要素／科目）からなる。さらにそれぞれの EC は ECTS（European Credit Transfer System ヨーロッパ単位互換制度）の Crédits（単位）からなり、20 単位でひとつの EC を取得できる。

▶180単位なければ4年生の登録はできません。
Si vous n'avez pas 180 crédits, vous‿ne pouvez pas vous‿inscrire‿en master.

▶これはとりやすい科目なんですって。
Il paraît que c'est‿une matière facile.

▶すごく難しいよ、このEC。
Elle‿est super dure, cette‿EC.
*super「最高に、超」。

Il‿est difficile, le cours de Mercier.
（メルスィエ先生の単位はとりにくい）

*学生どうしが先生を話題にするとき、Monsieur や Madame などの敬称はつけないで姓だけを言う。

▶近代史の単位をとった。
J'ai eu l'histoire moderne.
J'ai réussi l'histoire moderne.

▶比較文学の単位を落とした。
J'ai raté la littérature comparée.
*rater「失敗する」。

Je dois repasser la littérature comparée.
（比較文学の単位、追試なんだ）

手続き

▶単位は全部とった？

Tu as tous tes crédits?
テュ ア トゥ テ クレディ

> Tu as tous tes crédits?
> （単位は全部とった？）
>
> Non, il m'en manque 12.
> ノン イル マン マンク ドゥーズ
> （ううん、12 単位足りないの）

論文　　　　　　　　　　　　　　　　　　　　5_005.mp3

▶論文のテーマは何？

C'est quoi, ton sujet de mémoire?
セ クワ トン スュジェ ドゥ メムワール
*le mémoire「論文」、la mémoire は「記憶」。

▶論文のテーマはいつ提出しなきゃいけないの？

Quand‿est-ce qu'on doit déposer les sujets de mémoire?
カンテス コン ドゥワ デポゼ レ スュジェ ドゥ メムワール

▶いつまでに論文を出すんですか？

On‿a jusqu'à quand pour‿remettre les mémoires?
オナ ジュスカ カン プルメトゥル レ メムワール
*remettre「提出する」。

先生　　　　　　　　　　　　　　　　　　　　5_006.mp3

▶この先生、いい？

Il‿est bien, ce prof?
イレ ビアン ス プロフ
*prof は professeur「先生、教授」の略。professeur は男性形だが、女性の先生にも使う。学生は女性の教授を指して la prof と言う。

> Il‿est bien, ce prof?（この先生、いい？）
> Paraît-il.（いいらしいよ）
> パレティール

▶この先生、知ってる？

Tu le connais, ce prof?
テュ ル コネ ス プロフ

> Tu le connais, ce prof?（この先生、知ってる？）
> Non, mais il paraît qu'il‿est super.
> ノン メ イル パレ キレ スュペール
> （ううん、でも最高なんだって）

* ここでの super は supérieur「すばらしい」の略。

5

▶この先生、どう？

Elle_est comment, cette prof?
エレ　　　コマン　　　セトゥ　プロフ

▶この先生、評判いいよ。

Il_a bonne réputation, ce prof.
イラ　　ボンヌ　　レピュタスィオン　ス　プロフ

Il_a la cote, ce prof.
イラ　ラ　コートゥ　ス　プロフ
*cote「評価」。avoir la cote「評判がよい、人気がある」。

Il_a une super cote, ce prof.
イラ　ユン　スュペル　　コートゥ　ス　プロフ
（あの先生、すごい人気だよ）

▶あの先生、すごく面白い授業だよ。

Elle_est très_intéressante, cette prof.
エレ　　　　トゥレザンテレサントゥ　　セトゥ　プロフ

▶この先生、すごくいいよ。

Il_est formidable, ce prof.
イレ　　フォルミダーブル　ス　プロフ

Il_est super.
イレ　スュペール

Il_est génial, comme prof.
イレ　ジェニャール　コンム　プロフ
*génial の女性形は géniale。génie「天才」に性質を表す al がついてできた語。

▶エネルギッシュだね。

Il_est très dynamique.
イレ　トゥレ　　ディナミック

▶感じがいいね。

Elle_est sympa.
エレ　　　サンパ
*sympa は sympathique「感じのいい」の略。

Il_est cool.
イレ　クール
*くだけた表現。

▶感じがよくない。

Il_est pas sympa.
イレ　　パ　　サンパ

▶すごく厳しい。

Il_est vache.
イレ　ヴァシュ
*vache「雌牛」はここでは「意地悪な、冷酷な」。くだけた表現。

Il_est très sévère.
イレ　トゥレ　セヴェール

▶宿題をいっぱい出すんだ。

Il donne beaucoup‿de travail.
イル　ドンヌ　ボク　　　トゥラヴァイ

Il donne trop‿de travail.
イル　ドンヌ　トゥロッ　トゥラヴァイ

▶どうみても講義の準備してないね。

Visiblement, il prépare pas ses cours.
ヴィズィブルマン　イル　プレパル　パ　セ　クール
*visiblement「明らかに」。

▶いい先生じゃないね。

C'est pas un bon prof.
セ　パ　アン　ボン　プロッフ

> C'est pas un bon prof.
> （いい先生じゃないね）
>
> Pourquoi?
> プルクワ
> （どうして？）
>
> Il n'explique rien.
> イル　ネクスプリク　リアン
> （ぜんぜん説明しないんだもん）

▶たいした先生じゃないね！

Il‿est pas terrible, comme prof!
イレ　パ　テリーブル　　コンム　プロッフ
*terrible は本来「恐ろしい、すさまじい」だが、よい意味での「並はずれた」にも用いられる。

▶あの先生って、最低だ。

Il‿est nul, ce prof.
イレ　ニュール　ス　プロッフ
*nul「無能な、だめな」の女性形は nulle。

▶性格が悪いよ。

Il‿a mauvais caractère.
イラ　　モヴェ　　カラクテール

Il‿a un sale caractère.
イラ　アン　サッル　カラクテール
*sale「汚い、いやな」、mauvais より強い表現。

▶この先生、どうかしてるよ！

C'est‿un malade, ce prof!
セタン　　マラードゥ　ス　プロッフ
*malade「病人」という意味から「頭がおかしい人」。

> C'est‿un malade, ce prof!
> （この先生、どうかしてるよ！）

5　学生生活で使うフレーズ

Pourquoi?
(何で？)

Il nous bourre de boulot.
(めちゃくちゃに宿題を出すんだもの)

*bourrer de...「〜をつめ込む」。くだけた表現。

▶この先生ったら、いつも時間超過するんだから…。

Elle fait toujours des heures sup, cette prof...

*sup は supplémentaire「超過の」の略。

▶この先生には、うんざりだよ…。

Il m'énerve, ce prof...

Il m'énerve, ce prof...
(この先生には、うんざりなんだよ…)

Pourquoi?
(なぜ？)

Il donne trop de travail.
(宿題をいっぱい出すんだもの)

Il me saoûle, ce prof.

*saoûler もとの意味は「酔わせる」。くだけた表現。

▶直前になってよく休講にするんだ。

Il a la manie d'annuler ses cours au dernier moment.

*avoir la manie de...「〜のくせがある」。annuler「取り消す」。dernier moment「最後の瞬間」。

Il a la manie de faire des tests à chaque cours.
(授業のたびにテストをするんだ)

▶しょっちゅう頭をかくくせがあるんだ。いらいらするよ！

Il a le tic de se gratter la tête toutes les cinq minutes. C'est énervant!

*tic「くせ」。se gratter「自分の体をかく」。toutes les cinq minutes「5分ごとに」は「しょっちゅう」の意味。

手続き

▶この先生、すごく退屈なんだ！
Quel rasoir, ce prof!
ケル　ラズワール　ス　プロフ

*rasoir「かみそり」。指を軽く曲げてほおをなでるジェスチャーを伴って使う表現。
rasoir は人間について「うんざりする、退屈な」の意味で使う。

▶あの先生の講義、楽しいよね。
Il est marrant, ce prof.
イレ　マラン　ス　プロフ

*marrant「愉快な」。女性形は marrante。くだけた表現。

> Il est marrant, ce prof.
> （あの先生の講義、楽しいよね）
> Oui, il aime bien plaisanter.
> ウイ　イレンム　ビアン　プレザンテ
> （うん、冗談が好きなんだよ）

Il est rigolo, ce prof.
イレ　リゴロ　ス　プロフ

▶若いの？
Il est jeune?
イレ　ジュン

▶いくつぐらいかな？
Il a quel âge, à peu près?
イラ　ケラージュ　ア　プ　プレ

*à peu près「だいたい」。

> Il a quel âge, à peu près?
> （いくつぐらいかな？）
> Je sais pas, moi... quarante-cinq, cinquante...
> シェ　パー　ムワー　カラントゥサンツ　サンカントゥ
> （知らないんだけど…45 か 50 ぐらいかしら…）

講義の選択　　　　　　　　　　　　　5_007.mp3

▶どの講義をとる？
Tu prends quel cours?
テュ　プラン　ケル　クール

> Tu prends quel cours?
> （どの講義をとる？）
> J'ai pas encore décidé.
> ジェ　パ　アンコル　デスィデ
> （まだ決めてないんだ）

Qu'est-ce que tu vas prendre, comme cours?
ケス　ク　テュ　ヴァ　プランドゥル　コム　クール
（講義は何をとるつもり？）

▶講義、何を選んだ？

T'as choisi quoi, comme cours?
タ シュワズィ クワ コム クール

Tu t'es inscrit [inscrite] dans quel cours?
テュ テ アンスクリ [アンスクリトゥ] ダン ケル クール
(どの講義に登録したの？)

▶まだ決めてないんだ、迷ってて。

J'ai pas encore décidé. J'hésite.
ジェ パ アンコル デスィデ ジェズィートゥ

▶仕方ないんだ。ひとつだけだから。

J'ai pas le choix. C'est le seul.
ジェ パ ル シュワ セ ル スール

> En italien, tu prends Orlandi?
> アニタリャン テュ プラン オルランディ
> (イタリア語はオルランディ先生にしたの？)
>
> J'ai pas le choix. C'est le seul.
> (仕方ないんだ。ひとつだけだから)

Je suis bien obligé [obligée]. Il n'y en a pas d'autre.
シュイ ビアノブリジェ イル ニャナ パ ドートゥル
Faut bien. Y a que celui-là.
フォ ビアン ヤ ク スュイラ
*faut bien は il faut bien の il が、y a は il y a の il が省略された形。ともにくだけた表現。

▶メルスィエ先生の講義、とるつもり？

Tu vas suivre les cours de Mercier?
テュ ヴァ スュイヴル レ クール ドゥ メルスィエ
*suivre「(授業などを) 受ける、(講義を) 聴く」。

24 施設とサービス

教室と校舎　　　　　　　　　　　　　　　　　5_008.mp3

▶ムラン先生の講義は、どの教室？
Le cours de Moulin, c'est dans quelle salle?
ル　クル　ドゥ　ムラン　セ　ダン　ケル　サッル

▶マルタン先生の講義、どこ？
C'est où, le cours de Martin?
セ　ウー　ル　クル　ドゥ　マルタン

▶2階のC3教室です。
C'est‿en C3, au premier.
セタン　セトロワ　オ　プルミエ

▶その講義は講堂でやります。
Le cours‿a lieu en‿amphi.
ル　クラ　リュ　アンナンフィ
*lieu「場所」、avoir lieu「(行事などが)行われる」。amphi は amphithéâtre「講堂」の略。
On‿est en‿amphi.
オンネ　アンナンフィ
(講堂です)

▶5階の43番教室だよ。
Salle　43　au quatrième‿étage.
サール　カラントトロワ　オ　カトゥリエメタージュ

▶3号棟はどこ？
Où est le bâtiment 3?
ウ　エ　ル　バティマン　トロワ

▶D2号棟は正門の右手だよ。
Le bâtiment D2 est‿à droite‿de l'entrée principale.
ル　バティマン　デドゥ　エタ　ドゥルワッドゥ　ラントゥレ　プランスィパール

▶A5号棟はつきあたって左手にあるよ。
Le bâtiment A5 se trouve‿au bout de l'allée, à gauche.
ル　バティマン　アサンク　ス　トゥルヴォ　ブ　ドゥ　ラレ　ア　ゴーシュ
*allée「通路」。

▶キャンパスのつきあたりの建物です。
C'est le bâtiment au fond du campus.
セ　ル　バティマン　オ　フォン　デュ　カンピュス

図書館　　　　　　　　　　　　　　　　　　5_009.mp3

▶図書館へ勉強しに行くんだ。
Je vais travailler à la bibliothèque.
ジュ　ヴェ　トゥラヴァイエ　ア　ラ　ビブリオテック

Je vais travailler en bibli.

*bibli は bibliothèque の略。

▶日本文学はどの辺ですか？
C'est où, la littérature japonaise?

▶図書館のカードを忘れました。
J'ai oublié ma carte de bibliothèque.

▶この本を借りたいんですが。
Je voudrais emprunter ce livre.

▶14日までに返してください。
Vous devez le rendre au plus tard le quatorze.

学生食堂・カフェテリア・生協　　5_010.mp3

▶学食、どこにあるの？
C'est où, le resto U?

C'est où, le resto U?
（学食、どこにあるの？）
Au sous-sol du bâtiment 3.
（3号棟の地下だよ）

*sol「地面」。

▶カフェテリアはどこ？
Où est la cafète?

*cafète[cafèt'] は cafétéria の略。

▶学食のチケットがもうない。
Je n'ai plus de tickets de resto U.

*ticket はここでは「前売りの食券」。

▶コーヒーが飲みたいんだけど。自販機は？
Je prendrais bien un café. Y a pas un distributeur?

▶ちょっとお腹がすいたな。
J'ai un petit creux.

施設とサービス

*creux「くぼみ」。

> J'ai un petit creux.
> （ちょっとお腹がすいたな）
> Tu veux un biscuit?
> テュ ヴ アン ビスキュイ
> （クッキーどう？）

▶お腹がすいた。

> J'ai faim.
> ジェ ファーン
> J'ai la dalle.
> ジェ ラ ダール
> *avoir la dalle は avoir faim のくだけた表現。

▶学食、おいしい？

> C'est bon, le resto U?
> セ ボン ル レスト ユ

> C'est bon, le resto U?
> （学食、おいしい？）
> C'est quelconque.
> セ ケルコンク
> （まあまあね）

*quelconque「平凡な、取るにたらない」。

> C'est bon, le resto U?
> （学食、おいしい？）
> Oui, c'est bon et surtout, c'est pas cher!
> ウィ セ ボン エ スュルトゥ セ パ シェール
> （うん、おいしいよ。それに安いんだ！）

▶学食は、あんまり…。

> Le resto U, c'est pas terrible.
> ル レスト ユ セ パ テリーブル
> *pas terrible「それほどでない」。

▶もういいよ、学食は！

> J'en‿ai marre du resto U!
> ジャンネ マール デュ レスト ユ

▶このサンドイッチ、悪くないね。

> C'est pas mauvais, ce sandwich.
> セ パ モヴェ ス サンドゥイチュ

▶このサンドイッチ、ひどいね。

> Il‿est horrible, ce sandwich.
> イレ オリーブル ス サンドゥイチュ

▶これ、ほんとにまずいね！
C'est vraiment mauvais, cette bouffe!
セ ヴレマン モヴェ セトゥ ブフ
*bouffe は食べ物を指す語。くだけた会話で使う。

Elle est vraiment dégueulasse, cette bouffe!
エレ ヴレマン デグラース セトゥ ブフ
*dégueulasse は「吐き気を催すような、粗末な」で、下品な表現。

▶このコーヒー、飲めたもんじゃないよ。
Il est imbuvable, ce café.
イレ アンビュヴァーブル ス カフェ

▶コピーできるとこ、知ってる？
Tu sais où on peut faire des photocopies?
テュ セ ウ オン プ フェール デ フォトコピ

▶生協へ行ってくるよ。
Je vais à la coop.
ジュ ヴェ ア ラ コップ
*coop は coopérative de consommation「生活協同組合」の略。

Je vais à la coop. Tu m'attends?
ジュ ヴェ ア ラ コップ テュ マタン
（生協へ行ってくるけど、待っててくれる？）

Oui, mais dépêche-toi.
ウイ メ デペシュトゥワ
（うん、でも急いでね）

いろいろなサービス　　　　　　　5_011.mp3

▶保健室はどこ？
C'est où, l'infirmerie?
セ ウ ランフィルムリ

▶事務室はどこですか？
Où est l'administration?
ウ エ ラドゥミニストゥラスィオン

▶教務課はどこですか？
Où est le service pédagogique?
ウ エ ル セルヴィス ペダゴジック
*service「～局、部、課、係」。pédagogique「教育（学）の」。

▶司祭室はどこ？
C'est où, l'aumônerie?
セ ウ ロモヌリ
*aumônerie「施設付司祭職、施設付司祭室」。

▶遺失物の係はどこですか？
Où sont les objets trouvés?
ウ ソン レゾブジェ トゥルヴェ
*objets trouvés「遺失物」。

施設とサービス

25 講義

講義 5_012.mp3

▶あの先生の講義、すごく人気があるんだ。

Ses cours sont très demandés.
セ クール ソン トレ ドゥマンデ
*demandé「求められる」という意味から「引っぱりだこの、引く手あまたの」。

> Il est bien, ce prof, paraît-il.
> イレ ビアン ス プロフ パレティール
> (この先生、いいって聞いたけど)
>
> Oui, dépêche-toi de t'inscrire, ses cours sont très demandés.
> ウイ デペシュトゥワ ドゥ タンスクリール セ クール ソン トレ ドゥマンデ
> (うん、登録を急いだら。その先生の講義、すごく人気があるから)

▶あの先生の講義はいつもいっぱいだよ。

Ses classes sont toujours pleines.
セ クラッソン トゥジュル プレヌ

▶あの先生の講義、とっても面白い。

Ses cours sont très intéressants.
セ クール ソン トレザンテレサン
*intéressant「興味深い」。

> Il est bien, comme prof?
> イレ ビアン コンム プロフ
> (いい先生なの？)
>
> Oui, ses cours sont très intéressants.
> ウイ セ クール ソン トレザンテレサン
> (うん、あの先生の講義、とっても面白いよ)

▶超面白いよ、この講義。

C'est passionnant, ce cours.
セ パスィオナン ス クール
*passionnant「夢中にさせる、情熱をかきたてる」。

▶この講義はもうあきがありません。

Il n'y a plus de place dans ce cours.
イルニャ プリュ ドゥ プラス ダン ス クール

▶選択科目です。

C'est un cours facultatif.
セタン クール ファキュルタティフ
*facultatif「任意の」。

C'est un cours optionnel.
セタン クール オプスィオネル
*optionnel「選択可能な」。

5 学生生活で使うフレーズ

▶定員制の授業です。

C'est un cours à effectif limité.
セタン　クーラ　エフェクティッフ　リミテ

*effectif「定員数」。

Les effectifs sont limités.
レゼフェクティッフ　ソン　リミテ
(定員があります)

▶この授業は出席しなくてはいけないんですか？

On est obligé d'assister au cours?
オネ　オブリジェ　ダスィステ　オ　クール

On est obligé d'assister au cours?
(この授業は出席しなくてはいけないんですか？)

Oui, c'est obligatoire.
ウイ　セ　オブリガトゥワール
(はい、必ずです)

*obligatoire「義務の」。

▶必修の研修ですか？

C'est un stage obligatoire?
セタン　スタージュ　オブリガトゥワール

▶指導演習がありますか？

Il y a des TD?
イリャ　デ　テデ

*TD は Travaux Dirigés の略。

▶このゼミ、いい？

C'est bien, ce séminaire?
セ　ビアン　ス　セミネール

C'est bien, ce séminaire?
(このゼミ、いい？)

Oui, pas mal.
ウイ　パ　マール
(うん、結構いいよ)

▶この講義、面白い？

C'est intéressant, ce cours?
セ　アンテレサン　ス　クール

▶この講義、そんなに難しくない？

Ce n'est pas trop dur, ce cours?
ス　ネ　パ　トゥロ　デュール　ス　クール

Ce n'est pas trop dur, ce cours?
(この講義、そんなに難しくない？)

講義

> Si, mais c'est très intéressant.
> スィ メ セ トゥレザンテレサン
> (いや、難しいよ。でもすごく面白いんだ)

▶気に入ってる講義は何?

C'est quoi, ton cours préféré?
セ クワ トン クール プレフェレ

▶特に好きな科目は何?

Quelle est ta matière préférée?
ケレ タ マティエール プレフェレ

▶あの先生の講義、なんにもわからないよ。

On ne comprend rien à ses cours.
オン ヌ コンプラン リアン ア セ クール

▶あの先生の授業、寝てしまうよ。

Ses cours, c'est mortel.
セ クール セ モルテッル

*mortel「死すべき、ひどく退屈な」は mort「死」に性質を表す el がついてできた語。

> Ses cours, c'est mortel.
> (あの先生の授業、寝てしまうよ)
> Ça, c'est vrai!
> サ セ ヴレ
> (ほんとにそうだね!)

On s'ennuie dans ses cours.
オン サンニュイ ダン セ クール

▶この授業、つまらない!

C'est barbant, ce cours!
セ バルバン ス クール

*barbant「退屈な、うんざりする」。くだけた表現。

C'est chiant, ce cours!
セ シアン ス クール

*chiant「うんざりさせる、困らせる」。下品な表現。

時間割　　　　　　　　　　　　　　5_013.mp3

▶週に何時間とってるの?

T'as combien d'heures de cours, par semaine?
タ コンビアン ドゥール ドゥ クール パル スメン

*フランスでは授業の長さはそれぞれに異なる。

▶経済の授業、週に何回あるの?

T'as combien de cours d'économie, par semaine?
タ コンビアン ドゥ クール デコノミ パル スメン

T'as combien de cours d'économie, par semaine?
(経済の授業、週に何回あるの？)

Trois.
トゥルワ
(3回よ)

C'est beaucoup!
セ　ボク
(多いね！)

▶フランス語は週2回だよ。

On a deux cours de français par semaine.
オナ　ドゥ　クル　ドゥ　フランセ　パル　スメン

On a français deux fois par semaine.
オナ　フランセ　ドゥ　フワ　パル　スメン

▶時間割にあきがある？

T'as des trous dans ton emploi du temps?
タ　デ　トゥル　ダン　トンアンプルワ　デュ　タン

*trou「穴」。emploi du temps「スケジュール」。

▶ボレル先生の講義は何時に始まるの？

Ça commence à quelle heure, le cours de Borel?
サ　コマンサ　ケルール　ル　クール　ドゥ　ボレール

▶ルグラン先生の講義は何時から何時まで？

Le cours de Legrand, c'est de quelle heure à quelle heure?
ル　クール　ドゥ　ルグラン　セ　ドゥ　ケルラ　ケルール

Le cours de Legrand, c'est de quelle heure à quelle heure?
(ルグラン先生の講義、何時から何時まで？)

Je me souviens plus. Attends, je regarde.
ジュ　ム　スヴィアン　プリュ　アタン　ジュ ルガールドゥ
(覚えてないな。待って、見てみるから)

*se souvenir「思い出す」。

▶昼と夜の授業のどちらかを選べます。

Vous avez le choix entre les cours du jour et les cours du soir.
ヴザヴェ　ル　シュワ　アントル　レ　クール　デュ　ジュール　エ　レ　クール　デュ　スワール

▶午前中か午後か、どっちの授業がいい？

Tu préfères les cours du matin ou de l'après-midi?
テュ　プレフェール　レ　クール　デュ　マタン　ウ　ドゥ　ラプレミディ

▶夜の授業は何時からですか？

Les cours du soir, c'est à partir de quelle heure?
レ　クール　デュ　スワール　セタ　パルティール　ドゥ　ケルール

＊フランスの大学は昼夜開講制をとっている。

講義

Les cours du soir, c'est_à partir de quelle_heure?
(夜の授業は何時からですか？)

A partir de dix-huit_heures.
ア パルティール ドゥ ディズュイトゥール
(午後6時からです)

▶夜の授業は何時に終わりますか？

Ça finit à quelle_heure, les cours du soir?
サ フィニ ア ケルール レ クール デュ スワール

▶今日はたいへんなんだ。7時間もあるんだもの。

Aujourd'hui, j'ai une grosse journée. J'ai sept_heures de cours.
オジュルデュイ ジェ ユン グロス ジュルネ ジェ セトゥール ドゥ クール

▶水曜日、何時間あるの？

Tu as combien de cours, le mercredi?
テュ ア コンビアン ドゥ クール ル メルクルディ

Tu as combien de cours, le mercredi?
(水曜日、何時間あるの？)

Six. C'est ma plus grosse journée.
スィス セ マ プリュ グロス ジュルネ
(6時間よ。いちばんたいへんな日なの)

▶明日は何時に終わるの？

Tu finis à quelle_heure, demain?
テュ フィニ ア ケルール ドゥマン
Tu as cours jusqu'à quelle_heure, demain?
テュ ア クール ジュスカ ケルール ドゥマン
(明日、何時まで授業？)

▶今日、終わるの遅い？

Tu termines tard,_aujourd'hui?
テュ テルミン タールオジュルデュイ

▶授業、何時から？

T'as cours_à quelle_heure?
タ クラ ケルール

▶1限に授業があるんだ。

J'ai cours_en première_heure.
ジェ クラン プルミエールール
＊フランスでは日本の1限2限のような時間割のシステムはない。

▶1限は何時から何時までですか？

C'est de quelle_heure_à quelle_heure, la première période?
セ ドゥ ケルラ ケルール ラ プルミエール ペリオードゥ

▶2限は何時に終わりますか?

La deuxième période finit à quelle‿heure?
ラ　ドゥズィエム　ペリオドゥ　フィニ　ア　ケルール

La deuxième période finit à quelle‿heure?
(2限は何時に終わりますか?)

A midi et quart.
ア　ミディ　エ　カール
(12時15分です)

試験・成績　　　　　　　　　　　　　　　5_014.mp3

▶平常点評価か期末試験か、どっちを選んだの?

Tu as choisi le contrôle continu ou l'examen final?
テュ　ア　シュワズィ　ル　コントゥロル　コンティニュ　ウ　レグザマン　フィナール

*continu「連続的な」。final「最後の」。フランスの大学では成績評価の方法に、学期を通しての評価と学期末試験だけでの評価のふたつがあり、学生はどちらかを選ぶ。

Tu as choisi le contrôle continu ou l'examen final?
(平常点評価か期末試験か、どっちを選んだの?)

Le contrôle continu, c'est moins stressant.
ル　コントゥロル　コンティニュ　セ　モワン　ストゥレサン
(平常点評価よ、そのほうがストレスがすくないから)

▶次の期末試験、いつなの?

C'est quand, les prochains partiels?
セ　カン　レ　プロシャン　パルスィエール

Ça commence quand, les‿examens?
サ　コマンス　カン　レゼグザマン
(試験、いつ始まるの?)

▶もうじき試験なんだ。

C'est bientôt les‿exams.
セ　ビアントゥ　レゼグザンム

*exam は examen の略。

Les‿examens approchent.
レゼグザマン　アプローシュ

▶試験中、授業はないよ。

Pendant la période‿des‿examens, il n'y‿a pas de cours.
パンダン　ラ　ペリオッデゼグザマン　イル　ニャ　パ　ドゥ　クール

Pendant la période‿des‿examens, il n'y‿a pas de cours.
(試験中、授業はないよ)

Encore‿heureux! Avec toutes les révisions!
アンコルルー　アヴェック　トゥットゥ　レ　レヴィズィオン
(よかった! 全部見直すんだもん!)

*révision「点検、復習」。

講義

▶見直しは終わった？

T'as fini tes révisions?
タ フィニ テ レヴィズィオン

> T'as fini tes révisions?
> （見直しは終わった？）
>
> Non, je suis à la bourre.
> ノン シュイ ア ラ ブール
> （ううん、進んでないの）

*être à la bourre「遅れている」。くだけた表現。

▶あと何を見直すの？

Qu'est-ce qui te reste à réviser?
ケス キ トゥ レスタ レヴィゼ

▶しかたない、山をはるよ。

Tant pis, je vais faire l'impasse.
タン ピ ジュ ヴェ フェール ランパス

> Tu as tout appris?
> テュ ア トゥタプリ
> （全部やった？）
>
> Non, pas la dernière partie. Tant pis, je vais faire l'impasse.
> ノン パ ラ デニエル パルティ タン ピ ジュ ヴェ フェール ランパス
> （ううん、最後のほうはやってない。しかたない、山をはるよ）

▶明日がこわいな。

J'ai la trouille pour demain.
ジェ ラ トゥルーユ プル ドゥマン

*trouille は peur「恐れ」のくだけた言い方。

> J'ai la trouille pour demain.
> （明日がこわいな）
>
> Evidemment, quand on s'y prend au dernier moment...
> エヴィダマン カントン スィ プラン オ デルニエ モマン
> （当たり前だよ。いまごろになってやってるんじゃ…）

*s'y prendre「やる、はじめる」。

▶いま、試験の真っ最中なんだ。

Je suis en plein dans les examens.
ジュ スュイ アン プラン ダン レゼグザマン
*en plein...「〜の真ん中に」。

Je suis en pleine période d'examens.
ジュ スュイ アン プレン ペリオッデグザマン

▶うまくいきますように。

Je croise les doigts.
ジュ クルワーズ レ ドゥワ

5 学生生活で使うフレーズ

*直訳は「指を交差させる」。中指を人指し指の上に重ねるジェスチャーを伴って、幸運を祈るときに使う。

> Ton examen, c'est demain, non?
> トネグザマン　セ　ドゥマン　ノン
> (試験、明日でしょ？)
>
> Oui, je croise les doigts.
> (うん、うまくいきますように)

▶うまくいくといいんだけど。

J'espère que ça va marcher.
ジェスペール　ク　サ　ヴァ　マルシェ

▶今朝はテストをやります。

Ce matin, on a un devoir sur table.
ス　マタン　オナ　アン　ドゥヴォワール　スュル　ターブル
*devoir sur table は略して D.S.T. と呼ぶ。

> Ce matin, on a un devoir sur table.
> (今朝はテストをやります)
>
> Ah, zut! J'avais complètement oublié!
> ア　ズュット　ジャヴェ　コンプレトゥマン　ウブリエ
> (ああ、しまった！ すっかり忘れてた！)

▶試験は選択式です。

L'examen, c'est sous forme de Q. C. M.
レグザマン　セ　ス　フォルム　ドゥ キュ セ エム
*Q.C.M. は Questions à Choix Multiple の略。

▶カンニングペーパーがあるんだ。

J'ai une antisèche.
ジェ　ユナンティセーシュ

> J'ai une antisèche.
> (カンニングペーパーがあるんだ)
>
> T'es fou? Et si tu te fais piquer...
> テ　フ　エ スィ テュ トゥ フェ　ピケ
> (ばかじゃない？ もしばれたら…)

*se faire piquer は se faire prendre「ばれる」のくだけた表現。

▶で、うまくいった？

Alors, ça a marché?
アロール　サ　ア　マルシェ

▶簡単だった。

C'était facile.
セテ　ファスィール

講義

C'était de la tarte.
セテ ドゥ ラ タルトゥ
Les doigts dans le nez.
レ ドゥワ ダン ル ネ
＊直訳は「鼻の中の指」。「どう？」と質問を受けたときの答えとしてのみ使う。

▶そんなに難しくなかった。
C'était pas très dur.
セテ パ トゥレ デュール

▶簡単じゃなかった！
C'était pas facile!
セテ パ ファスィール
C'était dur!
セテ デュール
(難しかった！)

▶超難しかった！
C'était super dur!
セテ スュペル デュール

> C'était super dur!
> (超難しかった！)
>
> Oui, y_avait même des trucs_qu'on_n'avait pas faits.
> ウイ ヤヴェ メム デ トゥリュッコナヴェ パ フェ
> (うん、やってないところまで出たものね)

＊truc「あれ、それ、もの」。

▶時間がたりなかった。
J'ai pas eu le temps de finir.
ジェ パ ユ ル タン ドゥ フィニール
J'ai manqué_de temps.
ジェ マンケ タン

▶いつ結果がわかるの？
On_aura les résultats quand?
オノラ レ レズュルタ カン
C'est quand, les résultats?
セ カン レ レズュルタ
Ils sont_affichés quand, les résultats?
イル ソンタフィシェ カン レ レズュルタ
(結果はいつ掲示されるんですか？)

▶テストを返してもらった？
On vous_a rendu les tests?
オン ヴザ ランデュ レ テストゥ

▶成績を見た？
T'as vu tes notes?
タ ヴュ テ ノトゥ

▶合格したよ。

J'ai eu la moyenne.
ジェ ユ ラ ムワイエン

*moyenne「平均、中くらい」。試験に合格するには 20 点満点ですくなくとも 10 点が必要。

▶16点？ すばらしいね！

T'as eu 16? Bravo!
タ ユ セーズ ブラヴォー

▶成績証明書を頼むつもりなんだ。

Je vais demander un relevé de notes.
ジュ ヴェ ドゥマンデ アン ルルヴェ ドゥ ノトゥ

*relevé「計算書、一覧表」。

勉強　　　　　　　　　　　　　　　　　　　　　　5_015.mp3

▶宿題あったかな？

Y_avait un devoir?
ヤヴェ アン ドゥヴワール

Y_avait quelque chose_à faire?
ヤヴェ ケルク ショザ フェール

*quelque chose à faire「やらなければならないこと」。

On_avait quelque chose_à rendre?
オナヴェ ケルク ショザ ランドゥル
(何か提出するものあった？)

▶宿題、何をやってくるんだっけ？

Qu'est-ce qu'il_y_avait à faire, comme devoir?
ケス キリャヴェ ア フェール コンム ドゥヴワール

Il_y_avait quoi, pour_aujourd'hui?
イリャヴェ クワー プロジュルデュイ
(今日何かやってくることあった？)

▶この小論文はいつまでなの？

C'est pour quand, cette_dissertation?
セ プル カン セッディセルタスィオン

* くだけた会話では dissertation は dissert と略す。

> C'est pour quand, cette_dissert?
> (この小論文はいつまでなの？)
>
> **C'est pour jeudi prochain.**
> セ プル ジュディ プロシャン
> (来週の木曜日までだよ)

On_a jusqu'à quand pour faire cette dissertation?
オナ ジュスカ カン プル フェール セトゥ ディセルタスィオン

▶数学は大嫌い。

Je déteste les maths.
ジュ デテストゥ レ マットゥ

▶フランス語の授業が大好き。

J'adore le cours de français.
ジャドール ル クール ドゥ フランセ

▶この章、ものすごく難しい！

C'est vachement dur, ce chapitre!
セ ヴァシュマン デュール ス シャピトゥル
*vachement「すごく」は vache「雌牛」からできた語で、くだけた表現に使う。dur=difficile。

▶たいしたことないね！

C'est pas la mer‿à boire!
セ パ ラ メラ ブワール
* 直訳は「海水を飲むわけではない」。くだけた表現。

> Qu'est-ce que tu as pour demain?
> ケス ク テュ ア プル ドゥマン
> （明日までに何をやるの？）
> Du vocabulaire‿à apprendre.
> デュ ヴォカビュレラ アプランドゥル
> （単語を覚えるんだ）
> C'est pas la mer‿à boire!
> （たいしたことないね！）

▶午前2時まで勉強した。

J'ai travaillé jusqu'à deux‿heures du mat.
ジェ トゥラヴァイエ ジュスカ ドゥズール デュ マットゥ
*mat は matin のくだけた言い方。

▶最近、必死で勉強してるんだ。

Je bosse comme‿un [comme‿une] malade,‿en ce moment.
ジュ ボス コマン [コミュン] マラーダン ス モマン
*bosser は travailler のくだけた言い方。

▶やらなきゃならないことがめちゃくちゃにあるんだ！

C'est dingue le boulot que j'ai, en ce moment!
セ ダング ル ブロ ク ジェ アン ス モマン
*dingue は fou「ひどい」のくだけた言い方。boulot「仕事、勉強」。

Je suis bourré [bourrée] de travail, en ce moment!
ジュ スュイ ブレ ドゥ トゥラヴァイ アン ス モマン
*bourré は plein「いっぱいの」のくだけた言い方。

▶明日までの勉強、すごい量なんだ。

J'ai un de‿ces boulots pour demain!
ジェ アン ツェ ブロー プル ドゥマン

*un(une) de ces... 「すごい〜」。

On a plein de travail pour demain!
オナ　プラン　ドゥ トゥラヴァイ プル　　　ドゥマン
(明日までの宿題が山ほどあるんだ！)

▶疲れすぎて、ゆうべはなんにもしなかったんだ。

J'ai rien fait, hier soir. J'étais trop fatigué [fatiguée].
ジェ リアン フェ イエル スワール ジェテ トゥロ　　ファティゲ

J'ai rien foutu, hier soir. J'étais crevé [crevée].
ジェ リアン フテュ イエル スワール ジェテ　　クルヴェ
(ゆうべはくたくただったから、なんにもやらなかった)

*foutre を使うと下品な表現になる。

▶宿題をやってくるのを忘れたよ。

J'ai oublié de faire mon devoir.
ジェ ウブリエ ドゥ フェール モン　ドゥヴォワール

▶宿題やったんだけど、なんか納得がいかないんだ。

J'ai fait mon devoir, mais je suis pas très content [contente] de moi.
ジェ フェ モン ドゥヴォワール メ　シュイ パ トゥレ コンタン ［コンタントゥ］
ドゥ ムワ

▶発表の準備に4時間かかった。

J'ai mis quatre heures à préparer mon exposé.
ジェ ミ カトゥルーラ プレパレ モネクスポゼ

▶宿題が間に合わないよ！

Je ne pourrai pas rendre le devoir à temps!
ジュヌ プレ パ ランドゥル ル ドゥヴワラ　　タン

*à temps「遅れずに、定刻に」。

▶この発表は明日までには無理だよ。

Je ne pourrai pas préparer mon exposé d'ici demain.
ジュヌ プレ パ プレパレ モネクスポゼ ディシィ ドゥマン

*d'ici...「いまから〜までに、〜以内に」。

▶今日の午後、物理学の実験をやります。

Cet après-midi, on a les T. P. de physique.
セタプレミディ オナ レ テ ペ ドゥ フィズィック

*T.P.「実験」は Travaux Pratiques の略。

休講　　　　　　　　　　　　　　5_016.mp3

▶今日、休講だって。

Y a pas cours, aujourd'hui.
ヤ　バ　　クージュルデュイ

*Y a pas は Il n'y a pas の略。

講義　　643

> Y‿a pas cours‿aujourd'hui.
> (今日、休講だって)
>
> C'est pas vrai! Je‿suis venu pour‿rien.
> セ パ ヴレー シュイ ヴニュ プリアン
> (うっそー！ せっかく来たのに)

*pour rien「むだに」。

▶今日の哲学の講義、なくなったよ。

Y‿a pas cours de philo, aujourd'hui.
ヤ パ クール ドゥ フィロ オジュルデュイ

*philo は philosophie「哲学」の略。

▶明日、先生はお休みだって。

Le prof‿est‿absent, demain.
ル プロフェタブサン ドゥマン

> Le prof‿est‿absent, demain.
> (明日、先生はお休みですって)
>
> Ça m'arrange!
> サ マランジュ
> (助かった！)

▶全部休講だよ。先生たちがストライキだから。

Tous les cours sont‿annulés. Les profs sont‿en grève.
トゥ レ クール ソンタニュレ レ プロッフ ソンタン グレーヴ

▶せっかく来たのに。

On‿est venus pour‿rien.
オネ ヴニュ プリアン

On‿est venus pour des prunes.
オネ ヴニュ プル デ プリュンヌ

*pour des prunes「プラムのため」は pour rien「むだに」のくだけた表現。

26 遅刻と欠席

遅刻

5_017.mp3

▶すみません。
Excusez-moi...
エクスキュゼムワ

> Excusez-moi...
> (すみません…)
>
> Allez vite vous‿asseoir.
> アレ ヴィットゥ ヴザスワール
> (早く座りなさい)

▶すみません、遅刻しました。
Excusez-moi, je suis en retard.
エクスキュゼムワ ジュ スュイ アン ルタール
Excusez-moi d'être‿en retard.
エクスキュゼムワ デトゥラン ルタール

▶申し訳ありません。遅刻しました。
Je suis désolé [désolée]. Je suis en retard.
ジュ スュイ デゾレ ジュ スュイ アン ルタール

遅刻の理由

5_018.mp3

▶電車が遅れたもんですから。
Le train était en retard.
ル トゥラン エテ アン ルタール

▶事故があったもんで…。
Il‿y‿avait un‿accident sur la ligne...
イリャヴェ アナクスィダン スュル ラ リーニュ
*ligne「路線」。列車事故が起きたことを言う表現。

▶渋滞してたもんで…。
Il‿y‿avait des‿encombrements...
イリャヴェ デザンコンブルマン

▶車が故障してしまって…。
Je suis tombé [tombée] en panne...
ジュ スュイ トンベ アン パンヌ

> Vous‿êtes‿encore‿en retard...
> ヴゼトザンコラン ルタール
> (また遅刻ですね…)
>
> Je suis désolé. Je suis tombé en panne...
> ジュ スュイ デゾレ ジュ スュイ トンベ アン パンヌ
> (申し訳ありません。車が故障してしまって…)

遅刻と欠席 645

▶ストのせいで…。
C'est_à cause de la grève...
セタ　　コーズ　ドゥ ラ　グレーヴ
*à cause de...「〜が原因で」。

▶保健室にいました。
J'étais à l'infirmerie.
ジェテ　ア　ランフィルムリ

▶気分が悪かったもんですから…。
Je_ne me sentais pas bien...
ジュン　ム　サンテ　パ　ビアン

▶目覚まし時計が鳴らなかったんです。
Mon réveil n'a pas sonné.
モン　レヴェイ　ナ　パ　ソネ

▶寝坊してしまったもんですから…。
Je_ne me suis pas réveillé [réveillée]...
ジュン　ム　スュイ　パ　レヴェイエ
J'ai eu une panne d'oreiller...
ジェ　ユ　ユヌ　パン　ドレイエ
*直訳は「枕がこわれていた」で、親しい人に対して使う表現。

欠席の届け出　　　　　　　　　　　　　　5_019.mp3

▶来週授業に出られないんで、届けておきたいんですが。
Je voulais vous dire que la semaine prochaine, je_ne pourrai pas assister au cours.
ジュ　ヴレ　ヴ　ディール　ク　ラ　スメン　プロシェン　ジュン　プレ　パ　アスィステ　オ　クール
*Je voulais vous dire que... は相手が目上の人だったり、言いにくいことを言うときに、相手の反応をみながら遠慮がちに切り出す表現。

▶申し訳ありません、次の月曜日の授業に出席できないんですが。
Je suis désolé [désolée], je_ne pourrai pas assister au cours lundi prochain.
ジュ　スュイ　デゾレ　ジュン　プレ　パ　アスィステ　オ　クール　ランディ　プロシャン

▶すみません、来週の授業を欠席します。
Excusez-moi, je serai absent [absente] la semaine prochaine.
エクスキュゼムワ　ジュ　スレ　アプサン [アプサントゥ]　ラ　スメン　プロシェン

Excusez-moi, je serai absent la semaine prochaine.
(すみません、来週の授業を欠席します)
Pour quelle_raison?
プル　ケッレゾン
(理由は？)
Je dois être_hospitalisé. (入院しなければならないんです)
ジュ　ドゥワ　エトゥロスピタリゼ

5　学生生活で使うフレーズ

Excusez-moi, je ne pourrai pas être là la semaine prochaine.
エクスキュゼムワ　ジュヌ　プレ　パ　エトゥル　ララ　スメン　プロシェン
(すみません、来週出席することができないんですが)

Excusez-moi, je serai obligé [obligée] de m'absenter la semaine prochaine.
エクスキュゼムワ　ジュ　スレ　オブリジェ　ドゥ　マプサンテ　ラ　スメン　プロシェン
(すみません、来週欠席しなければならないんですが)

▶水曜日の代わりに月曜日の授業に出席してもいいでしょうか？

Est-ce que je pourrais assister au cours de lundi au lieu de mercredi?
エス　ク　ジュ　プレ　アスィステ　オ　クール　ドゥ　ランディ　オ　リュ　ドゥ　メルクルディ

*au lieu de...「〜の代わりに」。

Est-ce que je peux venir lundi à la place de mercredi?
エス　ク　ジュ　プ　ヴニル　ランディ　アラ　プラス　ドゥ　メルクルディ
(水曜日の代わりに月曜日に来ていいですか？)

*à la place de「〜の代わりに」。

欠席の理由　　　　　　　　　　　　　　　　5_020.mp3

▶就活で面接があるんです。必ず行かなくてはいけないもんですから。

J'ai un entretien d'embauche. Je dois absolument y aller.
ジェ　アン　アントゥルティアン　ダンボシュ　ジュ　ドゥワ　アプソリュマン　イ　ヤレ

*entretien「会談」。embauche「職、働き口」。

J'ai un entretien pour un travail. (就職の面談があるものですから)
ジェ　アナントゥルティアン　プラン　トゥラヴァイ

Je suis convoqué [convoquée] à un entretien pour un travail.
ジュ　スュイ　コンヴォケ　ア　アナントゥルティアン　プラン　トゥラヴァイ
(面接の通知がきたんです)

*convoquer「招集する、呼び出す」。

▶試合があります。

J'ai une compétition.
ジェ　ユヌ　コンペティスィオン

▶クラブの試合なんです。

J'ai un match avec mon club.
ジェ　アン　マチ　アヴェク　モン　クルッブ

▶教育実習があります。

J'ai un stage pédagogique.
ジェ　アン　スタージュ　ペダゴジック

▶研修を受けなければならないんです。

Je dois faire un stage.
ジュ　ドゥワ　フェラン　スタージュ

▶試験を受けなくてはならなくて。

Je dois passer un examen.
ジュ ドゥ パセ アネグザマン

Je passe un concours.
ジュ パサン コンクール
(試験を受けます)

*concours は合格者の定員を決めた選抜試験。これに対して examen は規定の点数をとれば合格となる試験。

▶病院へ行かなければならないんです。

Je dois aller à l'hôpital.
ジュ ドゥ アレ ア ロピタール

J'ai rendez-vous à l'hôpital.
ジェ ランデヴ ア ロピタール
(病院の予約をしているもんですから)

▶入院しなければならないんです。

Je dois être hospitalisé [hospitalisée].
ジュ ドゥ エトゥロスピタリゼ

▶入院中の父を見舞いに行かなければならないもんで。

Je dois aller voir mon père qui est hospitalisé.
ジュ ドゥ アレ ヴワール モン ペール キ エトスピタリゼ

▶お葬式に出なければならないもんですから。

Je dois assister à des obsèques.
ジュ ドゥ アスィステ ア デゾブセック

*obsèques は複数形で「葬式、葬儀」。

Je dois aller à un enterrement.
ジュ ドゥ アレ ア アナンテルマン

*enterrement「埋葬、葬式」。

伝言　　　　　　　　　　　　　　　　　5_021.mp3

▶ジャン・ベナールから、病気だとことづかりました。

C'est de la part de Jean Bénard. Il m'a chargé de vous dire
セ ドゥ ラ パール ドゥ ジャン ベナール イル マ シャルジェ ドゥ ヴ ディール
qu'il est malade.
キレ マラードゥ

*de la part de...「〜の代理で、〜からの」。charger... de 〜「…に〜の責務を負わせる」。

C'est de la part de Jean Bénard. Il vous fait dire qu'il est malade.
セ ドゥ ラ パール ドゥ ジャン ベナール イル ヴ フェ ディール キレ マラードゥ

27 面談

面談　　　5_022.mp3

▶先生、すみません。個人的にお話しさせていただけますか？

Excusez-moi, Monsieur. Je peux vous parler en particulier?
エクスキュゼモワ　ムシュ　ジュ　プ　ヴ　パルレ　アン　パルティキュリエ

*en particulier は「個人的に、個別に」のほかに、「特に」という意味でもよく用いられる。

> Excusez-moi, Monsieur. Je peux vous parler en particulier?
> （先生、すみません。個人的にお話しさせていただけますか？）
>
> Oui, bien sûr. Vous avez un problème?
> ウィ　ビアン　スュール　ヴザヴェ　アン　プロブレーム
> （ええ、もちろん。どうかしましたか？）

Est-ce que je pourrais vous parler en particulier?
エス　ク　ジュ　プレ　ヴ　パルレ　アン　パルティキュリエ

▶お願いしたいことがあるんですが。

J'ai quelque chose à vous demander.
ジェ　ケルク　ショザ　ヴ　ドゥマンデ

J'ai une faveur à vous demander.
ジェ　ユヌ　ファヴラ　ヴ　ドゥマンデ
（お力を借りたいんですが）

*faveur「（特別の）親切、恩恵」。

▶ご相談があるんですが。

J'ai un conseil à vous demander.
ジェ　アン　コンセヤ　ヴ　ドゥマンデ

*conseil「助言」。

▶あの先生、今日来てる？

Elle est là, la prof, aujourd'hui?
エレ　ラ　ラ　プロフ　オジュルデュイ

> Elle est là, la prof, aujourd'hui?
> （あの先生、今日来てる？）
>
> Je sais pas. Je l'ai pas vue.
> ジュ　セ　パ　ジュ　レ　パ　ヴュ
> （わからないわ。見かけてないけど）

▶明日は、いらっしゃいますか？

Il sera là, demain?
イル　スラ　ラ　ドゥマン

> Je voudrais voir M. Burgos. Il sera là, demain?
> ジュ　ヴドレ　ヴワール　ムシュ　ビュルゴス　イル　スラ　ラ　ドゥマン
> （ビュルゴス先生にお目にかかりたいんですが。明日は、いらっしゃいますか？）

Oui, mais le matin seulement.
(ええ、でも午前中だけです)

▶何曜日に来られますか？
Il est là quels jours?
* 直訳は「彼は何曜日にここにいるか？」。

Je dois voir M. Cantin. Il est là quels jours?
(カンタン先生にお会いしなくてはならないんです。何曜日に来られますか？)

Le mercredi et le jeudi.
(水曜日と木曜日です)

▶研究室にいらっしゃいますか？
Il est dans son bureau?

▶講義中ですか？
Il est en cours?

28 教室で

自己紹介

▶田中弘と言います。
Je m'appelle Hiroshi Tanaka.

▶法学部の2年生です。
Je suis en deuxième année de droit.

▶19歳です。
J'ai dix-neuf ans.

▶東京に住んでます。
J'habite à Tokyo.

▶音楽、特にポップスが好きです。
J'aime bien la musique, surtout la pop.

▶テニスクラブです。
Je fais partie du club de tennis.

▶フランス語は1年前からやってます。
J'étudie le français depuis un an.

先生から学生へ

▶リピートしてください。
Répétez.
Ecoutez. (聞いてください)
Répondez. (答えてください)
Parlez. (話してください)
Regardez. (見てください)
Lisez. (読んでください)
Continuez. (続けてください)
Arrêtez-vous. (やめてください)

Ecrivez. (書いてください)
Notez. (書いてください)
Copiez. (書き写してください)
Corrigez (直してください)

▶38ページまで終わってます。

On‿a terminé la page trente-huit.

▶この章は終わりました。

On‿a fini le chapitre.

▶次の章をやりましょう。

On va commencer le chapitre suivant.
On va commencer la leçon cinq.
(第5課をやりましょう)

▶いいですか？

Vous‿êtes prêts [prêtes]?
*prêts「準備ができた」。

▶教科書の43ページを開いてください。

Ouvrez vos livres page quarante-trois.

▶教科書を閉じて。

Fermez vos livres.

▶質問がありますか？

Il‿y‿a des questions?

▶わかりましたか？

Vous‿avez compris?
D'accord?
(わかった？)

▶わからなかったら聞いてください。

Si vous‿ne comprenez pas, demandez-moi.

▶3つのテーマから選べます。

Vous avez le choix entre trois sujets.

▶1時間で、プリントを読んで10行以内にまとめてください。

Vous avez une heure pour lire le texte et le résumer en dix lignes.

*avoir +（時間）+ pour ～「～するのに（時間）がある」。

▶カンニングしてはいけません。

On ne triche pas.

*tricher「いんちきをする、だます」。

On ne regarde pas la copie du voisin.
（隣の人の答案を見てはいけません）

*copieには「コピー」のほかに「答案、レポート」の意味もある。

▶もうできましたか？

Ça y est, c'est fait?
Vous avez terminé?

▶ノートを丁寧に見直して。

Revoyez soigneusement vos notes.

▶最後の3つの章を見直して。

Révisez les trois derniers chapitres.

▶予習はいりません。

Ce n'est pas la peine d'étudier la leçon à l'avance.

*Ce n'est pas la peine de...「～しなくてもよい」。à l'avance「早めに、前もって」。

Ce n'est pas la peine de vous avancer.

▶今度までにこのプリントを暗記してきてください。

Apprenez ce texte par cœur pour la prochaine fois.

*cœur「心」、apprendre... par cœur「～を暗記する」。

▶練習問題を全部やりなさい。

Faites tous les exercices.

教室で

▶ポリコピエを手に入れてください。

Il faut vous procurer le polycopié.
イル フォ ヴ プロキュレ ル ポリコピエ

*se procurer「入手する」。「ポリコピエ」は、各教官が作るオリジナルの教材。1年分を1冊にまとめたものをふつう生協で購入する。

▶参考資料として、私のウェブサイトを見てください。

Pour les textes de référence, je vous‿invite‿à consulter mon site.
プル レ テクストゥ ドゥ レフェランス ジュ ヴザンヴィタ コンシュルテ モン スィートゥ

*inviter à...「〜を勧める」。consulter「調べる」。

▶インターネットからのコピペではなく、自分で調べて仕上げてください。

Je vous demande‿un travail de recherche personnel, pas du copier-coller d'Internet.
ジュ ヴ ドゥマンダン トゥラヴァイ ドゥ ルシェルシュ ペルソネール パ デュ コピエコレ ダンテルネットゥ

学生から先生へ　　　　　　　　　　　5_025.mp3

▶先生、質問があります。

Monsieur, j'ai une question.
ムシュ ジェ ユン ケスティオン

> Monsieur, j'ai une question.
> (先生、質問があります)
>
> Je vous‿écoute.
> ジュ ヴゼクトゥ
> (何ですか？)

J'ai une question à vous poser.
ジェ ユン ケスティオン ア ヴ ポゼ
*poser「提起する」。

▶すみません、出てもいいですか？

Excusez-moi, je peux sortir?
エクスキュゼムワ ジュ プ ソルティール

> Excusez-moi, je peux sortir.
> (すみません、出てもいいですか？)
>
> Allez-y.
> アレズィ
> (どうぞ)

* トイレへ行く許可を求めるのは子どもっぽいので口にしない。何も言わないで出る。

▶すみません、気分が悪いもんで…。

Excusez-moi, je‿ne me sens pas bien...
エクスキュゼムワ ジュン ム サン パ ビアン

> Excusez-moi, je ne me sens pas bien...
> (すみません、気分が悪いもんで…)
> Vous pouvez sortir.
> 　ヴ　　プヴェ　　ソルティール
> (いいですよ)

▶すみません、プリントを持ってないんですが…。

Excusez-moi, je n'ai pas de texte...
　エクスキュゼムワ　　ジュ　ネ　　パッ　　テクストゥ
Excusez-moi, je n'ai pas encore le poly...
　エクスキュゼムワ　　ジュ　ネ　　パザンコール　ル　ポリ
(すみません、ポリコピエがまだなんですが…)
*poly は polycopié の略。

▶すみません、模範解答をいただけますか？

S'il vous plaît, je pourrais avoir le corrigé?
　スィル　ヴ　　プレ　　ジュ　　プレ　　アヴワール　ル　　コリジェ
*corrigé「正解、虎の巻」。

▶あのー、コピーをもう1枚いただけませんか？

S'il vous plaît, vous n'auriez pas une autre photocopie?
　スィル　ヴ　　プレ　　ヴ　　ノリエ　　パ　　ユノトゥル　　フォトコピ

▶先生、イスがないんですが…。

Monsieur, il n'y a plus de chaises...
　ムスュ　　イル　ニャ　　プリュ　ドゥ　　チェーズ

> Monsieur, il n'y a plus de chaises...
> (先生、イスがないんですが…)
> Allez en chercher une à côté.
> 　アレ　アン　シェルシェ　　ユナ　　コテ
> (となりの教室にとりに行ってください)

▶すみません、よく見えないので席をかわっていいですか？

Excusez-moi, je n'y vois pas bien. Je peux changer de place?
　エクスキュゼムワ　　ジュ　ニ　ヴワ　パ　ビアン　ジュ　プ　　シャンジェ　ドゥ　プラス

▶すみません、もうすこし大きな声で話していただけますか？

Excusez-moi, vous pourriez parler un peu plus fort, s'il vous
　エクスキュゼムワ　　ヴ　　プリエ　　パルレ　アン　プ　プリュ　フォール　スィル　ヴ
plaît?
　プレ

▶すみません、もう一度言っていただけますか？

Excusez-moi, vous pourriez répéter, s'il vous plaît?
　エクスキュゼムワ　　ヴ　　プリエ　　レペテ　　スィル　ヴ　　プレ

▶すみません、もうすこし大きな字で書いていただけませんか？

Excusez-moi. vous pourriez écrire un peu plus gros, s'il vous plaît?

▶すみません、わからないんですが…。

Excusez-moi, je n'ai pas compris...

> Excusez-moi, je n'ai pas compris...
> （すみません、わからないんですが…）
>
> Qu'est-ce que vous n'avez pas compris, exactement?
> （どの部分がわからないのですか？）

*exactement「正確に」。

▶すみませんが、もう一度説明していただけませんか？

Excusez-moi, vous pourriez expliquer encore une fois, s'il vous plaît?

▶すみません、テストのためには何を復習したらいいんですか？

S'il vous plaît, qu'est-ce qu'il faut réviser pour le test?

▶先生、試験の範囲はどこですか？

Madame, sur quoi portera l'examen?

*porter sur...「～を対象とする」。

> Madame, sur quoi portera l'examen?
> （先生、試験の範囲はどこですか？）
>
> Sur tout ce qu'on a fait jusque-là.
> （やったところ全部です）

▶もう2日いただけませんか？

Est-ce que vous pourriez me donner deux jours de plus?

*... de plus「さらに～だけ」。

Pourriez-vous m'accorder un délai supplémentaire de deux jours?

*accorder「許す、与える」。délai「猶予、期日」。supplémentaire「追加の」。

▶15分前に出させていただけますか？

Est-ce que je pourrais sortir un quart d'heure plus tôt?

▶すみません、教科書を忘れてきました…。

Excusez-moi, j'ai oublié mon livre...

▶すみません、教科書をなくしてしまいました。

Je suis désolé [désolée], j'ai perdu mon livre.
Je suis désolé [désolée], je ne retrouve plus mon livre.
(すみません、教科書が見つからないんです)

▶申し訳ありません、家に宿題を忘れてきました…。

Je suis désolé [désolée], j'ai oublié mon devoir chez moi...

▶申し訳ありません、宿題やるのを忘れてました。

Je suis désolé [désolée], j'ai oublié de faire mon devoir.

▶すみません、先週休んだので、知りませんでした…。

Excusez-moi, je n'étais pas là la semaine dernière, je ne savais pas...

学生どうしで　　　　　　　　　　　5_026.mp3

▶いまどこやってるの？

On en est où?

▶先生は何て言ったの？

Qu'est-ce qu'il a dit?
* 女性の先生の場合 il は elle になる。

▶先生が言ってること、わかる？

Tu comprends ce qu'il dit, toi?
*「自分はわからないのだが」のニュアンスで使う。

▶黙って！ 集中できないよ！

Tais-toi! Tu m'empêches de me concentrer!
*empêcher「妨げる」。

教室で

Dis... (ねえ…)
ディ

Tais-toi! Tu m'empêches de me concentrer!
(黙って！ 集中できないよ！)

▶どうせ面白くないから…。

Pour ce que c'est intéressant...
プル ス ク セ アンテレサン

*pour ce que c'est...「どうせ〜ない」。

T'écoutes pas?
テクトゥ パ
(聞いてないの？)

Pour ce que c'est intéressant...
(どうせ面白くないから…)

▶この前、何やったの？

Qu'est-ce que vous avez fait, la dernière fois?
ケス ク ヴザヴェ フェ ラ デルニエル フワ

Qu'est-ce que vous avez fait, la dernière fois?
(この前、何やったの？)

Pas grand-chose. On a discuté.
パ グランショーズ オナ ディスキュテ
(たいしたことはやらなかったよ。いろいろ話したんだ)

▶頼みたいことがあるんだけど。

J'ai un service à te demander.
ジェ アン セルヴィサッ ドゥマンデ

J'ai un service à te demander.
(頼みたいことがあるんだけど)

Vas-y.
ヴァズィ
(いいよ)

▶ノートを借りちゃ悪いかな？

Ça t'embêterait de me passer tes notes?
サ タンベトゥレ ドゥ ム パセ テ ノトゥ

*embêter「うんざりさせる、困らせる」。くだけた言い方。

Ça t'embêterait de me passer tes notes?
(ノートを借りちゃ悪いかな？)

Tu exagères! T'as qu'à venir au cours!
テュ エグザジェール タ カ ヴニロ クール
(調子がよすぎるよ！ 授業に出たらどうなの！)

Tu pourrais me passer tes notes?
テュ プレ ム パセ テ ノトゥ
(ノートを貸してもらえる？)

▶あなたのノート、コピーしてもいい？

Est-ce que je pourrais photocopier tes notes?
エス ク ジュ プレ フォトコピエ テ ノトゥ

▶授業、なんにもわからなかった…。

J'ai rien compris au cours...
ジェ リアン コンプリ オ クール

J'ai rien compris au cours...
(授業、なんにもわからなかった…)

Je peux t'expliquer, si tu veux.
ジュ プ テクスプリケ スィ テュ ヴ
(よかったら、説明してあげるよ)

J'ai rien pigé au cours.
ジェ リアン ピジェ オ クール
*piger は comprendre「理解する」のくだけた言い方。

▶全部インターネットから借用したんだ。

J'ai tout piqué sur␣Internet.
ジェ トゥ ピケ スュランテルネットゥ
*piquer には「刺す」のほかに「盗む」の意味もある。

J'ai tout piqué sur␣Internet.
(全部インターネットから借用したんだ)

Et si le prof s'en rend compte?
エ スィ ル プロフ サン ラン コントゥ
(もし先生が気がついたら？)

T'inquiète pas, j'ai arrangé à ma façon.
タンキエトゥ パ ジェ アランジェ ア マ ファソン
(心配ないよ、自分流に直したから)

*à ma façon「私なりのやり方で」。くだけた言い方 à ma sauce もある。

▶彼はとなりの人の答案をカンニングしたんだ。

Il␣a pompé sur son voisin.
イラ ポンペ スュル ソン ヴワザン
*pomper は copier のくだけた言い方で「カンニングする」の意味で使う。本来の意味は「水をくみ上げる」。voisin「隣人」の女性形は voisine。

Il␣a copié.
イラ コピエ
(彼はカンニングした)
Il␣a triché.
イラ トゥリシェ

教室で

▶辞書を貸してもらえる？

Tu pourrais me prêter ton dico, s'il te plaît?
テュ プレ ム プレテ トン ディコ スィル テュ プレ

*dico は dictionnaire の略。

> Tu pourrais me prêter ton dico, s'il te plaît?
> （辞書を貸してもらえる？）
>
> Oui, tiens.
> ウイ ティアン
> （ええ、どうぞ）

▶明日まで歴史の教科書を貸してもらえる？

Tu pourrais me passer ton bouquin d'histoire jusqu'à demain?
テュ プレ ム パセ トン ブカン ディストゥワール ジュスカ ドゥマン

*bouquin は livre「本」のくだけた言い方。

> Tu pourrais me passer ton bouquin d'histoire jusqu'à demain?
> （明日まで歴史の教科書を貸してもらえる？）
>
> Tu charries, quand même! T'as qu'à t'en‿acheter un.
> テュ シャリー カン メーム タ カ タンナシュテ アン
> （いくら何でも、それはないでしょ！ 自分で買えば）

*charrier は exagérer「度を過ごす」のくだけた言い方。quand même「それにしても」。

> Tu pourrais me passer ton bouquin d'histoire jusqu'à demain?
> （明日まで歴史の教科書を貸してもらえる？）
>
> Si tu veux, mais rapporte-le moi demain sans faute. J'en‿ai besoin.
> スィ テュ ヴ メ ラポルトゥル ムワ ドゥマン サン フォトゥ ジャンネ ブズワン
> （どうぞ、でも明日必ず持ってきてよ。私、必要だから）

▶消しゴム、貸してもらえるかな？

T'aurais pas une gomme, par‿hasard?
トレ パ ユン ゴンム パラザール

*T'aurais は Tu aurais の短縮形。直訳は「もしかして、消しゴムを持ってない？」。

> T'aurais pas une gomme, par‿hasard?
> （消しゴム、貸してもらえるかな？）
>
> Tu m'embêtes,‿à la fin. T'as qu'à t'en‿acheter une!
> テュ マンベータ ラ ファン タ カ タンナシュテー ユーン
> （もういい加減にして。自分で買ったらどうなの！）

29 放課後

クラブ活動　　　　　　　　　　　　　　5_027.mp3

▶何クラブなの？

T'es dans quel club?
テ　ダン　ケル　クルップ

▶クラブに入ってる？

Tu fais partie d'un club?
テュ　フェ　パルティ　ダン　クルップ
*faire partie de...「〜の一員をなす、〜に所属する」。

T'appartiens à un club?
タパルティアン　ア　アン　クルップ
*appartenir à...「〜に属する」。

▶写真クラブでは、どんなことをするの？

Qu'est-ce que vous faites, dans le club de photo?
ケス　ク　ヴ　フェットゥ　ダン　ル　クルップ　ドゥ　フォト

▶山岳部っていい？

C'est bien, le club d'alpinisme?
セ　ビアン　ル　クルップ　ダルピニスム

▶3対1で勝ったよ。

On a gagné trois buts à un.
オナ　ガニェ　トゥルワ　ビュタ　アン

*but「ゴール」。à...「〜に対する」。

> Alors, le match?
> アロール　ル　マチュ
> （試合どうだった？）
>
> On a gagné trois buts à un.
> （3対1で勝ったよ）

*「3対1」は buts を使わず trois à un とも言う。

放課後　　　　　　　　　　　　　　　5_028.mp3

▶放課後は何するの？

Qu'est-ce que tu fais après les cours?
ケス　ク　テュ　フェ　アプレ　レ　クール

▶放課後、あいてる？

Tu es libre, après les cours?
テュ　エ　リーブル　アプレ　レ　クール

> Tu es libre, après les cours?（放課後、あいてる？）

放課後　　　661

Oui, pourquoi?
ウイ　プルクワ
(ええ、どうして？)

▶ 4時に正門でね。

Rendez-vous devant la grande porte, à quatre‿heures.
ランデヴ　ドゥヴァン　ラ　グランドゥ　ポルタ　カトゥルール

Rendez-vous à l'entrée principale, à quatre‿heures.
ランデヴ　ア　ラントゥレ　プランスィパル　ア　カトゥルール

▶ 正午に、カフェテリアの前で約束だよ。いい？

Rendez-vous devant la cafète à midi. OK?
ランデヴ　ドゥヴァン　ラ　カフェットゥ　ア　ミディ　オケ

▶ 3時に図書館で会おう。

On se donne rendez-vous à la bibliothèque‿à trois‿heures.
オン　ス　ドンヌ　ランデヴ　ア　ラ　ビブリオテカ　トゥルワズール

▶ 5時にカフェで待ち合わせだね。

On se retrouve‿au café, à cinq‿heures.
オン　ス　ルトゥルヴォ　カフェ　ア　サンクール

▶ 待っててくれる？

Tu m'attends?
テュ　マタン

Tu m'attends?
(待っててくれる？)

Tu en‿as pour longtemps?
テュ　アンナ　プル　ロンタン
(まだかかるの？)

Non, j'arrive.
ノン　ジャリーヴ
(ううん、すぐだよ)

*en avoir pour longtemps「時間がかかる」。arriver「着く」はここでは「すぐ行く」の意味。

▶ 授業のあと、玄関で待ってようか？

On s'attend dans l'entrée après le cours?
オン　サタン　ダン　ラントゥレ　アプレ　ル　クール

On s'attend dans l'entrée après le cours?
(授業のあと、玄関で待ってようか？)

Non, aujourd'hui, je‿suis pressée, excuse-moi.
ノン　オジュルデュイ　シュイ　プレセ　エクスキュズムワ
(ううん、今日は急いでるから、ごめんなさいね)

▶もう終わった？

T'as fini?
タ フィニ

T'as fini?
(もう終わった？)

Non, j'ai encore un cours.
ノン ジェ アンコラン クール
(いいえ、もうひとコマあるの)

Moi, j'ai terminé.
ムワ ジェ テルミネ
(僕のほうは終わったんだけど)

▶タバコ１本もらえる？切らしてしまって。

T'aurais pas une cigarette? J'en ai plus.
トレ パ ユン スィガレトゥ ジャンネ プリュ

Tu me files une clope? J'en ai plus.
テュ ム フィリュン クロップ ジャンネ プリュ

*filer は donner のとてもくだけた言い方。clope は cigarette のくだけた言い方。

30 友達づきあい

個人的な質問

5_029.mp3

▶両親は何やってるの？
Qu'est-ce qu'ils font, tes parents?
_{ケス　キル　フォン　テ　パラン}
*両親の仕事についてたずねる表現。

▶兄弟はいるの？
T'as des frères_et sœurs?
_{タ　デ　フレレ　スール}
*T'as は Tu as の短縮形。

▶パリに住んでるの？
T'habites_à Paris?
_{タビタ　パリ}
T'habites_où?
_{タビトゥー}
（どこに住んでるの？）

▶親の家に住んでるの？
T'habites_chez tes parents?
_{タビチェ　テ　パラン}

> **T'habites_chez tes parents?**
> （親の家に住んでるの？）
>
> **Non, j'ai une chambre_à la cité universitaire.**
> _{ノン ジェ ユン シャンブラ ラ スィテ ユニヴェルスィテール}
> （ううん、寮に入ってるんだ）

*cité universitaire「大学の寮」。foyer universitaire とも言う。

▶彼はいる？
T'as un copain?
_{タ　アン　コパン}
*「彼女」のときは une copine となる。

▶彼女と一緒に住んでるの？
T'habites_avec ta copine?
_{タビタヴェク　タ　コピン}
*「彼氏」のときは ton copain となる。T'habites は Tu habites の短縮形。

▶何歳？
T'as quel_âge?
_{タ　ケラージュ}

▶日本人なの？
T'es japonais [japonaise]?
_{テ　ジャポネ　[ジャポネーズ]}

T'es japonaise?
(日本人なの？)

Non, je‿suis péruvienne.
ノン　シュイ　ペリュヴィエンヌ
(いいえ、ペルー人よ)

▶奨学金をもらってる？
Tu as une bourse?
テュ　ア　ユン　ブールス

▶どんなスポーツをするの？
Qu'est-ce que tu fais, comme sport?
ケス　ク　テュ　フェ　コム　スポール

▶どんな音楽が好き？
Qu'est-ce que tu aimes, comme‿musique?
ケス　ク　テュ　エンム　コッミュズィック

▶ピアノをやってる？
Tu fais du piano?
テュ　フェ　デュ　ピアノ

▶何か国語話せるの？
Tu parles combien de langues?
テュ　パルル　コンビアン　ドゥ　ラング

▶数学は得意？
T'es fort‿en maths [forte‿en maths]?
テ　フォーラン　マットゥ　[フォルタン　マットゥ]
*fort en...「〜が得意な」。maths は mathématiques「数学」の略。

▶免許持ってる？
T'as ton permis?
タ　トン　ペルミ

▶免許一発でとったの？
T'as eu ton permis du premier coup?
タ　ユ　トン　ペルミ　デュ　プルミエ　ク
*運転免許の試験に初回で合格したかを聞く表現。

▶バイク持ってる？
T'as une moto?
タ　ユン　モト

▶スキーは上手？
Tu skies bien?
テュ　スキ　ビアン

Tu skies bien? (スキー、上手なの？)

友達づきあい

Oui, pas mal. J'ai commencé tout petit.
ウイ パ マール ジェ コマンセ トゥ プティ
(うん、まあね。小さいときからやってるから)

▶身長はどのくらい？

Tu fais quelle taille?
テュ フェ ケッル ターユ

▶体重はどのくらい？

Tu pèses combien?
テュ ペズ コンビアン

▶だれに投票した？

T'as voté pour qui?
タ ヴォテ プル キ

恋人 5_030.mp3

▶私の彼なの。

C'est mon copain.
セ モン コパン
*最後に名前を付け加えると恋人ではなく友達を指すことにもなる。たとえば C'est mon copain Loïc. は「友達のロイックよ」。

▶ぼくの彼女だよ。

C'est ma copine.
セ マ コピヌ
*C'est ma copine Nathalie.「友達のナタリーだよ」。

▶友達だよ。

C'est un copain [C'est une copine].
セタン コパン [セテュヌ コピヌ]
*友達のときは mon [ma] ではなく un [une] を使う。

C'est un pote à moi.
セ アン ポタ ムワ
*pote は ami のくだけた表現。

▶この人、彼女の恋人だよ。

C'est son copain.
セ ソン コパン

C'est son petit ami.
セ ソン プティタミ
*petit ami は copain と同じ意味。女性の場合は petite amie で copine と同じ。

▶この人、彼の元カノだよ。

C'est son ex-copine.
セ ソネクスコピヌ
*ex- は「元の、前の」を意味する接頭辞。男性のときは ex-copain となる。

C'est son ex-copine.
(この人、彼の元カノだよ)

Oui, je sais.
ウィ ジュ セ
(うん、知ってるよ)

C'est son ex.
セ ソネクス
*ex「元の配偶者、元の恋人」。

▶リュックの彼女だよ。
C'est la petite amie de Luc.
セ ラ プティタミ ドゥ リュック

▶ルイとクロエはひと月前からつきあってる。
Louis et Chloé sortent ensemble depuis un mois.
ルイ エ クロエ ソルタンサンブル ドゥピュイ アン ムワ
*sortir ensemble「デートする、つきあう」は主語が複数のときに使う。単数のときは sortir avec... を用いて「〜とデートする、〜とつきあう」となる。

Louis et Chloé sortent ensemble depuis un mois.
(ルイとクロエはひと月前からつきあってるんだ)

Oui, tout le monde est au courant.
ウィ トゥ ル モンデト クラン
(うん、みんな知ってるよ)

*courant「流れ」、être au courant は savoir「知っている」の意味になる。

▶あのふたり、1年前から一緒に暮らしてる。
Ils vivent ensemble depuis un an.
イル ヴィヴァンサンブル ドゥピュイ アナン

▶一緒になって長いの？
Ça fait longtemps que vous êtes ensemble?
サ フェ ロンタン ク ヴゼタンサンブル
*être ensemble はふたりの親しい関係を表す。ふつう同棲しているが、結婚はしていない。

▶彼とは、ずっと前からつきあってるの？
Tu sors avec lui depuis longtemps?
テュ ソラヴェク リュイ ドゥピュイ ロンタン

▶好きな娘がいるんだ。
Je suis amoureux.
ジュスイ アムル

▶好きな人がいるの。
Je suis amoureuse.
ジュスイ アムルーズ

友達づきあい

▶あのふたり、いつも一緒にいるね。

Ils sont toujours ensemble.
イル　ソン　　　　トゥジュランサンブル

*être toujours ensemble は特別な関係ではないが仲がよいことを表す。

▶あのふたり、別れたよ。

Ils sont plus ensemble.
イル　ソン　プリュ　アンサンブル

> T'es au courant pour Amélie et Jérôme?
> テ　オ　クラン　　プラメリ　エ　ジェローム
> (アメリとジェロームのこと知ってる？)
>
> Non. Quoi?
> ノン　クワ
> (いいえ、何なの？)
>
> Ils sont plus ensemble.
> (あのふたり、別れたよ)
>
> C'est pas vrai!
> セ　パ　ヴレー
> (うっそー！)

▶彼女、いったい彼のどこがいいのかな？

Mais qu'est-ce qu'elle peut bien lui trouver?
メ　　ケス　　　ケル　　プ　　ビアン　リュイ　トゥルヴェ

*直訳は「彼女は彼にいったい何を見つけることができるのか？」。

> Mais qu'est-ce qu'elle peut bien lui trouver?
> (彼女、いったい彼のどこがいいのかな？)
>
> Il doit avoir des talents cachés...
> イル　ドゥワ　アヴワル　デ　タラン　カシェ
> (きっと隠れた才能があるんでしょ…)
>
> Bien cachés!
> ビアン　カシェ
> (全然わからないね！)

*bien cachés「うまく隠れている」。

▶彼女、ふられたよ。

Elle s'est fait larguer.
エル　セ　フェ　ラルゲ

*larguer「ゆるめる」はくだけた会話では「捨てる、やっかい払いする」の意味になる。se faire larguer「捨てられる」。

> Elle s'est fait larguer.
> (彼女、ふられたよ)
>
> La pauvre!
> ラ　ポーヴル
> (かわいそう！)

Elle s'est fait plaquer.
エル セ フェ プラケ
*plaquer は larguer と同じように使われる。

▶彼は彼女を捨てた。

Il a largué sa copine.
イラ ラルゲ サ コピヌ
Il a laissé tomber sa copine.
イラ レセ トンベ サ コピヌ

▶彼女は相手を替えた。

Elle a changé de copain.
エラ シャンジェ ドゥ コパン

▶彼女はいま、別の人とつきあってるよ。

Maintenant, elle sort avec un autre.
マントゥナン エル ソラヴェカノートゥル

▶あの人、あなたに気があるみたい…。

T'as fait une touche, j'ai l'impression…
タ フェ ユン トゥーシュ ジェ ランプレスィオン
*faire une touche「異性をひっかける」。
Tu lui as tapé dans l'œil.
テュ リュイ ア タペ ダン ルーユ
*taper「たたく」、œil「目」、taper dans l'œil「気に入られる」。くだけた表現。

▶彼、君の彼女をひっかけようと…。

Il est en train de draguer ta copine…
イレタン トゥラン ドゥ ドゥラゲ タ コピヌ

Il est en train de draguer ta copine…
(彼、君の彼女をひっかけようと…)

Il est complètement malade, ce mec! Je vais lui casser la figure!
イレ コンプレトゥマン マラードゥ ス メック ジュ ヴェ リュイ カセ ラ フィギュル
(あいつ、何考えてんだ！ぶんなぐってやる！)

*mec は男性を指すくだけた表現で、日本語の「やつ」にあたる。casser la figure「顔などをなぐりつける」。gueule「面（つら）」を使った casser la gueule はより乱暴な言い方。

▶彼にやきもちをやかせたいの。

Je veux le rendre jaloux.
ジュ ヴ ル ランドゥル ジャル
*rendre「人を〜にする」。「彼女にやきもちをやかせたい」のときは Je veux la rendre jalouse. となる。

▶彼ったらお姉さんの友達と寝たんだよ。

Il a couché avec la copine de sa sœur.
イラ クシェ アヴェク ラ コピン ドゥ サ スール

友達づきあい

Il_a couché avec la copine de sa sœur.
(彼ったらお姉さんの友達と寝たんだよ)

Sans blague!
サン　ブラーグ
(うそー！)

*「睡眠をとる」という意味での「寝る」は se coucher。coucher はくだけた会話では「性的関係を結ぶ」の意味になる。

▶あのふたり、もう寝たんだよ。

Ils_ont couché ensemble.
イルゾン　クシェ　アンサンブル

けんか　　　　　　　　　　　　　　　5_031.mp3

▶けんかしてるんだ。

On_est fâchés [fâchées].
オネ　　　ファシェ
*仲たがいしている状態を言う表現。

▶けんかしたんだ。

On s'est disputés [disputées].
オン　セ　　ディスピュテ
*se disputer「口論する」。

On s'est engueulés [engueulées].
オン　セ　　　　アングレ
*s'engueuler「ののしり合う」。下品な表現。

▶いい加減にして！

Tu m'énerves!
テュ　メネールヴ
*énerver「いらだたせる」。

> T'as pas un T-shirt_à me prêter?
> タ　パ　アン　ティシュルタ　ム　プレテ
> (Tシャツ貸してくれない？)
> **Tu m'énerves!**
> (いい加減にして！)
> Tu t'es levé du pied gauche,_ou quoi!
> テュ　テ　ルヴェ　デュ　ピエ　ゴーシュ　クワ
> (なあに、気げんが悪いのね！)

*se lever du pied gauche「左足で起きる」は「気げんが悪い」の意味になる。

▶かまわないで！

Tu m'embêtes,_à la fin!
テュ　　マンベータ　ラ　ファン
*embêter は ennuyer「困らせる」のくだけた言い方。à la fin はいらだたしさを表し

5　学生生活で使うフレーズ

T'es pas marrant [marrante] à la fin!
テ パ マラン [マラントゥ] ア ラ ファン
*marrant「面白い」、pas marrant は人を非難する表現に使う。

Tu me casses les pieds, à la fin!
テュ ム カス レ ピエー ア ラ ファン
*casser les pieds の直訳は「足を折る」で、「とても迷惑だ」の意味になる。

▶ほっといて！

Fiche-moi la paix!
フィシュムワ ラ ペ
*くだけた表現。

Fous-moi la paix!
フムワ ラ ペー
*下品な表現。

Lâche-moi un peu!
ラシュムワ アン ブー

Laisse-moi tranquille!
レスムワ トゥランキール

▶くそっー！

Tu m'emmerdes!
テュ マンメールドゥ
*emmerder「うんざりさせる」は merde「糞」からできた語。下品な表現。

Tu me fais chier!
テュ ム フェ シエー
*chier「大便する」。下品な表現。

▶ロラったら、くだらない話ばっかりなんだから！

Elle m'embête, Laura, avec ses histoires!
エル マンベートゥ ロラー アヴェク セズィストゥワール

▶あいつにはうんざりだよ！

Il me pompe l'air, ce mec!
イル ム ポンプ レール ス メック
*pomper l'air の直訳は「まわりの空気を吸う」で、「とても迷惑だ」の意味になる。くだけた表現。

> Il me pompe l'air, ce mec!
> （あいつにはうんざりだよ！）
>
> T'as qu'à l'envoyer paître!
> タ カ ランヴワイエ ペートゥル
> （追っ払えばいいじゃないか！）

*paître「牧草を食べる」、envoyer paître「追い払う」。

友達づきあい

▶あなたに何か頼んだ？

Je t'ai demandé quelque chose?
ジュ テ ドゥマンデ ケルク ショーズ
*「何も頼んでいない、君の出る幕ではない」の意味。

Je t'ai pas sonné!
ジュ テ パ ソネ
*sonner「呼び鈴を鳴らして人を呼ぶ」。

▶口をはさまないで！

Mais t'arrêtes de me couper la parole!
メ タレッドゥ ム クペ ラ パロール
*couper la parole「発言をさえぎる」。

▶ばかにしてるの？

Tu te fiches de moi?
テュ トゥ フィシュ ドゥ ムワ
*se ficher de...「〜をばかにする」。くだけた表現。

▶もーう、私を何だと思ってるの！

Tu me prends pour une poire, ou quoi!
テュ ム プラン プュン プワール ク ワ
*poire「洋ナシ」は会話で「お人よし」の意味で使われる。

> Tu pourrais pas me passer tes fiches?
> テュ プレ パ ム パセ テ フィシュ
> （まとめを貸してくれない？）
>
> Tu me prends pour une poire, ou quoi! J'ai mis quatre heures à
> テュ ム プラン プュン プワール ク ワ ジェ ミ カトゥルラ
> les faire!
> レ フェール
> （もーう、私を何だと思ってるの？ 作るのに4時間もかかったのよ！）

*fiches「試験前に学習内容を自分で整理したもの」。

▶まったく、ばかにしてるよ！

Putain, il se fout de moi!
ピュタン イル ス フ ドゥ ムワ
*putain は prostituée「娼婦」のくだけた言い方で「売女」。怒ったときの会話の中で「まったくもう」のニュアンスで使われる。se foutre de...「〜をばかにする」。下品な表現。

▶いくら何でも図々しいよ！

T'as du culot quand même!
タ デュ キュロ カン メーム

> Tu ne pourrais pas me prêter un peu de fric?
> テュン プレ パ ム プレテ アン プ ドゥ フリック
> （お金ちょっと貸してもらえる？）
>
> T'as du culot quand même! Tu me tapes toutes les semaines!
> タ デュ キュロ カン メーム テュ ム タップ トゥトゥ レ スメン
> （いくら何でも図々しいよ！毎週じゃないの！）

*fric は argent「お金」のくだけた言い方。taper「たたく」はここでは「人から金をせしめる」。

T'es culotté [culottée] quand même!
テ　　キュロテー　　　カン　メーム

▶お金を返して！

Rends-moi l'argent que tu me dois!
ランムワ　ラルジャン　ク　テュ　ム　ドゥワ

*devoir「借りている、支払う義務がある」。

Rends-moi mon fric!
ランムワ　モン　フリック

▶あいつ、何てばかなんだ！

Quel crétin, ce type!
ケル　クレタン　ス　ティップ

Quel débile, ce mec!
ケル　デビール　ス　メック

Quel taré, ce type!
ケル　タレー　ス　ティップ

Quel con, ce mec!
ケル　コン　ス　メック

*下品な表現。

▶彼女って、まぬけだよね！

Quelle‿idiote, cette fille!
ケリディオトゥ　　セトゥ　フィーユ

Quelle‿imbécile, cette fille!
ケランベスィール　セトゥ　フィーユ

Elle‿est tarte, cette fille!
エレ　　タールトゥ　セトゥ　フィーユ

*tarte「菓子のタルト」は会話では「まぬけ」の意味。

Quelle conne, cette fille!
ケル　　コンヌ　セトゥ　フィーユ

*とても下品な表現。

▶もう彼とは口をきかないから！

Je‿lui adresse plus la parole!
ジュイ　アドゥレス　プリュ　ラ　パロール

▶あんなやつ、もう二度と顔を見たくない！

Je veux plus le voir, ce mec!
ジュ　ヴ　プリュ　ル　ヴワール　ス　メック

▶もう彼女にはがまんできない！

Je peux plus la supporter!
ジュ　プ　プリュ　ラ　スュポルテ

*「彼には」のときは le となる。

友達づきあい

J'en‿ai marre d'elle.
ジャンネ　マール　デール
(彼女にはうんざりだ)

* 「彼には」のときには de lui となる。

J'en‿ai ras le bol de cette nana!
ジャンネ　ラ　ル　ボル　ドゥ　セトゥ　ナナ
(あの娘にはうんざり！)
*nana は fille のくだけた言い方。

▶頭がおかしいんじゃない！

Ça va pas, la tête!
サ　ヴァ　パー　ラ　テートゥ

> Je suis sûr que tu m'as piqué de l'argent.
> ジュ スュイ スュール ク テュ マ ピケ ドゥ ラルジャン
> (君が僕のお金を盗んだのはまちがいないよ)
>
> Ça va pas, la tête!
> (頭がおかしいんじゃない！)

*piquer「盗む」。
T'es malade,‿ou quoi!
テ　　　マラードゥ　　クワ

▶本当にヒステリックだね！

T'es complètement hystérique!
テ　　コンプレトゥマン　　　イステリーク

友達を評価する　　　　　　　　　　　　　5_032.mp3

▶優秀だね、彼女。

Elle‿est brillante, cette fille.
エレ　　ブリヤーントゥ　セトゥ　フィーユ
C'est une grosse tête!
セ　ユン　グロス　テトゥ
*être une grosse tête の直訳は「大きい頭」。「頭がとても切れる人」を指す。

▶彼女は全教科よくできるんだ。

Elle‿est douée en tout.
エレ　　ドゥエ　アン　トゥ
*douée「才能がある」。男性形は doué.

▶彼はすごく頭がいいよ！

Il‿est super‿intelligent!
イレ　　スュペランテリジャン
*intelligent の女性形は intelligente.

5　学生生活で使うフレーズ

5

▶がり勉だね。

C'est‿un bosseur.
セタン　ボスール
*bosseur の女性形は bosseuse, bosser は travailler のくだけた言い方。

▶彼って元気いっぱいだね。

Il‿a la pêche.
イラ　ラ　ペシュ
*pêche「桃」。avoir le pêche は「エネルギッシュである」。

Elle‿a une pêche d'enfer!
エラ　ユン　ペッシュ　ダンフェール
（彼女ってものすごく元気だね！）

*enfer「地獄」、d'enfer「ものすごい」。

▶こいつは金持ちなんだよ！

Il‿a du fric, ce mec!
イラ　デュ　フリック　ス　メック

▶彼は感じがいい。

Il‿est sympa.
イレ　サンパ
*sympa は男女同じ形。

C'est‿un type sympa.
セタン　ティップ　サンパ
（感じのいいやつだ）

▶あいつのことは好きじゃない。

Je l'aime pas, ce mec.
ジュ　レム　パ　ス　メック

▶あいつは嫌いだ！

Je peux pas le supporter, ce type!
ジュ　プ　パ　ル　スュポルテ　ス　ティップ
*supporter「がまんする」。

Je peux pas le blairer, ce mec!
ジュ　プ　パ　ル　ブレレ　ス　メック
*blairer は supporter のくだけた言い方。

▶あいつは点取り虫だ！

C'est‿un fayot, ce mec!
セタン　ファヨ　ス　メック
*fayot の女性形は fayote.

▶彼はなまけ者だ。

Il‿a un poil dans la main.
イラ　アン　プワル　ダン　ラ　マン
*直訳は「彼は手のひらに毛がはえている」。くだけた表現。

友達づきあい　　675

C'est‿un fainéant.
セタン　　フェネアン
*fainéant の女性形は fainéante.

C'est‿un glandeur.
セタン　　グランドゥール
*glandeur「何もしないでぶらぶらしている人」。女性形は glandeuse. くだけた表現。

Il fiche rien.
イル フィシュ リアン

Il fout rien.
イル　フ　リアン
* 下品な表現。

▶彼はのんびりやってる。

Il se foule pas.
イ　ス　フッル　　パ
*se fouler「捻挫する、苦労する」。くだけた表現。

▶彼はうぬぼれてるよ。

Il‿a la grosse tête.
イラ　ラ　グロス　テトゥ
*avoir la grosse tête「思い上がっている」。

Il s'y croit méchamment.
イル スィ クルワ　　メシャマン
*méchamment「意地悪く」はここでは「すごく」。s'y croire「うぬぼれる」。くだけた表現。

▶彼はあんまり頭がよくない。

Il‿est pas très‿intelligent.
イレ　　パ　　　トゥレザンテリジャン
*intelligent の女性形は intelligente.

Il‿a pas inventé le fil‿à couper le beurre.
イラ　パ　アンヴァンテル フィラ　クペ　　ル　ブール
* 直訳は「彼はバターを切る糸を発明してはいない」。

▶彼女は愚かだよ。

Elle‿est bête.
エレ　　ベートゥ

Elle‿en tient une couche.
エラン　ティアン ユン　クシュ
*couche「層」。en は bêtise を表す。直訳は「彼女は愚かさを身にまとっている」。

Elle‿est nulle.
エレ　　ニュール

▶彼はとても教養がある。

Il‿est très cultivé.
イレ　　トゥレ キュルティヴェ

▶彼は教養がたりない。

Il manque de culture.
イル　マンク　　ドゥ キュルトゥール

5　学生生活で使うフレーズ

▶教養はジャムのようなもの。ない人ほど広げてみせようとする。

La culture, c'est comme la confiture. Moins on en a, plus on l'étale.
ラ キュルテュール セ コム ラ コンフィテュール ムワンゾンナンナ プリュゾン レタール

*étaler「のばして塗る」。

▶彼女は口が軽いね。

Elle parle trop.
エル パルル トゥロ

▶口が達者な女性だね。

Elle a la langue bien pendue.
エラ ラ ラング ビアン パンデュ

* 直訳は「彼女はよくのびた舌を持っている」。

Elle a du bagout.
エラ デュ バグー

*bagout「口先のうまさ」、avoir du bagout「口がうまい」。

▶彼は人の批判ばっかりしてる。

Il passe sa vie à critiquer les autres.
イル パッサ ヴィ ア クリティケ レゾートゥル

*passer sa vie à...「〜で人生を過ごす」は「〜ばかりする」の意味。

▶彼はしょっちゅう出しゃばる。

Il faut toujours qu'il la ramène.
イル フォ トゥジュル キラ ラメン

*la ramener「出しゃばる」。くだけた表現。

▶彼女って大胆だね！

Elle est culottée!
エレ キュロテ

*culottée の男性形は culotté。「図々しい」の意味もある。

▶彼女は感じがよくないね。

Elle est pas sympa.
エレ パ サンパ

▶彼女、性格が悪いよ。

Elle a mauvais caractère.
エラ モヴェ カラクテール

Elle a un sale caractère.
エラ アン サッル カラクテール

▶彼女、まだぶすっとしてるよ、いやだね！

Elle fait encore la tête, y en a marre!
エル フェ アンコール ラ テートゥ ヤンナ マール

*faire la tête「ふくれっ面をする、すねる」。il y en a marre「うんざりだ」。ここでは il が略されている。

友達づきあい

Elle fait encore la tronche, y_en_a marre!
エル フェ アンコル ラ トゥロンシュ ヤンナ マール

*faire la tronche は faire la tête のくだけた表現。faire la gueule を使うと下品な表現になる。

▶彼女は気が変わりやすい。
Elle_est lunatique.
エレ リュナティック

▶彼女、いつもきげんが悪いね！
Elle_est toujours de mauvaise_humeur!
エレ トゥジュル ドゥ モヴェズュムール

▶彼女は偽善者だよ。
Elle_est hypocrite.
エレ イポクリトゥ

▶彼女、すごくやいている！
Elle crève de jalousie!
エル クレーヴ ドゥ ジャルズィ

*crever de...「〜で死にそうだ」。

▶あいつ、何て女たらしなんだ！
Quel dragueur, ce mec!
ケル ドゥラグール ス メック

▶彼ってしつこいね！
Il_est collant!
イレ コラーン

*collant「ねばねばした」。女性形は collante.

▶かっこつけてる！
Quel frimeur!
ケル フリムール

*女性形は Quelle frimeuse! となる。

▶お化粧変えたの？
T'as changé de maquillage?
タ シャンジェ ドゥ マキヤージュ

T'as changé de maquillage?
（お化粧変えたの？）

Oui. T'as remarqué? Qu'est-ce que t'en penses?
ウイ タ ルマルケ ケス ク タン パンス
（そうよ、気がついた？ どう？）

▶彼女、お化粧が上手だね。
Elle_est bien maquillée.
エレ ビアン マキイエ

▶彼女、化粧しすぎだよ。

Elle est toujours trop maquillée.
エレ　トゥジュル　トゥロ　マキイエ

▶彼女って、厚化粧だよね！

C'est un vrai pot de peinture, cette fille!
セタン　ヴレ　ポ　ドゥ　パンテュール　セトゥ　フィーユ

*直訳は「彼女はまさしくペンキの入ったつぼだ」。

▶彼女、自分のかっこうがわかってないよ！

Elle s'est pas regardée!
エル　セ　パ　ルガルデ

*se regarder「自分の姿を見る」。

▶目にくまができてるよ。

T'as les yeux cernés.
タ　レズュ　セルネ

T'as les yeux cernés.
（目にくまができてるよ）
Ça se voit beaucoup?
サ　ス　ヴワ　ボクー
（目立つ？）

▶マスカラがついてるよ！

T'as ton mascara qui coule!
タ　トン　マスカラ　キ　クール

*couler「流れる」。直訳は「マスカラが流れている」。

T'as ton mascara qui coule!
（マスカラがついてるよ！）
C'est pas vrai!
セ　パ　ヴレー
（うそー！）

▶彼女はコンタクトにしたほうがいいね。

Elle devrait mettre des verres de contact.
エル　ドゥヴレ　メットゥル　デ　ヴェル　ドゥ　コンタクトゥ

*「コンタクトレンズ」は lentilles de contact とも言う。

▶彼女の眼鏡、かっこ悪いね！

Elles sont moches, ses lunettes!
エル　ソン　モーシュ　セ　リュネットゥ

*moche を使うとくだけた表現になる。

▶彼女って品があるね。

Elle a bon genre.
エラ　ボン　ジャンル

*genre「種類、身なり」。

友達づきあい

Elle fait distingué.
エル フェ ディスタンゲ
*distingué「上品な、気品のある」。
Elle‿a du chic.
エラ デュ シック

▶彼女は下品だ。
Elle‿a mauvais genre.
エラ モヴェ ジャンル

▶彼女の服、すてきだね。
C'est joli, ce qu'elle‿a sur‿elle.
セ ジョリー ス ケラ スュレール
*avoir sur soi「持っている、身につけている」。ce que は「服」の意味になる。

▶いいね、彼女のかっこう。
Elle‿est bien, comme ça.
エレ ビアン コム サ

▶彼女、とっても女らしいね。
Elle‿est très féminine.
エレ トゥレ フェミニヌ

▶おしゃれしてるね。デートなの？
T'es chic,‿aujourd'hui. T'as un rendez-vous?
テ シーコジュルデュイ タ アン ランデヴ
T'es bien sapé[sapée], aujourd'hui. T'as un rancard?
テ ビアン サペ オジュルデュイ タ アン ランカール
*sapé は habillé「服を着た」の、rancard は rendez-vous のくだけた言い方。

▶彼女、いつも完璧だね。
Elle‿est toujours‿impeccable.
エレ トゥジュランペカーブル
Elle‿est toujours chic.
エレ トゥジュル シック
（彼女はいつもおしゃれだね）

▶彼っていつもおかしなかっこうしてるよね。
Il‿est toujours mal‿habillé.
イレ トゥジュル マラビイエ
Il‿est toujours mal sapé!
イレ トゥジュル マッル サペ

▶彼、ほんとに服のセンスがないね。
Il sait vraiment pas s'habiller.
イ セ ヴレマン パ サビイエ
* 直訳は「彼は本当に服の着方を知らない」。
Il‿a vraiment pas de goût pour s'habiller.
イラ ヴレマン パ ドゥ グ プル サビイエ
*goût「センス、美的感覚」。

5 学生生活で使うフレーズ

▶ 彼女はおしゃれのしかたを知らないね。

Elle sait pas s'arranger.
エル セ パ サランジェ

▶ 彼女、いつも丈が短すぎるよ。

Elle s'habille toujours trop court.
エル サビーユ トゥジュール トゥロ クール

▶ 香水、何使ってるの？

C'est quoi, ton parfum?
セ クワ トン パルファン

C'est qoui, ton parfum? Il te va super bien.
セ クワ トン パルファン イルトゥ ヴァ スュペル ビアン
（香水、何使ってるの？ 超似合ってるね）

Oui, je l'adore.
ウイ ジュ ラドール
（ええ、これが大好きなの）

▶ 香水変えたの？

Tu as changé de parfum?
テュ ア シャンジェ ドゥ パルファン

▶ 彼女、いつも香水をつけすぎだね。

Elle se parfume toujours trop.
エル ス パルフューム トゥジュル トゥロ

▶ その香水、ぜんぜんあなたに合ってないと思うよ。

Je trouve que ça te va pas du tout, ce parfum.
ジュ トゥルーヴ ク サ トゥ ヴァ パ デュ トゥ ス パルファン

▶ 髪、切ったの？

Tu t'es fait couper les cheveux?
テュ テ フェ クペ レ シュヴ

▶ 美容院へ行ったの？

T'as été chez le coiffeur?
タ エテ シェ ル クワフール

*tu as été は tu es allé のくだけた表現。 coiffeur [coiffeuse] は「美容師」。 aller chez le coiffeur「美容院へ行く」はいつも男性形で使う。

T'as été chez le coiffeur?
（美容院へ行ったの？）

Oui, mais je suis pas contente. C'est pas ce que je voulais.
ウイ メ ジュ スュイ パ コンタントゥ セ パ ス ク ジュ ヴレ
（ええ、でも気に入ってないの。やってほしかった髪型じゃないんだもん）

Si, c'est joli, ça te va bien.
スィ セ ジョリ サ トゥ ヴァ ビアン
（ううん、すてきよ。よく似合ってるわ）

友達づきあい

▶彼女の髪へんだよ。美容院へ行ったほうがいいね。

Elle est mal coiffée. Elle devrait aller chez le coiffeur.
エレ　マッル　クワフェ　エル　ドゥヴレタレ　シェ ル　クワフール

▶パーマをかけたの？

Tu t'es fait faire une permanente?
テュ テ フェ フェリョン　ペルマナントゥ

*se faire une permanente は「自分でパーマをかける」。se faire faire une permanente「だれかにパーマをかけてもらう」。

▶その髪型、すてき！

C'est joli, ta coiffure!
セ　ジョリー　タ　クワフュール

▶その髪型、あんまりよくないんじゃない…。

C'est pas terrible, ta coiffure...
セ　パ　テリーブル　タ クワフュール

▶長い髪のほうが似合うよ。

Je te préfère avec les cheveux longs.
ジュ トゥ　プレフェラヴェク　レ　シュヴ　ロン

▶髪、直したほうがいいよ。

Tu devrais te recoiffer.
テュ　ドゥヴレ　トゥ　ルクワフェ

*recoiffer は「ふたたび」の意味の re がついた語で「髪をとかし直す」。

▶彼、いつも髪を洗ってないよね。

Il a toujours les cheveux gras.
イラ　トゥジュール　レ　シュヴ　グラ

*cheveux gras「脂でべとべとした汚い髪」。

▶鼻の上ににきびができてるね。

Tu as un bouton sur le nez.
テュア　アン　ブトン　スュル ル　ネ

*bouton「吹き出物、にきび」。

> Tu as un bouton sur le nez.
> （鼻の上ににきびができてるね）
>
> Oui, je sais. M'en parle pas!
> ウイ ジュ セ　マン パルル パ
> （わかってる。言わないで）

▶ほころびてるよ。

T'as ton ourlet décousu.
タ　トヌルレ　デクズュ

*ourlet「縁のかがり、へり」。décousu「ほころびた」。

▶右脚のストッキングが伝線してるよ。

T'as ton collant filé, à droite.
タ　トン　コラン　フィレ　オ　ドゥルワトゥ

▶ブラウスのボタンがはずれてるよ。

Ton chemisier est déboutonné.
トン　シュミズィエ　エ　デブトネ

▶ボタンがとれてるよ。

Il te manque un bouton.
イル トゥ　マンカン　ブトン

▶セーターが裏返しだよ。

T'as mis ton pull à l'envers.
タ　ミ　トン　ピュラ　ランヴェール
*pull は pull-over「セーター」の略。

▶ちょっと胸があきすぎてないかしら？

C'est pas un peu trop décolleté?
セ　パ　アン　プ　トゥロ　デコルテ

> C'est pas un peu trop décolleté?
> （ちょっと胸があきすぎてないかしら？）
>
> Non, c'est joli, ça te va bien.
> ノン　セ　ジョリ サ トゥ ヴァ ビアン
> （ううん、きれいよ、似合ってる）

▶私の新しいパンツ、どう思う？

Comment tu trouves mon nouveau pantalon?
コマン　テュ　トゥルーヴ　モン　ヌボ　パンタロン

▶いいね、その靴！

Elles sont bien, tes pompes!
エル　ソン　ビアン　テ　ポンプ
*pompes は chaussures のくだけた言い方。男性が使う。

> Elles sont bien, tes pompes!
> （いいね、その靴！）
>
> Oui, je les ai eues en solde.
> ウイ　ジュ　レゼ　ユ　アン ソルドゥ
> （うん、セールで買ったんだ）

▶そのワンピース、すてきね！

Elle est jolie, ta robe!
エレ　ジョリー　タ　ローブ

> Elle est jolie, ta robe!
> （そのワンピース、すてきね！）

友達づきあい

> Merci. C'est gentil!
> メルスィ　セ　ジャンティ
> (ありがとう、うれしいわ！)

▶あれ、へんだね。彼女に似合ってないよ。

C'est moche, ce truc. Ça lui va pas.
セ　モッシュ　ス　トゥリュック　サ　リュイ　ヴァ　パ

*moche「みっともない、ひどい」。truc「トリック、こつ」はここではものを指して「あれ、それ」の意味。

▶その色、似合ってないよ。

Ça te va pas, cette couleur.
サ　トゥ　ヴァ　パ　セ　トゥ　クルール

▶ブルー、似合ってるね。

Ça te va bien, le bleu.
サ　トゥ　ヴァ　ビアン　ル　ブルー

▶顔の色に合ってないよ。

Ça te va pas au teint.
サ　トゥ　ヴァ　パ　オ　タン

▶彼女、かわいいよね。

Elle‿est mignonne, cette fille.
エレ　ミニョンヌ　セトゥ　フィーユ

Elle‿est jolie, cette fille.
エレ　ジョリ　セトゥ　フィーユ

▶彼女、すごくスタイルいいね。

Elle‿est drôlement bien faite, cette fille.
エレ　ドゥロルマン　ビアン　フェトゥ　セトゥ　フィーユ

Elle‿est vachement bien foutue!
エレ　ヴァシュマン　ビアン　フテュ

*bien foutue「かっこうのよい、できのよい」。次の表現とともに男性だけが使うくだけた表現。

Elle‿est vachement bien roulée!
エレ　ヴァシュマン　ビアン　ルレ

▶彼女、足がきれいだね。

Elle‿a de belles jambes.
エラ　ドゥ　ベル　ジャンブ

▶彼、かっこいいと思わない？

Il‿est beau, tu trouves pas?
イレ　ボー　テュ　トゥルヴ　パ

Il‿est canon, hein?
イレ　カノン　アン

▶彼、ぱっとしないね…。

Il est vraiment pas beau...
イレ　　ヴレマン　　パ　　ボ

Il est vraiment pas beau...
(彼、ぱっとしないね…)
Mais il est intelligent. On peut pas tout avoir.
メ　　イレ　アンテリジャン　オン　ブ　　パ　　トゥタヴワール
(でも頭はいいんだ。「天は二物を与えず」だよ)

Il est vraiment moche...
イレ　　ヴレマン　　モシュ
*moche「醜い」。

▶彼女、ダイエットしたほうがいいみたい…。

Elle devrait faire un régime...
エル　ドゥヴレ　フェラン　　レジンム

▶彼女はフィットした服は着ないほうがいいね。

Elle devrait pas se mettre des trucs moulants.
エル　ドゥヴレ　パ　ス　メトゥル　　デ　トゥリュック　ムラン
*truc はくだけた表現で「あれ、もの、やつ」。moulants「体の線をくっきり出す」。

▶彼女、まな板だね。

Elle a pas de poitrine.
エラ　　パ　ドゥ　プワトゥリヌ
*poitrine「胸、乳房」。

C'est une vraie planche à repasser.
セ　　ユン　　ヴレー　ブランシャ
*planche à repasser「アイロン台」。

Elle est plate comme une limande.
エレ　　プラトゥ　コミュン　　リマンドゥ
*直訳は「彼女はカレイみたいに平らだ」。

▶彼、口臭があるね。

Il a mauvaise haleine.
イラ　　　　モヴェザレン
*haleine「息」。

Il a un problème buccal!
イラ　アン　プロブレム　ビュカル
*buccal は bouche の形容詞で、直訳は「口に問題がある」。

▶彼、足が臭いね。

Il pue des pieds.
イル　ピュ　デ　ピエ
*puer は sentir mauvais「悪臭を放つ」のくだけた言い方。下品な表現。

友達づきあい

▶彼は消臭スプレーを使ったほうがいいのに。
Il devrait se mettre du déodorant.
イル ドゥヴレ ス メトゥル デュ デオドラン

▶彼は吹き出物がいっぱいできてるね。
Il est bourré de boutons.
イレ ブレ ドゥ ブトン
Il est bourré d'acné.
イレ ブレ ダクネ
（彼はにきびだらけだ）

▶彼は女の子にもてない。
Il a pas de succès avec les filles.
イラ パ ドゥ スュクセ アヴェク レ フィーユ

Il a pas de succès avec les filles.
（彼は女の子にもてないんだ）

Tu m'étonnes! Avec les pellicules qu'il a!
テュ メトン アヴェック レ ペリキュル キラ
（そりゃそうだよ！ふけだらけだもん！）

Elle a pas la cote avec les garçons.
エラ パ ラ コタヴェック レ ガルソン
（彼女は男の子にもてない）
*cote「評価」、avoir la cote「評判がよい」。

▶彼はちょっと女っぽい。
Il est un peu efféminé.
イレ アン プ エフェミネ

▶彼女は男っぽい。
Elle est masculine.
エレ マスキュリヌ
C'est un garçon manqué.
セ アン ガルソン マンケ
（おてんばだ）

感想・意見
5_033.mp3

▶面白かった。
On s'est bien amusés.
オン セ ビアナミュゼ

▶超楽しかった。
On s'est éclatés.
オン セ エクラテ
*éclaté「破裂する」。くだけた表現。

5 学生生活で使うフレーズ

▶あんまりよくなかった。

C'était pas terrible.
セテ パ テリーブル

Ça valait pas le coup.
サ ヴァレ パ ル ク

*valoir le coup「やってみるだけの価値がある」。くだけた表現。

▶最低だった。

C'était nul.
セテ ニュル

▶すごくおいしかったよ！

C'était délicieux!
セテ デリスィユ

C'était super bon.
セテ スュペル ボン

*くだけた表現。

▶ほんとにまずかった。

C'était vraiment mauvais.
セテ ヴレマン モヴェ

C'était dégueulasse.
セテ デグラス

*下品な表現。

▶最高だった。

C'était génial.
セテ ジェニアール

C'était fantastique.
セテ ファンタスティック

C'était formidable.
セテ フォルミダーブル

C'était super.
セテ スュペール

C'était top.
セテ トップ

▶居心地よかったよ。

C'était relax.
セテ ルラクス

*たとえばパーティの感想で「気楽な雰囲気だった」の意味。

C'était cool.
セテ クール

*cool「落ち着いた、リラックスした」。

▶元気がないんだ。

J'ai pas la pêche.
ジェ パ ラ ペシュ

友達づきあい

▶疲れた。
Je‿suis fatigué [fatiguée].
シュイ　　　ファティゲ

▶たいへんだったよ！
C'était fatigant!
セテ　　ファティガン
*fatigant「疲れさせる」。

C'était crevant!
セテ　　クルヴァン

▶くたくただよ。
Je‿suis crevé [crevée].
シュイ　　クルヴェ
*crever は mourir「死ぬ」のくだけた言い方。

Je‿suis mort!
シュイ　モール

▶困ったな。
C'est embêtant.
セ　　アンベタン

▶まいったよ。
Je‿suis ennuyé [ennuyée].
シュイ　　アンニュイエ

Je‿suis embêté [embêtée].
シュイ　　アンベテ
*くだけた表現。

Je‿suis emmerdé [emmerdée].
シュイ　　アンメルデ
*下品な表現。

▶やばい！
C'est la cata!
セ　ラ　カタ
*cata は catastrophe「大惨事」の略。くだけた表現。

C'est la galère!
セ　ラ　ガレール
*galère はローマ時代の「ガレー船」を指す語。テストが重なったときなど、つらい状況やたいへんな場面で使う。くだけた表現。

31 余暇

友達と出かける　　　5_034.mp3

▶ aller に続けて

au ciné (映画を見に行く)
オ スィネ
*ciné は cinéma を略した言い方。

au resto (レストランに行く)
オ レスト

au café / au bistrot (カフェ／ビストロに行く)
オ カフェ　オ ビストゥロ

prendre un pot (飲みに行く)
プランドゥラン　ポ

prendre un café (コーヒーを飲みに行く)
プランドゥラン　カフェ

au Mac Do (マクドナルドに行く)
オ　マク　ド

en boîte (クラブに行く)
アン ブワトゥ

danser (踊りに行く)
ダンセ

au théâtre (芝居を見に行く)
オ テアトゥル

au concert (コンサートに行く)
オ コンセール

au karaoké (カラオケに行く)
オ カラオケ

à la piscine (プールに行く)
ア ラ ピスィヌ

à la patinoire (アイススケートに行く)
ア ラ パティヌワール

se promener (散歩に行く)
ス　プロムネ

▶ faire に続けて
　フェール

des courses / du shopping (買い物をする)
デ　クルス　　デュ ショピング
*shopping は単に品物を購入するだけでなく、商品を見て回りながらお店の雰囲気を楽しんだりするお出かけ。必要なものを買うだけのときには courses を使う。

du sport (スポーツをする)
デュ スポール

du tennis (テニスをする)
デュ テニス

du jogging (ジョギングをする)
デュ ジョギング

de l'équitation (乗馬をする)
ドゥ レキタスィオン

余暇　　　689

du ski (スキーをする)
デュ スキ
du patin à glace (アイススケートをする)
デュ パタン ア グラス
du skate-board (スケートボードをする)
デュ スケトゥボルドゥ
une balade_en voiture (ドライブをする)
ユン バラダン ヴワテュール
de la marche (ウォーキングをする)
ドゥ ラ マルシュ
de l'escalade (岩登りをする)
ドゥ レスカラードゥ
de la montagne (登山をする)
ドゥ ラ モンターニュ
du vélo (サイクリングをする)
デュ ヴェロ
une partie de cartes (カードゲームをする)
ユン パルティ ドゥ カルトゥ

▶jouerに続けて
ジュエ
au tennis (テニスをする)
オ テニス
au golf (ゴルフをする)
オ ゴルフ
aux_échecs (チェスをする)
オゼシェック
au billard (ビリヤードをする)
オ ビヤール
au squash (スカッシュをする)
オ スクワシュ
aux cartes (トランプをする)
オ カルトゥ

▶今夜映画を見に行くけど、一緒に来ない?
On va au ciné, ce soir. Tu viens avec nous?
オン ヴァ オ スィネ ス スワール テュ ヴィアン アヴェク ヌ

▶カフェに行くの? 待って、一緒に行くから。
Tu vas au troquet? Attends, je viens avec toi.
テュ ヴァ オ トゥロケ アタン ジュ ヴィアン アヴェク トゥワ
*troquet は café のくだけた言い方。

▶カフェで勉強するつもりなんだ。
Je vais travailler au café.
ジュ ヴェ トゥラヴァイエ オ カフェ

> Je vais travailler au café.
> (カフェで勉強するつもりなの)

Pas moi. C'est trop bruyant.
パ　ムワ　セ　トゥロ　ブリュイヤン
(私はやめとくわ。すごくうるさいんだもの)

▶お祝いに何か飲みに行こうか？

On va prendre un pot pour fêter ça?
オン ヴァ　プランドゥラン　ポ　プル　フェテ　サ

On va prendre un pot pour fêter ça?
(お祝いに何か飲みに行こうか？)

Bonne idée!
ボ ニ デ
(いいね！)

▶コーヒー、飲みに行かない？

Tu veux pas aller prendre un café?
テュ　ヴ　パ　アレ　プランドゥラン　カフェ

Tu veux pas aller prendre un café?
(コーヒー、飲みに行かない？)

Si, d'accord.
スィ　ダコール
(いいよ)

▶行けないんだ。お金がないから。

Je peux pas y aller. J'ai pas de fric.
ジュ　プ　パ　ヤレ　ジェ　パ　ドゥ　フリック
*fric「金、銭」。くだけた表現。

Je peux pas y aller. J'ai pas de fric.
(行けないんだ。お金がないから)

T'inquiète, on t'invite!
タンキエットゥ　オン　タンヴィトゥ
(心配しないで、おごるよ)

*T'inquiète の後ろに pas が省略されている。くだけた表現。

▶20ユーロ貸してくれる？

T'aurais pas vingt euros à me prêter?
トレ　パ　ヴァントゥロ　ア　ム　プレテ

T'aurais pas vingt euros à me prêter?
(20 ユーロ貸してもらえる？)

Désolé, j'ai pas d'argent sur moi.
デゾレ　ジェ　パ　ダルジャン　スュル　ムワ
(ごめん、手持ちがないんだ)

Tu pourrais pas me prêter vingt euros?
テュ　プレ　パ　ム　プレテ　ヴァントゥロ

余暇

▶おごってくれるの？ うれしいな！

Tu m'invites? C'est sympa!
テュ マンヴィトゥ セ サンパ
*sympa は sympathique の略でここでは gentil の意味で使われている。

▶コーヒー代、おごってくれる？

Tu pourrais pas me payer un café?
テュ プレ パ ム ペイエ アン カフェ

Tu pourrais pas me payer un café?
(コーヒー代おごってくれる？)

T'as du culot! Tu me demandes ça tous les jours!
タ デュ キュロー テュ ム ドゥマンツァ トゥ レ ジュール
(図々しいね！毎日そう言ってるじゃないか！)

▶今夜、ストの話をするのにカフェで集まるんだけど…。

Ce soir, on se réunit au café pour discuter de la grève...
ス スワール オン ス レユニ オ カフェ プル ディスキュテ ドゥ ラ グレーヴ

▶マックへ食べに行くけど、行かない？

On va manger au Mac Do. Tu viens?
オン ヴァ マンジェ オ マク ド テュ ヴィアン

▶ちょっといいレストランを知ってるんだ。行ってみる？

Je connais un bon petit resto. On‿y va?
ジュ コネ アン ボン プティ レスト オニ ヴァ

▶この間、感じのいいインド料理のレストランを見つけたんだ。行ってみようか…。

L'autre jour, j'ai découvert‿un resto indien sympa. On pourrait y‿aller...
ロトゥル ジュール ジェ デクヴェラン レスト アンディアン サンパ オン プレ ヤレ

▶ここに入ろうか？ 悪くなさそうだよ。

On va là? Ça a pas l'air mal.
オン ヴァ ラ サ ア パ レル マール

▶あれっ、このレストラン知らないな。新しいね、入ってみようか？

Tiens, je le connaissais pas, ce resto. C'est nouveau. On‿essaye?
ティアン ジュ ル コネセ パ ス レスト セ ヌヴォ
オネセーユ

▶近いから歩いて行けるよ。

C'est pas loin, on peut y‿aller à pied.
セ パ ルワン オン プ ヤレ ア ピエ

▶今夜、クラブに行くんだ。

Ce soir, on va en boîte.
ス スワール オン ヴァ アン ブワトゥ

Ce soir, on va en boîte.
(今夜、クラブに行くの)

Ah bon? Je peux venir?
ア ボン ジュ プ ヴニール
(そうなの？ ぼくも行っていい？)

▶新しいクラブのことを聞いたんだ。すごくいいらしいよ。

J'ai entendu parler d'une nouvelle boîte. Il paraît que c'est vachement bien.
ジェ アンタンデュ パルレ デュン ヌヴェル ブワトゥ イ パレ ク セ ヴァシュマン ビアン

*il はくだけた会話では「イ」と発音されることが多い。

▶ロラと踊りたいんだけど、いい？

Je voudrais danser avec Laura. Tu permets?
ジュ ヴドゥレ ダンセ アヴェク ロラ テュ ペルメ

*permettre「許可する」。

Je voudrais danser avec Laura. Tu permets?
(ロラと踊りたいんだけど、いい？)

Demande-lui!
ドゥマンドゥリュイ
(彼女に聞けよ！)

Tu permets que je danse‿avec Laura?
テュ ペルメ ク ジュ ダンサヴェク ロラ

▶明日の晩、モリエールの芝居を見に行くけど、興味ある？

Demain soir, on va au théâtre voir‿une pièce de Molière. Ça t'intéresse?
ドゥマン スワール オン ヴァ オ テアートゥル ヴワリュン ピエス ドゥ モリエール サ タンテレース

▶プールに行くんだけど、一緒に来れば？

On va à la piscine. Si tu venais avec nous?
オン ヴァ ア ラ ピスィーヌ スィ テュ ヴネ アヴェク ヌ

▶カラオケによく行く？

Tu vas souvent au karaoké?
テュ ヴァ スヴァン オ カラオケ

Tu vas souvent au karaoké?
(カラオケによく行く？)

Tu plaisantes, je chante comme‿une casserole!
テュ プレザントゥ ジュ シャントゥ コミュン カスロール
(冗談でしょ、私、へたくそなんだから！)

余暇

693

*casserole「取っ手つきの鍋」。「キャセロールのように歌う」はへたなことを言う。

▶ 今夜、ベルシーでロックコンサートがあるんだ。もしよかったら、チケットが 2 枚あるんだけど。

Ce soir, y‿a un concert de rock‿à Bercy. Si ça‿te dit, j'ai deux billets.
ス スワール ヤ アン コンセル ドゥ ローカ ベルスィ スィ サッ ディ ジェ ドゥ ビエ

* ベルシーはスポーツやコンサートなど多目的に利用されるパリの大ホール。

> Ce soir, y‿a un concert de rock‿à Bercy. Si ça‿te dit, j'ai deux billets.
> (今夜、ベルシーでコンサートがあるんだ。もしよかったら、チケットが 2 枚あるんだけど)
>
> Avec plaisir. C'est gentil.
> アヴェク プレズィール セ ジャンティ
> (うれしいわ。ありがとう)

▶ ドライブするのいや？

Ça‿te dirait pas d'aller faire‿une balade‿en voiture?
サッ ディレ パ ダレ フェリュン バラダン ヴヲテュール

> Ça‿te dirait pas d'aller faire‿une balade‿en voiture?
> (ドライブするのいや？)
>
> T'as une voiture, toi?
> タ ユン ヴヲテュール トゥワ
> (車持ってるの？ あなた)

▶ 散歩に行くけど、一緒に来ない？

On va se promener. Tu viendrais pas avec nous?
オン ヴァ ス プロムネ テュ ヴィアンドゥレ パ アヴェク ヌ

> On va se promener. Tu viendrais pas avec nous?
> (散歩に行くけど、一緒に来ない？)
>
> Non, merci. Ça me dit rien.
> ノン メルスィ サ ム ディ リアン
> (いや、その気になれないんだ)

▶ 買い物に行くけど、一緒に来ない？

J'ai des courses‿à faire. Tu m'accompagnes?
ジェ デ クルサ フェール テュ マコンパーニュ

*accompagner「一緒に行く、連れて行く」。

> J'ai des courses‿à faire. Tu m'accompagnes?
> (買い物に行くけど、一緒に来ない？)
>
> Je‿suis désolé, je peux pas.
> シュイ デゾレ ジュ プ パ
> (ごめん、行けないんだ)

5 学生生活で使うフレーズ

▶ボーリングに行くんだけど、あなたも行かない？

On va au bowling. Tu veux pas venir?
オン ヴァ オ ブリング テュ ヴ パ ヴニール

On va au bowling. Tu veux pas venir?
（ボーリングに行くんだけど、あなたも行かない？）

Je veux bien, mais je te préviens, je‿suis nul.
ジュ ヴ ビアン メ ジュ トゥ プレヴィアン シュイ ニュール
（いいよ、でも言っとくけど、ぼくぜんぜんだめなんだよ）

▶日曜日、テニスをやらない？

Tu veux jouer au tennis, dimanche?
テュ ヴー ジュエ オ テニス ディマンシュ

Tu veux jouer au tennis, dimanche?
（日曜日、テニスをやらない？）

Non, désolé. Je‿suis pas en forme‿en ce moment.
ノン デゾレ シュイ パ アン フォルマン ス モマン
（ごめん、このごろ体調がよくないんだ）

▶ジョギングに行くけど、来ない？

Je vais faire du jogging. Tu viens?
ジュ ヴェ フェール デュ ジョギング テュ ヴィアン

Je vais faire du jogging. Tu viens?
（ジョギングに行くけど、来ない？）

J'ai pas trop envie... Il fait froid.
ジェ パ トゥロ アンヴィ イル フェ フルワ
（あんまりその気になれないなあ…寒いんだもん）

▶来週、「週末スキー」に行くんだ。

La semaine prochaine, on se fait un week-end ski.
ラ スメン プロシェン オン ス フェ アン ウィケンドゥ スキ

La semaine prochaine, on se fait un week-end ski.
（来週、「週末スキー」に行くんだ）

J'irais bien avec vous...
ジレ ビアン アヴェク ヴ
（一緒に行きたいんだけど…）

▶サイクリングしない？

Tu ferais pas une balade‿en vélo?
テュ フレ パ ユン バラダン ヴェロ

*balade「散歩、遠足、旅行」。

Tu ferais pas une balade‿en vélo?
（サイクリングしない？）

余暇

Non, pas aujourd'hui. Il fait pas beau.
ノン パ オジュルデュイ イ フェ パ ボ
(今日はだめ。お天気がよくないから)

* くだけた会話では il「イル」の発音は「イ」となる。

▶チェスをやるのはどう？
Si on faisait une partie d'échecs?
スィ オン フゼ ユン パルティ デシェック
*partie「勝負、競技」。

Si on faisait une partie d'échecs?
(チェスをやるのはどう？)

Arrête! Je‿suis nul!
アレートゥ シュイ ニュール
(やめてよ！私、超へたなんだから！)

▶車で来たんだけど、よかったら送って行くよ。
Je‿suis en voiture. Je te raccompagne, si tu veux.
シュイ アン ヴワテュール ジュ トゥ ラコンパーニュ スィ テュ ヴ

▶どこかまで乗って行く？
Je te dépose quelque part?
ジュ トゥ デポーズ ケルク パール
*déposer「降ろす」。

▶海で1日過ごしに行くのはどう？
On pourrait aller passer la journée à la mer?
オン プレ アレ パセ ラ ジュルネ ア ラ メール

日々のできごと　　　　　　　　　5_035.mp3

▶ゆうべ、何したの？
Qu'est-ce que tu as fait, hier soir?
ケス ク テュ ア フェ イエル スワール

Qu'est-ce que tu as fait, hier soir?
(ゆうべ、何したの？)

Rien de spécial. J'ai regardé la télé.
リアン ドゥ スペスィアール ジェ ルガルデ ラ テレ
(別に。テレビ見ただけ)

▶ゆうべは遅くまで勉強したんだ。
J'ai travaillé tard‿hier soir.
ジェ トゥラヴァイエ ターリエル スワール

▶昨日は何にもしなかった。
J'ai rien fait, hier.
ジェ リアン フェ イエール

▶ゆうべは遅く寝たんだ。

Je me suis couché [couchée] tard hier soir.
ジュ ム スュイ クシェ ターリエル スワール

▶昨日クラブへ行ったよ。

Hier, je suis sorti [sortie] en boîte.
イエール ジュイ ソルティ アン ブワトゥ

▶ゆうべ、友達とうまいものを食べたんだ。

Hier soir, on a fait une bonne bouffe avec des copains.
イエル スワール オナ フェ ユン ボンヌ ブファヴェク デ コパン

*bouffe「食べ物」を使うとくだけた表現になる。動詞の boufferは日本語の「食う」にあたる。

▶ゆうべは夜中の2時までトランプやってたんだ。

Hier soir, on a joué aux cartes jusqu'à deux heures du matin.
イエル スワール オナ ジュエ オ カルトゥ ジュスカ ドゥズール デュ マタン

▶すごく楽しかった。

On s'est bien marrés.
オン セ ビアン マレ

*se marrer は rire「笑う」または s'amuser「遊ぶ」のくだけた言い方。

▶やったよ、運転免許をとったんだ！

Ça y est, j'ai mon permis de conduire!
サ イエ ジェ モン ペルミ ドゥ コンデュイール

▶週に3回スポーツクラブに通ってるよ。

Je vais au club de sport trois fois par semaine.
ジュ ヴェ オ クルブ ドゥ スポール トゥルワ フワ パル スメン

> **Tu fais du sport régulièrement?**
> テュ フェ デュ スポール レギュリエルマン
> (いつもスポーツやってる？)
>
> **Oui, je vais au club de sport trois fois par semaine.**
> (週に3回スポーツクラブに通ってるよ)

*régulièrement「規則正しく、定期的に」。

▶日曜日には、ブローニュの森で乗馬をするんだ。

Je fais de l'équitation au Bois de Boulogne, le dimanche.
ジュ フェ ドゥ レキタスィオン オ ブワ ドゥ ブローニュ ル ディマンシュ

*ブローニュの森はパリの西にある広大な森。乗馬クラブがいくつかある。

▶週に2回プールに行くよ。

Je vais à la piscine deux fois par semaine.
ジュ ヴェ アラ ピスィン ドゥ フワ パル スメン

▶ほとんど毎日トレーニングしてるよ。

Je m'entraîne presque tous les jours.
ジュ　マントゥレーヌ　プレスク　トゥ　レ　ジュール

▶毎週水曜日はピアノのレッスンがあるんだ。

J'ai un cours de piano tous les mercredis.
ジェ　アン　クール　ドゥ　ピアノ　トゥ　レ　メルクルディ

> J'ai un cours de piano tous les mercredis.
> (毎週水曜日はピアノのレッスンがあるんだ)
>
> Alors, tu travailles régulièrement?
> アロール　テュ　トゥラヴァイ　レギュリエルマン
> (じゃあ、練習続けてるのね？)

▶今朝はゆっくり寝た。

Ce matin, j'ai fait la grasse matinée.
ス　マタン　ジェ　フェ　ラ　グラス　マティネ

*grasse「太った」。grasse matinée は直訳すると「豊かな朝」で「朝寝」の意味。

▶今日の午後は、家庭教師をやるんだ。

Cet‿après‿midi, j'ai un cours particulier à donner.
セタプレミディ　ジェ　アン　クール　パルティキュリエ　ア　ドネ

*particulier「私的な、個人の」。

▶今夜は、ベビーシッターやるの。

Ce soir, je fais du baby‿sitting.
ス　スワール　ジュ　フェ　デュ　ベビシッティング

> Ce soir, je fais du baby-sitting.
> (今夜はベビーシッターやるの)
>
> C'est pas vrai! Toi?
> セ　パ　ヴレ　トゥワー
> (うそー！　君が？)
>
> Quoi, moi?
> クワ　ムワ
> (文句ある？)

*quoi は que の強勢形。Quoi, moi? は「私で何か？」の意味。

▶4時に会う人がいるんだ。

J'ai quelqu'un à voir‿à quatre‿heures.
ジェ　ケルカン　ア　ヴワラ　カトゥルール

▶今夜、デートなんだ。

J'ai un rancard, ce soir.
ジェ　アン　ランカール　ス　スワール

*rancard は rendez-vous のとてもくだけた言い方。男性が使う。

▶今晩渋谷に行くんだ。

On va à Shibuya ce soir.
オン ヴァ ア シブヤ ス スワール

▶友達と待ち合わせてる。

J'ai rendez-vous avec un ami.
ジェ ランデヴ アヴェカナミ
*女性の友達のときには une amie となる。

▶今夜は、友達と出かけるんだ。

Ce soir, je sors avec des copains.
ス スワール ジュ ソラヴェク デ コパン

▶今晩、彼女とコンサートに行くんだ。

Ce soir, je vais à un concert avec ma copine.
ス スワール ジュ ヴェ ア アン コンセラヴェク マ コピン

▶今夜は中華を食べに行くんだ。

On va au resto chinois ce soir.
オン ヴァ オ レスト シヌワ ス スワール

▶サン・ミッシェルって感じがいいところだね！

C'est sympa comme quartier, Saint-Michel!
セ サンパ コム カルティエ サンミシェール
*サン・ミッシェルはセーヌ左岸、カルチェラタンの一角にある。学生、若者が多い場所。

C'est sympa comme quartier, Saint-Michel!
（サン・ミッシェルって感じがいいところだね！）

Tu connaissais pas?
テュ コネセ パ
（知らなかったの？）

▶安いブティック見つけたんだけど、興味ある？

J'ai trouvé une boutique de fringues pas chère. Ça t'intéresse?
ジェ トゥルヴェ ユン ブティク ドゥ フラング パ シェール サ タンテレス
*fringues は vêtements のくだけた言い方で「服」。

J'ai trouvé une boutique de fringues pas chère. Ça t'intéresse?
（安いブティック見つけたんだけど、興味ある？）

Tu parles!
テュ パルル
（もちろんよ！）

▶エロイズが両親の別荘へ週末に招待してくれるんだって。

Heloïse nous invite pour le week-end dans la maison de campagne de ses parents.
エロイズ ヌザンヴィトゥ プル ル ウィケンド ダン ラ メゾン ドゥ カンパーニュ ドゥ セ パラン

*maison de campagne の直訳は「田舎の家」。

余暇 699

▶土曜日の夜、ロラの家でパーティをやるんだって。

Laura organise une fête chez elle, samedi soir.
ロラ　オルガニズュン　フェトゥ　シェゼール　サムディ　スワール

> Laura organise une fête chez elle, samedi soir. Mélanie sera là.
> ロラ　オルガニズュン　フェトゥ　シェゼール　サムディ　スワール　メラニ　スラ　ラ
> （土曜日の夜、ロラの家でパーティやるんですって。メラニが来るそうよ）
>
> **Tu rigoles? Elles se détestent!**
> テュ　リゴール　エル　ス　デテストゥ
> （冗談でしょ？ 彼女たち犬猿の仲よ！）

*se détester「互いに憎み合う」。

▶すっからかんなんだ！

Je suis fauché [fauchée]!
シュイ　フォシェ

*J'ai pas d'argent.「お金がない」のくだけた表現。以下の表現も同様に「一文無し、すかんぴん」の意味。

> **Je suis fauché!**（すっからかんなんだ！）
>
> **Tu veux que je te prête du fric?**
> テュ　ヴ　ク　ジュ　トゥ　プレッデュ　フリック
> （お金貸そうか？）

J'ai pas de fric.
ジェ　パ　ドゥ　フリック
J'ai pas un rond.
ジェ　パ　アン　ロン
*rond「円、小銭」。
J'ai pas un radis.
ジェ　パ　アン　ラディ
*radis「(野菜の) ラディッシュ」。
Je suis raide.
シュイ　レードゥ
*raide「硬直した」。

▶明日は医者に行く。

Demain, je vais chez le médecin.
ドゥマン　ジュ　ヴェ　シェ　ル　メツァン

▶あさって、歯医者の予約をしてるんだ。

Après-demain, j'ai rendez-vous chez le dentiste.
アプレドゥマン　ジェ　ランデヴ　シェ　ル　ダンティストゥ

▶水曜日はレナの誕生日だよ。

C'est l'anniversaire de Léna mercredi.
セ　ラニヴェルセール　ドゥ　レナ　メルクルディ

> **C'est l'anniversaire de Léna mercredi.**
> （水曜日はレナの誕生日だよ）

5　学生生活で使うフレーズ

Qu'est-ce qu'on lui offre?
ケス　　　コン　　リュイ オーフル

(何をプレゼントしようか？)

▶ファニーへのプレゼント、買うのを忘れてない？

T'as pas oublié d'acheter un cadeau pour Fanny?
タ　パ　ウブリエ　ダシュテ　アン　カド　プル　ファニー

T'as pas oublié d'acheter un cadeau pour Fanny?

(ファニーへのプレゼント、買うのを忘れてない？)

Non, je lui ai pris le nouveau CD de son groupe préféré.
ノン　ジュ リュイ エ プリ ル　ヌヴォ　セデ ドゥ ソン　グルップレフェレ

(うん、彼女の好きなグループの最新の CD にしたよ)

▶明日、オートバイの免許をとるんだ。

Demain, je passe mon permis-moto.
ドゥマン　ジュ　パス　モン　ペルミモト

▶明日、運転免許の試験なんだ。

Demain, je passe mon permis de conduire.
ドゥマン　ジュ　パス　モン　ペルミ　ドゥ　コンデュイール

▶中古車をさがしてるんだ。

Je cherche une voiture d'occasion.
ジュ　シェルシュン　ヴワテュル　ドカズィオン

*d'occasion「中古の、リサイクルの」。

Je cherche une bagnole d'occase.
ジュ　シェルシュン　バニョール　ドカーズ

*bagnole は voiture のくだけた言い方。d'occase は d'occasion のくだけた言い方。

余暇

32 アルバイト

アルバイト

▶推薦状を持っていますか？

Vous avez des références?
ヴザヴェ デ レフェランス

Vous avez des références?
(推薦状を持っていますか？)

Oui, les voici. (はい、これです)
ウイ レ ヴォスィ

*référence「参照、参考」は複数形で「(経歴・人柄などの) 身元保証書」。

▶経験はありますか？

Vous avez de l'expérience?
ヴザヴェ ドゥ レクスペリアンス

▶レジをやったことはありますか？

Vous avez déjà travaillé comme caissier [caissière]?
ヴザヴェ デジャ トラヴァイエ コム ケスィエ [ケスィエール]

▶7月の仕事をさがしてるんだけど、もし何か耳にしたら…。

Je cherche un boulot pour juillet. Si tu entends parler de quelque chose...
ジュ シェルシュ アン ブロ プル ジュイエ スィ テュ アンタン パルレ ドゥ ケルク ショーズ

▶夏のアルバイトを見つけたよ。

J'ai trouvé un job pour l'été.
ジェ トゥルヴェ アン ジョッブル レテ

J'ai trouvé un petit boulot pour juillet.
ジェ トゥルヴェ アン プティ ブロ プル ジュイエ
(7月のアルバイトを見つけたんだ)

▶郵便局が募集してるって聞いたよ。

J'ai entendu dire que la Poste recrute.
ジェ アンタンデュ ディール ク ラ ポストゥ ルクリュトゥ

Il paraît que la Poste recrute.
イル パレ ク ラ ポストゥ ルクリュトゥ
(郵便局が募集してるそうだよ)

▶彼女は失業中なんだ。

Ma copine est au chômage.
マ コピネト ショマージュ

▶その仕事、給料いい？

C'est bien payé, ce boulot?
セ ビアン ペイエ ス ブロ

▶すごく給料がいい仕事なんだ。

C'est très bien payé comme boulot.
セ トゥレ ビアン ペイエ コンム ブロ

C'est très bien payé comme boulot.
(すごく給料がいい仕事なんだ)

C'est-à-dire?
セタディール
(どのくらい？)

*c'est-à-dire「すなわち、言い換えれば」。

▶言っとくけど、給料はすごく安いよ。

Je te préviens, c'est très mal payé.
ジュ トゥ プレヴィアン セ トゥレ マッル ペイエ

▶安い給料だけど、ないよりはましだよ。

C'est mal payé, mais c'est mieux que rien.
セ マッル ペイエ メ セ ミュ ク リアン

▶ひと月いくら？

C'est payé combien par mois?
セ ペイエ コンビアン パル ムワ

▶時給はいくら？

C'est payé combien de l'heure?
セ ペイエ コンビアン ドゥ ルール
*de l'heure「1時間につき」。

▶日給制です。

C'est payé à la journée.
セ ペイエ ア ラ ジュルネ

▶親の保険に入ってます

Je suis sur la sécu de mes parents.
ジュ スュイ スュル ラ セキュ ドゥ メ パラン
*sécuはsécurité socialeの略。親の扶養家族になっていることを言う表現。

▶税金の申告をしなくちゃいけないんだよ。

Tu dois le déclarer aux‿impôts.
テュ ドゥワ ル デクラレ オザンポ
*impôts「税金」。

▶非課税です。

Je‿ne suis pas imposable.
ジュン スュイ パ アンポザーブル
*imposable「課税される」。

アルバイト

▶その都度払ってもらったほうがありがたいんですが。
Je préfère‿être payé à la fin de chaque‿cours.
ジュ　プレフェレトゥル　　ペイエ　ア ラ ファン ドゥ　　シャックール
＊家庭教師のアルバイトのときに使う。

▶前払いでお願いします。
Je désire‿être payé d'avance.
ジュ　デズィレトゥル　　ペイエ　　ダヴァンス

▶働きすぎでくたくただ。
Je travaille trop. Je‿suis crevé [crevée].
ジュ　トゥラヴァイ　トゥロ　　シュイ　　クルヴェ

33 バカンス

バカンスの計画　　5_037.mp3

▶休暇中何をするの？
Qu'est-ce que tu fais pendant les vacances?
ケス　ク　テュ　フェ　パンダン　レ　ヴァカンス

▶バカンスにどこへ行くの？
Tu pars‿où en vacances?
テュ　パルー　アン　ヴァカンス

▶クリスマス休暇、何をする？
Tu fais quoi, pendant les vacances de Noël?
テュ　フェ　クワ　パンダン　レ　ヴァカンス　ドゥ　ノエール

▶クリスマスの日は何するの？
Tu fais quoi, le jour de Noël?
テュ　フェ　クワ　ル　ジュール　ドゥ　ノエール

▶大みそかはどうするの？
Qu'est-ce que tu fais pour le réveillon?
ケス　ク　テュ　フェ　プル　ル　レヴェヨン

▶どこかに行くの？
Tu pars?
テュ　パール

▶パリに残ってるよ。
Je reste‿à Paris.
ジュ　レスタ　パリ

▶お金がなくてどこにも行けないんだ。
Je peux pas partir, j'ai pas d'argent.
ジュ　プ　パ　パルティール　ジェ　パ　ダルジャン

▶バカンスに行く余裕がないんだ。
J'ai pas les moyens de partir‿en vacances.
ジェ　パ　レ　ムワヤン　ドゥ　パルティラン　ヴァカンス
*moyen「手段」、ここでは複数形で「財力」。

▶友達とロワールの城を見に行くよ。
Avec des copains, on va aller visiter les châteaux de la Loire.
アヴェック　デ　コパン　オン　ヴァ　アレ　ヴィズィテ　レ　シャト　ドゥ　ラ　ルワール
* フランス中部ロワール川の流域には古城が点在する。

▶音楽の研修を受けるつもりなんだ。
Je vais faire‿un stage de musique.
ジュ　ヴェ　フェラン　スタジュ　ドゥ　ミュズィック

▶コロの指導員なんだ。

Je suis moniteur [monitrice] de colo.
ジュ スュイ　モニトゥール　[モニトゥリス]　ドゥ コロ

*colo は colonie de vacances の略で、林間・臨海学校のこと。市町村や企業がバカンスの間、子どもたちを田舎の施設に預かる。

▶スキーのインストラクターの資格を持ってるんだ。

J'ai un diplôme de moniteur [monitrice] de ski.
ジェ アン ディプローム ドゥ モニトゥール　[モニトゥリス]　ドゥ スキ

*diplôme「免状」。

バカンスのあとで　　　　　　　　　　　　　5_038.mp3

▶バカンスの間何をしたの？

Qu'est-ce que t'as fait pendant les vacances?
ケス　ク タ フェ パンダン レ ヴァカンス

▶バカンスの間どこかへ行った？

T'es parti quelque part pendant les vacances?
テ パルティ ケルク パール パンダン レ ヴァカンス

*quelque part「どこかに(で)」。

▶勉強するために残ってたんだ。

Je‿suis resté [restée] pour travailler.
シュイ　レステ　プル　トゥラヴァイエ

▶彼とトルコへ行ったの。

Je‿suis allée en Turquie avec mon copain.
シュイ　アレ アン テュルキ アヴェック モン コパン

*「彼女とトルコへ行った」のときは Je suis allé en Turquie avec ma copine. となる。

▶すばらしい天気だった！

On‿a eu un temps magnifique!
オナ　ユ アン タン マニフィック

▶ひどい天気だった！

Il‿a fait un temps pourri!
イラ フェ アン タン プリ

*pourri「腐った」。くだけた表現。

> **Il‿a fait un temps pourri!**
> (ひどい天気だったんだ！)
> **Pas de bol!**
> パ ドゥ ボール
> (ついてなかったね！)

*bol「幸運」。くだけた会話で使う。

▶キャンプをしたんだ。
On a fait du camping.
オナ フェ デュ カンピング

▶コートダジュールへキャンプに行ったんだ。
On est partis en camping sur la Côte d'Azur.
オネ パルティ アン カンピング スュル ラ コッ ダズュール

▶アルプスへスキーをしに行ったよ。
On est allés faire du ski dans les Alpes.
オネタレ フェル デュ スキ ダン レザールプ

> On est allés faire du ski dans les Alpes.
> (アルプスへスキーをしに行ったよ)
> **Veinards!**
> ヴェナール
> (いいなあ！)

*veinard は chanceux「運のいい人」のくだけた言い方。「あなたがうらやましい」のニュアンス。

▶テニスの講習を受けたよ。
J'ai fait un stage de tennis.
ジェ フェ アン スタジュ ドゥ テニス

▶毎日テニスをやってたんだ。
On a joué au tennis tous les jours.
オナ ジュエ オ テニス トゥ レ ジュール

▶ヨットのインストラクターをやったよ。
J'ai travaillé comme moniteur [comme monitrice] de voile.
ジェ トゥラヴァイエ コッモニトゥール [コッモニトゥリス] ドゥ ヴワール

▶ブルゴーニュでブドウの収穫をやったんだ。
On a fait les vendanges en Bourgogne.
オナ フェ レ ヴァンダンジャン ブルゴーニュ

*ブドウの産地では毎年収穫期になるとたくさんの摘みとり手を雇う。

▶花火をやったよ。
On a fait des feux d'artifice.
オナ フェ デ フ ダルティフィス

▶キャンプファイヤーをやったよ。
On a fait un feu de camp.
オナ フェ アン フ ドゥ カン

▶毎晩踊ってたんだ。
On dansait tous les soirs.
オン ダンセ トゥ レ スワール

バカンス

▶毎日海辺にいたよ。
On était à la plage tous les jours.

▶1日中海辺で過ごしてたんだ。
On passait toute la journée sur la plage.

▶海辺を散歩した。
On s'est baladés au bord de la mer.
*bord「へり、岸」。

▶浜辺で貝を拾った。
On a ramassé des coquillages sur la plage.

▶砂の城を作ったよ。
On a fait des châteaux de sable.

▶博物館を見学した。
On a visité des musées.
*musée「美術館、博物館」。

▶町をひとめぐりした。
On a fait un tour dans la ville.
*faire un tour「一周する、ちょっと出かける」。

▶毎日どこかへ行ってたよ。
On partait en excursion tous les jours.
*excursion「日帰りの小旅行」。

▶郷土料理を食べたんだ。
On a goûté les spécialités locales.

▶カニを食べたよ。土地の名物なんだ。
On a mangé du crabe. C'est la spécialité de la région.

▶ボルドーのワイン蔵を見学した。
On a visité les caves de Bordeaux.

▶ワインの試飲をしたよ。

On‿a fait des dégustations de vins.
オナ　フェ　デ　デギュスタスィオン　ドゥ ヴァン

▶きのこ狩りをしたんだ。

On‿a cueilli des champignons.
オナ　クイー　デ　シャンピニョン

▶ハイキングしたんだ。

On‿a fait des balades‿en montagne.
オナ　フェ　デ　バラダン　モンターニュ

新学期　　　　　5_039.mp3

▶新学期はいつから？

C'est quand, la rentrée?
セ　カン　ラ　ラントゥレ

*rentrée「休暇明け、（夏休みのあとの）新学年」。

On recommence quand?
オン　ルコマンス　カン
（いつ始まるの？）

Ça reprend quand, les cours?
サ　ルプラン　カン　レ　クール
（授業はいつから？）

▶今年はいつもより早く始まります。

Cette‿année, on reprend plus tôt que d'habitude.
セタネ　　　　オン　ルプラン　プリュ　ト　ク　ダビテュードゥ

㉞ 健康

健康　5_040.mp3

▶今日はどうも調子が悪い。
Je suis mal fichu [fichue] aujourd'hui.
シュイ　マッル　フィシュー　オジュルデュイ
*くだけた表現。

▶彼からインフルエンザをうつされた！
Il m'a passé sa grippe!
イル　マ　パセ　サ　グリップ

▶インフルエンザにかかってしまった！
J'ai attrapé la grippe !
ジェ　アトゥラペ　ラ　グリップ

▶風邪をひいた。
Je suis enrhumé [enrhumée].
シュイ　アンリュメ
*日本では気軽に「風邪をひいた」と言うが、フランスでは単なる風邪のときには話題にしない。

▶胃がすごく痛い。
J'ai très mal à l'estomac.
ジェ　トゥレ　マラ　レストマ
J'ai vachement mal à la tête.
ジェ　ヴァシュマン　マラ　ラ　テトゥ
(すごく頭が痛い)
*vachement は très のくだけた言い方。

▶彼は入院してる。
Il est hospitalisé.
イレ　オスピタリゼ
*女性形は hospitalisée.
Il est à l'hôpital.
イレタ　ロピタール
Il est à l'hosto.
イレタ　ロスト
*hosto は hôpital のくだけた言い方。

▶彼は白血病です。
Il a une leucémie.
イラ　ユン　ルセミ

▶彼は皮膚ガンです。
Il a un cancer de la peau.
イラ　アン　カンセール　ドゥ　ラ　ポ

▶彼は脳梗塞です。
Il a eu un AVC.
イラ ユ アン アヴェセ

*AVC は accident vasculaire-cérébral の略で、脳梗塞に限らず脳血管障害のときに使われる。vasculaire-cérébral「脳の血管」。

▶彼は心筋梗塞です。
Il a eu un infarctus.
イラ ユ アンアンファルクテュス

▶彼はたばこの吸いすぎだよ。
Il fume trop.
イル フュム トゥロ

> Il fume trop.
> (彼はたばこの吸いすぎだ)
>
> Oui, il fume deux paquets par jour!
> ウイ イル フューム ドゥ パケ パル ジュール
> (うん、1日2箱も吸ってるんだ!)

▶彼はマリファナをやってる。
Il fume.
イル フューム

*「たばこを吸う」の意味もある。

▶彼はドラッグをやってる。
Il se drogue.
イル ス ドゥローグ
Il se pique.
イル ス ピック

*「注射器をつかって麻薬を打つ」の意味。

Il se shoote.
イル ス シュトゥ

▶彼は麻薬中毒で死んだ。
Il est mort d'overdose.
イレ モール ドヴルドーズ

*overdose「(麻薬の)過量摂取」。

▶彼はエイズのキャリアです。
Il est séropositif.
イレ セロポズィティッフ

*séropositif はエイズ検査の血清診断で陽性反応は出たがまだ発症していない人。女性形は séropositive。

▶彼はエイズです。
Il a le sida.
イラ ル スィダ

*sida は syndrome d'immunodéficience acquise の略。ほかに、M.S.T.「性行為感

健康

染症」は Maladies Sexuellement Transmissibles の略。

▶コンドームはどこに売ってる？
Où est-ce qu'on vend des préservatifs?
ウ エス コン ヴァン デ プレゼルヴァティフ
*男性は préservatif「避妊用具」より capote「幌（ほろ）」のほうをよく使う。

▶ピルを飲んでる。
Je prends la pilule.
ジュ プラン ラ ピリュール
*ピルは moyen de contraception「避妊の方法」のひとつ。

▶バイクの大事故のせいで、彼は両足がマヒしてしまったんだ。
Il a eu un grave accident de moto. Il est resté paralysé des jambes.
イラ ユ アン グラヴァクスィダン ドゥ モト イレ レステ パラリゼ デ ジャンブ

▶彼は車の事故で死んだ。
Il s'est tué dans un accident de voiture.
イル セ テュエ ダンザナクスィダン ドゥ ヴワテュール
*se tuer「自殺する」はここでは mourir「（事故で）死ぬ」の意味。

▶彼女は自殺した。
Elle s'est suicidée.
エル セ スュイスィデ

6

旅行で使うフレーズ

- ㉟ 飛行機で
- ㊱ ホテルで
- ㊲ 街で
- ㊳ ショッピング
- ㊴ 食事
- ㊵ 観光
- ㊶ 困ったとき

㉟ 飛行機で

出発まで 6_001.mp3

▶ 空港行きの列車は何番線ですか？
Le train pour l'aéroport, c'est quelle voie?
ル トゥラン プル ラエロポール セ ケル ヴワ

▶ 空港行きのバスですね。
C'est bien le bus pour l'aéroport?
セ ビアン ル ビュッス プル ラエロポール
* 確認するための表現。

▶ 出発は第1ターミナルですか？ 第2ですか？
Vous partez de l'aérogare 1 ou 2?
ヴ パルテ ドゥ ラエロガール アン ウ ドゥ
*aérogare「旅客ターミナル」。

▶ 出発ロビーで降ろしてください。
Laissez-moi au niveau Départs.
レセムワ オ ニヴォ デパール
*niveau「高さ」。ここでは建物の「階」の意味。タクシーの運転手に指示する表現。

Déposez-moi au niveau Arrivées.
デポゼムワ オ ニヴォ アリヴェ
(到着ロビーで降ろしてください)

▶ エールフランスのカウンターはどこですか？
Où est le comptoir‿Air France, s'il vous plaît?
ウ エ ル コントゥワレル フランス スィル ヴ プレ

▶ チェックインカウンターはどこですか？
Où est l'enregistrement, s'il vous plaît?
ウ エ ランルジストゥルマン スィル ヴ プレ

▶ 荷物を預けたいんですけど。
Je voudrais enregistrer mes bagages.
ジュ ヴドゥレ アンルジストゥレ メ バガージュ
*enregistrer「(チェックインの際に) 手荷物を委託する」。チェックインのときに預ける手荷物を bagage à enregistrer、自分で機内に持ち込む手荷物は bagage à main と区別する。

C'est pour l'enregistrement.
セ プル ランルジストゥルマン

▶ こちらがお預けになるお荷物ですね？
Ce sont vos bagages‿à enregistrer?
ス ソン ヴォ バガジャ アンルジストゥレ

6

▶ こわれやすいものが入ってます。

Il y a des choses fragiles dedans.
イリャ デ ショーズ フラジール ドゥダン

*dedans「中に」。

▶ 機内持ち込みのお荷物はありますか？

Vous avez des bagages à main?
ヴザヴェ デ バガジャ マン

▶ パスポートと航空券をお願いします。

Votre passeport et votre billet, s'il vous plaît.
ヴォトゥル パスポーレ ヴォトゥル ビエ スィル ヴ プレ

> Votre passeport et votre billet, s'il vous plaît.
> （パスポートと航空券をお願いします）
>
> Tenez.
> トゥネ
> （はい）

▶ 飛行機はこんでますか？

Il y a beaucoup de monde dans l'avion?
イリャ ボク ドゥ モンダン ラヴィオン

▶ 満席です。

C'est plein.
セ プラン

⇔ Il reste des places.
イル レストゥ デ プラス
（空席があります）

▶ 喫煙席になさいますか、禁煙席になさいますか？

Vous désirez une place fumeur ou non-fumeur?
ヴ デズィレ ユン プラス フュムール ノンフュムール

* フランスはじめ多くの国で、交通機関や店、さらには路上など公共の場所での禁煙が進んでいるので、この表現は使われなくなってきている。

> Vous désirez une place fumeur ou non-fumeur?
> （喫煙席になさいますか、禁煙席になさいますか？）
>
> Non-fumeur, s'il vous plaît.
> ノンフュムール スィル ヴ プレ
> （禁煙席でお願いします）

Fumeur ou non-fumeur?
フュムール ノンフュムール

▶ 窓側の席になさいますか、通路側になさいますか？

Vous préférez côté fenêtre ou côté couloir?
ヴ プレフェレ コテ フネートゥル ウ コテ クルワール

Vous désirez une place côté fenêtre ou côté couloir?
ヴ デズィレ ユン プラス コテ フネートゥル ウ コテ クルワール

飛行機で

*désirer は vouloir の敬語的表現として使われ、お客に対してのへりくだった表現になる。

▶ できればとなり合った席を2つお願いします。
Nous voudrions deux places côte‿à côte, si possible.
ヌ　ヴドゥリオン　ドゥ　プラス　コタ　コトゥ　スィ　ポスィーブル
Si vous‿aviez deux places‿à côté l'une de l'autre, ce serait parfait.
スィ　ヴザヴィエ　ドゥ　プラサ　コテ　リュン　ドゥ　ロートゥル　ス　スレ　パルフェ
(となり合わせの席にしていただけるとありがたいんですが)

*à côté de「〜の横に、となりに」。l'une「一方のもの」、l'autre「他方のもの」はそれぞれ place「席」を指す。parfait「申し分ない」。

▶ お荷物をはかりに乗せてください。
Posez vos bagages sur le tapis.
ポゼ　ヴォ　バガージュ　スュル　ル　タピ
*tapis (roulant)「コンベア」。

▶ ネームタグはありますか？
Vous‿avez des‿étiquettes‿à bagages?
ヴザヴェ　デゼティケッタ　バガージュ

▶ 重量オーバーです。
Vous‿avez un‿excédent de bagages.
ヴザヴェ　アネクセダン　ドゥ　バガージュ
*excédent「超過」。

▶ 超過料金が150ユーロかかります。
Ça fait cent cinquante‿euros de supplément.
サ　フェ　サン　サンカントゥロ　ドゥ　スュプレマン
*Cela [Ça] fait...「(計算が) 〜になる」。 supplément「追加、追加料金」。

▶ じゃ、このバッグを機内持ち込みにします。
Alors, je prends ce sac‿en bagage‿à main.
アロール　ジュ　プラン　ス　サカン　バガジャ　マン

▶ こちらが搭乗券です。
Voici votre carte d'embarquement.
ヴワスィ　ヴォトゥル　カルトゥ　ダンバルクマン
*embarquement「搭乗、乗船」。

▶ 買い物をする時間はありますか？
J'ai le temps de faire des‿achats?
ジェル　タン　ドゥ　フェール　デザシャ

▶ 免税店はどこですか？
Où sont les boutiques‿hors taxes?
ウ　ソン　レ　ブティコル　タックス
*hors「〜をはずれた」。

6

▶ 免税の受付はどこですか？
Où est la détaxe?
ウ　エ　ラ　デタックス
*一定の条件のもとで買い物をしたとき、税金の払い戻しを受けることができる。

▶ ご搭乗は11時から、サテライト3の18番ゲートです。
Embarquement à onze heures, satellite trois, porte dix-huit.
アンバルクマン　ア　オンズール　サテリットゥルワ　ポルトゥ　ディズユイットゥ

▶ ご搭乗ゲートにお急ぎください。
Rendez-vous immédiatement à l'embarquement.
ランデヴ　イメディアトゥマン　ア　ランバルクマン

*se rendre à...「〜に行く、〜に集合する」。

▶ 安全検査を受けてください。
Vous devez d'abord passer les contrôles de sécurité.
ヴ　ドゥヴェ　ダボード　パセ　レ　コントゥロル　ドゥ　セキュリテ

*保安検査場で、機内持ち込み手荷物の検査とボディチェックを受ける。

▶ いってらっしゃい！
Bon voyage!
ボン　ヴワヤージュ

▶ 搭乗はもう始まってますか？
L'embarquement a déjà commencé?
ランバルクマン　ア　デジャ　コマンセ

> L'embarquement a déjà commencé?
> （搭乗はもう始まってますか？）
>
> Oui, dépêchez-vous!
> ウイ　デペシェヴ
> （ええ、お急ぎください！）

▶ 搭乗開始は何時ですか？
L'embarquement est à quelle heure?
ランバルクマン　エタ　ケルール

▶ 何番ゲートですか？
C'est à quelle porte?
セタ　ケル　ポルトゥ

▶ 53番ゲートはどこですか？
Où est la porte 53 ?
ウ　エ　ラ　ポルトゥ　サンカントゥルワ

▶ 到着は何時ですか？
Quelle-est l'heure d'arrivée?
ケレ　ルール　ダリヴェ
On arrive à quelle heure?
オンナリヴァ　ケルール

飛行機で

▶ パリと東京の時差はどのくらいですか?

Il_y_a combien de décalage_horaire, entre Paris et Tokyo?
イリヤ　コンビヤン　ドゥ　デカラジョレール　アントゥル　パリ　エ　トキョ

*décalage「(時間・位置の) ずれ」。horaire「1時間あたりの」。

> Il_y_a combien de décalage_horaire, entre Paris et Tokyo?
> (パリと東京の時差はどのくらいですか?)
> **Sept_heures_en_été, huit_heures_en_hiver.**
> セトゥランネテ　　　　　ユイトゥランニヴェル
> (夏時間だと7時間、冬時間だと8時間です)

* フランスでは3月末から heure d'été「夏時間」、9月末から heure d'hiver「冬時間」を用いる。

▶ お急ぎください。出国審査がこんでいます。

Dépêchez-vous. Il_y_a beaucoup de monde_au contrôle des passeports.
デペシェヴ　　　　イリヤ　　ボク　ドゥ　モンド　コントゥロール　デ
パスポール

*contrôle des passeports の直訳は「パスポートの検査所」。

▶ パスポートと搭乗券をお願いします。

Votre passeport_et votre carte d'embarquement, s'il vous plaît.
ヴォトゥル　パスポーレ　ヴォトゥル　カルトゥ　ダンバルクマン　スィル　ヴ
プレ

▶ ご搭乗の最終案内をいたしております。

Attention! Dernier_appel.
アタンスィオン　　デルニエラペール

*appel「呼び出し、点呼」。搭乗を促す最後のアナウンス。

▶ デュラン様、エールフランスのカウンターまでお越しください。

M. Durand est prié de se présenter au comptoir_Air France.
ムシュ　デュラン　エ　プリエ　ドゥ　スゥ　プレザンテ　オ　コントゥワレル　フランス

▶ すみません。ちょっと通していただけますか?

Excusez_moi. Est_ce que vous pourriez me laisser passer?
エクスキュゼムワ　エス　ク　ヴ　プリエ　ム　レセ　パセ

*laisser passer「通す」。急いでいるので先に行かせてほしいときの表現。

> Excusez-moi. Est-ce que vous pourriez me laisser passer?
> (すみません。ちょっと通していただけますか?)
> **Oui, allez-y.**
> ウイ　アレズィ
> (はい、どうぞ)

機内で

6_002.mp3

▶ お席は何番ですか？
Quel est votre numéro de siège?
ケレ ヴォトゥル ニュメロ ドゥ スィエージュ

▶ 12のBです。
Douze B.
ドゥーズ ベ

▶ すぐ先の左側です。
C'est tout de suite à gauche.
セ トゥ ツィタ ゴーシュ

C'est plus loin à droite.
セ プリュ ルワン ア ドゥルワトゥ
(中ほどの右側です)
*plus loin の直訳は「より遠く」。

C'est au fond à gauche.
セト フォン ア ゴーシュ
(奥の左側です)

▶ 何かお読みになりますか？
Vous désirez de la lecture, Madame?
ヴ デズィレ ドゥ ラ レクテュール マダーム

Vous désirez un journal, Monsieur?
ヴ デズィレ アン ジュルナール ムスュ
(新聞、お読みになりますか？)

▶ ええ、お願いします。
Oui, s'il vous plaît.
ウイ スィル ヴ プレ

▶ いいえ、結構です。
Non, merci.
ノン メルスィ

▶ ベルトを締めていらっしゃいますか？
Votre ceinture est attachée, Madame?
ヴォトゥル サンテュレタタシェ マダーム
*attaché「くくりつけられた」。

▶ ベルトをお締めください。
Attachez votre ceinture, s'il vous plaît, Mademoiselle.
アタシェ ヴォトゥル サンテュール スィル ヴ プレー マドゥムワゼール

▶ テーブルをお戻しください。
Relevez votre tablette, s'il vous plaît, Madame.
ルルヴェ ヴォトゥル タブレトゥ スィル ヴ プレ マダーム
*relever「(倒したものを) 起こす」。

飛行機で

▶ 座席をもとにお戻しください。
Redressez le dossier de votre siège, s'il vous plaît, Monsieur.
ルドレセ ル ドスィエ ドゥ ヴォトゥル スィエージュ スィル ヴ プレ ムスュ
*redresser「(ふたたび)まっすぐにする、立て直す」。dossier「(イスの)背」。

▶ 安全に関する指示に従ってください。
Veuillez suivre les consignes de sécurité.
ヴイエ スューヴル レ コンスィーニュ ドゥ セキュリテ

▶ 救命胴衣はお席の下にあります。
Le gilet de sauvetage est sous votre siège.
ル ジレ ドゥ ソヴタージェ ス ヴォトゥル スィエージュ
*gilet「チョッキ」。sauvetage「救助」。

▶ お荷物は前の座席の下にお置きください。
Rangez vos bagages à main sous le siège de devant, s'il vous plaît.
ランジェ ヴォ バガジャ マン ス ル スィエージュ ドゥ ドゥヴァン スィル ヴ プレ

▶ このバッグを荷物入れにしまっていただけますか？
Pourriez-vous m'aider à mettre mon sac dans le compartiment à bagages?
プリエヴ メデ ア メトゥル モン サック ダン ル コンパルティマン ア バガージュ
*荷物を頭上の棚に上げたいときの頼み方。
Je voudrais mettre mon sac dans le compartiment à bagages.
ジュ ヴドレ メトゥル モン サック ダン ル コンパルティマン ア バガージュ
(このバッグを荷物入れに上げたいんですが)

▶ イヤホンがないんですが。
Je n'ai pas d'écouteurs.
ジュ ネ パ デクトゥール
*「イヤホン」のときは複数形、「受話器」のときは écouteur。

Je n'ai pas d'écouteurs.
(イヤホンがないんですが)

Je vous en apporte tout de suite, Monsieur.
ジュ ヴザンナポルトゥ トゥ ツィトゥ ムスュ
(ただいまお持ちします)

▶ お飲み物はいかがですか？
Vous désirez une boisson, Madame?
ヴ デズィレ ユン ブワソン マダーム

Vous désirez une boisson, Madame?
(お飲み物はいかがですか？)

Un gin-tonic, s'il vous plaît. (ジントニックをお願いします)
アン ジントニック スィル ヴ プレ

720　　　　　　　　　　6 旅行で使うフレーズ

Vous désirez quelque chose à boire?
ヴ　デズィレ　ケルク　ショザ　ブワール

▶ 食前酒はいかがですか？
Vous désirez un apéritif, Monsieur?
ヴ　デズィレ　アナペリティフ　ムスュ

▶ トマトジュースはありますか？
Vous avez du jus de tomate?
ヴザヴェ　デュ　ジュッ　トマトゥ

▶ コーヒーをいただけますか。
Je voudrais un café, s'il vous plaît.
ジュ　ヴドゥレ　アン　カフェ　スィル　ヴ　プレ

*機内での一般的な頼み方。

▶ お砂糖とミルクはいかがですか？
Vous désirez du sucre, du lait?
ヴ　デズィレ　デュ　スュークル　デュ　レ

Du sucre, du lait?
デュ　スュークル　デュ　レ

▶ 和食になさいますか、洋食になさいますか？
Vous désirez un repas japonais ou occidental?
ヴ　デズィレ　アン　ルパ　ジャポネ　ウ　オクスィダンタル

▶ 洋食をお願いします。
Occidental, s'il vous plaît.
オクスィダンタル　スィル　ヴ　プレ

▶ お肉かお魚、どちらになさいますか？
Vous désirez de la viande ou du poisson?
ヴ　デズィレ　ドゥ　ラ　ヴィアンドゥ　ウ　デュ　プワソン

Vous préférez de la viande ou du poisson?
ヴ　プレフェレ　ドゥ　ラ　ヴィアンドゥ　デュ　プワソン

De la viande? Du poisson?
ドゥ　ラ　ヴィアンドゥ　デュ　プワソン

▶ 魚をください。
Je vais prendre du poisson.
ジュ　ヴェ　プランドゥル　デュ　プワソン

▶ お食事です。
Voici votre plateau, Madame.
ヴワスィ　ヴォトゥル　プラト　マダーム

*plateau「盆」。

▶ お食事はおすみですか？
Vous avez terminé, Monsieur?
ヴザヴェ　テルミネ　ムスュ

飛行機で

▶ トレーをお下げしてもよろしいでしょうか？

Je peux prendre votre plateau, Monsieur?
ジュ プ プランドゥル ヴォトゥル プラト ムシュ

▶ まだです。

Non, pas encore.
ノン パザンコール

Non, je n'ai pas terminé.
ノン ジュ ネ パ テルミネ

▶ ええ、ごちそうさま。

Oui, j'ai fini.
ウイ ジェ フィニ

▶ トレーを下げていただけますか？

Pourriez-vous desservir, s'il vous plaît?
プリエヴ デセルヴィール スィル ヴ プレ

> Pourriez-vous desservir, s'il vous plaît?
> （トレーを下げていただけますか？）
>
> Un instant, Monsieur.
> アナンスタン ムシュ
> （はい、少々お待ちください）

▶ お水をいただけますか。

Je voudrais de l'eau, s'il vous plaît.
ジュ ヴドゥレ ドゥ ロ スィル ヴ プレ

> Je voudrais de l'eau, s'il vous plaît.
> （お水をいただけますか）
>
> Tout de suite, Madame.
> トゥ ツィトゥ マダーム
> （はい、ただいまお持ちいたします）

Pourriez-vous m'apporter de l'eau, s'il vous plaît?
プリエヴ マポルテ ドゥ ロ スィル ヴ プレ
Pourrais-je avoir de l'eau, s'il vous plaît?
プレジャヴワル ドゥ ロ スィル ヴ プレ

▶ すみませんが、毛布をもう1枚持ってきていただけますか？

Vous pourriez m'apporter une couverture supplémentaire,
ヴ プリエ マポルテ ユン クヴェルテュール スュプレマンテール
s'il vous plaît?
スィル ヴ プレ

*couverture「毛布、掛けぶとん」。supplémentaire「追加の」。
Je voudrais une autre couverture, s'il vous plaît.
ジュ ヴドゥレ ユノトゥル クヴェルテュール スィル ヴ プレ

▶ 寒いんですが。
J'ai froid.
ジェ フルワ

> J'ai froid.（寒いんですが）
> Je vous apporte une autre couverture.（もう1枚毛布をお持ちします）
> ジュ ヴザポルトゥノトゥル クヴェルテュール

▶ 暑いんですが。
J'ai chaud.
ジェ ショ

> J'ai chaud.（暑いんですが）
> Je vous mets l'aération.
> ジュ ヴ メ ラエラスィオン
> （空気をお入れします）

▶ ちょっと気分がよくないんです。
Je ne me sens pas bien.
ジュン ム サン パ ビアン

▶ 吐き気がします。
J'ai mal au cœur.
ジェ マロ クール

*cœur「心臓」。「気持ちが悪い、胸がむかむかする」の意味。

▶ 足がしびれた。
J'ai des fourmis dans les jambes.
ジェ デ フルミ ダン レ ジャンブ

* 直訳は「足にアリがいる」。

> J'ai des fourmis dans les jambes.
> （足がしびれた）
> C'est à force de rester assise sans bouger.
> セ ア フォルス ドゥ レステ アスィーズ サン ブジェ
> （ずっと座りっぱなしだったからね）

*à force de...「〜したために」。bouger「動く」。

▶ アスピリンをいただけますか？
Vous auriez de l'aspirine, s'il vous plaît?
ヴゾリエ ドゥ ラスピリン スィル ヴ プレ

Vous avez quelque chose contre les maux de tête?
ヴザヴェ ケルク ショーズ コントゥル レ モッ テトゥ
（何か頭痛薬をいただけますか？）

▶ この書類の書き方を教えてください。
Vous pourriez me dire comment remplir ce papier?
ヴ プリエ ム ディール コマン ランプリール ス パピエ

飛行機で

Je peux vous aider?（大丈夫ですか？）
ジュ プ ヴゼデ

Vous pourriez me dire comment remplir ce papier?

（この書類の書き方を教えてください）

Pourriez-vous m'aider à remplir ce papier?
プリエヴ メデ ア ランプリール ス パピエ
Je ne sais pas ce qu'il faut écrire.
ジュン セ パ ス キル フォ エクリール
（何を書いたらいいのかわかりません）

▶ 席をかわりたいんですが。

J'aimerais changer de place.
ジェムレ シャンジェ ドゥ プラス

Est-ce que je pourrais changer de place?
エス ク ジュ プレ シャンジェ ドゥ プラス
（席をかわってもいいですか？）

▶ 席をかわっていただけますか？

Ça ne vous ennuierait pas qu'on échange nos places?
サン ヴザンニュイレ パ コンネシャンジュ ノ プラス

＊客どうしの会話で使う。

▶ すみません、通していただけますか。

Excusez-moi, je voudrais passer.
エクスキュゼムワ ジュ ヴドゥレ パセ

＊奥の席から通路に出たいときに使う。

Excusez-moi.（失礼します）
エクスキュゼムワ
Vous permettez?（よろしいですか？）
ヴ ペルメテ
＊permettre「許す」。許可や了解を求めるときに使う。

▶ もう一度すみません。

Excusez-moi de vous déranger à nouveau.
エクスキュゼムワ ドゥ ヴ デランジェ ア ヌヴォ

＊à nouveau「新たに、ふたたび」。

▶ これから本機は乱気流に入ります。お席にお戻りになり、シートベルトをお締めください。

Nous allons traverser une zone de turbulences. Veuillez
ヌザロン トゥラヴェルセ ユン ゾン ドゥ テュルビュランス ヴイエ
regagner vos sièges et attacher vos ceintures.
ルガニェ ヴォ スィエージェ アタシェ ヴォ サンテュール

＊traverser「通り抜ける」。regagner は「取り戻す」という意味から「戻る」。

▶ ただいま、機内サービスは中止いたしております。
Le service est suspendu.
ル　セルヴィセ　スュスパンデュ

*suspendu「つるしてある、中断された」。

▶ トイレはあいています。
Les toilettes sont libres.
レ　トゥワレトゥ　ソン　リーブル

▶ トイレは使用中です。
Les toilettes sont occupées.
レ　トゥワレトゥ　ソントキュペ

▶ トイレは並んでいます。
Il y a la queue aux toilettes.
イリャ　ラ　ク　オ　トゥワレトゥ

▶ どのくらいで着きますか？
On arrive dans combien de temps?
オナリーヴ　ダン　コンビアン　ドゥ　タン

> On arrive dans combien de temps?
> （どのくらいで着きますか？）
> **Dans deux heures.** （2時間です）
> ダン　ドゥズール

▶ サインが消えるまでお席をお立ちにならないようお願いいたします。
Veuillez rester assis jusqu'à l'extinction du signal lumineux.
ヴィエ　レステ　アスィ　ジュスカ　レクスタンクスィオン　デュ　スィニャッリュミヌー

*rester assis「座ったままでいる」。extinction「消すこと」。

到着してから　　　　　　　　　　　　　6_003.mp3

▶ パスポートを見せてください。
Votre passeport, s'il vous plaît.
ヴォトゥル　パスポール　スィル　ヴ　プレ

▶ フランスにはどのくらい滞在しますか？
Vous comptez rester combien de temps en France?
ヴ　コンテ　レステ　コンビアン　ドゥ　タン　アン　フランス

*compter「〜するつもりだ」。

> Vous comptez rester combien de temps en France?
> （フランスにはどのくらい滞在しますか？）
> **Une semaine environ.** （1週間くらいです）
> ユン　スメン　アンヴィロン

▶ ご旅行の目的は？
Quel est le but de votre séjour?
ケレ　ル　ビュッドゥ　ヴォトゥル　セジュール

飛行機で

*séjour「滞在」。

Vous venez en touriste ou pour affaires?
(観光ですか、ビジネスですか?)

▶ ビジネスです。

Je suis en voyage d'affaires.

*voyage d'affaires「出張」。

Je viens pour affaires.

▶ 観光で来ました。

Je viens faire du tourisme.

Je suis touriste.

▶ バカンスに来ました。

Je viens passer des vacances.

Je viens en vacances.

▶ パリの滞在先は決まってますか?

Vous avez une adresse à Paris?

* ホテルなどパリでの滞在場所が決まっているかどうかを聞いている。

> Vous avez une adresse à Paris?
> (パリの滞在先は決まってますか?)
> Oui, je suis à l'Hôtel de France.
> (ええ、ホテル・ド・フランスです)

▶ フランスではどちらにお泊まりですか?

Quelle est votre adresse en France?

▶ どちらのホテルにお泊まりですか?

Vous descendez à quel hôtel?

> Vous descendez à quel hôtel?
> (どちらのホテルにお泊まりですか?)
> A l'Hôtel de France.
> (ホテル・ド・フランスです)

Quel est le nom de votre hôtel?
ケレ　ル　ノン　ドゥ　ヴォトゥロテル
(ホテルの名前は？)

▶ 荷物はどこで受け取るのですか？
Où est-ce qu'on récupère les bagages?
ウ　エス　コン　レキュペール　レ　バガージュ
*récupérer「回収する」。

C'est où, la livraison des bagages?
セ　ウ　ラ　リヴレゾン　デ　バガージュ
*livraison「引き渡し」。

▶ カートはどこですか？
Où sont les chariots?
ウ　ソン　レ　シャリヨ
*chariot「手押し車」。

J'ai besoin de deux chariots.
ジェ　ブズワン　ドゥ　ドゥ　シャリヨ
(カートが2台いります)

▶ 荷物が出てこないのですが…。
Mes bagages ne sont pas arrivés...
メ　バガージュ　ヌ　ソン　パ　アリヴェ

Mes bagages ne sont pas arrivés...
(荷物が出てこないのですが…)

Pouvez-vous me les décrire?
プヴェヴ　ム　レ　デクリール
(どんなお荷物ですか？)

*décrire「言い表す」。
J'attends toujours mes bagages...
ジャタン　トゥジュル　メ　バガージュ
*toujours「相変わらず」。
Je ne trouve pas mes bagages...
ジュン　トゥルヴ　パ　メ　バガージュ

▶ 見つかりしだいホテルに届けてください。
Dès que vous les aurez retrouvés, faites-les moi livrer à mon hôtel.
デ　ク　ヴ　レゾレ　ルトゥルヴェ　フェットゥレ　ムワ　リヴレ　ア　モンノテル
*dès que...「〜するや否や」。livrer「配達する」。

▶ 税関を通らなければなりません。
Il faut passer la douane.
イル　フォ　パセ　ラ　ドゥワーヌ

飛行機で

▶申告するものはありますか？
Vous avez quelque chose à déclarer?
ヴザヴェ　　ケルク　　ショザ　　デクラレ

Vous avez quelque chose à déclarer?
（申告するものはありますか？）

Oui, un ordinateur et une caméra.
ウイ　アノルディナトゥーレ　ユン　カメラ
（はい、コンピュータとカメラですが）

Vous avez les factures?
ヴザヴェ　　レ　ファクテュール
（領収証を持ってますか？）

▶申告するものは何もないんですか？
Rien à déclarer?
リアナ　　デクラレ

Rien à déclarer?
（申告するものは何もないんですか？）
Non, rien.（ええ、ありません）
ノン　リアン

▶このかばんの中味は何ですか？
Qu'est-ce qu'il y a, dans ce sac?
ケス　　　　キリャ　　　ダン　ス　サック

Qu'est-ce qu'il y a, dans ce sac?
（このかばんの中味は何ですか？）

Des affaires personnelles.
デザフェル　　　ペルソネル
（身のまわりのものです）

*personnelle「個人の」。

▶貴重品がありますか？
Vous transportez des objets de valeur?
ヴ　　トゥランスポルテ　　デ　オブジェ　ドゥ　ヴァルール
*transporter「運ぶ」。

▶エールフランスのリムジンバスはどこですか？
Où est la navette Air France?
ウ　エ　ラ　　ナヴェテル　　フランス
*navette「空港内や空港と近郊を結んで走るバス」。

▶出口はどこですか？
Où est la sortie?
ウ　エ　ラ　ソルティ

▶両替所はありますか？
Il y a un bureau de change?
イリャ アン ビュロ ドゥ シャンジュ

▶ホテル・ド・フランスまでお願いします。
A l'Hôtel de France, s'il vous plaît.
ア ロテル ドゥ フランス スィル ヴ プレ

＊タクシーでの行き先の告げ方。Bonjour をひとこと添えて Bonjour, à..., s'il vous plaît. と言うのが自然。

▶手荷物預かり所はどこですか？
Où est la consigne?
ウ エ ラ コンスィーニュ

▶迎えに来てくれてありがとう。
Merci d'être venu me chercher.
メルスィ デトゥル ヴニュ ム シェルシェ

＊venir chercher「迎えに来る」。「迎えに行く」は aller chercher。

C'est gentil d'être venu m'accueillir.
セ ジャンティ デトゥル ヴニュ マクイール

＊accueillir「迎える」。

▶疲れた？
Tu es fatigué [fatiguée]?
テュ エ ファティゲ

> Tu es fatiguée? (疲れた？)
> **Oui, c'est le décalage horaire.**
> ウイ セ ル デカラジョレール
> (ええ、時差で)

▶飛行機はどうだった？
Le voyage s'est bien passé?
ル ヴワヤージュ セ ビアン パセ

＊voyage「比較的長い距離の旅行、乗り物による移動」。

▶よく揺れたんだ。
Nous avons été secoués.
ヌザヴォン エテ スクエ

＊secouer「揺さぶる」。

⇔ **Ça n'a pas trop bougé** (そんなに揺れなかった)
サ ナ パ トゥロ ブジェ

▶税関で荷物をそっくり調べられたよ。
Ils m'ont tout fait vider, à la douane.
イル モン トゥ フェ ヴィデ ア ラ ドゥワーヌ

＊vider「あける、からにする」。tout は「全部の荷物」を指す。直訳は「税関で全部をからにさせられた」。

飛行機で

▶ 車は駐車場だよ。

Ma voiture‿est‿au parking.
マ　　ヴワテュレト　　　　　　パルキング

Je suis garé au parking.
ジュ スュイ　ガレ　オ　パルキング
*être garé「駐車している」。

▶ 手伝うよ。

Je vais vous‿aider…
ジュ ヴェ　　ヴゼデ

Je vais vous‿aider… (手伝うよ)
C'est gentil. Merci. (助かるわ。ありがとう)
セ　ジャンティ メルスィ

Donne-moi ta valise. (スーツケース、僕が持つよ)
ドンヌモワ　タ ヴァリーズ

▶ すみません、ヴェルジェさんですか？

Excusez-moi, vous‿êtes bien M. Verger?
エクスキュゼモワ　　　ヴゼトゥ　　　ビアン ムシュ ヴェルジェ
* 約束していた人を探すときの表現。

Excusez-moi, vous‿ne seriez pas M. Verger?
エクスキュゼモワ　　　ヴン　　スリエ　パ ムシュ ヴェルジェ
(失礼ですが、ヴェルジェさんではいらっしゃいませんか？)

730　　　　　　6　旅行で使うフレーズ

ホテルで

フロントで

▶ こんにちは、ブランシャールの名前で予約しているんですが。
Bonjour, j'ai réservé au nom de Blanchard.
ボンジュール ジェ レゼルヴェ オ ノン ドゥ ブランシャール

▶ どちら様でしょうか。
Vous_êtes Monsieur...
ヴゼトゥ　　　ムスュー

> Bonjour, j'ai réservé une chambre.
> ボンジュール ジェ レゼルヴェ ユン シャンブル
> (こんにちは、予約しているんですが)
>
> Vous_êtes Monsieur...
> (どちら様でしょうか)
>
> Vidal. Charles Vidal.
> ヴィダール シャルル ヴィダール
> (ヴィダール。シャルル・ヴィダールです)

Quel_est votre nom?
ケレ　　ヴォトゥル ノン
C'est_à quel nom?
セタ　　　ケル ノン
(どなたのお名前で?)

▶ 部屋はありますか?
Il vous reste des chambres?
イル ヴ レストゥ デ シャンブル

＊直訳は「部屋は残っているか」。

> Il vous reste des chambres pour ce soir?
> イル レストゥ デ シャンブル プル ス スワール
> (今晩、部屋はありますか?)
>
> Non, désolé, l'hôtel_est complet.
> ノン デゾレ ロテレ コンプレ
> (あいにく、満室でございます)

Avez-vous des chambres libres?
アヴェヴ　デ シャンブル リーブル
Je désirerais une chambre...
ジュ デズィルレ ユン シャンブル
＊je désirerais... は je voudrais... よりおしゃれな感じの表現。

▶ ご予約はなさってますか?
Vous_avez fait une réservation?
ヴザヴェ フェ ユン レゼルヴァスィオン

Vous_avez réservé?
ヴザヴェ レゼルヴェ

▶ シングルがよろしいですか、それともツインですか？
Vous désirez une chambre simple ou une chambre double?

▶ シャワー付きかバスタブ付きか、どちらの部屋がよろしいですか？
Vous préférez une chambre avec douche ou avec salle de bains?

Avec douche ou avec bains?

▶ 何名様ですか？
C'est pour combien de personnes?

▶ 何泊ですか？
Ce serait pour combien de nuits?

Combien de temps comptez-vous rester?
(どのくらい滞在なさいますか？)

▶ 申し訳ございませんが、満室です。
Je regrette, mais tout est complet.
＊complet は場所や乗り物が満員になっていることを表す。

Je suis désolé [désolée], mais l'hôtel est complet.

▶ どこか泊まれるところを教えてください。
Savez-vous où je pourrais trouver une chambre?

> Savez-vous où je pourrais trouver une chambre?
> (どこか泊まれるところを教えてください)
> Allez voir à l'Hôtel Mercier. C'est en face.
> (向かいのホテル・メルスィエへ行ってみてください)

▶ シングルの部屋は満室です。
Nous n'avons plus de chambre simple.
＊ne... plus「もう〜ない」。

Il n'y a plus de chambres simples.

▶ ツインの部屋しか残っておりません。
Il ne reste plus que des chambres doubles.

6 旅行で使うフレーズ

*ne... plus que 〜「もう〜しか…ない」。
Nous n'avons plus que des chambres doubles.
ヌ　ナヴォン　プリュ　ク　デ　シャンブル　ドゥーブル

▶ ダブルベッドの部屋にしてほしいんですが。

Je préférerais une chambre‿avec‿un grand lit.
ジュ　プレフェルレ　ユン　シャンブラヴェカン　グラン　リ

> Je préférerais une chambre‿avec‿un grand lit.
> （ダブルベッドの部屋にしてほしいんですが）
>
> Désolé, nous n'avons que des chambres‿à deux lits.
> デゾレ　ヌ　ナヴォン　ク　デ　シャンブラ　ドゥ　リ
> （申し訳ありませんが、ツインの部屋しかございません）

▶ トイレ付きの部屋ですか？

Est-ce qu'il‿y‿a des toilettes‿dans la chambre?
エス　キリャ　デ　トゥワレッダン　ラ　シャンブル

▶ 1泊いくらですか？

C'est combien, la nuit?
セ　コンビアン　ラ　ニュイ

Quel‿est le prix pour‿une nuit?
ケレ　ル　プリ　プリュン　ニュイ
*prix「値段、料金」。

Combien font les chambres simples?
コンビアン　フォン　レ　シャンブル　サンプル
（シングルはいくらですか？）

▶ 朝食は付いてますか？

Le petit déjeuner est compris?
ル　プティ　デジュネ　エ　コンプリ
*compris「(料金に) 含まれた」。

Le petit déjeuner est‿inclus?
ル　プティ　デジュネ　エタンクリュ
*inclus「(料金に) 含まれた」。

C'est avec le petit déjeuner?
セ　アヴェック　ル　プティ　デジュネ

▶ 朝食は別料金です。

Le petit déjeuner est‿en plus.
ル　プティ　デジュネ　エタン　プリュス
*en plus「余分に、加算される」。

C'est petit déjeuner non compris.
セ　プティ　デジュネ　ノン　コンプリ

C'est sans le petit déjeuner.
セ　サン　ル　プティ　デジュネ
（朝食は含まれません）

ホテルで

▶ 滞在税が加算されます。

La taxe de séjour_est_en plus.
ラ タクス ドゥ セジュレタン プリュス

*taxe de séjour は地方税のひとつ。自治体によって課税のしかたは異なる。

▶ 海の見える部屋にしてほしいんですが。

Je préférerais une chambre_avec vue sur la mer.
ジュ プレフェルレ ユン シャンブラヴェク ヴュ スュル ラ メール

*vue「眺め」。sur... はここでは「〜に面して」の意味。

> Je préférerais une chambre_avec vue sur la mer.
> (海の見える部屋にしてほしいんですが)
>
> C'est possible, mais il_y_a un supplément.
> セ ポスィーブル メ イリャ アン スュプレマン
> (結構ですが、割増料金をいただきます)

Je voudrais une chambre qui donne sur la mer, si possible.
ジュ ヴドゥレ ユン シャンブル キ ドンヌ スュル ラ メール スィ ポスィーブル
(できたら、海に面した部屋にしてほしいんですが)

*donner sur「面している」。

Il vous reste des chambres côté mer?
イル ヴ レストゥ デ シャンブル コテ メール
(海側の部屋はあいてますか?)

▶ 荷物をお願いできますか?

Pourriez-vous monter mes bagages, s'il vous plaît?
プリエヴ モンテ メ バガージュ スィル ヴ プレ

*monter「上に運ぶ」。

▶ キーをどうぞ。お部屋は109号室です。

Voici la clé. Chambre cent-neuf.
ヴワスィ ラ クレ シャンブル サンヌッフ

▶ 何階ですか?

C'est_à quel_étage?
セタ ケレタージュ

> C'est_à quel_étage?
> (何階ですか?)
>
> Au troisième, Madame. En sortant de l'ascenseur, à gauche.
> オ トゥルワズィエーム マダム アン ソルタン ドゥ ラサンスール ア ゴーシュ
> (4階でございます。エレベータを降りて左手になります)

* 建物の階の数え方は、1階を rez-de-chaussée (レヂョセ) と呼び、2階は premier étage、3階が deuxième étage、4階が troisième étage のように日本語とはひとつずれ、最上階のことは dernier étage と言う。なお、3階建ての建物の3階を指すときは second を使う。会話ではふつう、上の例文のように étage は省略する。

6 旅行で使うフレーズ

▶ キーを預けます。
Je vous laisse ma clé.
ジュ ヴ レッス マ クレ

*フロントにキーを預けるときの表現。

▶ 109号室ですが、キーをお願いします。
Je voudrais ma clé, s'il vous plaît. Chambre cent-neuf.
ジュ ヴドゥレ マ クレ スィル ヴ プレ シャンブル サンヌッフ

*フロントで預けたキーをもらうときの表現。

▶ レストランはどこですか?
Où se trouve le restaurant?
ウ ス トゥルーヴ ル レストラン

*se trouver「ある、いる」。人よりも建物などの物について使うことが多い。

> Où se trouve le restaurant?
> (レストランはどこですか?)
> Au fond du hall, Monsieur.
> オ フォン デュ オール ムスュ
> (ロビーの奥にございます)

Où est la salle à manger?
ウ エ ラ サラ マンジェ

▶ 朝食はどこでとるのですか?
Où est-ce qu'on prend le petit déjeuner?
ウ エス コン プラン ル プティ デジュネ

▶ 朝食をお召し上がりになりますか?
Vous prendrez le petit déjeuner, Madame?
ヴ プランドゥレ ル プティ デジュネ マダム

▶ 朝食は何時から何時までですか?
Le petit déjeuner, c'est de quelle heure à quelle heure?
ル プティ デジュネ セ ドゥ ケルラ ケルール

*de...à〜「…から〜まで」。

Le petit déjeuner est servi à partir de quelle heure?
ル プティ デジュネ エ セルヴィ ア パルティル ドゥ ケルール
(朝食は何時からですか?)

*à partir de...「〜から」、時間と場所の両方に使える。

▶ 花はどこで買えるか、教えていただけますか?
Pourriez-vous me dire où je peux acheter des fleurs?
プリエヴ ム ディール ウ ジュ プ アシュテ デ フルール

> Pourriez-vous me dire où je peux acheter des fleurs?
> (花はどこで買えるか、教えていただけますか?)
> Vous avez un fleuriste juste en face de l'hôtel.
> ヴザヴェ アン フルリストゥ ジュスタン ファス ドゥ ロテル
> (ホテルのちょうど真向かいに花屋があります)

▶ 金庫に預けたいものがあるんですが。
J'ai des‿objets à déposer au coffre.
ジェ　デゾブジェ　ア　デポゼ　オ　コッフル

▶ これをユーロに両替してもらえますか？
Pourriez-vous me changer ceci en‿euros, s'il vous plaît?
プリエヴ　ヴ　ム　シャンジェ　ススィ　アンヌロ　スィル　ヴ　プレ

Je voudrais changer des yens‿en‿euros...
ジュ　ヴドゥレ　シャンジェ　デ　イエナンヌロ
（円をユーロに両替してほしいのですが…）

▶ トラベラーズチェックを両替してもらえますか？
Pourriez-vous me changer des chèques de voyage, s'il vous plaît?
プリエヴ　ヴ　ム　シャンジェ　デ　シェク　ドゥ　ヴワヤージュ　スィル　ヴ　プレ

Je voudrais changer des chèques de voyage...
ジュ　ヴドゥレ　シャンジェ　デ　シェック　ドゥ　ヴワヤージュ

▶ 手数料がかかりますか？
Il‿y‿a une commission?
イリャ　ユヌ　コミスィヨン

▶ このお金を20ユーロ札にしてもらえますか？
Pourriez-vous me faire la monnaie, s'il vous plaît, en billets de vingt?
プリエヴ　ヴ　ム　フェル　ラ　モネ　スィル　ヴ　プレ　アン　ビエ　ドゥ　ヴァン

*billet「札、切符、券」。

▶ 円のレートは？
Quel‿est le cours du yen?
ケレ　ル　クール　デュ　イエン

*cours「相場、市場価格」。

▶ ずいぶん下がっている。
Il‿a beaucoup baissé.
イラ　ボク　ベセ

▶ すごく上がっている。
Il‿a beaucoup monté.
イラ　ボク　モンテ

▶ すみません、私あてのメッセージはありませんか？
Excusez-moi, est-ce qu'il‿y‿a des messages pour moi?
エクスキュゼモワ　エス　キリャ　デ　メサージュ　プル　ムワ

Excusez-moi, est-ce qu'il‿y‿a des messages pour moi?
（すみません、私あてのメッセージはありませんか？）

6　旅行で使うフレーズ

Oui, vous avez un message de la part de M. Serval.
ウイ ヴザヴェ アン メサージュ ドゥ ラ パル ドゥムシュ セルヴァル
(はい、セルヴァル様からメッセージが届いています)

Excusez-moi, je n'ai pas de messages?
エクスキュゼムワ ジュ ネ パ ドゥ メサージュ

▶ キーです。
Voici la clé.
ヴワスィ ラ クレ

▶ チェックアウトをお願いします。
Ma note, s'il vous plaît.
マ ノトゥ スィル ヴ プレ

*note「勘定書、伝票」。

Je voudrais régler.
ジュ ヴドゥレ レグレ

*régler は「料金を支払う」の意味で、payer の敬語的表現。お客に対しての丁寧な表現に使われるほか、ホテルや高級レストランなどでは場所がら payer より régler がふさわしい。

▶ こちらになります。
Voici votre note, Monsieur.
ヴワスィ ヴォトゥル ノトゥ ムスュ

▶ この25ユーロは何ですか?
Qu'est-ce que c'est, ces vingt-cinq euros?
ケス ク セ セ ヴァンツァンク ロ

▶ こちらは飲食代です。
Ce sont vos consommations, Monsieur.
ス ソン ヴォ コンソマスィオン ムスュ

▶ こちらは電話代です。
Ce sont vos communications, Madame.
ス ソン ヴォ コミュニカスィオン マダーム

▶ まちがってるんじゃないでしょうか。
Il y a certainement une erreur.
イリャ セルテンマン ユネルール

*直訳は「きっとまちがいがある」。

Il y a certainement une erreur.
(まちがってるんじゃないでしょうか)

Un instant, Madame. Je vérifie.
アナンスタン マダーム ジュ ヴェリフィ
(少々お待ちください。確かめます)

▶ 電話は使っていません。
Je n'ai pas téléphoné.
ジュ ネ パ テレフォネ

▶ タクシーを呼んでもらえますか？
Vous pourriez m'appeler un taxi, s'il vous plaît?
ヴ プリエ マペレ アン タクスィ スィル ヴ プレ

ルームサービス　　　　　　　　　　　　6_005.mp3

▶ ルームサービスをお願いします。
Le service d'étage, s'il vous plaît.
ル セルヴィス デタージュ スィル ヴ プレ

▶ 明日の朝、起こしてほしいんですが。
Je voudrais me faire réveiller demain matin.
ジュ ヴドゥレ ム フェル レヴェイエ ドゥマン マタン

> Je voudrais me faire réveiller demain matin.
> (明日の朝、起こしてほしいんですが)
>
> Oui, Monsieur. A quelle heure?
> ウイ ムスュ ア ケルール
> (かしこまりました。何時がよろしいですか？)

Je voudrais un réveil à six heures.
ジュ ヴドゥレ アン レヴェヤ スィズール
(6時に起こしてほしいんですが)

▶ 朝食を持ってきてください。
Apportez-moi le petit déjeuner, s'il vous plaît.
アポルテムワ ル プティ デジュネ スィル ヴ プレ

▶ ドライヤーをお願いできますか？
Auriez-vous un sèche-cheveux, s'il vous plaît?
オリエヴ アン セッシュヴー スィル ヴ プレ

▶ 枕をかえてもらいたいんですが。
Je voudrais un autre oreiller, s'il vous plaît.
ジュ ヴドゥレ アノトゥロレイエ スィル ヴ プレ

▶ 有料のチャンネルを見たいんですが。
Je voudrais un accès chaîne payante.
ジュ ヴドゥレ アナクセ シェン ペヤントゥ

▶ シャンパンを持ってきてもらえますか？
Pourriez-vous m'apporter une bouteille de champagne, s'il vous plaît ?
プリエヴ マポルテ ユン ブテイ ドゥ シャンパーニュ スィル ヴ プレ

▶ この服をクリーニングに出したいんですが。
Je voudrais donner ces vêtements à nettoyer.
ジュ ヴドゥレ ドネ セ ヴェトゥマン ア ネトゥワイエ

*donner...à ~ 「…を~してもらうために渡す」。

▶ 明日の朝までに仕上がりますか？
Ce sera prêt pour demain matin?
ス スラ プレ プル ドゥマン マタン

*prêt「準備のできた」。

Je les aurai demain matin?
ジュ レゾレ ドゥマン マタン

▶ ハンガーがたりないのですが…。
Je n'ai pas assez de cintres...
ジュ ネ パ アセ ドゥ サントゥル

▶ スカート用のハンガーをお願いします。
Je voudrais des cintres à jupe, s'il vous plaît.
ジュ ヴドゥレ デ サントゥラ ジューブ スィル ヴ プレ

▶ お部屋は何番ですか？
Quel est votre numéro de chambre?
ケレ ヴォトゥル ニュメロ ドゥ シャンブル

Votre numéro de chambre, s'il vous plaît.
ヴォトゥル ニュメロ ドゥ シャンブル スィル ヴ プレ

▶ どうぞ！
Entrez!
アントゥレー

*ルームサービスが部屋をノックしたときなどの返事に使う。

▶ フロントですか？ ベルボーイをお願いします。
La réception? Pourriez-vous m'envoyer un bagagiste, s'il vous plaît.
ラ レセプスィオン プリエヴ マンヴワイエ アン バガジストゥ スィル ヴ プレ

La réception? Envoyez-moi un porteur, s'il vous plaît.
ラ レセプスィオン アンヴワイエムワ アン ポルトゥール スィル ヴ プレ

*envoyer「行かせる」。

▶ はい、おつりはいりません。
Tenez, gardez tout.
トゥネ ガルデ トゥ

*garder「とっておく」。おつりをチップにするときの表現。

Tenez, gardez la monnaie.
トゥネ ガルデ ラ モネ

ホテルで

739

▶ はい、どうぞ。
Tenez, c'est pour vous.
トゥネ　セ　プル　ヴ

＊チップを渡すときの表現。

▶ つけておいてください。
Mettez ça sur ma note, s'il vous plaît.
メテ　サ　スュル　マ　ノトゥ　スィル　ヴ　プレ

＊ホテル内での飲食代や買い物の代金を「チェックアウト時にまとめて払います」と言うときの表現。

困ったとき　　　　　　　　　　　　　　　　　　　　　　　6_006.mp3

▶ お湯が出ません。
Il n'y‿a pas d'eau chaude.
イル　ニャ　パ　ド　ショドゥ

▶ となりの部屋がうるさくて眠れません。
Il‿y‿a trop de bruit dans la chambre‿à coté. Je n'arrive pas à dormir.
イリャ　トゥロ　ドゥ　ブリュイ　ダン　ラ　シャンブル　コテ　ジュ　ナリヴ　パ　ア　ドルミール

▶ スペアキーをいただけませんか？
Pourrais-je‿avoir‿une seconde clé, s'il vous plaît?
プレジャヴワリュン　スゴンドゥ　クレ　スィル　ヴ　プレ

＊seconde「第2の、もうひとつの」。

▶ 部屋にキーを忘れて入れないんです。
Je me suis enfermé [enfermée] dehors.
ジュ　ム　スュイ　アンフェルメ　ドゥオール

＊s'enfermer はふつうは「閉じこもる」だが、この場合は「閉め出される」。dehors「外に」。

> Je me suis enfermé dehors.
> （部屋にキーを忘れて入れないんです）
>
> Quel‿est votre numéro de chambre?
> ケレ　ヴォトゥル　ニュメロ　ドゥ　シャンブル
> （何号室でしょうか？）

J'ai laissé ma clé dans la chambre.
ジェ　レセ　マ　クレ　ダン　ラ　シャンブル
（部屋にカギを置き忘れました）

▶ テレビがつきません。
La télévision ne fonctionne pas.
ラ　テレヴィズィオン　ヌ　フォンクスィオヌ　パ

> La télévision ne fonctionne pas.
> （テレビがつかないんです）

Je vous envoie quelqu'un immédiatement.
ジュ ヴザンヴワ ケルカン インメディアトゥマン
(係の者がすぐまいります)

La télévision ne marche pas.
ラ テレヴィズィオン ヌ マルシュ パ

▶ エアコンが故障してます。
La climatisation est en panne.
ラ クリマティザスィオン エタン パンヌ

▶ だれかに来てもらえませんか？
Pourriez-vous m'envoyer quelqu'un?
プリエヴ マンヴワイエ ケルカン

▶ タオルをもう1枚お願いできますか？
Pourrais-je avoir une autre serviette?
プレジャヴワリュノトゥル セルヴィエットゥ

▶ トイレットペーパーがきれてます。
Il n'y a plus de papier-toilette.
イル ニャ プリュ ドゥ パピエトゥワレットゥ

Il n'y a plus de papier hygiénique.
イル ニャ プリュ ドゥ パピエ イジエニック
*hygiénique「衛生上の」。

▶ 石けんがありません。
Il n'y a pas de savon.
イル ニャ パ ドゥ サヴォン

▶ シャンプーもリンスもないんですが。
Il n'y a pas de shampoing, ni d'après-shampoing.
イル ニャ パ ドゥ シャンプワン ニ ダプレシャンプワン

▶ お風呂の水が流れません。
La baignoire est bouchée.
ラ ベニュワレ ブシェ
*baignoire「浴槽」。bouchée「ふさがれた、つまった」。

▶ お風呂が汚れてます。
La baignoire n'est pas propre.
ラ ベニュワル ネ パ プロプル
*propre「清潔な」。

▶ 水がもれてます。
Il y a une fuite d'eau.
イリャ ユン フュイッド

▶ 電球が切れてます。
Il y a une ampoule grillée.
イリャ ユナンプル グリエ
*grillée「焼いた、(電球が)切れた」。

ホテルで

▶ ゴキブリがいるんですが…。
Il y a des cafards...
イリャ　デ　カファール

▶ 蚊がいるんですが…。
Il y a des moustiques...
イリャ　デ　ムスティック

▶ 窓が開きません。
La fenêtre est bloquée.
ラ　フネトゥレ　ブロケ

6

㊲ 街で

道をたずねる　　　　　　　　　　　　　　6_007.mp3

▶ すみません！

Pardon, Madame!
パルドン　　　マダーム

Excusez-moi, Monsieur!
エクスキュゼムワ　　ムスュ

S'il vous plaît, Mademoiselle!
スィル　ヴ　プレ　　マドゥムワゼル

Dites, Monsieur!
ディットゥ　ムスュ

▶ 郵便局はどこですか？

La poste, s'il vous plaît?
ラ　ポストゥ　スィル　ヴ　プレ

> La poste, s'il vous plaît?
> （郵便局はどこですか？）
>
> Tout droit et à gauche.
> トゥ　ドゥルワ　エ　ア　ゴーシュ
> （まっすぐ行って、左へ曲がってください）

Où est la poste, s'il vous plaît?
ウ　エ　ラ　ポストゥ　スィル　ヴ　プレ

Pourriez-vous m'indiquer la poste, s'il vous plaît?
プリエヴ　　　マンディケ　　ラ　ポストゥ　スィル　ヴ　プレ
（郵便局を教えていただけますか？）
*indiquer「指し示す」。

Je cherche un bureau de poste...
ジュ　シェルシュ　アン　ビュロ　ドゥ　ポストゥ
（郵便局をさがしているんですが…）

Vous pourriez me dire où est la poste, s'il vous plaît?
ヴ　プリエ　ム　ディル　エ　ラ　ポストゥ　スィル　ヴ　プレ
（郵便局はどこか教えていただけますか？）

Vous savez où est la poste?
ヴ　サヴェ　ウ　エ　ラ　ポストゥ
（郵便局がどこにあるかご存知ですか？）

▶ 駅に行きたいんですが。

Pour aller à la gare, s'il vous plaît?
プラレ　　　ア　ラ　ガール　スィル　ヴ　プレ

Comment fait-on pour aller à la gare, s'il vous plaît?
コマン　フェトン　プラレ　　　ア　ラ　ガール　スィル　ヴ　プレ
（駅はどう行けばいいんでしょうか？）

C'est par là, la gare? （駅はこっちですか？）
セ　パル　ラー ラ　ガール
*par là「そこを通って、そこから」。

街で　　　　743

▶ 道に迷ったんですが…。
Je suis perdu [perdue]...
ジュ スュイ ペルデュ

Je_ne sais pas où je suis...
ジュ ヌ セ パ ウ ジュ スュイ
* 直訳は「自分がいまどこにいるかわからない」。

▶ この地図のどこにいるのか、教えていただけますか？
Pourriez-vous m'indiquer où je suis, sur cette carte?
プリエヴ マンディケ ウ ジュ スュイ スュル セトゥ カルトゥ

Pourriez-vous m'indiquer où je suis, sur cette carte?
（この地図のどこにいるのか、教えていただけますか？）

Vous_êtes_ici, à côté du Trocadéro.
ヴゼティスィ ア コテ デュ トゥロカデロ
（ここです、トロカデロのそばですよ）

▶ この通りは何と言うんですか？
Comment s'appelle cette rue?
コマン サペル セトゥ リュ

Quel_est le nom de cette rue?
ケ レ ル ノン ドゥ セトゥ リュ

▶ この辺に銀行はありますか？
Il_y_a une banque, près d'ici?
イリャ ユン バンク プレ ディスィ

Il_y_a une banque, près d'ici?
（この辺に銀行はありますか？）

Oui, un peu plus loin à droite.
ウィ アン プ プリュ ルワン ア ドゥルワトゥ
（ええ、この先の右側にあります）

Où est la banque la plus proche?
ウ エ ラ バンク ラ プリュ プローシュ
（いちばん近い銀行はどこですか？）

▶ 両替所をさがしているんですが…。
Je cherche_un bureau de_change...
ジュ シェルシャン ビュロ ドゥ チャンジュ

▶ 公衆トイレをご存知ですか？
Savez-vous s'il_y_a des toilettes publiques?
サヴェヴ スィリャ デ トゥワレトゥ ピュブリック

▶ ホテル・ド・フランスへはどう行けばいいんでしょうか？
Comment fait-on pour_aller à l'Hôtel de France, s'il vous plaît?
コマン フェトン プラレ ア ロテル ドゥ フランス スィル ヴ プレ

6　旅行で使うフレーズ

Pourriez-vous m'indiquer le chemin pour aller à l'Hôtel de France, s'il vous plaît?
プリエヴ　マンディケ　ル　シュマン　プラレ　ア　ロテル　ドゥ　フランス　スィル　ヴ　プレ

Pour aller à l'Hôtel de France, s'il vous plaît?
プラレ　ア　ロテル　ドゥ　フランス　スィル　ヴ　プレ

▶ ホテル・ド・フランスはどっちの方向ですか？
L'Hôtel de France, c'est dans quelle direction, s'il vous plaît?
ロテル　ドゥ　フランス　セ　ダン　ケル　ディレクスィオン　スィル　ヴ　プレ

*dans はなくてもよい。

L'Hôtel de France, c'est bien par là?
ロテル　ドゥ　フランス　セ　ビアン　パル　ラ
（ホテル・ド・フランスはこの方向ですね？）

*確認するための表現。

▶ 最初の信号を右に曲がってください。
Tournez à droite au premier feu.
トゥルネ　ア　ドゥルワト　オ　プルミエ　フ

Prenez à droite au premier feu.
プルネ　ア　ドゥルワト　オ　プルミエ　フ

Premier feu à droite.
プルミエ　フ　ア　ドゥルワトゥ

▶ 最初の通りを右に曲がってください。
Prenez la première rue à droite.
プルネ　ラ　プルミエル　リュ　ア　ドゥルワトゥ

C'est la première à droite.
セ　ラ　プルミエラ　ドゥルワトゥ
（1本めを右へ）

*la première は la première rue を指す。「最初のもの」。

▶ 2つめの信号を左に曲がってください。
Tournez à gauche au deuxième feu.
トゥルネ　ア　ゴショ　オ　ドゥズィエム　フ

Prenez à gauche au deuxième feu.
プルネ　ア　ゴショ　オ　ドゥズィエム　フ

Deuxième feu à gauche.
ドゥズィエム　フ　ア　ゴーシュ

▶ 2つめの通りを左に曲がってください。
Prenez la deuxième rue à gauche.
プルネ　ラ　ドゥズィエム　リュ　ア　ゴーシュ

C'est la deuxième à gauche.
セ　ラ　ドゥズィエマ　ゴーシュ
（2本めを左へ）

▶ まっすぐ行ってください。

Allez tout droit.
アレ　　トゥ　　ドゥルワ

Continuez tout droit.
コンティニュエ　トゥ　ドゥルワ
(このまま、まっすぐ行ってください)
*continuer「続ける」。

▶ この通りを行ってください。

Suivez cette rue.
スュイヴェ　セトゥ　リュ

*suivre「たどる、沿って行く」。大通りのときは rue の代わりに avenue、または boulevard を使う。

Suivez cette route.
スュイヴェ　セトゥ　ルトゥ
*route は町と町を結ぶ道路。

Suivez les panneaux.
スュイヴェ　レ　　パノ
(道路標識に従って行ってください)

▶ 広場を横切ってください。

Traversez la place.
トゥラヴェルセ　ラ　プラス

Passez le carrefour.
パセ　ル　カルフール
(交差点を渡ってください)

▶ 右です。

C'est_à droite.
セタ　　ドゥルワトゥ

C'est_à gauche. (左です)
セタ　　ゴーシュ
C'est sur la droite. (右手にあります)
セ　スュル ラ ドゥルワトゥ
C'est sur la gauche. (左手にあります)
セ　スュル ラ ゴーシュ
C'est tout droit. (まっすぐです)
セ　トゥ　ドゥルワ
C'est_en face. (向かいです)
セタン　ファス
C'est devant vous. (目の前です)
セ　ドゥヴァン　ヴ
C'est derrière vous. (後ろです)
セ　デリエル　　ヴ
C'est loin. (遠いですよ)
セ　ルワン
C'est tout près. (すぐ近くです)
セ　トゥ　プレ
C'est_à dix_heures. (10時の方角です)
セタ　　ディズール

6 旅行で使うフレーズ

*自分が時計の中心にいると考えて方角を示す表現。たとえば、10時の方角は斜め左前方、2時は斜め右前方。

C'est à trois cents mètres.（300メートル先です）
セタ トゥルワ サン メトゥル

C'est plus loin.（もっと先です）
セ プリュ ルワン

C'est indiqué.（案内が出てます）
セタンディケ

*indiqué「指示されている」。

▶ 右手です。
C'est sur votre droite.
セ スュル ヴォトゥル ドゥルワトゥ

C'est sur votre gauche.（左手です）
セ スュル ヴォトゥル ゴーシュ

▶ この先、左側の角です。
C'est au coin de la rue à gauche.
セト クワン ドゥ ラ リュ ア ゴーシュ

▶ 見落とすことはないですよ。
Vous ne pouvez pas le [la] manquer.
ヴン プヴェ パ ル [ラ] マンケ

*manquer...「～を見逃す」。

▶ すみません、ここの者ではありませんので。土地の人に聞いてみてください。
Désolé [Désolée], je ne suis pas d'ici. Demandez à quelqu'un du quartier.
デゾレ ジュン スュイ パ ディスィ ドゥマンデ ア ケルカン デュ カルティエ

▶ カフェのとなりです。
C'est à côté du café.
セタ コテ デュ カフェ

▶ セーヌ川のむこう岸です。
C'est de l'autre côté de la Seine.
セ ドゥ ロトゥル コテ ドゥ ラ セーヌ

*de l'autre côté de...「～の反対側」。

▶ 市役所の真向かいです。
C'est en face de la mairie.
セタン ファス ドゥ ラ メリ

▶ 本屋とパン屋の間です。
C'est entre la librairie et la boulangerie.
セタントゥル ラ リブレリ エ ラ ブランジュリ

*entre... et ～「…と～の間に」。

街で

▶ 教会の手前です。
C'est juste‿avant l'église.
セ　　ジュスタヴァン　　レグリーズ

▶ 通りのつきあたりです。
C'est‿au bout de la rue.
セト　　ブ　ドゥ ラ　リュ

*au bout de...「～の終わりに」。

▶ 歩くと遠いですか？
C'est loin, à pied?
セ　ルワン ア ピエ

*à pied「徒歩で」。

Il faut combien de temps, à pied?
イル フォ　コンビアン　ドゥ　タン　　ア ピエ
（歩くとどのくらいかかりますか？）

▶ アンヴァリッドは遠いですか？
C'est loin, les‿Invalides?
セ　　ルワン　　レザンヴァリドゥ

*Invalides はもとは傷病兵を収容するための建物だったが、現在は軍事博物館になっていてナポレオンの墓もある。

C'est loin, les‿Invalides?
（アンヴァリッドは遠いですか？）

Désolé, je‿ne suis pas d'ici.
デゾレ　　ジュン スュイ パ ディシ
（すみません、私はここの者ではないものですから）

Les‿Invalides, c'est‿encore loin?
レザンヴァリドゥ　　セタンコル　　ルワン
（アンヴァリッドはまだ遠いですか？）

▶ いいえ、そんなに遠くはありません。
Non, ce n'est pas très loin.
ノン ス　ネ　　パ　トゥレ ルワン

▶ 5分くらいです。
Environ cinq minutes.
アンヴィロン　サン　　ミニュトゥ

▶ シャンゼリゼ通りから遠いですか？
C'est loin des Champs-Elysées?
セ　　ルワン　デ　　　シャンゼリゼ

▶ オペラ座へ行くにはどの道がいちばん近いですか？
Quel‿est le chemin le plus court pour‿aller à l'Opéra?
ケレ　　ル　シュマン　ル プリュ クール　　プラレ　ア　ロペラ

*chemin「ある地点に向かう道」。 court は「距離的に短い」と「時間的に短い」の両

方の意味をもつ。l'Opéra は Théâtre National de l'Opéra de Paris「国立パリオペラ座」を指し、バスチーユ広場にある新オペラ座は l'Opéra Bastille と呼ぶ。

▶ オペラ座へはどうやって行くのがいちばんいいですか？
Quel est le meilleur chemin pour aller à l'Opéra?
ケレ ル メユル シュマン プラレ ア ロペラ

*le meilleur は bon の最上級で「最もよい」。ここでは「時間的にも距離的にも最も短い」の意味。

Comment est-ce qu'on va à l'Opéra?
コマン エス コン ヴァ ア ロペラ
(オペラ座へはどうやって行けばいいですか？)

▶ オペラ座へはどうやって行くのがいちばん早いですか？
Quel est le moyen le plus rapide pour aller à l'Opéra?
ケレ ル ムワヤン ル プリュ ラピドゥ プラレ ア ロペラ

*moyen「手段、方法」。

▶ タクシーで行くのがいちばんいいですよ。
Le mieux, c'est de prendre un taxi.
ル ミュ セ ドゥ プランドルアン タクスィ

▶ ポストはどこにありますか？
Où est-ce qu'il y a une boîte aux lettres?
ウ エス キリャ ユン ブワト レトゥル

*boîte aux lettres「手紙の箱」には家庭用の「郵便受け」の意味もある。

▶ 電話はどこでかけられますか？
Où est-ce que je peux téléphoner?
ウ エス ク ジュ プ テレフォネ

Vous savez où il y a une cabine téléphonique?
ヴ サヴェ ウ イリャ ユン カビン テレフォニック

*cabine téléphonique「電話ボックス」。

▶ 近道はないんですか？
Il n'y a pas de raccourci?
イル ニャ パ ドゥ ラクルスィ

乗り物に乗る　　　　　　　　　　　　　　6_008.mp3

▶ 地下鉄の地図をいただけますか？
Vous auriez un plan de métro, s'il vous plaît?
ヴゾリエ アン プラン ドゥ メトゥロ スィル ヴ プレ

*一般に地図は carte だが市街地図や地下鉄の路線図などには plan を用いる。

Je voudrais un plan de métro, s'il vous plaît.
ジュ ヴドゥレ アン プラン ドゥ メトゥロ スィル ヴ プレ

▶ 切符はどこで売ってますか？
Où est-ce qu'on achète les billets?
ウ エス コンナシェトゥ レ ビエ

> Où est-ce qu'on achète les billets?
> （切符はどこで売ってますか？）
>
> Au guichet, à droite.
> オ　ギシェ　ア　ドゥルワトゥ
> （右手にある窓口です）

▶ エッフェル塔に行くには、どの駅がいいですか？
La Tour Eiffel, c'est quelle station?
ラ　トゥフレフェール　セ　ケル　スタスィオン

*駅には station（地下鉄など）、gare（鉄道）、arrêt de bus（バス）がある。

▶ シャトレでRERに乗り換えてください。
Changez à Châtelet et prenez le RER.
シャンジェ　ア　シャトゥレ　エ　プルネ　ル　エルエール

*RER は Réseau Express Régional「首都圏高速鉄道」の略称で、パリ市内と郊外を結ぶ鉄道。

▶ ボルドーまで片道お願いします。
Je voudrais un aller simple pour Bordeaux, s'il vous plaît.
ジュ　ヴドゥレ　アナレ　サンプル　プル　ボルド　スィル　ヴ　プレ

*aller simple「行きの切符」。

▶ リヨンまでの往復をください。
Un aller retour Lyon, s'il vous plaît.
アナレ　ルトゥル　リオン　スィル　ヴ　プレ

*aller retour「往復切符」。

▶ ユーロスターで、ロンドンまでの1等をお願いします。
Je voudrais un billet pour Londres, en Eurostar, première classe, s'il vous plaît.
ジュ　ヴドゥレ　アン　ビエ　プル　ロンドゥル　アンヌロスタール　プルミエル
クラス　スィル　ヴ　プレ

*パリ─ロンドン間はドーヴァー海峡をトンネルで結ぶ列車ユーロスターが走っている。

▶ ストラスブールまで、2等をください。
Un aller Strasbourg, en seconde, s'il vous plaît.
アナレ　ストゥラズブル　アン　スゴンドゥ　スィル　ヴ　プレ

▶ 19時発のTGVを予約したいんですが。
Je voudrais une réservation pour le TGV de dix-neuf heures.
ジュ　ヴドゥレ　ユヌ　レゼルヴァスィオン　プル　ル　テジェヴェ　ドゥ　ディズヌヴェル

*TGV は Train à Grande Vitesse の略で、主要都市を結ぶフランスの新幹線。

▶ ディジョンまでいくらですか？
C'est combien, pour Dijon?
セ　コンビアン　プル　ディジョン

6　旅行で使うフレーズ

6

C'est combien, pour Dijon?
(ディジョンまでいくらですか？)

Attendez, je regarde.
アタンデ　ジュ ルガールドゥ
(お待ちください、見てみます)

▶ 25ユーロです。
C'est vingt-cinq‿euros.
セ　　ヴァンツァンキュロ

▶ 切符を改札機に入れるのを忘れないでください。
N'oubliez pas de composter votre billet.
ヌブリエ　　パ　ドゥ　　コンポステ　　ヴォトゥル　ビエ
*列車に乗る前には composteur と呼ぶ自動改札機に切符を差し込んで日付を刻印する。

▶ マルセイユ行きはどの列車ですか？
C'est quel train, pour Marseille?
セ　ケル　トゥラン　プル　　マルセーユ

Quel‿est le train pour Marseille?
ケレ　　ル トゥラン プル　マルセーユ

Le train à destination de Marseille...?
ル トゥラン ア デスティナスィオン ドゥ　マルセーユ
(マルセイユ行きは…？)
*destination「行先」、à destination de...「〜行きの」。

▶ 各駅停車ですか？
C'est‿un‿omnibus?
セタノムニビュス

*omni はラテン語を語源とした「すべて」の意味の接頭辞。

▶ ルアーヴル行きは何番ホームから発車しますか？
Le train pour Le Havre part de quel quai?
ル トゥラン　プル　ル　アーヴル　パル ドゥ ケル　ケ

C'est quel quai, pour Le Havre?
セ　ケル　ケ　プル　ル アーヴル
(ルアーヴル行きは何番ホームですか？)

L'express pour Le Havre part de quel quai?
レクスプレス　プル　ル　アーヴル　パル ドゥ ケル　ケ
(ルアーヴル行きの急行は何番ホームから発車しますか？)

▶ 2番ホームです。
C'est le quai numéro deux.
セ　ル　ケ　　ニュメロ　　ドゥ

▶ オレンジ色の電車です。
C'est le train orange.
セ ル トゥラン オランジュ

街で

▶ ニースへはどこで乗り換えればいいのですか？
Où est-ce qu'il faut changer pour Nice?
ウ エス キル フォ シャンジェ プル ニース

Où est-ce que je dois changer pour Nice?
ウ エス ク ジュ ドゥワ シャンジェ プル ニース

Où est-ce qu'on change pour Nice?
ウ エス コン シャンジュ プル ニース

▶ 電車は何分おきに来ますか？
Il_y_a un train tous les combien?
イリヤ アン トゥラン トゥ レ コンビアン

*tous les...「～ごとに」。

▶ 10分おきに来ます。
Il_y_en_a un toutes les dix minutes.
イリヤンナ アン トゥトゥ レ ディ ミニュットゥ

Il_y_a cinq départs par jour.（1日に5本です）
イリヤ サンク デパール パル ジュール

*départ「出発、発車」。

▶ 列車は何時に発車しますか？
Le train est_à quelle_heure?
ル トゥラン エタ ケルール

Le train part_à quelle_heure?
ル トゥラン パラ ケルール

Le départ_est_à quelle_heure?
ル デパレタ ケルール
（発車は何時ですか？）

▶ 列車はあとどれぐらいで出ますか？
Le train part dans combien de temps?
ル トゥラン パル ダン コンビアン ドゥ タン

▶ 次の急行は何時ですか？
A quelle_heure_est le prochain_express?
ア ケルレ ル プロシェネクスプレス

> A quelle_heure_est le prochain_ express?
> （次の急行は何時ですか？）
> **A midi dix.**（12時10分です）
> ア ミディ ディス

Le prochain_express part_à quelle_heure?
ル プロシェネクスプレス パラ ケルール

▶ ルマンに行く最終列車は何時ですか？
A quelle_heure_est le dernier train pour Le Mans?
ア ケルレ ル デルニエ トゥラン プル ル マン

> A quelle_heure_est le dernier train pour Le Mans?
> （ルマンに行く最終列車は何時ですか？）

6 旅行で使うフレーズ

> Je ne suis pas sûre. Vers minuit, je crois.
> ジュン スュイ パ スュール ヴェル ミニュイ ジュ クルワ
> (確かじゃないんですが、12時ぐらいだと思います)

▶ 次は急行ですか？
Le prochain, c'est un express?
ル プロシャン セタネクスプレス

▶ この席はあいてますか？
La place est libre?
ラ プラセ リーブル

Il y a quelqu'un, ici?
イリャ ケルカン イスィ

▶ この電車はサンドニに停まりますか？
Est-ce que ce train s'arrête à Saint-Denis?
エス ク ス トゥラン サレタ サンドゥニ

▶ この電車はサンドニに停まりますよね？
Ce train s'arrête bien à Saint-Denis?
ス トゥラン サレトゥ ビアン ア サンドゥニ

*確認する表現。

▶ あといくつですか？
C'est dans combien d'arrêts?
セ ダン コンビアン ダレ

*arrêt「停車」。

▶ 4つめです。
C'est le quatrième arrêt.
セ ル カトゥリエマレ

▶ 次ではなくて、その次です。
Ce n'est pas la prochaine, c'est la suivante.
ス ネ パ ラ プロシェーヌ セ ラ スュイヴァントゥ

*la prochaine は後ろに名詞（station、gare など）が省略されていて、「次の駅」。la suivante「次のもの」。

C'est le deuxième arrêt.（2つめの駅です）
セ ル ドゥズィエンマレ

▶ 次に停まるのはどこの駅ですか？
Quel est le prochain arrêt?
ケレ ル プロシェナレ

Quelle est la prochaine gare?
ケレ ラ プロシェーヌ ガール

▶ 次はロワシーですか？
C'est Roissy, la prochaine?
セ ルワスィ ラ プロシェン

街で

▶ 次に停まるのはヴェルサイユです。
La prochaine, c'est Versailles.
ラ　　プロシェン　　セ　　ヴェルサイ

Le prochain‿arrêt, c'est Versailles.
ル　プロシェナレ　　セ　ヴェルサイ

▶ バスの停留所はどこですか？
Où est l'arrêt de bus, s'il vous plaît?
ウ　エ　ラレ　ドゥ ビュス スィル ヴ　プレ

▶ ここから空港行きのバスはありますか？
D'ici, est-ce qu'il‿y‿a un bus pour l'aéroport, s'il vous plaît?
ディスィ　エス　キリャ　アン ビュス ブル　ラエロポール　スィル ヴ　プレ

> D'ici, est-ce qu'il‿y‿a un bus pour l'aéroport, s'il vous plaît?
> (ここから空港行きのバスはありますか？)
> Non, je‿ne crois pas.
> ノン　ジュン　クルワ　パ
> (いいえ、ないと思います)

Vous savez s'il‿y‿a un bus d'ici à l'aéroport, s'il vous plaît?
ヴ　サヴェ　スィリヤ　アン ビュス ディスィ ア ラエロポール スィル ヴ　プレ

▶ このバスは空港行きですか？
Est-ce que ce bus va à l'aéroport, s'il vous plaît?
エス　ク　ス　ビュス ヴァア　ラエロポール　スィル ヴ　プレ

Est-ce que c'est le bus pour l'aéroport, s'il vous plaît?
エス　ク　セ ル ビュス ブル　ラエロポール　スィル ヴ　プレ

▶ おつりがいらないようにしてください。
Vous‿êtes‿tenu de faire l'appoint.
ヴゼットゥニュ　　ドゥ フェル　ラプワン

*être tenu de...「〜する義務がある」。appoint「小銭」、faire l'appoint「つり銭のいらないように払う」。バスの中で使われる表現。

▶ ルーヴルは何番めの停留所ですか？
C'est le combientième‿arrêt, le Louvre?
セ　ル　　コンビアンティエマレ　　　ル ルーヴル

*combientième「何番めの」。

Il‿y‿a combien d'arrêts, jusqu'au Louvre?
イリャ　　コンビアン　　ダレ　　ジュスコ　ルーヴル

▶ エッフェル塔に行くにはどこで降りたらいいのですか？
Où est-ce qu'il faut descendre, pour la Tour‿Eiffel?
ウ　　エス　　キル　フォ　デサンドゥル　　　ブル ラ　トゥレフェル

Où est-ce qu'on descend, pour la Tour‿Eiffel?
ウ　エス　コン　デサン　ブル ラ　トゥレフェル

▶ 降りるところで教えてもらえますか？
Pourriez-vous me dire‿où je dois descendre?
プリエヴ　　　　　ム　ディール　ジュ ドゥワ　デサンドゥル

6

▶ シャトレ行きの次のバスは何時ですか？

A quelle heure est le prochain bus pour Châtelet?

*Châtelet は近くにショッピングセンターやポンピドーセンターがあるパリの中心地。

A quelle heure est le prochain bus pour Châtelet?
（シャトレ行きの次のバスは何時ですか？）

A quatre heures dix. （4時10分です）

Le prochain départ pour Châtelet est à quelle heure?

▶ 次のバスは何時に来ますか？

Le prochain bus passe à quelle heure?

▶ バスは出たところです。

Le bus vient de partir.

▶ バスに乗り遅れました。

On vient de manquer le bus.

*manquer「逃す」。

On vient de rater le bus.

*rater「乗り損なう」。

▶ バスはいつも遅れて来る。

Les bus sont toujours en retard.

Les bus n'arrivent jamais à l'heure.
（バスは定刻に来ない）

▶ タクシーはどこで拾えますか？

Où est-ce que je peux trouver un taxi?

Où est-ce que je peux trouver un taxi?
（タクシーはどこで拾えますか？）

La station de taxi est devant la gare.
（駅の前にタクシー乗り場があります）

Vous savez où il y a des taxis?

Est-ce qu'il y a une station de taxis près d'ici?
（この辺にタクシー乗り場はありますか？）

街で 755

▶ タクシーを呼んでください。
Appelez-moi un taxi, s'il vous plaît.
アプレムワ　アン　タクシィ スィル　ヴ　プレ

Pourriez-vous m'appeler un taxi, s'il vous plaît?
プリエヴ　マプレ　アン タクシィ スィル　ヴ　プレ
（タクシーを呼んでいただけますか？）

▶ 町の中心まで、どのくらいかかりますか？
Pour‿aller au centre-ville, il faut combien de temps?
プラレ　オ　サントゥルヴィール　イル フォ　コンビアン ドゥ タン

*il faut ＋時間「～かかる」。

On met combien de temps pour‿aller au centre-ville?
オン メ　コンビアン ドゥ タン　プラレ　オ　サントゥルヴィール

▶ どちらまで？
Où allez-vous?
ウ　アレヴ

Vous‿allez où?
ヴザレ　ウ

▶ バスチーユ広場までお願いします。
Place de la Bastille, s'il vous plaît.
プラス ドゥ ラ バスティーユ スィル　ヴ　プレ

▶ この住所までお願いします。
A cette‿adresse, s'il vous plaît.
ア セタドゥレス　スィル　ヴ　プレ

＊行き先の住所を書いた紙を運転手に見せるときの表現。パリではすべての通りに名前がついており、番地もセーヌ川を背に道路の右側が偶数、左側が奇数と決まっている。正確な住所さえ伝えれば、道順を説明する必要はない。

▶ いくらぐらいかかりますか？
Il faut compter combien?
イル フォ　コンテ　コンビアン

*compter「数える、見積もる」。

Ça coûte combien, à peu près?
サ クットゥ コンビアン ア プ プレ
*coûter...「値段が～である」。à peu près「およそ、ほとんど」。

C'est combien, à peu près?
セ　コンビアン ア プ プレ

▶ すごく急いでるんです。
Je suis très pressé [pressée].
ジュ スュイ トゥレ プレセ

Allez le plus vite possible, s'il vous plaît.
アレ ル プリュ ヴィットゥ ポスィーブル スィル　ヴ　プレ
（できるだけ速く行ってください）

▶ いちばん近い道を行ってください。
Prenez le chemin le plus court.
プルネ　ル　シュマン　ル　プリュ　クール

▶ こんでるな。
Il y a de la circulation.
イリャ　ドゥ　ラ　スィルキュラスィオン
*circulation「交通、交通量」。

▶ 渋滞だ。
Il y a des encombrements.
イリャ　デザンコンブルマン
*encombrement「交通渋滞」。

Il y a des embouteillages.
イリャ　デザンブテャージュ
*embouteillage は dans une bouteille「びんの中」の意味。びんの口は細いので外に出にくいところから交通渋滞を表す。

C'est encombré!
セタンコンブレ
*encombré「ふさがった」。

▶ いつもこんなにこんでるのですか？
C'est toujours aussi encombré?
セ　トゥジュロスィ　アンコンブレ

▶ ぜんぜん動かない。
C'est complètement bloqué.
セ　コンプレトゥマン　ブロケ

▶ ああーっ、迂回しなくては！
Ah, il y a une déviation!
ア　イリャ　ユン　デヴィアスィオン
*déviation「回り道」。

▶ 抜け道はないのですか？
Il n'y a pas moyen d'éviter ce bouchon?
イル　ニャ　パ　ムワヤン　デヴィテ　ス　ブション
*直訳は「この渋滞を避ける方法はないのですか」。

▶ ほかの道から行けませんか？
Il n'y a pas d'autre chemin?
イル　ニャ　パ　ドトゥル　シュマン

Vous ne pouvez pas passer par ailleurs?
ヴン　プヴェ　パ　パセ　パラユール
*ailleurs「ほかの所で」。

▶ 近道はないのですか？
Il n'y a pas un raccourci?
イル　ニャ　パ　アン　ラクルスィ

街で

▶ さっきよりすいてきた。
Ça roule mieux que tout à l'heure.
サ ルル ミュ ク トゥタ ルール
*rouler「車が走る」。

▶ すいている。
Ça roule bien.
サ ルル ビアン
*車が順調に流れているようすを言う表現。

Il n'y a pas beaucoup de circulation.
イル ニャ パ ボク ドゥ スィルキュラスィオン
La route est dégagée.
ラ ルテ デガジェ
*dégagé「障害物がない」。車がほとんど走っていないようすを言う。

▶ ここで停めてください。
Arrêtez-vous ici, s'il vous plaît.
アレテヴ イスィ スィル ヴ プレ

▶ ここで降ろしてください。
Laissez-moi ici, s'il vous plaît.
レセムワ イスィ スィル ヴ プレ
Déposez-moi ici, s'il vous plaît.
デポゼムワ イスィ スィル ヴ プレ

▶ 荷物を運ぶのを手伝ってもらえませんか？
Pourriez-vous m'aider à porter mes bagages, s'il vous plaît?
プリエヴ メデ ア ポルテ メ バガージュ スィル ヴ プレ

▶ ちょっと待っててもらえますか？
Vous pouvez m'attendre, s'il vous plaît?
ヴ プヴェ マタンドゥル スィル ヴ プレ

レンタカーを借りる
6_009.mp3

▶ レンタカーはどこで借りられますか？
Où est-ce qu'on peut louer une voiture?
ウ エス コン プ ルエ ユン ヴワテュール
Où faut-il s'adresser pour louer une voiture?
ウ フォティル サドゥレセ プル ルエ ユン ヴワテュール
*s'adresser「問い合わせる」。
Où sont les locations de voiture?
ウ ソン レ ロカスィオン ドゥ ヴワテュール
*location「賃貸借、レンタル」。空港でたずねるときの表現。

▶ 車を借りたいんですが。
Je voudrais louer une voiture.
ジュ ヴドゥレ ルエ ユン ヴワテュール

> Je voudrais louer une voiture.
> （車を借りたいんですが）

Vous avez fait une réservation, Monsieur?
ヴザヴェ　フェ　ユン　レゼルヴァスィオン　ムスュ
（予約はされてますか？）

C'est pour une location de voiture.
セ　プリュン　ロカスィオン　ドゥ　ヴォテュール

▶ どのような車がよろしいですか？
Quel type de véhicule désirez-vous?
ケル　ティップ　ドゥ　ヴェイキュール　デズィレヴ
＊おおまかに種類をたずねる表現で、主としてサイズについて言う。

Quel modèle désirez-vous?
ケル　モデル　デズィレヴ
＊さらに詳しく車種などの希望を聞く表現。

Vous avez une préférence?
ヴザヴェ　ユン　プレフェランス
（お好みのタイプがありますか？）

▶ Aクラスの車にしたいのですが。
Je préférerais un modèle de catégorie A.
ジュ　プレフェルレ　アン　モデール　ドゥ　カテゴリ　ア
＊フランスでは次のようにAからDまでの4種類のクラスがある。A（1300cc以下）、B（1300～1600cc）、C（1600～1800cc）、D（1800～2000cc）。

▶ 日本車はありますか？
Vous avez des voitures japonaises?
ヴザヴェ　デ　ヴォテュール　ジャポネーズ

▶ オートマ車がいいのですが。
Je préférerais une boîte automatique.
ジュ　プレフェルレ　ユン　ブワトマティック
＊boîte「箱」は boîte de vitesse「ギアボックス」のこと。

▶ 2日でいくらになりますか？
Quel est le tarif pour deux jours?
ケレ　ル　タリッフ　プル　ドゥ　ジュール

Quel est le tarif à la journée?
ケレ　ル　タリファ　ラ　ジュルネ
（1日あたりいくらですか？）

▶ 1週間の前払い割引がありますか？
Vous avez des forfaits semaine?
ヴザヴェ　デ　フォルフェ　スメン
＊forfaitは「一括前払い」で割安になる。スキー場、スポーツクラブなどでもこのサービスがある。

▶ 1日32ユーロ、それに1キロごとに32サンチームです。
Trente-deux euros par jour, plus trente-deux centimes du kilomètre.
トゥランドゥズロ　パル　ジュール　プリュス　トゥランドゥ　サンティム　デュ
キロメトゥル

街で

▶ 1日60ユーロで、走行距離に制限はありません。
Soixante euros par jour, kilométrage illimité.
スワサントゥロ　　バル　ジュール　　キロメトゥラジリミテ
*illimité「無制限の」。

▶ 保険料込みですか？
L'assurance est comprise?
ラスュランセ　　　コンプリーズ

▶ 完全補償型の保険に入りたいのですが。
Je voudrais être entièrement couvert [couverte].
ジュ　ヴドゥレ　エトゥランティエルマン　　クヴェール　　[クヴェルトゥ]
*être couvert「保護された、安全な」。entièrement「完全に」。フランスではこの保険がレンタカーの基本となっている。
Je voudrais une assurance tous risques.
ジュ　ヴドゥレ　ユナスュランス　　トゥ　リスク

▶ ゴールドカードで支払います。
Je vais régler avec une carte Gold.
ジュ　ヴェ　レグレ　　アヴェキュン　カルトゥ　ゴルドゥ
* クレジットカード、特にゴールドカードには様々な特典がついていて、レンタカーを借りるにも有利。

▶ リヨンで乗り捨てできますか？
Est-ce que je peux rendre la voiture à Lyon?
エス　ク　ジュ　プ　ランドゥル　ラ　ヴワテュラ　　リオン
*rendre「返す、引き渡す」。

▶ 必ず満タンにしてお返しください。
Avant de restituer le véhicule, vous devez faire le plein.
アヴァン　ドゥ　レスティテュエ　ル　ヴェイキュール　　ヴ　ドゥヴェ　フェル　ル　プラン

▶ 満タンです。
Le plein est fait.
ル　プラン　エ　フェ

▶ 満タンにしてください。
Le plein, s'il vous plaît.
ル　プラン　スィル　ヴ　プレ
* フランスのガソリンスタンドではふつう給油はセルフサービスになっている。

交通標識　　　　　　　　　　　　　　　　　　　　6_010.mp3

▶ 行き止まり
Voie sans issue
ヴワ　　サンズィシュ
*voie「道路」。issue「出口」。

▶ 進入禁止
Sens‿interdit
サンサンテルディ
*sens「方向」。interdit「禁じられた」。

▶ 一方通行
Sens‿unique
サンスュニック
*unique「唯一の」。

▶ 駐車禁止
Stationnement interdit
スタスィオンマン　アンテルディ

Interdit de stationner
アンテルディ ドゥ　スタスィオネ

▶ 交互駐車
Stationnement alterné
スタスィオンマン　　アルテルネ
*「交互駐車」とは月の前半は道路の奇数番地側に、後半は偶数番地側に駐車が許される規制のこと。

▶ 迷惑駐車
Stationnement gênant
スタスィオンマン　ジェナン
*禁止ではないが「できる限り駐車を避けるように」の意味。

▶ 撤去命令
Enlèvement demandé
アンレヴマン　　ドゥマンデ
*駐車違反の車に貼るステッカーの文字。

▶ 追い越し禁止
Dépassement interdit
デパスマン　　アンテルディ

Interdit de doubler
アンテルディ ドゥ　ドゥブレ

▶ 停車禁止
Arrêt interdit
アレ　アンテルディ

▶ 徐行
Ralentir
ラランティール

▶ 交差点
Intersection
アンテルセクスィオン

街で　　761

▶ 非常駐車帯
Bande d'arrêt d'urgence
バンドゥ　　ダレ　　デュルジャンス

*d'urgence「緊急の、非常の」。

▶ ロータリー内、優先車に従うこと
Sens giratoire, laisser la priorité
サンス　ジラトゥワール　　レセ　ラ　プリオリテ

*giratoire「旋回の」。sens giratoire「旋回方向」。laisser la priorité「優先権を与える」。
ロータリーに入るときは、すでにその中を走っている車を優先させながら進む。つまり、一般の道路とは逆に、左側の車優先となる。

▶ 右側車優先
Priorité à droite
プリオリテ　ア　ドゥルワトゥ

▶ 優先権なし
Vous n'avez pas la priorité
ヴ　ナヴェ　パ　ラ　プリオリテ

▶ 出口
Sortie
ソルティ

▶ Uターン禁止
Demi-tour interdit
ドゥミトゥランテルディ

*demi-tour「半回転」。

Interdit de faire demi-tour
アンテルディ　ドゥ　フェル　ドゥミトゥール

▶ 400メートル先工事中
Travaux à 400 mètres
トゥラヴォ　ア　カトルサン　メトル

*travaux は travail「仕事」の複数形で「作業、工事」。

▶ 制限速度90キロ
Vitesse limitée à　　90　km/h
ヴィテス　　リミテ　ア　カトルヴァンディ　キロメトゥルール

▶ 迂回路
Déviation
デヴィアスィオン

▶ 1キロ先に料金所あり
Péage à un kilomètre
ペアジャ　　アン　　キロメトゥル

Péage automatique（自動料金徴収所）
ペアジョトマティック

38 ショッピング

ショッピング

▶ 一緒に買い物に行く？

Tu viens faire les courses avec moi?
テュ ヴィアン フェル レ クルサヴェク モワ

Je vais faire des achats. Tu viens avec moi?
ジュ ヴェ フェル デザシャ テュ ヴィアン アヴェク モワ
(買い物に行くけど、一緒に行く？)

*des achats「買い物、ショッピング」。「食料品や日用品の買い物」のときには les courses を使う。

▶ ショッピングに行こうか？

On va faire du shopping?
オン ヴァ フェル デュ ショピング

Si on allait faire les magasins?
スィ オナレ フェル レ マガザン

*magasin「店」。

▶ どこに行くの？プランタンに？

Où est-ce qu'on va? Au Printemps?
ウ エス コン ヴァ オ プランタン

▶ すごい人出だ！

Quelle foule!
ケル フール

*foule「群衆、人込み」。

Il y a un monde fou!
イリャ アン モンドゥ フ

▶ 定休日は何曜日ですか？

Quels sont les jours de fermeture?
ケル ソン レ ジュール ドゥ フェルムテュール

> Quels sont les jours de fermeture?
> (定休日は何曜日ですか？)
>
> Le dimanche et le lundi.
> ル ディマンシェ ル ランディ
> (日曜日と月曜日です)

C'est fermé quels jours?
セ フェルメ ケル ジュール

▶ 何曜日にやってますか？

Quels sont les jours d'ouverture?
ケル ソン レ ジュール ドゥヴェルテュール

> Quels sont les jours d'ouverture?
> (何曜日にやってますか？)

C'est‿ouvert tous les jours, sauf le dimanche.
セトゥヴェル　トゥ　レ　ジュール　ソッフ　ル　ディマンシュ
(日曜日を除いて毎日営業しております)

*sauf...「〜を除いては」。
C'est‿ouvert quels jours?
セトゥヴェル　　　ケル　ジュール

▶営業時間は？
Quelles sont les‿heures d'ouverture?
ケル　ソン　レズール　ドゥヴェルテュール

Quelles sont les‿heures d'ouverture?
(営業時間は？)
C'est‿ouvert de dix‿heures du matin à sept‿heures du soir.
セトゥヴェル　ドゥ　ディズール　デュ　マタン　ア　セトゥール　デュ　スワール
(朝10時から夜7時までです)

▶開店は何時ですか？
Ça ouvre‿à quelle‿heure?
サ　ウヴラ　　　ケルール

Ça ouvre‿à quelle‿heure?
(開店は何時ですか？)
Ça ouvre‿à dix‿heures. (10時です)
サ　ウヴラ　ディズール

▶閉店は何時ですか？
Ça ferme‿à quelle‿heure?
サ　フェルマ　　　ケルール

Ça ferme‿à quelle‿heure?
(閉店は何時ですか？)
Ça ferme‿à dix-neuf‿heures. (19時です)
サ　フェルマ　ディズヌヴール

▶10時から営業します。
C'est‿ouvert‿à partir de dix‿heures.
セトゥヴェラ　　　パルティル　ドゥ　ディズール

Ça ouvre‿à dix‿heures.
サ　ウヴラ　ディズール
(10時に開店します)

Ça n'ouvre pas avant dix‿heures.
サ　ヌヴル　パ　アヴァン　ディズール
(10時まで開きません)

▶お昼は閉店します。
C'est fermé le midi.
セ　フェルメ　ル　ミディ

6　旅行で使うフレーズ

▶ 正午から2時半までは休みです。
C'est fermé entre midi et demie et deux‿heures.
セ フェルメ アントゥル ミディ エ ドゥミ エ ドゥズール

▶ 靴売り場はどこですか？
Où est le rayon chaussures, s'il vous plaît?
ウ エ ル レヨン ショスュール スィル ヴ プレ
*rayon「棚、売り場」。
Où se trouve le rayon chaussures, s'il vous plaît?
ウ ス トゥルーヴ ル レヨン ショスュール スィル ヴ プレ
Je cherche le rayon chaussures...
ジュ シェルシュ ル レヨン ショスュール
（靴売り場をさがしているのですが…）

▶ 4階です。
C'est‿au troisième‿étage.
セト トゥルワズィエメタージュ
＊建物の階の呼び方は日本語とは1階分ずれる。

▶ 上ですか？
Ça monte?
サ モントゥ
＊エレベーターに乗るとき、中にいる人にたずねる表現。

▶ 下ですか？
Ça descend?
サ デサン

▶ 6階、お願いします。
Cinquième, s'il vous plaît.
サンキエーム スィル ヴ プレ

▶ 何にいたしましょう？
Vous désirez?
ヴ デズィレ
＊個人商店で店の者がお客にかけることば。

▶ 何かおさがしですか？
Vous cherchez quelque chose?
ヴ シェルシェ ケルク ショーズ
＊デパートで店員がお客にかけることば。

> Vous cherchez quelque chose?
> （何かおさがしですか？）
>
> Oui, je cherche le rayon jouets.
> ウイ ジュ シェルシュ ル レヨン ジュエ
> （ええ、おもちゃ売り場はどこですか？）

Je peux vous‿aider, Monsieur?（ご用は何でしょう？）
ジュ プ ヴゼデ ムスュ
＊直訳は「お手伝いできますか？」。

ショッピング

▶ ご用を承ります。

On s'occupe de vous, Madame?
オン ソキュペ ドゥ ヴ マダム

* 直訳は「だれかがあなたのお世話をしていますか？」。

On vous sert, Madame?
オン ヴ セール マダム

▶ 見ているだけです。

Je regarde seulement.
ジュ ルガールドゥ スルマン

Merci. Je regarde.
メルスィ ジュ ルガールドゥ

* 特に買うつもりがないときはこう言う。

▶ 何かご用がありましたら、お呼びください。

Si vous‿avez besoin d'aide, faites-moi signe.
スィ ヴザヴェ ブズワン デードゥ フェトゥムワ スィーニュ

*faire signe à...「～に合図をする、連絡する」。

▶ バッグをさがしているんですが。

Je cherche‿un sac.
ジュ シェルシャン サック

* 店に入って希望を言うときには vouloir と chercher の使い分けに注意する。たとえば食品のように買いたい品物がはっきりしているときは Je voudrais... と言う。一方、サイズや色柄など商品の種類について店員と話す必要があるときには Je cherche... を使う。

> Je cherche‿un sac noir, en cuir.
> ジュ シェルシャン サック ヌワール アン キュイール
> (黒い革のバッグをさがしているんですけど)
>
> Oui, Madame. Vous‿avez le choix.
> ウイ マダム ヴザヴェ ル シュワ
> (かしこまりました。いろいろございます)

*choix「選択」。

> Je cherche‿une veste.
> ジュ シェルシュン ヴェストゥ
> (ジャケットをさがしてるんですが)
>
> Quel genre de veste désirez-vous?
> ケル ジャンル ドゥ ヴェストゥ デズィレヴ
> (どのようなジャケットをおさがしですか？)

> Je cherche‿un cadeau.
> ジュ シェルシャン カド
> (プレゼントをさがしてるんですが)

6 旅行で使うフレーズ

6

> Vous avez déjà une idée?
> ヴザヴェ　デジャ　ユニデ
> (どういったものをお考えですか？)
>
> Non, rien de précis.
> ノン　リヤン　ドゥ　プレスィ
> (いえ、はっきりとは…)

▶ シャネルの5番がほしいんですが。
Je voudrais du Chanel numéro 5.
ジュ　ヴドゥレ　デュ　シャネール　ニュメロ　サンク

▶ 香水のほうでしょうか、それともオー・ド・トワレでしょうか？
Vous le désirez en parfum ou en eau de toilette?
ヴ　ル　デズィレ　アン　パルファン　ウ　アンノットゥトワレットゥ

＊香水には強さの順に parfum, eau de parfum, eau de toilette の3種類がある。

▶ びんですか、スプレーですか？
En flacon ou en spray?
アン　フラコン　ウ　アン　スプレ

＊スプレータイプは atomiseur とも言う。

▶ 見本がありますか？
Vous auriez des échantillons?
ヴゾリエ　デゼシャンティヨン

▶ 何かをおさがしですか？
Vous cherchez quelque chose de précis?
ヴ　シェルシェ　ケルク　ショーズ　ドゥ　プレスィ

＊漠然とさがしているのではなく、特定のものをさがしているのかとたずねる表現。

▶ ご予算は？
Quel est votre budget?
ケレ　ヴォトゥル　ビュデェ

Combien voulez-vous mettre?
コンビアン　ヴレヴ　メトゥル

▶ シックな感じのものがほしいんですが。
Je voudrais quelque chose de chic.
ジュ　ヴドゥレ　ケルク　ショーズ　ドゥ　シック

Je voudrais quelque chose d'élégant.
ジュ　ヴドゥレ　ケルク　ショーズ　デレガン
(エレガントな感じのものがほしいんですけど)

Je voudrais quelque chose de classique.
ジュ　ヴドゥレ　ケルク　ショーズ　ドゥ　クラスィック
(クラシックな感じのものがほしいんですけど)

▶ シンプルな感じのものをさがしているんですが。
Je cherche quelque chose de simple.
ジュ　シェルシュ　ケルク　ショーズ　ドゥ　サンプル

ショッピング

Je cherche quelque chose de chaud.
(厚手のものをさがしているんですけど)

Je cherche quelque chose de léger.
(薄手のものをさがしているんですけど)

Je cherche quelque chose de sport.
(カジュアルなものをさがしているんですけど)

▶ どんなタイプのものがありますか？

Qu'est-ce que vous avez, comme modèle?

▶ いろいろあります。

Vous avez le choix.

Nous avons plusieurs modèles.
(いろんなタイプがあります)

▶ 見せてください。

Montrez-moi.

> La collection de printemps vient d'arriver.
> (春のコレクションが入ったところです)
> Montrez-moi.
> (見せてください)

▶ こちらが最新のコレクションです。

C'est la nouvelle collection.

▶ ショーウインドーの青いドレスを見たいのですが。

Je voudrais voir la robe bleue qui est en vitrine, s'il vous plaît.

▶ こちらはいかがでしょう？

Que pensez-vous de celui-ci [celle-ci]?

▶ 最近、これがはやってます。

C'est à la mode, en ce moment.

C'est la grande mode, en ce moment.
(いま、すごくはやっています)

▶ 今年は長い丈が流行です。
Cette année, c'est la mode du long.
セタネ　　　　セ　ラ　モッデュ　　ロン

⇔ Cette année, c'est la mode du court.
セタネ　　　　セ　ラ　モッデュ　　クール
(今年は短い丈が流行です)

▶ どれがいいと思いますか？
Que me conseillez-vous?
ク　ム　　コンセイエヴ
＊直訳は「何を私に勧めますか？」。

▶ どっちのほうが似合うと思いますか？
A votre avis, lequel me va le mieux?
ア　ヴォトゥラヴィ　　ルケル　ム　ヴァ　ル　ミュ

▶ ほかにはないのですか？
Vous n'avez rien d'autre?
ヴ　　ナヴェ　リアン　ドートゥル

Vous avez d'autres modèles?
ヴザヴェ　　　ドトゥル　　モデル

▶ もっと安いのはないでしょうか？
Auriez-vous quelque chose de moins cher?
オリエヴ　　　　ケルク　　ショーズ　ドゥ　ムワン　シェール

▶ 素材は何ですか？
Qu'est-ce que c'est, comme matière?
ケス　　ク　　セ　　　コンマティエール
＊matière「原料」。

Qu'est-ce que c'est, comme tissu?
ケス　　ク　　セ　　　コンム　ティスュ
＊tissu「生地」。

C'est en quoi?
セタン　　クワ

▶ 絹ですか？
C'est de la soie?
セ　ドゥ　ラ　スワ

▶ 革ですか？
C'est du cuir?
セ　デュ　キュイル

▶ この靴見て。きれいね。
Regarde ces chaussures. Elles sont jolies.
ルガルドゥ　セ　ショスュール　　エル　ソン　ジョリ

Regarde ça. C'est joli.
ルガールドゥ　サ　セ　ジョリ
(これを見て。きれいね)

ショッピング

Regarde comme elles sont jolies, ces chaussures!
ルガルドゥ　　コメル　　ソン ジョリー　セ　ショスュール
(見て、なんてきれいなの、この靴！)

▶ 買えばいいじゃない。

Tu devrais la prendre.
テュ ドゥヴレ ラ プランドゥル

*la は「買う品物」を指している。性数によって le または les にもなる。

Tu devrais l'acheter.
テュ ドゥヴレ ラシュテ

▶ よく似合うわよ。

Elle te va très bien.
エル トゥ ヴァ トゥレ ビアン

▶ 迷ってるんだ…。

J'hésite...
ジェズィートゥ

▶ ねえ、買ってくれない？

Tu pourrais pas me l'acheter?
テュ プレ パ ム ラシュテ

* 子どもが親にねだるときの表現。

> **Tu pourrais pas me l'acheter?**
> (ねえ、買ってくれない？)
>
> **Tu me prends pour Rothschild?**
> テュ ム プラン プル ロチルドゥ
> (そんなにお金ないよ)

*prendre pour は直訳すると「まちがえる」。Rothschild はユダヤ系大富豪ロスチャイルド。ヨーロッパ各地で金融業を営み、「大金持ち」の代名詞に使われる。

Tu ne voudrais pas me l'offrir?
テュン ヴドゥレ パ ム ロフリール

* 大人が使う表現。

▶ いくらですか？

C'est combien?
セ コンビアン

Il [Elle] fait combien?
イル [エル] フェ コンビアン

Ça coûte combien?
サ クットゥ コンビアン

*高価なものについて言うときは主語に ça を用いないで il または elle で表すこと。ただし、食べ物、飲み物は値段にかかわらず ça を使える。

Quel est le prix?
ケレ ル プリ

▶ このバッグはおいくらですか？
Combien coûte ce sac?
コンビアン クトゥ ス サック

▶ カシミヤのセーターはどのくらいのお値段ですか？
Il faut compter combien pour‿un pull‿en cachemire?
イル フォ コンテ コンビアン プラン ピュラン カシュミール

▶ 高いな！
C'est cher!
セ シェール

> Il fait cent vingt euros.（120ユーロです）
> イル フェ サン ヴァン ウロ
> C'est cher!（高いわ！）

C'est‿un peu cher pour moi.
セタン プ シェール プル ムワ
（ぼくにはちょっと高いな）

Qu'est-ce que c'est cher!（何て高いの！）
ケス ク セ シェール

C'est pas donné!（ずいぶん高いね！）
セ パ ドネ
＊直訳は「無料ではない」。

C'est hors de prix!
セ オル ドゥ プリ
（めちゃくちゃ高いよ！）
＊hors de prix「法外な値段」。

▶ 予算オーバーだ。
Ça dépasse mon budget.
サ デパス モン ブジェ

▶ 安いな！
C'est pas cher!
セ パ シェール

＊Ce n'est pas cher! の ne を省略した形。フランス語には「安い」にあたる言葉はないので、ふつう「高くない」という言い方をする。

C'est bon marché!
セ ボン マルシェ
C'est donné!
セ ドネ
（すごく安いね！）
＊「もらったみたいにすごく安い」の意味。

▶ いま、バーゲンをやってますか？
Vous faites‿des soldes,‿en ce moment?
ヴ フェッデ ソールダン ス モマン

Vous avez des promotions, en ce moment?
ヴザヴェ　デ　プロモスィオン　アン ス　モマン

*promotion は特定の商品に限っての「特売」。

▶ いま、全商品20%引きになっています。
En ce moment, il y a vingt pour cent de remise sur tout le magasin.
アン ス　モマン　イリャ　ヴァン　プル　サン　ドゥ　ルミーズ　スュル トゥ ル マガザン

*... pour cent「〜%」。remise「割引」。

▶ いまなら、お買い得です。
En ce moment, il y a des prix très intéressants.
アン ス　モマン　イリャ　デ　プリ　トゥレザンテレサン

*intéressant「面白い」はここでは「有利な」の意味。

▶ サイズはおいくつですか？
Quelle est votre taille?
ケ レ　ヴォトゥル　タイ

Quelle est votre taille?
(サイズはおいくつですか？)

Je fais du 40.
ジュ フェ　デュ カラントゥ
(40です)

* サイズ40は日本の標準サイズ（9〜11号）にあたる。

Vous faites du combien?
ヴ　フェッデュ　コンビアン

▶ 靴のサイズはおいくつですか？
Quelle est votre pointure?
ケ レ　ヴォトゥル　プワンテュール

Quelle est votre pointure?
(靴のサイズはおいくつですか？)

Je chausse du 40.
ジュ ショス　デュ カラントゥ
(40をはきます)

* サイズ40は日本の25にあたる。

Vous faites quelle pointure?
ヴ　フェットゥ　ケル　プワンテュール
Vous chaussez du combien?
ヴ　ショセ　デュ　コンビアン

▶ もっと大きいサイズはありますか？
Vous avez la taille au-dessus?
ヴザヴェ　ラ　タイヨ　タヨッス

6

▶ もっと小さなサイズはありますか？
Vous avez la taille en dessous?
ヴザヴェ　ラ　タイユ　タンツス

▶ これのSサイズはありますか？
Vous l'avez en S?
ヴ　ラヴェ　アン　エス
＊フランスでもS、M、Lというサイズの呼び方は通用する。

> Vous l'avez en S?
> （これのSサイズはありますか？）
> Un instant, s'il vous plaît. Je vais voir.
> アナンスタン　スィル　ヴ　プレ　ジュ ヴェ ヴワール
> （お待ちください。見てまいります）

Est-ce que vous auriez ce modèle en L?
エス　ク　ヴゾリエ　ス　モデラン　エル
（このタイプのLサイズはありますか？）

▶ フリーサイズです。
C'est taille unique.
セ　タユニック

▶ これのブルーはありますか？
Vous l'avez en bleu?
ヴ　ラヴェ　アン　ブルー

Est-ce que vous auriez ce modèle en bleu?
エス　ク　ヴゾリエ　ス　モデラン　ブルー

▶ 試着してもいいですか？
Je peux essayer?
ジュ　プ　エセイエ

> Je peux essayer?（試着してもいいですか？）
> Bien sûr. Par ici, s'il vous plaît.（もちろん。こちらへどうぞ）
> ビアン スュール　パリスィ　スィル　ヴ　プレ

Est-ce qu'on peut essayer?
エス　コン　プ　エセイエ

▶ 試着室はどこですか？
Où sont les cabines d'essayage?
ウ　ソン　レ　カビン　デセヤージュ

> Où sont les cabines d'essayage?（試着室はどこですか？）
> Au fond du magasin, Madame.（店の奥です）
> オ　フォン　デュ　マガザン　マダーム

ショッピング　773

▶ ちょっと小さい。
C'est‿un peu petit.
セタン ブ プティ

Ça me serre. (きついです)
サ ム セール
*serrer「締めつける」。

C'est trop petit. (小さすぎます)
セ トゥロ プティ
C'est trop juste. (きつすぎます)
セ トゥロ ジュストゥ
Ça‿ne me va pas. (合いません)
サン ム ヴァ パ
* サイズが合わないときに使う一般的な表現。

▶ ちょっと大きい。
C'est‿un peu grand.
セタン ブ グラン

C'est trop grand. (大きすぎます)
セ トゥロ グラン
C'est beaucoup trop grand. (だぶだぶです)
セ ボク トゥロ グラン
Je flotte‿dedans. (ぶかぶかです)
ジュ フロッドゥダン
* 直訳すると「中で浮かんでいる」。

▶ 長すぎる。
C'est trop long.
セ トゥロ ロン

▶ 短すぎる。
C'est trop court.
セ トゥロ クール

▶ ちょっとゆるい。
C'est‿un peu lâche.
セタン ブ ラーシュ

▶ ぴったりだ。
C'est‿impeccable.
セタンペカーブル

C'est juste‿à ma taille.
セ ジュスタ マ タイ
*taille「大きさ、サイズ」。
Il [Elle] me va parfaitement.
イル [エル] ム ヴァ パルフェトゥマン

▶ ねえ、きれいだね、これ。そう思わない？
Tiens, c'est joli, ça. Tu‿ne trouves pas?
ティアン セ ジョリ サ テュン トゥルヴ パ

6 旅行で使うフレーズ

▶ あっちのほうがもっときれいだよ。
Celui-là [Celle-là] est plus joli [jolie].
スリュイラ [セッラ] エ プリュ ジョリ

> Qu'est-ce que tu en penses?
> ケス ク テュ アン パンス
> (これ、どう思う?)
>
> Celui-là est plus joli.
> (あっちのほうがもっときれいだよ)

Ça, c'est plus joli.
サ セ プリュ ジョリ

▶ こっちのほうが好きだな。
Je préfère celui-ci [celle-ci].
ジュ プレフェル スリュイスィ [セルスィ]

▶ きっと似合うと思うよ。
Je suis sûre que ça t'irait bien.
ジュ スュイ スュール ク サ ティレ ビアン

▶ これ、そのスカートに合うんじゃない?
Ça irait bien avec ta jupe, tu ne trouves pas?
サ イレ ビアン アヴェク タ ジューブ テュン トゥルヴ パ

Ce chemisier serait bien assorti à ta jupe, tu ne trouves pas?
ス シュミズィエ スレ ビアナソルティ ア タ ジューブ テュン トゥルヴ パ
(このブラウス、スカートに合うんじゃない?)

▶ どっちがいいと思う?
D'après toi, lequel est mieux?
ダプレ トワ ルケル ミュ

*d'après...「~の意見では」。

> D'après toi, lequel est mieux?
> (どっちがいいと思う?)
>
> Je préfère le bleu.
> ジュ プレフェル ル ブル
> (ブルーのほうが好きだな)

▶ どっちが好き?
Lequel préfères-tu?
ルケル プレフェルテュ

*指す品物の性数に応じて次のように変化する。lequel(男性単数)、laquelle(女性単数)、lesquels(男性複数)、lesquelles(女性複数)。

Lesquelles préférez-vous?
レケル プレフェレヴ

ショッピング

▶ 両方ともほしいな。
Je voudrais bien les deux.
ジュ ヴドゥレ ビアン レ ドゥ

Je les voudrais tous les deux.
ジュ レ ヴドゥレ トゥ レ ドゥ

▶ どっちもほしくない。
Je ne veux ni l'un ni l'autre.
ジュン ヴ ニ ラン ニ ロートゥル

*ne...ni A ni B「AもBも〜ない」。

Je n'en veux aucun.
ジュ ナン ヴ オカン

▶ 派手すぎるよ。
C'est trop voyant.
セ トゥロ ヴワヤン

▶ ちょっと地味だね。
C'est un peu fade.
セタン プ ファードゥ

*fade「色がくすんだ、味がうすい」。

▶ あなたには派手だよ。
Ça fait trop jeune.
サ フェ トゥロ ジュヌ

* 直訳は「あまりに若い」で、年齢にしては装いが派手だという意味。

▶ それはちょっと老けて見えるよ。
Ça fait un peu vieux pour toi.
サ フェ アン プ ヴィウ プル トゥワ

* 年齢にしては装いが地味だという意味の表現。

▶ 気取ってるよ。
C'est trop chic.
セ トゥロ シック

*trop chic「粋すぎた」。

Ça fait trop BCBG.
サ フェ トゥロ ベセベジェ

*BCBG は bon chic bon genre の略語で、「上品な」という意味になる。

▶ これがいいな。
J'aime bien celui-ci [celle-ci].
ジェム ビアン スリュイスィ [セルスィ]

▶ 寸法を直してもらえますか？
Vous faites les retouches?
ヴ フェトゥ レ ルトゥーシュ

* 店が寸法直しを扱っているかどうかを聞く表現。

Vous pourriez me le rallonger?
ヴ　プリエ　ム　ル　ラロンジェ
(丈出ししてもらえますか？)

Vous pourriez me la raccourcir?
ヴ　プリエ　ム　ラ　ラクルスィール
(丈詰めしてもらえますか？)

▶ じゃ、これにします。
Bon, je le prends.
ボン　ジュ　ル　プラン

*値段の高い商品を指すときには ça は使わず、le または la で言い換える。

Je vais prendre ça.
ジュ ヴェ プランドゥル サ
Je vais prendre celui-ci [celle-ci].
ジュ ヴェ プランドゥル スリュイスィ [セルスィ]
*迷ったうえで決めたときの表現。

▶ 贈り物です。
C'est pour offrir.
セ　　プロフリール

▶ 包装していただけますか？
Vous pourriez me faire un paquet cadeau?
ヴ　　プリエ　　ム　フェラン　パケ　カド

*cadeau「贈り物」。

Pourrais-je avoir un emballage cadeau?
プレジュヴワラナンバラジュ　　　　カド

▶ どこで支払うのですか？
Où est-ce qu'on règle?
ウ　エス　コン　レーグル

Où est la caisse? (レジはどこですか？)
ウ　エ　ラ　ケッス

▶ 現金でお支払ですか、それともカードでしょうか？
Vous réglez en espèces ou avec une carte de crédit?
ヴ　レグレ　アンネスペース　アヴェキュン　カルトゥ　ドゥ　クレディ

*en espèces「現金で」。régler は payer のおしゃれな言い方。

Vous payez en espèces ou par chèque?
ヴ　ペイエ　アンネスペース　　パル　シェック
(お支払は現金ですか、小切手ですか？)

*フランスでは小切手がよく使われている。

▶ カードは使えますか？
Je peux payer par carte?
ジュ　プ　　ペイエ　パル　カルトゥ

Vous acceptez les cartes VISA?
ヴザクセプテ　　レ　カルトゥ　ヴィザ
(VISA カードは使えますか)

ショッピング　　777

▶ 1ユーロをお持ちですか？
Vous n'auriez pas un‿euro?
ヴ　ノリエ　パ　アヌロ

* 店員がお客に小銭を持っているかをたずねるときの表現。

Vous n'auriez pas un‿euro? (1ユーロをお持ちですか？)
Non, désolée, je n'ai pas.
ノン　デゾレ　ジュ ネ　パ
(いえ、ごめんなさい、持ってないんです)

▶ この近くにキャッシングコーナーはありますか？
Il‿y‿a un distributeur près d'ici?
イリャ　アン ディストゥリビュトゥール　プレ　ディスィ

▶ 分割払いにできますか？
On peut payer en plusieurs fois?
オン　プー　ペイエ　アン　プリュズュル　フワ

* 直訳は「数回に分けて払えるか」。

On peut payer à crédit?
オン　プ　ペイエ ア クレディ
*à crédit「分割払いで」

▶ 日本円は使えますか？
Je peux régler en yens?
ジュ　プ　レグレ　アン イエン
Vous‿acceptez les yens?
ヴザクセプテ　レ　イエン
Vous prenez les yens?
ヴ　プルネ　レ イエン

▶ 取り替えてください。
C'est pour‿un‿échange.
セ　プラネシャンジュ

* 店のほうに非があって、取り替えるのが当然なときの表現。

C'est pour‿un‿échange.
(取り替えてください)

Vous‿avez le ticket de caisse?
ヴザヴェ　ル　ティケ ドゥ ケッス
(レシートはお持ちですか？)

▶ これを取り替えていただけますか？
Pourriez-vous me le changer, s'il vous plaît?
プリエヴ　ム　ル　シャンジェ　スィル ヴ　プレ

▶ シミがついてます。
Il‿y‿a une tache.
イリャ　ユン　タシュ

6　旅行で使うフレーズ

C'est taché.
セ　タシェ

▶ 払い戻してほしいのですが。

Je voudrais me faire‿rembourser.
ジュ　ヴドゥレ　ム　フェランブルセ

Pourriez-vous me rembourser?
プリエヴ　ム　ランブルセ
(払い戻していただけますか？)

▶ 金券を作っていただけますか？

Pourriez-vous me faire‿un‿avoir?
プリエヴ　ム　フェラナヴォワール

*avoirは払い戻しの代わりに発行するもので、その店だけで使える券。

▶ こんなに使うつもりはなかったんだけど…。

Je ne pensais pas mettre ce prix-là...
ジュ　ヌ　パンセ　パ　メトゥル　ス　プリラ

*mettre「費やす」。値段について交渉するときに使うエレガントな表現。遠回しに値段が高いと値切っている。

Je ne pensais pas mettre ce prix-là...
(こんなに使うつもりじゃなかったんだけど…)

Combien comptiez-vous mettre?
コンビアン　コンティエヴ　メトゥル
(どのくらいのご予算だったんですか？)

▶ 私にはちょっと高いんですが…。

Ça me fait un peu cher...
サ　ム　フェ　アン　プ　シェール

▶ もうすこし安くしてもらえませんか？

Vous‿ne pourriez pas me faire‿un prix?
ヴン　プリエ　パ　ム　フェラン　プリ

Vous‿ne pourriez pas me faire‿un prix?
(もうすこし安くしてもらえませんか？)

C'est déjà une promotion, Madame.
セ　デジャ　ユン　プロモスィオン　マダーム
(こちらはもう値引きしてますので)

Vous‿ne pourriez pas me le baisser?
ヴン　プリエ　パ　ム　ル　ベセ
Vous‿ne pourriez pas me faire‿une petite remise?
ヴン　プリエ　パ　ム　フェリュン　プティトゥ　ルミーズ
*remise「割引」。
Vous‿ne pourriez pas faire‿un petit‿effort?
ヴン　プリエ　パ　フェラン　プティテフォール
(ちょっとまけてもらえませんか？)

ショッピング

▶ もうこれ以上は無理です。
Je ne peux pas faire plus.
ジュ ヌ プ パ フェル プリュス

▶ 日本の私の住所へ送っていただけますか？
Vous pourriez l'expédier à mon adresse, au Japon?
ヴ プリエ レクスペディエ ア モナドゥレス オ ジャポン
*expédier「発送する」。

▶ 今日中に配達してもらえますか？
Pouvez-vous me le [la] livrer dans la journée?
プヴェヴ ム ル [ラ] リヴレ ダン ラ ジュルネ

▶ 配達は無料ですか？
Vous faites la livraison gratuite?
ヴ フェトゥ ラ リヴレゾン グラテュイトゥ

▶ 送料はどのくらいかかりますか？
Il faut compter combien pour les frais d'envoi?
イル フォ コンテ コンビアン プル レ フレ ダンヴワ
*compter「数える、見積もる」。frais「費用」。

㊴ 食事

レストランを予約する

▶ この辺でおいしいレストランを教えてもらえますか？
Vous connaissez un bon restaurant par‿ici?
ヴ　コネセ　アン　ボン　レストラン　パリスィ

Pourriez-vous me recommander un restaurant dans le quartier?
プリエヴ　ム　ルコマンデ　アン　レストラン　ダン　ル　カルティエ

▶ イタリアンが食べたいのですが。
J'ai envie de manger italien.
ジェ　アンヴィ　ドゥ　マンジェ　イタリアン

Je préférerais un restaurant italien.（イタリアンのほうがいい）
ジュ　プレフェルレ　アン　レストラン　イタリアン

▶ 中華の店をさがしているんですが。
Je cherche‿un restaurant chinois.
ジュ　シェルシャン　レストラン　シヌワ

> Je cherche‿un restaurant chinois.
> （中華の店をさがしているんですが）
>
> Il‿y‿en‿a un près d'ici.
> イリヤナ　アン　プレ　ディスィ
> （この近くに1軒ありますよ）

▶ どのレストランがおすすめですか？
Quel restaurant me recommandez-vous?
ケル　レストラン　ム　ルコマンデヴ

Qu'est-ce que vous me conseillez, comme restaurant?
ケス　ク　ヴ　ム　コンセイエ　コンム　レストラン

▶ この辺にメキシコ料理のお店はありますか？
Est-ce qu'il‿y‿a un restaurant mexicain, par‿ici?
エス　キリャ　アン　レストラン　メクスィカン　パリスィ

> Est-ce qu'il‿y‿a un restaurant mexicain, par‿ici?
> （この辺にメキシコ料理のお店はありますか？）
>
> Pas à ma connaissance.
> パ　ア　マ　コネサンス
> （私の知ってる限りではないですね）

▶ カフェはどこにありますか？
Où est-ce qu'il‿y‿a un café?
ウ　エス　キリャ　アン　カフェ

▶ この辺でまだやっているレストランはありますか？
Est-ce qu'il‿y‿a encore des restaurants ouverts, par‿ici?
エス　キリャ　アンコル　デ　レストラン　ウヴェール　パリスィ

Est-ce qu'il_y_a encore des restaurants ouverts, par_ici?
(この辺でまだやっているレストランはありますか？)

A cette_heure-ci, ça m'étonnerait.
ア　　セトゥルスィ　　　サ　　メトンレ
(この時間じゃ、ないと思うな)

*ça m'étonnerait は直訳すると「そんなことがあったら驚く」で、「きっとそうではない」の意味になる。

▶ 予約が必要ですか？

Il faut réserver?
イル　フォ　レゼルヴェ

On doit réserver à l'avance?
オン　ドゥワ　レゼルヴェ　ア　ラヴァンス
*à l'avance「前もって」。

Il vaut mieux réserver? (予約したほうがいいですか？)
イル　ヴォ　ミュ　レゼルヴェ

▶ はい、レストラン・デュ・パルクでございます。

Restaurant du Parc, bonjour.
レストラン　　デュ　パルク　ボンジュール

▶ 今夜6時の予約をしたいのですが。6人です。大丈夫ですか？

Je voudrais réserver une table pour ce soir, dix-huit_heures.
ジュ　ヴドゥレ　　レゼルヴェ　ユン　ターブル　プル　ス　スワール　ディズュイトゥール
Pour six personnes. C'est possible?
プル　スィ　ペルソンヌ　　セ　ポスィーブル

*cinq, six, huit, dix の語末の子音は、発音しないで「サン」、「スィ」、「ユイ」、「ディ」となることがある。

▶ 4人分の席を予約したいのですが。

Je voudrais réserver une table pour quatre personnes.
ジュ　ヴドゥレ　レゼルヴェ　ユン　ターブル　プル　カトゥル　ペルソンヌ

Je voudrais réserver une table pour quatre personnes. Pour ce soir.
ジュ　ヴドゥレ　レゼルヴェ　ユン　ターブル　プル　カトゥル　ペルソンヌ　プル　ス　スワール
(4人分の席を予約したいのですが。今夜です)

Oui, Monsieur. C'est possible. Vers quelle_heure?
ウイ　ムスュ　セ　ポスィーブル　ヴェール　ケルール
(はい、かしこまりました。何時ごろですか？)

▶ できたら、テラスで。

En terrasse, si possible.
アン　テラス　スィ　ポスィーブル

Je préférerais une table près de la fenêtre.
ジュ　プレフェルレ　ユン　ターブル　プレ　ドゥ　ラ　フネートゥル
(窓際の席にしてもらいたいんですが)

Je voudrais une table près de l'orchestre.
ジュ ヴドゥレ ユヌ ターブル プレ ドゥ ロルケストゥル
(バンドに近い席にしてほしいんですが)

▶ 何名様ですか？
C'est pour combien de personnes?
セ プル コンビアン ドゥ ペルソンヌ

> Nous voudrions dîner. (ディナーをお願いします)
> ヌ ヴドゥリオン ディネ
> C'est pour combien de personnes? (何名様ですか？)

Vous_êtes combien, Messieurs-dames?
ヴゼットゥ コンビアン メスュダーム

▶ 2人です。
Deux personnes.
ドゥ ペルソンヌ
Nous sommes deux.
ヌ ソンム ドゥー

▶ 席はありますか？
Il_y_a de la place?
イリヤ ドゥ ラ プラス
Vous_avez de la place?
ヴザヴェ ドゥ ラ プラス
Il vous reste des tables libres?
イル ヴ レストゥ デ タブル リーブル

▶ 申し訳ないのですが、今夜は満席でございます。
Désolé [Désolée], Monsieur, mais ce soir, c'est complet.
デゾレ ムスュ メ ス スワール セ コンプレ
Je regrette, Madame, mais ce soir, tout_est complet.
ジュ ルグレトゥ マダム メ ス スワール トゥテ コンプレ
Je suis désolé [désolée], Monsieur, mais ce soir, nous sommes complets.
ジュ スュイ デゾレ ムスュ メ ス スワール ヌ ソンム コンプレ
Je regrette, Madame, mais ce soir, tout_est réservé.
ジュ ルグレトゥ マダム メ ス スワール トゥテ レゼルヴェ

▶ どのくらい待ちますか？
Il_y_a combien d'attente?
イリヤ コンビアン ダタントゥ

▶ 何時からなら席がとれますか？
A partir de quelle_heure est-ce que vous_aurez de la place?
ア パルティル ドゥ ケルール エス ク ヴゾレ ドゥ ラ プラス

▶ 待ちます。
On va attendre.
オン ヴァ アタンドゥル

食事

Nous_ne sommes pas pressés [pressées].
ヌン　　ソンム　　パ　　プレセ
*pressé「急いでいる」。

▶ 別のところに行こう。
On va ailleurs.
オン ヴァ　アユール

▶ お待たせいたしました。
C'est_à vous, Messieurs-dames.
セタ　　ヴ　　　　　　メスュダーム
* 直訳は「あなたの番です」。

▶ こちらへどうぞ。
Par_ici, s'il vous plaît.
パリスィ　スィル ヴ　プレ

Suivez-moi.
スュイヴェムワ
* 直訳は「私についてきてください」。

▶ お店は何時までやってますか？
Vous_êtes_ouverts jusqu'à quelle_heure?
ヴゼトゥヴェール　　　　　　ジュスカ　　　ケルール

> Vous_êtes_ouverts jusqu'à quelle_heure?
> （お店は何時までやってますか？）
>
> Jusqu'à une_heure, Monsieur.（午前1時までです）
> ジュスカ　　ユヌール　　　　ムスュ

▶ ラストオーダーは何時ですか？
Vous servez jusqu'à quelle_heure?
ヴ　セルヴェ　ジュスカ　　　ケルール
* 直訳は「何時までサービスしますか？」。

▶ お店はどの辺にあるのですか？
Où est-ce que vous_êtes, exactement?
ウ　エス　ク　　ヴゼトゥ　　エグザクトゥマン

Vous_êtes_où par_rapport_à l'Opéra?
ヴゼトゥー　　　　　パラポラ　　　ロペラ
（オペラ座からみてどっちのほうですか？）
*par rapport à...「〜と比べて、〜との関連で」。

▶ わかりやすいですか？
C'est facile_à trouver?
セ　ファスィラ　トゥルヴェ

▶ クレジットカードは使えますか？
Vous_acceptez les cartes de crédit?
ヴザクセプテ　　　レ　カルトゥ　ドゥ　クレディ

Vous prenez les cartes de crédit?
On peut régler avec une carte de crédit?

▶ ディナーはいくらぐらいかかりますか？
Il faut compter combien, le soir?
Il faut compter combien pour un dîner?

▶ 50ユーロで飲み物込みのディナーは大丈夫ですか？
Est-il possible de dîner pour cinquante euros, boissons comprises?

▶ ドレスアップしていく必要がありますか？
Il faut venir en tenue habillée?
*tenue「服装」。habillée「ドレッシーな」。

> Il faut venir en tenue habillée?
> （ドレスアップしていく必要がありますか？）
> Non, mais nous exigeons une tenue correcte.
> （いいえ、ただきちんとしたかっこうでお越しください）

*exiger「(強く)求める」。

▶ 上着とネクタイが必要ですか？
Vous exigez une veste et une cravate?
*veste「上着、ジャケット」。日本語の「ベスト」は gilet。

▶ 予約を取り消したいのですが。
C'est pour annuler une réservation.
Je téléphone pour annuler ma réservation.

注文する 6_013.mp3

▶ すみませーん！
S'il vous plaît!

▶ メニューをお願いします。
La carte, s'il vous plaît.
Je voudrais la carte, s'il vous plaît.

Apportez-moi la carte, s'il vous plaît.
アポルテムワ ラ カールトゥ スィル ヴ プレ

▶ 日本語のメニューはありますか？
Vous‿avez une carte‿en japonais?
ヴザヴェ ユン カルトゥン ジャポネ

Auriez-vous un menu en japonais?
オリエヴ アン ムニュ アン ジャポネ

▶ 食前酒はいかがですか？
Vous désirez un‿apéritif, Messieurs-dames?
ヴ デズィレ アナペリティフ メスュダーム

Vous désirez un‿apéritif, Messieurs-dames?
（食前酒はいかがですか？）

Oui, je vais prendre‿un Kir.
ウイ ジュ ヴェ プランドラン キール
（ええ、キールをください）

*Kir はカシスのリキュールを辛口の白ワインで割ったもの。フランスでは最も一般的な食前酒。Kir royal（白ワインの代わりにシャンペンで割ったもの）、Kir framboise（カシスの代わりに木いちごのリキュールを使ったもの）などがある。

Vous désirez un digestif, Monsieur?
ヴ デズィレ アン ディジェスティフ ムスュ
（食後酒はいかがですか？）

▶ さて、何かおいしいものがあるかな？
Voyons…, qu'est-ce qu'il‿y‿a de bon?
ヴヮヨン ケス キリャ ドゥ ボン

▶ トルネード・ロッシーニってどんな料理ですか？
Qu'est-ce que c'est, un tournedos Rossini?
ケス ク セ アン トゥルヌド ロスィニ

*牛ヒレ肉にフォアグラを添えた料理。

▶「本日の魚料理」は何ですか？
Le poisson du jour, qu'est-ce que c'est?
ル プワソン デュ ジュール ケス ク セ

Le poisson du jour, qu'est-ce que c'est?
（「本日の魚料理」は何ですか？）

C'est du thon, Madame.
セ デュ トン マダム
（まぐろでございます）

C'est quoi, le poisson du jour?
セ クワ ル プワソン デュ ジュール

6

▶ おすすめは何ですか？
Que nous recommandez-vous?
ク ヌ ルコマンデヴ

> Que nous recommandez-vous?
> (おすすめは何ですか？)
>
> Le foie de veau, Monsieur.
> ル フワ ドゥ ヴォ ムスュ
> (仔牛の肝臓でございます)

Que nous conseillez-vous?
ク ヌ コンセイエヴ

▶「本日のおすすめ」は何ですか？
Quel est le plat du jour?
ケレ ル プラ デュ ジュール

▶ お店の自慢料理は何ですか？
Quelle est la spécialité de la maison?
ケレ ラ スペスィアリテ ドゥ ラ メゾン

> Quelle est la spécialité de la maison?
> (お店の自慢料理は何ですか？)
>
> Le boudin, Monsieur.
> ル ブダン ムスュ
> (ブダンでございます)

* ブダンはブタの血と脂身で作ったソーセージ。

Quelle est la spécialité du chef?
ケレ ラ スペスィアリテ デュ シェフ
(シェフのおすすめは何ですか？)

Vous avez des spécialités locales?
ヴザヴェ デ スペスィアリテ ロカール
(土地の名物料理はありますか？)

▶ 何にしたらいいのかな？
Qu'est-ce que je pourrais prendre?
ケス ク ジュ プレ プランドゥル

▶ 何にしたらいいかわからないな。
Je ne sais pas quoi prendre.
ジュン セ パ クワ プランドゥル

* 迷っているときの表現。

Je n'arrive pas à me décider.
ジュ ナリヴ パ ア ム デスィデ
(決められないな)

▶ あまりお腹がすいてないんだ。
Je n'ai pas très faim.
ジュ ネ パ トゥレ ファン

食事

Je n'ai pas beaucoup d'appétit.
ジュ ネ パ ボク ダペティ
*「体調がすぐれないので食欲がない」といったニュアンスの表現。

▶ いちばんおいしいのはどれかな？
Quel est le meilleur?
ケレ ル メユール

C'est lequel, le meilleur?
セ ルケル ル メユール

▶ カキは大好物なんだ！
J'adore les huîtres!
ジャドール レズュイトル

* フランスでは魚介類を生では食べないが、カキは例外。名前に r が入っている月、9月 septembre から 4月 avril までがカキを食べるのに安全な期間とされる。

▶ 私はエスカロップが食べたい。
J'ai envie d'une escalope.
ジェ アンヴィ デュネスカロップ

* エスカロップは薄く切った肉のことで、ふつうは仔牛の焼肉を言う。

▶ じゃあ、何にする？
Alors, qu'est-ce que tu prends?
アロール ケス ク テュ プラン

Alors, qu'est-ce que tu vas prendre?
アロール ケス ク テュ ヴァ プランドゥル

▶ アントレは何にする？
Qu'est-ce que tu prends comme entrée?
ケス ク テュ プラン コマントゥレ

* アントレはメインディッシュの前に出る料理のこと。

Qu'est-ce que tu veux, comme entrée?
ケス ク テュ ヴ コマントゥレ
*prendre ではなく vouloir を用いるのは、お金を支払う側の人間の場合が多い。

▶ ご注文はお決まりですか？
Vous avez choisi, Messieurs-dames?
ヴザヴェ シュワズィ メスュダーム

> Vous avez choisi, Messieurs-dames?
> （ご注文はお決まりですか？）
>
> Non, pas encore.
> ノン パザンコール
> （いえ、まだです）

Vous avez décidé, Messieurs-dames?
ヴザヴェ デスィデ メスュダーム
Vous avez fait votre choix, Messieurs-dames?
ヴザヴェ フェ ヴォトゥル シュワ メスュダーム

Je vous écoute, Messieurs-dames.
ジュ　ヴゼクトゥ　　　　　メスュダーム
＊直訳は「お聞きします」。

Qu'est-ce qui vous ferait plaisir, Messieurs-dames?
ケス　　キ　ヴ　フレ　プレズィール　　メスュダーム
＊faire plaisir...「～を喜ばせる」。くだけた表現。

▶ 私は20ユーロのコースをいただきます。

Je vais prendre le menu à vingt euros.
ジュ　ヴェ　プランドゥル　ル　ムニュ　ア　ヴァン　ウロ

▶ タルタルステーキにするわ。

Je vais prendre un steak tartare.
ジュ　ヴェ　プランドゥラン　ステク　タルタル

＊je vais prendre... は店で注文するときの表現。タルタルステーキは生肉の料理。

Une salade verte, s'il vous plaît.
ユン　サラッドゥ　ヴェルトゥ　スィル　ヴ　プレ
（グリーンサラダをお願いします）

Pour moi, un steak garni.
プル　ムワ　アン　ステク　ガルニ
（野菜添えのステーキだな、ぼくは）

＊garni「豊かな」という意味から「（料理に）野菜などを添えた」。

▶ 海の幸の盛り合わせにします。

On va prendre un plateau de fruits de mer.
オン　ヴァ　プランドゥラン　プラト　ドゥ　フリュイ　ドゥ　メール

＊plateau「台つきの丸いトレー」。fruit は「果実」だけでなく、複数形で「収穫物」に用いられる。fruits de mer は貝、カニ、エビ、ウニなどを指し、魚は含まない。

▶ 私はこれとこれにします。

Je vais prendre ça et ça.
ジュ　ヴェ　プランドゥル　サ　エ　サ

＊読み方がわからないときは、メニューを指さしてこう言えばよい。

▶ ぼくは白ブダンを食べてみよう。

Je vais goûter le boudin blanc.
ジュ　ヴェ　グテ　ル　ブダン　ブラン

＊白ブダンは牛乳と仔牛肉などで作ったソーセージ。

▶ 私も同じものをいただくわ。

La même chose pour moi.
ラ　メム　ショーズ　プル　ムワ

Je vais prendre la même chose.
ジュ　ヴェ　プランドゥル　ラ　メム　ショーズ

Moi aussi.
ムワ　オスィ

食事

789

▶ 私もあちらの方と同じものをいただきます。
Je voudrais la même chose que le monsieur [la dame].
ジュ ヴドゥレ ラ メム ショーズ クル ムスュ [ラ ダーム]

▶ ステーキの焼きかげんはどうなさいますか？
Quelle cuisson, le steak, Madame?
ケル キュイソン ル ステック マダーム
*cuisson「焼くこと、煮ること」。

Comment aimez-vous votre steak?
コマン エメヴ ヴォトゥル ステック

▶ ウェルダンでお願いします。
Bien cuit, s'il vous plaît.
ビアン キュイ スィル ヴ プレ
*bien cuit「よく焼いた」。

A point.（ミディアムで）
ア プワン
*à point「適度に」。

Saignant.（ミディアムレアで）
セニャン
*saigner「出血する」という意味から「血がしたたるような」。

Bleu.（レアで）
ブル

▶ ステーキの付け合わせは何になさいますか？
Quelle garniture désirez-vous, avec le steak?
ケル ガルニテュール デズィレヴ アヴェク ル ステック

Quelle garniture désirez-vous, avec le steak?
（ステーキの付け合わせは何になさいますか？）

Je vais prendre des haricots verts.
ジュ ヴェ プランドゥル デ アリコ ヴェール
（インゲンにしてください）

▶ お飲み物は？
Et comme boisson?
エ コンム ブワソン

▶ ワインを召し上がりますか？
Vous prendrez du vin?
ヴ プランドゥレ デュ ヴァン

▶ ワインリストをお願いします。
Apportez-moi la carte des vins, s'il vous plaît.
アポルテモワ ラ カルトゥ デ ヴァン スィル ヴ プレ

6

▶ 赤ワインは何がありますか？
Qu'est-ce que vous avez, comme vins rouges?
ケス ク ヴザヴェ コンム ヴァン ルージュ

▶ 85年もののサンテミリョンをください。
Donnez-nous une bouteille de Saint-Emilion 85.
ドネヌ ユン ブテイ ドゥ サンテミリョン カトゥルヴァンサンク

*bouteille「びん」。

Apportez-nous une bouteille de Bourgogne.
アポルテヌ ユン ブテイ ドゥ ブルゴニュ
(ブルゴーニュワインを1本お願いします)

On va prendre une bouteille de Champagne.
オン ヴァ プランドゥリュン ブテイ ドゥ シャンパーニュ
(シャンペンを1本いただきます)

▶ 赤のハウスワインをお願いします。
Apportez-nous un pichet de rouge, s'il vous plaît.
アポルテヌ アン ピシェ ドゥ ルージュ スィル ヴ プレ

*ハウスワインはピッチャーに入れて運ばれる。質はボトルやグラスに比べて劣る。

▶ お水をお願いします。
Apportez-nous une carafe d'eau, s'il vous plaît.
アポルテヌ ユン カラフ ド スィル ヴ プレ

*carafeはガラスの水差しのことで、レストランでは無料の水（水道水）はふつうこの容器に入れて運ばれる。水は頼まないと出てこない。

▶ 炭酸なしのミネラルウォーターを1本お願いします。
Apportez-nous une bouteille d'eau minérale non-gazeuse,
アポルテヌ ユン ブテイ ド ミネラール ノンガズーズ
s'il vous plaît.
スィル ヴ プレ

*non-gazeuseの代わりにplateも使う。

▶ ご注文は以上でよろしいでしょうか？
Vous désirez autre chose, Monsieur?
ヴ デズィレ オトゥル ショーズ ムスュ

*直訳すると「ほかのものを望むか」。

Ce sera tout, Messieurs-dames?
ス スラ トゥ メスュダーム

▶ ええ、結構です。
Non, merci. C'est tout.
ノン メルスィ セ トゥ

▶ 30分も前に注文したのにまだ来ないんですが。
J'ai commandé il y a une demi-heure et je ne suis
ジェ コマンデ イリヤ ユン ドゥミウール エ ジュン スュイ
pas encore servi [servie].
パザンコル セルヴィ

食事

791

▶ これは頼んだものと違います。
Ce n'est pas ce que j'ai commandé.
ス ネ パ ス ク ジェ コマンデ

Je n'ai pas commandé ça.
ジュ ネ パ コマンデ サ
(これは頼んでいません)

▶ どうぞ、ごゆっくりお召し上がりください。
Bon appétit, Messieurs dames.
ボナペティ メスュダーム

*appétit「食欲」。

▶ チーズはいかがなさいますか？
Vous désirez du fromage?
ヴ デズィレ デュ フロマージュ

▶ チーズのトレーをお持ちします。
Je vous apporte le plateau de fromages.
ジュ ヴザポルトゥ ル プラト ドゥ フロマージュ

▶ ロクフォールとブリをすこしください。
Donnez-moi du roquefort et un peu de brie.
ドネモワ デュ ロクフォール エ アン プ ドゥ ブリ

*roquefort は青かびのチーズ、brie は白かびのチーズ。

▶ パンをお願いします。
Du pain, s'il vous plaît.
デュ パン スィル ヴ プレ

* 追加のパンを頼むときの表現。

▶ デザートはいかがですか？
Vous prendrez un dessert?
ヴ プランドゥレ アン デセール

▶ ウ・ア・ラ・ネージュにします。
Je vais prendre des œufs à la neige.
ジュ ヴェ プランドゥル デズ ア ラ ネージュ

*oeuf「卵」。neige「雪」。カスタードクリームにメレンゲを浮かせたデザート。

▶ 取り皿をふたつ持ってきてもらえますか？
Pourriez-vous nous apporter deux assiettes?
プリエヴ ヌザポルテ ドゥザスィエトゥ

▶ コーヒーはいかがでしょう？
Vous désirez un café, Madame?
ヴ デズィレ アン カフェ マダーム

> Vous désirez un café, Madame?
> (コーヒーはいかがでしょう？)

Oui, un déca, s'il vous plaît.
ウイ アン デカ スィル ヴ プレ
(ええ、カフェイン抜きをお願いします)

*déca は café décaféiné「カフェイン抜きのコーヒー」の略語。

Vous prendrez des cafés, Messieurs-dames?
ヴ プランドゥレ デ カフェ メスュダーム
Je vous‿apporte des cafés, Messieurs-dames?
ジュ ヴザポルトゥ デ カフェ メスュダーム

▶ コーヒーはコースについてますか？

Le café est compris dans le menu?
ル カフェ エ コンプリ ダン ル ムニュ

▶ コーヒーをお願いします。

Je voudrais un café, s'il vous plaît.
ジュ ヴドゥレ アン カフェ スィル ヴ プレ

Apportez-moi un thé, s'il vous plaît.
アポルテムワ アン テ スィル ヴ プレ
(紅茶をお願いします)

Je vais prendre‿une infusion, une camomille.
ジュ ヴェ プランドゥリュン アンフュズィオン ユン カモミーユ
(カモミールのハーブティーにします)

▶ あまり濃くないのをお願いします。

Pas trop fort, s'il vous plaît.
パ トゥロ フォール スィル ヴ プレ

▶ 濃いのをお願いします。

Bien serré, s'il vous plaît.
ビアン セレ スィル ヴ プレ

*serré「密な」。

▶ コーヒーをもう1杯お願いします。

Un‿autre café, s'il vous plaît.
アノートゥル カフェ スィル ヴ プレ

▶ 新しいフォークをお願いします。

Apportez-moi une‿autre fourchette, s'il vous plaît.
アポルテムワ ユノートゥル フルシェットゥ スィル ヴ プレ

▶ スプーンをもうひとつほしいんですが。

Je voudrais une‿autre cuillère, s'il vous plaît.
ジュ ヴドゥレ ユノートゥル キュイエール スィル ヴ プレ

▶ すみません、ナイフを落としたんですが…。

Excusez-moi, j'ai fait tomber mon couteau...
エクスキュゼムワ ジェ フェ トンベ モン クト

食事

テーブルで

▶ お腹がすいた。君は？
J'ai faim. Et toi?
ジェ ファン エ トゥワ

> J'ai faim. Et toi?
> (お腹がすいた。君は？)
>
> Et comment! Je n'ai pas déjeuné ce matin.
> エ コマン ジュ ネ パ デジュネ ス マタン
> (もちろんよ！ 今朝、食べなかったんですもの)

▶ お腹がすいてきた。
Je commence à avoir faim.
ジュ コマンサ アヴワル ファン

▶ お昼を食べてないんだ。
Je n'ai pas déjeuné à midi.
ジュ ネ パ デジュネ ア ミディ

> Je n'ai pas déjeuné à midi.
> (お昼を食べてないんだ)
>
> Et pourquoi? (どうして？)
> エ プルクワ
>
> Je n'ai pas eu le temps. (時間がなくて)
> ジュ ネ パ ユ ル タン

▶ お腹がすいて死にそう。
Je meurs de faim.
ジュ ムール ドゥ ファン
*mourir de...「〜で死ぬ」。

J'ai très faim.
ジェ トゥレ ファン
J'ai l'estomac dans les talons.
ジェ レストマ ダン レ タロン
*直訳は「かかとの中に胃がある」。くだけた表現。

J'ai une faim de loup.
ジェ ユン ファン ドゥ ル
*faim de loup は「オオカミの飢え」で、「たくさん食べるぞ」といったニュアンスの表現。

Je crève de faim.
ジュ クレヴ ドゥ ファン
*crever de...「〜のために死にそうだ」。くだけた表現。

▶ のどが渇いた。
J'ai soif.
ジェ スワッフ

▶ いいにおい！
Ça sent bon!
サ サン ボン

▶ へんなにおい。
Ça a une drôle d'odeur.
サ ア ユン ドゥロロール ドドゥール

Ça sent bizarre.
サ サン ビザール

▶ 残念だけど、ダイエット中なの。
Malheureusement, je suis au régime.
マルルズマン ジュ スュイ オ レジーム

▶ おいしそう！
Ça a l'air bon!
サ ア レル ボン

Ça a l'air délicieux!
サ ア レル デリシュー

▶ よだれが出そう！
J'en‿ai l'eau à la bouche!
ジャンネ ロ ア ラ ブシュ
*eau à la bouche の直訳は「口の水」。

Ça‿me‿met l'eau à la bouche.
サンメ ロ ア ラ ブシュ

▶ どれもみんなおいしそう。
Tout‿a l'air bon.
トゥタ レル ボン

▶ あんまりおいしそうじゃ…
Ça a pas l'air terrible...
サ ア パ レル テリーブル
*pas terrible「そんなによくない」。見た目がおいしそうでないときに使うくだけた表現。

C'est pas affriolant.
セ パ アフリオラン
*affriolant「魅力的な」。

▶ これ、食べられるの？
Ça se mange?
サ ス マンジュ
*飾りなのか、食べられるのかを問う表現。

Je peux manger ça?
ジュ プ マンジェ サ

▶ これは食べられない。
Ça‿ne se mange pas.
サン ス マンジュ パ

C'est seulement une décoration. (これは飾りだよ)
セ　スルマン　ユン　デコラスィオン
*décoration は見栄えをよくするために料理に添えられるもの。

▶ おいしい？
C'est bon?
セ　ボン
Ça a bon goût?
サ　ア　ボン　グ

▶ おいしいね。
C'est bon.
セ　ボン

> Alors, c'est comment? (どう？)
> アロール　セ　コマン
> C'est bon. (おいしいね)

Ça a bon goût.
サ　ア　ボン　グ
(いい味だ)

▶ すごくおいしい！
C'est délicieux!
セ　デリスュ
*délicieux「非常においしい」。強調したいときは C'est très délicieux. ではなく C'est vraiment délicieux. とする。
C'est très bon.
セ　トゥレ　ボン
Un vrai régal!
アン　ヴレ　レガール
*régal「好物、ごちそう」。

▶ 極上だね！
C'est fin!
セ　ファン
*fin「上質な」。

▶ 美味！
C'est divin!
セ　ディヴァン
*divin「神の、至福の」。
C'est‿exquis!
セテクスキ
*exquis「たいへんおいしい、心地よい」。

▶ 最高！
C'est extra!
セ　エクストゥラ
* くだけた表現。

▶ それほどではないね。
Ce n'est pas extraordinaire.

▶ あまりおいしくない。
Ce n'est pas très bon.

Ça n'a pas très bon goût.

▶ へんな味がする。
Ça a un drôle de goût.

Ça a un goût bizarre.

▶ まずい！
C'est mauvais!

Ce n'est pas bon.
（おいしくない）

▶ 食べられないよ！
C'est immangeable!

▶ 飲めないよ！
C'est imbuvable!

▶ 辛い。
C'est épicé.

*épicé「スパイスのきいた」。

C'est piquant.
*piquer「刺す」という意味から「ぴりっとした」。

▶ 口の中が燃えてるみたい！
J'ai la bouche en feu!

*feu「火」。
Ça emporte la bouche!
*直訳すると「それ（食べ物）が口を運び去る」。

▶ 塩からい。
C'est salé.

食事

C'est trop salé. (塩が強すぎる)
セ　トロッ　サレ

▶ 甘い。
C'est sucré.
セ　シュクレ

C'est trop sucré. (甘すぎる)
セ　トロッ　シュクレ

▶ パリパリしてる。
C'est croustillant.
セ　クルスティヤン

C'est croquant. (カリカリだ)
セ　クロカン

*croustillant と croquant はともに歯ごたえのある食べ物に使う。

▶ ねばねばしてる。
C'est gluant.
セ　グリュアン

* 目で見て嫌悪感をもったときに使う表現。

C'est collant.
セ　コラン

*collant「べとべとした」。

▶ ぬるいよ、このコーヒー！
Il n'est pas chaud, ce café!
イル　ネ　パ　ショー　ス　カフェ

*pas chaud「熱くない」。

Il est tiède, ce café!
イレ　ティエーッ　ス　カフェ

▶ まずいよ、このコーヒー！
Il est mauvais, ce café!
イレ　モヴェ　ス　カフェ

C'est du jus de chaussettes, ce café!
セ　デュ　ジュ　ドゥ　ショセーッ　ス　カフェ

*chaussette「靴下」。jus de chaussettes は「(靴下でこしたような) 薄くてまずいコーヒー」の意味。くだけた表現。

▶ 苦いね、このコーヒー！
Il est amer, ce café!
イレタメール　ス　カフェ

▶ かたいよ、このパン！
Il est dur, ce pain!
イレ　デュール　ス　パン

▶ かたいよ、この肉！
Elle est dure, cette viande!
エレ　デュール　セトゥ　ヴィアンドゥ

C'est de la semelle!
セ ド ラ スメール
*semelle「靴敷き、靴底」。

▶ やわらかいね、この肉！
Elle‿est tendre, cette viande!
エレ タンドゥル セトゥ ヴィアンドゥ

▶ 味が濃い。
C'est fort de goût.
セ フォール ドゥ グ

C'est trop fort.（味が濃すぎる）
セ トゥロ フォール

▶ 味がうすい。
Ça n'a pas beaucoup de goût.
サ ナ パ ボク ドゥ グ

C'est fade.
セ ファードゥ

C'est insipide.（味がしない）
セ アンスィピードゥ

Ça manque d'assaisonnement.
サ マンク ダセゾヌマン
（味付けがたりない）

Ça manque de sel.（塩気がたりない）
サ マンク ドゥ セル

▶ 油っこい。
C'est gras.
セ グラ

▶ カロリーが高い。
C'est calorique.
セ カロリック

▶ 熱い。
C'est chaud.
セ ショ

C'est trop chaud.（熱すぎる）
セ トゥロ ショ

C'est brûlant.（やけどしそうなくらい熱い）
セ ブリュラン

C'est bouillant.（煮えたぎっている）
セ ブヤン

▶ 舌をやけどした！
Je me suis brûlé la langue!
ジュ ム スュイ ブリュレ ラ ラング

食事

▶ 猫舌です。
Je ne peux pas boire chaud.
ジュ ヌ プ パ ブワル ショ

▶ 冷たい。
C'est froid.
セ フルワ
C'est trop froid. (冷たすぎる)
セ トゥロ フルワ
C'est glacé. (凍っている)
セ グラセ

▶ これ、いかがですか？
Vous en voulez?
ヴザン ヴレ

▶ 味見してみる？
Tu veux goûter?
テュ ヴ グテ

▶ ええーっ、ボリュームがあるね！
Dis donc, c'est copieux!
ディ ドーン セ コピュー

▶ どうぞ、おとりください。
Servez-vous, je vous en prie.
セルヴェヴ ジュ ヴザン プリ
Vas-y, sers-toi. (先にとって)
ヴァズィ セルトゥワ

▶ 私には多すぎます。
C'est trop pour moi.
セ トゥロ プル ムワ
J'en ai trop.
ジャンネ トゥロ

▶ ふたりで分けようか？
Tu ne veux pas qu'on partage?
テュン ヴ パ コン パルタージュ
On partage?
オン パルタージュ

▶ パン、食べるの？
Tu manges ton pain?
テュ マンジュ トン パン

＊食べ残している人にたずねる表現。

> Tu manges ton pain? (パン、食べるの？)
> Non, tu peux le prendre.
> ノン テュ プ ル プランドゥル
> (ううん、食べていいよ)

6

▶ もう１本注文しようか？
On prend une‿autre bouteille?
オン プラン ユノトゥル ブテーイ

> On prend une‿autre bouteille?
> (もう１本注文しようか？)
>
> Non, ça suffit. (いいえ、もう十分よ)
> ノン サ スュフィ

▶ もう１杯飲む？
Un‿autre verre?
アノトゥル ヴェール
* バーなどでお酒を飲んでいるときに使う。

Encore‿un‿autre?
アンコラノートゥル
Encore‿un?
アンコラン

▶ もっと食べたいな。
J'ai encore faim.
ジェ アンコル ファン
* デザートなど、さらに別の物を食べたいときの表現。

▶ これをもうすこしもらおうかな…。
J'en reprendrais bien...
ジャン ルプランドゥレ ビアン

▶ もうお腹がいっぱいだ。
Je n'ai plus faim.
ジュ ネ プリュ ファン

▶ 私ならもう十分。
Pour moi, c'est suffisant.
プル モワ セ スュフィザン

> On commande‿autre chose?
> オン コマンドトゥル ショーズ
> (ほかに何か注文しようか？)
> Pour moi, c'est suffisant.
> (私ならもう十分)

Non, merci, j'ai bien mangé.
ノン メルスィ ジェ ビアン マンジェ
* 「十分食べた」と言うとき、beaucoup ではなく bien を使う。beaucoup は量だけを表すが bien は質と量の両方の要素を含む語。この表現は丁寧な断り方なので、招かれたときなどにふさわしい。

食事

801

▶ コーヒーはブラックで飲む？
Tu prends ton café nature?
テュ　プラン　トン　カフェ　ナテュール
*nature「何も混ぜない」。

> Tu prends ton café nature?
> （コーヒーはブラックで飲む？）
>
> Non, avec du lait et du sucre.
> 　ノン　アヴェク　デュ　レ　エ　デュ　スュークル
> （いいえ、ミルクと砂糖入りで）

Tu prends du lait, du sucre?
テュ　プラン　デュ　レ　デュ　スュークル
（ミルクと砂糖はいる？）

▶ おいしかった。
C'était bon.
セテ　ボン

C'était délicieux.
セテ　デリスュー
（とってもおいしかった）

支払い　　　　　　　　　　　　　　　　　6_015.mp3

▶ お勘定をお願いします。
Apportez-moi l'addition, s'il vous plaît.
アポルテムワ　　ラディスィオン　スィル　ヴ　プレ

L'addition, s'il vous plaît.
ラディスィオン　スィル　ヴ　プレ
*addition「勘定書」。

▶ この4ユーロは何ですか？
Qu'est-ce que c'est, ces quatre_euros?
ケス　　ク　セ　セ　　　カトゥルロ

▶ まちがっているんでは…。
Je crois qu'il_y_a une_erreur...
ジュ　クルワ　キリャ　　ユネルール

▶ どこで支払うのですか？
Où est-ce qu'on paye?
ウ　エス　コン　ペユ
*フランスでは支払いはテーブルでする。

▶ いえ、私が…。
Non, laissez...
ノン　　レセ
*laisser「そのままにする」。支払いを自分がもつときの表現。

Je vous_invite.（私が出します）
ジュ　ヴザンヴィトゥ

*直訳は「あなたを招待する」。

> **Non, laissez. Je vous_invite.**
> (いえ、私が出します)
>
> **Non non, il n'y_a pas_de raison...**
> ノン ノン イル ニャ パッ レゾン
> (いえいえ、そんなことしていただくわけには…)
>
> **Si, ça me fait plaisir.**
> スィ サ ム フェ プレズィル
> (いいえ、出させてください)

*ça me fait plaisir の直訳は「そうすることは私の喜びです」。

Vous_êtes mon_invité [invitée].
　ヴゼットゥ　　　モナンヴィテ
*直訳は「あなたは招待客だ」。

Aujourd'hui, c'est mon tour.
オジュルデュイ　　セ　モン　トゥール
(今日は私の番です)

*tour「回転、順番」。次の表現とともに、よく一緒に食事をする者どうしで使う。

Aujourd'hui, c'est pour moi. (今日は私が)
オジュルデュイ　セ　プル　ムワ

C'est moi qui offre le vin.
セ　ムワ　キ　オフル　ル　ヴァン
(ワインは私がもちます)

▶ 私が払っておくから、あとで返して。
Je paye, tu me rembourseras après.
ジュ ペーユ　テュ　ム　ランブルスラ　　アプレ
*rembourser「払い戻す」。

▶ 割勘にしようか？
On fait moitié-moitié?
オン　フェ　ムワティエムワティエ
*moitié-moitié「半分半分」。

▶ 別々に払おう。
On paye chacun sa part.
オン　ペイ　シャカン　サ　パール
*直訳は「それぞれ自分の分を払う」。

On paye séparément.
オン　ペイ　セパレマン

▶ サービス料込みですか？
Le service_est compris?
ル　セルヴィセ　　コンプリ
*service compris「サービス料込み」でなければ、請求額の 10% を目安にチップとする。
Le service_est_inclus?
ル　セルヴィセタンクリュ

食事

▶ チップがいります。
　Il faut laisser un pourboire.
　イル　フォ　レセ　アン　ブルブワール

▶ 親切だったから彼にチップをあげよう。
　Je vais lui laisser un pourboire. Il a été gentil.
　ジュ　ヴェ　リュイ　レセ　アン　ブルブワール　イラ　エテ　ジャンティ

▶ おつりは結構です。
　Gardez la monnaie.
　ガルデ　ラ　モネ

　＊おつりの硬貨をチップにするつもりで紙幣で払うときの表現。

　Gardez tout.
　ガルデ　トゥ

▶ 領収書をお願いします。
　Je voudrais un reçu, s'il vous plaît.
　ジュ　ヴドゥレ　アン　ルスュ　スィル　ヴ　プレ

▶ さあ、行こうか？
　Bon, allez, on y va?
　ボン　アレ　オニ　ヴァ

ファストフード店で　　　　　　　　　　　6_016.mp3

▶ ハンバーガーとコーラをください。
　Un hamburger et un coca, s'il vous plaît.
　アン　アンブルグーレ　アン　コカ　スィル　ヴ　プレ

▶ ホットドッグを2つください。
　Deux hot-dogs, s'il vous plaît.
　ドゥ　オッドッグ　スィル　ヴ　プレ

▶ ほかに何か？
　Et avec ça?
　エ　アヴェック　サ

　Ce sera tout?（以上でよろしいですか？）
　ス　スラ　トゥ

▶ ケチャップとマスタードをつけてください。
　Avec du ketchup et de la moutarde, s'il vous plaît.
　アヴェック　デュ　ケチャップ　エ　ドゥラ　ムタールドゥ　スィル　ヴ　プレ

▶ こちらでお召し上がりですか、お持ち帰りですか？
　C'est pour consommer sur place ou pour emporter?
　セ　プル　コンソメ　スュル　プラース　　ブランポルテ

　＊consommer「飲み食いする」。sur place「その場で、即座に」。

▶ 持ち帰ります。
　C'est pour emporter.
　セ　　　ブランポルテ

804　　　　　　　　　　6　旅行で使うフレーズ

▶ ここで食べます。
C'est pour manger ici.
セ プル マンジェ イスィ

▶ お呼びします。
On va vous‿appeler.
オン ヴァ ヴザプレ

＊「注文の品ができあがったらお客様をお呼びします」の意味。

▶ お持ちします。
On va vous l'apporter.
オン ヴァ ヴ ラポルテ

▶ トレーは自分で片付けるの？
Il faut débarrasser son plateau?
イル フォ デバラセ ソン プラト

40 観光

観光する

▶ 観光案内所はどこですか？

Où est le syndicat d'initiative?

Où est l'office du tourisme?

Où est le bureau d'informations touristiques?

*観光案内所・インフォメーションは、○の中にiの字が入ったマーク①が目印。

▶ 街の地図はありますか？

Auriez-vous un plan de la ville?

▶ 無料ですか？

C'est gratuit?

▶ 美術館は何時に開きますか？

A quelle heure ouvre le musée?

*フランス語では美術館も博物館も musée と言う。

▶ 美術館は何時に閉まりますか？

A quelle heure ferme le musée?

▶ 美術館は何時から何時まで開いてますか？

Quelles sont les heures d'ouverture du musée?

▶ 月曜日は開いてますか？

C'est ouvert le lundi?

▶ このあたりで見所は何ですか？

Qu'est-ce qu'il y a d'intéressant à voir dans la région?

Qu'est-ce qu'il y a d'intéressant à voir dans la région?
(このあたりで見所は何ですか？)

Il y a un château du seizième siècle…
(16世紀のお城がありますが…)

Pourriez-vous m'indiquer ce qu'il y a d'intéressant à visiter?

（この町の名所を教えていただけますか？）

Quels sont les sites‿touristiques‿intéressants?
ケル　ソン　レ　スィットゥリスティカンテレサン
（観光名所は何ですか？）
*site「景色、見所」。

▶ どんなツアーがありますか？
Qu'est-ce qu'il‿y‿a comme tours‿organisés?
ケス　キリャ　コンム　トゥロルガニゼ
*organisé「企画構成された」。voyage organisé で「パッケージツアー」。

Qu'est-ce que vous proposez comme‿excursions?
ケス　ク　ヴ　プロポゼ　コメクスキュルスィオン
*excursion「見学、～めぐり」。

▶ どんなコースですか？
Quel‿est l'itinéraire?
ケレ　リティネレール
*itinéraire「道順」。

Pouvez-vous m'indiquer l'itinéraire?
プヴェヴ　マンディケ　リティネレール
*この文は「道順を教えてもらえますか？」という意味にもなる。

▶ 観光バスのツアーはありますか？
Est-ce qu'il‿y‿a des‿excursions en‿autocar?
エス　キリャ　デゼクスキュルスィオン　アンノトカール
*フランス語で autocar, car は観光バス、長距離バスの意味になる。ふつうの市内バスは autobus または bus と言う。

▶ 貸し切りタクシーで市内観光をしたいのですが。
Je voudrais louer une voiture‿avec chauffeur pour visiter la ville.
ジュ　ヴドゥレ　ルエ　ユン　ヴワテュラヴェク　ショフール　プル　ヴィズィテ　ラ
ヴィール
*直訳は「市内観光に運転手つきの車を1台借りたい」。

▶ 日本語が話せるガイドをお願いしたいのですが。
Je voudrais un guide qui parle japonais.
ジュ　ヴドゥレ　アン　ギドゥ　キ　パールル　ジャポネ

▶ 1日いくらですか？
C'est combien, par jour?
セ　コンビアン　パル　ジュール

C'est combien, à la journée?
セ　コンビアン　ア　ラ　ジュルネ

▶ 入場料はいくらですか？
C'est combien, l'entrée?
セ　コンビアン　ラントゥレ

観光

▶ 切符を2枚ください。
Deux billets, s'il vous plaît.
ドゥ　ビエ　スィル　ヴ　プレ

▶ この建物は何ですか？
Qu'est-ce que c'est, ce bâtiment?
ケス　ク　セ　ス　バティマン

▶ いつごろのものですか？
Ça date_de quelle_époque?
サ　ダットゥ　ドゥ　ケレポック

*dater de...「〜にさかのぼる、〜に始まる」。époque「時代」。

Ça date_de quel siècle?
サ　ダットゥ　ドゥ　ケル　スィエークル
(何世紀のものですか？)

Ça a été construit en quelle_année?
サ　ア　エテ　コンストゥリュイ　アン　ケラネ
(何年に建てられたものですか？)

▶ 中に入れますか？
On peut le visiter?
オン　プ　ル　ヴィズィテ

▶ お城を見に行きましょう。
Allons visiter le château.
アロン　ヴィズィテ　ル　シャト

*visiter は「中に入って見る」。外観だけを見るのは voir。

▶ 車イス用の通路はありますか？
Est-ce qu'il_y_a un_accès pour les fauteuils roulants?
エス　キリャ　アナクセ　プル　レ　フォトゥイ　ルラン

*fauteuils「ひじかけイス」、roulants「移動用の」。

Est-ce qu'il_y_a un_accès handicapés?
エス　キリャ　アナクセ　アンディカペ
*handicapé「障害者」。

▶ ガイドつきの見学はやってますか？
Est-ce qu'il_y_a des visites guidées?
エス　キリャ　デ　ヴィズィトゥ　ギデ

▶ 見学にはどのくらいかかるのですか？
La visite dure combien de temps?
ラ　ヴィズィトゥ　デュル　コンビアン　ドゥ　タン

*durer「続く」。

▶ すばらしい！
C'est magnifique!
セ　マニフィーク

6　旅行で使うフレーズ

▶ 何てきれいなの、この景色!
Que c'est beau, ce paysage!
ク セ ボー ス ペイサージュ

Quelle vue magnifique!
ケル ヴュ マニフィーク
(何てすばらしい眺めだ!)

▶ もうすこしここにいたいんです。
Je voudrais rester ici encore un peu.
ジュ ヴドゥレ レステ イスィ アンコラン プ

▶ そんなに早く行かないで! 見るひまがないよ!
N'allez pas si vite! Je n'ai pas le temps de voir!
ナレ パ スィ ヴィートゥ ジュ ネ パ ル タン ドゥ ヴワール

▶ 行きましょう。
Allons-y.
アロンズィ

On y va.
オニ ヴァ

On peut y aller.
オン プ ヤレ
*直訳は「もう行くことができる」。

▶ 疲れたので、ちょっとひと休みしたいんですが。
Je voudrais me reposer un instant. Je suis fatigué [fatiguée].
ジュ ヴドゥレ ム ルポゼ アナンスタン ジュ スュイ ファティゲ

▶ 写真を撮ってもいいですか?
Est-ce qu'on peut prendre des photos?
エス コン プ プランドゥル デ フォト

C'est permis de prendre des photos?
セ ペルミ ドゥ プランドゥル デ フォト
*C'est permis de...「~することは許可されている」。

▶ ビデオを撮ってもいいですか?
On peut filmer?
オン プ フィルメ

C'est permis de filmer?
セ ペルミ ドゥ フィルメ

▶ すみません、写真を撮ってもらえませんか?
Excusez-moi, je peux vous demander de nous prendre en photo?
エクスキュゼモワ ジュ プ ヴ ドゥマンデ ドゥ ヌ プランドゥラン フォト
*「シャッターを押してもらえませんか」と頼む表現。

Excusez-moi, ça vous ennuierait de nous prendre en photo?
エクスキュゼモワ サ ヴザンニュイレ ドゥ ヌ プランドゥラン フォト

観光

▶ すみません、いっしょに写真を撮らせてもらえますか？
Excusez-moi, est-ce que je peux prendre‿une photo avec vous?

▶ このあたりにお土産屋さんはありますか？
Est-ce qu'il‿y‿a une boutique de souvenirs par‿ici?

▶ すみません、トイレはどこですか？
Où sont les toilettes, s'il vous plaît?
Excusez-moi, vous savez où sont les toilettes?
Il‿y‿a des toilettes, par‿ici?
（この近くにトイレはありませんか？）

▶ 障害者用のトイレはありますか？
Y‿a-t-il des toilettes pour‿handicapés?

▶ 飲み水ですか？
C'est de l'eau potable?
*potable「飲める」。

▶ ここを出た左手です。
C'est‿en sortant, à gauche.
Vous sortez, et c'est sur la gauche.

▶ 遠いですか？
C'est loin?

▶ 歩いて行けますか？
On peut y‿aller à pied?
C'est loin, à pied?
（歩くと遠いですか？）

▶ 歩くとどのくらいかかりますか？
Il faut combien de temps, à pied?
On met combien de temps, à pied?

810　　　6　旅行で使うフレーズ

▶ **バスで行ったほうがいいですよ。**
Il vaut mieux prendre l'autobus.
イル ヴォ ミュ プランドゥル ロトビュス

> C'est loin, à pied?
> セ ロワン ア ピエ
> (歩くと遠いですか?)
> Il vaut mieux prendre l'autobus.
> (バスで行ったほうがいいですよ)

Vous feriez mieux de prendre l'autobus.
ヴ フリエ ミュ ドゥ プランドゥル ロトビュス

En bus, c'est plus rapide.
アン ビュス セ プリュ ラピドゥ
(バスのほうが早いですよ)

▶ **どこでお昼を食べられますか?**
Où est-ce qu'on peut déjeuner?
ウ エス コン プ デジュネ

▶ **何時にここへ集合ですか?**
On se retrouve ici à quelle heure?
オン ス ルトゥルヴィスィ ア ケルール

*se retrouver「再会する」。

▶ **見学時間はどれぐらいあるのですか?**
On a combien de temps pour visiter?
オナ コンビアン ドゥ タン プル ヴィズィテ

> On a combien de temps pour visiter?
> (見学時間はどれぐらいあるのですか?)
> Rendez-vous ici dans une heure.
> ランデヴ イスィ ダンズュヌール
> (1時間後にここで)

*rendez-vous「会う約束」。

㊶ 困ったとき

ことばが通じないとき

▶ フランス語が話せません。
Je ne parle pas français.
ジュン パルル パ フランセ

▶ フランス語はあまりうまく話せません。
Je ne parle pas très bien français.
ジュン パルル パ トゥレ ビアン フランセ

J'ai du mal à m'exprimer en français.
ジェ デュ マラ メクスプリメ アン フランセ
*s'exprimer en français「フランス語で自分の考えを述べる」。avoir du mal à…「〜するのに苦労する」。

Mon français est très limité.
モン フランセ エ トゥレ リミテ
*limité「限られた」。

▶ フランス語はわかりません。
Je ne comprends pas le français.
ジュン コンプラン パ ル フランセ

▶ フランス語はあまりわからないのですが。
Je ne comprends pas bien le français.
ジュン コンプラン パ ビアン ル フランセ

Ma compréhension du français est très limitée.
マ コンプレアンスィオン デュ フランセ エ トゥレ リミテ
*compréhension「理解力」。

▶ 何ですか?
Pardon?
パルドン

Comment?
コマン

Qu'est-ce que vous avez dit?
ケス ク ヴザヴェ ディ
(何とおっしゃったのですか?)

▶ すみません、もう一度おっしゃってください。
Vous pourriez répéter, s'il vous plaît?
ヴ プリエ レペテ スィル ヴ プレ

▶ すみません、よく聞き取れなかったのですが。
Excusez-moi, je n'ai pas bien entendu.
エクスキュゼムワ ジュ ネ パ ビアナンタンデュ

Excusez-moi, je n'ai pas bien compris.
エクスキュゼワ ジュ ネ パ ビアン コンプリ
(すみません、よくわからなかったのですが)

6 旅行で使うフレーズ

6

▶ もうすこしゆっくり話してもらえませんか？
Vous pourriez parler un peu plus lentement, s'il vous plaît?
ヴ　プリエ　パルレ　アン　プ　プリュ　ラントゥマン　スィル　ヴ　プレ

Pourriez-vous répéter plus lentement, s'il vous plaît?
プリエヴ　レペテ　プリュ　ラントゥマン　スィル　ヴ　プレ
（もう一度、ゆっくり言っていただけませんか？）

Pas si vite, s'il vous plaît.
パ　スィ ヴィートゥ スィル　ヴ　プレ
（そんなに早く話さないでください）

▶ 日本人の通訳をお願いします。
Je voudrais un‿interprète japonais.
ジュ　ヴドゥレ　アナンテルプレトゥ　ジャポネ

▶ 日本語の話せる方はいませんか？
Est-ce qu'il‿y‿a quelqu'un qui parle japonais?
エス　キリヤ　ケルカン　キ　パルル　ジャポネ

　Est-ce qu'il‿y‿a quelqu'un qui parle japonais?
　（日本語の話せる方はいませんか？）
　Non, malheureusement.
　ノン　マルルズマン
　（いえ、残念ながら）

Quelqu'un parle japonais?
ケルカン　パルル　ジャポネ

▶ 私の言うことは通じません。
Je n'arrive pas à me faire comprendre.
ジュ　ナリヴ　パ　ア　ム　フェル　コンプランドゥル
＊直訳は「どうしても自分を理解させられない」。

▶ それをフランス語で何と言いますか？
On‿appelle ça comment, en français?
オナペル　サ　コマン　アン　フランセ

▶ フランス語で何と言うのか知りません。
Je‿ne sais pas comment on dit ça en français.
ジュン　セ　パ　コマン　オン ディ サ アン　フランセ

Je‿ne sais pas le dire‿en français.
ジュン　セ　パ ル ディラン　フランセ

▶ 「いじめ」をフランス語で何と言いますか？
Comment dit-on "ijime" en français?
コマン　ディトン　イジメ　アン　フランセ

　Comment dit-on "ijime" en français?
　（「いじめ」をフランス語で何と言いますか？）
　Brimades. （「ブリマードゥ」です）
　ブリマードゥ

困ったとき

813

Comment est-ce que je pourrais traduire "ijime" en français?
コマン エス ク ジュ プレ トゥラデュイール イジメ アン フランセ
*traduire... en ～「…を～語に訳す」。

盗難にあったとき　　6_019.mp3

▶ バッグを盗まれたんです！
On m'a volé mon sac!
オン マ ヴォレ モン サック

▶ 警察署はどこですか？
Où est le commissariat?
ウ エ ル コミサリャ

▶ 盗難届を出しに来ました。
Je viens faire une déclaration de vol.
ジュ ヴィアン フェリュン デクララスィオン ドゥ ヴォッル
*déclaration「届け出、申告」。

▶ 紛失物の届け出なんですが。
C'est pour une déclaration de perte.
セ プリュン デクララスィオン ドゥ ペルトゥ

▶ 遺失物預かり所はどこですか？
Où sont les objets trouvés?
ウ ソン レゾブジェ トゥルヴェ
*objets trouvés「拾われた物」。

▶ どんなバッグでしたか？
Il était comment, ce sac?
イレテ コマン ス サック

Pouvez-vous le [la] décrire?
プヴェヴ ル [ラ] デクリール
（詳しく説明してもらえますか？）

▶ 紺色の革のバッグで、だいたいこのぐらいのサイズです。
C'est un sac en cuir bleu marine, à peu près de cette dimension.
セタン サカン キュイル ブル マリンヌ ア プ プレ ドゥ セッディマンスィオン
* 手で大きさを表しながら言う。

▶ 中に何が入っていましたか？
Qu'est-ce qu'il contenait?
ケス キル コントゥネ
*contenir「中に納める」。
Qu'est-ce qu'il y avait dedans?
ケス キリャヴェ ドゥダン
*dedans「中に」。

6　旅行で使うフレーズ

▶ パスポートとトラベラーズチェック、クレジットカード、それに現金が…。
J'avais mon passeport, des chèques de voyage, des cartes de crédit, de l'argent liquide...

▶ 中にいくら入っていましたか？
Il y avait combien dedans?

▶ 所持金はいくらでしたか？
Vous aviez combien, sur vous?

▶ 1,000ユーロ入ってました。
J'avais mille euros.

▶ クレジットカードを盗まれました。
On m'a volé ma carte de crédit.

▶ クレジットカードをなくしました。
J'ai perdu ma carte de crédit.

▶ もしもし、クレジットカードの入ったバッグを盗まれました。無効にしてほしいのですが。
Allô, bonjour. Je viens de me faire voler mon sac, avec ma carte de crédit. Je voudrais faire opposition.

＊クレジット会社に電話で連絡するときの表現。

▶ 見つかったら連絡します。
Si on le retrouve, on vous contactera.

▶ 事件の状況を話してください。
Racontez-moi les circonstances de l'incident.

＊incident「小さな事件、トラブル」。

▶ プランタンの前にいたんですが、突然だれかがぶつかってきて…。
J'étais devant le Printemps. Tout à coup, quelqu'un m'a bousculé et...

＊bousculer「突きとばす」。

困ったとき

▶ この申告書に記入してください。
Remplissez cette déclaration, s'il vous plaît.
ランプリセ　　セッデクララスィオン　　スィル　ヴ　プレ

▶ 申告書のコピーをいただけませんか？　保険のためにです。
Pourrais-je avoir un double de la déclaration, s'il vous plaît?
プレジャヴワル　アン　ドゥーブル　ドゥラ　デクララスィオン　スィル　ヴ　プレ
C'est pour mon assurance.
セ　プル　モナスュランス

*double「写し」。

▶ 大使館に連絡したいのですが。
Je voudrais contacter mon ambassade.
ジュ　ヴドゥレ　　コンタクテ　　モナンバサードゥ

▶ 日本大使館はどこですか？
Où est l'ambassade du Japon?
ウ　エ　ランバサッデュ　ジャポン

Où se trouve l'ambassade du Japon?
ウ　ス　トゥルヴ　ランバサッデュ　ジャポン

▶ パスポートをなくしました。
J'ai perdu mon passeport.
ジェ　ペルデュ　モン　パスポール

Je ne retrouve plus mon passeport.
ジュン　ルトゥルヴ　プリュ　モン　パスポール
（パスポートが見つかりません）

▶ どうしたらいいんですか？
Qu'est-ce que je dois faire?
ケス　ク　ジュ　ドゥワ　フェール

Je ne sais pas quoi faire.
ジュン　セ　パ　クワ　フェール

助けを呼ぶとき　　　　　　　　　　　6_020.mp3

▶ 事故です！
Il y a eu un accident!
イリャ　ユ　アナクスィダン

▶ けが人がいます！
Il y a des blessés!
イリャ　デ　ブレセ

▶ さわらないで！　サミュを待って！
Ne le touchez pas! Attendez le S.A.M.U.!
ヌ　ル　トゥシェ　パ　アタンデ　ル　サミュ

*S.A.M.U. は Service d'Assistance Médicale d'Urgence の略。事故現場にかけつける救急隊員。

6

▶ 病人がいます！
Il y a un malade!
イリャ アン マラードゥ

▶ すぐに来てください！ たいへんなんです！
Venez vite! C'est grave!
ヴネ ヴィトゥ セ グラーヴ

▶ 緊急です！
C'est une urgence!
セテュニュルジャンス

▶ 助けを呼んでください！
Appelez au secours!
アプレ オ スクール

Appelez à l'aide!
アプレ ア レードゥ

Allez chercher quelqu'un!
アレ シェルシェ ケルカン
（だれか呼んできて！）

Allez chercher du secours!
アレ シェルシェ デュ スクール
（助けを呼んできて！）

▶ すぐにお医者さんを呼んでください！
Appelez vite un médecin, s'il vous plaît!
アプレ ヴィタン メツァン スィル ヴ プレ

▶ 至急救急車を呼んでください！
Appelez vite une ambulance, s'il vous plaît!
アプレ ヴィテュナンビュランス スィル ヴ プレ

▶ 病院に連れていっていただけませんか？
Vous pourriez me conduire à l'hôpital?
ヴ プリエ ム コンデュイラ ロピタール

▶ 火事だ
Il y a un incendie!
イリャ アナンサンディ

Au feu!
オ フー

▶ どろぼう！
Au voleur!
オ ヴォルール

▶ 警察を呼んでください！
Appelez la police!
アプレ ラ ポリース

困ったとき

▶ 助けてー！
Au secours!
オ　スクール
* どんな事態でも使える。

> Au secours!
> （助けてー！）
> Qu'est-ce qui se passe?
> ケス　キ ス　パス
> （どうしました？）

Aidez-moi!
エデムワ
A l'aide!
ア レードゥ

▶ 襲われました。
Je me suis fait attaquer.
ジュ ム スュイ フェ　アタケ

> Je me suis fait attaquer.
> （襲われました）
> Vous_êtes blessé?
> ヴゼットゥ　　プレセ
> （けがをしてますか？）

▶ レイプされました。
Je viens d'être victime d'un viol.
ジュ ヴィアン デトゥル ヴィクティム ダン ヴィオッル
*victime d'un viol「レイプの被害者」。

> Je viens d'être victime d'un viol.
> （レイプされました）
> Il faut aller immédiatement voir_un médecin.
> イル フォ　アレ　イメディアトゥマン　　　ヴワラン　メツァン
> （すぐに医者に行く必要があります）

6　旅行で使うフレーズ

7

ビジネス・レターに役立つフレーズ

- ㊷ 頭辞
- ㊸ 導入部
- ㊹ 展開部
- ㊺ 結部
- ㊻ 結辞
- ㊼ 慶弔と新年のあいさつ

42 頭辞

▶ 拝啓

Monsieur,
ムスュ
* 相手への呼びかけのことば。女性の場合は Madame あるいは Mademoiselle になる。M、Mme、Mlle のような省略形は使わない。また、姓を添えた Monsieur Dubois のような使い方はせず、Monsieur を単独で用いる。

Cher Monsieur,
シェル　ムスュ
* 女性の場合は Chère Madame あるいは Chère Mademoiselle。親しい関係の相手への呼びかけなので、面識のない人には用いない。この場合も、省略形や姓を添えた形は使わない。

Monsieur le Président-Directeur Général,
ムスュ　ル　プレズィダンディレクトゥール　ジェネラル
* 企業の代表、取締役社長に。会話では PDG と略して呼ばれるが、手紙では省略しない。

Monsieur le Directeur,
ムスュ　ル　ディレクトゥール
* 所長、局長、部長、校長など職場の長に。女性の場合は Madame la Directrice。

Maître,
メートゥル
* 弁護士、アーティストなどに。

Docteur,
ドクトゥール
* 医者や大学教授など博士号をもった人に。なお、médecin「医師」は呼びかけには使わない。

Monsieur le Maire,
ムスュ　ル　メール
* 市長、町長、村長に。知事のときは Monsieur le Préfet。

43 導入部

受信を知らせる

▶ **4月14日付の貴信を確かに頂戴しました。**
Nous avons bien reçu votre courrier en date du 14 avril.
*courrier「郵便物」。

Nous avons bien reçu votre lettre du 14 courant.
(今月14日付のお手紙を確かに受け取りました)
*courant「流れている、現在の」。ビジネスでは「今月」の意味で使われる。

Nous accusons réception de votre courrier en date du 16 mai dernier et nous vous en remercions.
(5月16日付の貴信を拝受し、御礼申し上げます)
*dernier「この前の」。accuser réception de... は「受領を知らせる」という決まった表現。

▶ **資料をご請求いただき、ありがとうございます。**
Nous vous remercions pour votre demande de documentation.
*demande「要求、請求」。documentation「参考資料」。

▶ **1月18日付のご注文を確かに承りました。**
Nous accusons réception de votre commande du 18 janvier.

C'est avec beaucoup d'intérêt que nous avons pris connaissance de vos propositions.
(ご提案興味深く拝読しました)
*prendre connaissance de...「文書を読む」。

▶ **10月21日付貴信へのご返事として、〜。**
En réponse à votre courrier du 21 octobre, ...
En référence à votre courrier du 15 juin, ...
(6月15日付の貴信につきまして、〜)
*référence「参照」。

▶ 今朝、お電話でお話しした件につきましては、〜。
Suite à notre conversation téléphonique de ce matin, ...
*話し合ったことをあらためて文書にして確認するときの表現。

Suite à la réunion d'hier,...
(昨日の会議の件ですが、〜)

返事を催促する

▶ 〜についてご連絡を差し上げて数週間になります。
Il y a quelques semaines, nous vous avons adressé un courrier concernant...
*concernant...「〜に関する」。この文に続けて、次の文のように返事がまだ届かないことを述べる。

▶ まだご返事をいただいておりません。
Nous sommes toujours sans réponse de votre part.
*toujours はここでは「相変わらず、依然として」。de votre part「あなたのほうから」。

返事の遅れをわびる

▶ ご返事が遅くなりましたこと、誠に申し訳なく存じます。
Nous vous prions de nous excuser pour le retard avec lequel nous vous adressons ce courrier.

Nous regrettons de ne pas avoir été en mesure de vous répondre plus tôt.
*mesure「処置」、être en mesure de...「〜できる」。

▶ お待たせ致しまして申し訳ございません。
Nous vous remercions de votre patience.
*patience「忍耐」。

44 展開部

目的を述べる

▶ ～をお知らせ申し上げます。
Nous vous informons que...

▶ ～をご提案致します。
Nous vous proposons de...

> Nous vous proposons de rencontrer notre représentant afin de discuter des conditions de notre coopération.
> (お取り引きの条件を話し合うため、弊社の営業担当者との会談をご提案致します)

*représentant「セールスマン」。coopération「協力」。

▶ ～を確認させていただきます。
Nous vous confirmons que...

▶ ご注文いただきました～を、お送り致します。
Conformément à votre commande, nous vous adressons...
*conformément à...「～に従って」。

▶ ～を送付致します。
Nous vous adressons...

> Nous vous adressons le contrat sous pli séparé.
> (別便にて契約書を送付致します)

*pli「封書、封筒」。

Nous vous faisons parvenir...
*faire parvenir「送り届ける」。

▶ ～をお送りする予定です。
Nous procéderons à l'expédition de...
*procéder à...「～にとりかかる」。expédition「発送」。

注文する

▶ できるだけ早くお送りいただければありがたく存じます。
Nous vous serions obligés de nous faire parvenir, dans les meilleurs délais.

*dans les meilleurs délais「できるだけ早く」。

▶ **早急に〜をお送りください。**
Veuillez, je vous prie, nous expédier le plus tôt possible...
ヴィエ　ジュ　ヴ　プリ　ヌゼクスペディエ　ル　プリュ　ト　ポスィーブル

要望を伝える

▶ **〜をよろしくお願い申し上げます。**
Nous vous prions de bien vouloir...
ヌ　ヴ　プリオン　ドゥ　ビアン　ヴルワール
*prier de...「〜するように懇願する」

Nous vous remercions par avance de...
ヌ　ヴ　ルメルスィオン　パラヴァンス　ドゥ
* 直訳は「〜にあらかじめお礼を申し上げておきます」。

▶ **〜していただければありがたく存じます。**
Nous vous serions obligés de...
ヌ　ヴ　スリョン　オブリジェ　ドゥ

Nous vous serions obligés de nous faire parvenir, si possible
ヌ　ヴ　スリョン　オブリジェ　ドゥ　ヌ　フェル　パルヴニール　スィ　ポスィーブル
par retour de courrier, un échantillon de...
パル　ルトゥール　ドゥ　クリエ　アネシャンティヨン　ドゥ
（折り返し〜の見本をお送りいただければありがたく存じます）

*par retour de courrier「折り返し」。

Nous vous saurions gré de...
ヌ　ヴ　ソリョン　グレ　ドゥ
Nous vous serions reconnaissants de bien vouloir...
ヌ　ヴ　スリョン　ルコネサン　ドゥ　ビアン　ヴルワール
*être reconnaissant de...「〜してくれることに感謝している」。

▶ **〜をお送りください。**
Veuillez nous faire parvenir...
ヴィエ　ヌ　フェール　パルヴニール
*veuillez は vouloir の命令形で「〜してくださいませ」の意。
Pourriez-vous nous envoyer... ?
プリエヴ　ヌザンヴワイエ
（〜をお送りいただけますでしょうか？）

▶ **〜と願っております。**
Nous espérons que...
ヌゼスペロン　ク

▶ **〜についてお聞かせください。**
Nous aimerions connaître...
ヌゼムリョン　コネートゥル

Nous aimerions connaître votre position à ce sujet.
ヌゼムリョン　コネートゥル　ヴォトゥル　ポズィスィオン　ア　ス　スュジェ
（この点についてご意見をお聞かせください）

7 ビジネス・レターに役立つフレーズ

*position「考え、(とるべき)立場」。

Nous souhaiterions savoir si...
ヌ　スエトゥリョン　サヴワール　スィ
(〜かどうかを知りたく存じます)

*savoirの後ろには名詞はこない。

▶ 〜についてご教示いただければ、ありがたく存じます。
Nous vous serions reconnaissants de nous faire part de...
ヌ　ヴ　スリョン　ルコネサン　ドゥ　ヌ　フェル　パール　ドゥ

Nous vous serions reconnaissants de nous faire part de vos observations.
ヌ　ヴ　スリョン　ルコネサン　ドゥ　ヌ　フェル　パール　ドゥ　ヴォゾプセルヴァスィオン
(お気づきの点をご教示いただければありがたく存じます)

*faire part de...「〜を知らせる」。

Nous vous serions obligés de bien vouloir...
ヌ　ヴ　スリョン　オブリジェ　ドゥ　ビアン　ヴルワール
(〜していただきますよう、よろしくお願い申し上げます)

Nous vous serions obligés de bien vouloir nous faire bénéficier de vos meilleures conditions de paiement et attendons vos propositions à ce sujet.
ヌ　ヴ　スリョン　オブリジェ　ドゥ　ビアン　ヴルワール　ヌ　フェル　ベネフィスィエ　ドゥ　ヴォ　メユール　コンディスィオン　ドゥ　ペマン　エ　アタンドン　ヴォ　プロポズィスィオン　ア　ス　スュジェ
(お支払い条件についてご高配を賜りたく、この件についてのご提案をお待ち致しております)

*faire bénéficier de...「〜の恩恵を受けさせる」。vos meilleures conditions de paiement「あなた方としての最高の支払い条件」。

▶ 〜についてのご同意をいただきたく、なにとぞよろしくお願い致します。
Nous souhaiterions vivement obtenir votre accord sur...
ヌ　スエトゥリョン　ヴィヴマン　オプトニール　ヴォトゥラコール　スュル
*直訳は「〜について私たちに同意することがあなた方に可能であることを切に願いします」。

▶ 〜についてお知らせいただきますようお願い申し上げます。
Auriez-vous l'obligeance de nous informer de...
オリエヴ　ロブリジャンス　ドゥ　ヌザンフォルメ　ドゥ

Veuillez nous tenir informés de...
ヴィエ　ヌ　トゥニランフォルメ　ドゥ
(〜についてお知らせください)

▶ 〜の日時をご連絡いただけないでしょうか。
Pourriez-vous nous communiquer la date à laquelle...
プリエヴ　ヌ　コミュニケ　ラ　ダタ　ラケール
*communiquer「伝える、知らせる」。

展開部

Nous aimerions connaître la date de...
(〜の日時をお知らせいただければうれしく存じます)

お礼を述べる

▶ 〜ありがとうございます。
Nous vous remercions de...

> Nous vous remercions de votre commande.
> (ご注文ありがとうございます)

Nous vous remercions pour...

> Nous vous remercions pour votre offre.
> (お申し出ありがとうございます)

Nous vous adressons tous nos remerciements pour...
(〜誠にありがたく存じます)

> Nous vous adressons tous nos remerciements pour votre précieuse collaboration.
> (ご協力をいただき、誠にありがたく存じます)

*précieuse「貴重な、大事な」。

▶ 〜に感謝致します。
Nous apprécions...

*apprécier「高く評価する」。

> Nous apprécions votre collaboration.
> (ご協力に感謝致します)

▶ 〜に御礼申し上げます。
Nous sommes reconnaissants de...

Nous tenons à vous exprimer toute notre reconnaissance pour...
(〜に厚く御礼申し上げます)

*tenir à...「どうしても〜したい」。

> Nous tenons à vous exprimer toute notre reconnaissance pour votre aimable coopération.
> (ご協力に厚く御礼申し上げます)

喜びを述べる

▶ ～を幸いに存じます。
Nous sommes heureux de...

▶ ～と承り、うれしく存じます。
Nous sommes heureux d'apprendre que...

C'est avec satisfaction que nous apprenons...
Nous apprenons avec plaisir que...
(～とのこと、うれしく存じます)

▶ ～を喜んでおります。
Nous nous réjouissons de...

*se réjouir de... 「～をうれしく思う」。

Nous nous félicitons de...
(～を喜んでおります)

*se féliciter de... 「～を喜ぶ」。

Nous nous félicitons de l'évolution de la situation.
(状況の進展を喜んでおります)

▶ ～に満足致しております。
Nous sommes satisfaits de...

同意する

▶ ～について同意致します。
Nous partageons votre point de vue concernant...

*partager「分け合う、共にする」。point de vue「見解」。concernant「～に関して」。

Nous partageons votre opinion en ce qui concerne...

▶ ～については、まったく同感でございます。
Nous sommes entièrement d'accord avec vous concernant...

*entièrement「完全に」、être entièrement d'accord「まったく意見が一致する」。

Nous sommes entièrement d'accord avec vous concernant les points soulevés dans votre lettre.
(お手紙でご指摘の諸点につきましては、まったく同感でございます)

*soulever「(問題などを) 取り上げる」。

▶ ～についてまったく異議はございません。
Nous n'avons aucune objection à formuler concernant...
ヌ　ナヴォン　オキュンノブジェクスィオン　ア　フォルミュレ　コンセルナン
*formuler「表明する」。

▶ ～についてのご懸念ごもっともです。
Nous partageons vos craintes concernant...
ヌ　パルタジョン　ヴォ　クラントゥ　コンセルナン
*crainte「心配」。

見解を述べる

▶ ～と考えます。
Nous pensons que...
ヌ　パンソン　ク
Nous estimons que...
ヌゼスティモン　ク
*estimer「判断する、見積もる」。

▶ ～と確信致しております。
Nous sommes convaincus que...
ヌ　ソム　コンヴァンキュ　ク
Nous sommes certains que ...
ヌ　ソム　セルタン　ク

▶ ～と十分理解しております。
Nous comprenons parfaitement que...
ヌ　コンプルノン　パルフェトゥマン　ク

反論する

▶ しかしながら、～と思われます。
Cependant, il nous semble que...
スパンダン　イル　ヌ　サンブル　ク

▶ ～と考えることはできません。
Nous ne sommes pas certains que...
ヌン　ソム　パ　セルタン　ク
* 直訳は「～であることを確信していない」。

▶ しかしながら、ひとつ気になる点があります。それは～。
Cependant, un point nous préoccupe. Il s'agit de...
スパンダン　アン　プワン　ヌ　プレオキュップ　イル　サジ　ドゥ
*préoccuper「心配させる」。Il s'agit de ...「それは～のことである」。

Nous éprouvons quelques inquiétudes concernant...
ヌゼプルヴォン　ケルクザンキエテュードゥ　コンセルナン
(～について気がかりに思います)

*éprouver「感じる」。inquiétude「心配」。

7　ビジネス・レターに役立つフレーズ

説明する

▶ 確かに、新しい条項では〜と取り決められています。
En‿effet, la nouvelle clause stipule que...
アンネフェ ラ ヌヴェル クローズ スティピュール ク

*clause「条項、約款」。stipuler「(契約の中で)定める、規定する」。

> En‿effet, la nouvelle clause stipule que les livraisons
> アンネフェ ラ ヌヴェル クローズ スティピュール ク レ リヴレゾン
> doivent‿être‿effectuées le dix de chaque mois.
> ドゥワヴテトゥレフェクテュエ ル ディ ドゥ シャク ムワ
> (確かに、新しい条項では納品は各月10日に行うと取り決められています)

▶ 下記の条件のとおり、〜。
En fonction des conditions énoncées ci-dessous, ...
アン フォンクスィオン デ コンディスィオン エノンセ スィドゥスー

*en fonction de...「〜に応じて、〜との関連で」。énoncer「(明瞭に)述べる」。ci-dessous「下記に」。

> En fonction des conditions énoncées ci-dessous, toute livraison
> アン フォンクスィオン デ コンディスィオン エノンセ スィドゥスー トゥトゥ リヴレゾン
> doit parvenir‿à destination avant midi.
> ドゥワ パルヴニル デスティナスィオン アヴァン ミディ
> (下記の条件のとおり、納品はすべて午前中に行われることになっています)

*parvenir「届く」。destination「目的地」。

▶ この変更は〜のためのものです。
Cette modification vise‿à...
セトゥ モディフィカスィオン ヴィザ

*viser à...「〜を目的とする」。

Cette clause‿a pour but de...
セトゥ クローザ ブル ビュー ドゥ
(この条項は〜のためのものです)

*avoir pour but de...「〜することを目標とする」。

肯定的な回答

▶ 〜とお知らせできることを幸いに存じます。
Nous sommes‿heureux de vous‿informer que...
ヌ ソンムズル ドゥ ヴザンフォルメ ク

> Nous sommes‿heureux de vous‿informer que nous
> ヌ ソンムズル ドゥ ヴザンフォルメ ク ヌ
> sommes‿en mesure de donner suite‿à votre demande.
> ソンムザン ムズュール ドゥ ドネ スュイタ ヴォトゥル ドゥマンドゥ
> (ご希望に添える旨をお知らせできることを幸いに存じます)

*donner suite à...「〜を遂行する」。

Nous‿avons le plaisir de vous informer que...
ヌザヴォン ル プレズィール ドゥ ヴザンフォルメ ク

回答の保留

▶ ご提案は検討中です。

Votre proposition est actuellement à l'étude.
ヴォトゥル プロポズィスィオン エタクチュルマン ア レテュードゥ

*actuellement「現在は」。

Nous examinons actuellement votre proposition.
ヌゼグザミノン アクチュエルマン ヴォトゥル プロポズィスィオン
(ご提案をただいま検討致しております)

▶ ご提案は〜で審議致しております。

Vos propositions ont été soumises à...
ヴォ プロポズィスィオン オンテテ スミザ

*soumettre「(人の判断に) ゆだねる」。

▶ ご提案いただきありがとうございます。

Nous apprécions vos propositions.
ヌザプレスィオン ヴォ プロポズィスィオン

* 直訳は「あなたのご提案を高く評価しています」。

▶ この問題を取り上げていただき、感謝致します。

Nous vous remercions d'avoir évoqué ce problème.
ヌ ヴ ルメルスィオン ダヴォレヴォケ ス プロブレーム

*évoquer「思い出させる、言及する」。

Nous vous remercions d'attirer notre attention sur ce point.
ヌ ヴ ルメルスィオン ダティレ ノトゥラタンスィオン スュル ス プワン
(この点をご指摘いただき、感謝致します)

Nous vous remercions d'avoir soulevé cette question importante.
ヌ ヴ ルメルスィオン ダヴワル スルヴェ セトゥ ケスティオン アンポルタントゥ
(重要な問題をご指摘いただき、感謝致します)

否定的な回答

▶ 〜は困難かと存じます。

Il nous est difficile d'accepter...
イル ヌゼ ディフィスィール ダクセプテ

Il nous est difficile d'accepter une modification de notre
イル ヌゼ ディフィスィール ダクセプテ ユン モディフィカスィオン ドゥ ノトゥル
calendrier de livraisons.
カランドゥリエ ドゥ リヴレゾン
(納品予定日の変更は困難かと存じます)

*calendrier「スケジュール」。

▶ 〜とお知らせするのを残念に存じます。

Nous sommes au regret de vous informer que...
ヌ ソムゾ ルグレ ドゥ ヴザンフォルメ ク

Nous sommes au regret de vous informer qu'il
ヌ ソムゾ ルグレ ドゥ ヴザンフォルメ キル
nous est impossible de donner suite à vos propositions.
ヌゼタンポスィーブル ドゥ ドネ スュイタ ヴォ プロポズィスィオン

（ご提案に添えないことをお知らせするのを残念に存じます）

Nous regrettons de vous informer que...
ヌ　ルグレトン　ドゥ　ヴザンフォルメ　ク

▶ ～をご理解願います。

Nous espérons que vous comprendrez...
ヌゼスペロン　ク　ヴ　コンプランドゥレ

Nous espérons que vous comprendrez notre position.
ヌゼスペロン　ク　ヴ　コンプランドゥレ　ノトゥル　ポズィスィオン
（私どもの立場をご理解願います）

Nous espérons que vous comprendrez les raisons qui
ヌゼスペロン　ク　ヴ　コンプランドゥレ　レ　レゾン　キ
nous ont amenés à prendre cette décision.
ヌゾンタムネ　ア　プランドゥル　セッデスィズィオン
（このような決定に至りました次第をご理解願います）

*amener+人 +à...「人を～するようにさせる」。

Nous espérons que vous comprendrez les raisons qui
ヌゼスペロン　ク　ヴ　コンプランドゥレ　レ　レゾン　キ
nous ont amenés à engager cette action.
ヌゾンタムネ　ア　アンガジェ　セタクスィオン
（やむを得ずこのように対処した事情をご理解願います）

*engager「始める」。

遺憾の意を伝える

▶ 残念ながら～です。

Nous regrettons de...
ヌ　ルグレトン　ドゥ

Nous regrettons de ne pouvoir donner suite à votre demande.
ヌ　ルグレトン　ドゥン　プヴワル　ドネ　スュイタ　ヴォトゥル　ドゥマンドゥ
（残念ながらご希望に添うことができません）

Nous regrettons de vous informer que...
ヌ　ルグレトン　ドゥ　ヴザンフォルメ　ク
（残念ながら～とお知らせしなければなりません）

C'est avec regret que...
セタヴェック　ルグレー　ク

▶ ～とのこと、遺憾に存じます。

Nous regrettons d'apprendre...
ヌ　ルグレトン　ダプランドゥル

Nous sommes désolés d'apprendre que...
ヌ　ソンム　デゾレ　ダプランドゥル　ク
（～とのこと、申し訳ございません）

詫びる

▶ 〜についてお詫び申し上げます。

Nous vous prions de bien vouloir nous_excuser pour...

> Nous vous prions de bien vouloir nous_excuser pour ce contretemps et vous_assurons de nos_efforts pour vous satisfaire_au mieux.
> (このたびの不手際のお詫びを申し上げますとともに、今後は十分にご満足いただけるよう努力する所存です)

*contretemps「不測の事態」。

Nous vous présentons nos_excuses pour...

> Nous vous présentons nos_excuses pour ce contretemps et espérons qu'il ne vous causera aucun préjudice.
> (このたびの事態についてお詫び致しますとともに、御社に不利益が生じませんよう願っております)

*aucun「いかなる〜もない」。préjudice「損害」。

▶ 〜について誠に申し訳なく存じます。

Nous vous_adressons toutes nos_excuses pour...

> Nous vous_adressons toutes nos_excuses pour cet_incident qui, nous l'espérons, ne nuira pas à nos bonnes relations.
> (今回のトラブルについて誠に申し訳なく存じます。このことが両社の協力関係を損なうことにならないようにと願っております)

*nuire à...「〜を害する」。

▶ 〜について陳謝致します。

Nous vous prions d'accepter nos plus sincères_excuses pour...

> Nous vous prions d'accepter nos plus sincères_excuses pour cette_erreur et vous remercions par_avance de_ne pas nous_en tenir rigueur.
> (このたびの過失について陳謝致します。今後ともなにとぞよろしくお願い申し上げます)

*rigueur「厳格さ」。tenir rigueur de...「〜を許さない」。直訳は「このたびの過失について我々の真心からのお詫びを受け取って下さることを切に願い、それについてお許しをいただけることにあらかじめ感謝申し上げます」。

注意を促す

▶ **〜をご通知致します。**
Nous vous signalons que...
*signaler「知らせる、報じる」。
Nous tenons à vous signaler que...

▶ **〜があきらかになりました。**
Nous avons remarqué que...
Nous avons pu observer que...

▶ **〜の点について、ご注意願います。**
Nous attirons votre attention sur le fait que...
* attirer「引きつける、注意をひく」。
Nous vous prions de noter que...
*noter「注意する」。

▶ **〜について、この機会に改めて申し上げます。**
Nous profitons de cette occasion pour vous rappeler que...
*profiter de...「〜を利用する」。

▶ **このような問題が二度と繰り返されないことを願っております。**
Nous espérons qu'un tel incident ne se reproduira plus.
*incident「事故、トラブル」。se reproduire「再発する」。

苦情を述べる

▶ **〜とのこと、大変残念に思います。**
Nous regrettons vivement de constater que...
*constater「確認する」。

▶ **〜の点につきましては、くれぐれもご留意いただきたく存じます。**
Nous souhaiterions attirer votre attention sur le fait que...

▶ **〜とあえて申し上げます。**
Nous nous permettons de vous rappeler que...

展開部

*se permettre de... 「あえて〜する、〜させてもらう」。

Nous nous permettons de souligner que...
*souligner 「下線を引く、強調する」。

Permettez-nous de vous faire remarquer que...

催促する

▶ 〜をよろしくお願い致します。

Nous vous remercions par avance de...

> Nous vous remercions par avance de la rapidité de votre règlement.
> (早速にお支払いいただきますよう、よろしくお願い致します)

*rapidité 「速さ」。règlement 「支払い」。

▶ 請求金額をできるだけ早くお支払い下さるようお願い致します。

Nous vous serions obligés de bien vouloir nous régler cette facture dans les meilleurs délais.
*délai 「期日、猶予」。

支払い期日の延期

▶ 支払いの期日を〜週間延ばしていただくよう、お願いせざるを得ません。

Nous nous permettons de solliciter un délai de paiement de ... semaines.
*solliciter 「懇願する、要請する」。

▶ 〜の支払い期日の延期を今回のみご了承いただけないでしょうか。

Nous vous prions de nous accorder exceptionnellement un report d'échéance au...
*exceptionnellement 「例外的に、格別に」。report 「延期」。échéance 「支払い期日」。

処分を通告する

▶ 〜せざるを得ません。

Nous nous voyons dans l'obligation de...
*se voir dans... 「(〜の状態に) ある、〜に陥る」。obligation 「義務、債務」。

> En conséquence, nous nous voyons dans l'obligation de vous

mettre‿en demeure de nous régler cette somme sous
quarante-huit‿heures.
(従って、48時間以内にこの金額をお支払いいただかざるを得ません)

*mettre+ 人 +en demeure de...「(人に) 〜するように強く命じる、催促する」。
Nous nous voyons contraints de...
*contraint de...「〜を強いられた」。
Nous n'avons pas d'autre solution que de...
(〜以外に方法はございません)

▶ ご返事がない場合は、〜と考えております。
Sans réponse de votre part, nous considérerons que...

▶ 〜することにならざるをえません。
Nous nous verrons contraints de...

Sans réponse de votre part dans les huit‿jours, nous nous verrons contraints de remettre votre dossier au service contentieux.
(8日以内にご返事がない場合は、訴訟の担当へ書類を回すことになります)

Nous nous verrons dans l'obligation de...

Nous vous‿informons qu'à défaut de régularisation de votre part, nous nous verrons dans l'obligation d'engager à votre‿encontre une procédure judiciaire.
(改善がなされなければ、貴社に対し訴訟手続きをとらざるを得ない旨を通知致します)

*à défaut de...「〜がなければ」。procédure「訴訟手続き」。judiciaire「司法上の」。

誠意を表明する

▶ 〜するよう努力致します。
Nous nous‿efforcerons de...

Nous nous‿efforcerons de vous‿accorder les meilleurs taux possibles.
(最優遇レートをご提示できるよう努力致します)

*taux「利率」。possible「できるだけ(のこと)」。

Nous continuerons à faire tout notre possible pour...
ヌ　コンティニュロン　ア フェル　トゥ ノトゥル　ポスィーブル　プル
(〜のために今後ともできる限りのことをやってまいります)

Nous ferons de notre mieux pour...
ヌ　フロン ドゥノトゥル　ミュー　プル
(〜のために最善を尽くす所存です)

▶ 確かに〜致します。

Nous vous_assurons que...
ヌ　　　ヴザスュロン　　ク

*assurer「断言する、請け合う」。

Nous vous_assurons que tous nos soins seront_apportés à
ヌ　　ヴザスュロン　ク　トゥ　ノ　スワン　スロンタポルテ　ア
l'exécution de votre_ordre.
レグゼキュスィオン ドゥ ヴォトゥロルドゥル
(ご注文どおりに確かにお届け致します)

*soin「入念さ、配慮」。直訳は「御注文どおりに実行できるよう最大限の注意を払うことを請け合います」。

Soyez_assurés que...
スワイエザスュレ　ク
Soyez certains que...
スワイエ　セルタン　ク

▶ 〜をお約束致します。

Nous nous_engageons à...
ヌ　　　ヌザンガジョン　　ア

*s'engager à...「〜することを約束する」。

Nous nous_engageons à vous livrer sous quinzaine,
ヌ　　ヌザンガジョン　ア ヴ　リヴレ　ス　カンゼン
conformément à votre demande.
コンフォルメマン　ア ヴォトゥル　ドゥマンドゥ
(ご注文に従って、2週間以内にお届けすることをお約束致します)

*livrer「配達する」。quinzaine「約15日、2週間」。

▶ 〜については、今後も必ずお知らせ致します。

Nous ne manquerons pas de vous tenir_informés de...
ヌン　　マンクロン　　パ ドゥ ヴ　　トゥニランフォルメ　　ドゥ

*ne pas manquer de+ 不定詞「必ず〜する」。tenir+ 人 + 形容詞は「人を〜の状態に保つ」。

同封する

▶ 〜の見本を同封させていただきます。

Veuillez trouver ci-joint un_échantillon de...
ヴイエ　　トゥルヴェ　スィジュワン　アネシャンティヨン　　ドゥ

Vous trouverez ci-joint une copie de...
_{ヴ トゥルヴレ スィジュワン ユン コピ ドゥ}
（〜のコピーを同封致します）

Ci-joint notre documentation sur...
_{スィジュワン ノトゥル ドキュマンタスィオン スュル}
（〜についての資料を同封致します）

Ci-inclus...
_{スィアンクリュ}
（〜を同封致します）

45 結部

▶ できるだけ早くご返事をいただけますよう、よろしくお願い致します。

Nous vous remercions par avance de bien vouloir nous adresser une réponse rapide.

Nous vous saurions gré de nous communiquer votre réponse dans les meilleurs délais.
(早急にご回答いただければありがたく存じます)

Nous vous remercions de nous répondre par retour de courrier.
(折り返しお返事をいただければありがたく存じます)

Dans l'attente d'une prompte réponse, ...
(早急のお返事をお待ちし、〜)

*dans l'attente de... 「〜を待ちつつ」。

▶ よいご返事をお待ち申し上げ、〜。

Dans l'attente d'une réponse favorable de votre part, ...
*favorable「好意的な」。

Dans l'espoir qu'il vous sera possible de nous donner satisfaction, ...
*dans l'espoir que...「〜を期待して」。donner satisfaction「要求を聞き入れる」。

▶ 〜にあらかじめ御礼申し上げます。

En vous remerciant par avance...

En vous remerciant par avance de la bienveillance avec laquelle vous examinerez notre demande, ...
(私どもの依頼をご検討いただけますことを、あらかじめ御礼申し上げ、〜)

*bienveillance「好意、親切」。

▶ 次の住所までご返事をいただければありがたく存じます。

Nous vous remercions de nous adresser votre réponse à l'adresse suivante:

▶ ご迷惑をおかけしましたことを改めてお詫び申し上げ、〜。

En vous renouvelant nos excuses pour le dérangement que

7 ビジネス・レターに役立つフレーズ

nous‿avons pu vous causer, ...
ヌザヴォン　ピュ　ヴ　コゼ

*renouveler「繰り返す」。causer「引き起こす」。

▶ 〜をいつでも承ります。

Nous nous tenons à votre disposition pour...
ヌ　ヌ　トゥノン　ア ヴォトゥル ディスポズィスィオン　プル

* se tenir「(ある態度・状態を)保つ」。à votre disposition「あなたの意のままに」。

> **Nous nous tenons à votre disposition pour toute‿information complémentaire.**
> ヌ　ヌ　トゥノン　ア ヴォトゥル ディスポズィスィオン　プル　トゥタンフォルマスィオン コンプレマンテール
> (詳細についてのお問い合わせをいつでも承ります)

*complémentaire「補足の」。

▶ お気づきの点があれば、ご遠慮なくお聞かせください。

Si vous‿avez des‿observations, n'hésitez pas à nous‿en faire part.
スィ　ヴザヴェ　デゾプセルヴァスィオン　ネズィテ　パ　ア　ヌザン　フェル　パール

*hésiter「ためらう」。faire part de... à 〜「…を〜に知らせる」。

Si vous‿avez des questions, n'hésitez pas à nous contacter.
スィ　ヴザヴェ　デ　ケスティオン　ネズィテ　パ　ア　ヌ　コンタクテ
(ご質問がおありのときは、ご遠慮なくお申し出ください)

▶ この資料をお受け取りいただき、〜。

Nous vous souhaitons bonne réception de ces documents et...
ヌ　ヴ　スエトン　ボヌ　レセプスィオン ドゥ セ　ドキュマン　エ

En vous souhaitant bonne réception de ces documents, ...
アン　ヴ　スエタン　ボヌ　レセプスィオン ドゥ セ　ドキュマン

結部

46 結辞

▶ 敬具

Recevez, Monsieur, nos sincères salutations.

*salutations「丁寧なあいさつ」。直訳は「私どもの心からのあいさつの意を受け取ってください」。手紙の最後を締めくくる文で、日本語の「敬具」にあたる。以下の文はすこしずつニュアンスが異なる。それぞれの文はふさわしい単語の組み合わせからなっているので、一部をほかの語で置き換えて使うことはできない。

Nous vous prions d'accepter, Messieurs, nos salutations les meilleures.

Je vous prie d'agréer, Monsieur, l'expression de mes sentiments dévoués.

*sentiment「意識、感情」、複数形で「気持ち」。dévoué「献身的な、忠実な」。agréer「気持ちよく受け入れる」。

Veuillez recevoir, Messieurs, l'expression de nos sentiments distingués.

*distingué「上品な、すぐれた」。

Veuillez agréer, Monsieur, nos salutations distinguées.

Nous vous prions de recevoir, Monsieur, l'expression de nos sentiments respectueux.

*respectueux「敬意に満ちた」。

Je vous prie de croire, Madame, à l'assurance de notre considération distinguée.

*croire à...「～を信じる」。assurance「確信、保証」。considération「考慮、敬意」。assurance を使った言い回しは、目上の人には用いない。

Soyez assurés, Messieurs, de nos sentiments les meilleurs.

Cordialement.

Très cordialement.

*「心から、親愛の情を込めて」。親しい関係の人にだけ使う。

47 慶弔と新年のあいさつ

祝辞

▶ ～を心よりお慶び申し上げます。
Nous vous adressons toutes nos félicitations pour...

▶ このたびは、誠におめでとうございます。
A cette occasion, nous vous adressons nos plus sincères félicitations.

お悔やみ

▶ ～様ご逝去の報に接し、心からお悔やみ申し上げます。
C'est avec une profonde tristesse que nous avons appris le décès de...

▶ ～様ご逝去の由、心からご冥福をお祈り申し上げます。
Nous vous adressons toutes nos condoléances à l'occasion du décès de...
*condoléances「弔意」はいつも複数で使う。à l'occasion de...「～に際して」。

Veuillez accepter nos sincères condoléances.
(謹んで哀悼の意を表します)

新年のあいさつ

▶ あけましておめでとうございます
A l'occasion de la nouvelle année, nous vous adressons tous nos meilleurs vœux.
*vœux は vœu「願い」の複数形で、祝意を表す。日本語の「謹賀新年」「新春のお慶びを申し上げます」といったあいさつに近い表現。

▶ ご活躍をお祈り致します。
Nous vous présentons tous nos vœux de réussite.
*réussite「成功」。この表現は目上の人には使わない。

▶ 年頭にあたって御社のご発展と皆様がたのご活躍、並びにご計画の実現をお祈り申し上げます。
Nous souhaitons que la nouvelle année voie le

développement de votre entreprise, le succès de
vos actions ainsi que la réalisation de vos projets.

▶ 新しい年のご成功とご繁栄をお祈り申し上げます。
Nous vous adressons tous nos vœux de succès et de
prospérité pour la nouvelle année.

8

ことわざ・格言・故事成語

ことわざ・格言・故事成語

▶ **うわさをすれば影。**
Quand on parle du loup, on en voit la queue.
カントン パルル デュ ル オンナン ヴワ ラ クー
* 直訳は「狼のことを話すとしっぽが見えてくる」。on en voit la queue の部分は省略して使うことが多い。

▶ **鬼のいぬ間に洗濯。**
Quand le chat n'est pas là, les souris dansent.
カン ル シャ ネ パ ラ レ スリ ダンス
* 直訳は「猫がいないとき、ネズミはダンスをする」。

▶ **恋は盲目。**
L'amour est aveugle.
ラムレタヴーグル

▶ **鳥なき里のコウモリ。**
Au pays des aveugles, les borgnes sont rois.
オ ペイ デザヴーグル レ ボルニュ ソン ルワ
* 直訳は「盲人の国では片目の人が王」。

▶ **便りのないのはよい便り。**
Pas de nouvelles, bonnes nouvelles.
パ ドゥ ヌヴェール ボンヌヴェール

▶ **時は金なり。**
Le temps, c'est de l'argent.
ル タン セ ドゥ ラルジャン

▶ **火のないところに煙は立たぬ。**
Il n'y a pas de fumée sans feu.
イル ニャ パ ドゥ フュメ サン フ

▶ **すべての道はローマに通ず。**
Tous les chemins mènent à Rome.
トゥ レ シュマン メナ ローム

▶ **郷に入りては郷に従え。**
A Rome, on fait comme les Romains.
ア ローム オン フェ コンム レ ロマン
* 直訳は「ローマではローマ人のようにふるまえ」。

8

▶ 泣きっ面に蜂。
Un malheur ne vient jamais seul.
アン　マルール　ヌ　ヴィアン　ジャメ　スール
*直訳は「不運はけっしてひとりだけで訪れない」。

▶ 意志あれば道あり。
Vouloir, c'est pouvoir.
ヴルワール　セ　プヴワール
*直訳は「欲すればかなえられる」。

▶ カエルの子はカエル。
Tel père, tel fils.
テル　ペール　テル　フィス
*直訳は「この父親にして、この息子」。
Telle mère, telle fille.
テル　メール　テル　フィーユ
*直訳は「この母親にして、この娘」。

▶ まかぬ種は生えぬ。
On‿ne fait pas d'omelette sans casser des‿œufs.
オン　フェ　パ　ドムレットゥ　サン　カセ　デズー
*直訳は「卵を割らなければオムレツはつくれない」。

▶ まさかの友こそ真の友。
On reconnaît ses vrais‿amis dans les moments difficiles.
オン　ルコネ　セ　ヴレザミ　ダン　レ　モマン　ディフィスィール
*直訳は「人は難局にあって真の友を知る」。

▶ 早いもの勝ち。
Premier arrivé, premier servi.
プルミエ　アリヴェ　プルミエ　セルヴィ
*直訳は「最初に着いた者が最初にやってもらう」。

▶ 先のことは口をすべらすな。
Il ne faut jamais dire "Fontaine, je ne boirai pas de ton‿eau".
イル　ヌ　フォ　ジャメ　ディル　フォンテン　ジュ　ヌ　ブワレ　パ　ドゥ　トノ
*直訳は「決して「泉よ、お前の水は飲まない」と言ってはならない」。「私は彼を必要としない」と公言する人をたしなめるときなどに使う。

▶ 欠席者はいつも悪者。
Les‿absents ont toujours tort.
レザプサン　オン　トゥジュル　トール

ことわざ・格言・故事成語

▶ 一日の苦労は一日にて足れり。
A chaque jour suffit sa peine.
ア　シャク　ジュール スュフィ サ　ペン
* 「明日の苦労について思いわずらう必要はない、余分な苦労をすることはない」の意味。

▶ 不可能にだれも義務はなし。
A l'impossible, nul n'est tenu.
ア　ランポスィーブル　ニュル　ネ　トゥニュ
*être tenu à...「～の義務がある」。直訳は「だれも自分にできないことをする義務はない」。

▶ 食欲は食べれば湧いてくる。
L'appétit vient‿en mangeant.
ラペティ　ヴィアンタン　　マンジャン

▶ 禍い転じて福となす。
A quelque chose, malheur‿est bon.
ア　ケルク　ショーズ　マルレ　ボン
* 直訳は「不幸も何かの役には立つ」。

▶ 勘定のけじめは友情のかなめ。
Les bons comptes font les bons‿amis.
レ　ボン　コントゥ　フォン レ　ボンザミ
* 直訳は「よい計算はよい友人をつくる」。

▶ 自分のことは自分で、他人のことは神に。
Chacun pour soi et Dieu pour tous.
シャカン　プル　スワ エ　ディウ プル　トゥス
* 「他人にかまうな」と言うときの決まり文句。

▶ 約束は果たすべし。
Chose promise, chose due.
ショズ　プロミーズ　ショズ　デュー
* 直訳は「約束したことはなされるべきことだ」。

▶ 紺屋の白袴。
Les cordonniers sont les plus mal chaussés.
レ　コルドニエ　ソン レ プリュ マル　ショセ
* 直訳は「靴職人はいちばんのぼろ靴をはく」。

▶ 言うは易く、行うは難し。
La critique‿est‿aisée, l'art‿est difficile.
ラ　クリティケテゼ　　　　ラレ　ディフィスィール
*critique「批評、評論」。

846　　　　　　　　　　8　ことわざ・格言・故事成語

▶ 災いがふたつあれば、楽なほうを選べ。
De deux maux, il faut choisir le moindre.
ドゥ　ドゥ　モ　イル　フォ　シュワズィル　ル　ムワンドゥル

*moindre は petit「小さい」の比較級。

▶ 三人寄れば文殊の知恵。
Deux‿avis valent mieux qu'un.
ドゥザヴィ　ヴァル　ミュ　カン

*直訳は「ふたつの意見のほうがひとつよりよい」。

▶ 人は見かけによらぬもの。
L'habit ne fait pas le moine.
ラビ　ヌ　フェ　パ　ル　ムワン

*直訳は「衣服は修道士をつくらない」。

▶ 鉄は熱いうちに打て。
Il faut battre le fer tant qu'il‿est chaud.
イル　フォ　バトゥル　ル　フェル　タン　キレ　ショ

*tant que...「〜するあいだに」。

▶ 若者（の過ち）は大目に見るべし。
Il faut que jeunesse‿se passe.
イル　フォ　ク　ジュネッス　パス

▶ 去るもの日々に疎し。
Loin des‿yeux, loin du cœur.
ルワン　デズュ　ルワン　デュ　クール

*直訳は「目から遠くなれば心からも遠くなる」。

▶ つまらぬ友よりひとりがまし。
Mieux vaut‿être seul que mal‿accompagné.
ミュ　ヴォテトゥル　スール　ク　マラコンパニエ

*Mieux vaut... は Il vaut mieux... で、「〜するほうがよい」。「つまらない相手と結婚するよりは独身のほうがよいし、つまらない配偶者なら別れたほうがよい」という意味で使われる。

▶ 夜は知恵を運ぶ。
La nuit porte conseil.
ラ　ニュイ　ポルトゥ　コンセイ

*十分眠ればよい考えが生まれるという意味。

▶ 予言者故郷に容れられず。
Nul n'est prophète‿en son pays.
ニュル　ネ　プロフェタン　ソン　ペイ

ことわざ・格言・故事成語　847

* 直訳は「だれも自分の故郷では予言者になれない」。人の真価は故郷ではなかなか認めてもらえないことのたとえ。

▶ 魔がさせば人は盗人。
　L'occasion fait le larron.
　ロカズィオン　フェル　ラロン
　* 直訳は「チャンスが泥棒をつくる」。

▶ 小人閑居して不善をなす。
　L'oisiveté est mère de tous les vices.
　ルワズィヴテ　エ　メール　ドゥ　トゥ　レ　ヴィス
　* 直訳は「無為がすべての悪徳の母である」。

▶ 言葉は消えるが、文字は残る。
　Les paroles s'envolent, les‿écrits restent.
　レ　パロル　サンヴォール　レゼクリ　レストゥ
　*s'envoler「飛び立つ、永久に過ぎ去る」。

▶ 雄弁は銀、沈黙は金。
　La parole‿est d'argent, mais le silence‿est d'or.
　ラ　パロレ　ダルジャン　メ　ル　スィランセ　ドール

▶ 何事も自分でやるのがいちばん。
　On n'est jamais si bien servi que par soi-même.
　オン　ネ　ジャメ　スィ　ビアン　セルヴィ　ク　パル　スワメム

▶ 告白された罪は半ば許されたに等しい。
　Péché avoué est‿à demi pardonné.
　ペシェ　アヴエ　エタ　ドゥミ　パルドネ

▶ 気は心。
　Les petits cadeaux entretiennent l'amitié.
　レ　プティ　カド　アントゥルティエン　ラミティエ
　* 直訳は「小さなプレゼントが友情を保つ」。

▶ ちりも積もれば山となる。
　Les petits ruisseaux font les grandes rivières.
　レ　プティ　リュイソ　フォン　レ　グランドゥ　リヴィエール
　* 直訳は「小さな流れが大河をつくる」。

▶ 愛する者は鞭を惜します。
　Qui aime bien châtie bien.
　キ　エンム　ビアン　シャティ　ビアン
　*châtier「罰する、懲らしめる」。「かわいい子には旅をさせよ」にあたる。

▶ 眠る者は飢えを知らず。
Qui dort dîne.
キ ドル ディン
*眠ってしまえば空腹を忘れてしまうことを言う。

▶ 虎穴に入らずんば虎子を得ず。
Qui ne risque rien n'a rien.
キン リスク リアン ナ リアン
*直訳は「危険を冒さない者は何も得ない」。

▶ 転石苔むさず。
Pierre qui roule n'amasse pas mousse.
ピエル キ ルル ナマス パ ムス

▶ 類は友を呼ぶ。
Qui se ressemble s'assemble.
キ ス ルサンブル ササンブル
*直訳は「似た者どうしは集まる」。

▶ 遠く旅せんとする者は馬をいたわる。
Qui veut voyager loin ménage sa monture.
キ ヴ ヴォヤジェ ルワン メナジュ サ モンテュール
*monture「乗用馬、乗用らくだ」。

▶ うそはどろぼうの始まり。
Qui vole un œuf vole un bœuf.
キ ヴォラヌッフ ヴォラン ブッフ
*直訳は「卵を盗むものは牛をも盗む」。

▶ 勝てば官軍。
La raison du plus fort est toujours la meilleure.
ラ レゾン デュ プリュ フォレ トゥジュル ラ メユール
*直訳は「最も強い者の言い分が最も正しい」。

▶ 出発のときを間違うな。
Rien ne sert de courir, il faut partir à point.
リアン ヌ セル ドゥ クリール イル フォ パルティラ プワン
*「走ってもだめ、頃合いを見計らって出発しなければ」。イソップの「ウサギとカメ」に基づくラ・フォンテーヌの格言。

▶ 和を欲するなら戦いに備えよ。
Si tu veux la paix, prépare la guerre.
スィ テュ ヴ ラ ペ プレパル ラ ゲール
*モンテスキューの格言。

ことわざ・格言・故事成語

- ▶ シーザーのものはシーザーに返せ。
  Il faut rendre à César ce qui est à César.
  イル フォ ランドゥラ セザール ス キ エタ セザール
  * 「他人の功績を盗むものではない」の意味。

- ▶ 明日の百より今日の五十。
  Un tiens vaut mieux que deux tu l'auras.
  アン ティアン ヴォ ミュ ク ドゥ テュ ロラ
  * 直訳は「手もとのひとつは将来のふたつよりよい」。

- ▶ 十人十色。
  Tous les goûts sont dans la nature.
  トゥ レ グ ソン ダン ラ ナテュール
  * 直訳は「すべての好みは天性の中にある」。

- ▶ タデ食う虫も好き好き。
  Des goûts et des couleurs, on ne discute pas.
  デ グ エ デ クルール オン ヌ ディスキュトゥ パ
  * 直訳は「趣味や色については議論するものではない」。

- ▶ 光るもの必ずしも金にあらず。
  Tout ce qui brille n'est pas or.
  トゥ ス キ ブリユ ネ パゾール

- ▶ 真実すべてを口にすべからず。
  Toute vérité n'est pas bonne à dire.
  トゥトゥ ヴェリテ ネ パ ボナ ディール

- ▶ 一人失っても十人見つかる。
  Un de perdu, dix de retrouvés.
  アン ドゥ ペルデュ ディス ドゥ ルトゥルヴェ
  [Une de perdue, dix de retrouvées.]
  ユン ドゥ ペルデュ ディス ドゥ ルトゥルヴェ
  * ふられた者をなぐさめることば。

- ▶ 真実は子どもの口からもれる。
  La vérité sort de la bouche des enfants.
  ラ ヴェリテ ソル ドゥラ ブシュ デザンファン
  * 大人はうそをつくが、子どもはうそをつかないということ。

- ▶ 一石二鳥。
  Faire d'une pierre deux coups.
  フェル デュン ピエル ドゥ クー
  * 直訳は「ひとつの石で2回の効果を得る」。

▶ 遅くともなさざるには勝る。
Mieux vaut tard que jamais.
ミュ　ヴォ　タール　ク　ジャメ

▶ ないよりまし。
C'est mieux que rien.
セ　ミュ　ク　リアン

▶ 目には目を、歯には歯を。
Œil pour œil, dent pour dent.
ウユ　プルーユ　ダン　プル　ダン

不定詞	現在	近接未来	複合過去	半過去	大過去	過去不定詞
ÊTRE	je suis	je vais être	j'ai été	j'étais	j'avais été	avoir été
	tu es	tu vas être	tu as été	tu étais	tu avais été	
	il est	il va être	il a été	il était	il avait été	
	nous sommes	nous allons être	nous avons été	nous étions	nous avions été	
	vous êtes	vous allez être	vous avez été	vous étiez	vous aviez été	
	ils sont	ils vont être	ils ont été	ils étaient	ils avaient été	
AVOIR	j'ai	je vais avoir	j'ai eu	j'avais	j'avais eu	avoir eu
	tu as	tu vas avoir	tu as eu	tu avais	tu avais eu	
	il a	il va avoir	il a eu	il avait	il avait eu	
	nous avons	nous allons avoir	nous avons eu	nous avions	nous avions eu	
	vous avez	vous allez avoir	vous avez eu	vous aviez	vous aviez eu	
	ils ont	ils vont avoir	ils ont eu	ils avaient	ils avaient eu	
DÎNER	je dîne	je vais dîner	j'ai dîné	je dînais	j'avais dîné	avoir dîné
	tu dînes	tu vas dîner	tu as dîné	tu dînais	tu avais dîné	
	il dîne	il va dîner	il a dîné	il dînait	il avait dîné	
	nous dînons	nous allons dîner	nous avons dîné	nous dînions	nous avions dîné	
	vous dînez	vous allez dîner	vous avez dîné	vous dîniez	vous aviez dîné	
	ils dînent	ils vont dîner	ils ont dîné	ils dînaient	ils avaient dîné	
ALLER	je vais	je vais aller	je suis allé	j'allais	j'étais allé	être allé
	tu vas	tu vas aller	tu es allé	tu allais	tu étais allé	
	il va	il va aller	il est allé	il allait	il était allé	
	nous allons	nous allons aller	nous sommes allés	nous allions	nous étions allés	
	vous allez	vous allez aller	vous êtes allés	vous alliez	vous étiez allés	
	ils vont	ils vont aller	ils sont allés	ils allaient	ils étaient allés	
BOIRE	je bois	je vais boire	j'ai bu	je buvais	j'avais bu	avoir bu
	tu bois	tu vas boire	tu as bu	tu buvais	tu avais bu	
	il boit	il va boire	il a bu	il buvait	il avait bu	
	nous buvons	nous allons boire	nous avons bu	nous buvions	nous avions bu	
	vous buvez	vous allez boire	vous avez bu	vous buviez	vous aviez bu	
	ils boivent	ils vont boire	ils ont bu	ils buvaient	ils avaient bu	

単純未来	前未来	条件法現在	条件法過去	接続法	命令法	ジェロンディフ
je serai	j'aurai été	je serais	j'aurais été	que je sois		en étant
tu seras	tu auras été	tu serais	tu aurais été	que tu sois	sois	
il sera	il aura été	il serait	il aurait été	qu'il soit		
nous serons	nous aurons été	nous serions	nous aurions été	que nous soyons	soyons	
vous serez	vous aurez été	vous seriez	vous auriez été	que vous soyez	soyez	
ils seront	ils auront été	ils seraient	ils auraient été	qu'ils soient		
j'aurai	j'aurai eu	j'aurais	j'aurais eu	que j'aie		en ayant
tu auras	tu auras eu	tu aurais	tu aurais eu	que tu aies	aie	
il aura	il aura eu	il aurait	il aurait eu	qu'il ait		
nous aurons	nous aurons eu	nous aurions	nous aurions eu	que nous ayons	ayons	
vous aurez	vous aurez eu	vous auriez	vous auriez eu	que vous ayez	ayez	
ils auront	ils auront eu	ils auraient	ils auraient eu	qu'ils aient		
je dînerai	j'aurai dîné	je dînerais	j'aurais dîné	que je dîne		en dînant
tu dîneras	tu auras dîné	tu dînerais	tu aurais dîné	que tu dînes	dîne	
il dînera	il aura dîné	il dînerait	il aurait dîné	qu'il dîne		
nous dînerons	nous aurons dîné	nous dînerions	nous aurions dîné	que nous dînions	dînons	
vous dînerez	vous aurez dîné	vous dîneriez	vous auriez dîné	que vous dîniez	dînez	
ils dîneront	ils auront dîné	ils dîneraient	ils auraient dîné	qu'ils dînent		
j'irai	je serai allé	j'irais	je serais allé	que j'aille		en allant
tu iras	tu seras allé	tu irais	tu serais allé	que tu ailles	va	
il ira	il sera allé	il irait	il serait allé	qu'il aille		
nous irons	nous serons allés	nous irions	nous serions allés	que nous allions	allons	
vous irez	vous serez allés	vous iriez	vous seriez allés	que vous alliez	allez	
ils iront	ils seront allés	ils iraient	ils seraient allés	qu'ils aillent		
je boirai	j'aurai bu	je boirais	j'aurais bu	que je boive		en buvant
tu boiras	tu auras bu	tu boirais	tu aurais bu	que tu boives	bois	
il boira	il aura bu	il boirait	il aurait bu	qu'il boive		
nous boirons	nous aurons bu	nous boirions	nous aurions bu	que nous buvions	buvons	
vous boirez	vous aurez bu	vous boiriez	vous auriez bu	que vous buviez	buvez	
ils boiront	ils auront bu	ils boiraient	ils auraient bu	qu'ils boivent		

動詞活用表

不定詞	現在	近接未来	複合過去	半過去	大過去	過去不定詞
CONNAÎTRE	je connais	je vais connaître	j'ai connu	je connaissais	j'avais connu	avoir connu
	tu connais	tu vas connaître	tu as connu	tu connaissais	tu avais connu	
	il connaît	il va connaître	il a connu	il connaissait	il avait connu	
	nous connaissons	nous allons connaître	nous avons connu	nous connaissions	nous avions connu	
	vous connaissez	vous allez connaître	vous avez connu	vous connaissiez	vous aviez connu	
	ils connaissent	ils vont connaître	ils ont connu	ils connaissaient	ils avaient connu	
DEVOIR	je dois	je vais devoir	j'ai dû	je devais	j'avais dû	avoir dû
	tu dois	tu vas devoir	tu as dû	tu devais	tu avais dû	
	il doit	il va devoir	il a dû	il devait	il avait dû	
	nous devons	nous allons devoir	nous avons dû	nous devions	nous avions dû	
	vous devez	vous allez devoir	vous avez dû	vous deviez	vous aviez dû	
	ils doivent	ils vont devoir	ils ont dû	ils devaient	ils avaient dû	
DIRE	je dis	je vais dire	j'ai dit	je disais	j'avais dit	avoir dit
	tu dis	tu vas dire	tu as dit	tu disais	tu avais dit	
	il dit	il va dire	il a dit	il disait	il avait dit	
	nous disons	nous allons dire	nous avons dit	nous disions	nous avions dit	
	vous dites	vous allez dire	vous avez dit	vous disiez	vous aviez dit	
	ils disent	ils vont dire	ils ont dit	ils disaient	ils avaient dit	
ÉCRIRE	j'écris	je vais écrire	j'ai écrit	j'écrivais	j'avais écrit	avoir écrit
	tu écris	tu vas écrire	tu as écrit	tu écrivais	tu avais écrit	
	il écrit	il va écrire	il a écrit	il écrivait	il avait écrit	
	nous écrivons	nous allons écrire	nous avons écrit	nous écrivions	nous avions écrit	
	vous écrivez	vous allez écrire	vous avez écrit	vous écriviez	vous aviez écrit	
	ils écrivent	ils vont écrire	ils ont écrit	ils écrivaient	ils avaient écrit	
FAIRE	je fais	je vais faire	j'ai fait	je faisais	j'avais fait	avoir fait
	tu fais	tu vas faire	tu as fait	tu faisais	tu avais fait	
	il fait	il va faire	il a fait	il faisait	il avait fait	
	nous faisons	nous allons faire	nous avons fait	nous faisions	nous avions fait	
	vous faites	vous allez faire	vous avez fait	vous faisiez	vous aviez fait	
	ils font	ils vont faire	ils ont fait	ils faisaient	ils avaient fait	

単純未来	前未来	条件法現在	条件法過去	接続法	命令法	ジェロンディフ
je connaîtrai	j'aurai connu	je connaîtrais	j'aurais connu	que je connaisse		en connaissant
tu connaîtras	tu auras connu	tu connaîtrais	tu aurais connu	que tu connaisses	connais	
il connaîtra	il aura connu	il connaîtrait	il aurait connu	qu'il connaisse		
nous connaîtrons	nous aurons connu	nous connaîtrions	nous aurions connu	que nous connaissions	connaissons	
vous connaîtrez	vous aurez connu	vous connaîtriez	vous auriez connu	que vous connaissiez	connaissez	
ils connaîtront	ils auront connu	ils connaîtraient	ils auraient connu	qu'ils connaissent		
je devrai	j'aurai dû	je devrais	j'aurais dû	que je doive		en devant
tu devras	tu auras dû	tu devrais	tu aurais dû	que tu doives	–	
il devra	il aura dû	il devrait	il aurait dû	qu'il doive		
nous devrons	nous aurons dû	nous devrions	nous aurions dû	que nous devions	–	
vous devrez	vous aurez dû	vous devriez	vous auriez dû	que vous deviez	–	
ils devront	ils auront dû	ils devraient	ils auraient dû	qu'ils doivent		
je dirai	j'aurai dit	je dirais	j'aurais dit	que je dise		en disant
tu diras	tu auras dit	tu dirais	tu aurais dit	que tu dises	dis	
il dira	il aura dit	il dirait	il aurait dit	qu'il dise		
nous dirons	nous aurons dit	nous dirions	nous aurions dit	que nous disions	disons	
vous direz	vous aurez dit	vous diriez	vous auriez dit	que vous disiez	dites	
ils diront	ils auront dit	ils diraient	ils auraient dit	qu'ils disent		
j'écrirai	j'aurai écrit	j'écrirais	j'aurais écrit	que j'écrive		en écrivant
tu écriras	tu auras écrit	tu écrirais	tu aurais écrit	que tu écrives	écris	
il écrira	il aura écrit	il écrirait	il aurait écrit	qu'il écrive		
nous écrirons	nous aurons écrit	nous écririons	nous aurions écrit	que nous écrivions	écrivons	
vous écrirez	vous aurez écrit	vous écririez	vous auriez écrit	que vous écriviez	écrivez	
ils écriront	ils auront écrit	ils écriraient	ils auraient écrit	qu'ils écrivent		
je ferai	j'aurai fait	je ferais	j'aurais fait	que je fasse		en faisant
tu feras	tu auras fait	tu ferais	tu aurais fait	que tu fasses	fais	
il fera	il aura fait	il ferait	il aurait fait	qu'il fasse		
nous ferons	nous aurons fait	nous ferions	nous aurions fait	que nous fassions	faisons	
vous ferez	vous aurez fait	vous feriez	vous auriez fait	que vous fassiez	faites	
ils feront	ils auront fait	ils feraient	ils auraient fait	qu'ils fassent		

動詞活用表

不定詞	現在	近接未来	複合過去	半過去	大過去	過去不定詞
FALLOIR	il faut	il va falloir	il a fallu	il fallait	il avait fallu	
FINIR	je finis	je vais finir	j'ai fini	je finissais	j'avais fini	avoir fini
	tu finis	tu vas finir	tu as fini	tu finissais	tu avais fini	
	il finit	il va finir	il a fini	il finissait	il avait fini	
	nous finissons	nous allons finir	nous avons fini	nous finissions	nous avions fini	
	vous finissez	vous allez finir	vous avez fini	vous finissiez	vous aviez fini	
	ils finissent	ils vont finir	ils ont fini	ils finissaient	ils avaient fini	
METTRE	je mets	je vais mettre	j'ai mis	je mettais	j'avais mis	avoir mis
	tu mets	tu vas mettre	tu as mis	tu mettais	tu avais mis	
	il met	il va mettre	il a mis	il mettait	il avait mis	
	nous mettons	nous allons mettre	nous avons mis	nous mettions	nous avions mis	
	vous mettez	vous allez mettre	vous avez mis	vous mettiez	vous aviez mis	
	ils mettent	ils vont mettre	ils ont mis	ils mettaient	ils avaient mis	
PARTIR	je pars	je vais partir	je suis parti	je partais	j'étais parti	être parti
	tu pars	tu vas partir	tu es parti	tu partais	tu étais parti	
	il part	il va partir	il est parti	il partait	il était parti	
	nous partons	nous allons partir	nous sommes partis	nous partions	nous étions partis	
	vous partez	vous allez partir	vous êtes partis	vous partiez	vous étiez partis	
	ils partent	ils vont partir	ils sont partis	ils partaient	ils étaient partis	
PLEUVOIR	il pleut	il va pleuvoir	il a plu	il pleuvait	il avait plu	
POUVOIR	je peux	je vais pouvoir	j'ai pu	je pouvais	j'avais pu	avoir pu
	tu peux	tu vas pouvoir	tu as pu	tu pouvais	tu avais pu	
	il peut	il va pouvoir	il a pu	il pouvait	il avait pu	
	nous pouvons	nous allons pouvoir	nous avons pu	nous pouvions	nous avions pu	
	vous pouvez	vous allez pouvoir	vous avez pu	vous pouviez	vous aviez pu	
	ils peuvent	ils vont pouvoir	ils ont pu	ils pouvaient	ils avaient pu	
PRENDRE	je prends	je vais prendre	j'ai pris	je prenais	j'avais pris	avoir pris
	tu prends	tu vas prendre	tu as pris	tu prenais	tu avais pris	
	il prend	il va prendre	il a pris	il prenait	il avait pris	
	nous prenons	nous allons prendre	nous avons pris	nous prenions	nous avions pris	

単純未来	前未来	条件法現在	条件法過去	接続法	命令法	ジェロンディフ
il faudra	il aura fallu	il faudrait	il aurait fallu	qu'il faille		
je finirai	j'aurai fini	je finirais	j'aurais fini	que je finisse		en finissant
tu finiras	tu auras fini	tu finirais	tu aurais fini	que tu finisses	finis	
il finira	il aura fini	il finirait	il aurait fini	qu'il finisse		
nous finirons	nous aurons fini	nous finirions	nous aurions fini	que nous finissions	finissons	
vous finirez	vous aurez fini	vous finiriez	vous auriez fini	que vous finissiez	finissez	
ils finiront	ils auront fini	ils finiraient	ils auraient fini	qu'ils finissent		
je mettrai	j'aurai mis	je mettrais	j'aurais mis	que je mette		en mettant
tu mettras	tu auras mis	tu mettrais	tu aurais mis	que tu mettes	mets	
il mettra	il aura mis	il mettrait	il aurait mis	qu'il mette		
nous mettrons	nous aurons mis	nous mettrions	nous aurions mis	que nous mettions	mettons	
vous mettrez	vous aurez mis	vous mettriez	vous auriez mis	que vous mettiez	mettez	
ils mettront	ils auront mis	ils mettraient	ils auraient mis	qu'ils mettent		
je partirai	je serai parti	je partirais	je serais parti	que je parte		en partant
tu partiras	tu seras parti	tu partirais	tu serais parti	que tu partes	pars	
il partira	il sera pari	il partirait	il serait parti	qu'il parte		
nous partirons	nous serons partis	nous partirions	nous serions partis	que nous partions	partons	
vous partirez	vous serez partis	vous partiriez	vous seriez partis	que vous partiez	partez	
ils partiront	ils seront partis	ils partiraient	ils seraient partis	qu'ils partent		
il pleuvra	il aura plu	il pleuvrait	il aurait plu	qu'il pleuve		
je pourrai	j'aurai pu	je pourrais	j'aurais pu	que je puisse		en pouvant
tu pourras	tu auras pu	tu pourrais	tu aurais pu	que tu puisses	–	
il pourra	il aura pu	il pourrait	il aurait pu	qu'il puisse		
nous pourrons	nous aurons pu	nous pourrions	nous aurions pu	que nous puissions	–	
vous pourrez	vous aurez pu	vous pourriez	vous auriez pu	que vous puissiez	–	
ils pourront	ils auront pu	ils pourraient	ils auraient pu	qu'ils puissent		
je prendrai	j'aurai pris	je prendrais	j'aurais pris	que je prenne		en prenant
tu prendras	tu auras pris	tu prendrais	tu aurais pris	que tu prennes	prends	
il prendra	il aura pris	il prendrait	il aurait pris	qu'il prenne		
nous prendrons	nous aurons pris	nous prendrions	nous aurions pris	que nous prenions	prenons	

動詞活用表

不定詞	現在	近接未来	複合過去	半過去	大過去	過去不定詞
	vous prenez	vous allez prendre	vous avez pris	vous preniez	vous aviez pris	
	ils prennent	ils vont prendre	ils ont pris	ils prenaient	ils avaient pris	
SAVOIR	je sais	je vais savoir	j'ai su	je savais	j'avais su	avoir su
	tu sais	tu vas savoir	tu as su	tu savais	tu avais su	
	il sait	il va savoir	il a su	il savait	il avait su	
	nous savons	nous allons savoir	nous avons su	nous savions	nous avions su	
	vous savez	vous allez savoir	vous avez su	vous saviez	vous aviez su	
	ils savent	ils vont savoir	ils ont su	ils savaient	ils avaient su	
VOIR	je vois	je vais voir	j'ai vu	je voyais	j'avais vu	avoir vu
	tu vois	tu vas voir	tu as vu	tu voyais	tu avais vu	
	il voit	il va voir	il a vu	il voyait	il avait vu	
	nous voyons	nous allons voir	nous avons vu	nous voyions	nous avions vu	
	vous voyez	vous allez voir	vous avez vu	vous voyiez	vous aviez su	
	ils voient	ils vont voir	ils ont vu	ils voyaient	ils avaient vu	
VOULOIR	je veux	je vais vouloir	j'ai voulu	je voulais	j'avais voulu	avoir voulu
	tu veux	tu vas vouloir	tu as voulu	tu voulais	tu avais voulu	
	il veut	il va vouloir	il a voulu	il voulait	il avait voulu	
	nous voulons	nous allons vouloir	nous avons voulu	nous voulions	nous avions voulu	
	vous voulez	vous allez vouloir	vous avez voulu	vous vouliez	vous aviez voulu	
	ils veulent	ils vont vouloir	ils ont voulu	ils voulaient	ils avaient voulu	

単純未来	前未来	条件法現在	条件法過去	接続法	命令法	ジェロンディフ
vous prendrez	vous aurez pris	vous prendriez	vous auriez pris	que vous preniez	prenez	
ils prendront	ils auront pris	ils prendraient	ils auraient pris	qu'ils prennent		
je saurai	j'aurai su	je saurais	j'aurais su	que je sache		en sachant
tu sauras	tu auras su	tu saurais	tu aurais su	que tu saches	sache	
il saura	il aura su	il saurait	il aurait su	qu'il sache		
nous saurons	nous aurons su	nous saurions	nous aurions su	que nous sachions	sachons	
vous saurez	vous aurez su	vous sauriez	vous auriez su	que vous sachiez	sachez	
ils sauront	ils auront su	ils sauraient	ils auraient su	qu'ils sachent		
je verrai	j'aurai vu	je verrais	j'aurais vu	que je voie		en voyant
tu verras	tu auras vu	tu verrais	tu aurais vu	que tu voies	vois	
il verra	il aura vu	il verrait	il aurait vu	qu'il voie		
nous verrons	nous aurons vu	nous verrions	nous aurions vu	que nous voyions	voyons	
vous verrez	vous aurez vu	vous verriez	vous auriez vu	que vous voyiez	voyez	
ils verront	ils auront vu	ils verraient	ils auraient vu	qu'ils voient		
je voudrai	j'aurai voulu	je voudrais	j'aurais voulu	que je veuille		en voulant
tu voudras	tu auras voulu	tu voudrais	tu aurais voulu	que tu veuilles	–	
il voudra	il aura voulu	il voudrait	il aurait voulu	qu'il veuille		
nous voudrons	nous aurons voulu	nous voudrions	nous aurions voulu	que nous voulions	–	
vous voudrez	vous aurez voulu	vous voudriez	vous auriez voulu	que vous vouliez	veuillez	
ils voudront	ils auront voulu	ils voudraient	ils auraient voulu	qu'ils veuillent		

著者略歴

ボダン・エマニュエル
Emmanuelle Bodin

パリ東洋語学校卒業。
慶応義塾大学・青山学院大学講師
ATP言語文化アカデミー校長
(www.academie-tokyo-paris.com)
元 NHKアナウンサー

ブックデザイン	越阪部ワタル（Lovedesign）
ＤＴＰ	bunsyoku
編集協力	佐久間啓子，阪田由美子
編集担当	斎藤俊樹（三修社）

これさえあれば通じるフランス語

2013年8月10日　第1刷発行

著　者 ——— ボダン・エマニュエル

発行者 ——— 前田俊秀

発行所 ——— 株式会社三修社

〒150-0001 東京都渋谷区神宮前 2-2-22
TEL 03-3405-4511　FAX 03-3405-4522
振替 00190-9-72758
http://www.sanshusha.co.jp/

印刷製本 ——— 凸版印刷株式会社

©Emmanuelle Bodin 2013 Printed in Japan
ISBN978-4-384-04445-4 C0585

〈日本複製権センター委託出版物〉
本書を無断で複写複製（コピー）することは、著作権法上の例外を除き，禁じられています。本書をコピーされる場合は，事前に日本複製権センター（JRRC）の許諾を受けてください。
JRRC 〈http://www.jrrc.or.jp　email:info@jrrc.or.jp　Tel:03-3401-2382〉